2024년판

가업상속공제 중심

가업승계와
상속·증여세

김주석 · 김정수 공저

SAMIL | 삼일인포마인

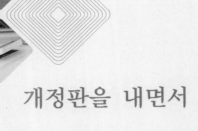

개정판을 내면서

상속세는 단순히 국민이면 내야만 하는 여러 가지 종류의 세금 중 하나라기보다는 어느 한 자연인의 평생 경제활동의 결과 즉, 평생소득과 재산을 정산한다는 측면에서 조금은 다르게 생각해 볼 수도 있다. 개인의 일평생 경제적 역사를 정리해 보는 기회가 될 수 있으므로 사망하기 전의 당사자 본인이나 그 후손의 입장에서 많은 관심을 가질 수 밖에 없고 특히, 지난 세대 우리나라 경제발전의 주역으로 활약했던 분들의 경우 오랜기간 영위해 왔던 기업의 자연스러운 승계와 관련하여 상속세와 증여세에 더욱 더 많은 관심을 갖게 된다.

특히 요즘 자산의 가치가 급격하게 증가하여 상속세와 증여세에 대한 관심을 더 갖게 되는데 종전에는 10억 원에 미달하여 상속세에 대한 걱정이 없던 분들도 불과 1~2년 새에 재산이 10억 원을 초과하여 과세대상으로 전환되면서 관심과 걱정을 하게 된다.

정부는 2008년 이후 지속적으로 가업상속에 대해 상속공제를 확대하는 방향으로 세법개정을 해 왔으며, 이번 개정에서도 일부 가업상속 사후관리 요건을 완화하고 증여세 과세특례의 경우는 10% 특례세율 적용구간을 60억 원에서 120억 원까지로 확대하는 등 원활한 가업 유지를 지원하기 위해 제도를 합리화하였다.

이번에도 독자 여러분의 관심과 격려에 힘입어 '가업승계와 상속·증여세' 2024년 개정판을 출간하게 되었다. 개정판이 나올 수 있도록 힘써주신 많은 분들께 감사를 드린다. 이번에 한승희 청장님과 강승윤 대표님의 배려로 세무법인 대륙아주에서 새출발을 하게 되었는데, 두 분께 감사드리고 아울러 세무법인과 법무법인 대륙아주의 구성원 모든 분께도 감사드린다. 또한 항상 푸근하게 이끌어주시는 공동저자이신 존경하는 김정수 대표님과 삼일인포마인 이희태 대표이사님 그리고 편집부 여러분께도 감사의 말씀을 드린다. 끝으로 어느덧 50대 중반이 되었지만 나에게는 언제나 20대인 아내 또순이와 이번에 결혼한 예쁜 딸 도연이, 새식구가 된 사위 그리고 든든한 아들에게 감사와 사랑의 마음을 전한다.

2024년 4월

김주석

한국 경제의 고도성장을 이끈 창업 세대의 고령화로 인해 가업승계가 산업기반 유지 및 국가경제의 활력 제고를 위한 중요한 이슈로 부상하고 있다. 이에 정부는 중소기업의 원활한 가업승계를 지원하기 위해 가업상속공제, 가업승계에 대한 증여세 과세특례, 납부유예, 연부연납 등 세제지원을 지속적으로 확대해 오고 있다.

그러나 조세전문가들 조차 까다롭게 여기는 가업승계 및 가업상속에 대한 공제요건, 사후관리 요건과 승계에 따른 과도한 상속·증여세 부담 때문에 '2022 중소기업 가업승계 실태조사' 결과에 따르면 중소기업 대표의 72.9%는 가업승계 및 가업상속공제 제도를 인지하고 있으나, 이들 중 34.2%는 제도를 이용할 의향이 없다는 입장이다.

2023. 12. 21. 세법 개정에서는 가업상속공제 사후관리 업종유지 요건 완화, 기회발전특구 내 기업의 사후관리 요건 완화, 저율과세 구간 및 연부연납 기간 대폭 조정 등 불확실성은 다소 개선되었으나 아직도 공제 요건 및 가업용 자산 인정 범위의 까다로움이 존재하고 있다. 이러한 난해한 규정들에 대하여 좀 더 명쾌하게 이해할 수 있도록 유형별 해석 사례를 수정·보완하여 열 번째 개정판을 내게 되었다.

아무쪼록 이 책이 중소기업 경영자들이 생전에 자녀들에게 원활하게 가업을 계획적으로 승계하고자 하거나 또는 창업자금의 지원 및 가업상속을 준비하고자 할 때 유용한 세금 길잡이로 활용되었으면 하는 바람이다.

지난번 개정판에서 본서에 대해 독자 여러분들의 뜨거운 격려와 성원에 보답하고자 많은 노력을 기울여 2024년 개정판을 출간하였으나, 부족한 부분에 대해서는 독자들의 변함없는 지적과 관심을 바라며, 지적에 대해서는 추후 개정판을 통해서 계속 보완하도록 하겠다.

끝으로 이 책의 완성도를 높이기 위해 많은 시간을 같이한 공동저자 김주석 교수님에게 감사를 드리며, 항상 곁에서 든든한 힘이 되어주는 사랑하는 아내와 두 딸 그리고 영앤진세무법인, 동현회계법인 가족들에게도 감사의 마음을 전한다.

2024년 4월

김정수

차 례

차 례

차 례

제1장

가업승계와 상속 · 증여세

제1절

가업승계와 조세지원

"가업"이란 순수 사전적 의미로는 "대대로 물려받는 집안의 생업"으로 정의되고 있으나, 조세정책적 목적 또는 그 밖의 목적에 따라서는 그 범위를 보다 구체적·제한적으로 정의하고 있다. 즉, 「상속세 및 증여세법」에서는 가업을 "「상속세 및 증여세법 시행령」상 별표에 따른 업종을 주된 사업으로 영위하는 자산 5천억 원 미만의 중소기업 또는 직전 3개 사업연도 평균매출액이 5천억 원 미만인 중견기업으로서 피상속인 또는 증여자[1]가 10년 이상 계속 경영한 기업"으로 정의하고 있다.

또한, 가업의 승계란 위와 같은 가업에 해당하는 기업의 동일성을 유지하면서 그 소유권과 경영권을 다음 세대로 이전하는 것이라 할 수 있다.

일반적으로 가업이란 소규모 가족기업 형태로 유지되는 기업으로 이해되며 이는 주로 중소기업의 범위에 해당하는데, 우리나라 전체 사업체수의 99.9%를 차지하는 중소기업 중 1960~1970년대 산업의 고도화 단계에서 창업하여 경제성장의 주역으로 역할을 수행한 세대가 빠르게 고령화됨에 따라 가업승계의 문제는 필연적으로 수반되는 중요 관심사항이 되고 있다.

	구 분	2019년	2020년	2021년
사업체 수	합 계	6,898,748	7,295,451	7,723,867
	중소기업 (비중, %)	6,889,994 (99.87)	7,286,082 (99.87)	7,713,895 (99.87)
	대기업 (비중, %)	8,754 (0.13)	9,369 (0.13)	9,972 (0.13)

〈자료: 중소벤처기업부, 주요통계 현황자료〉

---

1) 「조세특례제한법」 §30의6 [가업의 승계에 대한 증여세 과세특례] 규정 적용시

한편, 이러한 가업승계는 그 가업에 해당하는 재산이 다음 세대로 상속이나 증여를 통하여 무상으로 이전되는 경우를 상정하고 있으므로 항상 상속세나 증여세 부과의 문제와 부딪히게 된다.

이와 관련하여 일부에서는 상속세나 증여세로 인하여 원활한 가업승계가 이루어지지 못하므로 전향적인 조세지원이 있어야 한다는 주장도 제기되고 있으나, 이는 다음의 두 가지 관점, 즉 (1) 상속으로 인하여 피상속인의 재산이 무상으로 이전되는 경우와 생전에 무상 이전되는 재산에 대한 상속·증여세 과세제도의 목적[2] 및 과세의 형평성 관점과, (2) 고용안정을 도모하고 경영 know-how 전수를 통한 경제발전 등의 관점 모두를 고려하여 조세정책적으로 판단할 문제일 것이다.

지난 2014. 12. 2. 제329회 국회 13차 본회의에서 「상속세 및 증여세법」 정부개정안이 그 내용 중 가업상속공제 요건완화와 공제액 확대가 원인이 되어 부결되는 상황도 발생하였고, 2018. 12. 31. 법률 개정시 자산처분과 지분유지 의무, 고용유지 판단기준을 합리화 하였으며, 2019. 12. 31. 법률 개정시에는 가업상속 지원세제의 실효성을 제고하기 위해 일부 사후관리 규정을 완화한 바 있다. 2022. 12. 31. 개정시에는 공제액을 600억 원까지 확대하고 사후관리기간을 5년으로 완화하여 제도의 적용을 촉진하였고 이번 2023. 12. 31. 개정시에는 사후관리 업종유지를 대분류로 완화하고 가업승계 증여세 과세특례의 특례세율을 종전 60억 원 초과분 20%에서 120억 원 초과분 20%로, 연부연납 기간을 15년으로 하는 등 가업의 세대간 이전은 각 연도별 세법개정안 마련시 주요 관심사항이며 매우 중요한 문제 중 하나이다.

이하 이 장에서는 「민법」상 상속제도와 「상속세 및 증여세법」상 상속세와 증여세 과세제도의 개요에 대하여 알아보고, 제2장에서는 현재 시행되고 있는 가업상속에 대한 상속세 조세 지원정책을 '가업상속공제'를 중심으로 구체적으로 알아보며, 다음 제3장에서는 사전상속에 대한 조세지원으로서 「조세특례제한법」상 증여세 과세특례에 대하여 알아보기로 한다.

---

[2] 상속세제도는 국가 재정수입의 확보라는 일차적인 목적 이외에도 자유시장경제에 수반되는 모순을 제거하고 사회정의와 경제민주화를 실현하기 위하여 국가적 규제와 조정들을 광범위하게 인정하는 사회적 시장경제질서의 헌법 이념에 따라 재산상속을 통한 부의 영원한 세습과 집중을 완화하여 국민의 경제적 균등을 도모하려는 목적도 아울러 가지는 조세제도이다(헌재 2003. 1. 30. 2001헌바61).

| 가업의 승계에 대한 상속세 및 증여세 지원 |

구 분		내 용
상속세	가업상속공제	가업상속재산에 대한 상속공제 확대 (300억 원 ~ 600억 원)
	가업상속재산에 대한 연부연납기간 연장	가업상속재산에 대한 상속세 연부연납기간 연장 (최대 20년)
증여세	가업승계에 대한 증여세 과세특례	가업의 사전상속에 대한 증여세 특례 (600억 원 한도, 10억 원 공제, 10%(20%) 특례세율)
		과세특례를 적용받은 증여재산 연부연납기간 연장 (5년 → 15년)
	창업자금에 대한 증여세 과세특례	사전상속에 대한 증여세 특례 (50(100)억 원 한도, 5억 원 공제, 10% 특례세율)
기타	중소기업 명의신탁주식의 간편 실명확인	가업상속 및 가업승계 지원

제 **2** 절

상속과 상속세

상속세는 자연인의 사망으로 인하여 그가 보유하던 재산이 상속인 등에게 무상으로 이전되는 경우 그 상속인 등에게 부과하는 세금으로써 자연인의 사망 즉, 민법상 상속이 전제되어야 한다. 다음에서는 「민법」상 상속규정과 「상속세 및 증여세법」의 상속세 과세개요에 대하여 알아본다.

1 민법상 상속의 개요

가. 상속의 의의

상속이란 자연인의 사망으로 인하여 법률상 정해진 상속인이 사망자(피상속인이라 한다)에게 속하였던 모든 재산 상의 지위 또는 권리 · 의무(피상속인의 일신에 전속되는 것은 제외한다)를 포괄적으로 승계하는 것을 말한다(민법 §1005).

나. 상속의 원인

상속이 개시되는 원인으로는 사망 · 실종선고 · 인정사망이 있다.

다. 상속인

상속원인에 따라 상속이 개시되는 경우 피상속인의 권리와 의무를 승계받는 자를 상속인이라 하며, 민법은 직계비속, 직계존속, 형제자매, 4촌 이내 방계혈족 및 배우자에게 상속권을 부여하고 있다(민법 §1000, §1003).

라. 상속순위

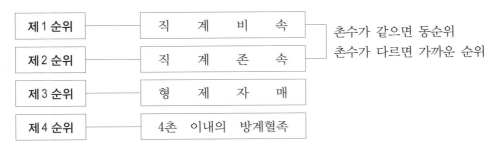

제1순위	직 계 비 속	촌수가 같으면 동순위
제2순위	직 계 존 속	촌수가 다르면 가까운 순위
제3순위	형 제 자 매	
제4순위	4촌 이내의 방계혈족	

※ 배우자는 1순위와 같은 순위, 1순위가 없으면 2순위와 같은 순위가 되고, 1·2순위가 없으면 단독 상속인이 됨.

(1) 제1순위: 피상속인의 직계비속(태아 포함)

직계비속이 여러 명 있는 경우 촌수가 같으면 그 직계비속들은 같은 순위로 상속인이 되고, 촌수가 다르면 촌수가 가까운 직계비속이 먼저 상속인이 된다.

예를 들면, 피상속인의 子가 수인인 경우에 이들은 같은 순위로 상속인이 되며, 직계비속으로서 子와 孫이 있을 때에는 子는 孫보다 우선하여 상속인이 된다.

(2) 제2순위: 피상속인의 직계존속

1순위 상속인이 없는 경우 직계존속이 상속인이 되며, 직계존속이 여러 명 있는 경우 그 직계존속들이 촌수가 같으면 같은 순위이며 촌수를 달리하면 최근친이 먼저 상속인이 된다. 예를 들면, 부모와 조부모가 있는 경우 부모가 우선하여 상속인이 된다.

(3) 제3순위: 피상속인의 형제자매

1순위 및 2순위 상속인과 배우자가 없는 경우 피상속인의 형제자매가 상속인이 되며, 형제자매가 두 사람 이상인 경우에는 같은 순위로 상속인이 된다. 이 경우 형제자매의 직계비속은 대습상속이 인정된다.

형제자매는 남녀의 성별, 기혼·미혼의 차별, 가족관계등록부의 이동, 자연혈족·법정혈족의 차별, 동복·이복의 차별을 묻지 아니한다.

(4) 제4순위: 피상속인의 4촌 이내의 방계혈족

1순위, 2순위, 배우자, 3순위 상속인이 없는 경우 4촌 이내의 방계혈족이 상속인이 되고 촌수가 같으면 공동상속인이 된다.

(5) 배우자

피상속인의 배우자는 직계비속과 직계존속인 상속인이 있는 경우 그 상속인과 같은 순위로 공동상속인이 되고, 직계비속 · 직계존속이 없는 경우에는 단독상속인이 된다. 여기서 배우자는 법률혼 배우자를 말하며, 사실혼 배우자는 상속권이 없다.

(6) 특별연고자

피상속인과 생계를 같이 하고 있던 자, 피상속인을 요양 · 간호한 자, 기타 피상속인과 특별한 연고가 있던 자(사실혼관계 배우자, 사실상 양자, 장기간 피상속인의 요양간호 종사자)는 상속인 수색공고기간 내(1년 이상) 상속권을 주장하는 자가 없을 경우 상속인 수색공고기간의 만료일로부터 2개월 이내에 상속개시지의 가정법원에 재산분여를 청구할 수 있으며, 가정법원은 재산분여청구가 정당하다고 인정되면 청구인에게 상속재산의 전부 또는 일부를 분여할 수 있다(민법 §1057의2).

(7) 국가

상속인의 범위에 포함되는 사람이 없고, 특별연고자의 분여청구가 없거나 분여하고 남은 재산이 있는 경우 그 재산은 국가에 귀속된다(민법 §1058).

마. 대습상속

상속인이 될 직계비속 또는 형제자매가 상속개시 전에 사망하거나 결격된 자가 된 경우에 그 직계비속이 있는 때에는 그 직계비속이 사망하거나 결격된 자의 순위에 갈음하여 상속인이 된다. 상속개시 전에 사망하거나 결격된 자의 배우자도 그 직계비속과 함께 동 순위로 공동상속인이 되며, 그 직계비속이 없는 때에는 단독상속인이 된다. 이를 대습상속이라 하며, 직계존속에 대해서는 대습상속이 인정되지 않는다.

바. 상속의 결격

상속인에 대하여 법정사유가 발생하였을 경우에 특별히 재판상의 선고를 기다리지 아니하고 법률상 당연히 그 상속인이 피상속인을 상속하는 자격을 잃게 되는 것을 상속결격이라 한다.

사. 상속의 승인과 포기

상속이 개시되면 피상속인의 재산상의 모든 권리·의무는 일신전속적인 것을 제외하고는 상속인의 의사와는 관계없이 법률상 당연히 포괄적으로 상속인에게 승계된다. 따라서 민법은 3개월(고려기간)이 경과하면 원칙적으로 단순승인한 것으로 보고 있으나, 상속인의 의사를 무시하고 법률상 당연히 상속인에게 포괄적으로 승계시키는 것은 상속인에게 부담을 주게 되므로 상속포기와 한정승인 제도를 두어 상속인의 의사 여부에 따라 상속의 효과를 확정 지을 수 있도록 하는 상속인보호제도를 두고 있다.

아. 재산의 분리

재산의 분리란 상속이 개시된 후 피상속인의 채권자나 유증받은 자 또는 상속인의 채권자의 청구에 의하여 피상속인으로부터 승계받은 상속재산과 상속인의 고유재산을 분리시키는 가정법원의 처분을 말한다. 즉 상속인의 고유재산이 채무초과인 경우 피상속인의 채권자나 유증받은 자를, 승계받은 상속재산이 채무초과인 경우 상속인의 채권자를 보호하기 위한 제도라 할 수 있다. 따라서 상속채권자나 유증받은 자 또는 상속인의 채권자는 상속개시된 날로부터 3월 내에 상속재산과 상속인의 고유재산의 분리를 가정법원에 청구할 수 있다(민법 §1045).

자. 상속분

상속분이란 전체의 상속재산에 대한 관념적·분량적인 일부를 말한다. 상속분은 보통 상속재산의 1/2, 1/3과 같이 상속개시 당시에 있어서 상속재산의 전체 가액에 대한 계수적 비율에 의하여 표시된다.

상속분은 피상속인의 의사에 따라 정해지는 지정상속분과 법률의 규정에 의하여 정해지는 법정상속분이 있다.

(1) 지정상속분(민법 §1115)

피상속인은 유언에 의하여 공동상속인의 상속분을 지정할 수 있다. 그러므로 피상속인은 유언에 의하여 유증받는 자로 하여금 법정상속분에 우선하여 상속재산을 취득하게 할 수 있다.

그러나 유류분에 반하여 상속분을 지정할 수 없으며, 만약 유류분에 반하는 지정을 한 경우 침해를 받은 유류분 권리자는 반환을 청구할 수 있다.

(2) 유류분제도(민법 §1112)

유류분이란 일정한 상속인을 위하여 법률상 마땅히 유류해 두지 않으면 안 되는 유산의 일정부분을 말한다. 유류분을 가지는 자는 피상속인의 직계비속·배우자·직계존속 및 형제자매이며, 태아도 살아서 출생하면 직계비속으로서 유류분을 가진다.

〈유류분〉
- 피상속인의 직계비속 및 배우자: 그 법정상속분의 1/2
- 피상속인의 직계존속 및 형제자매: 그 법정상속분의 1/3

(3) 법정상속분(민법 §1009~§1010)

피상속인이 공동상속인의 상속분을 지정하지 아니하였을 경우의 상속분은 민법이 규정한 법정상속분에 의하게 된다.

같은 순위 상속인이 여러 명인 때에는 그 상속분은 균분으로 하며, 피상속인 배우자의 상속분은 직계비속 또는 직계존속과 공동으로 상속하는 때에는 각 상속분의 5할을 가산한다.

| 법정상속분의 비율 예시 |

구 분	상속인	상속분	비 율
자녀 및 배우자가 있는 경우	장남, 배우자만 있는 경우	장남 1 배우자 1.5	2/5 3/5
	장남, 장녀(출가), 2남, 배우자가 있는 경우	장남 1 장녀 1 2남 1 배우자 1.5	2/9 2/9 2/9 3/9
자녀는 없고 배우자 및 직계존속이 있는 경우	부모와 배우자만 있는 경우	부 1 모 1 배우자 1.5	2/7 2/7 3/7

(4) 특별수익자의 상속분(민법 §1008)

공동상속인 중에 "피상속인으로부터 재산의 증여 또는 유증을 받은 자(특별수익자)"가 있는 경우 그 사전증여 또는 수증재산이 자기의 상속분에 달하지 못한 때에는 그 부족한 부분의 한도까지 상속분이 인정된다.

(5) 기여상속인의 상속분(민법 §1008의2)

기여상속인이란 공동상속인 중에 상당한 기간 동거·간호 그 밖의 방법으로 피상속인을 특별히 부양하거나 피상속인의 재산의 유지 또는 증가에 특별히 기여한 자를 말하며, 기여분은 공동상속인의 협의에 따라 결정되나, 기여분에 대하여 협의가 되지 아니하거나 협의할 수 없는 때에는 가정법원은 기여자의 청구에 따라 기여분을 결정하게 된다.

차. 상속재산의 분할

상속재산의 분할은 상속개시로 인하여 생긴 공동상속인 간의 상속재산의 공유관계를 종료시키고 공동상속인별 상속분에 따라 그 재산의 귀속을 확정시키는 일종의 청산행위라 할 수 있으며, 분할의 방법으로는 다음의 세 가지가 있다.

(1) 유언에 의한 분할(민법 §1012)

피상속인은 유언으로 상속재산의 분할방법을 정하거나 이를 정할 것을 제3자에게 위탁할 수 있다.

(2) 협의에 의한 분할(민법 §1013)

유언에 의한 분할방법의 지정이 없거나 분할방법지정의 위탁이 없는 경우, 위탁을 받은 자가 지정을 실행하지 않은 경우, 분할방법의 지정·분할방법지정의 위탁을 한 유언이 무효인 경우, 그리고 유언에 의한 분할금지가 없는 경우 등에는 공동상속인은 언제든지 협의에 의하여 상속재산을 분할할 수 있다.

(3) 조정 또는 심판에 의한 분할(민법 §1013 ②, §269)

공동상속인 간에 상속재산 분할의 협의가 성립되지 않는 때에는 각 공동상속인은 가정 법원에 분할을 청구할 수 있다.

(4) 상속재산분할의 효과(민법 §1015)

상속재산의 분할은 상속이 개시된 때에 소급하여 그 효력이 있다. 그러나 제3자의 권리를 해하지 못한다. 이 소급효는 현물분할의 경우에만 인정되는 것이며, 상속재산을 매각하여 그 대금을 분배하는 경우 또는 상속재산 자체를 취득하지 않는 대가로 상속 재산에 속하지 않은 다른 재산을 취득한 경우에는 소급효가 생기지 않는다.

카. 유증

유증(遺贈)이란 유언으로 재산을 타인에게 증여하는 상대방 없는 단독행위를 말한다. 유증은 유언자의 의사를 존중하여 재산 처분의 자유를 인정하지만 그 자유는 무제한 적인 것이 아니라 나중에 유류분제도로 제한을 받을 수 있다. 유언은 민법에서 정한 엄격한 방식(유언방식은 자필방식, 녹음, 공정증서, 구수증서, 비밀증서 5종임)에 따라야만 그 효력이 인정된다(민법 §1060).

타. 사인증여

사인증여란 증여자의 사망으로 인하여 효력이 생기는 증여이다. 사인증여나 유증은 증여자·유증자의 사망으로 인하여 효력이 발생하는 사인행위로서 재산의 무상이전인 점은 같으나, 사인증여는 증여자와 수증자 사이의 계약이고, 유증은 유언자의 단독행위라는 점에서 서로 다르다.

② 「상속세 및 증여세법」에 의한 상속세

가. 상속세의 의미

상속세는 자연인의 사망으로 인하여 그가 보유하던 재산이 상속인 등에게 무상으로 이전되는 경우 그 상속인 등에게 부과하는 세금이다.

상속세는 세대간 富의 무상이전으로 이득을 얻은 자에게 부과하는 세금이므로 특정인에게 불로소득으로 인한 富의 집중현상을 억제하여 일반적으로 경제적 출발점을 비슷하게 하는 경제적 기회균등의 제고 효과를 지니며, 소득재분배 기능을 통하여 소득세의 기능을 일부 보완 또는 강화시키는 사회정책적인 의미를 가지고 있다.

나. 상속세 과세의 이론적 근거

국가가 상속재산에 대하여 상속세를 부과하는 이유는 위와 같은 사회정책적 이유 외에도 여러 가지 이론적 근거들을 제시하고 있는데, 간단히 소개하면 다음과 같다.

(1) 소급과세설

피상속인이 생존시에 정책적으로 또는 조세회피 등으로 축적된 재산에 대해서 과거의 과세 누락 또는 과소 부과된 세액을 소급하여 추징한다는 설이다.

(2) 국가상속권설

재산의 소유자가 사망하면 그 재산은 당연히 국가에 귀속되어야 할 것이지만 국가가

사유재산을 인정하고 그 재산을 상속할 수 있는 권리를 창설한 결과로 상속재산이 상속인에게 귀속되는 것이며, 그렇기 때문에 국가는 상속세를 징수할 권한이 있다는 설이다.

(3) 국가공동상속설

국가도 상속인과 같이 상속재산에 대하여 일부의 상속권을 가지고 있기 때문에 상속이 개시되어 상속인에게 재산이 이전될 때에는 국가가 상속재산의 일부를 상속받아야 한다는 설이다.

(4) 지불수수료설

부(富)의 축적과 상속은 국가의 보호를 받은 것이기 때문에, 이와 같은 국가의 협력에 대한 수수료라는 설이다.

(5) 사회정책설

상속재산은 피상속인의 경제적 수완과 활동능력에 따라 축적된 것이기도 하지만, 한편으로는 국가의 제반 정책에 따라 이루어진 부분이 있으므로 그 부분을 과세함으로써 부(富)의 편재를 시정하고 재분배를 실현해서 조세의 부담을 공평하게 실현한다는 설이다.

다. 상속세의 특성

상속세는 상속개시를 원인으로 이전되는 재산을 포착하여 과세한다는 점에서 유통세로 보는 견해도 있으나, 상속재산을 종합하여 과세함은 물론 그 세부담을 상속재산 중에서 지급할 것을 예정하고 있으므로 실질적으로는 재산세의 일종으로 볼 수 있다.

이와 같은 상속세의 일반적 성질 이외에 상속세의 특성을 보면 다음과 같이 요약할 수 있다.

(1) 무상으로 이전받은 재산, 즉 불로소득에 대한 세금이다.

(2) 초과 누진세율로 세부담을 하게 되므로 부의 크기에 상응한 응능부담(應能負擔)이

되어 소득재분배 기능을 가진다.

(3) 생전에 탈루되거나 비과세·감면 등으로 소득세 과세가 안 된 부분, 사망일까지의 재산 보유 과정에서 얻은 자본이득 등이 사망시점에서 상속세로 부과됨에 따라 소득세 기능을 보완하거나 강화시킨다.

(4) 부의 집중현상을 직접 조정하는 효과가 있어 경제적 기회균등 효과를 제고한다.

(5) 상속세를 피하기 위해 생전에 부의 집중을 분산하려는 자산 유동화 효과가 있다.

(6) 상속재산에 대하여 과세하므로 과세물건이 확실하고, 세수입도 확실하다.

라. 우리나라의 상속세 과세체계

우리나라의 상속세는 상속인의 수나 유산의 배분내용에 관계없이 피상속인이 남긴 유산총액을 과세대상으로 하여 누진구조의 세율을 적용, 과세하는 유산세 과세방식을 채택하고 있다.

「상속세 및 증여세법」 제2조 제3호와 제3조에서 「피상속인에게 귀속되는 모든 상속 재산이 상속세 과세대상이다」라고 규정하고 있고, 상속재산의 가액에서 차감하는 공과 금 등 또한 피상속인을 기준으로 산정하여 차감하도록 규정하고 있는 것은 유산세 과 세방식을 천명한 것으로 볼 수 있으며, 다만 납부할 상속세를 상속인이나 수유자가 상 속재산 중 각각 상속받았거나 받을 재산의 점유비율에 따라 납부하도록 하고 있는 점 (상증법 §3의 2)은 일부 유산취득세 과세방식을 가미하였다고 볼 수 있다.

마. 상속세 과세대상

상속개시일(사망일) 현재 피상속인이 거주자인지 또는 비거주자인지 여부에 따라 상속세 과세대상이 되는 재산의 범위는 다음과 같이 다르다.

피상속인	과세대상
거 주 자	상속개시일 현재 피상속인 소유의 국내·국외에 있는 모든 상속재산
비거주자	상속개시일 현재 피상속인 소유의 국내에 있는 모든 상속재산

바. 상속세 납부의무자

상속세 납부의무자는 상속으로 인하여 재산을 받은 상속인(민법상 상속인, 대습상속인, 결격상속인, 상속포기자, 특별연고자)과 유증 또는 사인증여(증여채무 이행 중 증여자가 사망한 경우의 당해 증여를 포함함), 유언대용신탁 및 수익자연속신탁에 의하여 재산을 취득한 자(이하 "수유자"라 한다)가 된다.

납부의무자에는 자연인뿐만 아니라 법인도 포함되는 것이나, 영리법인이 유증 등으로 상속재산을 취득한 경우 영리법인이 부담할 상속세는 면제하되, 2014. 1. 1. 이후 상속개시분부터는 그 영리법인의 주주 중 상속인과 그 직계비속이 있는 경우에는 면제받은 세액의 일정지분 상당액을 그 상속인 및 직계비속이 납부하도록 하였으며, 상속인 또는 수유자는 상속받은 재산의 범위 내에서 연대납부의무를 지게 된다.

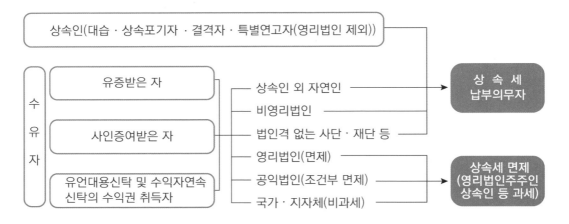

사. 상속재산 소재지

상속재산의 소재지는 상속개시 당시의 현황에 따라 다음과 같이 판정한다.

상속재산 구분	판정기준
① 부동산 또는 부동산에 관한 권리	부동산의 소재지
② 광업권 또는 조광권	광구의 소재지
③ 어업권 양식업권 또는 입어권	어장에서 가장 가까운 연안
④ 선박	선적의 소재지

상속재산 구분	판정기준
⑤ 항공기	항공기의 정치장의 소재지
⑥ 주식 · 출자지분 또는 사채	주식 등 발행 법인의 본점 · 주된 사무소 소재지 * 외국법인의 국내 발행 주식 등: 그 거래를 취급하는 　금융회사 등 영업장의 소재지
⑦ 신탁업자가 취급하는 금전신탁	그 신탁재산을 인수한 영업장 소재지 금전신탁 외의 신탁재산: 신탁한 재산의 소재지
⑧ 금융재산(⑥, ⑦ 제외)	그 재산을 취급하는 금융기관 등 영업장의 소재지
⑨ 금전채권	채무자의 주소지 * ⑥~⑧에 해당하는 경우 제외
⑩ 기타 유형재산 또는 동산	그 유형재산 소재지 · 동산이 현존하는 장소
⑪ 특허권 · 상표권 등 등록을 요하는 권리	그 권리를 등록한 기관의 소재지
⑫ 저작권(출판권 · 저작인접권 포함)	저작권의 목적물이 발행되었을 경우 그 발행 장소
⑬ 그 외 영업장 있는 영업상의 권리	그 영업장의 소재지
⑭ 위 외의 재산	그 재산의 권리자의 주소

아. 상속세 과세관할

피상속인의 주소지 또는 거소지를 '상속개시지'라 하며, 상속세 과세표준 신고서는 신고당시 그 상속개시지를 관할하는 세무서장에게 제출하여야 한다(과세표준 신고서를 관할이 아닌 세무서장에게 제출한 경우에도 그 신고의 효력에는 영향이 없다). 상속세의 과세표준과 세액의 결정 또는 경정결정은 그 처분당시(즉, 결정 · 경정하는 때)의 상속 개시지를 관할하는 세무서장이 하여야 하며, 상속개시지 구분에 따른 과세관할은 다음과 같다.

구 분	과세관할
상속개시지가 국내인 경우	• 상속개시지를 관할하는 세무서장 • 국세청장이 특히 중요하다고 인정하는 것에 대해서는 관할지방국세청장
상속개시지가 국외인 경우	• 상속재산 소재지를 관할하는 세무서장 • 상속재산이 둘 이상의 세무서장 등의 관할구역에 있는 경우에는 주된 재산의 　소재지를 관할하는 세무서장

구 분	과세관할
실종선고에 의한 상속개시의 경우	• 피상속인의 상속개시지를 관할하는 세무서장 • 피상속인의 상속개시지가 불분명한 경우에는 주된 상속인의 주소지를 관할하는 세무서장

제 3 절

상속세 계산

상속세는 상속재산(본래·간주·추정상속재산)에서 비과세 및 과세가액불산입 재산을 제외하여 과세대상 상속재산가액을 확정하고, 공과금 등을 차감한 후 상속개시 전 증여 재산가액을 가산하여 상속세 과세가액을 계산하며, 이 상속세 과세가액에서 상속공제액과 감정평가수수료를 차감하여 계산한 과세표준에 상속세율을 곱하여 산출세액을 계산하는 구조로 이루어져 있다.

| 상속세 계산 흐름도 |

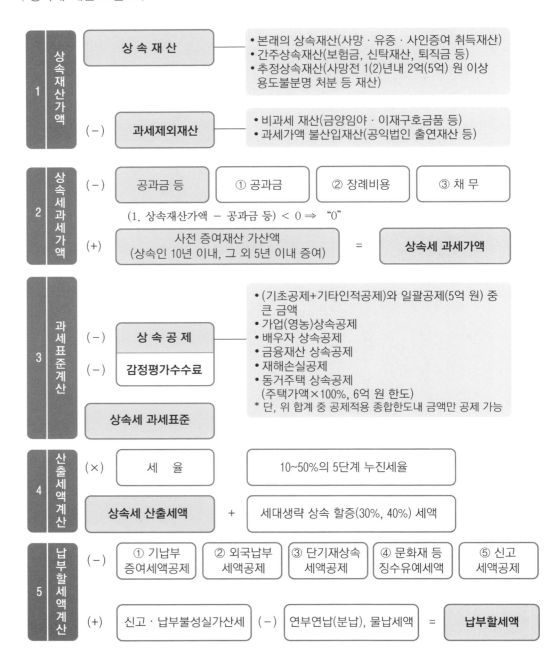

1 상속재산가액

상 속 재 산
- 본래의 상속재산(사망·유증·사인증여 취득재산)
- 간주상속재산(보험금, 신탁재산, 퇴직금 등)
- 추정상속재산(사망전 1(2)년내 2억(5억) 원 이상 용도불분명 처분 등 재산)

(−) 과세제외재산
- 비과세 재산(금양임야·이재구호금품 등)
- 과세가액 불산입재산(공익법인 출연재산 등)

2 상속세과세가액

(−) 공과금 등 | ① 공과금 | ② 장례비용 | ③ 채 무

(1. 상속재산가액 − 공과금 등) < 0 ⇒ "0"

(+) 사전 증여재산 가산액
(상속인 10년 이내, 그 외 5년 이내 증여) = **상속세 과세가액**

3 과세표준계산

(−) 상 속 공 제
(−) 감정평가수수료
- (기초공제+기타인적공제)와 일괄공제(5억 원) 중 큰 금액
- 가업(영농)상속공제
- 배우자 상속공제
- 금융재산 상속공제
- 재해손실공제
- 동거주택 상속공제
 (주택가액×100%, 6억 원 한도)
* 단, 위 합계 중 공제적용 종합한도내 금액만 공제 가능

상속세 과세표준

4 산출세액계산

(×) 세 율 | 10~50%의 5단계 누진세율

상속세 산출세액 + 세대생략 상속 할증(30%, 40%) 세액

5 납부할세액계산

(−) ① 기납부 증여세액공제 | ② 외국납부 세액공제 | ③ 단기재상속 세액공제 | ④ 문화재 등 징수유예세액 | ⑤ 신고 세액공제

(+) 신고·납부불성실가산세 (−) 연부연납(분납), 물납세액 = **납부할세액**

① 상속재산가액

상속세가 과세되는 상속재산은 피상속인에게 귀속되는 재산으로서 금전으로 환산할 수 있는 경제적 가치가 있는 모든 물건과 재산적 가치가 있는 법률상 또는 사실상의 모든 권리를 포함하는 본래의 상속재산(피상속인의 일신에 전속하는 것으로서 피상속인의 사망으로 소멸되는 것은 제외한다)에 상속재산으로 보는 간주상속재산(보험금, 신탁재산, 퇴직금 등) 및 추정상속재산을 합하고, 비과세 및 과세가액불산입 재산을 제외하여 확정하며, 그 재산의 가액을 합하여 상속재산가액으로 한다.

가. 본래의 상속재산

본래의 상속재산이란 상속개시 당시 피상속인의 현존하는 재산으로 상속, 유증, 사인증여 등으로 인하여 상속인 또는 수유자가 취득하는 재산을 말한다.

나. 간주상속재산

간주상속재산이란 상속·유증 및 사인증여라는 법률상 원인에 의하여 취득한 재산은 아니나 그 재산의 취득사실의 결과로서 상속 등에 의한 재산취득과 동일한 결과가 발생하는 경우에 해당하여 실질과세원칙에 따라 상속재산으로 간주되는 재산을 말하는 것으로, 생명보험금, 신탁재산, 퇴직금 등이 있다.

(1) 상속재산으로 보는 보험금

피상속인의 사망으로 인하여 받는 생명보험 또는 손해보험의 보험금으로서 피상속인이 보험계약자인 보험계약에 의하여 받는 것은 이를 상속재산으로 본다. 보험계약자가 피상속인이 아닌 경우에도 피상속인이 실질적으로 보험료를 납부하였을 때에는 피상속인을 보험계약자로 보아 그 받은 보험금을 상속재산으로 본다(상증법 §8).

계약자 (실질납부자)	피보험자	수익자	상속재산 해당 여부
피상속인	피상속인	상속인	○
상속인	피상속인	상속인	×

이 경우 상속재산으로 보는 보험금의 가액은 다음과 같이 산정한다.

$$간주상속재산\ 가액 = 보험금\ 수령액 \times \frac{피상속인이\ 납부한\ 보험료\ 합계액}{피상속인의\ 사망시까지\ 납부된\ 보험료의\ 합계액}$$

(2) 상속재산으로 보는 신탁재산

「신탁법」에 의하여 피상속인(위탁자)이 신탁한 재산의 명목상 소유권 등은 수탁자에게 귀속되나, 위탁자는 신탁을 해지할 수 있는 등 실질적인 권리를 가지고 있으므로 다음에 해당하는 신탁재산은 위탁자인 피상속인의 상속재산으로 간주하여 상속세를 부과한다 (상증법 §9).

- 피상속인이 신탁한 재산. 다만, 신탁이익의 증여 규정(상증법 §33)에 따라 수익자의 증여재산가액으로 하는 해당 신탁의 이익을 받을 권리의 가액(價額)은 제외
- 피상속인이 신탁으로 인하여 타인으로부터 원본과 신탁수익의 이익을 받을 권리를 소유하고 있는 경우에는 당해 가액
- 수익자연속신탁의 수익자가 사망함으로써 타인이 새로 신탁의 수익권을 취득하는 경우 그 타인이 취득한 신탁의 이익을 받을 권리의 가액

(3) 상속재산으로 보는 퇴직금 등

피상속인에게 지급될 퇴직금, 퇴직수당, 공로금, 연금 또는 이와 유사한 것이 피상속인의 사망으로 인하여 그의 상속인에게 지급되는 경우 그 금액은 상속재산으로 본다 (상증법 §10).

"퇴직금, 퇴직수당, 공로금, 연금 또는 이와 유사한 것"이란 퇴직급여지급규정 등에 의하여 지급받는 금품과 피상속인이 근무하고 있는 사업과 유사한 사업에 있어 피상속

인과 같은 지위에 있는 자가 받거나 받을 수 있다고 인정되는 금액을 감안하여 피상속인의 지위·공로 등에 따라 지급되는 금품을 말한다.

다만, 다음에 열거하는 유족연금 등은 상속재산으로 보지 않는다.

① 「국민연금법」에 따라 지급되는 유족연금 또는 사망으로 인하여 지급되는 반환일시금

② 「공무원연금법」, 「공무원 재해보상법」 또는 「사립학교교직원 연금법」에 따라 지급되는 퇴직유족연금, 장해유족연금, 순직유족연금, 직무상 유족연금, 위험직무순직유족연금, 퇴직유족연금부가금, 퇴직유족연금일시금, 퇴직유족일시금, 순직유족보상금, 직무상 유족보상금 또는 위험직무순직유족보상금

③ 「군인연금법」 또는 「군인 재해보상법」에 따라 지급되는 퇴역유족연금, 상이유족연금, 순직유족연금, 퇴역유족연금부가금, 퇴역유족연금일시금, 순직유족연금일시금, 퇴직유족일시금, 장애보상금 또는 사망보상금

④ 「산업재해보상보험법」에 따라 지급되는 유족보상연금, 유족보상일시금·유족특별급여 또는 진폐유족연금

⑤ 근로자의 업무상 사망으로 인하여 「근로기준법」 등을 준용하여 사업자가 그 근로자의 유족에게 지급하는 유족보상금 또는 재해보상금과 그 밖에 이와 유사한 것

⑥ 「전직대통령예우에 관한 법률」 또는 「별정우체국법」에 따라 지급되는 유족연금·유족연금일시금 및 유족일시금

다. 추정 상속재산

피상속인이 상속개시 전에 재산을 처분하여 과세자료의 노출이 쉽지 않은 현금 등으로 상속인에게 증여 또는 상속함으로써 상속세를 부당하게 경감시키는 것을 방지하기 위하여 피상속인이 사망하기 전 일정기간 내에 재산을 처분하거나 부담한 채무액이 일정 금액 이상인 경우에 그 처분대금 등에 대한 사용처를 상속인으로 하여금 입증하도록 하고, 그 용도가 객관적으로 명백하지 아니한 금액에 대해서는 현금 등으로 상속받은 것으로 추정하여 상속세 과세가액에 산입한다(상증법 §15).

(1) 상속인 등이 사용처를 입증해야 하는 처분재산 등의 범위

상속인이 처분재산가액 등의 사용처를 소명하여야 할 대상은 재산종류별·채무부담액별 및 기간별 가액에 의하여 다음과 같이 구분된다.

구 분	1년 이내	2년 이내
• 재산종류별 처분가액 　㉠ 현금·예금 및 유가증권 　㉡ 부동산 및 부동산에 관한 권리 　㉢ ㉠, ㉡ 외의 기타재산	2억 원 이상	5억 원 이상
• 국가·지자체·금융기관의 채무부담액	2억 원 이상	5억 원 이상
• 변제의무가 없다고 추정되는 채무부담액	상속공제 신고한 사채(私債)	

입금과 출금이 반복되는 예금 등의 경우 사용처 소명대상 금액의 계산은 상속개시일 전 1(2)년 이내에 피상속인이 실제 인출한 금전 등의 금액으로 하며, 이 경우 실제 인출한 금전 등의 금액은 통장 또는 위탁자계좌 등을 통하여 상속개시 전 1(2)년 이내에 인출한 금전 등의 합계액에서 당해 기간 중 예입된 금전 등의 합계액을 차감한 금전(순인출액) 등으로 하되, 인출한 금전 등의 합계액 및 예입된 금전 등의 합계액은 통장 또는 위탁자계좌 전체를 기준으로 계산하고, 그 예입된 금전 등이 통장 또는 위탁자계좌 등에서 인출한 금전 등이 아닌 경우에는 차감하지 아니한다.

소명대상(순인출액) = 총인출액 − (총예입액 − 별도 조성된 자금의 예입액)

(2) 상속추정하지 않는 경우 및 상속추정 재산가액 계산

처분재산가액 또는 부담채무액에 대한 용도가 객관적으로 명백하지 아니한 금액이 다음 ①, ② 중 적은 금액에 미달할 경우에는 용도가 객관적으로 명백한 것으로 추정하여 상속세 과세가액에 산입하지 않는다.

① 재산처분금액, 인출된 금전, 채무부담 금액의 20%에 상당하는 금액

② 2억 원

위에 해당하지 아니하여 상속재산에 포함시키는 경우 상속추정 재산가액은 사용처가 불분명한 금액에서 위 ①, ② 중 적은 금액을 차감하여 계산한다.

구 분	상속추정금액
용도불분명 금액 〈 ⓐ Min(처분금액 등의 20%, 2억 원)	없음
용도불분명 금액 ≥ ⓐ Min(처분금액 등의 20%, 2억 원)	용도불분명 금액 − ⓐ

라. 과세제외되는 상속재산

피상속인의 사망으로 재산을 상속받는 경우에도 비과세되는 상속재산과 과세가액 불산입 대상 상속재산에 대해서는 상속세가 과세되지 않는다.

(1) 비과세되는 상속재산

상속세 비과세는 전사 등 피상속인 조건에 따라 비과세를 적용하는 것과 상속재산의 조건에 따라 법령에서 열거한 재산에 대하여만 비과세하는 것으로 구분할 수 있으며, 이러한 비과세는 국가에서 과세권을 포기하는 것과 같으므로 별도로 사후관리 등을 하지 않는다.

㉮ 전사자 등에 대한 상속세 비과세

전사나 그 밖에 이에 준하는 사망 또는 전쟁이나 그 밖에 이에 준하는 공무의 수행 중 입은 부상 또는 질병으로 인한 사망으로 상속이 개시되는 경우에는 피상속인이 소유한 모든 재산에 대하여 상속세를 부과하지 아니한다.

㉯ 국가 등에 유증한 재산 등에 대한 상속세 비과세

상속재산 중 「상속세 및 증여세법」 제12조에서 비과세되는 상속재산으로 열거한 다음의 재산에 대해서는 상속세를 과세하지 않는다.

① 국가·지방자치단체 또는 공공단체에 유증(사인증여 포함)한 재산

　※ 공공단체: 지방자치단체조합, 공공도서관·공공박물관 등

② 금양임야와 묘토 및 족보와 제구(민법 §1008의3에 규정된 재산)

제사를 주재하는 상속인(다수의 상속인이 공동으로 제사를 주재하는 경우에는

그 공동으로 주재하는 상속인 전체)이 승계받은 다음 재산의 면적 범위 이내의 가액으로 하되 ㉠ 금양임야와 ㉡ 묘토인 농지의 합계액이 2억 원을 초과할 때에는 2억 원을 한도로 하며, ㉢ 족보와 제구의 합계액이 1천만 원을 초과하는 경우에는 1천만 원을 한도로 하여 비과세한다.

㉠ 피상속인이 제사를 주재하고 있던 선조의 분묘(무덤)에 속한 9,900㎡(3,000평) 이내의 금양임야

㉡ 분묘(무덤)에 속하는 1,980㎡(600평) 이내의 묘토인 농지

㉢ 족보 및 제구(2013. 2. 15. 시행령 개정하여 1천만 원 한도 적용함)

③ 「정당법」의 규정에 의한 정당에 유증 등을 한 재산

　* 2005. 1. 1. 이후 불법정치자금에 대해서는 몰수·추징에 관계없이 상속세를 과세함(조세특례제한법 제76조, 2004. 12. 31. 법률 제7322호 개정).

④ 「근로복지기본법」에 따른 사내근로복지기금, 우리사주조합, 근로복지진흥기금 및 공동근로복지기금(2019. 2. 12. 이후 상속받는 분부터 적용)에 유증 등을 한 재산

⑤ 사회통념상 인정되는 이재구호금품, 치료비, 그 밖에 기타 불우한 자를 돕기 위하여 유증한 재산

⑥ 상속재산 중 상속인이 신고기한 이내에 국가·지방자치단체 또는 공공단체에 증여한 재산

(2) 상속세 과세가액불산입 대상 상속재산

「상속세 및 증여세법」 제16조 및 제17조에서는 피상속인 및 상속인이 공익목적으로 같은 법 시행령 제12조에서 열거하는 공익법인 등에 출연하거나 공익신탁을 통하여 공익법인 등에 출연하는 재산에 대해서는 상속세 과세가액에 불산입하는 규정을 두고 있다. 이는 국가나 지방자치단체 등이 수행하여야 할 공익사업을 민간단체에서 대신 수행하는 것에 대하여 세제혜택을 줌으로써 공익사업에 출연을 유도하고 활성화시키기 위한 것이다. 다만, 같은 법 제16조 규정에 따라 공익목적사업에 재산을 출연하여 상속세를 면제받은 후에 그 출연재산을 출연자가 사용·수익하거나 주식을 출연한 경우로서 일정기준을 초과한 경우 등 그 출연행위가 상속세 또는 증여세 회피수단이나 기업지배

목적 등으로 악용되는 것을 방지하기 위하여 재산을 출연받은 공익법인 등이 지켜야 할 의무를 규정하고 이를 제대로 이행하지 아니한 경우에는 상속세 또는 증여세를 추징하도록 하고 있다.

㉮ 과세가액불산입 요건

- 「상속세 및 증여세법」 제67조의 규정에 의한 신고기한(상속받은 재산을 출연하여 공익법인 등을 설립하는 경우로서 부득이한 사유가 있는 경우에는 그 사유가 끝나는 날이 속하는 달의 말일부터 6개월) 이내에 출연하여야 한다.
- 공익법인 등에 상속재산을 출연하는 경우에는 다음의 요건을 모두 갖추어야 한다.
  ① 상속인의 의사(상속인이 2인 이상인 경우에는 상속인들의 합의에 의한 의사로 함)에 따라 상속받은 재산을 상속세 과세표준 신고기한까지 출연할 것
  ② 상속인이 출연된 공익법인 등의 이사현원(5인에 미달하는 경우 5인으로 봄)의 1/5을 초과하여 이사가 되지 아니하여야 하며, 이사의 선임 등 공익법인 등의 사업운영에 관한 중요사항을 결정할 권한을 가지지 아니할 것

㉯ 내국법인의 의결권 있는 주식을 일정비율을 초과하여 출연하는 경우 상속세 과세

내국법인의 의결권 있는 주식의 10%(자선, 장학, 사회복지 목적으로서 의결권을 행사하지 않는 경우는 20%, 상호출자제한기업집단과 특수관계 있는 공익법인은 5%)를 초과하여 출연받는 분에 대해서는 상속세를 과세하되, 다음의 사후관리를 위반하는 경우에는 5% 초과분에 대하여 상속세를 과세한다.

① 운용소득을 1년 내 80% 이상 직접공익목적 사용
② 출연재산가액의 1% 상당액 이상 직접공익목적 사용
   (2024. 1. 1. 이후 개시하는 사업연도분부터 삭제. 다만, 2023사업연도분은 종전규정 또는 개정규정 중 선택하여 적용 가능)
③ 자기내부거래 금지
④ 출연자의 특수관계인이 이사정원의 1/5을 초과하지 않을 것
⑤ 정당한 대가 없이 특수관계있는 법인 광고·홍보 금지

다만, ㉠ 위 사후관리를 위반하지 않는 공익법인 등에 해당하고 ㉡ 상호출자제한기

업집단과 특수관계에 있지 아니한 공익법인 등에 ⓒ 그 공익법인 등의 출연자와 특수 관계에 있지 아니한 내국법인의 주식 등을 출연하는 경우로서 ⓓ 주무관청이 공익법인 등의 목적사업을 효율적으로 수행하기 위하여 필요하다고 인정하는 경우에는 10% 초과분에 대해서 상속세를 과세하지 않는다.

또한, 상호출자제한기업집단과 특수관계에 있지 아니한 공익법인 등으로서 위 사후 관리를 위반하지 않는 공익법인 등(공익법인 등이 설립된 날부터 3개월 이내에 주식 등을 출연받고, 설립된 사업연도가 끝난 날부터 2년 이내에 해당 요건을 충족하는 경우를 포함한다)에 10% 등을 초과하여 출연하는 경우로서 해당 공익법인 등이 초과보유일부터 3년 이내에 초과하여 출연받은 부분을 매각(주식 등의 출연자 또는 그의 특수 관계인에게 매각하는 경우는 제외한다)하는 경우에도 상속세를 과세하지 않는다.

② 상속세 과세가액

상속세 과세가액이란 상속세가 과세되어야 할 상속세 과세물건의 가액을 말한다. 즉, 상속세 과세가액이란 상속세 과세표준 산정의 기초가 될 금액으로서 상속세 과세표준 산정의 직전 단계에서 계산되는 금액이다.

가. 상속세 과세가액의 계산

상속이 개시된 경우 피상속인이 소유하고 있던 상속재산가액(민법상 상속재산 + 간주 상속재산 + 추정상속재산) 중 비과세 상속재산 가액과 과세가액 불산입 대상 재산가액을 제외한 가액에서 공과금·장례비용·채무액을 차감하고 상속개시일 전 10년 이내에 피상속인이 상속인에게 증여한 재산과 상속개시일 전 5년 이내에 피상속인이 상속인 이외의 자에게 증여한 재산의 가액을 가산하여 상속세 과세가액을 계산한다. 2013. 1. 1. 이후 상속개시하는 분부터는 [(상속재산가액 - 공과금, 장례비, 채무) < 0]이면 그 초과하는 금액은 없는 것(즉 0원)으로 보고 증여재산가액을 가산하도록 개정되었다.

구 분	내 용
총 상속재산가액	• 민법상 상속재산 · 간주상속재산 · 추정상속재산
− 비과세 상속재산가액	• 전사자 등에 대한 비과세 • 금양임야 · 이재구호금품 등 비과세재산
− 과세가액 불산입액	• 공익법인 출연재산, 공익신탁재산 등
− 공제금액	• 공과금, 장례비, 채무
* 위 계산 결과가 0원보다 작은 경우에는 그 초과액은 없는 것으로 봄(2013. 1. 1. 이후 상속개시분부터)	
+ 합산대상 사전증여재산가액	• 사전증여재산
	• 특례적용 증여재산(창업자금, 가업승계)
= 상속세 과세가액	

(1) 공제되는 금액

상속세 과세가액 계산시 공제되는 공과금 등(공과금, 장례비용, 채무액)은 피상속인이 거주자인지 또는 비거주자인지에 따라 그 범위가 다르다. 즉, 피상속인이 거주자인 경우에는 모든 공과금 등이 공제되나, 비거주자인 경우에는 장례비를 공제하지 않으며 국내 상속재산과 관련된 공과금, 국내 상속재산에 유치권 · 질권 · 저당권이 담보된 채무, 국내 사업장의 공과금 · 채무만 공제된다.

> 거 주 자 = 공과금 + 장례비용 + 채무
>
> 비거주자 = 해당 상속
재산의 공과금 + 해당 상속재산을 목적으로 하는 유치권 ·
질권 · 저당권으로 담보된 채무 + 국내 사업장
공과금 · 채무

| 장례비용 |

피상속인 구분	장례에 소요된 비용		봉안시설 등 비용	
	증빙확인 금액	공제금액	증빙확인 금액	공제금액
거주자	5백만 원 미만 또는 증빙없음	5백만 원	5백만 원 미만	증빙금액
	5백만 원 이상 1천만 원 이하	증빙금액	5백만 원 초과	5백만 원
	1천만 원 초과	1천만 원		
비거주자	공제 없음.			

(2) 가산하는 사전증여재산가액

상속개시일 현재 피상속인이 보유하던 재산에 대해서만 상속세를 과세하는 경우 생전 분산증여를 통해 초과누진세율 체계인 상속세를 회피할 수 있으므로, 이를 방지하기 위해 피상속인이 상속개시일 전 일정기간 내에 상속인 또는 상속인이 아닌 자에게 증여한 재산의 가액은 상속세 과세가액에 합산하여 상속세를 과세하도록 하고 있다.

이 경우 합산하는 증여재산에 대한 증여세액은 상속세 산출세액에서 기납부증여세액으로 공제하여 동일한 재산에 대하여 증여세와 상속세가 이중으로 부과되지 않도록 하였다.

한편, 「조세특례제한법」 제30조의5 규정에 따른 창업자금에 대한 증여세 과세특례와 제30조의6 규정에 따른 가업승계에 대한 증여세 과세특례를 적용받은 경우에는 증여시기에 관계없이 그 증여재산가액을 상속세 과세가액에 가산한다.

㉮ 상속인에 대한 사전 증여재산가액

상속개시일 현재 「상속세 및 증여세법」상 "상속인"에 해당하는 자에게 상속개시일 전 10년 이내에 증여한 재산의 가액은 상속세 과세가액에 가산한다.

㉯ 상속인이 아닌 자에 대한 사전 증여재산가액

위의 "상속인"에 해당하지 않는 자에게 상속개시일 전 5년 이내에 증여한 재산의 가액은 상속세 과세가액에 가산한다. 이 경우 상속인에 해당하지 않는 자란 상속인 외의 자연인뿐 아니라 영리법인, 비영리법인 또는 기타 단체를 포함하되, 공익법인 등이 증여받은 재산은 합산하지 않는다.

㉰ 합산과세하지 않는 증여재산

상속세 과세가액에 가산하는 증여재산은 민법상 증여에 의해 취득한 재산뿐 아니라 「상속세 및 증여세법」에서 증여로 취급하여 과세하는 재산을 포함하되 증여세가 비과세되는 재산, 공익법인 등에 출연하여 과세가액 불산입된 재산, 장애인이 증여받아 불산입된 증여재산 및 「조세특례제한법」에 따라 증여세 감면을 받은 농지 등은 합산하여 과세하지 않으며, 2004. 1. 1. 이후 상속개시분부터 증여자 등이 불분명한 다음의 증여재산(합산배제증여재산)도 합산하여 과세하지 않는다.

- 전환사채 등의 주식전환 등에 따른 이익의 증여(상증법 §40 ① 2, 3)
- 주식 등의 상장 등에 따른 이익의 증여(상증법 §41의3)
- 합병에 따른 상장 등 이익의 증여(상증법 §41의5)
- 타인의 기여에 의한 재산가치 증가분의 증여(상증법 §31 ① 3, §42의3)
- 명의신탁재산의 증여의제(상증법 §45의2, 2019. 1. 1. 이후)
- 특수관계법인과의 거래를 통한 이익의 증여의제(상증법 §45의3, 2011. 12. 31. 신설)
- 특수관계법인으로부터 제공받은 사업기회로 발생한 이익의 증여의제(상증법 §45의4, 2015. 12. 15. 신설)
- 재산 취득자금 등의 증여 추정(상증법 §45)

③ 상속세 과세표준

상속세 과세표준이란 상속세의 세율을 적용하여 세액을 산출하기 위한 기초가 되는 금액이며, 상속세 과세가액에서 상속공제액과 감정평가수수료를 차감한 가액으로 한다.

상속세 과세표준은 상속개시 당시 피상속인이 거주자인지 또는 비거주자인지 여부에 따라 그 계산방법을 달리하고 있으며, 상속세 과세표준이 50만 원 미만인 때에는 상속세를 부과하지 아니한다.

| 상속세 과세표준 |

구 분	내 용
상속세 과세가액	
(-) 상속공제	• 기초공제, 그 밖의 인적공제, 일괄공제, 배우자공제 • 가업 · 영농상속공제, 금융재산상속공제, 재해손실공제, 동거주택상속공제 • 공제적용의 한도
(-) 감정평가수수료	• 감정평가법인에 대한 감정평가수수료 • 신용평가전문기관에 대한 수수료 • 서화 · 골동품 등 감정수수료(2014. 2. 21. 이후 평가분)
= 상속세 과세표준	

* 피상속인이 비거주자인 경우: 상속세 과세가액 - (기초공제 + 감정평가수수료)

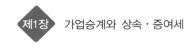

가. 거주자의 상속공제

피상속인이 거주자인 경우 「상속세 및 증여세법」 제18조부터 제24조에서 규정하는 상속공제를 모두 적용한다.

상 속 공 제	공 제 액	비 고
① 기초공제(상증법 §18 ①)	2억 원	거주자 비거주자
② 가업상속공제(상증법 §18 ②)	가업상속재산가액, 600억 원 한도	거주자
③ 영농상속공제(상증법 §18 ②)	영농상속재산, 30억 원 한도	
④ 배우자상속공제(상증법 §19)	30억 원(최소 5억 원)	
⑤ 그 밖의 인적공제(상증법 §20)	자녀, 미성년자, 연로자, 장애인공제	
⑥ 일괄공제(상증법 §21)	Max(①+⑤, 5억 원)	
⑦ 금융재산 상속공제(상증법 §22)	금융재산가액, 2억 원 한도	
⑧ 재해손실공제(상증법 §23)	재해손실금액	
⑨ 동거주택 상속공제(상증법 §23의2)	(주택가액－담보된 피상속인의 채무) × 100%, 6억 원 한도	
⑩ 공제적용의 한도(상증법 §24)	Min(㉮, ㉯) ㉮: ①~⑨ 합계액 ㉯: 상속세 과세가액－상속인 외 유증가액－상속포기로 다음 순위가 상속받은 재산가액－사전증여재산 과세표준	거주자 비거주자

(1) 기초공제

상속세 기초공제란 거주자의 사망으로 상속이 개시된 경우에 피상속인으로부터 상속 또는 유증에 의하여 취득한 재산에 대하여 상속세를 계산할 때 피상속인을 기준으로 일정한 금액을 공제하는 것으로, 상속세 과세가액에서 2억 원을 공제한다(2001. 1. 1. 이후 상속이 개시된 분부터는 비거주자인 경우에도 2억 원을 공제한다)(상증법 §18 ①).

(2) 가업상속공제

거주자의 사망으로 상속이 개시된 경우로서 일정요건을 충족하는 가업을 상속받는 경우 가업상속 재산가액을 상속세 과세가액에서 추가로 공제한다. 이 경우 가업상속이란 상속개시일 현재 피상속인이 10년 이상 영위한 가업을 상속인 중 당해 가업에 종사하는 자(상속개시일 현재 18세 이상인 자로서 상속개시일 전에 2년 이상 직접 가업에 종사한 경우를 말함)가 상속받는 것을 말하며, 구체적인 내용은 다음의 "제2장"에서 알아보기로 한다.

(3) 영농상속공제

피상속인이 상속개시 8년 전부터 영농(산림·어업경영 및 가축기름 포함)에 종사한 경우로서 상속개시일 현재 18세 이상이고 상속개시일 2년 전부터 계속하여 직접 영농에 종사한 상속인이 농지 등의 전부를 상속받은 경우 당해 농지 등의 가액을 30억 원(2022. 12. 31. 이전 20억 원, 2021. 12. 31. 이전 15억 원)의 범위 내에서 공제받을 수 있다.

㉮ **공제요건**: 다음의 요건을 모두 충족하여야 한다.

영농상속재산 요건	피상속인 요건	상속인 요건
- 「소득세법」의 적용을 받는 영농에 대한 다음 상속재산(농지 등) • 「농지법」 제2조 제1호 가목에 따른 농지 • 「초지법」에 따라 허가받은 초지 • 보전산지 및 영림계획에 따른 조성기간 5년 이상인 산림지 • 「어선법」에 따른 어선 • 「내수면어업법」·「수산업법」에 따른 어업권 • 농업, 임업, 축산업 또는 어업용 창고 등과 부속토지 • 「소금산업진흥법」에 따른 염전 - 「법인세법」을 적용받는 농업	【「소득세법」의 적용】 - 농지 등의 소재지, 농지 등과 연접하는 시·군·구 또는 30킬로미터 이내에 거주 - 상속개시 8년 전부터 계속 직접 영농에 종사 - 직접 영농(개인영농)의 경우 질병·요양 기간과 수용 등으로 인하여 직접 영농에 종사하지 못한 기간(1년 이내로 한정)은 직접 영농으로 간주 【「법인세법」의 적용】 - 상속개시일 8년 전부터 경영 - 최대주주등 지분 50%	- 상속개시일 현재 18세 이상 - ① 또는 ② ① 다음 요건을 모두 충족 - 소득세법을 적용받는 영농 • 상속개시 2년 전부터 계속하여 직접 영농에 종사 • 농지 등 소재지, 연접, 30킬로미터 이내에 거주 - 법인세법을 적용받는 영농 • 2년 전부터 종사 • 신고기한 내 임원취임, 신고기한부터 2년 이내 대표이사 등 취임 - 병역, 질병요양, 취학상 형편, 수용 등 기간은 직접영농 간주 - 피상속인이 65세 이전 사망, 천재지변, 인재 사망시 직접

영농상속재산 요건	피상속인 요건	상속인 요건
법인의 주식 등	이상 계속 유지	영농요건 적용 배제 ② 후계농업경영인·어업인 후계자 등일 것(농업·수산계열 학교 재학 및 졸업)

㉯ **공제금액**: 농지 등의 가액. 다만, 30억 원(2022. 12. 31. 이전 20억 원, 2021. 12. 31. 이전 15억 원)을 초과하는 경우 30억 원을 한도로 한다.

㉰ **영농상속재산을 처분 등을 한 경우 상속세 추징**

① **상속세 추징사유 및 상속재산 가산금액**

상속개시일부터 5년 이내에 정당한 사유 없이 영농상속재산을 처분하거나 영농에 종사하지 아니하게 된 경우, 아래 ㉠과 같은 금액을 상속개시 당시의 상속세 과세가액에 산입하여 상속세를 부과한다. 이 경우 아래 ㉡과 같이 계산한 이자상당액을 그 부과하는 상속세에 가산한다(상증법 §18 ⑥).

㉠ 상속재산 가산금액

- 상속개시일부터 5년 이내에 영농에 종사하지 않는 경우: 영농상속공제액 전액
- 상속개시일부터 5년 이내에 영농상속재산을 처분한 경우: 다음 금액

$$\text{영농상속 공제금액} \times \frac{\text{영농상속받은 재산 중 처분 재산가액(상속개시 당시 평가액)}}{\text{영농상속재산가액(상속개시 당시 평가액)}}$$

㉡ 이자상당액

$$\text{(가)사후관리 위반시 추징하는 상속세액} \times \text{(나)추징일수} \times \text{(다)}(0.012 \div 365)$$

(가) 공제받은 금액을 상속개시 당시의 상속세 과세가액에 산입하여 결정한 상속세액(상증령 §15 ⑯ 1)

(나) 당초 상속받은 상속재산에 대한 상속세 과세표준 신고기한의 다음날부터 상속세 추징사유가 발생한 날까지의 기간(상증령 §15 ⑯ 2)

(다) 상증법 제18조 제5항 각호 외의 부분 전단에 따른 상속세의 부과 당시의 「국세기본법 시행령」 제43조의3 제2항에 따른 이자율을 365로 나눈 율(상증령 §15 ⑯ 3)

② 사후관리 위반시 신고·납부 의무

2018. 1. 1. 이후 사후관리를 위반하는 분부터는 해당 사유 발생일이 속하는 달의 말일부터 6개월 이내에 위반사실에 대하여 신고하고 해당 상속세와 이자상당액을 납부하도록 하였다(상증법 §18 ⑧, 2017. 12. 19. 신설).

③ 추징제외 사유

- 영농상속받은 상속인이 사망하는 경우
- 영농상속받은 상속인이 해외이주하는 경우
- 영농상속재산이 법률에 의하여 수용된 경우
- 영농상속재산을 국가·지방자치단체에 양도하거나 증여하는 경우
- 영농 상 필요에 따라 농지를 교환·분합 또는 대토하는 경우
- 주식의 물납, 합병 등 부득이한 사유로 처분하는 경우로서 처분 후에도 최대 주주등인 경우
- 병역의무이행, 질병요양, 취학상 형편 등으로 영농에 종사하지 못하다가 그 사유 종료 후 영농에 종사한 경우

㉮ 조세포탈 회계부정 등의 경우 상속세 추징

피상속인 또는 상속인이 영농과 관련하여 조세포탈 또는 회계부정 행위로 징역형 또는 벌금형을 선고받고 그 형이 확정된 경우에는 영농상속공제를 적용하지 않거나 상속세를 추징한다(2022. 12. 31. 신설).

(4) 배우자상속공제

상속인 중 피상속인의 배우자가 있는 경우 배우자가 실제 상속받은 금액은 일정한도 내에서 상속세 과세가액에서 공제한다. 이 경우 배우자란 민법상 혼인관계에 있는 자, 즉 가족관계등록부에 배우자로 등재된 자를 말한다(상증법 §19).

㉮ 공제금액

배우자 상속공제는 상속세 과세표준신고기한 경과 후 9개월(이하 "배우자상속재산 분할기한"이라 함) 이내에 배우자의 상속재산을 분할한 경우 배우자가 상속받은 재산

가액을 공제한도액 범위 내에서 공제하고, 분할하지 않은 경우에는 5억 원을 공제한다. 따라서 배우자 상속공제는 최소 5억 원에서 최대 30억 원까지 적용받을 수 있다.

분할기한 내 배우자 상속재산을 분할한 경우	무신고, 미분할
• 5억 원에 미달시 5억 원을 공제 • 배우자가 실제 상속받은 금액[한도: Min(①, ②)] 　① (상속재산가액 × 배우자 법정상속지분) − 배우자 사전증여 　　재산의 증여세과세표준 　② 30억 원	5억 원

① 배우자가 실제 상속받은 금액

배우자 상속공제액 계산시 "배우자가 실제 상속받은 금액"은, 배우자상속재산분할 기한 내에 배우자가 상속받은 재산(등기·등록·명의개서 등을 요하는 경우에는 그 등기·등록·명의개서 등이 된 것에 한함)가액에서 배우자가 승계한 채무·공과금 등을 차감하여 계산한다. 배우자가 상속받은 재산의 가액 및 승계한 채무 등의 금액은 상속세를 결정할 때 상속개시 당시 평가한 가액에 의한다.

2010. 1. 1. 이후 상속개시분부터는 배우자 앞으로 등기·등록·명의개서한 부동산이나 주식 등으로서 세무서장에게 배우자가 상속받은 재산이라고 신고하지 않은 경우에도 배우자 상속재산분할기한까지 상속재산을 분할한 사실이 확인되는 경우에는 배우자가 실제 상속받은 것으로 인정하여 해당 금액을 공제받을 수 있다(상증법 §19 ②, 2010. 1. 1. 개정).

다만, 배우자상속재산분할기한까지 부득이한 사유로 분할하지 못하는 경우에는 상속인이 배우자상속재산분할기한까지 그 부득이한 사유를 입증할 수 있는 서류를 첨부하여 미분할 사유를 납세지 관할서장에게 신고한 경우로서 배우자상속재산분할기한(부득이한 사유가 소의 제기나 심판청구로 인한 경우에는 소송 또는 심판청구가 종료된 날)의 다음 날부터 6개월이 되는 날(6개월을 경과하여 과세표준과 세액의 결정이 있는 경우에는 그 결정일)까지 상속재산을 분할하여 신고한 경우에는 배우자상속재산분할기한 이내에 분할한 것으로 본다.

* 상속재산 미분할이 용인되는 '부득이한 사유'(상증령 §17 ②)
  - 상속인 등이 상속재산에 대하여 상속회복청구의 소를 제기하거나 상속재산 분할의 심판을 청구한 경우

‒ 상속인이 확정되지 아니한 부득이한 사유 등으로 배우자 상속분을 분할하지 못하는 사실을 관할 세무서장이 인정하는 경우

② 배우자 상속공제 한도액: Min(㉠, ㉡)

㉠ 다음 계산식에 따라 계산한 한도금액

한도금액 = (A ‒ B + C) × D ‒ E

A: 상속재산의 가액*
B: 상속인이 아닌 수유자가 유증등을 받은 재산가액
C: 상속인이 상속개시일 전 10년 이내 증여받은 재산가액
D: 배우자의 법정상속분**
E: 배우자가 받은 사전증여재산에 대한 증여세 과세표준

* 상속재산의 가액: 상속세를 결정할 때 최종 확정된 재산가액을 기준으로 다음 산식에 따라 계산한다.

A. 상속재산의 가액

계산방법	참고
총상속재산가액	상속재산가액(유증재산·사인증여재산 포함) + 간주상속재산가액 + 추정상속재산가액
(‒) 비과세되는 상속재산	상증법 §12 규정에 의한 비과세상속재산
(‒) 공과금·채무	과세가액 공제액 중 장례비는 차감하지 아니함.
(‒) 공익법인 등 출연재산 및 공익신탁재산	상증법 §16·§17 규정에 의한 상속세 과세가액 불산입한 출연재산 및 공익신탁재산
= 상속재산의 가액	

** 배우자의 법정상속분: 민법상 법정상속지분을 말하며, 공동상속인 중 상속포기자가 있는 경우에도 상속포기하기 전의 배우자 상속지분을 말한다.

㉡ 30억 원

㉴ 기타 공제사항

① 배우자 상속재산의 분할을 하지 아니한 경우: 배우자 공제 최소금액인 5억 원만을 공제한다.

② 실제 상속받은 재산이 5억 원 미만인 경우 등: 배우자가 실제 상속받은 재산이 없거나 상속받은 금액 또는 배우자 상속공제한도액이 5억 원 미만인 경우에는 5억 원을 공제한다. 따라서 배우자가 상속을 포기한 경우에도 배우자 상속공제 5억

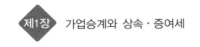

원은 적용받을 수 있다.

(5) 그 밖의 인적공제

거주자의 사망으로 상속이 개시되고 다음에 해당하는 경우에는 해당 금액을 상속세 과세가액에서 공제한다(상증법 §20).

구 분	공제요건	공제액
자녀공제	피상속인의 자녀(나이, 동거 여부 및 인원수 제한 없으며, 태아를 포함)	1인당 5,000만 원
미성년자공제	상속인(배우자 제외) 및 동거가족[3] 중 미성년자(태아 포함)[4]	1인당 1천만 원 × (19세에 달하기까지 연수)
연로자공제	상속인(배우자 제외) 및 동거가족 중 65세 이상인 자	1인당 5,000만 원
장애인공제	배우자를 포함한 상속인 및 동거가족 중 장애인	1인당 1천만 원 × 기대여명(년)

(6) 일괄공제

거주자의 사망으로 인하여 상속이 개시되는 경우에 상속인 또는 수유자는 기초공제 액과 그 밖의 인적공제액(자녀·미성년자·연로자 및 장애인공제액)의 합계액과 5억 원 중 큰 금액을 공제할 수 있다.

이 경우 상속세 과세표준신고기한 내에 신고가 없는 경우에는 일괄공제를 적용하나, 2020. 1. 1. 이후 「국세기본법」 제45조의3에 따른 기한후 신고를 하는 경우에는 기초공 제와 그밖의 인적공제 합계액과 5억 원 중 큰 금액을 공제받을 수 있으며, 신고한 기초 공제와 그 밖의 인적공제의 합계액이 일괄공제보다 적은 경우에도 일괄공제를 적용한 다(상증법 §21 ①).

다만, 피상속인의 배우자가 단독으로 상속받는 경우에는 일괄공제적용을 배제하고 기초공제액과 그 밖의 인적공제액의 합계액으로만 공제한다(상증법 §21 ②).

---

3) 상속개시일 현재 피상속인의 재산으로 생계를 유지하는 직계존비속(배우자의 직계존비속 포함) 및 형제자 매를 말한다(집행기준 20-18-1).
4) 민법의 개정으로 2013. 7. 1. 이후 미성년자는 만 19세를 말한다.

(7) 금융재산 상속공제

금융재산 상속공제제도는 상속재산 중 부동산 등의 평가가 시가에 미치지 못하는데 반하여 금융재산은 100% 평가됨으로써 발생하는 재산종류 간의 과세형평문제를 해결하기 위한 것으로, 거주자의 사망시 상속개시일 현재 상속재산가액 중 금융재산가액에서 금융채무를 뺀 순금융재산이 있는 경우 다음과 같은 금액을 상속세 과세가액에서 공제하되 그 금액이 2억 원을 초과하는 경우에는 2억 원을 공제한다(상증법 §22 ①).

순금융재산가액	금융재산 상속공제액
2,000만 원 이하	순금융재산가액 전액
2,000만 원 초과 ~ 1억 원 이하	2,000만 원
1억 원 초과 ~ 10억 원 이하	순금융재산가액 × 20%
10억 원 초과	2억 원

- 금융채무는 피상속인의 채무로 확인된 「금융실명거래 및 비밀보장에 관한 법률」 제2조 제1호에 따른 금융기관의 채무를 말한다(상증령 §19 ②).
- 금융재산 상속공제의 대상이 되는 금융재산에는 최대주주 또는 최대출자자가 보유하고 있는 주식 또는 출자지분은 포함되지 아니한다(상증법 §22).
- 금융재산 상속공제를 받고자 하는 자는 기획재정부령이 정하는 금융재산 상속공제 신고서를 상속세 과세표준신고와 함께 납세지 관할 세무서장에게 제출하여야 한다(상증령 §19 ③).

(8) 재해손실공제

거주자의 사망으로 인하여 상속이 개시되는 경우, 상속세 신고기한 이내에 화재·붕괴·폭발·환경오염사고 및 자연재해 등의 재난으로 상속재산이 멸실·훼손된 경우에는 그 손실가액을 상속세 과세가액에서 공제한다.

다만, 그 손실가액에 대한 보험금 등의 수령 또는 구상권 등의 행사에 따라 해당 손실가액에 상당하는 금액을 보전받을 수 있는 경우에는 그러하지 아니하다(상증법 §23 ①). 이 경우 상속세 과세가액에서 공제하는 손실가액은 재난으로 인하여 손실된 상속재산의 가액으로 한다(상증령 §20 ②).

(9) 동거주택 상속공제

피상속인과 상속인이 상속개시일로부터 소급하여 10년 이상 계속하여 동거한 주택이 다음 요건(①~③)을 모두 충족하는 경우에는 그 상속주택가액(부수토지의 가액을 포함하되, 해당 자산에 담보된 피상속인의 채무액을 뺀 가액)의 100%(2019. 12. 31. 이전은 80%)를 공제하되, 그 금액이 6억 원(2019. 12. 31. 이전은 5억 원)을 초과하는 경우에는 6억 원을 한도로 공제한다.

2014. 1. 1. 이후 상속개시분부터는 상속인을 "직계비속인 상속인"으로 한정하여 배우자가 주택을 상속받거나 배우자가 동거봉양한 경우는 요건을 충족하지 못한 것으로 개정하였다.

㉮ 동거주택 상속공제 요건

① 피상속인이 거주자일 것

② 피상속인과 상속인(2014. 1. 1. 이후 직계비속인 경우로 한정함)이 상속개시일부터 소급하여 10년 이상("동거주택 판정기간"이라 함) 계속하여 하나의 주택에서 동거할 것(2016. 1. 1. 이후 상속인이 미성년자인 기간은 동거기간에서 제외함)

③ 피상속인과 상속인(2014. 1. 1. 이후 직계비속인 경우로 한정함)이 동거주택 판정기간에 계속하여 1세대를 구성하면서 1세대 1주택에 해당할 것

④ 상속개시일 현재 무주택자이거나 피상속인과 공동으로 1세대 1주택을 보유한 자로서 피상속인과 동거한 상속인(2014. 1. 1. 이후 직계비속인 경우로 한정함)이 상속받은 주택일 것(피상속인과 공동으로 1주택 소유한 경우 요건은 2020. 1. 1. 이후 상속분부터 적용)

㉯ 동거주택 상속공제액

동거주택 상속공제액(한도 6억 원) = 〔주택가액(부수토지가액 포함) − 담보된 채무액〕 × 100%

* 부수토지: 2012. 12. 31.까지는 면적에 대한 규정이 없었으나 2013. 1. 1. 이후 상속개시분부터는 「소득세법」제89조 제1항 제3호에 따른 주택부수토지(도시지역: 주택면적의 5배, 그 밖의 지역: 주택면적의 10배)로 한정하였음.
* 공제율: 2019. 12. 31. 이전 80%, 공제한도: 2019. 12. 31. 이전 5억 원

(10) 상속공제 적용의 한도

상속세 과세가액에서 공제하는 기초공제·가업상속공제·영농상속공제·배우자상속공제·그 밖의 인적공제·일괄공제·금융재산 상속공제·재해손실공제·동거주택상속공제는 상속세 과세가액에서 다음의 가액을 차감한 잔액을 한도로 한다. 단, 상속세 과세가액이 5억 원 이하인 경우는 아래 ③의 적용을 배제한다(2016. 1. 1. 이후 상속개시분 부터).

① 선순위인 상속인이 아닌 자에게 유증 등을 한 재산의 가액

② 선순위인 상속인의 상속포기로 그 다음 순위의 상속인이 상속받은 재산의 가액

③ 「상속세 및 증여세법」 제13조(사전증여재산) 규정에 의하여 상속세과세가액에 가산한 증여재산가액(상증법 §53 증여재산공제 또는 상증법 §54 재해손실공제의 규정에 따라 공제받은 금액이 있는 경우에는 그 증여재산가액에서 이를 차감한 가액) 즉, 사전증여재산의 과세표준

다만, 「조세특례제한법」 제30조의5 및 제30조의6 규정에 따라 증여세 과세특례가 적용되는 증여재산은 상속공제 한도액 계산시 차감하지 않는다(조특법 §30의5 ⑧, §30의6 ③).

상속공제 한도액 =	상속세 과세가액 (−) 선순위인 상속인이 아닌 자에게 유증 또는 사인증여한 재산가액 (−) 선순위인 상속인의 상속포기로 그 다음 순위의 상속인이 상속받은 재산가액 (−) 상속세과세가액에 합산한 증여재산에 대한 증여세 과세표준

나. 감정평가수수료

상속세를 신고·납부하기 위하여 상속재산을 평가하는 데 드는 수수료로서, 다음 ①~③ 중 어느 하나에 해당하는 가액은 상속세 과세표준 계산시 상속세 과세가액에서 차감한다.

이는 피상속인이 비거주자인 경우에도 적용된다.

① 감정평가법인의 평가에 따른 수수료: 500만 원 한도

　- 그 평가된 가액으로 상속세를 신고·납부하는 경우에 한하여 적용

② 중소기업의 재산평가심의위원회 평가수수료
- 재산평가심의위원회에서 필요하다고 인정하여 신용평가전문기관에 의뢰한 평가가액이 상속·증여재산가액으로 인정되지 않더라도 평가대상법인의 수 및 신용평가전문기관의 수별로 각각 1천만 원을 한도로 하여 공제한다.
③ 서화·골동품 등 예술적 가치가 있는 유형재산 평가에 대한 감정수수료: 500만 원 한도(2014. 2. 21. 이후 평가하는 분부터 적용)

④ 상속세 산출세액

상속세 산출세액은 상속세 과세표준에 다음의 상속세 세율을 적용하여 계산한 금액을 말하며, 상속인이나 수유자가 피상속인의 자녀를 제외한 직계비속인 경우에는 상속받은 재산에 상당하는 산출세액의 30%(40%)를 가산한다.

가. 상속세 세율

2000. 1. 1. 이후		
과세표준	세율	누진공제
1억 원 이하	10%	–
1억 원 초과 5억 원 이하	20%	1천만 원
5억 원 초과 10억 원 이하	30%	6천만 원
10억 원 초과 30억 원 이하	40%	1억6천만 원
30억 원 초과	50%	4억6천만 원

나. 세대를 건너뛴 상속에 대한 할증과세

상속인 또는 수유자가 피상속인의 자녀를 제외한 직계비속인 경우에는 당해 직계비속이 취득한 상속재산에 상당하는 상속세 산출세액에 30%(2016. 1. 1. 이후 자녀를 제외한 직계비속이 미성년자인 경우로서 상속받은 재산가액이 20억 원을 초과하는 경우에는 40%)를 할증과세액으로 하여 산출세액에 가산한다(상증법 §27). 이는 세대마다 재산을 상속시킨 경우와의 상속세부담이 형평을 이루도록 하기 위함이다. 다만, 민법 제1001조 규정에 의한 대습상속의 경우에는 할증과세를 하지 않는다.

$$할증과세액 = 산출세액 \times \frac{피상속인의 \ 자녀를 \ 제외한 \ 직계비속이 \ 상속받은 \ 재산가액}{총상속재산가액^*} \times 30(40)\%$$

* 총상속재산가액: 사전증여재산 중 상속인·수유자가 받은 증여재산을 포함

 납부할세액

납부할 상속세액은 세대를 건너뛴 상속에 대한 할증과세액을 포함한 산출세액에서 각종 세액공제와 징수유예액을 차감하고 신고·납부불성실가산세를 가산한 금액에서 연부연납(분납) 및 물납세액을 차감하여 계산한다.

납부할세액 (①-가+나-다)	① 산출세액(산출세액 + 세대생략 할증과세액)		
	가	⊟ 세액 공제	(1) 증여세액공제
			(2) 외국납부세액공제
			(3) 단기 재상속에 대한 세액공제
			(4) 문화재자료 등에 대한 징수유예
			(5) 신고세액공제
	나	⊞ 가산세	(1) 신고불성실 가산세
			(2) 납부불성실 가산세
	다	⊟ 연부 연납등	(1) 분납
			(2) 연부연납
			(3) 물납

가. 세액공제

(1) 증여세액공제

증여세액공제란, 상속세 과세가액 계산시 상속개시일 전 10년 이내에 상속인에게 또는 5년 이내에 상속인 이외의 자에게 증여한 재산의 가액을 가산하는 경우 그 가산한 증여

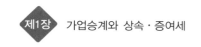

재산에 대한 증여세액(증여 당시의 당해 증여재산에 대한 증여세 산출세액을 말함)을 상속세 산출세액에서 공제하는 것을 말한다.

이와 같이 증여세액공제를 하는 이유는 동일한 재산에 대하여 증여세를 과세하고 다시 상속세를 과세하는 이중과세를 방지하기 위한 것이다.

㉮ 공제액 계산

> 증여세액공제액 = Min〔①, ②〕
> ① 상속세 과세가액에 가산한 증여재산에 대한 증여당시 증여세 산출세액
> ② 공제 한도액

① 상속재산에 가산한 증여가액이 있는 경우 그 증여재산에 대하여 기 과세된 증여세액(증여 당시의 해당 증여재산에 대한 증여세 산출세액을 말함)을 상속세 산출세액에서 공제하되, 가산하는 증여재산에 대한 국세부과제척기간의 만료로 증여세가 부과되지 아니한 경우에는 공제하지 않는다(상증법 §28 ①).

② 공제할 증여세액은 상속세 산출세액에 상속재산(상증법 제13조의 규정에 따라 상속재산에 가산하는 증여재산을 포함함)의 과세표준에 대하여 가산한 증여재산의 과세표준이 차지하는 비율을 곱하여 계산한 금액을 한도로 한다(상증법 §28 ②).

㉯ 증여세액 공제한도액 계산방법(통칙 28-0…1)

① 수증자가 상속인 또는 수유자(상속인 등)인 경우

> $$\text{상속인 등 각자가 납부할 상속세 산출세액} \times \frac{\text{상속인 등 각자의 증여재산에 대한 증여세 과세표준}}{\text{상속인 등 각자가 받았거나 받을 상속재산(증여재산 포함)에 대한 상속세 과세표준 상당액}}$$

② 수증자가 상속인 등 외의 자인 경우

> $$\text{상속세 산출세액} \times \frac{\text{사전증여재산에 대한 증여세 과세표준}}{\text{상속세 과세표준}}$$

㉓ 한도금액 계산의 예외

「조세특례제한법」 제30조의5 및 제30조의6 규정에 따라 창업자금과 가업승계에 대한 증여세 과세특례를 적용받은 경우에는 「상속세 및 증여세법」 제28조의 증여세액공제 규정을 적용함에 있어 한도액 규정에 불구하고 상속세 산출세액에서 창업자금 및 가업 승계에 대한 증여세액을 공제한다.

이 경우 공제할 증여세액이 상속세 산출세액보다 많은 경우 그 차액에 상당하는 증여세액은 환급하지 않는다(조특법 §30의5 ⑨, §30의6 ③).

(2) 외국 납부세액 공제

외국 납부세액 공제란, 거주자의 사망으로 인하여 상속세를 부과하는 경우로서 상속재산 중 외국에 있는 재산에 대하여 외국의 법령에 따라 상속세를 부과받은 때에는 다음과 같이 계산한 그 부과받은 상속세에 상당하는 금액을 상속세 산출세액에서 공제하는 것을 말한다(상증법 §29).

외국 납부세액 공제액 = Min(①, ②)
① 상속세 산출세액 $\times \dfrac{\text{외국법령에 의해 상속세 부과된 재산에 대한 상속세 과세표준}}{\text{상속세 과세표준}}$ (해당 외국의 법령에 따른 상속세의 과세표준을 말함)
② 외국의 법령에 의하여 부과된 상속세액

(3) 단기 재상속에 대한 세액공제

상속개시 후 10년 이내에 상속인이나 수유자의 사망으로 다시 상속이 개시되는 경우에는 전(前)의 상속세가 부과된 상속재산(상증법 제13조에 따라 상속재산에 가산하는 증여재산 중 상속인이나 수유자가 받은 증여재산을 포함한다) 중 재상속되는 상속재산에 대한 전의 상속세 상당액을 상속세 산출세액에서 공제한다(상증법 §30).

이는 단기간 내에 상속이 여러 차례 개시된 경우 대부분의 상속재산이 상속세로 납부됨으로써 상속인의 경제적 생활이 심히 곤란해지는 문제를 해소하기 위한 제도로 볼 수 있다.

$$\text{공제세액} = \text{전의 상속세}\atop\text{산출세액} \times \frac{\text{재상속분의}\atop\text{재산가액} \times \frac{\text{전의 상속세 과세가액}}{\text{전의 상속재산가액}}}{\text{전의 상속세 과세가액}} \times \text{공제율}$$

※ 세액공제는 재상속된 각각의 상속재산별로 구분하여 계산함.

| 공제율: 매년 10%씩 체감 |

재상속기간	1년 이내	2년 이내	3년 이내	4년 이내	5년 이내	6년 이내	7년 이내	8년 이내	9년 이내	10년 이내
공제율(%)	100	90	80	70	60	50	40	30	20	10

- 공제되는 세액은 상속세 산출세액에서 증여세액공제액과 외국 납부세액을 차감한 금액을 한도로 한다(2019. 12. 31. 개정).

(4) 지정문화유산 등에 대한 징수유예

지정문화유산 등에 대한 징수유예란 피상속인의 상속재산에 문화유산자료 등과 보호구역에 있는 토지 또는 「박물관 및 미술관진흥법」에 따라 등록한 박물관자료 등과 국가지정문화유산 등, 천연기념물 등이 포함되어 있는 경우 납세지 관할 세무서장이 상속세 산출세액에 상속재산(상증법 제13조의 규정에 따라 상속세 과세가액에 가산하는 증여재산을 포함한다) 중 지정문화유산 등 또는 박물관자료 등에 해당하는 재산이 차지하는 비율을 곱하여 계산한 금액의 징수를 유예하는 것을 말한다.

(5) 신고세액공제

신고세액공제란, 상속세 납부의무자가 상속세 과세표준 신고기한 이내에 상속세 과세표준을 신고한 경우 상속세 산출세액(세대를 건너뛴 상속에 대한 할증과세액을 포함한다)에서 문화재자료 등에 대한 상속세 징수유예액과 「상속세 및 증여세법」 또는 다른 법률의 규정에 의하여 공제·감면되는 금액을 공제한 금액의 100분의 3에 상당하는 금액을 공제하는 것을 말한다.

신고세액공제	① 신고기한 내 신고한 과세표준
	－ 상속재산 과다평가액
	－ 상속공제 등 과소공제액
	② 신고세액공제 대상 과세표준
	③ 산출세액 [②×세율 + 세대생략 할증과세액(②×세율)×30%]
	－ ④ 문화재자료 등에 대한 징수유예액
	－ ⑤ 각종 공제ㆍ감면세액
	⑥ 신고세액공제액: (③－④－⑤) × 3%(2018년 5%)

- 상속세 과세표준 신고기한 경과 후 납세자가 수정신고를 한 것에 대해서는 그 수정신고분 해당 산출세액은 신고세액공제를 적용받을 수 없다.
- 상속세 과세표준 신고시 사전 증여받은 재산을 합산하여 신고하지 않은 경우에는 증여세를 신고했다 하더라도 상속세 신고세액공제를 받을 수 없다.
- 상속세 과세표준 신고기한 내 신고만 한 경우(무납부)에도 신고세액공제를 적용한다.

나. 가산세

2007. 1. 1. 이후부터 신고세목 전체에 공통적으로 적용되는 신고불성실가산세를 「국세기본법」에 규정하여 세목 간 가산세 부과의 형평성을 유지하고 입법의 효율화를 도모하도록 하였다. 즉, 종전에 「상속세 및 증여세법」 제78조 제1항과 제2항에서 규정하였던 신고ㆍ납부불성실가산세 부과규정을 삭제하고 「국세기본법」 제47조의2부터 제49조에서 모든 세목에 적용되는 가산세 규정을 신설하여 2007. 1. 1. 이후 상속이 개시되는 분부터 적용하도록 하였다.

(1) 무신고 가산세

㉮ 일반무신고 가산세

- 2015. 7. 1. 이후 상속ㆍ증여분

무신고납부세액* × 20%

* 무신고납부세액(가산세 제외) = 산출세액(세대생략가산액 포함) － 징수유예액 － 공제ㆍ감면세액

⒧ 부정무신고 가산세

- 2015. 7. 1. 이후 상속 · 증여분

무신고납부세액* × 40%(국제거래 부정행위는 60%)

* 무신고납부세액(가산세 제외) = 산출세액(세대생략가산액 포함) − 징수유예액 − 공제 · 감면세액

(2) 과소신고 가산세

㉮ 일반과소신고 가산세

- 2015. 7. 1. 이후 상속 · 증여분

과소신고납부세액 등* × 10%

* 과소신고납부세액 등(가산세 제외) = 신고해야 할 납부세액 − 신고한 납부세액

㉯ 부정과소신고 가산세

- 2015. 7. 1. 이후 상속 · 증여분(㉠ + ㉡)

㉠ 부정과소신고 가산세 = 부정행위로 인한 과소신고납부세액 × 40%(국제거래는 60%)
㉡ 일반과소신고 가산세 = (총 과소신고납부세액 − 부정행위로 인한 과소신고납부세액) × 10%

(3) 납부지연가산세(2018. 12. 31. 이전은 납부불성실 가산세)

자진신고납부기한 내에 세액을 납부하지 아니하였거나 납부하여야 할 세액에 미달하게 납부한 경우에는, 그 미납세액에 대하여 가산세를 부과한다. 한편, 2018. 12. 31. 국세기본법 개정시 연체대출금리 인하 등을 감안하여 납세자 부담을 완화해 주기 위해 이자율을 낮추었다.

2022. 2. 15.~	[신고기한 다음 날의 미납세액 × 미납일수 × 1일 0.00022]
2019. 1. 1.~ 2022. 2. 14.	[신고기한 다음 날의 미납세액 × 미납일수 × 1일 0.00025]
2004. 1. 1.~ 2018. 12. 31.	[신고기한 다음 날의 미납세액 × 미납일수 × 1일 0.0003]

* 미납이자: 1일 22/100,000 × 365일 = 연 8.03%

다. 분납 · 연부연납 · 물납

납부할 세액이 있는 납세의무자는 신고기한 이내에 현금으로 일시납부를 하거나 분할납부 및 연부연납(연간 분할납부) 또는 상속받은 재산으로 물납을 신청할 수 있다.

(1) 분할납부

상속세 신고납부세액이 1천만 원을 초과하는 경우에는 납부기한 경과 후 2개월 이내에 다음 구분에 따라 분납이 가능하다. 다만, 연부연납을 신청하는 경우에는 분납을 할 수 없다. 따라서 납세의무자는 납부할 세액, 연부연납의 기간, 연부연납 가산금과의 관계를 비교한 후 자신에게 유리한 방법을 선택하여 상속세를 분납하거나 연부연납을 신청하여야 한다.

상속세를 분할납부하고자 할 때에는 「상속세 또는 증여세 과세표준 신고 및 자진납부 계산서」의 '분납'란에 쓰는 것으로 분할납부신청이 완료되므로, 별도의 분납신청서를 제출할 필요는 없다.

납부할 세액	분납세액
1천만 원 초과 2천만 원 이하	1천만 원을 초과하는 금액
2천만 원 초과	납부할 세액의 50% 이하 금액

(2) 연부연납

상속세는 일시에 납부하는 것이 원칙이나 상속재산이 대부분 부동산 등으로 구성되어 있는 경우에는 거액의 상속세를 일시에 금전으로 납부하는 것이 곤란할 수 있다.

이와 같이 세금의 일시납부에 대한 납세의무자의 납부 어려움을 덜어주기 위해 일정 요건이 성립되면 세금을 일정기간 동안에 여러 번에 걸쳐 나누어 납부할 수 있도록 세금납부의 기한 편의를 제공하는 연부연납제도를 두고 있다(상증법 §71).

연부연납의 요건은 아래와 같으며, 보다 구체적인 사항은 "제2장"에서 설명하기로 한다.

㉮ 상속세 납부세액이 2천만 원을 초과하여야 한다.

㉯ 상속세 과세표준 신고기한 또는 납세고지서상의 납부기한까지 연부연납신청서를 제출하여 허가를 받아야 한다.

㉰ 연부연납을 신청한 세액에 상당하는 납세담보를 제공하여야 한다.

(3) 물납

물납이란 세금납부를 금전이 아닌 부동산 및 유가증권으로 대신 납부하는 것을 말한다. 국세의 납부는 원칙적으로 금전으로 납부하는 것이 원칙이나 상속재산이 대부분 부동산, 유가증권 등 물건으로 구성되어 있는 경우 납부의무의 이행을 현금납부로만 강제한다면 그 이행이 매우 곤란하며 급매 등으로 인한 경제적 손실도 초래할 수 있다.

따라서 일정한 법정 요건을 모두 갖춘 경우에는 현금 대신 상속받은 부동산 및 유가증권으로 납부하는 것을 허용하고 있다.

그러나 물납제도가 상속세 및 증여세를 회피하는 수단으로 활용되고, 물납가액과 매각액의 차이로 인한 국세손실이 발생하는 등의 문제점이 있어 상속세에 대한 비상장주식의 물납을 제한적으로 허용(증여세는 불가)하였으며, 연부연납의 분납세액에 대한 물납의 경우 이미 5년간 분납할 수 있는 편의를 제공하였으므로 2013. 2. 15. 이후 최초로 물납을 신청하는 분부터는 첫 회분 분납세액의 경우에만 물납을 허가하되, 중소기업자에 대하여는 5회분의 분납세액에 대한 물납을 허가하도록 하였다. 한편, 2016. 1. 1. 이후 물납을 신청하는 분부터는 증여세의 경우 물납을 허용하지 않도록 「상속세 및 증여세법」 제73조를 개정하였다.

㉮ 물납의 요건

① 상속재산(상속재산에 가산하는 증여재산을 포함하되, 상속인 및 수유자 외의 자

에게 증여한 재산은 제외) 중 부동산과 유가증권*의 가액이 1/2 초과할 것

* 유가증권: 2008. 1. 1. 이후 상속개시분부터는 비상장주식을 제외하되, 비상장주식 외 다른 상속재산이 없는 경우 등 불가피한 사유가 있는 경우에는 포함(2007. 12. 31. 이전 상속·증여분은 비상장주식의 물납이 허용되었다)

② 상속세 납부세액이 2천만 원을 초과할 것(2013. 12. 31. 이전 신청분은 1천만 원)

③ 상속세 납부세액이 상속재산가액 중 금융재산(금전과 금융회사등이 취급하는 예금·적금·부금·계금·출자금·특정금전신탁·보험금·공제금 및 어음을 말한다)의 가액(상증법 제13조에 따라 상속재산에 가산하는 증여재산의 가액은 포함하지 아니한다)을 초과할 것

④ 신고기한 또는 고지서상 납부기한까지 물납을 신청하여 물납재산이 관리·처분이 부적당한 재산에 해당되지 않아 관할 세무서장이 허가할 것

㉯ 물납신청

물납의 신청기간은 연부연납 신청기간을 준용한다.

① 신고기한 내 신고하는 세액의 물납신청

신고기한 내에 상속세(증여세) 신고시 납부하여야 할 세액에 대하여는 그 신고와 함께 납세지 관할 세무서장에게 물납허가신청서를 제출하여야 한다.

「국세기본법」 제45조의3에 따른 기한 후 신고시 납부하여야 할 세액에 대하여는 그 신고와 함께 납세지 관할 세무서장에게 물납허가신청서를 제출하여야 한다.

② 납세고지세액의 물납신청

과세표준과 세액의 결정통지(신고 후 무납부 고지 포함)를 받은 후 당해 납세고지서에 의한 납부기한까지 그 신청서를 제출할 수 있다.

③ 수정신고하는 세액의 물납신청

2020. 2. 11. 이후 수정신고하는 경우 그 납부세액에 대해 물납을 신청할 수 있다 (영 §67).

④ 연부연납 분납세액의 물납신청

상속세의 연부연납 허가를 받은 자가 연부연납기간 중 첫 회 분의 분납세액(연부연납 가산금은 제외, 중소기업자는 5회분)에 대하여 물납하고자 하는 경우에는

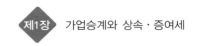

분납세액 납부기한 30일 전까지 납세지 관할 세무서장에게 신청할 수 있다.

㉰ 물납 허가

물납의 허가는 다음의 기간 이내에 서면으로 결정·통지하여야 하며, 그 기간까지 허가 여부에 대한 서면 발송을 하지 않은 경우 허가한 것으로 간주된다.

① 신고기한 내 신고하는 세액의 물납허가 기한

상속세 또는 증여세 신고기한이 경과한 날부터 법정결정기한(상속세는 신고기한부터 9월, 증여세는 6월) 이내에 신청인에게 그 허가 여부를 서면으로 결정·통지하여야 한다.

② 납세고지세액의 물납허가 기한

납세고지서에 의한 납부기한이 경과한 날부터 14일 이내에 신청인에게 그 허가 여부를 서면으로 결정·통지하여야 한다.

③ 물납허가 기한의 연장

물납 신청한 재산의 평가 등에 소요되는 시일을 감안하여 물납허가 기간을 연장하고자 하는 때에는 그 기간 연장에 관한 서면을 발송하고 1회 30일의 범위 내에서 연장할 수 있다.

이 경우 당해 기간까지 그 허가 여부에 대한 서면을 발송하지 아니한 때에는 허가를 한 것으로 본다. 다만, 물납을 신청한 재산이 私權이 설정된 재산에 해당하여 국유재산으로 취득할 수 없는 재산인 경우에는 자동허가 규정을 적용하지 않는다.

④ 재산을 분할하여 물납해야 하는 경우

재산을 분할하거나 분할을 전제로 하여 물납신청을 하는 경우에는 물납을 신청한 재산의 가액이 분할 전보다 감소되지 아니하는 경우에만 물납을 허가할 수 있다.

㉱ 물납 재산의 수납

물납을 허가하는 때에는 그 허가를 한 날부터 30일(2015. 2. 2. 이전은 20일) 이내의 범위에서 물납재산의 수납일을 지정하여야 한다. 이 경우 물납재산의 분할 등의 사유로 해당 기간 내에 물납재산의 수납이 어렵다고 인정되는 경우에는 1회에 한하여 20일의 범위 내에서 물납재산의 수납일을 다시 지정할 수 있다.

만약, 물납재산의 수납일까지 물납재산의 수납이 되지 아니하는 때에는 해당 물납허가는 그 효력을 상실하게 된다.

⑩ 관리·처분이 부적당한 재산

물납 신청을 받은 재산이 관리·처분이 부적당하다고 인정되는 경우에는 그 재산에 대한 물납 허가를 하지 아니하거나 관리·처분이 가능한 다른 물납대상 재산으로의 변경을 명할 수 있다.

[관리·처분이 부적당한 재산]

- 부동산의 경우
  ① 지상권·지역권·전세권·저당권 등 재산권이 설정된 경우
  ② 물납신청한 토지와 그 지상건물의 소유자가 다른 경우
  ③ 토지의 일부에 묘지가 있는 경우
  ④ 건축허가를 받지 아니하고 건축된 건축물 및 그 부수 토지
  ⑤ 소유권이 공유로 되어 있는 재산
  ⑥ 「자본시장과 금융투자업에 관한 법률」에 따라 상장이 폐지된 경우의 해당 주식 등

- 유가증권의 경우
  ① 유가증권을 발행한 회사의 폐업 등으로 「부가가치세법」 제8조 제8항에 따라 관할 세무서장이 사업자등록을 말소한 경우(2020. 2. 11. 개정)
  ② 유가증권을 발행한 회사가 「상법」에 따른 해산사유가 발생하거나 「채무자 회생 및 파산에 관한 법률」에 따른 회생절차 중에 있는 경우(2020. 2. 11. 개정)
  ③ 유가증권을 발행한 회사의 물납신청일 전 2년 이내 또는 물납신청일부터 허가일까지의 기간이 속하는 사업연도에 「법인세법」 제14조 제2항에 따른 결손금이 발생한 경우. 다만, 납세지 관할 세무서장이 「한국자산관리공사 설립 등에 관한 법률」에 따라 설립된 한국자산관리공사와 공동으로 물납 재산의 적정성을 조사하여 물납을 허용하는 경우는 제외한다(2020. 2. 11. 개정).
  ④ 유가증권을 발행한 회사가 물납신청일 전 2년 이내 또는 물납신청일부터 허가일까지의 기간이 속하는 사업연도에 「주식회사 등의 외부감사에 관한 법률」

에 따른 회계감사 대상임에도 불구하고 감사인의 감사보고서가 작성되지 않은 경우(2020. 2. 11. 개정)

⑤ ①부터 ④까지의 사유와 유사한 사유로서 관리·처분이 부적당하다고 아래와 같이 기획재정부령으로 정하는 경우

- 「자본시장과 금융투자업에 관한 법률」에 따라 상장이 폐지된 경우의 해당 주식등 (2020. 3. 13. 신설)
- 위와 유사한 것으로서 국세청장이 인정하는 경우

⑭ 물납 재산의 변경 등

물납 신청한 재산이 관리·처분이 부적당하다고 인정되어 관리·처분이 가능한 다른 물납대상 재산으로의 변경 명령을 받은 자는 그 통보를 받은 날부터 20일 이내(납세의무자가 국외에 주소를 둔 때에는 3월)에 상속받은 재산 중 물납에 충당하고자 하는 다른 재산의 명세서를 첨부하여 납세지 관할 세무서장에게 신청하여야 한다.

이때 변경신청 기간 내에 물납재산의 변경신청이 없는 경우에는 해당 물납의 신청은 그 효력을 상실한다.

또한, 물납 허가기간 내 물납 허가 후 물납 재산의 수납일까지의 기간 중에 관리·처분이 부적당하다고 인정되는 사유가 발견되는 때에는 다른 재산으로의 변경을 명할 수 있다.

⑮ 물납 세액의 범위

물납을 청구할 수 있는 세액은 다음 중 적은 금액을 초과할 수 없다[Min(①, ②)].

① 상속세 납부세액 × $\dfrac{\text{부동산} + \text{유가증권의 가액}}{\text{상속재산가액}}$

② 상속세 납부세액 − 순금융재산 가액 − 상장주식(처분제한 주식은 제외)

그러나 상속재산인 부동산 및 유가증권 중 납부세액을 납부하는 데 적합한 가액의 물건이 없을 때에는 당해 납부세액을 초과하는 납부세액에 대하여도 물납을 허가할 수 있다.

또한, 상속개시일 이후 물납신청 이전까지의 기간 중에 해당 상속재산이 정당한 사유 없이 관리·처분이 부적당한 재산으로 변경되는 경우에는 해당 관리·처분이 부적당한 재산가액에 상당하는 상속세 납부세액은 물납을 청구할 수 있는 납부세액에서 제외한다.

$$\text{물납을 청구할 수 있는 납부세액 한도} = \text{상속세 납부세액} \times \frac{(\text{부동산·유가증권} - \text{관리처분이 부적당한 부동산·유가증권 가액})}{\text{상속재산가액}}$$

한편, 비상장주식등으로 물납할 수 있는 납부세액은 상속세 납부세액에서 상속세 과세가액[비상장주식등과 상속개시일 현재 상속인이 거주하는 주택 및 그 부수토지의 가액(해당 자산에 담보된 채무액을 차감한 가액을 말한다)을 차감한 금액을 말한다]을 차감한 금액을 초과할 수 없다(상증령 §73 ④, 2018. 2. 13. 신설).

상속세 납부세액 − 상속세 과세가액[비상장주식과 상속인 거주주택등 가액(담보채무 차감) 제외]

㉮ 물납에 충당할 수 있는 재산의 범위 등

물납에 충당할 수 있는 재산은 국내에 소재하는 부동산과 국채·공채·주권 및 내국법인이 발행한 채권 또는 증권, 그 밖에 「자본시장과 금융투자업에 관한 법률」에 따른 집합투자증권과 신탁업자·종합금융회사가 발행하는 수익증권이다.

그러나 한국거래소에 상장된 유가증권이나 비상장주식 등 다음 어느 하나에 해당하는 유가증권은 물납할 수 없다.

① 한국거래소에 상장된 것. 다만, 최초로 한국거래소에 상장되어 물납허가통지서 발송일 전일 현재 「자본시장과 금융투자업에 관한 법률」에 따라 처분이 제한된 경우에는 물납으로 충당 가능

* 2013. 2. 14. 이전에 물납을 신청한 분까지는 상장주식 외에 그 밖의 다른 상속 또는 증여재산이 없는 경우에도 상장주식으로 물납할 수 있었음(2013. 2. 15. 이후부터 물납신청 불가).

② 한국거래소에 상장되어 있지 아니한 법인의 주식·출자지분(2008. 1. 1. 이후 상속·증여 분부터 적용)

다만, 상속세로서 그 밖의 다른 상속재산이 없거나 선순위 상속재산으로 상속세 물납에 충당하더라도 부족하면 물납 가능하나, 2018. 4. 1. 이후 물납을 신청하는 분부터는 비상장주식 등을 제외한 다른 상속재산으로 상속세 납부가 가능한 경우 비상장주식으로는 물납이 가능하지 않도록 하였으며, 2016. 1. 1. 이후 물납신청분부터는 증여세의 경우 물납을 배제하였다.

㉔ **물납의 충당 순서**

세무서장이 인정하는 정당한 사유가 없는 한, 다음 순서에 따라 물납충당 신청과 허가를 하여야 한다.

① 국채 및 공채

② 물납 충당이 가능한 한국거래소에 상장된 유가증권

③ 국내에 소재하는 부동산(⑤의 재산을 제외한다)

④ 물납 충당이 가능한 한국거래소에 상장되어 있지 아니한 법인의 주식 또는 출자지분(상속세만 해당)

⑤ 상속개시일 현재 상속인이 거주하는 주택 및 그 부수토지

㉕ **물납재산의 수납가액**

물납에 충당할 부동산 및 유가증권의 수납가액은 다음 어느 하나의 경우를 제외하고는 원칙적으로 상속재산의 평가가액으로 한다.

① 주식의 경우

물납에 충당할 주식의 수납가액은 원칙적으로 상속세 과세가액에 의한다. 그러나 상속개시일부터 수납일까지의 기간 중에 증자 또는 감자가 있는 경우에는 주식수의 변동에 따른 1주당의 가치가 변동하기 때문에 수납가액을 조정하여 조정 후의 1주당 가액을 기준으로 수납하여야 한다.

② 연부연납세액을 물납하는 경우

상속세 연부연납기간 중 분납세액에 대하여 물납에 충당하는 부동산 및 유가증

권의 수납가액은 상속세 과세표준과 세액의 결정시 해당 부동산 및 유가증권에 대하여 적용한 평가방법에 따라 다음의 어느 하나에 해당하는 가액으로 한다.

- 「상속세 및 증여세법」 제60조 제2항에 따라 시가로 상속세 과세가액을 산정한 경우에는 물납허가통지서 발송일 전일 현재 동조 동항에 따라 평가한 가액
- 「상속세 및 증여세법」 제60조 제3항에 따라 보충적 평가방법으로 상속세 과세가액을 산정한 경우에는 물납허가통지서 발송일 전일 현재 동조 동항에 따라 평가한 가액

③ 유가증권의 가액이 30% 이상 하락한 경우 수납가액 특례

물납재산인 유가증권의 가액이 현저히 하락한 경우에는 물납 당시의 평가 가액으로 수납함으로써 물납재산의 가격하락에 따른 국고손실을 최소화하도록 하였다. 즉, 물납에 충당할 유가증권의 가액이 평가기준일부터 물납허가통지서 발송일 전일까지의 기간 중 유가증권을 발행한 법인이 아래 ㉠의 경우에 해당하여 그 유가증권의 가액이 평가기준일 현재의 상속재산의 가액에 비하여 30%(2020. 2. 10. 이전은 50%) 이상 하락한 경우에는 다음 ㉡과 같이 평가한 가액으로 수납한다.

㉠ 재평가 사유

1) 물납기간 중 유가증권을 발행한 회사가 합병 또는 분할하는 경우
2) 물납기간 중 유가증권을 발행한 회사가 주요 재산을 처분하는 경우
3) 물납기간 중 유가증권을 발행한 회사의 배당금이 물납을 신청하기 직전 사업연도의 배당금에 비하여 증가한 경우
4) 위와 유사한 사유로서 유가증권의 수납가액을 재평가할 필요가 있다고 기획재정부령으로 정하는 경우

㉡ 수납가액 평가방법

1) 「상속세 및 증여세법」 제60조 제2항(시가)에 따라 상속세 과세가액을 산정하는 경우에는 물납허가통지서 발송일 전일 현재 동조 동항에 따라 평가한 가액
2) 「상속세 및 증여세법」 제60조 제3항(보충적 평가방법)에 따라 상속세 과세가액을 산정하는 경우에는 물납허가통지서 발송일 전일 현재 동조 동항에 따라 평가한 가액

이 경우 물납 신청한 유가증권(물납 신청한 것과 동일한 종목의 유가증권을 말함)의 전체 평가액이 물납 신청세액에 미달하는 경우로서 물납 신청한 유가증권 외의 상속받은 다른 재산의 가액을 합산하더라도 해당 물납 신청세액에 미달하는 경우에는 해당 미달하는 세액을 물납 신청한 유가증권의 전체 평가액에 가산한다.

㉮ 물납신청 철회 및 재평가신청 의무 부여(상증령 §70 ⑧ 2020. 2. 11. 신설)

물납을 신청한 납세자는 물납이 허가되기 전에 신청한 물납재산이 관리 · 처분상 부적당하다고 인정되는 경우(상증령 제71조 제1항 각 호의 어느 하나에 해당하는 경우)에는 납세지 관할 세무서장에게 물납신청을 철회해야 하며, 주요재산 처분 등의 사유(상증령 제75조 제1항 제3호 각 목의 어느 하나에 해당하는 사유)로 유가증권의 가액이 상속개시 당시보다 30% 이상 하락한 경우 납세지 관할 세무서장에게 물납 재산 수납가액 재평가를 신청해야 한다.

㉣ 물납재산의 환급(국기법 §51의2)

납세자가 「상속세 및 증여세법」 제73조에 따라 상속세를 물납한 후 그 부과처분의 전부 또는 일부를 취소하거나 감액하는 경정결정에 의하여 환급하는 경우에는, 다음 순서에 따라 당해 물납재산으로 환급한다.
① 납세자의 신청이 있는 경우에는 그 신청한 순서에 따라 환급한다.
② 납세자의 신청이 없는 경우에는 「상속세 및 증여세법」 제74조 제2항에 따른 물납 충당 재산의 허가 순서의 역순으로 환급한다.

제 **4** 절

증여와 증여세

증여세는 자연인이 사망하기 전에 타인에게 재산을 무상으로 이전하는 경우 그 수증자에게 부과하는 세금으로서 부의 재분배를 목적으로 과세되며, 동일인으로부터 여러 번 증여받은 경우 10년간 합산하여 누진세율을 적용하고 있다.

1 민법상의 증여

「민법」에서 증여는 당사자의 일방(증여자)이 무상으로 재산을 상대방(수증자)에게 주겠다는 의사표시를 하고, 상대방이 이를 승낙함으로써 그 효력이 성립한다(민법 §554).

가. 증여계약의 법적 성질

① 무상(無償)계약이다.
② 낙성(諾成)계약이다. 낙성계약이란, 물건의 인도 기타 급부를 실행하지 않더라도 당사자의 의사표시의 합치만으로 성립하는 계약이다.
③ 편무(片務)계약이다. 일방 당사자만이 채무를 부담한다.
④ 불요식(不要式)행위이므로 서면 작성이 계약의 성립요건이 아니다. 다만, 서면에 의하지 않는 증여는 각 당사자가 이를 해제할 수 있다.

나. 증여계약의 해제

증여계약의 해제는 ① 서면에 의하지 않은 증여 ② 망은행위(忘恩行爲) ③ 재산상태의 변화 등 3가지의 경우에만 해제할 수 있으며, 이미 이행한 부분에 대해서는 영향을 미치지 않으므로 해제하더라도 이행한 부분에 대해서는 반환을 청구하지 못한다(민법 §555~§558).

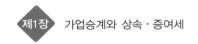

다. 특수한 형태의 증여

(1) 정기증여

정기적으로 재산을 무상으로 주는 증여이다. 증여자 또는 수증자의 사망으로 인하여 그 효력을 잃는다(민법 §560).

(2) 부담부증여

상대부담 있는 증여(민법 §561)로 수증자가 재산과 동시에 채무를 부담하는 증여를 말한다.

이 경우 수증자가 증여자의 재산을 무상으로 수령하는 부분 외에 부담채무에 해당하는 금액만큼은 유상으로 취득하는 결과와 유사하므로 증여가액 중 그 채무액에 상당하는 부분에 대한 양도차익에 대해서는 「소득세법」 제88조 제1항의 규정에 따라 양도소득세가 과세된다.

(3) 사인증여

생전에 증여계약을 맺었으나 그 효력은 증여자의 사망으로 발생하는 증여(민법 §562)이다. 사인증여로 이전되는 재산은 증여세가 아닌 상속세 과세대상이다(상증법 §2 1호).

❷ 「상속세 및 증여세법」에 의한 증여

2003. 12. 31. 이전에는 「상속세 및 증여세법」에서 증여의 개념을 별도 규정하고 있지 않아 「민법」(§554)의 증여 개념을 차용하여 사용하여 왔고, 민법상 증여에 해당되지 아니하지만 실질이 부(富)의 무상이전인 경우에는 증여의제나 증여추정 규정을 두어 증여세를 과세하여 왔으나, 2004. 1. 1. 이후에는 증여세 완전포괄주의 제도를 도입하면서 「상속세 및 증여세법」 제2조 제3항에 증여개념을 신설하여(2015. 12. 15., 조문변경 상증법 §2 ③→§2 6호), 「민법」상 증여 이외에 사실상 재산과 이익이 무상이전된 경우도 과세대상에 포함하였다.

가. 증여추정

증여추정은 납세자의 반증이 없는 한 증여로 추정하는 것으로 현행「상속세 및 증여세법」에서는 "배우자 등에게 양도한 재산의 증여 추정"(상증법 §44), "재산 취득자금 등의 증여 추정"(상증법 §45)이 있다.

나. 증여의제

증여의제란, 증여에는 해당되지 아니하지만 조세정책적인 목적을 달성하기 위하여 법에 의해 증여로 간주한 것을 말하며 납세자의 반증이 있다 하더라도 증여로 본다.

현행 상속세 및 증여세법상 증여의제 규정으로는 "명의신탁재산의 증여 의제"(상증법 §45의2), "특수관계법인과의 거래를 통한 이익의 증여의제"(상증법 §45의3)가 있고, 2016. 1. 1.에는 "특수관계법인으로부터 제공받은 사업기회로 발생한 이익의 증여의제"(상증법 §45의4), "특정법인과의 거래를 통한 이익의 증여의제"(상증법 §45의5) 규정을 신설하였다.

③ 증여세 과세대상

가. 생전의 무상이전에 대한 과세

타인의 증여(증여자의 사망으로 인하여 효력이 발생하는 증여는 제외)로 인하여 증여일 현재 증여재산이 있는 경우에는 그 증여재산에 대하여 증여세를 부과한다.

나. 과세대상의 범위

증여세가 부과되는 증여세 과세대상은 다음 어느 하나에 해당하는 경우를 말한다.

1. 무상으로 이전받은 재산 또는 이익

2. 현저히 낮은 대가를 주고 재산 또는 이익을 이전받음으로써 발생하는 이익이나, 현저히 높은 대가를 받고 재산 또는 이익을 이전함으로써 발생하는 이익. 다만, 특수관계인이 아닌 자 간의 거래인 경우에는 거래의 관행상 정당한 사유가 없는 경우로 한정한다.

3. 재산 취득 후 해당 재산의 가치가 증가한 경우의 그 이익. 다만, 특수관계인이 아닌 자 간의 거래인 경우에는 거래의 관행상 정당한 사유가 없는 경우로 한정한다.

4. 증여예시규정(상증법 제33조부터 제39조까지, 제39조의2, 제39조의3, 제40조, 제41조의2부터 제41조의5까지, 제42조, 제42조의2 또는 제42조의3)에 해당하는 경우의 그 재산 또는 이익

5. 증여추정규정(제44조 또는 제45조)에 해당하는 경우의 그 재산 또는 이익

6. 위 증여예시 규정과 경제적 실질이 유사한 경우 등 각 예시규정을 준용하여 증여재산의 가액을 계산할 수 있는 경우의 그 재산 또는 이익

7. 증여의제규정(상증법 제45조의2부터 제45조의5까지의 규정)에 해당하는 경우

8. 상속개시 후 상속재산에 대하여 등기·등록·명의개서 등(이하 "등기등"이라 한다)으로 각 상속인의 상속분이 확정된 후, 그 상속재산에 대하여 공동상속인이 협의하여 분할한 결과 특정 상속인이 당초 상속분을 초과하여 취득하게 되는 재산은 그 분할에 의하여 상속분이 감소한 상속인으로부터 증여받은 것으로 보아 증여세를 부과한다. 다만, 제67조에 따른 상속세 과세표준 신고기한 이내에 분할에 의하여 당초 상속분을 초과하여 취득한 경우와 당초 상속재산의 분할에 대하여 무효 또는 취소 등 대통령령으로 정하는 정당한 사유가 있는 경우에는 증여세를 부과하지 아니한다.

9. 수증자가 증여재산(금전은 제외한다)을 당사자 간의 합의에 따라 「상속세 및 증여세법」 제68조에 따른 증여세 과세표준 신고기한 이내에 증여자에게 반환하는 경우(반환하기 전에 과세표준과 세액을 결정받은 경우는 제외한다)에는 처음부터 증여가 없었던 것으로 보며, 증여세 과세표준 신고기한이 지난 후 3개월 이내에 증여자에게 반환하거나 증여자에게 다시 증여하는 경우에는 그 반환하거나 다시 증여하는 것에 대해서는 증여세를 부과하지 아니한다.

❹ 증여세 납부의무자

수증자가 거주자인지 비거주자인지 여부에 따라 다음과 같이 구분하여 증여세 납부 의무를 부여하고 있다.

수증자	증여재산	증여자	증여세 납부의무	비 고
거주자	국내재산	거주자	○	
		비거주자	○	
	국외재산	거주자	○	
		비거주자	○	
비거주자	국내재산	거주자	○	
		비거주자	○	
	국외재산	거주자	× (○)	단, 아래 재산을 포함한 국외 증여재산에 대해 국제조세조정에 관한 법률에 따라 증여자인 거주자에게 납부의무 부여 • 해외금융기관의 예금 등 • 국내재산 50% 이상 보유 외국법인의 주식
		비거주자	×	

* 비거주자가 거주자로부터 증여받은 국외재산에 대해 2012. 12. 31. 이전에는 국제조세조정에 관한 법률 제21조 규정에 따라 증여자가 증여세를 납부할 의무가 있었으며, 2013. 1. 1. 이후에는 위 해외금융기관 예금, 국내재산 50% 이상 보유 외국 법인 주식 등에 대해서는 상증법에 따라 수증자에게 납부의무를 부여하였으나, 2017. 1. 1. 이후부터는 다시 종전과 같이 국제조세조정에 관한 법률에 따라 증여자에게 납부의무를 부여하고 있다.

증여재산에 대하여 수증자에게 「소득세법」에 따른 소득세, 「법인세법」에 따른 법인 세가 부과되는 경우에는 증여세를 부과하지 아니한다. 소득세, 법인세가 「소득세법」, 「법인세법」 또는 다른 법률에 따라 비과세되거나 감면되는 경우에도 증여세를 부과하 지 않는다.

또한, 2016. 1. 1. 이후부터 영리법인이 증여받은 재산 또는 이익에 대하여 「법인세법」에 따른 법인세가 부과되는 경우(법인세가 「법인세법」 또는 다른 법률에 따라 비과세되거나 감면되는 경우를 포함한다) 해당 법인의 주주등에 대해서는 「상속세 및 증여세법」 제45

조의3부터 제45조의5까지의 규정(일감몰아주기, 사업기회제공, 특정법인과의 거래 등 증여의제 규정)에 따른 경우를 제외하고는 증여세를 부과하지 아니한다.

⑤ 증여재산의 소재지

증여자 · 수증자가 모두 비거주자이거나 주소 또는 거소가 분명하지 않은 경우에는 증여재산 소재지의 관할 세무서장 등이 증여세를 과세하도록 하고 있다. 즉, 증여재산의 소재지를 어느 곳으로 볼 것인지에 따라 증여세 관할 세무서가 달라질 수 있다.

「상속세 및 증여세법」 제5조에서는 증여 당시의 현황에 따라 증여재산 종류에 따른 증여재산 소재지를 규정하고 있으며, 증여재산 소재지는 제2절 상속재산 소재지와 동일하다.

⑥ 증여세 과세관할

증여세는 수증자의 주소지(주소지가 없거나 불분명한 경우에는 거소지) 관할 세무서장 등이 과세하는 것이 원칙이다.

다만, 수증자가 비거주자이거나 수증자의 주소 및 거소가 분명하지 아니한 경우에는 증여자의 주소지를 관할하는 세무서장 등이 과세한다.

| 증여세 과세관할 요약(상증법 §6 ②, ③) |

구 분	과세관할
주소지가 분명한 경우	수증자의 주소지를 관할하는 세무서장
주소지가 없거나 불분명한 경우로서 거소지가 있는 경우	수증자의 거소지를 관할하는 세무서장
수증자가 비거주자인 경우 수증자의 주소 및 거소지가 불분명한 경우	증여자의 주소지를 관할하는 세무서장
수증자와 증여자 모두 비거주자인 경우 수증자의 증여자 모두 주소 · 거소가 불분명한 경우	증여재산 소재지를 관할하는 세무서장

구 분	과세관할
수증자가 비거주자 또는 주소 · 거소가 불분명하고 – 합병시 증여자가 소액주주로서 2인 이상인 경우 – 증자 · 현물출자시 증여자가 소액주주로서 2인 이상인 경우 – 「상속세 및 증여세법」 제45조의3에 따라 과세하는 경우 – 「상속세 및 증여세법」 제45조의4에 따라 과세하는 경우	증여재산 소재지를 관할하는 세무서장

⑦ 증여재산의 취득시기

증여재산의 취득시기는 상증법 제33조부터 제39조까지, 제39조의2, 제39조의3, 제40조, 제41조의2부터 제41조의5까지, 제42조, 제42조의2, 제42조의3, 증여추정(제44조, 제45조) 및 증여의제(제45조의2부터 제45조의5까지)가 적용되는 경우를 제외하고는 다음의 구분에 따른 날로 한다.

재산종류별	취득시기
권리의 이전이나 그 행사에 등기 · 등록을 요하는 재산	등기부 · 등록부에 기재된 등기 · 등록일
증여할 목적으로 수증자의 명의로 완성한 건물	다음 ①, ②, ③ 중 빠른 날 ① 건물 사용승인서 교부일 ② 사용승인 전에 사실상 사용 또는 임시사용 시 사용일 등 ③ 무허가 건축물인 경우 그 사실상의 사용일
타인의 기여에 의하여 재산가치가 증가한 경우	개발구역 지정 고시일, 형질변경 허가일 등 재산가치 증가사유가 발생한 날
주식 및 출자지분	인도받은 사실이 객관적으로 확인되는 날. 다만, 인도일이 불분명하거나 인도 전 명의개서한 경우는 그 명의개서일
무기명채권	이자지급사실 등으로 취득사실이 객관적으로 확인되는 날. 다만, 불분명한 경우 이자지급 · 채권상환 청구일
위 외의 증여재산	인도일 또는 사실상 사용일

제 **5** 절

증여세 계산

　거주자의 증여세는 증여재산가액(국내외 모든 증여재산으로 증여일 현재의 시가로 평가)에서 비과세 및 과세가액 불산입, 채무액을 차감하고 해당 증여일 전 10년 이내에 동일인으로부터 받은 증여재산가액을 가산하여 증여세 과세가액을 확정하고, 증여재산공제 등을 차감하여 계산한 과세표준에 증여세율을 곱하여 산출세액을 계산하는 구조로 이루어져 있다.

| 증여세 계산 흐름도(기본세율) |

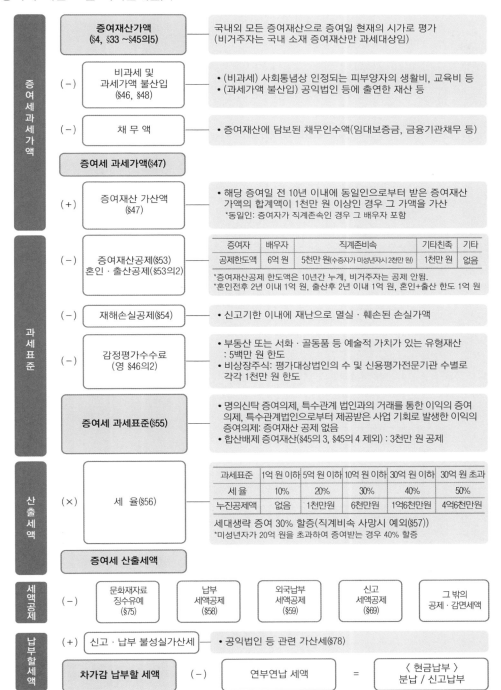

증여세 과세가액		
	증여재산가액 (§4, §33 ~§45의5)	국내외 모든 증여재산으로 증여일 현재의 시가로 평가 (비거주자는 국내 소재 증여재산만 과세대상임)
(−)	비과세 및 과세가액 불산입 (§46, §48)	• (비과세) 사회통념상 인정되는 피부양자의 생활비, 교육비 등 • (과세가액 불산입) 공익법인 등에 출연한 재산 등
(−)	채 무 액	• 증여재산에 담보된 채무인수액(임대보증금, 금융기관채무 등)
	증여세 과세가액(§47)	

과세표준

(+)	증여재산 가산액 (§47)	• 해당 증여일 전 10년 이내에 동일인으로부터 받은 증여재산 가액의 합계액이 1천만 원 이상인 경우 그 가액을 가산 *동일인: 증여자가 직계존속인 경우 그 배우자 포함

(−)	증여재산공제(§53) 혼인 · 출산공제(§53의2)	

증여자	배우자	직계존비속		기타친족	기타
공제한도액	6억 원	5천만 원(수증자가 미성년자시 2천만 원)		1천만 원	없음

*증여재산공제 한도액은 10년간 누계, 비거주자는 공제 안됨.
*혼인전후 2년 이내 1억 원, 출산후 2년 이내 1억 원, 혼인+출산 한도 1억 원

(−)	재해손실공제(§54)	• 신고기한 이내에 재난으로 멸실 · 훼손된 손실가액
(−)	감정평가수수료 (영 §46의2)	• 부동산 또는 서화 · 골동품 등 예술적 가치가 있는 유형재산 : 5백만 원 한도 • 비상장주식: 평가대상법인의 수 및 신용평가전문기관 수별로 각각 1천만 원 한도
	증여세 과세표준(§55)	• 명의신탁 증여의제, 특수관계 법인과의 거래를 통한 이익의 증여 의제, 특수관계법인으로부터 제공받은 사업 기회로 발생한 이익의 증여의제: 증여재산 공제 없음 • 합산배제 증여재산(§45의 3, §45의 4 제외) : 3천만 원 공제

산출세액

(×)	세 율(§56)	

과세표준	1억 원 이하	5억 원 이하	10억 원 이하	30억 원 이하	30억 원 초과
세율	10%	20%	30%	40%	50%
누진공제액	없음	1천만원	6천만원	1억6천만원	4억6천만원

세대생략 증여 30% 할증(직계비속 사망시 예외(§57))
*미성년자가 20억 원을 초과하여 증여받는 경우 40% 할증

	증여세 산출세액	

세액공제

(−)	문화재자료 징수유예 (§75)	납부 세액공제 (§58)	외국납부 세액공제 (§59)	신고 세액공제 (§69)	그 밖의 공제 · 감면세액

납부할세액

(+)	신고 · 납부 불성실가산세	• 공익법인 등 관련 가산세(§78)
차가감 납부할 세액	(−) 연부연납 세액 = 〈 현금납부 〉 분납 / 신고납부	

| 증여세 계산 흐름도(특례세율) |

※ 창업자금 또는 가업승계 증여세 과세특례 시 적용

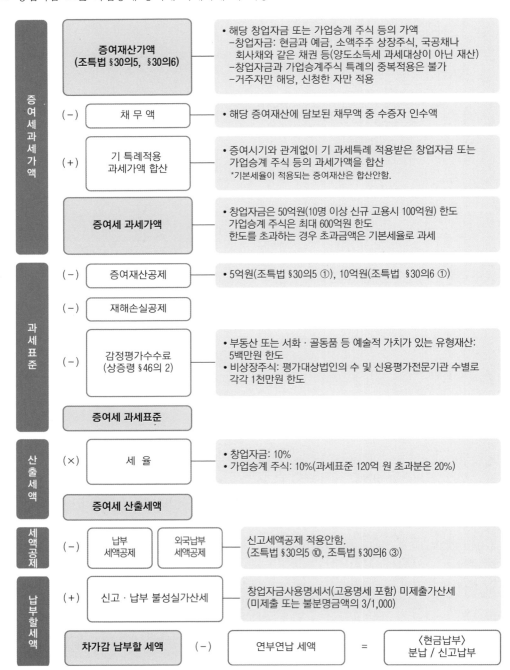

증여세과세가액

증여재산가액
(조특법 §30의5, §30의6)
- 해당 창업자금 또는 가업승계 주식 등의 가액
  - 창업자금: 현금과 예금, 소액주주 상장주식, 국공채나 회사채와 같은 채권 등(양도소득세 과세대상이 아닌 재산)
  - 창업자금과 가업승계주식 특례의 중복적용은 불가
  - 거주자만 해당, 신청한 자만 적용

(−) 채무액
- 해당 증여재산에 담보된 채무액 중 수증자 인수액

(+) 기 특례적용 과세가액 합산
- 증여시기와 관계없이 기 과세특례 적용받은 창업자금 또는 가업승계 주식 등의 과세가액을 합산
  *기본세율이 적용되는 증여재산은 합산안함.

증여세 과세가액
- 창업자금은 50억원(10명 이상 신규 고용시 100억원) 한도 가업승계 주식은 최대 600억원 한도 한도를 초과하는 경우 초과금액은 기본세율로 과세

과세표준

(−) 증여재산공제
- 5억원(조특법 §30의5 ①), 10억원(조특법 §30의6 ①)

(−) 재해손실공제

(−) 감정평가수수료 (상증령 §46의 2)
- 부동산 또는 서화·골동품 등 예술적 가치가 있는 유형재산: 5백만원 한도
- 비상장주식: 평가대상법인의 수 및 신용평가전문기관 수별로 각각 1천만원 한도

증여세 과세표준

산출세액

(×) 세율
- 창업자금: 10%
- 가업승계 주식: 10%(과세표준 120억 원 초과분은 20%)

증여세 산출세액

세액공제

(−) 납부세액공제 외국납부세액공제
신고세액공제 적용안함.
(조특법 §30의5 ⑩, 조특법 §30의6 ③)

납부할세액

(+) 신고·납부 불성실가산세
창업자금사용명세서(고용명세 포함) 미제출가산세
(미제출 또는 불분명금액의 3/1,000)

차가감 납부할 세액 (−) 연부연납 세액 = 〈현금납부〉 분납 / 신고납부

1 증여재산

증여세가 과세되는 증여재산은 수증자에게 귀속되는 재산으로서 금전으로 환산할 수 있는 경제적 가치가 있는 모든 물건과 재산적 가치가 있는 법률상 또는 사실상의 모든 권리를 포함하며, 2013. 1. 1. 이후 증여받는 분부터는 수증자에게 귀속되는 금전으로 환산할 수 있는 모든 경제적 이익을 추가하여 포함시킴으로써 용역을 무상 또는 현저히 낮은 가액으로 제공받음에 따른 이익이나 합병·상장에 따라 증가한 이익 등에도 과세할 수 있도록 명확화하였다(상증법 §2, 7).

2 증여세 과세가액

가. 증여세 과세가액 계산 방식

증여세 과세가액은 증여세 과세표준 계산의 전단계로서 증여세가 과세되는 재산의 가액을 말하며, 그 계산은 증여일 현재 「상속세 및 증여세법」에 따른 증여재산가액을 합친 금액에서 그 증여재산에 담보된 채무로서 수증자가 인수한 금액을 뺀 금액으로 한다(상증법 §47 ①). 한편 해당 증여일 전 10년 이내에 동일인으로부터 1천만 원 이상의 재산을 증여받은 경우 그 가액을 증여세 과세가액에 가산하도록 규정하고 있다(상증법 §47 ②).

| 증여세 과세가액의 계산 |

증여재산가액	
- 과세가액 불산입	• 공익법인 등이 출연받은 재산 • 장애인이 증여받은 재산의 과세가액 불산입
- 부담부증여시 채무인수액	• 증여재산에 담보된 증여자의 채무 • 임대자산인 경우 임대보증금
+ 동일인으로부터 10년 이내에 받은 증여재산(1천만 원 이상)	• 동일인의 범위에는 증여자가 직계존비속인 경우에는 그 직계존속의 배우자를 포함 • 합산배제 증여재산가액은 제외
= 증여세 과세가액	

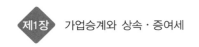

(1) 부담부증여시 채무인수액

채무는 증여자의 채무이어야 하고 당해 증여재산에 담보되어야 한다. 2003. 1. 1. 이후 증여분부터는 증여시점에서 해당 증여재산을 타인에게 임대한 경우 당해 임대보증금도 채무에 포함하도록 하였다. 그러나 해당 증여재산에 담보되지 아니한 증여자의 일반 채무는 공제대상이 아니다.

따라서 증여자 채무가 아닌 제3자 채무를 담보하는 부동산을 증여받으면서 제3자의 채무를 인수하는 조건으로 증여받더라도 그 채무액은 당해 증여 재산가액에서 공제되지 아니한다.

또한 증여등기 이후에 발생할 증여자의 예상 채무를 수증자가 부담하기로 약정하여 인수한 경우에도 그 채무액은 공제되지 아니한다.

(2) 동일인으로부터 10년 이내에 받은 증여재산 합산과세

해당 증여일 전 10년 이내에 동일인(증여자가 직계존속인 경우에는 그 직계존속의 배우자를 포함한다)으로부터 받은 증여재산가액을 합친 금액이 1천만 원 이상인 경우에는 그 가액을 증여세 과세가액에 가산한다. 다만, 합산배제증여재산의 경우에는 그러하지 아니하다(상증법 §47 ②).

이 경우 해당 증여일 전 10년 이내에 동일인으로부터 받은 증여재산가액을 합친 금액이 1천만 원 이상 여부를 계산할 때 해당 증여일의 증여가액은 포함하지 않는다.

❸ 증여세 과세표준

증여세의 과세표준이란 증여세 산출의 기준이 되는 금액을 말한다. 2004. 1. 1. 이후 증여 분부터 일반증여재산, 명의신탁재산, 합산배제 증여재산 등으로 구분하여 과세표준을 계산하고 있다(2003. 12. 31. 이전 증여 분은 증여재산 종류에 관계없이 증여세 과세가액에서 증여재산공제, 재해손실공제액을 뺀 금액으로 한다).

구 분		증여세 과세표준 계산방법
① 일반증여재산(아래 ②~④ 이외)		증여세과세가액 − 증여재산공제 − 재해손실공제 − 감정평가수수료
증여의제	② 명의신탁재산	명의신탁 재산가액 − 감정평가수수료(증여재산공제 없음)
	③ 특수관계법인과의 거래이익, 사업기회제공 이익	증여의제가액 − 감정평가수수료(2012. 1. 1. 이후)
④ 위 ②, ③을 제외한 합산배제 증여재산		합산배제증여재산가액 − 3천만 원 − 감정평가수수료

* 합산배제 증여재산의 범위: 재산 취득 후 해당 재산의 가치가 증가하는 경우(상증법 §31 ① 3), 전환사채 등의 주식전환 등에 따른 이익의 증여(상증법 §40 ① 2, 3), 주식 또는 출자지분의 상장 등에 따른 이익의 증여(상증법 §41의3), 합병에 따른 상장 등 이익의 증여(상증법 §41의5), 기타이익의 증여 등(상증법 §42 ④) 특수관계법인과의 거래를 통한 이익의 증여의제(상증법 §45의3, 2012년 이후), 특수관계법인으로부터 제공받은 사업기회로 발생한 이익의 증여의제(상증법 §45의4, 2016. 1. 1. 이후 시행), 명의신탁재산의 증여의제(상증법 §45의2, 2019. 1. 1. 이후 시행), 재산 취득자금 등의 증여 추정(상증법 §45, 2022. 1. 1. 이후 시행)

증여세 과세표준이 50만 원 미만이면 증여세를 부과하지 아니한다.

(1) 증여재산공제

거주자가 배우자, 직계존비속, 배우자 또는 직계존비속이 아닌 친족(6촌 이내 혈족, 4촌 이내 인척)으로부터 증여를 받은 경우 과세가액에서 일정한 금액을 공제한다(상증법 §53).

증여세는 증여자 및 수증자별로 매 증여시마다 각각 계산하되, 증여자가 동일인(직계존속인 경우 배우자를 동일인으로 본다)인 경우 10년 내 증여재산을 합산하여 계산한다.

| 2014. 1. 1. 이후 시행 개정연혁 |

2013. 12. 31. 이전			2014. 1. 1.～2015. 12. 31.			2016. 1. 1. 이후
증여자	수증자	공제액	증여자	수증자	공 제 액	
직계 존·비속	직계 존·비속 (미성년자)	3천만 원 (1천5백만 원)	직계존속	직계비속 (성년)	5천만 원	㉮ 5천만 원
				직계비속 (미성년)	2천만 원	㉯ 2천만 원
			직계비속	직계존속	3천만 원	㉰ 5천만 원
배우자	배우자	6억 원	배우자	배우자	6억 원	㉱ 6억 원
기타친족	기타친족	5백만 원	기타친족	기타친족	5백만 원	㉲ 1천만 원

* 2010. 1. 1. 이후 증여분부터는 계부, 계모로부터 증여받는 경우 직계존비속 해당 공제액을 적용한다.
* 위 2016년 ㉰ 및 ㉲의 개정내용은 2016. 1. 1. 이후 증여받는 경우부터 적용한다.
 (법률 제13557호, 2015. 12. 15., 상증법 부칙 §2)
* 직계존비속: 혈족을 말한다.
 가) 외조부모와 외손자는 직계존비속에 해당한다.
 나) 출가녀인 경우에는 친가에서는 직계존속의 관계, 시가에서는 직계비속과의 관계에만 해당한다.
 다) 출양한 자의 경우에는 양가 및 생가 모두 해당한다.

(2) 혼인·출산 증여재산공제

　부모가 자녀에게 증여하는 경우 공제한도가 지난 2014년 3천만 원에서 5천만 원으로 상향된 이후 10년간 물가·소득상승, 전셋집 마련 등 결혼비용이 증가하여 추가적인 공제제도가 필요하였고, 아울러 출산을 장려하기 위해 혼인과 출산 시 통합 1억 원의 증여재산공제 제도를 신설하여 2024. 1. 1. 이후 증여받는 분부터 시행하도록 하였다(상증법 §53의2, 2023. 12. 31. 신설).

　거주자가 직계존속으로부터 혼인관계증명서 상 신고일 전후 2년 이내에 증여받는 경우 1억 원을 증여세 과세가액에서 공제받을 수 있으며, 거주자가 직계존속으로부터 자녀의 출생일로부터 2년 이내에 증여받는 경우에도 1억 원까지 공제받을 수 있다.

　다만, 혼인 증여재산공제와 출산 증여재산공제를 모두 받는 경우에는 합하여 1억 원을 한도로 한다.

구분	수증자	증여자	증여시기	증여재산공제액	통합한도
혼인	거주자	직계존속	혼인일 전후 2년 이내	1억 원	1억 원
출산	거주자	직계존속	출생일부터 2년 이내	1억 원	(혼인+출산)

(공제 배제 증여재산 : 다음의 증여재산에 대해서는 혼인·출산 증여재산공제를 배제한다.)

① 증여예시 증여재산(상증법 §4 ① 4)

　상증법 제33조부터 제39조까지, 제39조의2, 제39조의3, 제40조, 제41조의2부터 제41조의5까지, 제42조, 제42조의2 또는 제42조의3에 해당하는 경우의 그 재산 또는 이익

② 증여추정 증여재산(상증법 §4 ① 5)

　상증법 제44조 또는 제45조에 해당하는 경우의 그 재산 또는 이익

③ 증여의제 증여재산(상증법 §4 ②)

　상증법 제45조의2부터 제45조의5까지의 증여의제 재산 또는 이익

한편, 거주자가 혼인 증여재산공제를 받은 후 약혼자의 사망 등 다음의 부득이한 사유가 발생하여 해당 증여재산을 그 사유가 발생한 달의 말일부터 3개월 이내에 증여자에게 반환하는 경우에는 처음부터 증여가 없었던 것으로 보며, 혼인 전에 공제를 받은 거주자가 증여일부터 2년 이내에 혼인하지 않거나 혼인이 무효가 된 경우로서 2년이 되는 날의 말일 또는 혼인무효가 확정된 날이 속하는 달의 말일부터 3개월 이내에 수정신고나 기한후 신고를 하는 경우에는 가산세의 전부 또는 일부를 면제하되, 일정한 이자상당액은 부과한다.

(3) 감정평가수수료

증여재산의 감정평가수수료라 함은 증여세를 신고·납부하기 위하여 증여재산을 평가하는 데 소요되는 수수료를 말한다.

감정평가수수료는 감정평가법인 등의 수수료와 신용평가전문기관의 수수료, 서화골동품 등 감정수수료로 구분하며, 수수료를 공제받고자 하는 자는 당해 수수료의 지급사실을 입증할 수 있는 서류를 증여세 과세표준신고와 함께 제출하여야 한다.

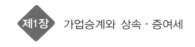
| 감정평가수수료 공제요약 |

구 분	한도액	공제요건
감정평가업자의 평가수수료	500만 원	상속세 납부목적으로 감정을 실시하고, 당해 평가가액으로 상속세, 증여세를 신고 · 납부한 경우
중소기업 비상장주식 평가심의위원회가 의뢰한 신용평가전문기관의 평가수수료	평가대상법인수 및 신용평가 전문기관별 각각 1,000만 원	
서화 · 골동품 등 전문감정기관 평가수수료	500만 원	

(4) 재해손실공제

타인의 증여에 따라 재산을 취득하는 경우로서, 증여일이 속하는 달의 말일부터 3월 이내에 재난으로 인하여 증여재산이 멸실되거나 훼손된 경우에는 그 손실된 증여재산 가액을 과세가액에서 공제한다(상증법 §54).

재해손실공제를 받고자 하는 수증자는 재해손실공제신고서에 해당 손실가액 및 명세와 재난의 사실을 입증하는 서류를 첨부하여 증여세과세표준신고와 함께 납세지 관할 세무서장에게 제출하여야 한다.

 증여세 산출세액

증여세 산출세액은 증여세 과세표준에 세율을 적용하여 계산한 금액을 말한다(상증법 §56). 다만, 수증자가 증여자의 자녀가 아닌 직계비속인 경우에는 증여세 산출세액에 30%(미성년자인 경우로서 증여재산가액이 20억 원을 초과하는 경우 40%)에 상당하는 금액을 가산한다(상증법 §57).

가. 세율

(1) 기본세율

초과누진세율을 적용한다. 초과누진세율이란 과세표준 구간에 따라 세율이 누진으로 적용되는 세율을 말하며, 2000. 1. 1. 이후부터 현재까지 같은 세율을 적용한다.

2000. 1. 1. 이후		
과세표준	세율	누진공제
1억 원 이하	10%	–
1억 원 초과 5억 원 이하	20%	1천만 원
5억 원 초과 10억 원 이하	30%	6천만 원
10억 원 초과 30억 원 이하	40%	1억6천만 원
30억 원 초과	50%	4억6천만 원

(2) 특례세율

① 적용 대상: 「조세특례제한법」의 적용을 받는 창업자금(조특법 §30의5) 및 가업승계 중소·중견기업주식 등(조특법 §30의6)에 대한 과세특례 적용분
② 세율: 10%를 적용한다. 단, 가업승계에 대한 증여세 과세특례 적용시 과세표준이 120억 원을 초과하는 경우 그 초과금액에 대해서는 20%를 적용한다.

나. 직계비속에 대한 증여의 할증과세

수증자가 증여자의 자녀가 아닌 직계비속인 경우에는 증여세 산출세액에 30%(수증자가 증여자의 자녀가 아닌 직계비속이면서 미성년자인 경우로서 증여재산가액이 20억 원을 초과하는 경우에는 40%)에 상당하는 금액을 가산한다.

다만, 증여자의 최근친(最近親)인 직계비속이 사망하여 그 사망자의 최근친인 직계비속이 증여받은 경우에는 그러하지 아니하다.

$$\text{산출세액} \times \frac{\text{수증자의 부모를 제외한 직계존속으로부터 증여받은 재산가액}}{\text{총증여재산가액}} \times 30\%(40\%) - \text{종전에 납부한 할증과세액}$$

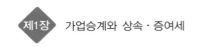

⑤ 납부할세액

납부할 증여세액은 산출세액에서 각종 세액공제와 징수유예액을 차감하고 신고·납부불성실가산세를 가산한 금액에서 연부연납(분납)세액을 차감하여 계산한다.

가. 납부세액공제

납부세액공제란, 증여세 과세가액에 가산한 증여재산가액(2 이상의 증여가 있는 경우 그 가액의 합계액)에 대하여 납부하였거나 납부할 증여세액을 증여세 산출세액에서 공제하는 것을 말한다(상증법 §58).

납부하였거나 납부할 증여세액이란, 종전 증여 당시 해당 증여재산에 대한 증여세 산출세액을 말한다.

증여세 과세가액에 가산하는 증여재산에 대하여 「국세기본법」 제26조의2(국세부과의 제척기간) 제1항 제4호 또는 제3항에 규정된 기간의 만료로 인하여 증여세가 부과되지 아니하는 경우에는 납부세액공제를 적용하지 않는다.

> - 납부세액공제 = Min(ⓐ, ⓑ)
>   ⓐ 가산한 증여재산의 증여세 산출세액
>   ⓑ 공제한도액
>
> - 공제한도액
>
> $$\text{증여세 산출세액} \times \frac{\text{가산한 증여재산의 과세표준}}{(\text{당해 증여재산} + \text{가산한 증여재산})\text{의 과세표준}}$$

나. 외국납부세액공제

타인으로부터 증여받은 재산 중 외국에 있는 증여재산에 대하여 외국의 법령에 따라 증여세를 부과받은 경우, 그 부과받은 증여세에 상당하는 금액을 증여세 산출세액에서 공제한다(상증법 §59).

다만, 외국에서 부과된 증여세액을 한도로 공제한다.

- 외국납부세액공제 = Min(ⓐ, ⓑ)
  - ⓐ 외국에서 부과된 증여세액
  - ⓑ 공제한도액

- 공제한도액

$$증여세\ 산출세액\ \times\ \frac{외국의\ 법령에\ 따른\ 증여세\ 과세표준}{증여세\ 과세표준}$$

다. 신고세액공제

증여세 과세표준 신고기한 내에 증여세 신고서를 제출한 경우에는 신고세액공제를 적용한다.

| 신고세액공제 계산식 |

증여세 신고세액 공제 = (B) × 3%	
증여세 산출세액	
+	증여세 할증과세액
−	박물관 자료에 대한 징수유예액
−	외국납부세액공제
−	납부세액공제
=	(B) 증여세 신고세액공제 대상액

라. 박물관자료에 대한 증여세의 징수유예

증여재산 중 박물관자료, 미술관자료, 박물관 또는 미술관(사립박물관이나 사립미술관의 경우에는 공익법인등에 해당할 것)에 전시 중이거나 보존 중인 재산이 포함되어 있는 경우에는 그 재산가액에 상당하는 증여세액의 징수를 유예한다.

징수유예의 기간 중에 박물관 자료를 소유하고 있는 수증자의 사망으로 상속이 개시되는 경우에는, 그 징수유예한 증여세액의 부과결정을 철회하고 그 철회한 증여세액을 다시 부과하지 아니한다.

$$징수유예\ 증여세액 \times \frac{박물관자료의\ 가액}{증여재산가액(동일인\ 재차증여가산액\ 포함)}$$

징수유예를 받고자 하는 자는 그 유예한 증여세액에 상당하는 담보를 제공하여야 하며, 박물관자료를 증여받은 수증자가 이를 유상으로 양도하거나 기타 사유로 박물관자료를 인출하는 경우에는 그 징수를 유예한 증여세를 즉시 징수하여야 한다.

마. 가산세

가산세라 함은 세법에 규정하는 의무를 태만히 한 경우에 각 세법이 규정하는 바에 따라 본세에 가산하여 부과하는 금액을 말한다.

종전에 각 세법마다 다르게 규정된 가산세 체계를 전면 개정하여 2007. 1. 1. 이후에는 국세기본법에 공통적인 가산세를 일괄하여 규정하고 있으며, 제3절 가산세 규정과 동일하다.

제**2**장

가업상속공제와 그 밖의
상속세 지원

2024년 상속세 및 증여세법 개정내용(가업 관련)

1. 가업상속공제 사후관리요건 완화(상증령 §15)

종 전	개 정
□ 가업상속공제 사후관리 요건	□ 사후관리 요건 완화
○ 상속인의 가업종사	○ 업종 유지요건 완화
– 상속인이 **대표이사**로 종사	– (좌 동)
– 표준산업분류상 **중분류** 내 업종변경 허용	– **중분류 → 대분류**
– 가업을 1년 이상 휴업하거나 폐업하지 않을 것	– (좌 동)
○ 자산 유지	
– 가업용 자산의 40% 이상 처분 금지	
○ 지분 유지	○ (좌 동)
– 주식 등을 상속받은 상속인의 지분 유지	
○ 고용 유지	
– 정규직 근로자 수 90% 이상 또는 총 급여액 90% 이상 유지	

〈개정이유〉 가업상속 지원을 통한 경제활력 제고

〈적용시기〉 2024. 2. 29. 이후 업종을 변경하는 분부터 적용

2. 기회발전특구 가업상속공제 요건 완화(상증령 §15)

종 전	개 정
□ **가업상속공제 상속인 요건** ㅇ 상속개시일 현재 18세 이상 ㅇ 2년 이상 가업에 종사 ㅇ 상속세과세표준 신고기한까지 임원 취임 ㅇ 상속세과세표준 신고기한부터 **2년 이내 대표이사 취임**	□ **상속인 요건 완화** ㅇ (좌 동) ㅇ 기회발전특구 내 기업은 적용 배제
□ **상속인 가업영위 사후관리 요건** ㅇ 상속인이 **대표이사**로 종사 ㅇ 표준산업분류상 **중분류** 내 업종변경* 　* 별표에 따른 가업상속공제 적용대상업종 　 으로 변경하는 요건은 적용	□ **요건 완화** ㅇ 기회발전특구 내 기업은 적용 배제 　* 별표에 따른 가업상속공제 적용대상업 　 종으로 변경하는 요건은 적용
	□ **기회발전특구 적용 요건** ① 가업상속 받은 기업의 **본점** 및 주사무소를 기회발전특구로 이전하고, **기회발전특구** 내 사업장의 **상시근로자**가 전체의 50% **이상인 경우** ② 가업상속받은 기업의 **본점** 및 주사무소가 기회발전특구에 소재하고, **기회발전특구** 내 사업장의 **상시근로자**가 전체의 50% **이상인 경우**
□ **기타 사후관리 요건** ㅇ 자산 40% 이상 처분 금지 ㅇ 상속받은 지분 유지 ㅇ 정규직 근로자 수 90% 이상 또는 총급여액 90% 이상 유지	 ㅇ (좌 동)

〈개정이유〉 기회발전특구 활성화 지원

〈적용시기〉 2024. 2. 29. 이후 상속받는 분부터 적용

3. 가업승계 증여세 과세특례 혜택 확대(조특법 §30의6, 상증법 §71, 조특령 §27의6)

종 전	개 정
□ 가업승계 증여세 과세특례	□ 저율과세 구간 확대, 사후관리 완화, 연부연납 기간 확대
○ (대상) 18세 이상 거주자가 60세 이상 부모로부터 가업승계목적 주식등 증여 ○ (특례한도) － 업력 10년 이상: 300억 원 － 업력 20년 이상: 400억 원 － 업력 30년 이상: 600억 원 ○ (기본공제) 10억 원 ○ (세율) 10%	○ (좌 동)
－ 단, 60억 원 초과분은 20%	－ 단, 120억 원 초과분은 20%
○ (사후관리) 5년	○ (좌 동)
－ 표준산업분류상 중분류 내 업종변경 허용	－ 중분류 → 대분류
○ (연부연납 기간) 5년	○ 15년
○ (신청 기간) 증여받은 날이 속하는 달의 말일부터 3개월 이내	○ (좌 동)

〈개정이유〉 중소·중견기업의 원활한 가업승계 지원

〈적용시기〉 (저율과세 구간 및 연부연납 기간 확대) 2024. 1. 1. 이후 증여받는 분부터 적용

　　　　　(사후관리 완화) 2024. 2. 29. 이후 업종을 변경하는 분부터 적용

4. 조세범에 대한 증여세 과세특례 적용 배제(조특법 §30의6 · §71)

종 전	개 정
〈신 설〉	□ 증여자 또는 수증자가 탈세 · 회계부정으로 징역 · 벌금형을 받은 경우 가업승계 · 영농승계 증여세 과세특례 배제 ㅇ (범죄 행위) 가업과 관련한 탈세 · 회계부정 ㅇ (행위 시기) 증여일 10년 전부터 사후관리기간(증여 후 5년)까지의 탈세 · 회계부정

〈개정이유〉 조세회피 방지

〈적용시기〉 2024. 1. 1. 이후 증여받는 분부터 적용

2023년 상속세 및 증여세법 개정내용(가업 관련)

1. 가업상속공제 실효성 제고

① 적용대상 및 공제한도 등 확대(상증법 §18의2 신설, 상증령 §15)

종 전	개 정
□ **가업상속공제* 적용대상** 　* 10년 이상 영위한 가업을 상속하는 경우 상속세 과세가액에서 해당 가업상속재산 가액을 공제 　○ 중소기업 　○ 중견기업 : 매출액 4천억 원 미만 □ **공제한도**	□ **적용대상 확대** 　○ (좌 동) 　○ 중견기업 : 매출액 5천억 원 미만 □ **공제한도 상향**

가업영위기간	공제한도		가업영위기간	공제한도
10년 이상 ~ 20년 미만	200억 원		10년 이상 ~ 20년 미만	300억 원
20년 이상 ~ 30년 미만	300억 원		20년 이상 ~ 30년 미만	400억 원
30년 이상	500억 원		30년 이상	600억 원

종 전	개 정
□ **피상속인 지분요건** 　○ **최대주주* & 지분 50% 이상**(상장법인 30%) 10년 이상 계속 보유 　* 주주 등 1인과 특수관계인의 보유주식 등을 합하여 최대주주 또는 최대출자자자	□ **피상속인 지분요건 완화** 　○ **최대주주 & 지분 40% 이상**(상장법인 20%) 10년 이상 계속 보유

〈개정이유〉 중소·중견기업의 원활한 가업상속 지원

〈적용시기〉 2023. 1. 1. 이후 상속이 개시되는 분부터 적용

② 가업상속공제 적용대상 업종 합리화(상증령 별표)

종 전	개 정
□ 가업상속공제 적용대상 업종 ㅇ 제조업, 건설업, 광업, 도매 및 소매업 등 〈추 가〉	□ 대상 업종 추가 ㅇ (좌 동) ㅇ 소독, 구충 및 방제 서비스업

〈개정이유〉 업종 간 형평성 제고

〈적용시기〉 2023. 1. 1. 이후 상속이 개시되는 분부터 적용

③ 사후관리 기간 단축 및 요건 완화(상증법 §18의2, 상증령 §15)

종 전	개 정
□ 사후관리 기간 ㅇ 7년	□ 사후관리 기간 단축 ㅇ 7년 → 5년
□ 사후관리 요건 ㅇ 고용 유지 : ❶&❷ 유지 ❶ (매년) 정규직 근로자 수 80% 이상 　 또는 총급여액 80% 이상 ❷ (7년 통산) 정규직 근로자 수 100% 　 이상 또는 총급여액 100% 이상 ㅇ 자산 유지 　- 가업용 자산의 20%(5년 이내 10%) 　 이상 처분 제한 ㅇ 지분 유지 　- 주식 등을 상속받은 상속인의 지분 유지	□ 사후관리 요건 완화 ㅇ 고용 유지 완화, ❷만 유지 　 〈삭 제〉 ❷ (7년 통산 100% 이상) 　 → 5년 통산 90% 이상 ㅇ 자산 유지 완화 　- 20%(5년 이내 10%) → 40% 이상 ㅇ (좌 동)

〈개정이유〉 가업상속공제 제도의 활용도 제고

〈적용시기〉 2023. 1. 1. 이후 상속이 개시되는 분부터 적용

〈특례규정〉 2023. 1. 1. 현재 사후관리 중인 경우에도 개정규정 적용

〈부칙 특례규정〉 2023. 1. 1. 현재 사후관리 중인 경우에도 개정규정 적용 (부칙 §7)
[가업상속공제에 관한 경과조치]

1. 가업상속공제 사후관리 개정규정(상증법 §18의2 ⑤)은 아래와 같은 "① 사후관리를 받고 있는 상속인"과 "② 2023. 1. 1. 이후 가업상속공제를 적용받는 상속인"에 대해서도 적용한다(부칙 §7 ②).

    ① 사후관리를 받고 있는 상속인이란,

    – 2022. 12. 31. 이전에 종전 규정에 따라 가업상속공제를 받은 경우로서

    – 2023. 1. 1. 현재 종전의 7년 사후관리 기간이 경과하지 않았고

    – 2022. 12. 31. 이전에 사후관리 위반으로 상속세 및 이자상당액이 부과되지 않은 상속인

    ② 2023. 1. 1. 이후 가업상속공제를 적용받는 상속인이란,

    – 2023. 1. 1. 이후 상속이 개시된 경우뿐 아니라

    – 2022. 12. 31. 이전에 상속이 개시된 경우로서 2023. 1. 1. 이후 가업상속공제를 받는 상속인

2. 가업용자산 처분 관련

    다만, 가업용자산 처분과 관련해서는 2022. 12. 31. 이전에 종전의 가업용자산 처분 사후관리 규정 위반에 해당하여 가업용자산의 처분비율을 고려하여 상속세 및 이자상당액을 부과받은 경우에 해당하더라도, 7년의 사후관리 기간이 경과되지 않은 경우에는 개정된 자산처분 사후관리 규정을 적용한다(부칙 §7 ② 단서).

3. 예외사항

    위 경과조치에 불구하고, 종전의 정규직 근로자수 및 총급여액 사후관리기준인 7년 평균을 적용하는 것이 개정규정(5년 평균)을 적용하는 것보다 "사후관리를 받고 있는 상속인"에게 유리한 경우에는 종전 규정을 적용한다.

④ 가업상속공제 사후관리 조문 정비(상증령 §15 ⑮)

종 전	개 정
□ 사후관리 위반 시 기간별 추징률 ○ 5년 미만 : 100%	□ 사후관리기간 단축(7년→5년)에 따른 조문 정리 ○ (좌 동)
○ 5년 이상 7년 미만 : 80%	〈삭 제〉

〈개정이유〉 가업상속공제 실효성 제고

〈적용시기〉 2023. 1. 1. 이후 상속이 개시되는 분부터 적용

〈특례규정〉 2023. 1. 1. 현재 사후관리 중인 경우에도 개정규정 적용

2. 가업승계 시 상속세 납부유예제도 신설(상증법 §72의2, 상증령 §69의2·§69의3 신설)

① 적용대상 및 납부유예 절차

종 전	개 정

〈신 설〉	□ **적용 대상 및 납부유예 방식**
	○ (**적용 대상**) 가업상속공제 요건을 **충족**하는 **중소기업**으로 가업상속공제를 받지 않은 기업 (영농상속공제를 받은 경우 납부유예 제외)
	  * 상속인이 가업상속공제 방식과 납부유예 방식 중 선택 가능
	○ (**납부유예 방식**) 상속인이 상속받은 가업상속재산을 **양도·상속·증여하는 시점**까지 **상속세*** 납부유예
	
	  * 납부유예 가능 세액 = 상속세 납부세액 $\times \dfrac{\text{가업상속재산가액}}{\text{총 상속재산가액}}$
	
	□ **납부유예 신청 절차**
	○ 납부유예 신청자는 **상속세 과세표준 신고 시 납부유예신청서**를 관할 세무서장에게 **제출**
	  * 결정통지를 받은 경우에는 납부고지서의 납부기한까지 제출
	
	□ **납부유예 허가 절차**
	○ 납부유예 신청을 받은 관할 세무서장은 ❶~❸ 기간 이내에 신청인에게 **허가 여부 결정·통지**
	
	  ❶ **상속세 과세표준신고를 한 경우** : 신고기한 경과일부터 9개월
	  ❷ **수정신고 또는 기한 후 신고를 한 경우** : 신고한 날이 속하는 달의 말일부터 9개월
	  ❸ **과세표준과 세액의 결정통지를 받은 경우** : 납부기한이 지난 날부터 14일

〈개정이유〉 중소기업의 원활한 가업상속 지원

〈적용시기〉 2023. 1. 1. 이후 상속이 개시되는 분부터 적용

② 납부유예 적용 요건 등(상증법 §72의2 ①)

종 전	개 정

〈신 설〉	□ **피상속인 요건 : 가업상속공제 준용**
	○ (지분 요건) **최대주주 & 지분 40% 이상(상장법인 20%)** 10년 이상 계속 보유할 것
	○ (재직 요건) 가업 영위기간 중 ❶~❸의 어느 하나에 해당하는 기간을 **대표이사로 재직할 것**
	  ❶ **50% 이상**의 기간
	  ❷ **10년 이상**의 기간
	  (상속인이 피상속인의 대표이사직을 승계하여 승계한 날부터 상속개시일까지 계속 재직한 경우로 한정)
	  ❸ 상속개시일부터 소급하여 **10년 중 5년 이상**의 기간
	
	□ **상속인 요건 : 가업상속공제 준용**
	○ ❶~❸ **요건을 모두 갖춘 경우**
	  ❶ 상속개시일 현재 **18세 이상**
	  ❷ 상속개시일 전에 **2년 이상** 직접 **가업 종사**
	  ❸ 상속세 과세표준 신고기한까지 **임원 취임** & 신고기한부터 2년 이내 **대표이사 취임**

〈개정이유〉 가업상속 활성화 지원

〈적용시기〉 2023. 1. 1. 이후 상속이 개시되는 분부터 적용

③ 납부유예 사후관리(납부사유 등)

종 전	개 정
〈신 설〉	□ **납부사유** 납부유예 허가를 받은 자가 정당한 사유없이 다음에 해당하는 경우 그 날이 속하는 달의 말일부터 6개월 이내에 신고하고 해당 상속세와 이자상당액을 납부하여야 함.

구분	납부(징수) 사유		납부할세액
1	소득세법상 가업(개인가업)을 상속받은 경우로서 가업용자산의 40% 이상 처분		납부유예세액 × 일정비율
2	해당 상속인이 가업에 종사하지 아니하게 된 경우		납부유예세액 전부
3	상속받은 주식등 지분감소	상속개시일부터 5년 이내	납부유예세액 전부
		상속개시일부터 5년 후	납부유예세액 × 일정비율
		→ 수증자가 조특법 §30의6에 따라 증여세과세 특례를 적용받는 경우 예외인정	
4	가업상속공제 사후관리 요건 중 정규직근로자수 및 총급여액 관련 일정기준 위반시 - 정규직근로자수 전체평균 70% 미만 - 총급여액 전체평균 70% 미만		납부유예세액 전부
5	해당 상속인이 사망하여 재상속된 경우		납부유예세액 전부
	→ 재상속시 그 상속인이 가업상속공제를 받거나 납부유예 를 받는 경우 예외인정		

〈개정이유〉 중소기업의 원활한 가업상속 지원

〈적용시기〉 2023. 1. 1. 이후 상속이 개시되는 분부터 적용

③-1. 사후관리 위반에 해당하지 않는 정당한 사유(상증령 §69의3 ②)

종 전	개 정
〈신 설〉	□ 사후관리 위반에 해당하지 않는 정당한 사유 ○ 가업용 자산 처분 　- 법률에 따른 **수용·협의매수 등** 　- **국가·지방자치단체**에 **증여** 　- **합병·분할** 등 **조직변경**으로 인한 소유권 이전 　- **내용연수**가 **종료**된 자산 처분 　- 가업의 **주된 업종 변경**과 관련한 자산 처분 　- 자산 처분금액을 조특법상 **연구·인력개발비**로 **사용**하는 경우 ○ 가업 미종사 　- 가업상속받은 재산을 **국가·지방자치단체**에 **증여**하는 경우 　- **병역의무 이행, 질병 요양** 등 **부득이한 사유**에 해당하는 경우 ○ 지분 감소 　- **합병·분할** 등 **조직변경**에 따른 주식 처분 　- **유상증자**로 인한 지분율 감소 　- **국가·지방자치단체**에 **증여** 　- **상장 요건**을 갖추기 위한 **지분 감소** 　- **무상 균등감자** 　- 「채무자 회생 및 파산에 관한 법률」상 **법원 결정**에 따른 무상감자 또는 **출자전환**

〈개정이유〉 가업상속 활성화 지원

〈적용시기〉 2023. 1. 1. 이후 상속이 개시되는 분부터 적용

③-2. 가업에 종사하지 않는 것으로 보는 경우 등(상증령 §69의3 ④·⑤)

종 전	개 정
〈신 설〉	□ **가업에 종사하지 않는 것으로 보는 경우** ○ 5년 내에 상속인이 **대표이사** 등으로 **종사하지 않는 경우** ○ 해당 가업을 **1년 이상 휴·폐업**하는 경우 □ **지분 감소에 해당하는 것으로 보는 경우** ○ 상속인이 상속받은 주식을 **처분**하는 경우 ○ 해당 법인의 **유상증자** 시 상속인의 **실권** 등으로 **지분율**이 감소하는 경우 ○ 상속인의 특수관계인이 주식 처분 또는 유상증자 시 실권 등으로 **상속인이 최대주주 등에 해당하지 않게 되는 경우**

〈개정이유〉 가업상속 활성화 지원

〈적용시기〉 2023. 1. 1. 이후 상속이 개시되는 분부터 적용

④ 이자상당액 계산방법(상증령 §69의3 ⑨)

종 전	개 정
〈신 설〉	□ 납부유예 종료 사유 발생 등으로 인한 **상속세 납부 시 이자상당액 계산방법** ○ 이자상당액 =상속세 납부액 × 당초 신고기한의 다음 날부터 납부일까지의 일수 × [**국세환급가산금 이자율*** ÷ 365] ※ 이자율은 상속세 **납부일** 현재 국세환급가산금 이자율 적용 - 단, **납부유예기간** 중에 이자율이 **변경**된 경우 **변경 전 기간**에 대해서는 **변경 전 이자율** 적용 □ **재차 가업승계 시 이자율 경감 규정** ○ 상속인이 **다음 상속인·수증자**에게 **재차 가업승계** 시 **이자 상당액의 50% 경감**

〈개정이유〉 가업상속 활성화 지원

〈적용시기〉 2023. 1. 1. 이후 상속이 개시되는 분부터 적용

⑤ 상속세 징수사유

종 전	개 정
〈신 설〉	□ 상속세 징수사유 ○ 납세지 관할세무서장은 납부유예를 받은 자가 ❶~❸ 해당 시, 유예된 **세액의 전액 또는 일부**를 **징수**할 수 있음. ❶ **담보의 변경** 또는 **담보 보전**에 필요한 관할세무서장의 **명령을 따르지 않은 경우** ❷ 「**국세징수법(§9 ①)**」상 **납부기한 전 징수 사유***에 해당하는 경우 　* 국세 등 체납으로 강제징수 또는 체납처분이 시작된 경우, 파산선고를 받은 경우, 법인이 해산한 경우 등 ❸ **상속세 납부사유***에 **해당**하는 경우로서 **납부기한까지** 상속세 및 이자상당액을 **미납**한 경우 　* 사후관리요건 위반, 자산처분, 1년 이상 휴업 또는 폐업 등

〈개정이유〉 중소기업의 원활한 가업상속 지원

〈적용시기〉 2023. 1. 1. 이후 상속이 개시되는 분부터 적용

3. 가업상속 연부연납 확대(상증법 §71, 상증령 §68)

종 전	개 정

☐ 가업상속 연부연납 적용대상
○ ❶ 또는 ❷의 요건을 갖춘 중소·중견 기업
  ❶ 가업상속공제를 받은 경우
  ❷ 가업상속 연부연납 요건을 충족하는 경우
	☐ (좌 동)

☐ 가업상속 연부연납 요건
○ (대상) 중소·중견기업
○ (피상속인) 지분 및 가업종사 요건
  - (지분) 최대주주 & 지분 50% 이상 (상장법인 30%) 5년 이상 계속 보유
  - (가업종사) 5년 이상 경영 + 대표이사 등 재직
○ (상속인) 18세 이상 + 상속세 신고기한까지 임원 취임 및 신고기한부터 2년 이내 대표이사 취임
	☐ 피상속인 지분요건 완화
	○ (좌 동)
	  - 50% 이상(상장법인 30%)
	   → 40% 이상(상장법인 20%)
	  - (좌 동)
	○ (좌 동)

☐ 가업상속 연부연납기간
○ 가업상속재산 비율* 50% 미만
  : 10년 또는 3년 거치 후 7년
  * 상속재산 중 가업상속재산이 차지하는 비율
○ 가업상속재산 비율 50% 이상
  : 20년 또는 5년 거치 후 15년
	☐ 연부연납기간 확대
	○ 20년 또는 10년 거치 후 10년
	
	  ※ 가업상속재산 비율에 관계없이 적용

〈개정이유〉 상속세 납부 부담 완화

〈적용시기〉 2023. 1. 1. 이후 상속이 개시되는 분부터 적용

4. 가업승계 증여세 과세특례 한도 확대 등(조특법 §30의6, 조특령 §27의6)

① 한도확대 및 사후관리 완화

종 전	개 정
□ 가업승계 증여세 과세특례	□ 과세특례 한도 확대 등
○ (요건) 자녀가 부모로부터 가업의 주식 등을 증여받아 가업을 승계	○ 적용대상 확대 및 지분요건 완화
– (대상) ❶ 중소기업 및	– ❶ 중소기업 및
❷ 중견기업(매출액 4천억 원 미만)	❷ 중견기업(매출액 5천억 원 미만)

– (증여자 지분 요건) 최대주주* 등으로 지분 50%(상장법인 30%) 이상 10년 이상 계속 보유
   * 주주 등 1인과 특수관계인의 보유주식 등을 합하여 최대주주 또는 최대출자자
	– 50%(상장법인 30%) 이상
	   → 40%(상장법인 20%) 이상

○ (특례) 증여세 과세가액 100억 원 한도로 5억 원 공제 후 10%, 20% 증여세율 적용	○ 가업영위기간에 따라 최대 600억 원* 한도로 10억 원 공제 후 10%, 20% 증여세율 적용 * 가업영위기간 10년 이상: 300억 원, 20년 이상: 400억 원, 30년 이상: 600억 원

– 30억 원 이하: 10%,
   30억 원 초과: 20%
	– 60억 원 이하: 10%,
	   60억 원 초과: 20%

○ (사후관리) 사후관리 위반시 증여세 및 이자상당액 부과	○ 사후관리 완화
– (사후관리 기간) 7년	– 7년 → 5년
– (가업 유지) 5년 이내 대표이사 취임 & 7년간 유지	– 대표이사 취임: 5년 → 3년 대표이사직 유지: 7년 → 5년
– (업종 유지) 표준산업분류상 중분류 내 업종변경 허용	– (좌 동)
– (지분 유지) 증여받은 주식 지분 유지	– (좌 동)

〈개정이유〉 중소·중견기업의 원활한 가업승계 지원

〈적용시기〉 2023. 1. 1. 이후 증여받는 분부터 적용

〈특례규정〉(사후관리 완화) 2023. 1. 1. 현재 사후관리 중인 경우에도 개정규정 적용(단, 대표이사 취임 기한은 종전 규정 적용)

〈부칙 특례규정〉 2023. 1. 1. 현재 사후관리 중인 경우에도 개정규정 적용 (부칙 §7)
[가업의 승계에 대한 증여세 과세특례에 관한 경과조치]

1. 이 법 시행 전에 증여를 받은 경우의 가업의 승계에 대한 증여세과세특례에 관하여는 제30조의6 제1항의 개정규정에도 불구하고 종전의 규정에 따른다.

2. 가업승계에 대한 증여세과세특례 사후관리 개정규정(조특법 §30의6 ③, 7년→5년)은 아래와 같은 "① 사후관리를 받고 있는 자"와 "② 2023. 1. 1. 이후 과세특례 증여세 과세표준을 신고하는 자"에 대해서도 적용한다(부칙 §7 ②).

① 사후관리를 받고 있는 자 (아래 모두 충족)
  - 2022. 12. 31. 이전에 종전규정에 따라 과세특례를 적용받은 경우로서
  - 2023. 1. 1. 현재 주식등을 증여받은 날부터 7년을 경과하지 않았고
  - 2022. 12. 31. 이전에 사후관리 위반으로 증여세 및 이자상당액이 부과되지 않았을 것

② 2023. 1. 1. 이후 과세특례 증여세 과세표준을 신고하는 자
  - 2023. 1. 1. 이후 증여받는 경우뿐 아니라
  - 2022. 12. 31. 이전에 증여를 받은 경우로서 2023. 1. 1. 이후 증여세 과세표준을 신고하는 자

② 과세특례 적용 후 가업상속공제시 요건 완화(조특령 §27의6)

종 전	개 정
□ 증여세 과세특례 적용 후 상속이 개시되는 경우 가업상속공제 적용 ○ **상속개시일 현재** 다음의 요건 갖춘 경우 **가업상속공제 적용** ❶ 상증령 §15 ③에 따른 가업 * (피상속인) 가업지분 50%(상장법인 30%) 이상 + 10년 이상 보유 (상속인) 18세 이상 + 2년 이상 직접 가업에 종사 등 ❷ 지분 유지 + 가업에 종사 〈단서 신설〉	□ **가업상속공제 적용 요건 완화** (피상속인) 가업지분 40%(상장법인 20%) 이상 + 10년 이상 보유 (상속인) 18세 이상 + 2년 이상 직접 가업에 종사 등 (좌 동) – **매출액***의 경우 상속개시일이 아닌 **증여일 기준으로 판단** * (적용 대상) 중소기업 및 **매출액 5천억 원 미만** 중견기업

〈개정이유〉 생전 가업승계 활성화 지원

〈적용시기〉 2023. 2. 28. 이후 상속받는 분부터 적용

5. 가업승계 시 증여세 납부유예제도 신설(조특법 §30의7, 조특령 §27의7 신설)

① 납부유예 적용대상

종 전	개 정

〈신 설〉	□ **적용 대상 및 납부유예 방식**
	○ **(적용 대상)** 가업승계 증여세 과세특례 요건을 충족하는 중소기업 주식등을 증여받고 창업자금에 대한 증여세과세특례(조특법 §30의5) 또는 가업의 승계에 대한 증여세과세특례(조특법 §30의6)를 적용받지 않았을 것
	   – 증여자 요건 : 가업승계 증여세 과세특례 준용
	     • **최대주주 & 지분 40%**(상장법인 20%) **이상** 10년 이상 계속 보유할 것
	   – 수증자 요건 : 가업승계 증여세 과세특례 준용
	     ❶ 증여일 현재 18세 이상
	     ❷ 증여세 과세표준 신고기한까지 **가업에 종사 &** 증여일부터 3년 이내 **대표이사 취임**
	       * 수증자가 저율과세 방식과 납부유예 방식 중 선택 가능
	○ **(납부유예 방식)** 수증자가 증여받은 가업주식을 **양도·상속·증여하는 시점까지 증여세* 납부유예**
	    * 납부유예 가능 세액 = 증여세 납부세액 × $\dfrac{\text{가업주식상당액}}{\text{총 증여재산가액}}$

〈개정이유〉 중소기업의 원활한 가업승계 지원

〈적용시기〉 2023. 1. 1. 이후 증여받는 분부터 적용

② 납부유예 신청 및 허가 절차(조특령 §27의7)

종 전	개 정
〈신 설〉	□ **납부유예 신청** ○ 납부유예 신청자는 **증여세 과세표준 신고 시 납부유예신청서**를 **관할 세무서장**에게 **제출**하여야 하며, 납세담보를 제공해야 함. 　＊ 결정통지를 받은 경우에는 납부고지서의 납부기한까지 제출 □ **납부유예 허가** ○ 납부유예 신청을 받은 관할 세무서장은 **❶~❸ 기간 이내**에 신청인에게 **허가 여부 결정·통지** 　❶ **증여세 과세표준신고를 한 경우** : 신고기한 경과일부터 6개월 　❷ **수정신고 또는 기한 후 신고를 한 경우** : 신고한 날이 속하는 달의 말일부터 6개월 　❸ **과세표준과 세액의 결정통지를 받은 경우** : 납부기한이 지난 날부터 14일

〈개정이유〉 생전 가업승계 활성화 지원

〈적용시기〉 2023. 1. 1. 이후 증여받는 분부터 적용

③ 납부유예 사후관리(납부사유 등)

종 전	개 정
〈신 설〉	□ **납부사유** 납부유예 허가를 받은 자가 정당한 사유없이 다음에 해당하는 경우 그 날이 속하는 달의 말일부터 3개월 이내에 신고하고 해당 증여세와 이자상당액을 납부하여야 함(이미 징수된 경우는 예외).

구분	납부(징수) 사유		납부할세액
1	해당 거주자가 가업에 종사하지 아니하게 된 경우		납부유예세액 전부
2	증여받은 주식등 지분감소	증여일부터 5년 이내	납부유예세액 전부
		증여일부터 5년 후	납부유예세액 × 일정비율
	→ 수증자가 조특법 §30의6에 따라 증여세과 세특례를 적용받는 경우 예외 인정		
3	증여일부터 5년간 다음 요건에 모두 해당되는 경우 - 정규직근로자수 5년간 전체평균이 증여일이 속하는 사업연도 직전 2개 사업연도 평균의 70% 미만 - 총급여액 5년간 전체평균이 증여일이 속하는 사업연도 직전 2개 사업연도 평균의 70% 미만		납부유예세액 전부
4	해당 거주자가 사망하여 상속이 개시되는 경우		납부유예세액 전부
	→ 상속시 그 상속인이 가업상속공제를 받거나 납부유예를 받는 경우 예외 인정		

〈개정이유〉 중소기업의 원활한 가업승계 지원

〈적용시기〉 2023. 1. 1. 이후 증여받는 분부터 적용

③-1. 가업에 종사하지 않는 것으로 보는 경우 등(조특령 §27의7)

종 전	개 정
〈신 설〉	□ **가업에 종사하지 않는 것으로 보는 경우** ○ 수증자가 **증여일부터 5년 후까지 대표이사직을 유지하지 아니하는 경우** ○ 가업을 1년 **이상 휴·폐업**하는 경우 □ **지분 감소에 해당하는 것으로 보는 경우** ○ 수증자가 **증여받은 주식을 처분**하는 경우 ○ **유상증자** 과정에서 실권 등으로 수증자의 **지분율이 감소하는 경우** ○ 수증자의 특수관계인의 주식 처분 또는 유상증자 시 실권 등으로 수증자가 **최대주주등에 해당하지 않게** 되는 경우

〈개정이유〉 생전 가업승계 활성화 지원

〈적용시기〉 2023. 1. 1. 이후 증여받는 분부터 적용

③-2. 사후관리 위반에 해당하지 않는 정당한 사유(조특령 §27의7)

종 전	개 정
〈신 설〉	□ **사후관리 위반에 해당하지 않는 정당한 사유** ○ **가업 미종사** 　- 증여받은 주식등을 국가·지방자치단체에 **증여**하는 경우 　- **병역의무 이행, 질병 요양 등 부득이한 사유**에 해당하는 경우 ○ **지분 감소** 　- **합병·분할 등 조직변경**에 따른 주식 처분으로서 수증자가 최대주주에 해당 　- **상장 요건**을 갖추기 위한 **지분 감소**

〈개정이유〉 생전 가업승계 활성화 지원

〈적용시기〉 2023. 1. 1. 이후 증여받는 분부터 적용

④ 납부유예 이자상당액 계산방법(조특령 §27의7)

종 전	개 정
〈신 설〉	□ 납부유예 종료 사유 발생 등으로 인한 **증여세 납부 시 이자상당액 계산방법** ○ 이자상당액 　= 증여세 납부액 × 당초 신고기한의 다음 날부터 납부일까지의 일수 × [**국세환급가산금 이자율**※ ÷ 365] 　※ 납부일 현재 국세환급가산금 이자율 적용 　– 단, **납부유예기간 중에 이자율이 변경된 경우 변경 전 기간**에 대해서는 **변경 전 이자율** 적용 □ **재차 가업 승계 시 이자율 경감 규정** ○ 수증자가 **다음 상속인·수증자에게 재차 가업 승계 시 이자상당액**의 50% 경감

〈개정이유〉 생전 가업승계 활성화 지원

〈적용시기〉 2023. 1. 1. 이후 증여받는 분부터 적용

⑤ 증여세 징수사유

종 전	개 정
〈신 설〉	□ **증여세 징수사유** ○ 납세지 관할세무서장은 납부유예를 받은 자가 ❶~❸ 해당 시, 유예된 세액의 전액 또는 일부와 **이자상당액을 징수**할 수 있음. 　❶ 담보의 변경 또는 담보 보전에 필요한 관할세무서장의 **명령을 따르지 않은 경우** 　❷ 「**국세징수법(§9①)**」상 납부기한 전 징수 사유*에 해당하는 경우 　＊ 국세 등 체납으로 강제징수 또는 체납처분이 시작된 경우, 파산선고를 받은 경우, 법인이 해산한 경우 등 　❸ **증여세 납부사유***에 해당하는 경우로서 **납부기한까지** 증여세 및 이자상당액을 **미납**한 경우 　＊ 사후관리요건 위반, 자산처분, 1년 이상 휴업 또는 폐업 등

〈개정이유〉 중소기업의 원활한 가업승계 지원

〈적용시기〉 2023. 1. 1. 이후 증여받는 분부터 적용

6. 창업자금 증여세 과세특례 한도 및 창업 인정범위 확대(조특법 §30의5)

종 전	개 정
□ 창업자금 증여세 과세특례	□ 적용한도 및 대상 확대
○ (**대상**) 자녀가 부모로부터 증여받은 창업자금	○ (좌 동)
○ (**특례**) 증여세 과세가액 30억 원* 한도로 5억 원 공제 후 10% 증여세율 적용 * 10명 이상 신규 고용 시 50억 원	○ 30억 원 → 50억 원* (좌 동) * 50억 원 → 100억 원
○ 창업 제외 대상	○ 제외 대상 축소
– 합병·분할·현물출자·사업양수를 통해 종전의 사업승계	– (좌 동)
– 종전의 사업에 사용되던 자산을 인수·매입하여 동종사업 영위	– 종전의 사업에 사용되던 자산을 인수·매입하여 동종사업 영위하는 경우로서 **총자산가액에서 인수·매입한 자산가액**이 차지하는 비율이 50% 미만으로서 대통령령으로 정하는 비율(= 30%)을 초과하는 경우 * 비율 계산 방법 ○ (**인수·매입한 중고 자산가액**) ÷ (토지 및 법인령 §24에 따른 **감가상각자산***) * 유·무형 고정자산(단, 사업에 사용하지 아니하거나 건설중인 자산, 시간의 경과에 따라 그 가치가 감소되지 아니하는 자산은 제외)

〈개정이유〉 창업 활성화 지원

〈적용시기〉 2023. 1. 1. 이후 증여받는 분부터 적용

7. 창업자금 증여세 과세특례 및 영농자녀 농지 등 증여세 과세특례 자진신고 · 납부 근거 신설(조특법 §30의5 · §71)

종 전	개 정
□ 창업자금 증여세 과세특례 사후관리 　○ (사후관리 요건) 　　2년 이내 중소기업 창업 및 4년 이내 창업자금 사용 등 　○ (사후관리 요건 위반 시) 　　증여세 및 이자상당액 부과 〈신 설〉	□ 사후관리 위반 시 자진신고 · 납부 근거 신설 　○ (좌 동) 　- 사유 발생일이 속하는 달 말일부터 3**개월 이내 증여세 및 이자상당액 신고 · 납부**
□ 영농자녀 농지 증여세 감면 사후관리 　○ (사후관리 요건) 　　5년간 양도 금지 및 직접 영농에 종사 　○ (사후관리 요건 위반 시) 감면세액 및 　　이자상당액 추징 〈신 설〉	□ 사후관리 위반 시 자진신고 · 납부 근거 신설 　○ (좌 동) 　- 사유 발생일이 속하는 달 말일부터 3**개월 이내 증여세 및 이자상당액 신고 · 납부**

〈개정이유〉 사후관리 위반시 납세자의 신고 · 납부 근거 마련

〈적용시기〉 2023. 1. 1. 이후 사후관리 위반하는 분부터 적용

2022년 상속세 및 증여세법 개정내용(가업 관련)

1. 가업상속공제 대상확대(상증법 §18 ②)

종 전	개 정
□ 가업상속공제 대상 가업의 요건	□ **적용대상 중견기업 범위 확대**
① **피상속인**이 10년 이상 계속하여 경영	
② ㉠ 또는 ㉡에 해당할 것	
㉠ 다음과 같은 중소기업	
- 별표에 따른 업종을 주된사업으로 영위	○ (좌 동)
- 업종별 매출액규모* 기준 이내일 것	
- 자산총액이 5천억 원 미만일 것	
- 실질적 독립성기준	
*「중소기업기본법 시행령」 별표 1에 따른 규모 기준	
㉡ 다음과 같은 중견기업	㉡ 중견기업 매출액기준 확대
- 별표에 따른 업종을 주된사업으로 영위	○ (좌 동)
- 중소기업이 아닐 것	
- 실질적 독립성기준	
- 직전 3개 사업연도 매출액 평균이 3천억 원 미만일 것	- 직전 3개 사업연도 매출액 평균이 **4천억 원 미만**일 것

〈개정이유〉 원활한 가업상속을 지원

〈적용시기〉 2022. 1. 1. 이후 상속이 개시되는 분부터 적용

2. 가업상속공제 관련 가업 인정요건 완화(상증령 §15)

현 행	개 정 안

□ 가업 인정요건
 	
 ○ 가업상속공제 대상 업종*을 주된 사업으로 10년 이상 영위
 	
       *「상증령 별표」에 업종 열거
	□ 가업의 업종 유지의무 완화
	
	 ○ 대상 업종이 한국표준산업분류표상 대분류* 내에서 변경되어도 가업 유지로 인정
	
	       * (예시) 제조업, 건설업, 정보통신업 등

〈개정이유〉 경영승계 준비 기업에 대한 가업상속공제 지원 강화

〈적용시기〉 2022. 2. 15. 이후 상속이 개시되는 경우부터 적용

3. 가업상속공제 대상 업종에 유치원 추가(상증령 별표)

현 행	개 정 안
□ 가업상속공제 적용 대상 업종 ○ 제조업, 건설업, 도매 및 소매업, 사회복지서비스업 등 ○ 교육서비스업 중 사회교육시설, 직원 훈련기관, 기타 기술 및 직업훈련학원	□ 대상 업종에 유치원 추가 ○ (좌 동) ○ 교육서비스업 중 유치원* 추가 * 한국표준산업분류 코드 8511

※ 「사립유치원 지원 및 공공성 강화 후속조치 방안」 기 발표내용(2021. 3. 11)

〈개정이유〉 유치원 업종에 대한 가업상속공제 지원 강화

〈적용시기〉 2022. 2. 15. 이후 상속이 개시되는 경우부터 적용

2021년 상속세 및 증여세법 개정내용(가업 관련)

– 2021년 가업 관련 주요 개정사항 없음 –

2020년 상속세 및 증여세법 개정내용(가업 관련)

1. 가업상속공제 사후관리 기준 완화(상증법 §18, 상증령 §15)

종 전	개 정
□ 가업상속공제 후 사후관리	□ 사후관리 완화
○사후관리 기간: 10년	○기간 단축: 10년 → 7년
○고용유지	○중견기업 고용유지의무 완화
– 매년 **평균 정규직 근로자 수가 기준 고용인원***의 80% 이상 * 상속 개시 전 2년간 평균 고용인원	– (좌 동)
– 10년간 평균 정규직 근로자 수가 기준 고용인원의 100%(중견기업은 120%) 이상 〈신 설〉	– 7년간 평균 정규직 근로자 수가 기준 고용인원의 100% 이상(중견기업도 동일) – 총급여액 유지 기준 선택 적용 ·매년 급여액 80% 이상 유지 ·사후관리기간 평균 급여액 100% 이상 유지
○업종 유지 – 표준산업분류 상 **소분류** 내 업종변경 허용 * 기존 세분류 기준 매출액 30% 이상 필요	○업종 유지 요건 완화 – **중분류** 내 업종변경 **허용** – 평가심의위원회심의를 거쳐 **중분류 외 변경** 허용
○자산유지 – 가업용 **자산 20% 이상 처분** (5년 내 10%) 금지	○자산 처분 허용범위 확대 – (좌 동)
– 예외적 처분 허용 ·수용, 시설의 개체, 사업장 이전 등 처분·대체취득시, 내용연수 도달 자산 등 〈추 가〉	– 예외적 처분 허용사유 추가 ·**업종변경** 등에 따른 자산 처분 및 재취득 필요시 등

〈적용시기〉 2020. 1. 1. 이후 상속이 개시되어 공제받는 분부터 적용

※ 사후관리기간 단축: 법 시행 후 상속분부터 적용

업종·자산·고용요건 완화: 개정 전 공제를 받은 후 사후관리 중인 경우도 적용

①-1. 가업상속공제 정규직근로자 고용유지의무 기준 변경(상증법 §18, 상증령 §15)

종 전	개 정
□ 가업상속공제 후 고용유지의무 판단시 '정규직 근로자' 기준 ○ 통계청 '경제활동인구조사'의 '정규직 근로자*' 　* 비정규직 근로자(한시적, 시간제, 비전형 근로자)를 제외한 임금근로자	□ '정규직 근로자' 판단 기준 변경 ○ 조특법(고용증대세제)에 따른 '상시 근로자' 준용 　* 근로기준법에 따른 근로계약 체결 근로자 중 다음의 근로자를 제외한 자 　－ 근로소득세 원천징수 미확인자 　－ 계약기간 1년 미만 근로자 　－ 단시간 근로자 표 참조 　* 가업상속공제 제도 취지에 불부합하는 규정은 수정하여 반영

조특법 상 제외대상	제외대상
임원	×
근로소득금액 7천만 원 이상자	×
최대주주(최대출자자) 및 그와 친족관계에 있는 자	×
근로소득세 원천징수 미확인자	○
계약기간 1년 미만 근로자	○
단시간 근로자	○

〈개정이유〉 세법상 기준에 따라 정규직 근로자 여부를 판단함으로써 납세협력 및 집행의 부담을 경감

〈적용시기〉 2020. 1. 1. 이후 개시하는 과세기간(사업연도) 분부터 적용

〈경과조치〉 기존 공제를 받고 사후관리기간 중인 분도 적용 가능

①-2. 가업상속공제 후 고용유지의무 관련 총급여 범위(상증령 §15 ⑭)

종 전	개 정
〈신 설〉	□ **총급여액의 범위** ○ 정규직 근로자에 지급한 임금의 합계액 (**최대주주 및 친족*** 등에게 지급한 임금은 **제외**하되, 기준고용인원에 해당 인원만 있는 경우에는 포함) * 「국세기본법 시행령」 제1조의2 제1항에 따른 친족관계

〈적용시기〉 2020. 1. 1. 이후 상속이 개시되어 공제받는 분부터 적용

(개정 전 공제분도 2020. 1. 1. 이후 개정규정 적용)

①-3. 가업상속공제 후 자산 및 업종유지의무 완화(상증령 §15 ⑧)

종 전	개 정

□ 가업상속공제 후 **사후관리**
○ 업종 유지
－ 표준산업분류 상 소분류 내 업종변경 허용
  * 기존 세분류 기준 매출액 30% 이상 필요
 	
○ 자산유지
－ 가업용 자산 **20% 이상 처분** (5년 내 10%) 금지
－ **예외적 처분 허용**
 ·수용, 시설의 개체, 사업장 이전 등 처분·대체취득시, **내용연수 도달** 자산 등
<center>〈추 가〉</center>
	□ **사후관리 완화**
	○ 업종 유지 요건 완화
	－ **중분류** 내 업종변경 **허용**
	－ **전문가 위원회 심의***를 거쳐 **중분류 외 변경** 허용
	  * (위원회 구성) 국세청 평가심의위원회에 업종 전문가를 추가하여 심의
	  (고려사항) 기존 기술 활용 및 기존 고용인력 승계 가능성 등
	○ 자산 처분 **허용범위 확대**
	－ (좌 동)
	
	－ **예외적 처분 허용사유 추가**
	 ·(좌 동)
	
	 ·**업종변경** 등에 따른 자산 처분 후 **변경업종 자산**을 대체취득한 경우
	 ·자산처분금액을 **연구인력개발비로** 사용

〈개정이유〉 사후관리부담을 완화하여 **가업상속공제제도 실효성** 제고

○ (업종변경 범위 확대) 기업환경이 **빠르게 변화**하고 있는 점 등을 고려하여, 기업의 **유연한 대응**을 지원

○ (자산유지의무 완화) 업종변경 등 사업 여건 변화에 따라 **기존 자산의 처분 및 신규 자산의 취득** 필요성이 발생

〈적용시기〉 2020. 2. 11. 이후 상속이 개시되어 공제받는 분부터 적용

(개정 전 공제분도 영 시행일 이후 개정규정 적용)

①-4. 가업상속공제 후 사후관리 위반시 추징비율 조정(상증령 §15 ⑮)

종 전	개 정
□ 사후관리의무 위반시 추징률	□ 사후관리기간 단축(10년 → 7년)에 따른 **연도별 추징비율 조정**

기간	율
7년 미만	100분의 100
7년 이상 8년 미만	100분의 90
8년 이상 9년 미만	100분의 80
9년 이상 10년 미만	100분의 70

기간	율
5년 미만	100분의 100
5년 이상 7년 미만	100분의 80

〈개정이유〉 사후관리기간 단축에 따른 기간별 추징률 조정

〈적용시기〉 2020. 1. 1. 이후 상속이 개시되는 분부터 적용

①-5. 가업상속공제 후 자산 처분시 추징제도 명확화(상증령 §15 ⑮)

종 전	개 정
□ 가업상속공제 후 **자산 유지 의무 위반시** 추징금액 ○ 공제금액 전액 × **자산 처분비율*** × **기간별 추징률** * 처분한 자산의 상속개시일 현재 가액 / 상속개시일 현재 가업용자산의 가액	□ 수회에 걸쳐서 자산을 처분하는 경우 **추징기준 명확화** ○ 자산 처분비율 산정시 수회에 걸쳐 자산을 처분하는 경우 **각 처분가액을 기준으로 함**

〈개정이유〉 수회에 걸쳐 자산을 처분하는 경우의 추징금액 산정방법 명확화

2. 탈세 · 회계부정 기업인의 가업상속 혜택 배제(상증법 §18)

종 전	개 정
〈신 설〉	□ **피상속인 · 상속인이 상속 기업의 탈세 또는 회계부정으로 형사처벌**을 받은 경우 가업상속공제 **혜택 배제**

○ 요건

① **(범죄행위)** 상속대상 기업의 경영과 관련한 탈세 또는 회계부정

② **(행위시기)** 상속개시 10년 전부터 사후관리기간까지의 탈세 · 회계부정

③ **(처벌대상자)** 피상속인 또는 상속인

④ **(처벌 수준)** 확정된 징역형 또는 일정 기준 이상 벌금형*

* 조세범 처벌법 및 외감법 상 가중처벌되는 수준의 탈세 · 회계부정에 따른 벌금형

○ **효과**

탈세 · 회계부정행위 시기	형 확정 시기	효과
공제 전 행위	가업상속공제 전	공제 배제
	사후관리 기간 중	추징
	사후관리 기간 이후	추징
사후관리기간 중 행위	사후관리 기간 중	추징
	사후관리 기간 이후	추징

* 사후관리기간 후 행위: 적용대상이 아님

〈개정이유〉 가업상속공제 관련 기업인의 성실경영책임 강화

〈적용시기〉 2020. 1. 1. 이후 상속이 개시되어 공제받는 분부터 적용

②-1. 가업상속공제가 배제되는 벌금형의 범위(상증령 §15 ㉑)

종 전	개 정
〈신 설〉	□ **가업상속공제 배제되는 벌금형의 범위** ○ **다음의 행위**에 따라 **벌금형**을 받은 경우 　- (**탈세**) **포탈세액이 3억 원 이상**이고 포탈세액등이 납부하여야 할 세액의 30% 이상인 경우, 포탈세액이 5억 원 이상인 경우 　- (회계부정) 재무제표상 **변경금액이 자산총액의 5% 이상**인 경우

* 조세범 처벌법 제3조 제1항 단서, 외감법 제39조 제2항 고려

〈적용시기〉 2020. 1. 1. 이후 탈세·회계부정행위를 하는 경우로서 2020. 1. 1. 이후 상속이 개시되어 공제받는 분부터 적용

3. 가업상속 관련 상속세 연부연납특례 대상 확대(상증법 §71, 상증령 §68)

종 전	개 정

□ **연부연납 특례* 적용대상**
 * 특례 : 10년 또는 20년 연부연납
   (가업상속재산 비중 50% 이상시)
 * 일반 연부연납: 5년
 	
 ○ 가업상속공제를 받은 경우
 ○ **가업상속공제 요건을 충족하나 공제를**
   받지 않은 경우
 ① (**대상**) 중소기업 및 **매출액 3천억 이**
   하 중견기업
   – 가업상속공제대상 업종 영위
 ② (**피상속인**) 지분보유 및 대표
   – (**지분**) 10년 이상 최대주주·지
     분(상장 30%, 비상장 50%) 보유
   – (**대표**) 다음 중 어느 하나의 기간
     동안 **대표이사 등 재직**
   ·가업영위기간 중 50% 이상
   ·10년 이상*
   * 상속인이 피상속인의 대표이사등을
     승계하여 상속시까지 계속 재직시
   ·상속개시일부터 소급하여 10년 중
     5년 이상의 기간
 ③ (**상속인**)
   – 상속 전 2년 **이상 가업종사**
   – 상속세 신고기한 내 임원 취임, 2
     년 내 대표이사 취임
	
	 ○ (좌 동)
	 ○ **대상 확대 및 요건 완화**
	
	 ① (**대상**) 중소기업 및 **중견기업***
	 * 중견기업 **매출액 기준 삭제**
	   – 소비성서비스업 외 <u>모든업종</u>
	 ② (**피상속인**)
	   – (**지분**) 10년 이상 → <u>5년 이상</u>
	
	   – (**대표**) 다음 중 어느 하나의 기간
	     동안 **대표이사 등 재직**
	   ·가업영위기간 중 50% → <u>30%</u>
	     <u>이상</u>
	   ·10년 → 5년
	
	   ·10년 중 5년 → 5년 중 3년
	
	 ③ (**상속인**)
	   – 〈삭 제〉
	   – (좌 동)

〈개정이유〉 상속세 납부를 위한 단기적 현금 확보 부담 완화

〈적용시기〉 2020. 1. 1. 이후 상속이 개시되는 분부터 적용

2019년 상속세 및 증여세법 개정내용(가업 관련)

① 가업상속공제 가업용 자산 처분시 추징제도 합리화

(상증법 §18 ⑥, 상증령 §15)

종 전	개 정
□ 가업상속공제* 후 자산 유지 의무 위반시 추징 * 피상속인이 10년 이상 경영한 일정한 중소·중견기업을 가업으로 상속받는 경우 피상속인의 경영기간에 따라 200억, 300억, 500억을 한도로 상속세 과세가액에서 공제	□ 자산 처분시 처분자산에 비례하여 공제금액 추징
○ (요건) 상속개시일부터 10년 내에 가업용 자산의 20%(5년 내는 10%) 이상 처분하는 경우	○ (좌 동)
○ (추징금액) (공제금액 전액 × 기간별 추징율*)을 상속개시 당시 상속세 과세가액에 산입하여 산출한 상속세 + 이자 * (7년 미만) 100%, (7~8년) 90%, (8~9년) 80%, (9~10년) 70%	○ (공제금액 전액 × 자산 처분비율* × 기간별 추징률)을 상속개시 당시 상속세 과세가액에 산입하여 산출한 상속세 + 이자 * 자산 처분비율 처분한 자산의 상속개시일 현재 가액 / 상속개시일 현재 가업용자산의 가액(영 §15 ⑩)

〈개정이유〉 가업용자산 처분비율에 따라 공제금액을 추징하도록 하여 가업상속 후 경영여건 변화에 따라 탄력적 대응이 가능하도록 지원

〈적용시기〉 2019. 1. 1. 이후 자산을 처분하는 분부터 적용

② **가업상속 후 지분 유지 의무 합리화**(상증령 §15 ⑧ 3호)

종 전	개 정
□ 가업상속 후 지분 유지 의무	□ 지분이 감소해도 추징이 배제되는 정당한 사유 추가
○ (적용 대상) 　주식 등을 상속받은 상속인 ○ (추징 사유) 　10년 이내에 **정당한 사유 없이 지분 감소 → 공제금액 + 이자 추징**	(좌 동)
○ (정당한 사유) 　**다음 사유로 지분 감소 → 추징 배제** 　－ 합병·분할 등 조직변경에 따른 지분 처분 　－ 사업 확장 등에 따른 유상증자시 제3자 배정 　－ 상속인의 사망 　－ 국가·지자체에 주식 등 증여 　－ 상장요건 충족을 위한 지분 감소(최대주주 등 지위를 유지하는 경우에 한함)	(좌 동)
〈추 가〉	－ 균등 무상감자
〈추 가〉	－ 회생계획인가 결정에 따른 무상감자·출자전환

〈개정이유〉 지분 감소가 없는 무상감자 등에 대해 가업상속공제 관련 상속세 추징에 대한 예외를 허용함으로써 가업상속 후 원활한 가업 유지 지원
〈적용시기〉 2019. 2. 12. 이후 감자·출자전환하는 분부터 적용

③ 가업상속 후 합병·분할시 고용유지 여부 판단기준 신설(상증령 §15 ⑯ 신설)

종 전	개 정
□ 가업상속 후 고용 유지 의무 ○ 상속개시 후 10년 이내에 **다음 기준에 따**른 **고용 감소시 → 공제금액 + 이자 추징** 　– (매년) 정규직 근로자 수 평균 〈 기준고용인원*의 80%〉 　– (10년 통산) 정규직 근로자 수 평균 〈 기준고용인원*의 100%(중견기업은 120%)〉 　　* (기준고용인원) 상속개시 직전 2년 정규직 근로자 수 평균 　　　　　〈 신 설 〉	□ 가업상속 후 **합병·분할시 고용 유지 여**부 **판단기준 신설** ○ (좌 동) ① (**합병**) 합병으로 **가업법인이 다른 법**인의 **정규직 근로자를 승계**하여 가업법인에서 근무하는 경우 　→ 그 정규직 근로자는 **상속개시 전부**터 **가업법인의 정규직 근로자였던** 것으로 간주 　　* 합병 후 가업법인의 기준고용인원은 합병으로 가업법인이 승계한 다른 법인의 정규직 근로자 수를 합산하여 계산 ② (**분할**) 분할로 **가업법인의 정규직 근**로자의 일부가 **다른 법인으로 승계**되어 그 법인에서 근무하는 경우 　→ 그 정규직 근로자는 **분할 후에도** **가업법인의 정규직 근로자로** 간주 　　* 분할 후 가업법인의 정규직 근로자 수는 가업법인의 정규직 근로자 수와 기존 가업법인의 정규직 근로자 중 분할로 다른 법인이 승계한 정규직 근로자 수를 합산하여 계산

〈개정이유〉 합병·분할하는 경우에도 합병·분할 전 정규직 근로자 수를 유지하도록 하여 가업상속공제 사후관리 합리화

〈적용시기〉 2019. 2. 12. 이후 합병·분할하는 분부터 적용

④ 한국표준산업분류 개편에 따른 가업상속 대상 업종 재분류(상증령 별표)

종 전	개 정
□ 가업상속공제 적용 대상 중소기업 및 중견기업 업종	□ 제10차 한국표준산업분류 개정 반영
○ 제조업 전체	○ 제조업 전체(산업용 기계·장비 수리업* 제외) * 서비스업에서 이동된 업종
○ 하수·폐기물 처리, 원료 재생 및 환경보건업 - 하수·폐기물 처리(재활용 포함), 원료 재생 및 환경보건업 전체	○ 하수·폐기물 처리, 원료 재생, 환경정화 및 복원업 - 하수·폐기물 처리(재활용 포함), 원료 재생, 환경정화 및 복원업 전체
○ 출판, 영상, 방송통신 및 정보서비스업 - 통신업(61) 중 전기통신업(612)	○ 정보통신업 - 우편 및 통신업(61) 중 전기통신업(612)
○ 부동산업 및 임대업 - 무형재산권 임대업 (694, 「지식재산 기본법」 제3조 제1호에 따른 지식재산 임대로 한정)	○ 임대업: 부동산 제외 - 무형재산권 임대업(764, 「지식재산 기본법」 제3조 제1호에 따른 지식재산 임대로 한정)
○ 사업시설관리 및 사업지원서비스업 - 사업지원 서비스업(75) 중 인력공급 및 고용알선업(751, 농업노동자 공급업 포함) - 전시 및 행사대행업(75992)	○ 사업시설관리 및 사업지원 서비스업 - 사업지원 서비스업(75) 중 고용알선 및 인력 공급업(751, 농업노동자 공급업 포함) - 전시, 컨벤션 및 행사 대행업(75992)
○ 교육서비스업 - 교육 서비스업(85) 중 사회교육시설(8563) - 직원훈련기관(8564) - 기타 기술 및 직업훈련학원(85659)	○ 교육서비스업 - 교육 서비스업(85) 중 사회교육시설(8564) - 직원훈련기관(8565) - 기타 기술 및 직업훈련학원(85669)
○ 보건업 및 사회복지 서비스업(86~87) - 사회복지서비스업(87)	○ 사회복지 서비스업(87) - 사회복지서비스업 전체
○ 조특령 §5 ⑥에 따른 엔지니어링 사업	○ 조특령 §5 ⑦에 따른 엔지니어링 사업

〈개정이유〉 한국표준산업분류 개정내용 반영

〈적용시기〉 해당 없음

2018년 상속세 및 증여세법 개정내용(가업 관련)

① 가업상속공제 요건 등 보완(상증법 §18, 상증령 §15)

종 전	개 정
□ 가업상속공제제도	□ 공제 요건 강화 및 가업영위기간별 공제 한도 조정

○ 공제 요건
  － (피상속인 요건) 최대주주 등으로 지분 50% 이상(상장법인 30%) 10년 이상 계속 보유 등
  － (상속인 요건) 상속개시일 전 2년 이상 직접 가업에 종사 등
 	
〈추 가〉
	○ 공제 요건 강화
	
	〈좌 동〉
	
	  － (납부능력 요건) 중견기업의 경우 상속세 납부능력 요건 신설*
	   · 가업상속인의 가업상속재산* 외의 상속재산가액(사전증여재산 포함, 부채 차감)이 가업상속인이 부담하는 상속세액**의 2배보다 큰 경우 가업상속공제 적용 배제
	   * 가업에 직접 사용되는 사업용 자산 등 (시행령 §15 ⑤ 동일)
	   ** 가업상속공제를 적용하지 않았을 경우의 해당 가업상속인의 납부세액

○ 가업영위기간별 공제한도

가업영위기간	공제한도
10년 이상	200억 원
15년 이상	300억 원
20년 이상	500억 원

○ 공제한도 조정

가업영위기간	공제한도
10년 이상	200억 원
20년 이상	300억 원
30년 이상	500억 원

〈개정이유〉 가업상속제도의 취지, 과세형평성 등을 감안

〈적용시기〉 (공제한도 조정) 2018. 1. 1. 이후 가업을 상속받는 분부터 적용

(납부능력요건 신설) 2019. 1. 1. 이후 가업을 상속받는 분부터 적용

② 가업상속재산에 대한 연부연납 확대(상증법 §71, 상증령 §68)

종 전	개 정
□ 가업상속재산에 대한 연부연납	□ 연부연납 확대 및 합리화
○ 연부연납 요건: 가업상속공제를 적용받은 경우에 적용	○ 연부연납 요건: 가업상속공제를 받지 않더라도 연부연납 적용 * 연부연납 요건은 현행과 동일하게 가업상속공제 요건 적용(단, 새로이 추가되는 '납부능력 요건' 미적용)
○ 연부연납 대상금액 상속세 납부세액 × (가업상속재산가액 / 총상속재산가액)	○ 연부연납 대상금액 조정 상속세 납부세액 × ((가업상속재산가액 − 가업상속공제액) / (총상속재산가액 − 가업상속공제액))
○ 연부연납기간 − 가업상속재산비율 50% 미만: **2년 거치 5년 납부** − 가업상속재산비율 50% 이상: **3년 거치 12년 납부**	○ 연부연납기간 연장 및 거치기간 선택 적용 − 가업상속재산비율 50% 미만: **총 10년(3년 거치 가능)** − 가업상속재산비율 50% 이상: **총 20년(5년 거치 가능)**
○ 연부연납 취소 사유 − 가업상속공제의 사후관리 위반*과 동일한 사유 발생시 취소 * 가업용 자산의 20%(5년내 10%) 이상 처분, 가업 미종사, 지분 매각, 고용유지 의무 위반 등	○ 연부연납 취소 사유 조정 − **가업 중단 등*의 경우에만 연부연납 취소** * 사업 폐지(가업용 자산의 50% 이상 처분 포함), 가업 미종사(업종유지 미적용, 최대주주에 해당하지 않는 경우 포함) 등

〈개정이유〉 가업 상속에 따른 납세부담 경감

〈적용시기〉 (연부연납 요건, 사후관리) 2018. 1. 1. 이후 가업을 상속받는 분부터 적용

(연부연납 대상 금액) 2018. 2. 13. 이후 연부연납 신청하는 분부터 적용

③ 가업승계 증여 특례 및 가업·영농상속공제 사후관리 보완

(조특법 §30의6, 조특령 §27의6, 상증법 §18)

종 전	개 정
□ 가업승계에 대한 증여세 과세특례 사후관리	□ 사후관리 예외사유 추가 및 위반시 신고·납부 근거 마련

○ (사후관리 요건) 5년 이내 대표이사 취임, 휴·폐업 금지 등
  - 다만, 다음의 경우 **수증자의 지분 유지 예외 인정**
    • 합병·분할 등 조직변경에 따른 처분으로 수증자가 최대주주등인 경우 등
〈추 가〉
	○ (좌 동)
	
	    • (좌 동)
	
	    • 채무가 출자전환되어 지분율이 감소하였으나, 수증자가 최대주주등인 경우

○ (사후관리 요건 위반시) 증여세 및 이자상당액 부과 〈신 설〉	○ 가업승계 증여세 과세특례 사후관리 요건 위반시 신고납부의무 추가 - 사유 발생일이 속하는 달의 말일부터 3개월 이내 신고·납부
□ 가업상속공제 사후관리	□ 가업상속공제 사후관리 위반시 신고·납부 근거 마련
○ (사후관리 요건) 가업용 자산의 처분, 가업 중단 등 ○ (사후관리 요건 위반시) 상속세 및 이자상당액 부과 〈신 설〉	○ (좌 동) - 사유 발생일이 속하는 달의 말일(정규직 근로자수 평균 미달의 경우 해당 사업연도 말일)부터 6개월 이내 신고·납부

〈개정이유〉 사후관리 위반시 납세자의 신고·납부 근거 마련

〈적용시기〉 (사후관리 위반시 신고·납부) 2018. 1. 1. 이후 사후관리를 위반하는 분부터 적용

(사후관리 예외사유) 2018. 2. 13. 이후 출자전환하는 분부터 적용

2017년 상속세 및 증여세법 개정내용(가업상속공제 관련)

■ 가업상속공제제도 합리화

① 가업상속공제 적용대상 명확화(상증법 §18 ②, 상증령 §15 ①)

종 전	개 정
□ 가업상속공제 적용대상	□ 가업상속공제 적용대상 기업의 범위 명확화
○ 조세특례제한법상 **중소기업** - 대상업종: 제조업 등 49개	○ 상속개시일 직전 사업연도 말 현재 아래 ①, ②, ③ 요건 모두 충족 ① 별표에 따른 업종을 주된 사업으로 영위 ② 조세특례제한법 시행령 제2조* 제1항 제1호·제3호 요건 충족 ③ 자산총액이 5천억 원 미만

○ 규모의 확대 등으로 중소기업에 해당하지 아니하게 된 기업
 ○ (적용제외)
   - 상속이 개시되는 사업연도의 직전 사업연도 매출액 3천억 원 이상인 기업
   - 상호출자제한기업집단 내 기업
	○ **중견기업의 범위 별도 규정**
	 상속개시일 직전 사업연도 말 현재 아래 ①, ②, ③ 요건 모두 충족
	 ① 별표에 따른 업종을 주된 사업으로 영위
	 ② 조세특례제한법 시행령 제9조** 제4항 제1호·제3호 요건 충족
	 ③ 직전 3개 사업연도 매출액(손익계산서상)의 평균금액이 3천억 원 미만일 것

〈개정이유〉 가업상속공제 적용대상 범위 명확화

〈적용시기〉 2017. 2. 7. 이후 상속이 개시되는 분부터 적용

* 조세특례제한법 시행령 제2조 제1항 제1호·제3호

  1. 매출액이 업종별로 「중소기업기본법 시행령」 별표 1에 따른 규모 기준("평균매출액등"은 "매출액"으로 보며, 이하 이 조에서 "중소기업기준"이라 한다) 이내일 것

  2. 삭제 〈2000. 12. 29.〉

  3. 실질적인 독립성이 「중소기업기본법 시행령」 제3조 제1항 제2호에 적합할 것. 이 경우 「중소기업기본법 시행령」 제3조 제1항 제2호 나목의 주식등의 간접소유 비율을 계산할 때 「자본시장과 금융투자업에 관한 법률」에 따른 집합투자기구를 통하여 간접소유한 경우는 제외하며, 「중소기업기본법 시행령」 제3조 제1항 제2호 다목을 적용할 때 "평균매출액등이 별표 1의 기준에

맞지 아니하는 기업"은 "매출액이 「조세특례제한법 시행령」 제2조 제1항 제1호에 따른 중소
기업기준에 맞지 아니하는 기업"으로 본다.
** 조세특례제한법 시행령 제9조 제4항 제1호 · 제3호
　1. 중소기업이 아닐 것
　3. 소유와 경영의 실질적인 독립성이 「중견기업 성장촉진 및 경쟁력 강화에 관한 특별법 시행령」
　　제2조 제1항 제1호에 적합할 것

② 피상속인 요건 명확화(상증령 §15 ③)

종 전	개 정
□ 주식보유 기준	□ 주식보유기준 명확화(10년 이상 계속 보유)
○ 피상속인과 특수관계인의 주식등을 합하여 100분의 50(상장주식은 100분의 30) 이상을 계속하여 보유	○ 피상속인과 특수관계인의 주식등을 합하여 100분의 50(상장주식은 100분의 30) 이상을 10년 이상 계속하여 보유

〈개정이유〉 피상속인이 10년 이상 경영해야 하는 가업의 요건 감안
〈적용시기〉 2017. 2. 7. 이후 상속이 개시되는 분부터 적용

③ 가업상속재산가액 계산방법 개선(상증령 §15 ⑤)

종 전	개 정
□ 가업상속재산 가액	□ 개인 · 법인의 가업상속재산가액의 형평성 강화
○ (개인) 가업에 직접 사용되는 토지, 건축물, 기계장치 등 사업용 자산의 가액	○ (개인) 가업에 해당하는 사업용 순자산의 가액* 　* 순자산의 가액 　　= 사업용 자산가액 − 사업용 채무가액** 　** 사업용자산에 담보된 채무액 등
○ (법인) 가업에 해당하는 법인의 주식등의 가액 법인등의 주식가액 × $\dfrac{\text{법인의 총자산가액} - \text{사업무관 자산가액}}{\text{법인의 총자산가액}}$	○ (좌 동)

〈개정이유〉 개인과 법인 간 형평성 제고
〈적용시기〉 2017. 2. 7. 이후 상속이 개시되는 분부터 적용

④ 사후관리 위반시 이자상당액 부과(상증령 §15 ⑫)

종 전	개 정

〈신 설〉	□ 가업·영농상속공제 사후관리 위반시 이자상당액 부과
	
	○ 이자상당액 계산방법(①×②×③)
	① 사후관리 위반시 추징하는 상속세액
	  - 추징대상 금액(가업상속공제금액×기간별 추징률)을 상속개시 당시의 상속세 과세가액에 산입하여 계산한 상속세액
	② 적용기간
	  - 당초 상속세 과세표준 신고기한의 다음날부터 추징사유가 발생한 날까지의 기간
	③ 이자율
	  - 연부연납 이자율/365

〈개정이유〉 증여세 과세특례와의 형평성 고려

〈적용시기〉 2017. 2. 7. 이후 개시하는 과세기간 또는 사업연도에 사후관리를 위반하는 분부터 적용

2016년 상속세 및 증여세법 개정내용(가업상속공제 관련)

■ 가업상속공제 대상 및 요건 보완

① 적용대상 확대 및 요건 완화(상증법 §18 ② 1, 상증령 §15 ①)

종 전	개 정
□ 가업상속공제 적용대상기업	□ 적용대상 확대
○ 중소기업, 매출액 3천억 원 미만 중견기업	○ 좌 동
○ 영농종사기업 등은 제외	○ 작물재배업*, 축산업 및 어업을 주된 사업으로 영위하는 기업은 제외 * 단, 종자 및 묘목 생산업 영위기업으로서 가업상속재산가액 중 부동산가액 비율이 50% 미만인 경우는 허용

〈개정이유〉 첨단바이오업종 등의 가업승계 지원
〈적용시기〉 2016. 2. 5. 이후 상속개시 분부터 적용

② 2개 이상 가업영위시 공제한도 등 명확화(상증령 §15 ④)

종 전	개 정
□ 법인가업 요건	□ 공제한도 및 순서 명확화
○ (최대주주등 지분보유 요건)	– (좌 동)
– 특수관계자 포함 지분비율 50%(상장 30%) 이상 보유	
○ (최대주주등 중 1인 한정 공제)	– (좌 동)
〈추 가〉	○ 2개 이상의 독립된 가업 영위시 – 공제한도 및 공제순서 → 기획재정부령으로 명확화 (경영기간이 긴 기업부터 순차적으로 공제하며 긴 기업의 공제한도 적용) * 종전은 해석으로 집행

〈개정이유〉 가업상속공제제도의 실효성 제고
〈적용시기〉 2016. 2. 5. 이후 상속개시 분부터 적용

③ 가업승계요건(상속인 요건) 완화(상증령 §15 ③ 2)

종 전	개 정
□ 가업을 승계한 상속인의 요건	□ 상속인 요건 완화
(①, ②, ④는 상속인의 배우자가 충족 가능)	
① 상속개시일 현재 18세 이상	① (좌 동)
② 상속개시일 **전 2년 이상 직접 가업 종사**	② (좌 동)
- 예외	- 예외
• 60세 이전에 사망	• 65세 이전에 사망
• 천재지변 및 인재로 사망	• (좌 동)
③ 상속인 1인이 전부 상속	③ (삭 제) **공동 상속** 허용
- 기업이 2개 이상인 경우에도 1인 전부 상속	- **기업별 상속** 허용
④ 상속세 **신고기한까지 임원으로 취임**하고, 신고기한부터 2년 이내에 대표이사(대표자) 취임	④ (좌 동)

〈개정이유〉 가업상속공제제도의 실효성 제고
〈적용시기〉 2016. 2. 5. 이후 상속개시분부터 적용

④ 사후관리 요건 완화 및 보완(상증법 §18 ⑤ 1, 상증령 §15 ⑥ 3, ⑨ 2)

종 전	개 정
□ 사후관리 요건	□ 사후관리 요건 완화
○ 업종유지의무 　- 세분류 내 업종변경 허용	○ 업종유지의무 완화 　- 소분류 내 업종변경 허용 　　**단,** 상속개시일 현재 영위하던 업종 　　(세분류 업종을 말한다)의 매출액이 　　매 사업연도 종료일 기준 30% 이상이 　　어야 함.
	□ 사후관리 요건 보완
○ 지분유지 의무 예외사유 중 　• 기업공개 요건 충족*을 위한 지분감 　　소 인정(2014. 2. 21. 개정) 　　〈추 가〉	○ 지분유지 의무 예외사유 중 　•(좌 동) 　**단,** 상속인이 최대주주등에 해당해야 　하는 요건 추가

〈개정이유〉 가업상속공제제도의 실효성 제고
〈적용시기〉 2016. 2. 5. 이후 상속개시 분부터 적용

제 1 절

가업상속에 대한 상속세 지원

가업의 상속에 대한 상속세 지원 정책으로는 다음과 같이 상속공제 중 가업상속공제와 연부연납기간 연장 그리고, 2023년부터 시행하는 납부유예제도가 있으며, 그 밖에 국세청 훈령(제2056호, 2014. 6. 23.)의 개정으로 2014. 6. 23.부터 시행하는 중소기업 명의신탁주식의 실제소유자 환원 지원을 위한 「명의신탁주식 실제소유자 확인제도」가 있다.

❶ 가업상속공제

가업상속공제란, 상속개시일 현재 피상속인이 10년 이상 영위한 가업을 상속인 중 가업에 종사하는 자가 상속받는 경우로서 가업상속공제 요건을 모두 충족한 경우 상속세 과세가액에서 가업상속 재산가액에 상당하는 금액(최대 600억 원 한도)을 공제하되, 일정한 사후관리 의무규정을 두어 그를 위반한 경우 그 공제받은 금액을 상속개시 당시의 상속세 과세가액에 산입하여 상속세를 부과하는 제도이다.

2008. 1. 1. 이후 상속개시분부터 공제한도액을 종전 1억 원에서 30억 원으로 대폭 상향한 이후 계속 상향 조정하여 2014. 1. 1. 이후 상속개시분부터 공제한도액을 500억 원으로 확대하였으며, 이와 아울러 중소기업 규모를 초과한 기업까지 적용을 확대하고 공동상속을 허용하였다. 2016. 12. 20. 개정시에는 사후관리 위반시 이자상당액을 부과하게 하였으며, 2017. 12. 19. 개정시 중견기업의 경우 상속세 납부능력 요건을 추가하여 강화하였고, 2018. 12. 31. 개정시에는 가업상속 후 자산처분이나 지분감소, 고용유지 관련 사후관리 규정을 합리화하였다. 2019. 12. 31. 개정시에는 각종 사후관리 기준을 완화하면서 탈세나 회계부정 기업인에 대해서는 가업상속 혜택을 배제하는 규정을 신설하였으며, 이번 2022. 12. 31. 개정시에는 공제액을 600억 원까지 확대하고 사후관리기간을 5년으로 완화하였다.

1997. 1. 1. 이후 가업상속공제 금액 변경내역

❑ 2023. 1. 1. ~
- 가업상속 재산가액의 100%로 하되, 사업영위기간에 따른 한도액 적용

가업영위기간	10년~20년 미만	20년 이상~30년 미만	30년 이상
공제 한도액	300억 원	400억 원	600억 원

❑ 2018. 1. 1. ~ 2022. 12. 31
- 가업상속 재산가액의 100%로 하되, 사업영위기간에 따른 한도액 적용

가업영위기간	10년~20년 미만	20년 이상~30년 미만	30년 이상
공제 한도액	200억 원	300억 원	500억 원

❑ 2014. 1. 1. ~ 2017. 12. 31.
- 가업상속 재산가액의 100%로 하되, 사업영위기간에 따른 한도액 적용

가업영위기간	10년~15년 미만	15년 이상~20년 미만	20년 이상
공제 한도액	200억 원	300억 원	500억 원

❑ 2012. 1. 1. ~ 2013. 12. 31. 기간 중 가업상속공제액 (①과 ② 중 큰 금액)
 ① 가업상속 재산가액의 70%로 하되, 사업영위기간에 따른 한도액 적용

가업영위기간	10년~15년 미만	15년 이상~20년 미만	20년 이상
공제 한도액	100억 원	150억 원	300억 원

 ② 2억 원. 다만, 가업상속재산의 가액이 2억 원에 미달하는 경우에는 그 가액

❑ 2009. 1. 1. ~ 2011. 12. 31. 기간 중 가업상속공제액 (①과 ② 중 큰 금액)
 ① 가업상속 재산가액의 40%로 하되, 사업영위기간에 따른 한도액 적용

가업영위기간	10년~15년 미만	15년 이상~20년 미만	20년 이상
공제 한도액	60억 원	80억 원	100억 원

 ② 2억 원. 다만, 가업상속재산의 가액이 2억 원에 미달하는 경우에는 그 가액

❑ 2008. 1. 1.~12. 31. 피상속인이 15년 이상 영위한 가업상속재산을 가업상속인에게 상속하는 경우 가업상속재산의 20%(30억 원 한도) 공제

❑ 1997. 1. 1.~2007. 12. 31. 피상속인이 5년 이상 영위한 가업상속재산을 가업상속인에게 상속하는 경우 1억 원 범위 내에서 가업상속 재산가액을 공제

연부연납기간 연장

2007. 12. 31. 「상속세 및 증여세법」 개정시 상속세 납부를 위한 초기 자금 부담없이 경영에 전념토록 하고, 기업의 정상적인 경영을 통하여 얻은 소득으로 상속세를 납부하도록 하는 등 원활한 가업승계 지원을 위하여 연부연납 거치기간을 신설하였다.

즉, 상속재산 중 가업상속재산 비율이 50% 이상인 경우 3년 거치 후 최대 12년간 분납할 수 있도록 하였으며, 2018. 1. 1. 이후 상속분부터는 아래와 같이 연부연납기간을 연장하고 거치기간도 선택할 수 있도록 하였다. 또한, 2020. 1. 1. 이후 상속분부터는 가업상속 관련 연부연납 특례 대상을 확대하고 요건도 완화하였다가, 2023. 1. 1. 이후 상속분부터는 가업상속재산의 비율에 관계없이 20년 또는 10년 거치 후 10년으로 더욱 완화하였다.

구 분		연부연납기간	매년 납부할 세액
상속세	일반 재산	허가받은 날부터 10년 이내	연납연부 대상금액 / (연부연납기간 + 1)
	가업상속공제 받은 경우 또는 가업상속 연부연납 요건 충족	허가 후 20년 또는 허가 후 10년이 되는 날부터 10년	

$$* \text{ 가업상속재산의 연부연납 대상세액} = \text{상속세납부세액} \times \frac{\text{가업상속 재산가액} - \text{가업상속공제액}}{\text{총상속재산 가액} - \text{가업상속공제액}}$$

 상속세 납부유예제도 신설

2022. 12. 31. 「상속세 및 증여세법」 개정시 중소기업의 원활한 가업상속을 지원하기 위해 상속세 납부유예제도를 신설하였다. 가업상속공제 요건을 충족하는 중소기업으로서 가업상속공제를 받지 않은 기업을 대상으로 하며, 상속인이 상속받은 가업상속재산을 양도·상속·증여하는 시점까지 상속세를 유예하는 방식이며, 이는 상속인이 가업상속공제방식과 납부유예방식 중에서 선택할 수 있도록 하였다.

중소기업 명의신탁 주식의 실소유자 환원 간편 확인

국세청은 2014. 6. 23.부터 중소기업을 대상으로 「명의신탁주식 실제소유자 확인제도」를 시행하여 간소한 절차로 명의신탁 주식의 실제소유자 환원을 지원함으로써 명의신탁 주식의 실제소유자 환원에 따른 납세자의 과도한 불편과 세무행정상의 불확실성을 해소해 주고, 원활한 가업승계와 안정적인 경영활동을 통하여 중소기업의 자생력을 강화하며 지속적 성장기반 조성에 도움을 주고자 하였다.[5]

실제소유자 확인신청 대상 요건
(상속세 및 증여세 사무처리규정 §12, 2023. 9. 13. 개정)

실제소유자 확인신청은 아래의 요건을 모두 충족하여야 한다.

1. 주식발행법인이 2001년 7월 23일 이전에 설립된 법인으로 「조세특례제한법 시행령」 제2조에서 정하는 중소기업에 해당할 것

2. 실제소유자와 명의수탁자(실명전환 전 주주명부 등에 주주로 등재되어 있던 자로서 국내에 주소를 두고 있는 거주자를 말한다. 이하 이 조에서 같다)가 법인설립 당시 발기인으로서 설립 당시에 명의신탁한 주식을 실제소유자에게 환원하는 경우일 것

3. 제2호의 설립 당시 명의신탁주식에는 법인설립 이후에 「상법」 제418조 제1항 및 「자본시장과 금융투자업에 관한 법률」 제165조의6 제1항 제1호에서 정하는 주주배정방식으로 배정된 신주를 기존주주가 실권 없이 인수하는 증자(이하 이 조에서 "균등증자"라고 하며, 무상증자 또는 주식배당을 원인으로 증자한 경우를 포함한다)를 원인으로 명의수탁자가 새로이 취득한 주식을 포함한다.

---

5) 2014. 6. 18. 국세청 보도자료 참조

제 **2** 절

가업상속공제

① 개 요

「상속세 및 증여세법」에 따라 상속세 산출세액을 계산하기 위한 과세표준은 상속세 과세가액에서 각종 상속공제와 감정평가수수료를 차감하여 산정하게 된다.

일반적인 상속공제는 기초공제 등 일괄공제액 5억 원, 배우자 상속공제(30억 원 한도), 금융재산 상속공제(2억 원 한도), 동거주택 상속공제(6억 원 한도) 등이 적용되나, 가업을 상속받는 경우에는 추가로 600억 원 한도의 가업상속공제를 적용받을 수 있다.

'가업상속'이란 상속개시일 현재 피상속인이 10년 이상 영위한 가업을 상속인 중 가업에 종사하는 자(상속개시일 현재 18세 이상인 자로서 상속개시일 전 2년 이상 직접 가업에 종사한 경우를 말한다)가 상속받고 기한 내 임원 및 대표이사에 취임하는 것을 말하며, 가업상속의 요건을 모두 충족한 경우 가업상속공제를 적용하되 사후관리 의무 규정을 위반한 경우 그 공제받은 금액에 일정률을 곱한 금액을 상속개시 당시의 상속세 과세가액에 산입하여 상속세를 부과한다.

이러한 가업상속공제는 2007. 12. 31. 이전 상속분까지는 1억 원을 한도로 적용하였으나, 원활한 가업승계를 지원함으로써 중소기업의 기술 및 경영노하우의 효율적인 전수와 활용을 도모하여 경쟁력을 확보하고, 아울러 중소기업을 승계받은 상속인의 성공적인 경영을 통한 중소기업의 유지·존속을 위해 2008. 1. 1. 이후 상속분부터 대폭 상향(가업 상속재산가액의 20%, 30억 원 한도)된 가업상속공제를 적용받도록 개정하였다.

그 후 2009. 1. 1. 이후 상속분부터는 가업상속 요건을 일부 완화하고 공제한도액을 사업영위기간별로 차등 및 상향 조정하여 100억 원까지 적용받도록 개정하였으며, 2011. 1. 1. 이후 상속분부터는 중소기업에 해당하지 않는 규모초과기업에 대해서도 공제가 가능하도록 하였고, 2012. 1. 1. 이후 상속분부터는 공제한도액을 300억 원까지 적용받도록 개정하였다가 다시 2014. 1. 1. 개정시 500억 원으로 상향하여 유지하되, 2017. 1. 1. 이후 상속개시분부터는 사후관리 위반시 이자상당액을 부과하도록 하였으며, 2018. 1. 1. 이후 상속분부터는 가업영위 기간별 공제한도액을 조정하였다. 한편, 2018. 12. 31. 개정시에는 가업상속공제 적용 후 가업용자산의 처분, 상속인의 지분유지, 합병 분할시 고용유지 기준 등 사후관리와 관련된 규정을 합리적으로 보완하였고, 2019. 12. 31. 개정시 가업상속 지원세제의 실효성 제고를 위해 몇 가지 사후관리 기준을 완화하였으며, 2021. 12. 21. 개정시에는 중견기업의 매출액기준을 완화하고 대분류 내에서 변경된 경우도 가업유지로 인정하였다. 지난 2022. 12. 31. 개정시에는 공제한도를 600억 원으로 상향하고 사후관리 기간을 5년으로 단축 및 별도로 납부유예제도를 신설한 바 있으며, 이번 2023. 12. 31. 개정시에는 업종변경 사후관리를 대분류 내로 완화하였으며 기회발전특구 기업에 대한 요건을 일부 완화하였다.

② 가업상속공제 요건

| 가업상속공제 요건 |

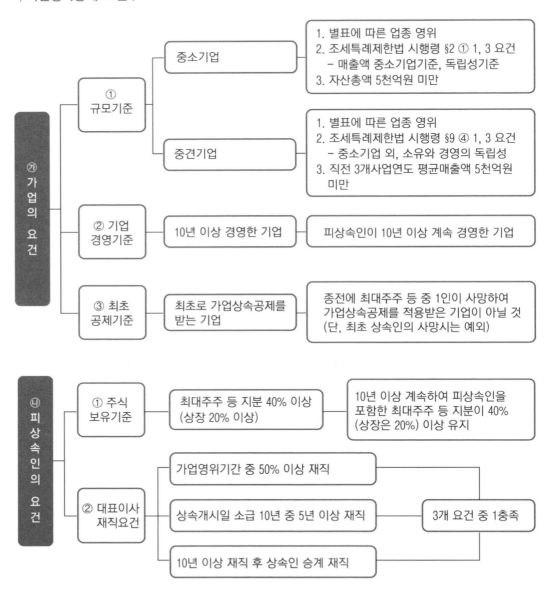

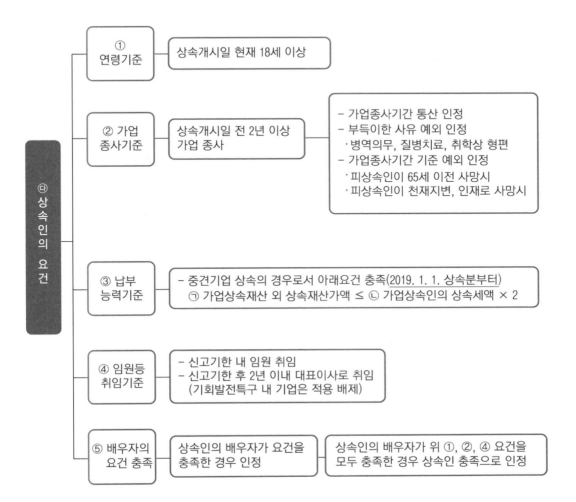

가. 가업의 요건

(1) 별표에 따른 업종을 주된 사업으로 영위하는 자산 5천억 원 미만의 중소기업 또는 직전 3개 사업연도 매출액 평균이 5천억 원 미만인 중견기업이어야 한다.
(2) 피상속인이 10년 이상 계속 경영한 기업이어야 한다.
(3) 종전에 최대주주 등 중 1인의 사망으로 가업상속공제를 받은 경우가 아니어야 한다.

(1) 중소기업 또는 중견기업

㉮ 중소기업의 범위

가업상속공제 대상 중소기업이란, 상속개시일이 속하는 소득세 과세기간 또는 법인세 사업연도의 직전 소득세 과세기간 또는 법인세 사업연도 말 현재 다음의 요건을 모두 갖춘 기업을 말한다.

① 별표에 따른 업종을 주된 사업으로 영위할 것
②「조세특례제한법 시행령」제2조 제1항 제1호 및 제3호의 요건을 충족할 것
③ 자산총액이 5천억 원 미만일 것

① 가업상속공제 대상 업종 영위 요건

2016. 12. 20. 상속세 및 증여세법 제18조 제2항을 개정하여 2017. 1. 1. 이후 상속이 개시되는 분부터는 가업상속공제를 적용받는 중소기업의 해당 업종을 아래와 같이 상속세 및 증여세법 시행령 별표에 신설하였으며, 2019년에는 한국표준산업분류 개정내용을 반영하여 대상 업종을 재분류하였다. 한편, 2022. 2. 15. 이후부터는 유치원을 추가하였으며, 2023. 1. 1. 이후부터는 업종간 형평성을 제고하기 위해 소독, 구충 및 방제서비스업이 추가되었다.

[상속세 및 증여세법 시행령 별표] (2023. 2. 28. 개정)

가업상속공제를 적용받는 중소·중견기업의 해당업종(상증령 제15조 제1항 및 제2항 관련)

1. 한국표준산업분류에 따른 업종

표준산업분류상 구분	가업 해당 업종
가. 농업, 임업 및 어업 (01~03)	작물재배업(011) 중 종자 및 묘목생산업(01123)을 영위하는 기업으로서 다음의 계산식에 따라 계산한 비율이 100분의 50 미만인 경우 [제15조 제7항에 따른 가업용 자산 중 토지(「공간정보의 구축 및 관리 등에 관한 법률」에 따라 지적공부에 등록하여야 할 지목에 해당하는 것을 말한다) 및 건물(건물에 부속된 시설물과 구축물을 포함한다)의 자산의 가액] ÷ (제15조 제7항에 따른 가업용 자산의 가액)
나. 광업(05~08)	광업 전체
다. 제조업(10~33)	제조업 전체. 이 경우 자기가 제품을 직접 제조하지 않고 제조업체(사업장이 국내 또는 「개성공업지구 지원에 관한 법률」 제2조 제1호에 따른 개성공업지구에 소재하는 업체에 한정한다)에 의뢰하여 제조하는 사업으로서 그 사업이 다음의 요건을 모두 충족하는 경우를 포함한다. 1) 생산할 제품을 직접 기획(고안·디자인 및 견본제작 등을 말한다)할 것 2) 해당 제품을 자기명의로 제조할 것 3) 해당 제품을 인수하여 자기책임하에 직접 판매할 것
라. 하수 및 폐기물 처리, 원료 재생, 환경정화 및 복원업 (37~39)	하수·폐기물 처리(재활용을 포함한다), 원료 재생, 환경정화 및 복원업 전체
마. 건설업(41~42)	건설업 전체
바. 도매 및 소매업 (45~47)	도매 및 소매업 전체
사. 운수업(49~52)	여객운송업[육상운송 및 파이프라인 운송업(49), 수상 운송업(50), 항공 운송업(51) 중 여객을 운송하는 경우]
아. 숙박 및 음식점업 (55~56)	음식점 및 주점업(56) 중 음식점업(561)

표준산업분류상 구분	가업 해당 업종
자. 정보통신업 (58~63)	출판업(58)
	영상·오디오 기록물제작 및 배급업(59). 다만, 비디오물 감상실 운영업(59142)을 제외한다.
	방송업(60)
	우편 및 통신업(61) 중 전기통신업(612)
	컴퓨터 프로그래밍, 시스템 통합 및 관리업(62)
	정보서비스업(63)
차. 전문, 과학 및 기술서비스업 (70~73)	연구개발업(70)
	전문서비스업(71) 중 광고업(713), 시장조사 및 여론조사사업(714)
	건축기술, 엔지니어링 및 기타 과학기술 서비스업(72) 중 기타 과학기술 서비스업(729)
	기타 전문, 과학 및 기술 서비스업(73) 중 전문디자인업(732)
카. 사업시설관리 및 사업지원 서비스업 (74~75)	사업시설 관리 및 조경 서비스업(74) 중 건물 및 산업설비 청소업(7421), 소독, 구충 및 방제 서비스업(7422)
	사업지원 서비스업(75) 중 고용알선 및 인력 공급업(751, 농업노동자 공급업을 포함한다), 경비 및 경호 서비스업(7531), 보안시스템 서비스업(7532), 콜센터 및 텔레마케팅 서비스업(75991), 전시, 컨벤션 및 행사 대행업(75992), 포장 및 충전업(75994)
타. 임대업: 부동산 제외 (76)	무형재산권 임대업(764, 「지식재산 기본법」 제3조 제1호에 따른 지식재산을 임대하는 경우로 한정한다)
파. 교육서비스업(85)	교육 서비스업(85) 중 유아 교육기관(8511), 사회교육시설(8564), 직원훈련기관(8565), 기타 기술 및 직업훈련학원(85669)
하. 사회복지서비스업 (87)	사회복지서비스업 전체
거. 예술, 스포츠 및 여가관련 서비스업 (90~91)	창작, 예술 및 여가관련서비스업(90) 중 창작 및 예술관련 서비스업(901), 도서관, 사적지 및 유사 여가관련 서비스업(902). 다만, 독서실 운영업(90212)은 제외한다.
너. 협회 및 단체, 수리 및 기타 개인 서비스업 (94~96)	기타 개인 서비스업(96) 중 개인 간병인 및 유사 서비스업(96993)

2. 개별법률의 규정에 따른 업종

가업 해당 업종
가. 「조세특례제한법」 제7조 제1항 제1호 커목에 따른 직업기술 분야 학원
나. 「조세특례제한법 시행령」 제5조 제9항에 따른 엔지니어링사업
다. 「조세특례제한법 시행령」 제5조 제7항에 따른 물류산업
라. 「조세특례제한법 시행령」 제6조 제1항에 따른 수탁생산업
마. 「조세특례제한법 시행령」 제54조 제1항에 따른 자동차정비공장을 운영하는 사업
바. 「해운법」에 따른 선박관리업
사. 「의료법」에 따른 의료기관을 운영하는 사업
아. 「관광진흥법」에 따른 관광사업(카지노, 관광유흥음식점업 및 외국인전용 유흥음식점업은 제외한다)
자. 「노인복지법」에 따른 노인복지시설을 운영하는 사업
차. 법률 제15881호 노인장기요양보험법 부칙 제4조에 따라 재가장기요양기관을 운영하는 사업 (2020. 2. 11. 개정)
카. 「전시산업발전법」에 따른 전시산업
타. 「에너지이용 합리화법」 제25조에 따른 에너지절약전문기업이 하는 사업
파. 「국민 평생 직업능력 개발법」에 따른 직업능력개발훈련시설을 운영하는 사업
하. 「도시가스사업법」 제2조 제4호에 따른 일반도시가스사업
거. 「국가과학기술 경쟁력 강화를 위한 이공계지원 특별법」 제2조 제4호 나목에 따른 연구개발지원업
너. 「민간임대주택에 관한 특별법」에 따른 주택임대관리업
더. 「신에너지 및 재생에너지 개발·이용·보급 촉진법」에 따른 신·재생에너지 발전사업

② 매출액 및 독립성기준

가업상속공제 대상 중소기업의 요건 중 「조세특례제한법 시행령」 제2조 제1항 제1호 및 제3호의 요건은,

㉠ 매출액이 업종별로 「중소기업기본법 시행령」 별표 1에 따른 규모 기준("평균매출액등"은 "매출액"으로 보며, "중소기업기준"이라 한다) 이내일 것과,

㉡ 「독점규제 및 공정거래에 관한 법률」 제31조 제1항에 따른 공시대상기업집단에 속하는 회사 또는 같은 법 제33조에 따라 공시대상기업집단의 국내 계열회사로 편입·통지된 것으로 보는 회사에 해당하지 않으며, 실질적인 독립성이 「중소기

업기본법 시행령」 제3조 제1항 제2호에 적합해야 한다는 요건이 있다. 이 경우 「중소기업기본법 시행령」 제3조 제1항 제2호 나목의 주식등의 간접소유 비율을 계산할 때 「자본시장과 금융투자업에 관한 법률」에 따른 집합투자기구를 통하여 간접소유한 경우는 제외하며, 「중소기업기본법 시행령」 제3조 제1항 제2호 다목을 적용할 때 "평균매출액등이 별표 1의 기준에 맞지 아니하는 기업"은 "매출액이 「조세특례제한법 시행령」 제2조 제1항 제1호에 따른 중소기업기준에 맞지 않는 기업"으로 본다.

ⓐ 「중소기업기본법 시행령」【별표 1】(2017. 10. 17. 개정)
주된 업종별 평균매출액등의 규모 기준(제3조 제1항 제1호 가목 관련)

해당 기업의 주된 업종	분류 기호	규모 기준
1. 의복, 의복액세서리 및 모피제품 제조업	C14	평균매출액등 1,500억 원 이하
2. 가죽, 가방 및 신발 제조업	C15	
3. 펄프, 종이 및 종이제품 제조업	C17	
4. 1차 금속 제조업	C24	
5. 전기장비 제조업	C28	
6. 가구 제조업	C32	
7. 농업, 임업 및 어업	A	평균매출액등 1,000억 원 이하
8. 광업	B	
9. 식료품 제조업	C10	
10. 담배 제조업	C12	
11. 섬유제품 제조업(의복 제조업은 제외한다)	C13	
12. 목재 및 나무제품 제조업(가구 제조업은 제외한다)	C16	
13. 코크스, 연탄 및 석유정제품 제조업	C19	
14. 화학물질 및 화학제품 제조업(의약품 제조업은 제외한다)	C20	
15. 고무제품 및 플라스틱제품 제조업	C22	
16. 금속가공제품 제조업(기계 및 가구 제조업은 제외한다)	C25	
17. 전자부품, 컴퓨터, 영상, 음향 및 통신장비 제조업	C26	
18. 그 밖의 기계 및 장비 제조업	C29	
19. 자동차 및 트레일러 제조업	C30	

해당 기업의 주된 업종	분류 기호	규모 기준
20. 그 밖의 운송장비 제조업	C31	
21. 전기, 가스, 증기 및 공기조절 공급업	D	
22. 수도업	E36	
23. 건설업	F	
24. 도매 및 소매업	G	
25. 음료 제조업	C11	평균매출액등 800억 원 이하
26. 인쇄 및 기록매체 복제업	C18	
27. 의료용 물질 및 의약품 제조업	C21	
28. 비금속 광물제품 제조업	C23	
29. 의료, 정밀, 광학기기 및 시계 제조업	C27	
30. 그 밖의 제품 제조업	C33	
31. 수도, 하수 및 폐기물 처리, 원료재생업 (수도업은 제외한다)	E (E36 제외)	
32. 운수 및 창고업	H	
33. 정보통신업	J	
34. 산업용 기계 및 장비 수리업	C34	평균매출액등 600억 원 이하
35. 전문, 과학 및 기술 서비스업	M	
36. 사업시설관리, 사업지원 및 임대 서비스업 (임대업은 제외한다)	N (N76 제외)	
37. 보건업 및 사회복지 서비스업	Q	
38. 예술, 스포츠 및 여가 관련 서비스업	R	
39. 수리(修理) 및 기타 개인 서비스업	S	
40. 숙박 및 음식점업	I	평균매출액등 400억 원 이하
41. 금융 및 보험업	K	
42. 부동산업	L	
43. 임대업	N76	
44. 교육 서비스업	P	

비고: 1. 해당 기업의 주된 업종의 분류 및 분류기호는 「통계법」 제22조에 따라 통계청장이 고시한 한국표준산업분류에 따른다.

2. 위 표 제19호 및 제20호에도 불구하고 자동차용 신품 의자 제조업(C30393), 철도 차량 부품 및 관련 장치물 제조업(C31202) 중 철도 차량용 의자 제조업, 항공기용 부품 제조업(C31322) 중 항공기용 의자 제조업의 규모 기준은 평균매출액등 1,500억 원 이하로 한다.

ⓛ 실질적인 독립성

소유와 경영의 실질적인 독립성이 「중소기업기본법 시행령」 제3조 【중소기업의 범위】 제1항 제2호의 규정에 적합하여야 한다.

- 위 호 나목의 주식의 소유는 직접소유 및 간접소유를 포함함.

('09. 1. 1. 이후 종료하는 사업연도분부터 간접소유분 포함하여 계산)

  * '09. 2. 4. 이후 종료하는 사업연도분부터 집합투자기구를 통한 간접소유 제외

- 「중소기업기본법 시행령」 제3조 제1항 제2호 다목을 적용할 때 "평균매출액등이 별표 1의 기준에 맞지 아니하는 기업"은 "매출액이 「조세특례제한법 시행령」 제2조 제1항 제1호에 따른 중소기업기준에 맞지 아니하는 기업"으로 본다.

○ 「중소기업기본법 시행령」 제3조 제1항 제2호(독립성 기준)

【소유와 경영의 실질적인 독립성이 다음의 어느 하나에 해당하지 않는 기업】

가. (삭제, 2020. 6. 9.)

나. 자산총액이 5천억 원 이상인 법인(외국법인을 포함하되, 비영리법인 및 제3조의2 제3항ⓣ 각호의 어느 하나에 해당하는 자는 제외한다)이 주식등의 100분의 30 이상을 직접적 또는 간접적으로 소유한 경우로서 최다출자자인 기업. 이 경우 최다출자자는 해당 기업의 주식등을 소유한 법인 또는 개인으로서 단독으로 또는 다음의 어느 하나에 해당하는 자와 합산하여 해당 기업의 주식등을 가장 많이 소유한 자를 말하며, 주식등의 간접소유 비율에 관하여는 「국제조세조정에 관한 법률 시행령」 제2조 제3항ⓛ을 준용한다.

1) 주식등을 소유한 자가 법인인 경우: 그 법인의 임원

2) 주식등을 소유한 자가 1)에 해당하지 아니하는 개인인 경우: 그 개인의 친족

다. 관계기업에 속하는 기업의 경우에는 제7조의4에 따라 산정한 평균매출액등이 별표 1의 기준에 맞지 아니하는 기업

  → "매출액이 「조세특례제한법 시행령」 제2조 제1항 제1호에 따른 중소기업기준에 맞지 아니하는 기업"

《㉠ 중소기업기본법 시행령 제3조의2 제3항》

③ 다음 각호의 어느 하나에 해당하는 자가 다른 국내기업의 주식등을 소유하고 있는 경우에는 그 기업과 그 다른 국내기업은 제1항에 따른 지배기업과 종속기업의 관계로 보지 아니한다. (개정 2011. 12. 28., 2012. 1. 25., 2014. 4. 14., 2015. 6. 30.)

1. 「벤처투자 촉진에 관한 법률」 제2조 제10호에 따른 중소기업창업투자회사
2. 「여신전문금융업법」에 따른 신기술사업금융업자
3. 「벤처기업육성에 관한 특별조치법」에 따른 신기술창업전문회사
4. 「산업교육진흥 및 산학연협력촉진에 관한 법률」에 따른 산학협력기술지주회사
5. 그 밖에 제1호부터 제4호까지의 규정에 준하는 경우로서 중소기업 육성을 위하여 중소벤처기업부장관이 정하여 고시하는 자

《㉡ 국제조세조정에 관한 법률 시행령 제2조 제3항》

③ 제2항 제1호·제2호 및 제4호를 적용할 때 어느 한쪽(거주자, 내국법인, 비거주자 또는 외국법인을 말한다. 이하 이 항에서 같다)의 다른 쪽(내국법인 또는 외국법인을 말한다. 이하 이 항에서 같다)에 대한 주식의 간접소유비율은 다음 각 호의 구분에 따른 방법으로 계산한 비율로 한다. (2021. 2. 17. 개정)

1. 다른 쪽의 주주인 법인(이하 "주주법인"이라 한다)의 의결권 있는 주식의 50퍼센트 이상을 어느 한쪽이 소유하고 있는 경우: 주주법인이 소유하고 있는 다른 쪽의 의결권 있는 주식이 그 다른 쪽의 의결권 있는 주식에서 차지하는 비율(이하 이 항에서 "주주법인의 주식소유비율"이라 한다) (2021. 2. 17. 개정)
2. 주주법인의 의결권 있는 주식의 50퍼센트 미만을 어느 한쪽이 소유하고 있는 경우: 그 소유비율에 주주법인의 주식소유비율을 곱한 비율 (2021. 2. 17. 개정)
3. 제1호 및 제2호를 적용할 때 주주법인이 둘 이상인 경우: 주주법인별로 제1호 및 제2호에 따라 계산한 비율을 더한 비율 (2021. 2. 17. 개정)
4. 어느 한쪽과 주주법인, 그리고 이들 사이의 하나 이상의 법인이 주식소유관계를 통하여 연결되어 있는 경우: 제1호부터 제3호까지의 계산방법을 준용하여 계산한 비율 (2021. 2. 17. 개정)

③ 자산총액 기준

자산총액이 5천억 원 미만이어야 한다.

 2016. 12. 31. 이전 상속개시분 해당

중소기업의 범위

가업상속공제 대상 중소기업이란, 상속개시일이 속하는 과세연도(「조세특례제한법」 제2조 제1항 제2호에 따른 과세연도를 말한다. 이하 같다)의 직전 과세연도 말 현재 「조세특례제한법」 제5조 제1항에 따른 중소기업을 말한다. 다만, 「조세특례제한법 시행령」 제2조 제1항 각호 외의 부분 본문(중소기업 해당 업종)을 적용할 때 「상속세 및 증여세법」 제18조 제2항 제2호(영농상속공제)의 적용을 받는 사업을 주된 사업으로 영위하는 기업은 제외하며, 「조세특례제한법 시행령」 제2조 제2항(유예기간)은 적용하지 아니한다.

| 상속개시일이 속하는 과세연도의 직전 과세연도 말 현재 중소기업 |

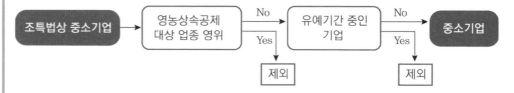

「조세특례제한법」상 '중소기업'의 범위

> • 「조세특례제한법」상 중소기업은 1) 업종기준, 2) 규모기준, 3) 독립성기준 요건을 모두 충족하면서 4) 졸업기준을 충족하는 기업을 말한다.
> • 중소기업이 규모의 확대 등으로 중소기업에 해당하지 아니하게 된 때 일정기간 유예기간을 두고 있다(가업상속공제 대상 중소기업은 유예기간 중인 기업은 중소기업으로 보지 않음).

1. 중소기업의 요건

중소기업이란 다음 ①, ②, ③, ④에 모두 해당하는 기업을 말한다(조특령 §2).

① 업종기준: 제조업 등 조특법 시행령 제2조 제1항의 사업을 주된 사업으로 영위하는 기업(「중소기업기본법」에서는 모든 업종)

② 규모기준: 매출액이 업종별로 「중소기업기본법 시행령」 별표 1에 따른 규모기준 이내일 것

③ 독립성기준: 실질적인 독립성이 「중소기업기본법 시행령」 제3조 제1항 제2호에 적합할 것

④ 졸업기준: 위 ①, ②, ③ 요건을 모두 충족하는 경우에도 자산총액이 5천억 원 미만일 것

 - 이 경우 자산총액은 과세연도 종료일 현재 기업회계기준에 따라 작성한 재무상태표상의 자산총액으로 함.

2. 중소기업 업종기준

중소기업 업종기준이란 다음의 사업을 주된 사업으로 영위하는 것을 말한다.

1. 작물재배업
2. 축산업
3. 어업
4. 광업
5. 제조업(제조업과 유사한 사업으로서 시행규칙 §2 ①에서 정하는 사업을 포함)
    - 조특법 시행규칙 §2 ①(위탁생산의 경우 제조업 해당 여부): 자기가 제품을 직접 제조하지 아니하고 제조업체(사업장이 국내 또는 「개성공업지구 지원에 관한 법률」 제2조 제1호에 따른 개성공업지구에 소재하는 업체에 한함)에 의뢰하여 제조하는 사업으로서 그 사업이 다음 요건을 모두 충족하는 경우에는 제조업으로 본다.
        - 생산할 제품을 직접 기획(고안·디자인 및 견본제작 등을 말한다)할 것
        - 해당 제품을 자기명의로 제조할 것
        - 해당 제품을 인수하여 자기 책임하에 직접 판매할 것
6. 하수·폐기물 처리(재활용을 포함)
7. 원료재생 및 환경복원업
8. 건설업(부동산공급업은 해당되지 않음)
9. 도매 및 소매업
10. 운수업 중 여객운송업
11. 음식점업
12. 출판업
13. 영상·오디오 기록물 제작 및 배급업(비디오물 감상실 운영업은 제외함)
14. 방송업

15. 전기통신업

16. 컴퓨터 프로그래밍·시스템 통합 및 관리업

17. 정보서비스업(기존 뉴스제공업에서 '09. 2. 4. 이후 종료하는 사업연도부터 변경)

18. 연구개발업('09. 2. 4. 이후 종료하는 사업연도분부터 명칭 변경)

19. 광고업

20. 그 밖의 과학기술서비스업

21. 포장 및 충전업

22. 전문디자인업

23. 전시 및 행사대행업('09. 2. 4. 이후 종료하는 사업연도분부터 적용)

24. 창작 및 예술관련 서비스업('09. 2. 4. 이후 종료하는 사업연도분부터 명칭 변경)

25. 인력공급 및 고용알선업(농업노동자 공급업을 포함)

26. 콜센터 및 텔레마케팅 서비스업('10. 1. 1. 이후 개시하는 사업연도분부터 적용)

27. 조특법 제7조 제1항 제1호 커목에 따른 직업기술 분야 학원

28. 「엔지니어링산업 진흥법」에 따른 엔지니어링활동을 제공하는 사업
- 엔지니어링산업진흥법 §2: 엔지니어링활동이란 과학기술의 지식을 응용하여 사업 및 시설물에 관한 연구·기획·타당성조사·설계·분석·구매·조달·시험·감리·시험운전·평가·검사·안정성검토, 관리·매뉴얼 작성·자문·지도·유지·보수 기타 대통령령으로 정하는 활동과 그 활동에 대한 사업관리를 말함(영 §2).
- 기술사법의 적용을 받은 기술사의 엔지니어링활동 포함

29. 물류산업
- 운수업 중 화물운송업, 화물취급업, 보관 및 창고업, 화물터미널운영업, 화물운송 중개·대리 및 관련 서비스업, 화물포장·검수 및 형량 서비스업, 「항만법」에 따른 예선업('03. 1. 1. 이후 개시하는 사업연도분부터 적용)과 기타 산업용 기계장비 임대업 중 팔레트임대업(영 §5 ⑧)

30. 수탁생산업('09. 2. 4. 이후 종료하는 사업연도분부터 적용)
- 위탁자로부터 주문자상표부착방식에 따른 제품생산을 위탁받아 이를 재위탁하여 제품을 생산·공급하는 사업을 말함(영 §6 ①).

31. 자동차정비공장을 운영하는 사업

- 「자동차관리법 시행규칙」 제131조의 규정에 의한 자동차종합정비업 또는 소형자동차정비업의 자동차 정비공장으로서 제조 또는 사업단위로 독립된 사업장(조특령 §54 ①) (자동차부분정비업과 원동기전문정비업은 해당되지 않음)

32. 「해운법」에 따른 선박관리업
- 국내외의 해상운송인 선박대여업을 경영하는 자, 관공선 운항자, 조선소, 해상구조물 운영자, 그 밖의 「선원법」상의 선박소유자로부터 기술적·상업적 선박관리, 해상구조물 관리 또는 선박시운전 등의 업무를 전부 또는 일부를 수탁(국외의 선박관리사업자로부터 그 업무의 전부 또는 일부를 수탁하여 행하는 사업을 포함)하여 관리활동을 영위하는 업을 말함(해운법 §28).

33. 「의료법」에 따른 의료기관을 운영하는 사업
- 종합병원, 병원, 치과병원, 한방병원, 요양병원, 의원, 치과의원, 한의원 및 조산원

34. 「관광진흥법」에 따른 관광사업
- 관광객을 위하여 운송·숙박·음식·운동·오락·휴양 또는 용역을 제공하거나 그 밖에 관광에 딸린 시설을 갖추어 이를 이용하게 하는 업(카지노, 관광유흥음식점업 및 외국인전용 유흥음식점업은 제외)

35. 「노인복지법」에 따른 노인복지시설을 운영하는 사업
- 노인주거복지시설, 노인의료복지시설, 노인여가복지시설, 재가노인복지시설, 노인보호전문기관

36. 「노인장기요양보험법」 제32조에 따른 재가장기요양기관을 운영하는 사업

37. 「전시산업발전법」에 따른 전시산업
- 전시시설을 건립·운영하거나 전시회 및 전시회부대행사를 기획·개최·운영하고 이와 관련된 물품 및 장치를 제작·설치하거나 전시공간의 설계·디자인과 이와 관련된 공사를 수행하거나 전시회와 관련된 용역 등을 제공하는 산업

38. 「에너지이용 합리화법」 제25조에 따른 에너지절약전문기업이 하는 사업
- 제3자로부터 위탁을 받아 에너지사용시설의 에너지절약을 위한 관리·용역사업, 에너지절약형 시설투자에 관한 사업, 신에너지 및 재생에너지의

개발 및 보급사업, 에너지절약형 시설 및 기자재의 연구개발을 하는 자로서 산업통상자원부장관에게 등록을 한 자

39. 「근로자직업능력 개발법」에 따른 직업능력개발훈련시설을 운영하는 사업
- 공공직업훈련시설, 지정직원훈련시설

40. 건물 및 산업설비 청소업

41. 경비 및 경호 서비스업

42. 시장조사 및 여론조사업

43. 사회복지 서비스업

44. 「도시가스사업법」 제2조 제4호에 따른 일반도시가스사업

45. 무형재산권 임대업(「지식재산 기본법」 제3조 제1호에 따른 지식재산을 임대하는 경우로 한정) - 이하 2014. 2. 21. 추가

46. 「국가과학기술 경쟁력 강화를 위한 이공계지원 특별법」 제2조 제4호 나목에 따른 연구개발지원업

47. 개인 간병인 및 유사 서비스업

48. 사회교육시설, 직원훈련기관, 기타 기술 및 직업훈련 학원

49. 도서관·사적지 및 유사 여가 관련 서비스업(독서실 운영업은 제외)

50. 「민간 임대주택에 관한 특별법」에 따른 주택임대관리업 - 이하 2015. 2. 3. 추가

51. 「신에너지 및 재생에너지 개발·이용·보급 촉진법」에 따른 신·재생에너지 발전사업 또는 보안시스템 서비스업

- 업종의 분류기준(조특법 §2 ③)
  - 업종의 분류는 「조세특례제한법」에 특별한 규정이 있는 경우를 제외하고는 「통계법」 제22조에 따라 통계청장이 고시하는 한국표준산업분류를 기준으로 판정함.
  - 다만, 한국표준산업분류가 변경되어 이 법에 따른 조세특례를 적용받지 못하게 되는 업종에 대해서는 한국표준산업분류가 변경된 사업연도와 그 다음 사업연도까지는 변경 전의 한국표준산업분류에 따른 업종에 따라 조세특례를 적용함.

3. 중소기업 규모기준

「중소기업기본법 시행령」 별표 1의 규정에 의한 규모기준 이내이어야 한다.

☞ 2014. 4. 14. 「중소기업기본법 시행령」 별표 1이 개정되었으며, 동 부칙에 따라 2015. 1. 1.부터 시행함.

【별표 1】 (2014. 4. 14. 개정, 2015. 1. 1. 시행)

주된 업종별 평균매출액등의 규모 기준(제3조 제1항 제1호 가목 관련)

해당 기업의 주된 업종	분류 기호	규모 기준
1. 의복, 의복액세서리 및 모피제품 제조업	C14	평균매출액등 1,500억 원 이하
2. 가죽, 가방 및 신발 제조업	C15	
3. 펄프, 종이 및 종이제품 제조업	C17	
4. 1차 금속 제조업	C24	
5. 전기장비 제조업	C28	
6. 가구 제조업	C32	
7. 농업, 임업 및 어업	A	평균매출액등 1,000억 원 이하
8. 광업	B	
9. 식료품 제조업	C10	
10. 담배 제조업	C12	
11. 섬유제품 제조업(의복 제조업은 제외한다)	C13	
12. 목재 및 나무제품 제조업(가구 제조업은 제외한다)	C16	
13. 코크스, 연탄 및 석유정제품 제조업	C19	
14. 화학물질 및 화학제품 제조업(의약품 제조업은 제외한다)	C20	
15. 고무제품 및 플라스틱제품 제조업	C22	
16. 금속가공제품 제조업(기계 및 가구 제조업은 제외한다)	C25	
17. 전자부품, 컴퓨터, 영상, 음향 및 통신장비 제조업	C26	
18. 그 밖의 기계 및 장비 제조업	C29	
19. 자동차 및 트레일러 제조업	C30	
20. 그 밖의 운송장비 제조업	C31	
21. 전기, 가스, 증기 및 수도사업	D	
22. 건설업	F	
23. 도매 및 소매업	G	
24. 음료 제조업	C11	평균매출액등 800억 원 이하
25. 인쇄 및 기록매체 복제업	C18	
26. 의료용 물질 및 의약품 제조업	C21	
27. 비금속 광물제품 제조업	C23	
28. 의료, 정밀, 광학기기 및 시계 제조업	C27	

해당 기업의 주된 업종	분류 기호	규모 기준
29. 그 밖의 제품 제조업	C33	
30. 하수·폐기물 처리, 원료재생 및 환경복원업	E	
31. 운수업	H	
32. 출판, 영상, 방송통신 및 정보서비스업	J	
33. 전문, 과학 및 기술 서비스업	M	평균매출액등 600억 원 이하
34. 사업시설관리 및 사업지원 서비스업	N	
35. 보건업 및 사회복지 서비스업	Q	
36. 예술, 스포츠 및 여가 관련 서비스업	R	
37. 수리(修理) 및 기타 개인 서비스업	S	
38. 숙박 및 음식점업	I	평균매출액등 400억 원 이하
39. 금융 및 보험업	K	
40. 부동산업 및 임대업	L	
41. 교육 서비스업	P	

비고: 해당 기업의 주된 업종의 분류 및 분류기호는 「통계법」 제22조에 따라 통계청장이 고시한 한국표준산업분류에 따른다.

- 매출액의 정의
  • 매출액은 기업회계기준에 따라 작성한 손익계산서상의 매출액을 말함.
- 다만, 창업·분할·합병의 경우 그 등기일의 다음 날(창업의 경우에는 창업일)이 속하는 사업연도의 매출액을 연간 매출액으로 환산한 금액으로 함(조특칙 §2 ④).
- 매출액이 기업회계기준에 위반하여 계상되었다면 기업회계기준에 따라 수정된 매출액을 말함.

4. 중소기업 독립성 기준

업종과 규모기준 외에 소유와 경영의 실질적인 독립성이 「중소기업기본법 시행령」 제3조 【중소기업의 범위】 제1항 제2호의 규정에 적합하여야 함.

- 위 호 나목의 주식의 소유는 직접소유 및 간접소유를 포함함.
  ('09. 1. 1. 이후 종료하는 사업연도분부터 간접소유분 포함하여 계산)
  * '09. 2. 4. 이후 종료하는 사업연도분부터 집합투자기구를 통한 간접소유 제외

- 「중소기업기본법 시행령」 제3조 제1항 제2호 다목을 적용할 때 "평균매출액등이 별표 1의 기준에 맞지 아니하는 기업"은 "매출액이 「조세특례제한법 시행령」

제2조 제1항 제1호에 따른 중소기업기준에 맞지 아니하는 기업"으로 본다.

○ 「중소기업기본법 시행령」 제3조 제1항 제2호(독립성 기준)

【소유와 경영의 실질적인 독립성이 다음의 어느 하나에 해당하지 않는 기업】

가. 「독점규제 및 공정거래에 관한 법률」 제14조 제1항에 따른 상호출자제한기업집단등(이하 이 호에서 "상호출자제한기업집단 등"이라 한다)에 속하는 회사 또는 같은 법 제14조의3에 따라 상호출자제한기업집단등의 소속회사로 편입·통지된 것으로 보는 회사

나. 자산총액이 5천억 원 이상인 법인(외국법인을 포함하되, 비영리법인 및 제3조의2 제3항[ⓐ] 각호의 어느 하나에 해당하는 자는 제외한다)이 주식등의 100분의 30 이상을 직접적 또는 간접적으로 소유한 경우로서 최다출자자인 기업. 이 경우 최다출자자는 해당 기업의 주식등을 소유한 법인 또는 개인으로서 단독으로 또는 다음의 어느 하나에 해당하는 자와 합산하여 해당 기업의 주식등을 가장 많이 소유한 자를 말하며, 주식등의 간접소유 비율에 관하여는 「국제조세조정에 관한 법률 시행령」 제2조 제2항[ⓑ]을 준용한다.

1) 주식등을 소유한 자가 법인인 경우: 그 법인의 임원

2) 주식등을 소유한 자가 1)에 해당하지 아니하는 개인인 경우: 그 개인의 친족

다. 관계기업에 속하는 기업의 경우에는 제7조의4에 따라 산정한 평균매출액 등이 별표 1의 기준에 맞지 아니하는 기업

→ "매출액이 「조세특례제한법 시행령」 제2조 제1항 제1호에 따른 중소기업기준에 맞지 아니하는 기업"

라. 「독점규제 및 공정거래에 관한 법률 시행령」 제3조의2 제2항 제4호에 따라 동일인이 지배하는 기업집단의 범위에서 제외되어 상호출자제한기업집단 등에 속하지 아니하게 된 회사로서 같은 영 제3조의 요건에 해당하게 된 날부터 3년이 경과한 회사

《ⓐ 중소기업기본법 시행령 제3조의2 제3항》

③ 다음 각호의 어느 하나에 해당하는 자가 다른 국내기업의 주식등을 소유하고 있는 경우에는 그 기업과 그 다른 국내기업은 제1항에 따른 지배기업과 종속기업의 관계로 보지 아니한다. (개정 2011. 12. 28., 2012. 1. 25., 2014. 4. 14.)

1. 「중소기업창업 지원법」에 따른 중소기업창업투자회사

2. 「여신전문금융업법」에 따른 신기술금융사업자

3. 「벤처기업육성에 관한 특별조치법」에 따른 신기술창업전문회사

4. 「산업교육진흥 및 산학연협력촉진에 관한 법률」에 따른 산학협력기술지주회사

5. 그 밖에 제1호부터 제4호까지의 규정에 준하는 경우로서 중소기업 육성을 위하여 중소기업청장이 정하여 고시하는 자

《ⓛ 국제조세조정에 관한 법률 시행령 제2조 제2항》

② 제1항 제1호부터 제3호까지 및 제5호에서 규정하는 주식의 간접소유비율은 다음 각호의 방법으로 계산한다.

1. 어느 한쪽 법인이 다른 쪽 법인의 주주인 법인(이하 "주주법인"이라 한다)의 의결권 있는 주식의 100분의 50 이상을 소유하고 있는 경우에는 주주법인이 소유하고 있는 다른 쪽 법인의 의결권 있는 주식이 그 다른 쪽 법인의 의결권 있는 주식에서 차지하는 비율(이하 "주주법인의 주식소유비율"이라 한다)을 어느 한쪽 법인의 다른 쪽 법인에 대한 간접소유비율로 한다. 다만, 주주법인이 둘 이상인 경우에는 주주법인별로 계산한 비율을 합계한 비율을 어느 한쪽 법인의 다른 쪽 법인에 대한 간접소유비율로 한다.

2. 어느 한쪽 법인이 다른 쪽 법인의 주주법인의 의결권 있는 주식의 100분의 50 미만을 소유하고 있는 경우에는 그 소유비율에 주주법인의 주식소유비율을 곱한 비율을 어느 한쪽 법인의 다른 쪽 법인에 대한 간접소유비율로 한다. 다만, 주주법인이 둘 이상인 경우에는 주주법인별로 계산한 비율을 합계한 비율을 어느 한쪽 법인의 다른 쪽 법인에 대한 간접소유비율로 한다.

3. 다른 쪽 법인의 주주법인과 어느 한쪽 법인 사이에 하나 이상의 법인이 개재되어 있고 이들 법인이 주식소유관계를 통하여 연결되어 있는 경우에도 제1호와 제2호의 계산방법을 준용한다.

- 「조세특례제한법」상 중소기업 판정시 관계기업 규정
  - 관계기업에 속하는 기업의 경우에는 「중소기업기본법 시행령」 제7조의4에 따라 별표 2에서 정하는 바에 따라 산정한 평균매출액등이 별표 1의 기준을 초과하는 기업이 아니어야 함.
  - 관계기업: 「주식회사의 외부감사에 관한 법률」 제2조에 따라 외부감사의 대상이 되는 기업이 「중소기업기본법 시행령」 제3조의2에 따라 다른 국내기업을 지배함으로써 지배 또는 종속의 관계에 있는 기업의 집단
  - 지배 또는 종속의 관계: 기업이 해당 사업연도 종료일을 기준으로 다른 국내기업을 지배하는 경우 그 기업(지배기업)과 그 다른 국내기업(종속기업)의 관계를 말함.

5. 유예기간

가. 유예 사유

- 중소기업이 다음의 사유에 해당하여 중소기업에 해당되지 않더라도 일정 기간 내에는 중소기업으로 간주함.
  - 자산총액 5천억 원 이상
  - 매출액이 중소기업 기준(중소기업기본법 시행령 별표 1) 초과
  - 관계기업의 독립성기준 미충족(2015. 1. 1. 이후 개시하는 과세연도에 졸업 하는 분부터 적용)

나. 유예기간: 통상 4년간

- 사유가 발생한 날이 속하는 사업연도와 그 다음 3개 사업연도까지 중소기업으로 봄(조특령 §2 ②).
- 유예기간은 법인별로 최초 1회에 한하여 적용하고 유예기간 경과 후에는 사업 연도별로 중소기업 해당 여부를 판정(유예기간 경과 후 중소기업에 해당하더라도 다시 유예기간을 적용하는 것이 아님)

다. 「중소기업기본법」 개정에 따른 유예 규정

- 「중소기업기본법 시행령」 제3조 제1항 제2호, 별표 1(업종별 평균매출액 규모 기준) 및 별표 2(관계기업의 평균매출액 등 산정기준)의 개정으로 인해 중소 기업에 해당하지 않게 된 경우 그 사유가 발생한 날이 속하는 사업연도와 그 다음 3개 사업연도까지 중소기업으로 봄(조특령 §2 ⑤).

라. 유예의 배제

- 다음의 사유에 해당하는 경우에는 중소기업 유예기간을 적용하지 않고 해당 사유 가 발생한 사업연도부터 중소기업으로 보지 않음(조특령 §2 ② 단서).
  ① 중소기업 외의 기업과 합병하는 경우
  ② 유예기간 중에 있는 법인과 합병하는 경우
  ③ 실질적 독립성이 「중소기업기본법 시행령」 제3조 제1항 제2호의 규정에 적 합한 기업 이외의 기업에 해당하는 경우[같은 영 제3조 제1항 제2호 다목 (관계기업)의 규정은 제외. 즉, 기업 간 형평 제고를 위해 관계기업도 비관 계기업과 동일하게 졸업유예기간을 적용함. 2015. 2. 3. 개정, 2015. 1. 1. 이 후 개시하는 과세연도에 졸업하는 분부터 적용]
  ④ 창업일이 속하는 사업연도 종료일부터 2년 이내의 사업연도 종료일 현재 중소기업기준을 초과하는 경우

2014. 12. 31. 이전 「조세특례제한법」상 '중소기업'의 범위[6]

- 「조세특례제한법」상 중소기업은 1) 업종기준, 2) 규모기준, 3) 독립성기준 요건을 모두 충족하면서 4) 졸업기준에 해당하지 않는 기업을 말한다.
- 중소기업이 졸업기준에 해당하는 경우 일정기간 유예기간을 두고 있다.
  (가업상속공제 대상 중소기업은 유예기간 중인 기업은 중소기업으로 보지 않음)

1. 중소기업의 요건

중소기업이란 다음 ①, ②, ③, ④에 모두 해당하는 기업을 말한다(조특령 §2).

① 업종기준: 제조업 등 조특법 시행령 제2조 제1항의 사업을 주된 사업으로 영위하는 기업(「중소기업기본법」에서는 모든 업종)

② 규모기준: 종업원수, 자본금 또는 매출액이 업종별로 중소기업기본법 시행령 별표 1의 규정에 의한 규모기준 이내일 것

③ 독립성기준: 실질적인 독립성이 중소기업기본법 시행령 제3조 제1항 제2호의 독립성기준에 적합할 것

④ 졸업기준: 위 ①, ②, ③ 요건을 모두 충족하는 경우에도 다음의 어느 하나에 해당하지 않을 것(중소기업기본법과 비교)

구 분	조특법	중소기업기본법
가) 종업원수	1천 명 이상	1천 명 이상
나) 자기자본	1천억 원 이상	1천억 원 이상
다) 매출액	1천억 원 이상 (해당 사업연도)	1천5백억 원 이상 (직전 3개 사업연도 평균)
라) 자산총액	5천억 원 이상 (해당 사업연도)	5천억 원 이상 (직전 사업연도)

---

6) 2013. 12. 국세청 발간 "중소기업 세제·세정지원 제도" 참조 및 편집

> **필 자 주**
>
> ①~③ 요건 외에 ④ 졸업요건을 추가하는 규정(조특령 §2 ① 단서)은 2000. 12. 29. 신설되었는 바, 그 취지는 「중소기업기본법 시행령」이 개정되어 중소기업 판정기준이 종전 병행기준(종업원수와 자산총액 동시 충족)에서 택일기준(종업원수, 자본금, 매출액 중 1개 충족)으로 전환되고, 자산총액기준이 폐지됨에 따라 「조세특례제한법」상 중소기업 판정기준을 조정하게 된 것임.
>
> 즉, 종업원수, 자본금, 매출액 기준 중 한 가지만 충족해도 중소기업에 해당하도록 한다면 자본집약적 초대형 중견기업이 중소기업에 포함되는 문제가 있으므로 「조세특례제한법」에서는 별도로 종업원수 1천 명 이상, 자기자본 1천억 원 이상, 매출액 1천억 원 이상, 자산총액 5천억 원 이상의 실질적인 대기업 상당 기업은 중소기업의 범위에서 제외하도록 한 것이다.
>
> 따라서, 위 ② 규모기준(「중소기업기본법 시행령」 별표 1의 규정에 의한 규모기준) 적용시는 각 업종별로 종업원수, 자본금, 매출액 중 1가지 요건만 충족해도 그 기준을 충족한 것으로 볼 수 있으나, 다시 ④ 졸업기준에 해당하는지 여부를 확인하여 「조세특례제한법」상 중소기업 해당 여부를 판단하여야 한다.

2. 중소기업 업종기준

중소기업 업종기준이란, 다음의 사업을 주된 사업으로 영위하는 것을 말한다.

1. 작물재배업
2. 축산업
3. 어업
4. 광업
5. 제조업(제조업과 유사한 사업으로서 시행규칙 §2 ①에서 정하는 사업을 포함)
   - 조특법 시행규칙 §2 ① (위탁생산의 경우 제조업 해당 여부) : 자기가 제품을 직접 제조하지 아니하고 제조업체(사업장이 국내 또는 「개성공업지구 지원에 관한 법률」 제2조 제1호에 따른 개성공업지구에 소재하는 업체에 한함)에 의뢰하여 제조하는 사업으로서 그 사업이 다음 요건을 모두 충족하는 경우에는 제조업으로 본다.
     - 생산할 제품을 직접 기획(고안·디자인 및 견본제작 등을 말한다)할 것
     - 해당 제품을 자기명의로 제조할 것

    - 해당 제품을 인수하여 자기 책임하에 직접 판매할 것
6. 하수·폐기물 처리(재활용을 포함)
7. 원료재생 및 환경복원업
8. 건설업(부동산공급업은 해당되지 않음)
9. 도매 및 소매업
10. 운수업 중 여객운송업
11. 음식점업
12. 출판업
13. 영상·오디오 기록물 제작 및 배급업(비디오물 감상실 운영업은 제외함)
14. 방송업
15. 전기통신업
16. 컴퓨터 프로그래밍·시스템 통합 및 관리업
17. 정보서비스업(기존 뉴스제공업에서 '09. 2. 4. 이후 종료하는 사업연도부터 변경)
18. 연구개발업('09. 2. 4. 이후 종료하는 사업연도분부터 명칭 변경)
19. 광고업
20. 그 밖의 과학기술서비스업
21. 포장 및 충전업
22. 전문디자인업
23. 전시 및 행사대행업('09. 2. 4. 이후 종료하는 사업연도분부터 적용)
24. 창작 및 예술관련 서비스업('09. 2. 4. 이후 종료하는 사업연도분부터 명칭 변경)
25. 인력공급 및 고용알선업(농업노동자 공급업을 포함)
26. 콜센터 및 텔레마케팅 서비스업('10. 1. 1. 이후 개시하는 사업연도분부터 적용)
27. 조특법 제7조 제1항 제1호 커목에 따른 직업기술 분야 학원
28. 「엔지니어링산업 진흥법」에 따른 엔지니어링활동을 제공하는 사업
    • 엔지니어링산업진흥법 §2: 엔지니어링활동이란 과학기술의 지식을 응용하여 사업 및 시설물에 관한 연구·기획·타당성조사·설계·분석·구매·조달·시험·감리·시험운전·평가·검사·안정성검토, 관리·매뉴얼 작성·자문·지도·유지·보수 기타 대통령령으로 정하는 활동과 그 활동에 대한 사업관리를 말함(영 §2).
    • 기술사법의 적용을 받은 기술사의 엔지니어링활동 포함
29. 물류산업
    • 운수업 중 화물운송업, 화물취급업, 보관 및 창고업, 화물터미널운영업, 화물

운송 중개·대리 및 관련 서비스업, 화물포장·검수 및 형량 서비스업, 「항만법」에 따른 예선업('03. 1. 1. 이후 개시하는 사업연도분부터 적용)과 기타 산업용 기계장비 임대업 중 팔레트임대업(영 §5 ⑧)

30. 수탁생산업('09. 2. 4. 이후 종료하는 사업연도분부터 적용)
    - 위탁자로부터 주문자상표부착방식에 따른 제품생산을 위탁받아 이를 재위탁하여 제품을 생산·공급하는 사업을 말함(영 §6 ①).

31. 자동차정비공장을 운영하는 사업
    - 「자동차관리법 시행규칙」 제131조의 규정에 의한 자동차종합정비업 또는 소형자동차정비업의 자동차 정비공장으로서 제조 또는 사업단위로 독립된 사업장(조특령 §54 ①) (자동차부분정비업과 원동기전문정비업은 해당되지 않음)

32. 「해운법」에 따른 선박관리업
    - 국내외의 해상운송인, 선박대여업을 경영하는 자, 관공선 운항자, 조선소, 해상구조물 운영자, 그 밖의 「선원법」상의 선박소유자로부터 기술적·상업적 선박관리, 해상구조물 관리 또는 선박시운전 등의 업무를 전부 또는 일부를 수탁(국외의 선박관리사업자로부터 그 업무의 전부 또는 일부를 수탁하여 행하는 사업을 포함)하여 관리활동을 영위하는 업을 말함(해운법 §28).

33. 「의료법」에 따른 의료기관을 운영하는 사업
    - 종합병원, 병원, 치과병원, 한방병원, 요양병원, 의원, 치과의원, 한의원 및 조산원

34. 「관광진흥법」에 따른 관광사업
    - 관광객을 위하여 운송·숙박·음식·운동·오락·휴양 또는 용역을 제공하거나 그 밖에 관광에 딸린 시설을 갖추어 이를 이용하게 하는 업(카지노, 관광유흥음식점업 및 외국인전용 유흥음식점업은 제외)

35. 「노인복지법」에 따른 노인복지시설을 운영하는 사업
    - 노인주거복지시설, 노인의료복지시설, 노인여가복지시설, 재가노인복지시설, 노인보호전문기관

36. 「노인장기요양보험법」 제32조에 따른 재가장기요양기관을 운영하는 사업

37. 「전시산업발전법」에 따른 전시산업
    - 전시시설을 건립·운영하거나 전시회 및 전시회부대행사를 기획·개최·운영하고 이와 관련된 물품 및 장치를 제작·설치하거나 전시공간의 설계·디자인과 이와 관련된 공사를 수행하거나 전시회와 관련된 용역 등을 제공

하는 산업

38. 「에너지이용 합리화법」 제25조에 따른 에너지절약전문기업이 하는 사업
   • 제3자로부터 위탁을 받아 에너지사용시설의 에너지절약을 위한 관리·용역 사업, 에너지절약형 시설투자에 관한 사업, 신에너지 및 재생에너지의 개발 및 보급사업, 에너지절약형 시설 및 기자재의 연구개발을 하는 자로서 산업통상자원부장관에게 등록을 한 자
39. 「근로자직업능력 개발법」에 따른 직업능력개발훈련시설을 운영하는 사업
   • 공공직업훈련시설, 지정직원훈련시설
40. 건물 및 산업설비 청소업
41. 경비 및 경호 서비스업
42. 시장조사 및 여론조사업
43. 사회복지 서비스업
44. 「도시가스사업법」 제2조 제4호에 따른 일반도시가스사업
45. 무형재산권 임대업(「지식재산 기본법」 제3조 제1호에 따른 지식재산을 임대하는 경우로 한정) – 이하 2014. 2. 21. 추가
46. 「국가과학기술 경쟁력 강화를 위한 이공계지원 특별법」 제2조 제4호 나목에 따른 연구개발지원업
47. 개인 간병인 및 유사 서비스업
48. 사회교육시설, 직원훈련기관, 기타 기술 및 직업훈련 학원
49. 도서관·사적지 및 유사 여가 관련 서비스업(독서실 운영업은 제외)

• 업종의 분류기준(조특법 §2 ③)
  – 업종의 분류는 「조세특례제한법」에 특별한 규정이 있는 경우를 제외하고는 「통계법」 제22조에 따라 통계청장이 고시하는 한국표준산업분류를 기준으로 판정함.
  – 다만, 한국표준산업분류가 변경되어 이 법에 따른 조세특례를 적용받지 못하게 되는 업종에 대해서는 한국표준산업분류가 변경된 사업연도와 그 다음 사업연도까지는 변경 전의 한국표준산업분류에 따른 업종에 따라 조세특례를 적용함.

3. 중소기업 규모기준

「중소기업기본법 시행령」 별표 1의 규정에 의한 규모기준 이내이어야 한다.
☞ 2014. 4. 14. 「중소기업기본법 시행령」 별표 1이 개정되었으나, 동 부칙에 따라

2015. 1. 1.부터 시행하므로 개정 전 규정을 적용하여 설명하기로 한다.

【별표 1】(2012. 1. 1. 시행)

중소기업의 업종별 상시 근로자 수, 자본금 또는 매출액의 규모기준(제3조 제1항 제1호 관련)

해당 업종	분류부호	규모 기준
제조업	C	상시 근로자 수 300명 미만 또는 자본금 80억 원 이하
광업	B	상시 근로자 수 300명 미만 또는 자본금 30억 원 이하
건설업	F	
운수업	H	
출판, 영상, 방송통신 및 정보서비스업	J	상시 근로자 수 300명 미만 또는 매출액 300억 원 이하
사업시설관리 및 사업지원서비스업	N	
전문, 과학 및 기술 서비스업	M	
보건 및 사회복지사업	Q	
농업, 임업 및 어업	A	상시 근로자 수 200명 미만 또는 매출액 200억 원 이하
전기, 가스, 증기 및 수도사업	D	
도매 및 소매업	G	
숙박 및 음식점업	I	
금융 및 보험업	K	
예술, 스포츠 및 여가관련산업	R	
하수·폐기물 처리, 원료재생 및 환경복원업	E	상시 근로자 수 100명 미만 또는 매출액 100억 원 이하
교육 서비스업	P	
수리 및 기타서비스업	S	
부동산업 및 임대업	L	상시 근로자 수 50명 미만 또는 매출액 50억 원 이하

※ 해당 업종의 분류 및 분류부호는 통계법 제22조에 따라 통계청장이 고시한 한국표준산업분류에 따른다.

가. 종업원수 기준

종업원수 기준은 위의 「중소기업기본법 시행령」 별표 1의 기준 이내이어야 하며, 종업원수는 상시 사용하는 종업원수를 말함.

- 종업원수가 1천 명 이상(졸업기준 해당)인 경우에는 자본금·매출액기준을 충족하더라도 중소기업에 해당하지 않음.
- 상시 사용하는 종업원수 = $\sum$(매월 말일 현재 인원수) ÷ 해당 월수
- 상시 사용하는 종업원수에는 지점법인의 종업원수를 전체 종업원수에 포함하며, 다음에 해당하는 자는 제외함.
  - 주주임원, 일용근로자(소득령 §20)
  - 기업부설연구소, 연구개발 전담부서의 연구 전담요원
  - 근로기준법 제2조 제1항 제8호에 따른 단시간근로자 중 1개월간의 소정 근로시간이 60시간 미만인 근로자
- 2 이상의 서로 다른 사업을 영위하는 경우 주된 사업을 기준으로 중소기업 해당 여부를 판정함에 있어서 종업원수 기준은 영위하는 사업 전체의 종업원수가 해당 기준에 적합해야 함(통칙 4-2…1).
- 또한, 중소기업 해당 사업을 사업연도 중에 개시한 경우에도 종업원수 기준은 해당 사업연도 전체에 걸쳐 판단함.

나. 자본금 기준

자본금 기준은 위의 「중소기업기본법 시행령」 별표 1의 기준 이내이어야 하며, 제조업, 광업, 건설업 및 운수업에 한하여 적용되고 다른 업종은 적용되지 않음.
- 자본금의 정의(조특칙 §2 ⑥)

법인 구분	자본금의 정의
• 「자본시장과 금융투자업에 관한 법률」 제9조에 따른 주권상장법인 • 「주식회사의 외부감사에 관한 법률」 제2조에 따라 외부감사의 대상이 되는 기업	• 재무상태표상 자본금 + 자본잉여금 (자본조정을 가감하지 않은 금액)
• 위 외의 기업	• 다음 중 큰 금액 - 재무상태표상 자본금 - 재무상태표상 자산-부채

- 다른 중소기업기준을 충족하더라도 자기자본이 1천억 원 이상(졸업기준 해당) 인 경우 중소기업에 해당하지 않음.
  - 자기자본은 사업연도 종료일 현재 기업회계기준에 따라 작성한 재무상태표 상의 자산에서 부채를 차감한 금액을 말함(조특칙 §2 ③).

다. 매출액 기준

매출액 기준은 위의 「중소기업기본법 시행령」 별표 1의 기준 이내이어야 하며, 제조업, 광업, 건설업 및 운수업에는 적용되지 않음.

- 다른 중소기업기준을 충족하더라도 매출액이 1천억 원 이상(졸업기준 해당)인 경우 중소기업에 해당하지 않음.

- 매출액의 정의

• 매출액은 기업회계기준에 따라 작성한 손익계산서상의 매출액을 말함.

- 다만, 창업·분할·합병의 경우 그 등기일의 다음 날(창업의 경우에는 창업일)이 속하는 사업연도의 매출액을 연간 매출액으로 환산한 금액으로 함(조특칙 §2 ④).

- 매출액이 기업회계기준에 위반하여 계상되었다면 기업회계기준에 따라 수정된 매출액을 말함.

4. 중소기업 독립성 기준

업종과 규모기준 외에 소유와 경영의 실질적인 독립성이 「중소기업기본법 시행령」 제3조 제1항 제2호의 규정에 적합하여야 함.

- 위 호 나목의 주식의 소유는 직접소유 및 간접소유를 포함함.
  ('09. 1. 1. 이후 종료하는 사업연도분부터 간접소유분 포함하여 계산)

  * '09. 2. 4. 이후 종료하는 사업연도분부터 집합투자기구를 통한 간접소유 제외

○ 「중소기업기본법 시행령」 제3조 제1항 제2호(독립성 기준)

【소유와 경영의 실질적인 독립성이 다음의 어느 하나에 해당하지 않는 기업】

가. 「독점규제 및 공정거래에 관한 법률」 제14조 제1항에 따른 상호출자제한기업집단에 속하는 회사

나. 직전 사업연도 말 현재 자산총액이 5천억 원 이상인 기업(제3조의2 제2항 각호의 어느 하나에 해당하는 자는 제외)이 발행주식(의결권 없는 주식 제외) 총수의 100분의 30 이상을 직접적 또는 간접적으로 소유한 경우로서 최다출자자(기업의 의결권 있는 발행주식 총수를 기준으로 본인 및 그와 특수관계가 소유하는 주식을 합하여 그 수가 가장 많은 경우의 본인을 말함. 이 경우 특수관계자는 본인이 개인인 경우 사실상 혼인관계에 있는 자를 포함한 배우자, 6촌 이내의 혈족 및 4촌 이내의 인척을 말하며, 본인이 법인인 경우 그 법인의 임원을 말함)인 기업. 이 경우 주식등의 간접소유 비율에 관하여는

「국제조세조정에 관한 법률 시행령」제2조 제2항을 준용함.
다. 관계기업에 속하는 기업의 경우에는 제7조의4에 따라 산정한 상시근로자수,
   자본금, 매출액, 자기자본 또는 자산총액(이하 "상시근로자수 등"이라 한다)
   이 별표 1의 기준에 맞지 아니하거나 제1항 제1호 각목의 어느 하나에 해당
   하는 기업

－「조세특례제한법」상 중소기업 판정시 관계기업 규정
  • 관계기업에 속하는 기업의 경우에는 「중소기업기본법 시행령」제7조의4에 따
    라 산정한 상시 근로자수, 자본금, 매출액, 자기자본 또는 자산총액이 「조세
    특례제한법 시행령」제2조 제1항 각호 외의 부분 단서에 따른 기준(졸업기
    준)을 초과하는 기업이 아닐 것
  • 관계기업: 「주식회사의 외부감사에 관한 법률」제2조에 따라 외부감사의 대상
    이 되는 기업이 다른 국내기업을 지배함으로써 지배 또는 종속의 관계에 있
    는 기업의 집단
  • 지배 또는 종속의 관계: 기업이 해당 사업연도 종료일을 기준으로 다른 국내기업을
    지배하는 경우 그 기업(지배기업)과 그 다른 국내기업(종속기업)의 관계를 말함.

5. 유예기간
가. 유예 사유
  － 중소기업이 다음의 사유에 해당하여 중소기업에 해당되지 않더라도 일정 기간
    내에는 중소기업으로 간주함.
    종업원수, 자본금 또는 매출액이 중소기업 기준 초과
    • 종업원수 1천 명 이상, 자기자본 1천억 원 이상, 매출액 1천억 원 이상 또는
      자산총액 5천억 원 이상
나. 유예기간: 통상 4년간
  － 사유가 발생한 날이 속하는 사업연도와 그 다음 3개 사업연도까지 중소기업으로
    봄(조특령 §2 ②).
  － 유예기간은 법인별로 최초 1회에 한하여 적용하고 유예기간 경과 후에는 사업
    연도별로 중소기업 해당 여부를 판정
    (유예기간 경과 후 중소기업에 해당하더라도 다시 유예기간을 적용하는 것이
    아님)

다. 「중소기업기본법」 개정에 따른 유예 규정
- 「중소기업기본법 시행령」 제3조 제1항 제2호, 별표 1(종업원수, 자본금, 매출액 규모기준) 및 별표 2(관계기업의 상시근로자수 등 산정기준)의 개정으로 인해 중소기업에 해당하지 않게 된 경우 그 사유가 발생한 날이 속하는 사업연도와 그 다음 3개 사업연도까지 중소기업으로 봄(조특령 §2 ⑤).

라. 유예의 배제
- 다음의 사유에 해당하는 경우에는 중소기업 유예기간을 적용하지 않고 해당 사유가 발생한 사업연도부터 중소기업으로 보지 않음(조특령 §2 ② 단서).
  ① 중소기업 외의 기업과 합병하는 경우
  ② 유예기간 중에 있는 법인과 합병하는 경우
  ③ 실질적 독립성이 「중소기업기본법 시행령」 제3조 제2호의 규정에 적합한 기업 이외의 기업에 해당하는 경우
  ④ 창업일이 속하는 사업연도 종료일부터 2년 이내의 사업연도 종료일 현재 중소기업기준을 초과하는 경우

⑭ 중견기업의 범위(2017. 1. 1. 이후)

2016. 12. 31. 이전에는 규모의 확대 등으로 중소기업에 해당하지 않게 된 기업으로서 상호출자제한기업집단 내 기업에 해당하지 않고 상속개시일 직전 사업연도 매출액이 3천억 원 미만인 기업도 가업상속공제 대상 기업으로 인정되었으나, 2017. 1. 1. 이후 상속개시분부터는 별도로 정한 중견기업에 대해 가업상속공제를 적용하도록 명확히 하였다. 여기서 중견기업이란, 상속개시일이 속하는 소득세 과세기간 또는 법인세 사업연도의 직전 소득세 과세기간 또는 법인세 사업연도 말 현재 다음의 요건을 모두 갖춘 기업을 말한다.

① 별표에 따른 업종을 주된 사업으로 영위할 것
② 「조세특례제한법 시행령」 제9조 제4항 제1호 및 제3호의 요건을 충족할 것 (상호출자제한기업집단에 속하는 기업이 아니어야 한다)
③ 상속개시일 직전 3개 사업연도 매출액의 평균액이 5천억 원 미만일 것

① 가업상속공제 대상 업종 영위 요건

2017. 1. 1. 이후 상속이 개시되는 분부터 가업상속공제를 적용받는 중견기업이 되기 위해서는 중소기업과 같이 상속세 및 증여세법 시행령 별표에서 정하는 업종을 주된 사업으로 영위하여야 한다.

② 독립성기준

가업상속공제 대상 중견기업이 되기 위해서는 해당 기업이 「조세특례제한법 시행령」 제9조 제4항 제1호 및 제3호의 요건을 충족하여야 한다. 즉, 중소기업이 아니어야 하며, 소유와 경영의 실질적인 독립성이 「중견기업 성장촉진 및 경쟁력 강화에 관한 특별법 시행령」 제2조 제2항 제1호에 적합하여야 한다.

조세특례제한법 시행령 제9조 【연구 및 인력개발비에 대한 세액공제】

③ 조세특례제한법 제10조 제1항 제1호 가목 2)에서 "대통령령으로 정하는 중견기업"이란 다음 각 호의 요건을 모두 갖춘 기업을 말한다. (신설 2013. 2. 15., 2013. 11. 29., 2015. 2. 3., 2017. 2. 7., 2018. 2. 13., 2020. 2. 11. 항번개정)

<u>1. 중소기업이 아닐 것</u>

2. 다음 각 목의 어느 하나에 해당하는 업종을 주된 사업으로 영위하지 아니할 것. 이 경우 둘 이상의 서로 다른 사업을 영위하는 경우에는 사업별 사업수입금액이 큰 사업을 주된 사업으로 본다.

　가. 제29조 제3항에 따른 소비성서비스업

　나. 「중견기업 성장촉진 및 경쟁력 강화에 관한 특별법 시행령」 제2조 제2항 제2호 각 목의 업종

<u>3. 소유와 경영의 실질적인 독립성이 「중견기업 성장촉진 및 경쟁력 강화에 관한 특별법 시행령」 제2조 제2항 제1호에 적합할 것</u>

4. 직전 3개 과세연도의 매출액(매출액은 제2조 제4항에 따른 계산방법으로 산출하며, 과세연도가 1년 미만인 과세연도의 매출액은 1년으로 환산한 매출액을 말한다)의 평균금액이 5천억 원 미만인 기업일 것

중견기업 성장촉진 및 경쟁력 강화에 관한 특별법 시행령 제2조 【중견기업 및 중견기업 후보기업의 범위】

① 「중견기업 성장촉진 및 경쟁력 강화에 관한 특별법」(이하 "법"이라 한다) 제2조 제1호 나목에서 "「공공기관의 운영에 관한 법률」 제4조에 따른 공공기관, 「지방공기업법」에 따

른 지방공기업 등 대통령령으로 정하는 기관"이란 다음 각호의 기관을 말한다. (신설 2016. 8. 29.)

1. 「공공기관의 운영에 관한 법률」 제4조에 따른 공공기관

2. 「지방공기업법」에 따른 지방공기업

② 법 제2조 제1호 다목에서 "지분 소유나 출자관계 등이 대통령령으로 정하는 기준에 적합한 기업"이란 다음 각호의 요건을 모두 갖춘 기업을 말한다.

1. 소유와 경영의 실질적인 독립성이 다음 각목의 어느 하나에 해당하지 아니하는 기업일 것

가. 「독점규제 및 공정거래에 관한 법률」 제31조 제1항에 따른 상호출자제한기업집단에 속하는 기업 (2021. 12. 28. 개정 ; 독점규제 및 공정거래에 관한 법률 시행령 부칙)

나. 「독점규제 및 공정거래에 관한 법률 시행령」 제38조 제2항에 따른 상호출자제한기업 집단 지정기준인 자산총액 이상인 기업 또는 법인(외국법인을 포함한다. 이하 같다)이 해당 기업의 주식(「상법」 제344조의3에 따른 의결권 없는 주식은 제외한다) 또는 출자지분(이하 "주식등"이라 한다)의 100분의 30 이상을 직접적 또는 간접적으로 소유하면서 최다출자자인 기업. 이 경우 최다출자자는 해당 기업의 주식등을 소유한 법인 또는 개인으로서 단독으로 또는 다음의 어느 하나에 해당하는 자와 합산하여 해당 기업의 주식등을 가장 많이 소유한 자로 하며, 주식등의 간접소유비율에 관하여는 「국제조세조정에 관한 법률 시행령」 제2조 제3항을 준용한다. (2021. 12. 28. 개정 ; 독점규제 및 공정거래에 관한 법률 시행령 부칙)

1) 주식등을 소유한 자가 법인인 경우: 그 법인의 임원 (2014. 7. 21. 제정)

2) 주식등을 소유한 자가 개인인 경우: 그 개인의 친족 (2014. 7. 21. 제정)

③ 매출액기준

가업상속공제 대상 중견기업이 되기 위해서는 상속개시일의 직전 3개 소득세 과세기간 또는 법인세 사업연도의 매출액(매출액은 기획재정부령으로 정하는 바에 따라 기업 회계기준에 따라 작성한 손익계산서상의 매출액으로 하며, 소득세 과세기간 또는 법인세 사업연도가 1년 미만인 소득세 과세기간 또는 법인세 사업연도의 매출액은 1년으로 환산한 매출액을 말한다)의 평균금액이 5천억 원 미만인 기업이어야 한다.

| 연도별 매출액 규모한도의 변경내역 |

연도별	2014. 1. 1.~ 2016. 12. 31.	2017. 1. 1.~ 2021. 12. 31.	2022. 1. 1.~ 2022. 12. 31.	2023. 1. 1. 이후
매출액 한도	직전연도 3천억 원 미만	직전 3개년 평균 3천억 원 미만	직전 3개년 평균 4천억 원 미만	직전 3개년 평균 5천억 원 미만

"가업 해당 여부" 유형별 판단 사례

1 가업상속공제는 피상속인이 상속개시일 현재 10년 이상 계속하여 별표에 따른 업종을 주된 사업으로 영위한 기업을 경영한 경우에 적용하는 것이며(상속증여 −0017, 2020. 4. 21.), 2 이상의 서로 다른 사업을 영위하는 경우에는 사업별 사업수입금액이 큰 사업을 주된 사업으로 보는 것임(상속증여−4227, 2021. 3. 30.).

2 가업상속공제 대상업종 여부

▶ 상속세 및 증여세법 별표에 규정된 「관광진흥법」에 따른 관광사업(카지노, 관광유흥음식점업 및 외국인전용 유흥음식점업은 제외)은 가업상속공제 대상업종에 해당하는 것이나, 귀 질의의 골프장이 관광진흥법에 따른 관광사업에 해당하는지 여부는 주무부처인 문화체육관광부에 문의하시기 바람(상속증여−4002, 2018. 2. 6.).

3 관계기업이 가업법인에 해당하는지 여부는 개별기업의 매출액을 기준으로 판단함

▶ 구 상속세 및 증여세법(2016. 12. 20. 법률 제14388호로 개정되기 전의 것) 제18조 제2항 제1호에 따른 "규모의 확대 등으로 중소기업에 해당하지 아니하게 된 기업(상속이 개시되는 사업연도의 직전 사업연도의 매출액이 3천억 원 이상인 기업 및 상호출자제한기업집단 내 기업은 제외한다)"에 해당하는지 여부를 판단할 때 매출액은 개별기업의 매출액을 기준으로 산정하는 것임(기획재정부 재산세제과−441, 2017. 7. 20.).

4 평균매출액이 3천억 원 이상 여부 판단시 연결재무제표 대상 종속법인의 매출액은 포함하지 않음

▶ 조세특례제한법 시행령(2017. 2. 7. 대통령령 제27848호로 개정된 것) 제9조 제4항 제1호 및 제3호의 요건을 충족한 중견기업이 100% 지분을 보유하는 종속기업이 있어 기업회계기준에 따라 연결재무제표를 작성하여야 하는 경우, 상속세 및 증여세법(2016. 12. 20. 법률 제14388호로 개정된 것) 제18조 제2항 제1호 및 같은 법 시행령 제15조 제2항 제3호에 따른 매출액 계산 시 종속기업의 매출액은 포함하지 아니하는 것임(서면-2017-법령해석재산-0299, 2017. 4. 12.).

5 토지/건물이 없는 개인가업용 자산의 요건을 갖춘 상속인이 상속받는 경우 가능

▶ 「상속세 및 증여세법」(2015. 12. 15. 법률 제13557호로 개정되기 전) 제18조 제2항 제1호에 따른 가업이 「소득세법」을 적용받는 가업인 경우로서 피상속인의 상속재산 중 가업에 직접 사용되는 기계장치 등 사업용 자산을 「상속세 및 증여세법 시행령」(2016. 2. 5. 대통령령 제26960호로 개정되기 전) 제15조 제4항 제2호 가목 및 나목의 요건을 모두 갖춘 상속인 1명이 전부 상속받은 경우 가업상속공제를 적용받을 수 있는 것임(법령해석재산-3762, 2016. 9. 30.).

☞ 상속개시 전 사업장의 토지와 건물을 배우자에게 증여하여 그 외 기계장치 등 자산만 상속되는 경우에도 가업상속공제는 가능하다는 해석임.

6 자동차 운전학원은 가업상속공제 대상 가업에 해당하지 않음

▶ 가업에 해당하는 중소기업이란 상속개시일이 속하는 과세연도의 직전 과세연도 말 현재 「조세특례제한법」 제5조 제1항에 따른 '중소기업'으로 규정하고 있으며, 같은 법 시행령 제2조 제1항에 따라 「조세특례제한법」 제7조 제1항 제1호 커목의 「학원의 설립·운영 및 과외교습에 관한 법률」에 따른 직업기술분야를 교습하는 학원을 포함하고 있으나, 「학원의 설립·운영 및 과외교습에 관한 법률」 제2조에 의하면 「도로교통법」에 따른 자동차운전학원은 제외하도록 규정하고 있으므로 지방경찰청장 등에게 등록한 자동차운전학원은 「조세특례제한법」에 의한 중소기업에 해당하지 않는다(재산세과-552, 2011. 11. 22. 및 조심 2013광1383, 2013. 7. 23. 같은 뜻).

7 전문서비스업에 해당하는 '제조업 회사본부' 등은 가업에 해당하지 않음

- 제조업을 20년 이상 영위하고 있으며, 금년 중 자회사의 주식만 소유하고 있는 지주회사 성격의 분할존속회사와 기존 자산 및 부채와 모든 영업을 양수한 분할신설회사로 물적분할하고자 함.
- 분할 후 분할존속회사의 업종은 '제조업 회사본부(분류코드 71511)' 또는 '비금융 지주회사(71520)'로 운영하고자 함.
- 위와 같은 '제조업 회사본부(분류코드 71511)' 또는 '비금융 지주회사(71520)'가 '그 밖의 과학기술서비스업'에 포함되어 가업상속공제 대상에 해당하는지?

▶ '제조업 회사본부 및 비금융 지주회사'는 '그 밖의 과학기술서비스업'에 해당하지 않음(재산세과-157, 2011. 3. 14.).

☞ 2009. 2. 4. 「조세특례제한법 시행령」 제2조 개정시 종전의 '과학 및 기술서비스업(744)'을 제9차 한국표준산업분류 기준에 따라 '그 밖의 과학기술서비스업(729)'으로 개정하였음.

　한국표준산업분류표상 '제조업 회사본부 및 비금융 지주회사'는 중분류 전문서비스업(71)의 아래 '회사본부, 지주회사 및 경영컨설팅서비스업(715)'에 속하고, '그 밖의 과학기술서비스업(729)'은 중분류인 '건축기술, 엔지니어링 및 기타 과학기술서비스업(72)'의 아래에 해당하므로 '제조업 회사본부 및 비금융 지주회사'는 「조세특례제한법」상 중소기업 업종에 해당하지 않음.

8 2 이상의 사업 영위 시 주된 사업으로 가업 여부 판정

- A법인은 유류판매업을 주업으로 하는 법인으로 자산은 100억 원 가량(대부분 부동산)이며, [갑]은 A법인 주식을 100% 보유한 주주임.
- A법인이 추가로 100억 원 상당의 부동산을 취득하여 부동산임대업을 영위함.
- 다른 가업상속공제 요건을 모두 갖추었다면, 위와 같은 경우 가업에 해당하는지 여부를 어떤 기준으로 판단하는지?

▶ 2 이상의 서로 다른 사업을 영위하는 경우에는 사업별 사업수입금액이 큰 사업을 주된 사업으로 보는 것이며, 법인 또는 거주자가 2 이상의 사업을 영위하는 경우 중소기업 해당 여부를 판정함에 있어서 「조세특례제한법 시행령」 제2조 제1항 각호의 요건은 당해 법인 또는 거주자가 영위하는 사업 전체의 종업원수,

자본금 또는 매출액을 기준으로 하여 판정하는 것임.

또한, 「상속세 및 증여세법」 제18조 제2항 제1호를 적용함에 있어 법인이 2 이상의 서로 다른 사업을 영위하는 경우에는 피상속인이 영위하는 사업 전부를 10년 이상 계속하여 경영한 경우에 적용되는 것임(재산세과-769, 2010. 10. 19.).

☞ 하나의 법인 또는 개인 사업자가 한 사업장에서 2 이상의 사업을 영위하는 경우 「조세특례제한법」상 중소기업에 해당하는지 여부 판정을 위한 업종기준은 각 사업별 수입금액이 큰 사업을 주된 사업으로 보아 그 사업 관련 업종을 기준으로 판단하는 것이며, 규모기준은 사업 전체(제조 + 임대)의 종업원 수 등으로 판단한다는 의미임.

또한, 2 이상의 사업을 영위하는 경우 각 사업은 모두 피상속인이 10년 이상 계속하여 경영한 경우에 해당하여야 한다는 것으로 제조업은 10년 이상 영위하고 부동산을 취득하여 개시한 임대업은 3년 정도 영위했다면 전체가 가업에 해당하지 않는다는 해석이나, 제조업을 10년 이상 영위하던 중 도매업을 추가하여 10년이 안 된 경우에도 10년간 계속하여 주업종(수입금액이 큰 업종)이 제조업에 해당한다면 가업으로 인정함이 타당해 보인다. 물론 제조업 등과 부동산임대업을 겸영하는 경우 이를 악용할 소지가 있으나 법인세법을 적용받는 가업의 경우 2012. 2. 2. 「상속세 및 증여세법 시행령」 제15조 제5항을 개정하여 업무무관자산(임대부동산 포함)에 상당하는 주식 등 가액을 가업상속재산에서 제외하도록 한 바 있으므로, 이 문제는 해소되었다고 볼 수도 있다.

9 개인 기업을 2인이 50%씩 공동으로 영위하는 경우

▶ 개인이 50%씩 출자하여 운영하는 공동사업의 경우는 「상속세 및 증여세법 시행령」 제15조의 요건이 모두 충족되었다면 가업상속공제 적용이 가능한 것임(재산세과-165, 2009. 9. 9.).

☞ 종전해석(서일 46014-11715, 2003. 11. 26.)에서 피상속인 지분이 10%인 개인 공동사업의 경우는 관련된 상속재산에 대해 가업상속공제를 적용할 수 없다고 한 바 있으나, 제3자와 50%씩 출자하여 운영하는 개인사업의 경우는 각각을 가업으로 볼 수 있다는 것임.

한편, 이 해석은 2010. 12. 30. 상증법 시행령 제15조 제3항 단서 신설 전 규정에 대한 해석으로서, 50%씩 출자한 공동사업은 가업으로는 인정할 수 있으되 위 신설규정에 따라 가업상속공제는 두 사업자 중 1인에 대해서만 적용될 수 있을 것임(재산세과-375, 2012. 10. 15. 같은 뜻).

10 **10년간 중소기업 등을 동일업종으로 유지 경영하여야 함**

- 10년 이상의 기간 중 하나의 기업이 [갑]이라는 중소기업 업종을 6년간 경영하고, 업종을 변경하여 [을]이라는 중소기업 업종을 5년간 경영한 경우

6년간 [갑]업종 (중소기업)	5년간 [을]업종 (중소기업)

중소기업 영위기간 11년

- 또는, 8년간 중소기업 업종을 경영하다가 3년간은 중소기업 업종이 아닌 업종을 경영하다가 다시 6년간 중소기업 업종을 경영한 경우

8년간 중소기업 업종	3년 **중소기업 외** 업종	6년 중소기업 업종

중소기업 영위기간 17년

- 가업상속공제 대상에 해당하는지?

▶ 「상속세 및 증여세법」 제18조 제2항 제1호의 가업이란 피상속인이 10년 이상 계속하여 같은 법 시행령 제15조 규정에 따른 중소기업을 동일업종으로 유지 경영한 기업을 말하는 것임(재산세과-1135, 2009. 6. 9.).

☞ 가업상속공제의 취지는 중소기업의 기술 및 경영노하우의 효율적 전수·활용을 통한 경쟁력 확보를 위한 것으로, 피상속인이 10년 이상 중소기업 등을 계속 유지한 경우를 요건으로 하고 있으며, 가업상속 후 사후관리에서도 동일업종을 유지하도록 하고 있는 점 등을 감안할 때 중소기업으로서 동일업종을 10년 이상 경영한 경우에 한하여 가업으로 인정한다는 해석으로 볼 수 있음.

11 **주차장운영업은 가업상속공제 대상 가업에 해당하지 않음**

▶ 가업에 해당하는 중소기업이란, 상속개시일이 속하는 과세연도의 직전 과세연도 말 현재 「조세특례제한법 시행령」 제2조에 의한 '중소기업'을 말하는 것으로, 주차장운영업은 같은 조 제1항에서 열거하고 있는 운수업 등에 해당하지 않으므로 가업상속공제 대상 업종에 해당하지 않는 것임(재산세과-247, 2009. 1. 21. 같은 뜻).

(2) 피상속인이 10년 이상 영위한 기업

가업상속공제 대상 가업이란 피상속인이 10년 이상 계속하여 경영한 기업을 말한다. 이는 피상속인이 상속개시일까지 계속하여 사실상 경영한 경우를 말하는 것으로, 여기서 경영이란 단순히 지분을 소유하는 것을 넘어 가업의 효과적이고 효율적인 관리 및 운영을 위하여 실제 가업운영에 참여한 경우를 의미한다.

이와 같은 10년 이상 계속 경영요건과 관련하여 종전에는 상속개시일 현재 피상속인이 가업에 종사하지 않은 경우에는 가업상속공제를 적용받을 수 없는 것으로 해석해 왔으나, 이와 다른 조세심판원의 결정[7]이 있었고 피상속인이 고령인 점 등을 감안하여 "피상속인이 건강상의 이유로 상속개시일 현재 불가피하게 가업에 종사하지 못하는 경우에도 다른 요건을 충족한 경우 가업상속공제 가능하다(기획재정부 재산세제과-741, 2014. 11. 14.)"고 종전해석을 변경하였다가, 다시 피상속인이 상속개시일 현재 가업에 종사하지 아니하였더라도 가업상속공제를 적용할 수 있다(기획재정부 조세법령운용과-571, 2022. 5. 30.)고 해석하여 사실상 '상속개시일 현재 피상속인이 기업을 경영할 것'은 가업상속공제 요건이 아니게 되었다.

또한, 2022. 2. 15. 상증령 개정시 가업의 영위기간 산정은 "별표에 따른 업종으로서 「통계법」제22조에 따라 통계청장이 작성·고시하는 표준분류("한국표준산업분류"라 한다)상 동일한 대분류 내의 다른 업종으로 주된 사업을 변경하여 영위한 기간은 합산"하는 것으로 변경하였다(상증령 §15 ③ 1 나). 따라서 2022. 2. 15. 이후 상속개시분부터는 가업의 10년 이상 영위 판단시 대상업종이 대분류 내에서 변경되었다면 가업을 유지한 것으로 인정받게 되었다.

---

7) 조심 2013중0032, 2013. 10. 16. 조세심판관합동회의 심리 결과에서는, 피상속인이 1987년 개업하여 사업을 영위하던 중 2006년 뇌출혈로 심신이 상실되어 2008년 금치산자 선고를 받고 사망한 건에 대하여, '피상속인이 상속개시일 현재 가업에 종사하는 경우'에 있어서 이 건과 같이 부득이하게 상속개시일 이전에 금치산자로 선고되거나 와병 등으로 인하여 가업현장에 종사하지 못하는 경우를 제외한다면 결국 가업상속공제 적용 대상은 피상속인이 갑작스럽게 사망하는 경우 등에만 제한적으로 적용될 수 밖에 없는 결과를 초래하게 되어 가업승계에 대한 세제지원의 효과를 저하시키는 면을 간과하기 어렵다고 보아, 금치산자가 아닌 정상인인 대표자로 가업을 운영한 기간이 전체 기간의 60%를 초과한 건에 대하여 가업상속공제를 인정함.

| 연도별 가업 영위기간 요건 |

상속개시일	2007. 12. 31. 이전	2008. 1. 1. ~ 2008. 12. 31.	2009. 1. 1. ~
가업 영위기간 요건	5년 이상	15년 이상	10년 이상

"10년 이상 계속 경영" 유형별 판단 사례

1 가업상속인이 10년 내 사망한 경우

▶ 귀 사전답변 신청의 사실관계와 같이, 「상속세 및 증여세법(2021. 12. 21. 법률 제18591호로 개정되기 전의 것)」 제18조 제2항 제1호에 따른 가업상속공제를 받은 母가 10년 이상 계속하여 가업을 경영하지 아니한 상태에서 사망(2021. 12. 21. 이후)하여 상속인인 子에게 해당 가업을 승계한 경우, 「상속세 및 증여세법(2021. 12. 21. 법률 제18591호로 개정된 것)」 제18조의2 제1항에 따른 가업상속공제가 적용되지 않는 것임(사전법규재산-0172, 2023. 9. 13.).

2 10년 경영 후 완전자회사가 된 기업의 가업 해당 여부

▶ 귀 서면질의의 경우, 거주자 갑이 중소기업인 A법인(도매업)과 B법인(제조업)의 최대주주 등으로서 갑과 그의 특수관계인의 주식 등을 합하여 각각 해당 기업의 발행주식총수 등의 100분의 40 이상을 10년 이상 계속하여 보유하고 해당 기업을 10년 이상 계속하여 경영하다 갑이 보유하고 있는 B법인 주식을 전부 A법인에 양도하여 B법인이 A법인의 완전자회사가 된 상태에서 갑의 사망에 따라 상속이 개시되는 경우, B법인은 「상속세 및 증여세법」 제18조의2 제1항에 따른 가업에 해당하지 않는 것임(서면법규재산-0749, 2023. 8. 8.).

3 피상속인의 가업영위 기간 중 주된사업이 변경된 경우

▶ 2020년 6월 상속개시한 귀 서면질의의 사실관계의 경우, 「상속세 및 증여세법」 제18조 제2항 제1호에 따른 가업의 영위기간은 「통계법」 제22조에 따라 통계청장이 작성·고시하는 한국표준산업분류상 동일한 중분류 내의 다른 업종으로 주된 사업을 변경하여 영위한 기간을 합산하는 것임(법규재산-3042, 2022. 2.

24.).

☞ 2022. 2. 15. 시행령 개정으로 대분류 내 변경의 경우 영위기간 합산함

4 가업의 경영기간은 주된 사업(업종)을 기준으로 판단함

> 질의법인은 A, B, C업종(모두 제조 관련 업종임)을 주업으로 사업을 영위하던 업체로,
> - 신규 제작한 시제품의 판매처를 확보할 수 없어 2년 전부터 시제품을 직접 사업에 운영하면서 이와 관련된 D업종을 추가하여 사업을 영위하고 있음.
>
> (질의내용)
> ○ 「상속세 및 증여세법」 제18조 제2항 제1호에 따른 가업의 경영기간은 가업상속 대상 기업의 사업(업종) 전부를 기준으로 판단하는지 여부
>
> 〈제1안〉 주된 사업(업종)을 10년 이상 계속하여 경영하여야 함.
> 〈제2안〉 사업(업종) 전부를 10년 이상 계속하여 경영하여야 함.

▶ 귀 질의의 경우 제1안(주된 사업(업종)을 10년 이상 계속하여 경영하여야 함)이 타당함(기획재정부 재산세제과-70, 2021. 1. 21.).

5 개인사업을 동일업종의 법인으로 전환하면서 일부 사업용 자산을 제외한 경우

▶ 「상속세 및 증여세법」 제18조 제2항 제1호를 적용할 때 피상속인이 개인사업자로서 영위하던 가업을 동일업종의 법인으로 전환하고 법인 설립 이후 계속하여 피상속인이 그 법인의 최대주주 등에 해당하는 경우에는 피상속인이 개인사업자로서 가업을 영위한 기간을 포함하여 가업 경영기간을 계산하는 것임.
이 경우 개인사업자로서 제조업에 사용하던 건물 등 일부 사업용 자산을 제외하고 법인전환을 하였다 하더라도, 법인 전환 후에 동일한 업종을 영위하는 등 가업의 영속성이 유지되는 경우에는 피상속인이 개인사업자로서 가업을 영위한 기간을 포함하여 가업 경영기간을 계산하는 것이며, 귀 질의가 이에 해당하는지는 사실판단할 사항임(기획재정부 재산세제과-725, 2019. 10. 28.).

6 개인사업체를 동일업종의 법인으로 전환하면서 취득한 주식의 보유기간은 피상속인이 개인사업체의 대표자로서 사업을 운영한 기간을 포함함

▶ 피상속인이 개인사업자로서 운영하던「상속세 및 증여세법」(2016. 12. 20. 법률 제14388호로 개정된 것) 제18조 제2항 제1호에 따른 가업을 동일한 업종의 법인으로 전환하고 피상속인이 법인 설립일 이후 계속하여 가업을 운영하는 최대주주 등에 해당하는 경우, 피상속인이 법인으로 전환하면서 취득한 주식이 같은 법 시행령(2017. 2. 7. 대통령령 제27835호로 개정된 것) 제15조 제3항 제1호 가목에 따라 계속하여 10년 이상 보유한 주식에 해당하는지 여부는 개인가업의 운영 기간을 포함하여 판단하는 것임(법령해석재산-0561, 2017. 6. 30.).

7 **개인기업을 폐업하고 법인기업만 상속받은 경우 10년 영위 여부는 법인기업만으로 판단함**

▶ 피상속인이 같은 업종의 개인기업과 법인기업을 경영하다가 개인기업을 폐업하고 사망한 경우로서「상속세 및 증여세법」제18조 제2항 제1호에 따라 피상속인이 해당 법인기업을 10년 이상 계속하여 경영하였는지를 판단하는 경우 개인기업의 사업 영위기간은 법인기업의 사업 영위기간에 포함하지 않는 것임(법령해석재산-0600, 2016. 12. 30.).

8 **피상속인이 10년 이상 가업을 계속 영위했는지 여부는 사실판단 사항임**

▶ 피상속인의 가업영위 기간을 계산함에 있어 실제 가업에 종사하기 시작한 날은 해당 법인의 경영내용 등을 종합하여 사실판단할 사항임(재산세과-252, 2010. 4. 26.). 가업의 영위기간은 피상속인이「상속세 및 증여세법 시행령」제15조 제3항의 요건(최대주주 등 지분 50%(30%) 이상 요건)에 해당하는 상태에서 가업의 관리 및 운영을 위하여 실제 가업운영에 참여한 기간을 의미하는 것이며, 가업의 실제 경영 여부는 사실판단 사항임(사전답변 법규재산 2013-432, 2014. 1. 22.). 가업의 경영이란 단순히 지분을 소유하는 것을 넘어 가업의 효과적이고 효율적인 관리 및 운영을 위하여 실제 가업운영에 참여한 경우를 의미하는 것이고, 가업의 실제 경영 여부는 사실판단 사항임(기획재정부 재산세제과-825, 2011. 9. 30. 외). 피상속인(51%)과 상속인(49%)이 공동으로 출자하여 공동대표자로 경영한 개인사업체의 피상속인 지분을 공동출자한 상속인이 전부 상속받는 경우「상속세 및 증여세법」제18조 제2항 및 같은 법 시행령 제15조에 따라 가업상속공제

를 적용할 수 있는 것임.

이 경우 피상속인의 실질적 가업 경영 및 대표자 재직기간에 대하여는 기존해석사례(상속증여세과-206, 2014. 6. 19.)를 참조(상증, 서면-2015-법령해석재산-0448 [법령해석과-1579], 2015. 7. 2.)

* 상속증여세과-206, 2014. 6. 19.

「상속세 및 증여세법」 제18조 제2항 제1호에 따른 가업상속공제를 적용할 때 같은 법 시행령 제15조 제4항 제1호의 "대표이사 재직기간"에는 공동대표이사 또는 각자 대표이사로 재직한 기간을 포함하는 것이나, 피상속인이 10년 이상 계속하여 가업을 경영하였는지 여부는 사실판단할 사항임.

9 합병 등을 하는 경우 가업 영위기간 계산

(1) 개인기업과 법인의 통합

- 피상속인이 개인사업으로서 제조업을 30년간 직접 경영하다 법인과 합병하고, 그 법인의 대주주가 되어 대표이사 회장으로 취임한 후 같은 업종을 5년 동안 직접 경영에 참여하던 중 상속이 개시됨.
- 이와 같은 경우 피상속인이 10년 이상 직접 계속 영위한 것으로 볼 수 있는지?

▶ 상속재산인 주식 또는 출자지분을 발행한 법인이 「상속세 및 증여세법」 제18조 제2항 제1호에서 규정하는 피상속인이 10년 이상 계속하여 경영한 기업에 해당하는지 여부는 해당 법인과 피상속인이 개인사업자로서 경영하던 기업이 통합한 날로부터 기산하여 판단하는 것임(재산세과-3784, 2008. 11. 14.).

☞ 개인사업의 법인전환이 아니라 개인사업과 다른 법인이 통합한 경우는 그 통합일로부터 기산하여 10년 이상 계속 영위 여부를 판단함.

(2) 법인과 법인의 합병

□ 법인이 합병한 경우 가업 해당여부 등은 합병법인을 기준으로 판단함

▶ 「상속세 및 증여세법」 제18조 제2항 및 같은 법 시행령 제15조 제5항에 따라 「법인세법」을 적용받는 가업의 경우 가업상속 재산가액은 가업에 해당하는 법인의 주식등의 가액에 그 법인의 총자산가액 중 상속개시일 현재 사업무관자산을 제외한 자산가액이 그 법인의 총자산가액에서 차지하는 비율을 곱하여 계산한 금액에 해당하는 것을 말하는 것임(기획재정부 재산세제과-222, 2016. 3. 18., 상

속증여 - 4971, 2020. 4. 13.).

☞ 가업에 해당하는 법인이 가업에 해당하지 않는 법인을 흡수합병한 경우에 대한 기획재정부의 해석으로, 종전 국세청의 해석(법령해석재산 - 22512, 2015. 5. 27.)과 달리 합병법인을 기준으로 가업여부 및 가업상속재산가액을 산정한다는 해석임.

☐ 비상장법인이 상장을 위해 기업인수목적회사와 합병하는 경우

- 사업영위기간이 10년 미만인 기업인수목적주식회사(SPAC) [갑]이 사업영위기간이 10년 이상인 비상장법인 [을]법인을 상장을 위해 흡수합병함.
- 합병과정에서 피합병법인인 [을]법인의 최대주주는 합병 존속법인인 [갑]법인의 최대주주가 되고, 합병 후 상장법인은 합병 전 비상장법인과 업종, 명칭, 대표이사 등이 동일함.
- 최대주주 A는 피합병법인인 [을]법인을 10년 이상 경영하였고, 합병 이후 합병법인을 계속하여 경영하던 중 합병일로부터 10년 이상 경영하기 전에 사망함.
- 이와 같은 경우 피상속인이 10년 이상 직접 계속 영위한 것으로 볼 수 있는지?

▶ 비상장법인이 상장을 위하여 「자본시장과 금융투자업에 관한 법률 시행령」 제6조 제4항 제14호에 따른 기업인수목적회사(SPAC)와 합병을 하는 경우로서 합병 후 상장법인이 합병 전의 비상장법인과 업종, 명칭, 대표이사 및 최대주주 등이 동일하여 사업의 계속성이 인정되는 경우에는 「상속세 및 증여세법」 제18조 제2항 제1호에 따른 "피상속인이 10년 이상 계속하여 경영한 기업" 판정시 피상속인이 합병 전 비상장법인을 계속하여 경영한 기간을 피상속인의 가업영위기간에 포함하는 것임(기획재정부 재산세제과 - 186, 2015. 2. 17.).

필자 주

법인 간 합병의 경우, 가업 영위기간은 이미 가업의 요건을 충족한 상태에서 합병하거나 주주구성이 동일한 기업 간 합병으로 처음부터 사실상 하나의 법인으로 볼 수 있는 기업 간의 합병에 대해서는 당초 사업 개시일부터 기산하며, 그 외의 경우는 합병 후 사업개시일부터 기산하여 판단하도록 해석하고 있었으므로 위와 같은 사례에 대해서도 합병 후 사업을 개시한 날부터 기산하여 경영기간을 판단하도록 아래와 같이 해석(재산세과 - 294, 2012. 8. 22.)하였으나,

☞ 「자본시장과 금융투자업에 관한 법률 시행령」 제6조 제4항 제14호에 따른 기업인수목적회사가 10년 이상 계속하여 경영한 다른 법인을 흡수 합병한 경우 「상속세 및 증여

세법」제18조 제2항에 따른 피상속인이 10년 이상 계속하여 경영한 기업에 해당하는 지 여부는 합병법인이 합병 후 사업을 개시한 날부터 시작하여 판단하는 것임(재산세과-294, 2012. 8. 22.).

위 사례는 일반적인 합병(기업지배 및 통합)과는 그 성격이 다른 경우로 볼 수 있다. 즉, SPAC는 유망한 비상장법인의 상장을 도와 자금조달을 원활하게 하고 자 설립된 회사로서 합병 후에 비록 형식상으로는 종전의 비상장법인이 소멸하기는 하나 실질은 비상장법인의 실체를 그대로 유지하도록 하고 있으므로 종전 기업의 연장으로 볼 여지가 많으며, 또한 가업상속의 목적이 종전 피상속인의 가업을 승계하여 기업의 연속성을 유지하고자 함에 있는 점 등을 감안할 때 가업의 영위기간을 통산하여 판정하도록 한 기획재정부의 해석은 합리적이라 판단된다.

(3) 합병 후 업종을 변경하는 경우

- [갑]은 A법인과 B법인의 최대주주로서 설립시부터 계속 경영함.
- A법인: 1983년 설립, 제조업 영위 중 2007년 계열사에 제조업 양도 후 2008년 서비스업을 주된 업종으로 영위함.
- B법인: 1984년 설립, 도매업이 주업으로 조특법상 중소기업이었으나 매출액기준이 초과하여 2004년, 2005년 중소기업이 아니었다가 2006년부터 다시 중소기업에 해당함.
- 2009년 A법인이 B법인을 흡수합병하고, 주된 업종을 도매업으로 함.
- 이와 같은 경우 가업영위기간은 언제부터 기산하는지?

▶ 「조세특례제한법」제30조의6 가업의 승계에 대한 증여세 과세특례 규정을 적용함에 있어 B법인을 A법인에 흡수합병하고 주된 업종을 합병 전 B법인의 주된 업종으로 변경한 경우 10년 이상 경영한 기업에 해당하는지는 변경된 업종의 재화 또는 용역을 처음 공급한 날부터 계산하는 것이며, 「상속세 및 증여세법」제18조 제2항 제1호의 가업은 피상속인이 10년 이상 계속하여 같은 법 시행령 제15조에 따른 중소기업을 동일업종으로 유지 경영한 기업을 말하는 것임(재산세과-755, 2010. 10. 14.).

10 개인사업자로 영위하던 가업을 법인으로 전환 등을 한 경우

- [갑]은 1998년부터 개인사업으로 주유소를 운영하다 2011년 법인으로 전환하여 [갑]이 최대주주이자 대표이사로 재직 중 2012년 사망함.
- 법인전환 시 [갑] 소유의 주유소 토지 및 건물은 설립된 법인에 전부 임대하고, 이를 제외한 나머지 시설장치에 대해서만 법인에 매각처리함.
- 이와 같이 사업과 관련된 토지 및 건물을 제외하고 법인으로 전환한 경우에도 가업상속공제가 가능한지?

▶ 「상속세 및 증여세법」 제18조 제2항 제1호의 '10년 이상 계속하여 경영한 기업'에 해당하는지 여부를 판정할 때, 개인사업자로서 영위하던 가업을 동일한 업종의 법인으로 전환하여 피상속인이 법인 설립일 이후 계속하여 그 법인의 최대주주 등에 해당하는 경우에는 개인사업자로서 가업을 영위한 기간을 포함하여 계산하는 것이며, 이때 현물출자의 방법으로 법인 전환하는 경우 개인가업의 모든 자산과 부채를 현물출자하여야 하는 것임(재산세과-335, 2012. 9. 20.).
  → 해석 변경 (기획재정부 재산세제과-725, 2019. 10. 28. 참조)

▶ 「상속세 및 증여세법」 제18조 제2항 제1호에 따른 가업을 10년 이상 계속하여 영위하였는지를 판단할 때, 피상속인이 개인사업자로서 영위하던 가업을 동일한 업종의 법인으로 현물출자에 의하여 신설하거나 법인 설립 후 사업양수도 방법에 의하여 전환한 경우로서 피상속인이 법인설립일 이후 계속하여 당해 법인의 최대주주 등에 해당하는 경우에는 개인사업자로서 가업을 영위한 기간을 포함하여 계산하는 것임(재산세과-412, 2010. 6. 21.).

- 피상속인이 개인사업을 법인으로 전환한 경우로서 피상속인 소유 토지·건물을 해당 법인에 임대하던 중 사망한 경우 그 토지·건물에 대해 가업상속공제가 가능한지?

▶ 가업에 해당하는 법인에 임대하고 있는 피상속인 개인 소유의 부동산에 대해서는 가업상속공제를 적용받을 수 없는 것임(재산세과-335, 2012. 9. 20.).

- [갑]은 1971년 도매업으로 개인사업 A를 운영하다 2005. 6. 30. 폐업하고 2005. 6. 29. 같은 사업장에 같은 업종의 B법인을 설립함.
- B법인은 개인사업과 동일한 거래처, 외상매출금, 보증금 등을 기초에 승계받은 것으로 기장함.
- A사업시 토지, 건물은 승계되지 않고 2005. 7. 1. 부동산 임대업으로 등록함.

- 1972년부터 같이 일하던 子가 2014년 대표이사로 취임하였고, [갑]은 2014년 4월 사망함.
- 개인사업을 폐업하고 같은 장소에서 법인을 설립하여 사업을 영위하는 경우 가업상속공제 10년 이상 영위요건 판단시, 개인사업 영위기간이 포함되는지?

▶ 「상속세 및 증여세법」 제18조 제2항 제1호를 적용할 때 개인사업자로서 영위하던 가업을 폐업하고 같은 장소에서 법인을 설립하여 동일업종을 영위하는 경우로서 법인전환에 해당하지 않거나, 개인사업의 사업용 자산의 일부를 제외하고 법인전환한 경우에는 개인사업자로서 가업을 영위한 기간은 포함하지 않는 것임(서면법규과-1179, 2014. 11. 7.).
→ 해석 변경 (기획재정부 재산세제과-725, 2019. 10. 28. 참조)

11 종전 사업장 폐업 후 신규로 사업을 개시한 경우

- 1999년 ○○동 소재 [A](개인기업, 제조/기계부품)를 개업하여 경영하던 중 2009년 △△동 소재 다른 사업장으로 [A]를 확장 이전하면서 사업자등록 정정신고를 하지 않고 [B](개인기업, 제조/기계부품, 선박부품)를 신규등록하였고, [A]는 폐업신고함.
- 이와 같은 경우 종전 사업장의 사업영위기간을 통산하여 가업상속공제를 받을 수 있는지?

▶ 「상속세 및 증여세법」 제18조 제2항 제1호의 '10년 이상 계속하여 경영한 기업'에 해당하는지 여부를 판정할 때, 피상속인이 「소득세법」이 적용되는 기업의 종전 사업장을 폐업하고 다른 장소에 신규로 사업을 영위한 경우에는 종전 사업장에서의 사업영위기간을 포함하지 아니하는 것이나, 사업장을 사실상 폐업하지 아니하고 이전하여 같은 업종의 사업을 계속하여 영위하는 경우에는 종전 사업장에서의 사업영위기간을 포함하여 계산하는 것임.
이 경우 업종의 변경 여부는 통계청장이 작성·고시하는 한국표준산업분류상의 세세분류[8]가 동일한 업종에 해당하는지 여부로 판단하는 것이며, 종전 사업장을 폐업하고 다른 장소에 신규로 사업을 영위한 것인지 또는 사업장 이전인지

---

8) 2014. 1. 1. 이후 상속개시분부터는 "세분류"

여부는 종전 사업장과 신규사업장의 실질내용을 종합하여 판단할 사항임(재산 세과-301, 2012. 8. 26.).

12 법인이 분할하는 경우 사업영위기간

☐ 분할신설법인의 사업영위기간

> - 법인은 염색가공업을 주업으로 A공장, B공장을 운영하고 있음.
> - A공장은 '99년 회사 설립 이후 계속해서 사용하고 있으며, B공장은 '18년 취득 하여 사용하고 있음.
> - 이후 법인은 B공장을 분할하여 분할신설법인을 설립하고자 함.
> - 이와 같은 경우 분할신설법인의 가업영위기간의 기산일 적용방법은?

▶ 귀 질의의 경우 법인이 인적분할한 경우 분할신설법인의 사업영위기간은 분할 전 분할법인의 가업영위기간의 기산일부터 계산하여 가업상속공제를 적용하는 것이며, 기존 해석사례(서면상속증여-1133, 2017. 5. 23.)를 참고하기 바람(상속증여 -3997, 2022. 9. 29.).

☐ 중소기업 해당 겸영법인의 분할시 신설법인의 사업영위기간

> - [갑]법인은 1975년 제조업과 부동산임대를 하는 법인으로 설립함(수입금액 비 율: 제조업 90%, 임대업 10%).
> - 2002년 제조업 영위법인 [갑]법인과 임대업 영위법인 [을]법인으로 분할함.
> - 이와 같은 경우 2009년 피상속인이 사망하여 [갑]법인에 대한 가업상속공제를 적용함에 있어 '10년 이상 계속 경영한 기업' 판단시 당초 개업일(1975년)로부 터 기산하는지 아니면 분할시점(2002년)부터 기산하는지?

▶ 제조업과 부동산임대업을 겸영하던 중소기업에 해당하는 법인이 제조업부문을 인적분할한 경우 당해 분할신설법인의 사업영위기간은 분할 전 분할법인의 사업 개시일부터 계산하여 「상속세 및 증여세법」 제18조 제2항 제1호를 적용하는 것 임(재산세과-951, 2009. 5. 15. 재산세과-519, 2010. 7. 15. 같은 뜻).

> ☞ 상속개시일이 속하는 과세연도의 직전 사업연도 말 현재 「조세특례제한법 시행 령」 제2조에서 규정하는 중소기업에는 해당하며, 법인 분할 전에도 사업별 수 입금액이 큰 주된 업종이 제조업으로 가업에 해당하므로 통산하여 영위기간을 판단함이 타당함.

□ 중소기업 등에 해당하지 않던 법인이 분할하여 중소기업 등 요건을 갖춘 경우
　신설법인의 사업영위기간

- [갑]법인은 3개의 제조사업부 모두를 10년 이상 영위하던 기업으로 매출액이 4,000억 원을 초과하여 조특법상 중소기업에 해당하지 않게 된 기업임.
- 2011년 위 3개 제조사업부 중 어느 한 사업부를 인적분할하였고, 그 신설법인은 조특법상 중소기업 요건을 갖추게 되었음.
- 이 경우 인적분할 신설법인이 '10년 이상 계속 경영한 가업'에 해당하는지?

▶ 「상속세 및 증여세법」 제18조 제2항 제1호 및 같은 법 시행령 제15조 제1항·제3항의 가업에 해당하는 법인을 인적분할한 경우로서 분할법인 또는 분할신설법인 중 분할 전 법인과 동일한 업종을 유지하는 법인의 주식 또는 출자지분을 「조세특례제한법」 제30조의6에 따라 증여하는 경우 먼저 증여하는 주식 또는 출자지분의 순서에 따라 30억 원을 한도로 증여세 과세특례를 적용받을 수 있는 것으로서 귀 질의의 경우 분할 전 법인이 가업에 해당하지 아니하므로 위 규정을 적용받을 수 없는 것임(재산세과-613, 2011. 12. 26.).

　☞ 종전 법인이 「상속세 및 증여세법」 제18조 제2항 및 「조세특례제한법」 제5조에 의한 '가업'에 해당하는 경우로서 그 법인을 분할하여 분할 전 법인과 동일한 업종을 유지하는 경우는 가업 영위기간을 통산[9]하여 판단할 수 있는 것이나, 분할 전 법인이 가업의 요건을 갖추지 못한 상태에서 분할한 경우는 분할 후 최초로 재화와 용역을 공급한 날을 기산일로 하여 10년 이상 영위여부를 판단하는 것임.

13 가업의 재상속시는 당초 상속개시일부터 기산함

- 부친의 개인기업을 모친이 가업상속받아 가업상속공제를 받았음.
- 위의 모친이 다시 10년 내에 사망한 경우임.
- 이 경우 위 가업을 자녀가 상속받는 경우 다시 가업상속공제가 가능한지 여부?

▶ 「상속세 및 증여세법」 제18조 제2항 제1호에 따른 가업상속공제를 받은 상속인이 상속일로부터 10년 이내 사망하여 당해 사망한 상속인의 자녀가 가업상속공제를 받은 가업을 승계하는 경우에는 같은 법 제18조 제2항 제1호에 따른 가업상속공제를 적용하지 아니하는 것임(재산세과-712, 2009. 4. 8.).

---

9) 재산세과-809, 2010. 11. 1. 같은 뜻

☞ 피상속인이 10년간 영위한 가업인지 여부를 판단함에 있어 1차 상속으로 승계받은 가업은 그 1차 상속개시일부터 기산하여 2차 상속개시일까지 기간으로 10년 이상 영위 여부를 판단함.

14 개인사업을 피상속인의 배우자가 영위한 경우

- 1982년 피상속인 개인사업 개시
- 2003년 배우자(처)에게 사업 양도
- 2006년 배우자(처)로부터 사업을 양수하여 2008년까지 사업영위 중 사망
- 이 경우 가업상속공제를 받을 수 있는지?

▶ 가업상속공제는 상속개시일 현재 피상속인이 10년 이상 계속하여 영위한 사업을 대상으로 하는 것이며, 이 경우 피상속인의 배우자 명의로 영위한 사업기간은 피상속인이 영위한 사업기간에 포함되지 않음(재산상속 46014-1752, 1999. 9. 29. 및 조심 2010서3889, 2011. 6. 10. 같은 뜻).

15 상속개시일 전에 폐업한 경우

▶ 가업상속공제는 상속개시일 현재 피상속인이 10년 이상 계속하여 영위한 사업을 말하는 것이므로, 사망하기 10년 전에 폐업한 경우는 가업상속공제 대상이 아님(재산 46014-1197, 1999. 6. 18. 같은 뜻).

필자 주

가업상속공제 요건 중 '피상속인이 10년 이상 계속하여 경영한 기업'에 해당하는지 여부 판단은 원칙적으로 사실판단사항에 해당한다.

즉, 단순히 지분을 소유하는 것만이 아니라 해당 기업의 효과적이고 효율적인 관리 및 운영을 위하여 실제 기업운영에 참여하였는지 여부를 확인할 사항이다.

실무적으로는 개인기업인 경우 사업자등록을 하고 대표자로 등재되어 있거나, 법인의 경우 법인등기부 등본상 대표이사로 등재되어 있는 경우와 같이 객관적인 사실이 확인되는 경우는 그 기업을 실제 운영한 것으로 볼 수 있을 것이며, 이와 같은 사실 외에도 회의록, 결제과정, 주요 의사결정 참여 관련 증빙 등에 의해 그 기업의 경영에 실제로 참여한 사실이 객관적으로 확인되는 경우에는 위 요건을 충족한 것으로 볼 수 있을 것이다(다만,

법인의 경우 피상속인에 대한 별도의 대표이사 재직기간 요건은 충족하여야 한다).

또한, 피상속인이 사실상 10년 이상 경영한 기업이라 하더라도 그 기업이 상증법에서 정한 '가업'에 해당해야 하는데, 상증법 제18조 제2항 및 같은 법 시행령 제15조 제1항에 의하면 '가업'이란 상속개시일이 속하는 과세연도의 직전 과세연도 말 현재 조특법상 '중소기업'이거나 매출액 3천억 원 미만(상호출자제한기업집단 제외)인 '중견기업'('중소기업 등')이므로 상속개시일이 속하는 과세연도의 직전 과세연도 말 현재 시점에서만 '중소기업 등'에 해당한다면 '가업'으로 볼 수도 있다는 주장도 있을 수 있으나, '일정요건을 충족한 중소기업 등으로서 피상속인이 10년 이상 경영한 기업'의 범위를 상속개시일 이전 10년 이상 계속하여 중소기업 등에 해당하는 경우에 한하여 가업상속공제 대상 가업에 해당하는 것으로 해석[10]하고 있다.

당초 가업상속공제 확대 적용의 취지가 중소기업의 기술 및 경영노하우의 효율적 전수·활용을 통한 경쟁력 확보를 위한 것으로, 상속개시일 전 피상속인이 중소기업 등으로 경영하던 기업에 대해 공제 혜택을 주는 것이 타당하며, 상속개시일 이전 상당기간 동안 대기업에 해당하다가 상속개시일 직전연도만 중소기업에 해당하고 상속개시일 이후 다시 대기업에 해당하는 경우 등에도 고액의 상속공제 혜택을 부여하는 것은 바람직하지 않은 점이 있다.

그리고, 관련 해석에 따라 10년간 계속하여 동일업종을 유지하면서 중소기업 또는 규모초과기업에 해당하여야 한다는 요건을 판단함에 있어 동일업종 유지요건과 중소기업 등 요건에 대해 검토해 보면 다음과 같다.

1) 동일업종 유지요건

상증법 제18조 제2항 및 같은 법 시행령 제15조 제1항을 보면 가업에 해당하는지 여부는 상속개시일이 속하는 과세연도의 직전 과세연도 말 현재로 판단하도록 하고 있는 바, 지난 10년간 업종을 전환하지 않은 경우에도 직전 과세연도 말에는 조특법상 중소기업 업종에 해당하나 지난 10년의 기간 중 어느 시점 이전에는 조특법의 개정 등으로 중소기업 업종에 해당하지 않는 경우가 있을 수 있는데, 이러한 경우는 가업상속공제의 취지(Now-How 등의 전수 등)로 보아 상속개시일이 속하는 과세연도의 직전 과세연도 말 현재 조특법상 중소기업 업종에 해당하는지 여부로만 판단하여 적용함이 타당해 보인다.

2) 중소기업 등 요건

기업규모와 관련된 10년간 계속 중소기업 또는 중견기업 요건(이하 '중소기업 등 요건'이라 함)의 경우는 별도의 판단이 필요하다.

즉, 상속개시일이 속하는 과세연도의 직전 과세연도 말 현재 중소기업에 해당하는 경우에는 그 이전 10년간 계속해서 중소기업에 해당하여야 한다고 해석[11]하고 있으므로, 그

---

10) 재산세과-1135, 2009. 6. 9., 재산세과-308, 2009. 9. 24., 재산세과-2390, 2008. 8. 22. 같은 뜻
11) 재산세과-1135, 2009. 6. 9.

취지에 따르면 중견기업의 경우도 10년간 계속하여 중소기업 등 요건을 갖추어야 한다고 볼 수 있는데 문제는 중견기업(종전 규모초과기업)의 경우 2011. 1. 1. 이후 상속개시분부터 처음으로 도입된 이후 매출액 한도가 계속 상향되어 어느 연도를 기준으로 규모초과기업 해당 여부를 판단하여야 할 지가 명확하지 않다.

상속개시일	2011. 1. 1.~2012. 12. 31.	2013. 1. 1.~2013. 12. 31.	2014. 1. 1. 이후
매출액한도	1천5백억 원 이하	2천억 원 이하	3천억 원 미만
적용연도*	2010년 말~2011년 말	2012년 말	2013년 말

* 상속개시일이 속하는 과세연도 직전 과세연도 말 현재 매출액

【갑설】

상속개시일이 속하는 과세연도의 직전 과세연도 말 현재 조특법상 중소기업 또는 중견기업 기준에 해당한다면, 그 이전의 규모 등은 무시하고 가업상속공제를 적용할 수 있다.

【을설】

상속개시일이 속하는 과세연도의 직전 과세연도 말 현재 조특법상 중소기업 또는 중견기업 기준에 해당하고 그 이전 10년 이상의 기간 동안 중소기업 등 요건을 충족하되, 2008년 말 이전에는 조특법상 중소기업 요건으로만 판단하고, 2010년 말부터 2013년 말까지의 기간 중에는 상증법 제18조 제2항에서 정한 해당 연도별 규모초과기업 기준에 해당하는 경우에 그 요건을 충족한 것으로 본다.

【병설】

상속개시일이 속하는 과세연도의 직전 과세연도 말 현재 조특법상 중소기업 또는 중견기업 기준에 해당하는 경우, 그 기준에 따라 이전 10년 이상 기간 동안 중소기업 등에 해당하는지 여부를 판단한다.

즉, 상속개시일이 속하는 과세연도의 직전 과세연도 말 현재 조특법상 중소기업에 해당하는 경우에는 그 이전 10년 이상 중소기업(직전 과세연도 말 기준적용)에 해당하는지 여부로 판단하며, 상속개시일이 속하는 과세연도의 직전 과세연도 말 현재 중견기업에 해당하는 경우에는 그 이전 10년 이상 중소기업 또는 매출액 3천억 원 미만 규모초과기업이나 중견기업에 해당하는지 여부로 판단한다.

▶ '규모초과기업'의 가업인정은 2011. 1. 1. 이후 상속개시분부터 적용하도록 신설된 내용이므로 2009년 이전 기간에 대해서는 적용할 수 없다는 점과 법문구상 또는 가업상속공제를 확대 적용하고자 한 취지상【병설】에 의하는 것이 적절하다는 의견이나, 이에 대한 명확한 해석이 필요하다.

(3) 종전에 가업상속공제를 적용받지 않은 가업일 것

종전에 피상속인이 10년 이상 영위하던 가업의 상속이 이루어져 가업상속공제를 적용받은 경우(1차 가업상속공제)로서 그 당시 최대주주 등에 해당하는 다른 사람의 사망으로 다시 상속이 개시되는 경우는 가업상속공제(2차 가업상속공제) 대상 가업에서 제외하고 있으므로(상증령 §15 ③ 단서) 가업상속공제를 적용받을 수 있는 가업이란 종전에 가업상속공제를 적용받지 않은 가업 즉, 최초로 가업상속공제를 적용받는 가업이어야 한다. 다만, 종전에 가업을 상속받은 상속인이 사망하여 가업을 상속받는 경우에는 예외로 하고 있다.

2010. 12. 31. 이전 상속개시분까지는 최대주주 등에 해당하는 자들이 사망하는 경우에는 각각 가업상속공제를 적용받을 수 있었으나, 2010. 12. 30. 상증법 시행령 제15조 제3항을 개정하여 2011. 1. 1. 이후 상속개시분부터는 위와 같이 최대주주 등에 해당하는 주주의 사망시 1회만(단, 상속인의 사망시는 2차 가업상속공제도 가능) 공제받을 수 있도록 제한 규정을 두었다. 예를 들면, 가업에 해당하는 ○○법인의 주주가 [갑](40%, 본인), [을](30%, 갑의 동생), [병](30%, 기타)인 경우 최대주주 등에 해당하는 주주는 [갑, 을](지분 70%)이며 2014년 1월 [갑]의 사망으로 [갑]의 子인 A가 주식 40%에 대하여 가업상속공제를 적용받았다면, 그 이후 [을]이 사망하여 그의 子인 B가 [을]의 주식 30%를 상속받았다 하더라도 가업상속공제는 적용받을 수 없는 것이다. 다만, 1차 상속으로 [갑]의 주식을 상속받은 A가 10년 이상 경영 후 사망하는 등 가업상속공제 요건을 갖추는 경우에는 다시 가업상속공제가 가능하다.

"최초 가업상속 요건" 유형별 판단 사례

1 개인 공동사업의 가업상속

- [갑]은 배우자인 [을]과 함께 각각 1/2씩 소유한 건물에서 20년간([갑] 20년, [을] 10년) 공동사업을 영위하고 있음.
- 2012년 [갑]이 사망함.
  1. [갑] 사망 후 요건을 갖춘 장남에게 1/2 전부를 상속하여 가업상속공제를

받은 후 母인 [을]과 함께 공동사업을 영위 중 母가 다시 사망하여 장남이 母지분 전부를 상속받는 경우 가업상속공제가 가능한지?

2. [갑] 사망 후 [을]이 [갑]지분을 전부 상속받아 가업상속공제를 받은 후 [을]이 10년 이상 영위하여 장남에게 전부를 상속한다면 가업상속공제가 가능한지?

▶ 2011. 1. 1. 이후 상속분부터는 「상속세 및 증여세법 시행령」 제15조 제3항 단서의 규정에 의하여 피상속인인 최대주주 또는 최대출자자 중 1인에 한하여 가업상속공제가 적용되는 것으로, 부모가 공동사업(중국음식점)을 영위하다가 순차적으로 상속이 개시되는 경우로서 귀 질의 1의 경우 가업상속을 받은 장남이 母로부터 받는 가업상속재산에 대해서는 가업상속공제가 적용되지 아니하나, 질의 2의 경우 가업상속을 받은 母로부터 장남이 받는 가업상속재산에 대해서는 가업상속공제가 적용됨(재산세과-375, 2012. 10. 15.).

☞ 상증법 시행령 제15조 제3항은 법인세법을 적용받는 가업에만 해당하는 것으로 볼 수도 있으나, 경영노하우 등의 세대간 원활한 이전 등을 지원하기 위한 가업상속공제 취지 등에 따라 특수관계인들이 영위하는 가업에 대한 상속공제는 그들 중 1인에 대해서만 적용하도록 제3항 단서규정이 신설된 점을 감안할 때, 소득세법을 적용받는 개인가업에 대해서도 동일하게 적용되어야 한다는 해석임.

2 공동사업 중 인적분할하여 상속하는 경우

- A사(비상장법인, 제조업)는 1989년 [갑](65%, 형)과 [을](35%, 동생)이 공동출자하여 설립하였으며, [갑]은 회장, [을]은 대표이사로 20년 이상 공동경영하였음.
- A사는 20년이 경과한 2012년 A′사(존속법인)와 B사(분할신설법인)로 인적분할하였으며, [갑]과 [을]은 양사에 대하여 종전 A사와 같은 지분율을 유지하고 있음.
- 종전 A사, 분할 존속법인 A′사, 분할 신설법인 B사는 모두 제조업을 주업으로 하며 조특법상 중소기업에 해당함.
  1. 위와 같은 지분구조 상태에서 2014년 [갑]이 사망하여 [갑]의 장남이 A′사의 주식을 상속받은 경우, 그 후 2015년 [을]의 사망시 [을]의 장남이 [을]로부터 B사 주식을 상속받는 경우 가업상속공제를 받을 수 있는지?
  2. 인적분할 후 [갑]과 [을]이 지분교환이나 주식매매 등을 통해 [갑]은 A′사

지분 100%를, [을]은 B사 지분 100%를 취득하게 될 경우 [갑]의 장남이 먼저 A′사의 주식 상속에 대해 가업상속공제를 받는다는 전제 하에, [을]의 장남도 B사에 대해 가업상속공제를 받을 수 있는지?

3. 공제받을 수 있다면 그 가능시점이 인적분할 후 주식교환 등으로 B사의 100% 주주가 된 시점부터인지, 아니면 주식교환 등으로 B사의 100% 주주가 된 시점 이후 10년이 경과한 시점부터 가능한지?

▶ 1. 「상속세 및 증여세법」 제18조 제2항 제1호(2014. 1. 1. 법률 제12168호로 개정된 것)에 따른 가업상속공제를 적용하는 법인 가업은 피상속인이 중소기업 또는 규모의 확대 등으로 중소기업에 해당하지 아니하게 된 기업(상속이 개시되는 사업연도의 직전 사업연도의 매출액이 3천억 원 이상인 기업 및 상호출자제한기업집단 내 기업은 제외)의 최대주주인 경우로서 피상속인과 그의 특수관계인의 주식 등을 합하여 해당 법인의 발행주식총수 등의 100분의 50 (한국거래소에 상장된 법인이면 100분의 30) 이상을 10년 이상 계속하여 보유하는 경우에 한정하는 것임.

2. 또한, 같은 법 시행령 제15조 제3항 단서에 따라 가업상속이 이루어진 후에 가업상속 당시 최대주주 등에 해당하는 자(가업상속을 받은 상속인은 제외)의 사망으로 상속이 개시되는 경우는 다시 가업상속공제를 적용하지 않는 것으로, 귀 질의의 경우 A′사에 대한 가업상속이 이루어진 직후에 을의 사망으로 상속이 개시되는 경우 A사가 인적분할하여 신설된 B사(분할신설법인)에 대해서는 가업상속공제를 적용하지 아니하며, 을이 B사의 주식지분을 전부 취득한 이후 가업의 요건은 위 1.에 의하는 것임(상속증여세과-133, 2014. 5. 2.).

☞ 특수관계인들이 공동으로 출자하여 법인을 경영하던 중 인적분할 후 순차적으로 사망하는 경우로서 각각의 지분을 상속하거나 사망 전 지분교환 후 각 법인의 지분을 자녀에게 상속하는 경우, 상속개시 시점에서는 별개의 법인에 해당하므로 각 법인별로 공제요건을 판단한다고 한다면 인적분할을 이용하여 관련 제한규정을 회피할 개연성이 있으므로 가업요건 판단시 분할 전 영위기간을 포함하였다면 그들 중 1인에 대해서만 가업상속공제를 적용한다는 것이며, 다만, 인적분할 후 100% 주주가 된 이후 가업상속공제 요건을 충족하게 된다면 별도로 공제가 가능하다는 해석임.

나. 피상속인 요건

> (1) 피상속인이 최대주주 등으로서 10년 이상 계속하여 해당 기업 발행주식총수의 40%(상장법인은 20%) 이상을 보유하여야 한다.
> (2) 일정기간 대표이사 등 재직요건(㉮ or ㉯ or ㉰)
>   ㉮ 가업 영위기간 중 50% 이상 재직
>   ㉯ 상속개시일부터 소급하여 10년 중 5년 이상 재직
>   ㉰ 10년 이상 재직 후 상속인이 승계하여 상속개시일까지 재직

(1) 주식보유 요건(최대주주 등 40%(상장법인은 20%))

피상속인이 가업의 최대주주 등(「상속세 및 증여세법 시행령」제19조 제2항에 따른 최대주주 또는 최대출자자를 말한다)인 경우로서 피상속인과 그의 특수관계인의 주식 등을 합하여 해당 기업의 발행주식총수 등의 40%(거래소에 상장되어 있는 법인이면 20%) 이상을 10년 이상 계속하여 보유하는 경우에 해당되어야 가업상속공제가 적용된다(2022. 12. 31. 이전은 보유비율 50%(상장법인은 30%) 적용).

한편, 「법인세법」을 적용받는 가업에 대하여 10년 이상 가업을 경영하던 자가 가업을 경영하지 아니한 최대주주 등에 해당하는 다른 주주로부터 주식을 증여받아 10년이 경과하지 않은 경우에 그 증여받은 주식은 가업상속공제 대상 주식에 해당하지 않는 것으로 해석하고 있었으나, 이를 변경하여 피상속인이 직접 10년 이상 보유하지 않은 주식에 대해서도 가업상속공제가 적용된다(기획재정부 조세법령운용과-10, 2022. 1. 1.)고 하였으며 이 변경된 사항은 2022. 1. 5. 이후 결정 · 경정분부터 적용하는 것으로 하였다.

> **상속세 및 증여세법 시행령 제19조【금융재산 상속공제】**
> ② 법 제22조 제2항에서 "대통령령으로 정하는 최대주주 또는 최대출자자"란 주주 등 1인과 그의 특수관계인의 보유주식 등을 합하여 그 보유주식 등의 합계가 가장 많은 경우의 해당 주주 등 1인과 그의 특수관계인 모두를 말한다. (2012. 2. 2. 개정)

이 경우 피상속인과 그 특수관계인의 보유주식 등을 합하여 최대주주 등에 해당하는

경우에는 피상속인 및 그와 특수관계에 있는 자 모두를 최대주주 등으로 보는 것[12] 이므로, 피상속인의 지분이 가장 크지 않은 경우에도 다른 요건을 모두 충족한 경우에는 가업상속공제가 적용된다.

또한, 위와 같은 주식보유 요건은 상속개시일 전 피상속인의 가업영위 기간 중 10년 이상 계속 충족하여야 하는 것으로 피상속인의 10년 이상 가업영위기간 계산은 위 주식보유 요건을 충족한 상태에서 실제 가업을 운영한 기간을 기준으로 판단[13]하도록 하고 있다.

㉮ 최대주주 등의 범위

"최대주주 등"이란 주주 1인 및 그와 특수관계에 있는 주주(특수관계에 있는 주주그룹) 가 보유하고 있는 의결권이 있는 주식 등의 합계를 주주그룹 별로 계산하여 해당 법인 에서 보유 지분율이 가장 많은 주주그룹에 속하는 모든 주주를 말한다.

㉯ 특수관계인의 범위

「상속세 및 증여세법」을 적용함에 있어 "특수관계인"이란 "본인과 친족관계, 경제적 연관관계 또는 경영지배관계 등 「상속세 및 증여세법 시행령」 제2조의2 제1항 각호의 어느 하나에 해당하는 관계에 있는 자"로 정의하고 있다(상증법 §2 10호).

이 경우 본인도 특수관계인의 특수관계인으로 본다(상증법 §2 10호 후단)고 규정하여 쌍 방특수관계를 명확히 하고 있다.

즉, 특수관계인의 범위를 본인과 다음 중 어느 하나에 해당하는 관계에 있는 자로 하고, 이 경우 본인도 특수관계인의 특수관계인으로 보도록 2012. 2. 2. 「상속세 및 증여 세법 시행령」 제12조의2를 신설하였다가 2015. 12. 15. 「상속세 및 증여세법」 제2조 【정의】 규정을 신설하면서 동 조 10호에서 정의하고 있다.

① 「국세기본법 시행령」 제1조의2(특수관계인의 범위) 제1항 제1호부터 제5호까지 의 어느 하나에 해당하는 자(이하 "친족"이라 한다) 및 직계비속의 배우자의 2촌 이내의 혈족(2014. 2. 20. 이전은 부계혈족)과 그 배우자

---

12) 재산세과 − 3185, 2008. 10. 8.
13) 사전답변 법규재산 2013 − 432, 2014. 1. 22.

> **국세기본법 시행령 제1조의2 【특수관계인의 범위】**
>
> ① 국세기본법 제2조 제20호 가목에서 "혈족·인척 등 대통령령으로 정하는 친족관계"란 다음 각호의 어느 하나에 해당하는 관계(이하 "친족관계"라 한다)를 말한다. (2012. 2. 2. 신설)
>
> 1. 4촌 이내의 혈족
>
> 2. 3촌 이내의 인척
>
> 3. 배우자(사실상의 혼인관계에 있는 자를 포함한다)
>
> 4. 친생자로서 다른 사람에게 친양자 입양된 자 및 그 배우자·직계비속
>
> 5. 본인이 「민법」에 따라 인지한 혼인 외 출생자의 생부나 생모(본인의 금전이나 그 밖의 재산으로 생계를 유지하는 사람 또는 생계를 함께하는 사람으로 한정한다)

② 사용인(출자에 의하여 지배하고 있는 법인의 사용인을 포함한다. 이하 같다)이나 사용인 외의 자로서 본인의 재산으로 생계를 유지하는 자

- 사용인: 임원, 상업사용인, 그 밖에 고용계약관계에 있는 자

  ☞ 임원이란, 「법인세법 시행령」 제40조 제1항에 따른 임원을 말한다.
  - 퇴직임원은 '퇴직 후 3년(공정거래법 제14조에 따른 공시대상기업집단 소속기업은 5년)이 지나지 아니한 그 임원이었던 사람'으로 별도 정의
  - 2014. 2. 21. 시행령 개정시 "사외이사"였던 자가 퇴임한 경우는 임원의 범위에서 제외하였고, 이 개정사항은 2014. 2. 21. 이후 결정하는 분부터 적용하도록 하였으며,
  - 2019. 2. 12. 시행령 개정시 "퇴직임원"이란 "퇴직 후 3년(공정거래법 제14조에 따른 공시대상기업집단 소속기업은 5년)이 지나지 아니한 그 임원이었던 사람"이라고 새롭게 정의하였고, 이 개정규정은 2019. 2. 12. 이후 상속이 개시되거나 증여받는 분부터 적용한다(종전에는 퇴직 후 5년이 지나지 아니한 임원이었던 사람으로서 사외이사가 아니었던 사람). 따라서, 2019. 2. 12. 이후 특수관계인 해당 여부 판단시, 기업집단의 소속기업 임원에 해당하지 않는 경우라면, 퇴직한 임원은 사용인의 범위에서 제외된 것으로 볼 수 있다.

- 출자에 의하여 지배하고 있는 법인: 다음의 어느 하나에 해당하는 법인

  ㉮ 다음 ⑥에 해당하는 법인

  ㉯ 다음 ⑦에 해당하는 법인

  ㉰ ①부터 ⑦까지에 해당하는 자가 발행주식총수 등의 100분의 50 이상을 출자하고 있는 법인

③ 다음의 어느 하나에 해당하는 자

  ㉮ 본인이 개인인 경우: 본인이 직접 또는 본인과 위 ①에 해당하는 관계에 있는 자가 임원에 대한 임면권의 행사 및 사업방침의 결정 등을 통하여 그 경영에

관하여 사실상의 영향력을 행사하고 있는 기획재정부령으로 정하는 기업집단의 소속 기업[해당 기업의 임원(「법인세법 시행령」 제40조 제1항에 따른 임원을 말한다. 이하 같다)과 퇴직 후 3년(해당 기업이 「독점규제 및 공정거래에 관한 법률」 제14조에 따른 공시대상기업집단에 소속된 경우는 5년)이 지나지 않은 사람(이하 "퇴직임원"이라 한다)을 포함한다]

㉯ 본인이 법인인 경우: 본인이 속한 기획재정부령으로 정하는 기업집단의 소속 기업(해당 기업의 임원과 퇴직임원을 포함한다)과 해당 기업의 임원에 대한 임면권의 행사 및 사업방침의 결정 등을 통하여 그 경영에 관하여 사실상의 영향력을 행사하고 있는 자 및 그와 위 ①에 해당하는 관계에 있는 자

   – "기획재정부령이 정하는 기업집단의 소속기업": 「독점규제 및 공정거래에 관한 법률 시행령」 제3조 각호의 어느 하나에 해당하는 기업집단에 속하는 계열회사

④ 본인, 위 ①부터 ③까지의 자 또는 본인과 위 ①부터 ③까지의 자가 공동으로 재산을 출연하여 설립하거나 이사의 과반수를 차지하는 비영리법인

⑤ 위 ③에 해당하는 기업의 임원 또는 퇴직임원이 이사장인 비영리법인

⑥ 본인, 위 ①부터 ⑤까지의 자 또는 본인과 ①부터 ⑤까지의 자가 공동으로 발행주식총수 또는 출자총액(이하 "발행주식총수 등"이라 한다)의 100분의 30 이상을 출자하고 있는 법인

⑦ 본인, 위 ①부터 ⑥까지의 자 또는 본인과 위 ①부터 ⑥까지의 자가 공동으로 발행주식총수 등의 100분의 50 이상을 출자하고 있는 법인

⑧ 본인, 위 ①부터 ⑦까지의 자 또는 본인과 위 ①부터 ⑦까지의 자가 공동으로 재산을 출연하여 설립하거나 이사의 과반수를 차지하는 비영리법인

특수관계인의 범위 요약(상증령 §2의2 ①)
- 본인이 개인인 경우와 법인인 경우로 구분(번호는 동 시행령 호수와 동일함)
- 본인도 특수관계인의 특수관계인으로 본다(쌍방특수관계, 상증법 §2 10호 후단).

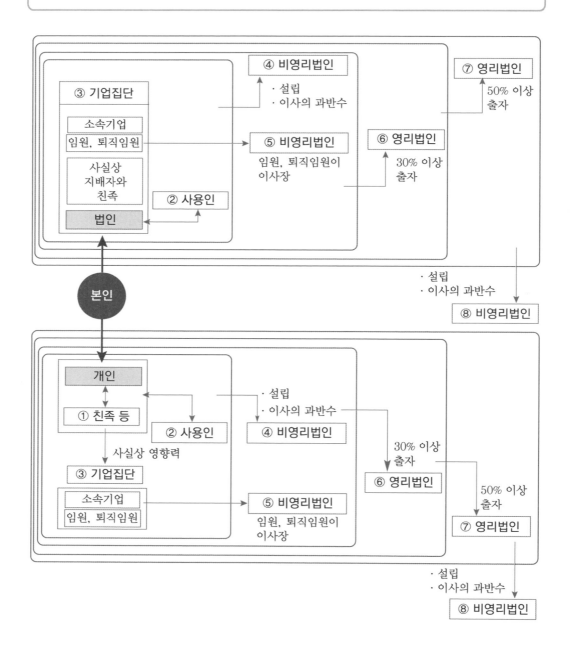

"주식보유 요건" 유형별 판단 사례

1 10년간 50%(40%) 이상 지분율은 유지해야 함

▶ 가업상속공제는 중소기업 등의 최대주주 등인 경우로서 피상속인과 그 특수관계인의 주식 등을 합하여 해당 기업의 발행주식총수 등의 50% 이상(2022. 12. 31. 이전)을 10년 이상 계속하여 보유한 경우이므로, 피상속인이 10년 이상 50% 이상 유지를 충족하지 못한 10년 미만 보유한 주식은 가업상속공제 요건을 충족하지 못한 것임(조심 2022서8273, 2023. 4. 26.).

2 취득한 지 10년이 안된 주식에 대해서도 가업상속공제 가능

> 상속인이 상속받은 쟁점법인 주식 중 12,000주는 피상속인이 직접 10년 이상 보유, 나머지 3,000주는 10년 미만 보유한 경우, 피상속인이 직접 10년 이상 보유한 주식에 대해서만 가업상속공제가 적용되는지?

▶ 해당 법인 주식 중 피상속인이 10년 이상 보유하지 않은 주식에 대해서도 적용되며, 2022. 1. 5. 이후 결정·경정분부터 적용함(기획재정부 조세법령운용과-10, 2022. 1. 5. 상속증여-6259, 2022. 8. 25.).

3 비거주자가 상속받는 경우에도 가업상속공제 가능

▶ 피상속인이 거주자인 경우, 상속개시일 현재 비거주자인 상속인은 「상속세 및 증여세법」 제18조 제2항 제1호 및 같은 법 시행령 제15조에 따른 가업상속공제를 적용받을 수 있는 것임(법규국조-4229, 2022. 4. 14.).

4 직계존속이 상속받는 경우에도 가업상속공제 가능

▶ 피상속인인 자녀가 경영하던 「상속세 및 증여세법」 제18조 제2항 제1호에 따른 가업을 상속인인 직계존속이 상속받은 경우로서 같은 법 시행령 제15조의 가업상속요건을 모두 충족한 경우에는 가업상속공제를 적용받을 수 있는 것임(법규재산-5040, 2022. 1. 28.).

5 의결권 없는 우선주는 50%(30%) 이상 보유판정시 제외됨

▶ 「상속세 및 증여세법」 제18조 제2항에 따른 가업상속공제를 적용함에 있어 같은 법 시행령 제15조 제3항에 따라 피상속인과 그의 특수관계인의 주식 등을 합하여 해당 기업의 발행주식총수의 100분의 50(한국거래소에 상장된 법인이면 100분의 30) 이상을 계속하여 보유하는지 여부를 판정할 때 「상법」에 따른 의결권이 없는 우선주는 발행주식총수 및 피상속인과 그의 특수관계인이 보유하는 주식수에서 제외하는 것이며, 같은 조 제5항에서 규정하는 가업상속재산에도 해당하지 않는 것임. 또한, 「조세특례제한법」 제30조의6 제1항의 규정을 적용함에 있어 「상법」에 따른 의결권이 없는 우선주를 증여받는 경우 해당 주식은 가업의 승계에 대한 증여세 과세특례를 적용받을 수 없는 것임(상속증여-3473, 2018. 3. 2., 법규과-1088, 2014. 10. 14.).

6 우리사주조합원 보유 주식을 포함하여 50% 이상 여부를 판단하는 경우

▶ 「조세특례제한법」 제30조의6 제1항에 따른 가업의 승계에 대한 증여세 과세특례를 적용받을 수 있는 법인 가업은 증여자가 「상속세 및 증여세법 시행령」 제15조 제1항에 해당하는 중소기업 또는 규모의 확대 등으로 중소기업에 해당하지 아니하게 된 기업(증여일이 속하는 사업연도의 직전 사업연도의 매출액이 3천억 원 이상인 기업 및 상호출자제한기업집단 내 기업은 제외)의 최대주주등인 경우로서 증여자와 그의 특수관계인의 주식등을 합하여 해당 기업의 발행주식총수등의 50%(한국거래소에 상장되어 있는 법인이면 30%) 이상을 계속하여 보유하는 경우에 한정하는 것임.

귀 질의의 경우, 「근로복지기본법」에 따른 우리사주조합의 조합원(甲법인의 근로자)은 「상속세 및 증여세법 시행령」 제12조의2 제1항 제2호·제6호 및 제2항·제3항 제1호에 따라 증여자인 대표이사 A의 특수관계인에 해당하는 것임(상속증여세과-314, 2014. 8. 20.).

7 50% 이상 여부 판단 시 자기주식은 발행주식총수에서 제외함

▶ 「상속세 및 증여세법」 제18조에 따른 가업상속공제를 적용함에 있어 같은 법 시행령 제15조 제3항에 따라 피상속인과 그의 특수관계인의 주식 등을 합하여

해당 기업의 발행주식총수의 100분의 50(한국거래소에 상장된 법인이면 100분의 30) 이상을 계속하여 보유하는지 여부를 판정할 때 주식발행법인이 보유하는 자기주식은 발행주식총수에서 제외하는 것임(서면법규과-1386, 2013. 12. 22.).

8 사내근로복지기금 보유 주식을 포함하여 50% 이상 여부 판단함

▶ 중소기업을 영위하는 비상장법인의 최대주주가 그와 특수관계에 있는 자의 주식을 합하여 해당 법인의 발행주식 총수의 100분의 50 이상을 보유하는 경우에는 「상속세 및 증여세법」 제18조 제2항 제1호에 포함되는 것임. 이 경우 사내근로복지기금은 「상속세 및 증여세법 시행령」 제15조 제3항의 최대주주 등과 특수관계에 있는 자에 해당되는 것임(기획재정부 재산세제과-1039, 2011. 12. 2.).

9 비상장기업이 상장한 경우 주식보유요건

- 증여일 전 10년간 비상장기업 당시 최대주주 등 지분이 34.5%, 50.7%, 49.9%이었다가, 2008년 상장하여 37.8%를 유지함.
- 위와 같이 증여일 현재 상장기업인 경우 지난 10년간 30% 이상 유지한 경우 증여세 과세특례가 적용되는지?

▶ 귀 질의의 비상장 중소기업이 상장되는 경우 「조세특례제한법」 제30조의6 제1항의 가업은 증여자가 10년 이상 계속하여 「상속세 및 증여세법 시행령」 제15조 제1항에 해당하는 중소기업의 최대주주 등인 경우로서 그와 특수관계에 있는 자의 주식 등을 합하여 해당 법인의 발행주식총수 등의 100분의 50, 한국거래소에 상장된 후에는 100분의 30 이상을 각각 보유한 경우에 한정하는 것임(재산세과-432, 2011. 9. 20.).

☞ 비상장기업이 상장한 후 주식을 증여하는 경우에도, 최대주주 등 지분율 요건은 비상장기업 기간은 50% 이상, 상장기업 기간은 30% 이상을 각각 유지하여야 한다는 해석임.

10 명의신탁주식은 실소유자 기준으로 지분율 산정함

▶ 「조세특례제한법」 제30조의6 제1항에 따른 증여세 과세특례규정을 적용함에 있어 증여자와 「상속세 및 증여세법 시행령」 제19조 제2항 각호의 어느 하나에

해당하는 특수관계에 있는 자가 명의신탁한 주식이 있는 사실이 명백히 확인되는 경우에는 그 명의신탁한 주식을 포함하여 같은 영 제15조 제3항의 요건을 충족하는지 여부를 판단하는 것임(재산세과-596, 2010. 8. 16.).

11 10년 이상 계속하여 최대주주 등에 해당하여야 함

- 1979년 [갑]이 A법인 설립 후 2007년 [을]에게 지분을 양도함.
- 2008년 A법인이 물적분할하고 2009년 [갑]이 분할 신설법인(B법인) 주식을 100% 인수함.
- 2009년 [갑]이 사망한 경우 B법인의 가업상속공제 여부 판단시 최대주주 등 요건은 상속개시 시점인지 아니면 일정기간 유지조건인지 여부?

▶「상속세 및 증여세법」제18조 제2항 제1호에 따른 가업상속공제 규정은 피상속인이 상속개시일 현재 10년 이상 계속하여 같은 법 시행령 제15조 제1항에 해당하는 중소기업의 최대주주 등인 경우로서 그와 특수관계에 있는 자의 주식 등을 합하여 해당 법인의 발행주식총수 등의 100분의 50(한국거래소에 상장되어 있는 법인이면 100분의 40) 이상인 경우에 적용되는 것임(재산세과-1406, 2009. 7. 10.).

☞ 최대주주 등의 지분 보유요건(50%, 상장 30%)은 상속개시일 전 10년 이상 기간 동안 계속 유지하여야 하는 것임.

12 최대주주 등이란 특수관계 주주 모두를 의미함

- 1998년 현재 특수관계인 해당 주주 지분이 88%(피상속인 55%)
- 2005년 피상속인이 상속인(장남)에게 주식을 증여하여 피상속인 지분은 15%, 상속인(장남)의 지분은 45%가 됨.
- 2008년 피상속인의 사망시 피상속인의 지분이 상속인보다 작은 경우에도 가업상속공제가 가능한지?

▶「상속세 및 증여세법 시행령」제15조의 규정에 의한 가업상속공제 요건을 충족한 경우에는 같은 법 제18조 제2항의 규정에 따라 상속세 과세가액에서 가업상속공제를 적용받을 수 있는 것임. 이 경우 피상속인과 같은 법 시행령 제19조 제2항 각호의 어느 하나에 규정하는 특수관계인의 보유주식 등을 합하여 최대주주 등에 해당하는 경우에는 피상속인 및 그와 특수관계에 있는 자 모두를 최대주주

등으로 보는 것임(재산세과-3185, 2008. 10. 8.).

☞ 최대주주 등의 지분 보유요건(50%, 상장 30%)은 피상속인과 그의 특수관계인 모두의 지분을 합하여 판단하는 것이며, 이 경우 피상속인의 지분이 작은 경우 에도 가업상속공제는 적용될 수 있는 것임.

(2) 일정기간 대표이사 등 재직요건

가업상속공제를 적용받기 위해서는 피상속인이 가업 영위기간 중 다음과 같은 대표 이사(개인사업자의 경우는 대표자) 재직 요건을 충족하여야 한다.

㉮ 전체 가업 영위기간 중 100분의 50 이상의 기간을 재직

㉯ 상속개시일부터 소급하여 10년 중 5년 이상의 기간을 재직

㉰ 10년 이상의 기간을 재직 후 상속인이 대표이사 등 직을 승계하여 승계한 날부터 상속개시일까지 계속 재직

이 경우 법인가업에 대한 피상속인의 요건 판단시 대표이사 재직기간은 피상속인이 가업을 영위하던 기간의 범위 내에서 계산하는 것[14]이며, 피상속인이 가업을 영위하는 경우란 「상속세 및 증여세법 시행령」 제15조 제3항의 요건(최대주주 등 지분율 50% (상장법인은 30%) 이상 계속보유)을 충족한 상태에서 가업의 관리 및 운영을 위하여 실제 가업운영에 참여하는 것을 말하는 것이므로,[15] 대표이사 재직기간은 법인의 설립 일부터 상속개시일까지의 기간 중 피상속인이 최대주주 등 지분율 요건을 충족하고 실 제 관리 및 운영에 참여한 시점을 기산점으로 하여 계산하여야 한다.

또한 대표이사로 재직한 경우란, 법인등기부에 등재되고 대표이사직을 수행하는 경 우를 말하는 것으로(재산세과-219, 2010. 4. 2.), 상법상 집행임원 설치회사에서는 대표집행 임원을 대표이사로 볼 수 있으며(상속증여세과-496, 2013. 8. 23.), 피상속인이 상속인과 공 동대표이사(또는 각자 대표이사)로 재직하거나 전문경영인 등과 공동대표이사로 재직 한 기간을 포함한다(법령해석재산-1278, 2018. 10. 16. 상속증여세과-77, 2013. 4. 26.).

---

14) 상증법 시행령 제15조 제3항 제1호 나목: "피상속인이 가업의 영위기간 중 다음 각목의 어느 하나에 해당 하는 기간을 대표이사로 재직한 경우"
15) 사전답변 법규재산 2013-432, 2014. 1. 22. 해석 참조

| 피상속인의 대표이사 재직요건 개정 연혁 |

2010. 2. 17. 이전 상속분	2010. 2. 18. ~ 2014. 2. 20. 상속분(① or ②)	2014. 2. 21. 이후 상속분(① or ② or ③)
가업영위기간 중 80% 이상	① 전체기간의 60% 이상 ② 상속개시일부터 소급하여 10년 중 8년 이상	① 전체기간의 50% 이상 ② 상속개시일부터 소급하여 10년 중 5년 이상 ③ 10년 이상 재직 후 상속인이 그 직을 승계하여 상속개시일까지 계속 재직

㉮ 전체 가업 영위기간 중 100분의 50 이상의 기간을 재직

법인의 경우, 설립일부터 상속이 개시되는 날까지의 기간 중 최대주주 등의 지분이 50%(상장법인은 30%) 이상 되는 시점부터 상속개시일까지의 기간을 기준으로 피상속인이 대표이사로 등재된 기간(통산 가능)이 50% 이상인지 여부로 판단한다.

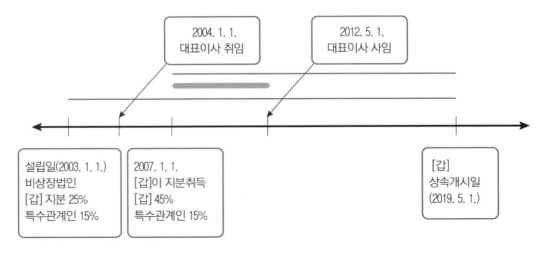

- 위 상속개시일 현재 비상장법인의 전체 사업영위기간은 16년 4월이며, [갑]의 대표이사 재직기간은 8년 4월(2004. 1. 1.~2012. 5. 1.)로 50% 이상 재직이나,
- 피상속인의 요건 중 [갑]과 그의 특수관계인(최대주주등)의 지분이 50% 이상인 요건을 충족하는 시점 이후 가업 영위기간은 12년 4월(2007. 1. 1.~2019. 5. 1.)이며
- 그 기간 중 [갑]이 대표이사로 재직한 기간은 5년 4월(2007. 1. 1.~2012. 5. 1.)이므로 50%(6년 2월)가 되지 않아 요건을 충족하지 못함.

한편, 개인기업의 경우 전체 가업 영위기간 중 대표자로 등재된 기간이 50% 이상인 경우 요건을 충족하나, 개인기업의 특성상 대표자를 변경하였다 함은 사업의 양도·양수 또는 폐업 후 다른 사업자가 개업하는 경우에 해당하므로 상속개시일 현재 가업에 해당하는 사업체의 사업자등록증상 대표자로 등재된 기간을 기준으로 50% 이상 대표자 재직 여부를 판단[16]하여야 할 것이다.

㉴ 상속개시일부터 소급하여 10년 중 5년 이상 재직

피상속인의 가업 대표이사 등 재직기간의 또 다른 요건인 상속개시일부터 소급하여 10년 중 5년 이상 재직요건은 전체 가업 영위기간 중 대표이사 재직기간이 50% 미만인 경우에도 상속개시일을 기준으로 소급하여 10년 중 5년 이상을 대표이사로 재직한 경우에 적용할 수 있는 요건이다.

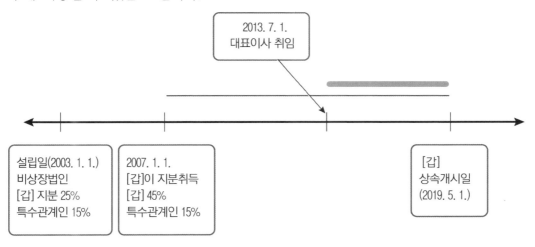

- [갑]과 그의 특수관계인(최대주주등)의 지분이 50% 이상이 되는 시점부터 가업을 영위한 기간은 12년 4월임(2007. 1. 1.~2019. 5. 1.).
- [갑]이 2013. 7. 1. 대표이사에 취임한 경우 대표이사 재직기간은 5년 10월로 전체 가업영위기간의 50%인 6년 2월에 미달하나, 상속개시일 전 10년 중 5년 이상 재직한 경우에 해당하므로 피상속인의 대표이사 재직요건을 충족함.

---

16) 조심 2010서3889, 2011. 6. 10. 참조

ⓒ 10년 이상 재직 후 상속인이 승계하여 상속개시일까지 재직

가업 영위기간 중 10년 이상의 기간을 대표이사로 재직한 후 상속인이 피상속인의 대표이사직을 승계하여 승계한 날부터 상속개시일까지 계속 재직한 경우에는 피상속인의 대표이사 등 재직요건을 충족한 것으로 보며, 2014. 2. 21. 이후 상속개시분부터 적용한다.

평균수명이 증가하여 피상속인 세대의 고령화가 가속화되고 상속이 개시되는 시기에는 상속인의 연령 또한 이미 고령화가 진행되는 점을 감안하여 조기에 가업을 승계하도록 요건을 완화한 것이다.

한편, 피상속인이 10년 이상 대표이사 재직 후 제3자에게 대표이사를 맡긴 후 상속인이 다시 승계하는 경우에는 해당 요건을 충족하지 못한 것이라는 해석[17]이 있으니 주의하여야 한다.

그 밖에 피상속인이 10년 이상 대표이사로 재직하고 상속인으로 대표이사직이 승계된 후 가업승계 증여세 특례 요건(대표이사 7년 유지)을 갖춘 후에 대표이사직이 다시 피상속인에게 승계되었다가 다시 상속인에게 승계된 후 피상속인이 사망한 경우 피상속인의 대표이사 재직요건을 충족한 것으로 본다[18].

필자 주

위 내용 중 10년 이상의 기간을 계산할 때, 상증령 제15조 제3항 제1호 가목 2)에서 "계속하여"라는 제한을 두고 있지 않으므로 10년 이상인지 여부는 통산하여 계산함이 타당하다.

---

17) 상속증여－5789, 2021. 8. 25.
18) 기획재정부 재산세제과－1084, 2023. 9. 15.

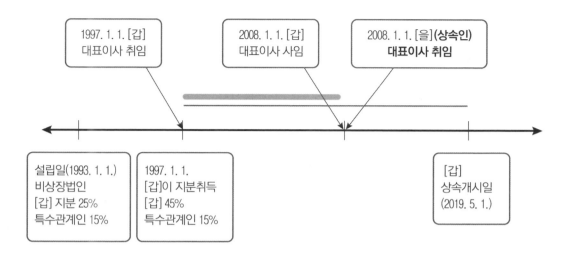

- [갑]과 그의 특수관계인(최대주주등)의 지분이 50% 이상이 되는 시점부터 피상속인이 가업을 영위한 기간은 11년임(1997. 1. 1.~2008. 1. 1.).
- [갑]이 1997. 1. 1. 대표이사에 취임하여 10년 이상 재직(11년) 후
- 2008. 1. 1. 상속인인 [을]이 대표이사직을 승계하고 상속개시일까지 계속 재직한 경우 피상속인의 대표이사 재직요건을 충족함.

필자 주

피상속인의 대표이사 등 재직요건은 상속개시일 현재 대표이사로 재직하지 않는 경우에도 적용[19]되는 것이나, 이 경우에도 "10년 이상 계속 영위한 가업" 요건을 충족하기 위해서는 상속개시일 현재 피상속인이 실제 가업을 영위하는 것으로 인정되어야 하는 것이다. 다만, 2014. 2. 21. 이후 상속개시분으로서 위 "㉰ 10년 이상 재직 후 상속인이 승계하여 상속개시일까지 재직"하는 경우에 해당한다면 상속개시일 전에 이미 가업을 승계한 경우로 볼 수 있으므로 상속개시일 현재 피상속인이 가업을 영위하지 않는 경우에도 적용되는 것으로 봄이 타당하며, 2022. 5. 30. 기획재정부 해석(조세법령운용과-571, 2022. 5. 30.)에 따라 "상속개시일 현재 피상속인이 가업을 경영할 것"은 가업상속공제 요건이 아니게 되었다.

---

19) 재산세과-463, 2011. 9. 30.

다. 상속인 요건

○ 아래 요건을 모두 충족(다만, (1), (2), (3) 요건을 상속인의 배우자가 모두 갖춘 경우에는 상속인이 그 요건을 충족한 것으로 함)
  (1) 상속개시일 현재 18세 이상일 것
  (2) 상속개시일 전 2년 이상 직접 가업에 종사할 것
  (3) 신고기한까지 임원에 취임하고 신고기한부터 2년 이내 대표이사 등에 취임할 것
  (4) 중견기업 상속의 경우 상속세 납부능력요건 신설(2019. 1. 1. 이후 상속개시분부터 적용)

(1) 상속개시일 현재 18세 이상일 것

가업을 상속받는 상속인 및 그 배우자가 상속개시일 현재 만 18세 이상이어야 한다.

(2) 상속개시일 전 가업종사 요건(2년 이상 가업에 종사)

㉮ 종사기간 통산 인정

2014. 2. 21. 「상속세 및 증여세법 시행령」 제15조 제4항 제2호 나목을 개정하여 상속인에 대한 가업종사 요건을 완화하였다. 즉, 개정 전에는 상속인이 상속개시일 2년 전부터 상속개시일까지 계속하여 직접 가업에 종사하는 경우만 가능했으나, 개정 후에는 상속개시일 전 상속인 및 그 배우자가 직접 가업에 종사한 기간을 통산하여 2년 이상인 경우 요건을 충족한 것으로 하였다.

구 분	2014. 2. 20. 이전 상속분	2014. 2. 21. 이후 상속분
상속개시 전 종사기간	상속개시일 2년 전부터 계속하여 직접 가업에 종사	상속개시일 전 가업에 종사한 기간이 2년 이상
종사기간 통산 여부	통산 불가	통산 가능

㉯ 부득이한 사유 신설

2년 이상 직접 가업에 종사하는 요건 중 기간에 대한 예외규정을 신설하여 상속인 및 그 배우자가 상속개시일 2년 전부터 가업에 종사한 경우로서 상속개시일부터 소급

하여 2년에 해당하는 날부터 상속개시일까지의 기간 중 법률에 따른 병역의무의 이행, 질병의 요양, 취학상 형편 등으로 가업에 직접 종사하지 못한 기간이 있는 경우에는 그 기간은 가업에 종사한 기간으로 보도록 하였다.

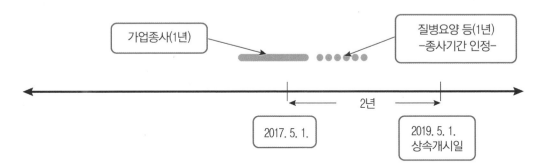

㉲ 종사기간 예외(가업 미종사)사유 확대

2014. 2. 21. 이후 상속분부터 가업에 직접 종사하지 않은 경우에도 상속인 요건을 충족한 것으로 인정하는 예외규정도 확대하여 ① 피상속인이 65세 이전에 사망하거나, ② 천재지변 및 인재 등 부득이한 사유로 사망한 경우에는 상속인의 종사기간이 없더라도 요건을 충족한 것으로 보도록 하였다.

구 분	2014. 2. 20. 이전 상속분	2014. 2. 21. 이후 상속분	2016. 2. 5. 이후 상속분
2년 이상 종사 예외	천재지변, 인재 등으로 인한 피상속인의 사망	- 피상속인이 60세 이전 사망 - 천재지변 및 인재 등으로 인한 피상속인의 사망	- 65세 이전 사망 - 좌 동

 참고

천재지변(天災地變)과 인재(人災)
• 천재지변이란 자연의 원인으로 발생하는 사고로서 자연재해라고도 한다. 이러한 천재지변은 기상(氣象)·지변(地變)·생물 등에 급격히 나타난 자연현상 때문에 입는 재난이며, 인간들에 의해 일어나는 인재(人災)와 크게 구별된다.

기상재해는 풍수해, 설해(雪害), 상해(霜害), 한해(旱害), 해일(海溢), 추위·더위·우박·안개·낙뢰·습기·파도 등으로 입는 피해를 말하며, 지변재해는 지진·화산폭발·산사태 등으로 입는 재난, 동물재해는 병충해·전염병·풍토병 등으로 입는 재난을 말한다.

• 인재란 인간에 의하여 일어나는 재해로서 화재, 폭발, 교통사고, 중금속오염, 충돌 등에 의한 재해를 말한다.

한편, 국세징수법 기본통칙 15-0…6에서는 "재해"에 대하여 정의하고 있는데, "재해"라 함은 진재, 풍수해, 낙뢰, 한해, 냉해 기타 자연현상의 이변에 의한 재해와 화재, 화약류의 폭발, 광해, 교통사고 기타의 인위에 의한 이상한 재해를 포함한다고 함으로써 자연재해와 인재를 모두 포함하는 개념으로 설명하고 있다.

(3) 임원 및 대표이사 등 취임 요건

상속인 및 그 배우자는 상속세 과세표준 신고기한까지 임원으로 취임하고, 상속세 신고기한부터 2년 이내에 대표이사 등으로 취임하여야 한다. 그러나 가업상속받은 기업이 다음의 요건을 모두 갖춘 경우에는 상속세 신고기한부터 2년 이내에 대표이사 등으로 취임하여야 한다는 요건은 적용하지 않는다.

① 본점 또는 주사무소("본사"라 한다)를 「조세특례제한법」 제99조의4 제1항 제1호 가목 1)부터 5)까지 외의 부분에 따른 기회발전특구로 이전하였거나, 본사가 기회발전특구에 소재하는 경우로서

② 기회발전특구에 소재하는 본사 및 그 밖의 사업장에서 해당 기업의 업무에 종사하는 상시 근무인원(「조세특례제한법 시행령」 제60조의2 제7항에 따른 상시 근무인원을 말한다)의 연평균 인원(매월 말 현재의 인원을 합하고 이를 해당 개월 수로 나누어 계산한 인원을 말한다)이 해당 기업의 업무에 종사하는 전체 상시 근무인원의 연평균 인원의 100분의 50 이상인 경우

○ 기회발전특구란?

「조세특례제한법」 제99조의4 제1항 제1호

가. 취득 당시 「지방자치분권 및 지역균형발전에 관한 특별법」 제2조 제13호에 따른
기회발전특구(같은 법 제2조 제12호에 따른 인구감소지역, 「접경지역 지원 특별
법」 제2조 제1호에 따른 접경지역이 아닌 수도권과밀억제권역 안의 기회발전특구
는 제외한다. 이하 이 조 및 제5장의 11에서 "기회발전특구"라 한다)에 소재하거
나 다음의 어느 하나에 해당하는 지역을 제외한 지역으로서 「지방자치법」 제3조
제3항 및 제4항에 따른 읍·면 또는 인구 규모 등을 고려하여 대통령령으로 정하
는 동(별표 12에 따른 시 지역에 속한 동으로서 보유하고 있던 일반주택이 소재하
는 동과 같거나 연접하지 아니하는 동을 말한다)에 소재할 것

- 「지방자치분권 및 지역균형발전에 관한 특별법」 제2조 제13호
"기회발전특구"란 개인 또는 법인의 대규모 투자를 유치하기 위하여 관계 중앙행정
기관과 지방자치단체의 지원이 필요한 곳으로 제23조에 따라 지정·고시되는 지역
을 말한다.

| 임원 등 취임에 관한 개정연혁 |

구 분	2007. 12. 31. 이전 상속개시분	2008. 1. 1.~2009. 2. 3. 상속개시분	2009. 2. 4. 이후 상속개시분
임원취임 요건	×	×	상속세 신고기한 내
대표이사 등 취임요건	×	상속세 신고기한 내	상속세 신고기한부터 2년 이내

(4) 상속세 납부능력 요건(2017. 12. 19. 신설, 2019. 1. 1. 이후 상속분부터 적용)

2017. 12. 19. 상속세 및 증여세법 개정 시 가업상속인의 상속세 납부능력 요건을 추
가 신설(상증법 §18 ③)하였으며, 이는 동 부칙 제1조에 따라 2019. 1. 1. 이후 상속이 개시
되는 분부터 적용한다.

중소기업의 기술 및 경영노하우의 효율적 전수와 활용을 통하여 기업경쟁력을 확보
하고, 상속세로 인하여 가업상속인이 가업을 성공적으로 유지·존속시키지 못하는 경
우를 방지하기 위한다는 가업상속공제 제도의 취지 등을 감안하여 중견기업의 상속에

대하여는 상속세 납부시 다른 상속재산이 없어 가업상속재산을 매각해야만 하는 등 가업승계가 어렵다는 것을 입증하게 하는 "상속세 납부능력 요건"을 신설한 것이다.

㉮ 중견기업의 상속일 것
㉯ 납부능력 기준요건을 충족할 것
　　가업상속재산 외 상속재산가액 ≤ 가업상속인 해당 상속세 × 2

㉮ 중견기업의 상속일 것

중소기업을 가업으로 상속받는 경우에는 위 납부능력 요건을 적용받지 않으며, 상속세 납부능력 요건은 중견기업을 가업으로 상속받는 경우에 한하여 적용된다.

㉯ 납부능력 기준요건 충족

가업을 상속받거나 받을 상속인의 가업상속재산 외에 받거나 받을 상속재산의 가액이 해당 상속인이 상속세로 납부할 금액에 2를 곱한 금액을 초과하면 해당 상속인이 받거나 받을 가업상속재산에 대해서는 가업상속공제를 적용하지 않는다(상증법 §18의2 ②).

납부능력 기준충족 요건: ① ≤ ②
① 가업상속인의 가업상속재산 외 상속재산가액
② 가업상속인이 부담하는 상속세액 × 2

---

① 가업상속인의 가업상속재산 외 상속재산가액
　가업상속공제를 신청한 가업상속인의 가업상속재산 외 상속재산가액이란, 상속재산 중 가업에 직접 사용되는 사업용 자산 외의 상속재산으로서 해당 가업상속인에 대한 사전증여재산을 포함하고 해당 가업상속인이 부담하는 채무액을 차감한 가액을 말한다.

해당 가업상속인의 ┃ 상속재산
　　　　　　　　　┃ + 상속개시일 전 10년 이내 사전증여재산가액
　　　　　　　　　┃ - 부담 채무
　　　　　　　　　┃ - 가업상속재산가액

② 가업상속인이 부담하는 상속세액

해당 가업상속인이 부담하는 상속세액이란, 가업상속공제를 받지 않았을 경우를 상정하여 상속세 및 증여세법 제3조의2 제1항 및 제2항(상속세 납부의무)에 따라 계산한 가업상속인이 납부할 상속세액을 말한다.

● **사례**

□ 상속개시일: 2023. 2. 1.

　상속인: 자2(갑, 을)

　상속재산가액

　－ 100억 원

　　• 가업상속재산 40억 원, 중견기업 주식, 가업상속인 － [갑]이 상속

　　• 예금 등 40억 원 중 10억 원 [갑], 30억 원 [을]이 상속

　　• 부동산 20억 원 [갑]이 상속

　－ 사전증여재산가액: 갑(0억 원), 을(10억 원)

　－ 채무: 갑(10억 원), 을(20억 원)

○ 상속세 납부능력요건 계산

　－ 중견기업의 가업상속: 해당

　－ 납부능력요건(가업상속재산 외 상속재산가액≤가업상속인 해당 상속세×2)

　　① 가업상속재산 외 상속재산가액

　　• 가업상속인 [갑]이 받은 상속재산가액: 70억 원

　　　＋ [갑]이 받은 사전증여재산가액: 0억 원

　　　－ [갑]이 부담한 채무: 10억 원

　　　－ 가업상속재산가액: 40억 원

　　　＝ 20억 원

　　② 가업상속인 해당 상속세액

　　　－ 상속세 과세가액: 80억 원(100+10－30)

　　　－ 상속세 과세표준: 73억 원(80－5(일괄공제)－2(금융재산))

　　　－ 상속세 산출세액: 31.9억 원

　　　－ [갑]의 상속세 상당액

　　　31.9 × [{63.5 × (60/70)} / 73] ＝ 23.7억 원

　　　[23.7억 원 × 2 ＝ 47.4억 원]

③ 20억 원 ≤ ② 47.4억 원 → 요건충족

(5) 상속인의 배우자가 요건을 갖춘 경우 인정

2014. 2. 21. 이후 상속개시분부터는 위 상속인의 요건 중 (1) 상속개시일 현재 18세 이상, (2) 상속개시일 전 2년 이상 가업에 종사, (3) 상속세 과세표준 신고기한까지 임원으로 취임하고 상속세 신고기한부터 2년 이내에 대표이사 등으로 취임하는 3가지 요건을 그 상속인의 배우자(피상속인의 사위, 며느리)가 모두 충족하는 경우에 상속인이 그 요건을 충족한 것으로 보도록 완화하였다.

한편, 최근 해석(법령해석재산-2084, 2016. 10. 25.)에 따르면 상속인의 배우자가 대표이사 등으로 취임하는 경우 상속인이 그 요건을 충족하는 것으로 보는 규정은 법인사업자에게만 적용된다고 하고 있다.

【참고】2016. 2. 4. 이전 상속의 경우 상속인 1명이 가업을 전부 상속받는 요건

2016. 2. 5. 「상속세 및 증여세법 시행령」 개정시 "상속인 1인이 가업을 전부 상속" 요건이 삭제되었다. 즉 2016. 2. 5. 이후 상속개시분부터는 다수의 상속인 중 다른 상속인 요건((1), (2), (3))을 충족한 상속인들이 공동으로 가업을 상속받는 경우 가업상속공제가 가능하게 되었다.

□ **2016. 2. 4. 이전 상속개시분에 대해서만 적용**

상속인 1명이 해당 가업의 전부를 상속받는 경우이어야 하나, 2014. 2. 21. 이후 상속개시분부터는 "가업의 전부"에서 "「민법」 제1115조[20]【유류분의 보전】에 따른 유류분 반환청구에 따라 다른 상속인이 받았거나 받을 상속재산(이하 "유류분 상속재산"이라 한다)"을 제외함으로써 유류분 반환청구로 부득이하게 가업의 전부를 1명이 상속받지 못하는 경우에도 해당 요건을 충족한 것으로 보도록 하였다.

다만, 이 요건을 완화하는 대신 가업상속공제 대상 가업상속재산에서 위 "유류분 상속재산"을 제외하도록 함으로써 가업상속공제 대상이 줄어들 수 있으므로 이에 대한 사전 검토가 필요하다 하겠다.

---

20) 민법 제1115조【유류분의 보전】
　① 유류분권리자가 피상속인의 제1114조에 규정된 증여 및 유증으로 인하여 그 유류분에 부족이 생긴 때

㉮ 유류분과 유류분의 보전

유류분이란, 사적자치의 원칙에 따른 피상속인의 유언자유의 원칙과 피상속인 사후에 부양가족 등 상속인에 대한 부양을 보장하기 위한 법정상속제도 사이에 존재하는 모순을 해결하기 위한 제도로서 일정한 범위의 상속인에 대하여는 일정한 비율의 상속재산을 최소 확보할 수 있도록 배려한 것이다.[21]

즉, 「민법」 제1112조에서는 다음과 같이 각 상속인별 유류분을 규정하고 있다.

구 분	유류분
피상속인의 직계비속	법정상속분의 2분의 1
피상속인의 배우자	법정상속분의 2분의 1
피상속인의 직계존속	법정상속분의 3분의 1
피상속인의 형제자매	법정상속분의 3분의 1

피상속인의 증여 또는 유증으로 인하여 위와 같은 유류분에 상당하는 상속재산을 받지 못함으로써 유류분을 침해받은 유류분권리자는 민법 규정에 따라 자기의 유류분을 보전할 수 있다.

즉, 유류분권리자는 본인의 유류분에 부족한 한도에서 증여된 재산 또는 유증재산의 반환을 청구할 수 있다. 한편, 이러한 반환청구권은 반드시 행사하여야 하는 것은 아니며 유류분권리자의 의사에 따른다.

㉯ 유류분 반환청구의 방법 및 범위

유류분 반환청구는 유류분권리자가 증여받거나 유증받은 자에 대하여 의사표시를 하는 방법으로 행사할 수 있으며, 재판상 또는 재판 외에서 행사될 수 있다.[22]

유류분 반환청구는 증여 또는 유증을 받은 다른 공동상속인들 중 그 받은 재산의 가액이 자기 고유의 유류분액을 초과하는 상속인을 대상으로 하여야 하며, 청구 범위는 그 유류분액을 초과한 금액의 비율에 따라야 한다고 해석하고 있다.[23]

에는 부족한 한도에서 그 재산의 반환을 청구할 수 있다.

② 제1항의 경우에 증여 및 유증을 받은 자가 수인인 때에는 각자가 얻은 유증가액의 비례로 반환하여야 한다.

21) 김주수·김상용, 친족·상속법 제11판 p.791 참조

22) 대법원 2002. 4. 26. 선고 2000다8878

23) 대법원 1995. 6. 30. 선고 93다11715

민법 제1113조 제1항은 유류분은 피상속인의 상속개시시에 있어서 가진 재산의 가액에 증여재산의 가액을 가산하고 채무의 전액을 공제하여 이를 산정한다고 규정하고 있고, 같은 법 제1115조 제1항은 유류분권리자가 피상속인의 제1114조에 규정된 증여 및 유증으로 인하여 그 유류분에 부족이 생긴 때에는 부족한 한

예시 1

구 분	사전증여	상속 (유증)	증여·상속 계	각자의 유류분액	유류분 초과액	반환 대상액
상속인 A(자1)	2억 원	2억 원	4억 원	1억 원*	3억 원	0.75억 원**
상속인 B(자2)	2억 원	0	2억 원	1억 원	1억 원	0.25억 원
상속인 C(자3)	0	0	0	1억 원	(△1억 원)	(청구권자)
계	4억 원	2억 원	6억 원		4억 원	1억 원

- 유류분 청구권자: 상속인 C
* 유류분: 증여·상속재산 계 6억 원 × 유류분 1/6 (1/3 × 1/2) = 1억 원
** 반환대상액: A-1억 원(C의 유류분 부족액) × 3억 원/4억 원 = 0.75억 원
　　　　　　 B-1억 원(C의 유류분 부족액) × 1억 원/4억 원 = 0.25억 원

예시 2 상속인 외의 자가 유증 등을 받은 경우

구 분	사전증여	상속 (유증)	증여·상속 계	각자의 유류분액	유류분 초과액	반환 대상액
상속인 A(자1)	4억 원	2억 원	6억 원	2억 원*	4억 원	1.33억 원***
상속인 B(자2)	0	0	0	2억 원	(△2억 원)	(청구권자)
제3자 C	0	2억 원	2억 원	0	2억 원**	0.67억 원
계	4억 원	4억 원	8억 원		6억 원	2억 원

- 유류분 청구권자: 상속인 B
* 유류분: 증여·상속재산 계 8억 원 × 유류분 1/4 (1/2 × 1/2) = 2억 원
** 제3자는 유류분이 없으므로 유증받은 재산가액 2억 원이 초과액임.
*** 반환대상액: A-2억 원(B의 유류분 부족액) × 4억 원/6억 원 = 1.33억 원
　　　　　　　 C-2억 원(B의 유류분 부족액) × 2억 원/6억 원 = 0.67억 원

㉱ 가업상속과 유류분의 보전

　2014. 2. 21. 이후 상속개시분부터 상속인 1명이 가업의 전부를 상속받아야 한다는 요건이 다소 완화되었다. 즉, 가업을 상속받지 못한 다른 상속인이 「민법」 제1115조에

도에서 그 재산의 반환을 청구할 수 있다고 규정하고 있고, 그 제2항은 제1항의 경우에 증여 및 유증을 받은 자가 수인인 때에는 각자가 얻은 유증가액의 비례로 반환하여야 한다고 규정하고 있으므로 유류분권리자가 유류분반환청구를 하는 경우에 증여 또는 유증을 받은 다른 공동상속인이 수인일 때에는 민법이 정한 유류분 제도의 목적과 같은 법 제1115조 제2항의 규정취지에 비추어 유류분권리자는 그 다른 공동상속인들 중 증여 또는 유증을 받은 재산의 가액이 자기 고유의 유류분액을 초과하는 상속인을 상대로 하여 그 유류분액을 초과한 금액의 비율에 따라 반환청구를 할 수 있다고 보아야 할 것이다.

따라 유류분 반환청구권을 행사하여 그 가업에 해당하는 상속재산을 공동으로 상속받게 되는 경우에도 이 요건을 충족한 것으로 하되, 그 유류분 상속재산은 상속공제 대상에서는 제외하도록 한 것이며, 일반적으로 피상속인의 유언에 의하여 상속인 1인이 가업상속재산 전부를 상속받는 경우에 적용된다.

예시 3

구 분		상속 (유증)	상속계	각자의 유류분액	유류분 초과액	반환 대상액
상속인 A(자1)	가업	100억 원	100억 원	30억 원*	70억 원	7억 원**
	일반	0				
상속인 B(자2)	일반	60억 원	60억 원	30억 원	30억 원	3억 원
상속인 C(자3)	일반	20억 원	20억 원	30억 원	(△10억 원)	(청구권자)
계		180억 원	180억 원		100억 원	10억 원

- 유류분 청구권자: 상속인 C
- * 유류분: 증여·상속재산 계 180억 원 × 유류분 1/6 (1/3 × 1/2) = 30억 원
- ** A의 반환대상액: 10억 원(C의 유류분 부족액) × 70억 원/100억 원 = 7억 원 → **"유류분 상속재산"**

위 사례의 경우 상속인 C가 유류분 반환청구를 하여 상속인 A로부터 7억 원을 반환받게 된다면, 상속인 요건을 충족하면서 가업을 상속인 A와 상속인 C가 공동으로 상속받게 되나 가업상속공제는 종전 100억 원[24]에서 93억 원으로 감소하게 된다.

"상속인 요건" 유형별 판단 사례

㉮ 상속개시일 전 가업종사 요건

1 가업미종사 부득이한 사유 해당 여부

▶ 가업상속공제를 적용함에 있어, 피상속인이 자살로 사망한 경우는 상속인의 상속개시 전 가업종사요건(2년)의 예외사유인 피상속인이 인재 등 부득이한 사유로 사망한 경우에 해당하는 것임(사전법규재산 - 0515, 2023. 9. 25.).

---

24) 다른 요건을 모두 충족했다고 가정하고 가업상속재산의 100%

2 상속인이 상속개시일 현재 가업에 종사하지 않은 경우

▶ 귀 질의의 사실관계와 같이, 가업상속공제 적용 시 상속인은 상속개시일 현재 가업에 종사하지 아니한 경우에도 「상속세 및 증여세법 시행령」 제15조 제3항 제2호 각 목의 요건을 모두 충족하는 경우 적용받을 수 있는 것임(상속증여-0259, 2023. 7. 6.).

3 상속개시일 전 2년 이상 종사 여부

▶ 개시점이 불분명하다는 이유로 공제 자체를 부인하는 것은 가혹한 측면이 있고, 유학을 마친 후 가업기업에 복귀하여 현재까지 지속적으로 가업기업을 경영하면서 가업을 승계·유지하고 있는 점 등에 비추어 처분청이 과세사실판단 자문위원회의 의결을 거쳐 청구인들의 경정청구를 인용하기로 결정하였음에도, 감사원의 시정요구에 따라 재차 상속세를 부과한 처분은 잘못임(조심 2018서 4591, 2020. 1. 13.).

4 2개 이상의 가업을 가업별 공동상속 또는 단독상속하고 공동대표 또는 단독 대표이사로 취임한 경우

▶ 피상속인이 3개의 독립된 기업을 영위하다가 사망하여 기업별로 상속인이 피상속인의 주식 등을 공동상속 또는 단독상속하고 해당 상속인이 (공동)대표이사로 취임하여 상속세 및 증여세법 제18조 제2항 제1호 및 같은 법 시행령 제15조에 따른 가업상속공제의 요건을 모두 갖춘 경우에는 3개 기업의 가업상속재산에 대하여 가업상속공제를 적용받을 수 있는 것이며, 가업상속의 공제한도 및 순서는 같은 법 시행규칙 제5조에 따라 공제하는 것임.
이 경우 상속인의 배우자가 같은 법 시행령 제15조 제3항 제2호 각목에 따른 요건을 모두 갖춘 경우에는 상속인이 그 요건을 갖춘 것으로 보는 것임(사전-법령해석재산-0480, 2017. 10. 12.).

5 상속인의 가업종사 예외인 피상속인의 연령 범위

▶ 1. 가업상속공제를 받기 위해서는 상속인이 상속세 및 증여세법 시행령 제15조 제4항 제2호 각목의 요건(상속인의 배우자가 가목, 나목 및 라목의 요건을 모두 갖춘 경우에는 상속인이 그 요건을 갖춘 것으로 본다)을 모두 갖추어야 함.

2. 이 경우 상속세 및 증여세법 시행령 제15조 제4항 제2호 나목 단서에 따른 '피상속인의 60세 이전'은 상속개시일 현재 피상속인의 연령을 민법 제158조 등에 따라 계산하며 피상속인의 연령이 60세인 경우를 포함하는 것임(상속증여-3407, 2016. 4. 26.).

6 상속인이 상속개시일 2년 전부터 가업에 종사하지 않고 부득이한 사유 발생시

- 2005년 6월 부친이 갑자기 사망한 경우임.
- 본인은 27세로 대학 3년 수료 중 군복무를 위해 휴학하고 2015년 5월 제대 후 복학하여 재학 중에 있음.
- 가업상속공제 관련 상속인 요건 중 상속개시일 전 2년 전부터 계속 직접 가업에 종사한 경우에 해당하는지?

▶「상속세 및 증여세법」제18조 제2항 제1호에 따른 가업상속은 피상속인 및 상속인이 같은 법 시행령 제15조 제4항 각호의 요건을 모두 갖춘 경우에만 적용되는 것으로서, 귀 질의의 경우 같은 법 시행령 제15조 제4항 제2호 나목의 요건을 충족하지 아니한 것임(상증, 서면-2015-상속증여-1078, 2015. 7. 16.).

☞ 2014. 2. 21.「상속세 및 증여세법 시행령」제15조 제4항 제2호 나목을 개정하여 상속개시일 2년 전부터 가업에 종사하던 중 상속개시일부터 소급하여 2년이 되는 날부터 상속개시일 사이에 군복무 등 부득이한 사유로 가업에 종사하지 못한 경우 그 기간은 가업에 종사한 것으로 예외를 인정하였으나, 상속개시일 2년 전부터 가업에 종사하지 않은 경우에는 위 규정이 적용되지 않는 것이라는 해석임.

7 실제 감사로 가업에 종사한 경우

- 피상속인의 배우자가 가업해당 법인의 임원인 감사로 상속개시일 전 2년 전부터 계속 재직하나 상근하지는 않는 경우임.
- 가업상속공제 관련 상속인 요건 중 상속개시일 전 2년 전부터 계속 직접 가업에 종사한 경우에 해당하는지?

▶「상속세 및 증여세법」제18조 제2항 제1호에 따른 가업상속은 피상속인 및 상속인이 같은 법 시행령 제15조 제4항 각호의 요건을 모두 갖춘 경우에만 적용

되는 것임.

귀 질의의 경우 상속인이 상속개시일 전 2년 전부터 계속하여 감사로 직접 가업에 종사한 경우는 상속개시일 2년 전부터 계속하여 직접 가업에 종사한 경우에 포함하는 것이나, 실제로 직접 종사하였는지 여부는 사실 확인하여 판단할 사항임(재산세과-3145, 2008. 10. 7.).

▶ '상속인의 가업 종사여부'는 전적으로 가업에만 종사한 경우 뿐 아니라 겸업의 경우에도 그 가업의 경영과 의사결정에 있어서 중요한 역할을 담당하였다면 '상속인이 가업에 직접 종사한 경우'에 포함된다고 해석해야 할 것임(서울행정법원-2014-구합-59832, 2015. 4. 16.).

8) 피상속인이 심장마비로 갑자기 사망한 경우 예외사유에 해당하지 않음

> – 개인사업을 영위하던 피상속인이 스트레스를 받아 심장마비로 갑자기 사망한 경우임.
> – 가업상속공제 관련 상속인 요건 중 가업에 종사하지 않아도 되는 예외에 해당하는지?

▶ 「상속세 및 증여세법」 제18조 제2항 제1호에 따른 가업상속은 피상속인 및 상속인이 같은 법 시행령 제15조 제4항 각호의 요건을 모두 갖춘 경우에만 적용되는 것으로서, 귀 질의와 같은 경우는 위 시행령 같은 항 제2호 나목 단서에서 규정한 부득이한 사유가 있는 경우에 해당하지 않는 것임(재산세과-821, 2010. 11. 3., 재산세과-85, 2010. 2. 10.).

　☞ 「상속세 및 증여세법 시행령」 제15조 제4항 제2호 나목 단서에서 규정하는 상속인의 가업종사 예외사유는 피상속인이 천재지변 및 인재 등으로 갑자기 사망한 경우에 적용되는 것으로, 이러한 재해에 해당하지 않는 질병사망에 대해서는 동 규정을 적용받을 수 없는 것임.

9) 군복무로 인해 휴직 후 재입사한 경우 재입사 전 가업종사 기간을 포함함

> – 2005년부터 1년 6월 기간을 가업에 종사하다 군복무로 휴직하고 군복무 후 2009년 2월부터 계속 근무 중

- 부친이 2010년 6월 갑자기 사망한 경우임.
- 가업상속공제 관련 상속인 요건 중 상속개시일 전 2년 전부터 계속 직접 가업에 종사한 경우에 해당하는지?

▶ 「상속세 및 증여세법 시행령」 제15조 제4항 제2호 나목을 적용함에 있어 상속인이 가업에 종사하다가 군복무로 인해 부득이 휴직한 후 군복무를 마치고 다시 입사한 경우 재입사 전 가업에 종사한 기간을 포함하여 계산하는 것이며, 군복무로 인해 휴직하였는지 여부는 사실 판단할 사항임(재산세과－741, 2010. 10. 11.).

☞ 2014. 2. 21. 「상속세 및 증여세법 시행령」 제15조 제4항 제2호 나목을 개정하여 상속개시일 2년 전부터 가업에 종사하던 중 상속개시일부터 소급하여 2년이 되는 날부터 상속개시일 사이에 군복무 등 부득이한 사유로 가업에 종사하지 못한 경우 그 기간은 가업에 종사한 것으로 하였으나, 개정 전에는 그러한 예외규정이 없어 해석으로 인정한 사례임.

㉯ 가업의 공동상속(2016. 2. 5. 이후 상속개시분)

1 1개 가업을 공동상속받은 경우 요건을 충족한 자의 지분에 대해서는 가업상속공제 가능함

▶ 〈질의1〉 피상속인이 10년 이상 영위한 사업에 사용되던 제1공장과 제2공장의 기계·설비 등을 상속개시 전 제3공장으로 이전하여 가업을 계속 영위하다가 제1공장은 매각되었으나 제2공장은 매각되지 않은 상태에서 상속이 개시된 경우 「상속세 및 증여세법」 제18조 제2항 제1호에 따른 '가업상속 재산가액'은 상속개시일 현재 가업에 직접 사용되는 제3공장의 부동산 및 기계·설비 등의 가액을 말하는 것임.

〈질의2〉 가업상속공제를 적용함에 있어 상속인은 「상속세 및 증여세법 시행령(2016. 2. 5. 대통령령 제26960호로 개정된 것)」 제15조 제3항 제2호에 따라 상속개시일 현재 18세 이상이어야 하고, 상속개시일 전에 2년 이상 직접 가업에 종사하여야 하며, 상속세 과세표준 신고기한까지 임원으로 취임하고 상속세 신고기한부터 2년 이내에 대표자로 취임하여야 하는 것임. 이 경우 1개 가업을 공동상속한 경우 대표자 승계지분에 대해 가업상속공제를 적용하는 것임(사전－2016－법령해석재산－0238, 2016. 7. 29.).

▶ 귀 〈질의1, 2〉의 경우 「상속세 및 증여세법」 제18조 제2항 제1호에 따른 가업상속공제는 같은 법 시행령 제15조 제3항에 따른 피상속인과 상속인 요건을 갖추어야 하며, 가업상속재산 중 일부만 가업상속공제의 요건을 충족한 상속인이 상속받은 경우에도 적용받을 수 있는 것임(상속증여-3909, 2016. 9. 27.).

2 **2개의 가업을 각각 상속받는 경우에도 요건을 갖춘 경우 공제됨**

▶ 1. 2016. 2. 5. 이후 상속부터는 「상속세 및 증여세법」 제18조 제2항 제1호에 따른 가업상속공제 적용시 상속인(상속인의 배우자가 상속세 및 증여세법 시행령 제15조 제3항 제2호 각목의 요건을 모두 갖춘 경우에는 상속인이 그 요건을 갖춘 것으로 본다)이 상속세 및 증여세법 시행령 제15조 제3항 제2호 각목의 요건을 모두 갖춘 경우에 적용하는 것임.

2. 「조세특례제한법」 제30조의6 제1항에 따른 가업의 승계에 대한 증여세 과세특례는 2 이상의 가업 전부를 승계받을 목적으로 주식 등을 증여받은 수증자 1인이 증여세과세표준 신고기한까지 가업에 종사하고 증여일부터 5년 이내에 대표이사에 취임한 경우에 적용하는 것임(상속증여-3616, 2016. 5. 17.).

㉢ **가업의 전부를 상속인 1인이 상속받아야 한다는 요건(2016. 2. 4. 이전 상속 개시분)**

1 **가업이 2개 이상인 경우**

▶ 「상속세 및 증여세법」 제18조 제2항 제1호에 따라 가업상속공제 대상이 되는 2개 이상의 기업을 상속인 1인이 전부 상속받은 경우 가업상속공제는 같은 법 제18조 제3항 및 같은 법 시행령 제15조 제11항에 따라 상속세 과세표준 신고시 가업상속재산명세서 및 가업상속사실을 입증할 수 있는 서류를 제출한 기업에 대하여 적용하는 것임(기획재정부 재산세제과-255, 2014. 3. 11.).

▶ 2개 이상 복수의 가업 모두를 상속받는 상속인 1명에 대해서만 가업상속공제가 적용됨(기획재정부 재산세제과-35, 2012. 1. 16.).

> - 피상속인이 영위하던 중소기업을 2개의 법인으로 분할하여 2명의 상속인에게 각각 상속하는 경우 가업상속공제를 적용받을 수 있는지?

▶ 「상속세 및 증여세법」 제18조 제2항 제1호에 따른 가업이 「법인세법」을 적용받는 가업인 경우에는 상속재산 중 가업에 해당하는 법인의 주식 등을 「상속세 및 증여세법 시행령」 제15조 제4항 제2호 가목 및 나목의 요건을 모두 갖춘 상속인 1명이 전부 상속받은 경우에 한정하여 가업상속공제를 적용받을 수 있는 것임(기획재정부 재산세제과-287, 2011. 4. 19.).

▶ 피상속인이 2 이상의 독립된 사업장을 영위한 경우에 「상속세 및 증여세법」 제18조 제2항 제1호 및 같은 법 시행령 제15조 제3항의 규정에 의한 가업 해당 여부는 각 사업장별로 판단하는 것이며, 같은 법 시행령 제15조 제4항 제2호 가목 및 나목의 요건을 모두 갖춘 상속인 1명이 해당 가업의 전부를 상속받는 경우 가업상속공제를 적용받을 수 있는 것임(재산세과-1014, 2009. 12. 15.).

☞ 피상속인이 2개 이상의 기업을 영위하다 사망한 경우 각각의 기업이 가업상속공제 대상 가업에 해당하는지 여부는 각 기업별(개인기업의 경우는 독립사업장별)로 판단하는 것이다(가업상속공제를 각각 적용한다는 것이 아니라 가업에 해당하는지 여부만 각각 판단한다는 내용임).

필자 주

2012. 1. 16. 기획재정부 해석(재산세제과-35) 등에서 '2개 이상 복수의 가업 모두를 상속받은 상속인 1명에 대해서만 가업상속공제가 적용'된다고 해석하고 있는바, 그 내용이 2개 이상의 가업 모두를 반드시 상속인 1명이 상속받아야만 공제가 가능한 것인지 아니면 납세자의 선택에 의하여 공제받을 수 있는지 여부가 명확하지 않았으나, 2014. 3. 11. 기획재정부해석(재산세제과-255)에서 2개 이상의 기업이 가업상속공제 요건을 모두 갖춘 경우 납세자가 선택하여 상속세 과세표준 신고시 가업상속관련 서류를 제출한 기업에 대해서만 적용한다고 명확하게 해석하였다.

가업상속공제는 납세자에게 혜택을 주기 위한 제도이므로 납세자가 선택하여 신청하지 않은 다른 가업에까지 가업상속공제를 적용할 수는 없으며, 그 신청하지 않은 가업이 상속인 요건 등을 갖추지 않았다 하여 전체 가업상속공제를 부인함은 적절하지 않고, 또한 가업상속공제 요건은 상속개시 후 상속인 등이 사후관리를 이행하여야 하며 그 과정에서 공제가 배제되어 상속세가 추징될 수 있는 점 등을 감안하면 2개 이상의 가업 중 납세자가 선택하여 신청한 가업에 한하여 가업상속공제 요건을 검토하여 적용함이 타당하다는 취지의 해석으로 볼 수 있다.

2 상속세 신고기한 내 재분할하는 경우

- 2012년 1월 피상속인이 사망하였고, 2012년 5월 가업에 사용하던 토지와 건물에 대해 상속인 4명이 공동소유로 상속등기 완료함.
- 피상속인이 운영하던 기업은 가업상속공제 대상에 해당하며 피상속인의 배우자를 대표자로 하여 사업자등록 후 그 배우자가 직접 운영하고 있음.
- 가업상속공제 요건 중 '상속인 1명이 가업의 전부를 상속받아야 한다'는 요건을 충족시키기 위해 4명 공동 상속등기된 가업용 토지, 건물을 상속인 간 재협의분할을 통해 상속세 신고기한 내 배우자 단독으로 재분할하는 경우 가업상속공제를 적용받을 수 있는지?

▶ 귀 질의의 경우, 「상속세 및 증여세법」 제18조 제2항 제1호에 따른 가업이 「소득세법」을 적용받는 가업인 경우에는 상속재산 중 가업에 직접 사용되는 토지, 건축물, 기계장치 등 사업용 자산을 「상속세 및 증여세법 시행령」 제15조 제4항 제2호 가목 및 나목의 요건을 모두 갖춘 상속인 1명이 전부 상속받은 경우에 한정하여 가업상속공제를 적용받을 수 있는 것임. 이때 공동상속인이 상속개시후 최초 협의분할하여 등기된 사업용 부동산을 상속세 과세표준 신고기한 이내에 재분할하여 피상속인의 배우자 1인 단독명의로 재등기하는 경우에는 그 피상속인의 배우자 1명이 사업용 부동산을 전부 상속받은 것으로 보는 것임(재산세과-309, 2012. 8. 30.).

☞ 상속재산은 공동상속인 간에 협의에 의하여 분할할 수 있으며, 민법에서는 그 회수의 제한을 두고 있지 않고 재협의 분할의 경우 소급효를 인정하고 있다. 다만, 상증법 제31조 제3항에서는 일정사유 외에 최초 분할로 상속분이 확정된 후 재협의분할시 재산이 증가된 경우 증여세를 과세하고 있으나, 이 경우에도 상속세 신고기한 내 재분할의 경우는 예외를 인정하고 있다. 따라서, 상증법상 증여에 해당하지 않고 민법에서도 소급효를 인정하고 있으므로 상속개시일 현재 배우자가 모두 상속받은 것으로 볼 수 있다는 취지이다.

3 가업 주식 일부를 공익법인에 출연한 경우

- 가업상속공제 요건을 갖춘 가업의 주식을 父 4,000주(40%), 자1 2,000주(20%), 자2 1,000주(10%), 母 3,000주(30%) 보유하던 중 父가 사망함.

- 父의 유언에 따라 가업 주식 4,000주 중 3,500주는 가업승계자인 子1에게, 나머지 500주는 공익법인에 유증하는 경우임.
- 가업상속공제 요건 중 '상속인 1명이 가업의 전부를 상속받아야 한다'는 요건을 충족한 것으로 볼 수 있는지?

▶ 「상속세 및 증여세법」 제18조 제2항 제1호가 적용되는 중소기업 주식 중 일부를 같은 법 제16조의 공익법인에 출연하고 남은 주식이 같은 법 시행령 제15조 제3항에 해당하는 경우 남은 주식 전부를 상속인 1인이 상속받은 때에는 해당 가업 전부를 상속받은 것으로 보아 같은 법 시행령 제15조 제4항을 적용하는 것임(재산세과-730, 2010. 10. 6.).

4 피상속인 보유 차명주식을 신고누락한 경우

- 상속세 과세표준 신고기한까지 피상속인이 차명으로 보유하고 있던 주식을 신고누락한 경우 가업상속공제 해당 여부?

▶ 피상속인이 보유한 차명주식을 「상속세 및 증여세법」(2013. 1. 1. 법률 제11609호로 개정된 것) 제67조에 따른 상속세 과세표준 신고시 상속재산에 포함하지 아니하고 신고함으로써 상속인 1명이 상속세 과세표준 신고기한까지 해당 가업의 전부를 상속받지 아니한 경우에는 같은 법 제18조 제2항의 가업상속공제를 적용받지 않는 것임(법규과-909, 2014. 8. 22.).

5 가업재산을 1인이 받는 대신 다른 상속인에게 현금을 지급한 경우

☞ 가업상속공제가 적용되는 상속재산을 특정 상속인의 소유로 하고 특정 상속인이 나머지 상속인에게 상속분 명목으로 본인 소유 현금을 지급하는 경우는 일종의 유상취득에 해당하므로 가업상속공제를 적용하지 않음이 타당하다고 해석하고 있으나,

☞ 2016. 2. 5. 상증법 시행령이 개정되어 "상속인 중 1인이 가업의 전부를 상속받을 것" 요건이 삭제되기 전 상속개시분에 대한 조세심판원의 결정에서 가업상속공제가 가능하다 판단한 경우도 있다.

처분청은 이 건과 같이 상속재산 협의분할 과정에서 현금이 지급된 경우 가업

의 전부를 상속한 것으로 볼 수 없다는 의견이나, 가업상속공제는 피상속인이 생전에 영위한 사업에 대하여 일정요건에 해당하는 경우 그 가업을 상속받은 상속인이 상속세 과세가액에서 가업상속재산가액의 일정액을 공제받도록 함으로써 원활한 가업승계를 지원하기 위한 제도로, 그동안 이러한 제도의 취지를 고려하여 적용대상, 공제대상금액 및 한도액 등이 변경되어 온 점, 상증법 시행령 제15조 제4항 제2호 다목은 '상속인 1명이 해당 가업의 전부를 상속'하는 것으로 규정하고 있는바, 청구인은 공동상속인들과의 개별적인 상속재산의 협의분할을 통하여 최종적으로 가업상속재산의 전부를 취득(OOO㈜의 주식이동명세서상 상속개시일 이후 청구인이 발행주식 전체를 보유하고 있음)하여, 결과적으로 가업의 전부를 상속한 것으로 볼 수 있는 점, 만약 처분청 의견과 같이 공동상속인들에게의 현금 지급을 이유로 가업상속공제 적용을 부인한다면 피상속인이 자신이 운영하던 법인이 발행한 주식과 유사한 가치가 있는 현금부동산 등의 다른 재산이 있는 경우에만 협의분할로 상속인 중 1명은 주식(가업상속재산)을, 나머지 상속인들은 현금과 부동산 등을 상속할 수 있게 되어 가업상속공제가 가능하게 되고, 만약 이 건과 같이 피상속인이 주식(가업상속재산) 외에 특별한 다른 재산이 없는 경우에는 다른 상속인들이 상속을 포기하거나 피상속인이 직접 유언을 하지 않는 이상 애당초 가업상속공제가 불가능하게 되어 불합리한 결과를 초래하게 되는 점(당초에는 가업을 전부 상속하였다가 공동상속인들 간의 유류분반환 청구소송 등으로 인하여 결과적으로 가업을 전부 상속하지 못하게 되는 경우가 있을 수 있는데, 이와 관련하여 2014. 2. 21. 대통령령 제25195호로 「상속세 및 증여세법 시행령」 제15조 제4항 제2호가 개정되어 이후부터는 유류분 반환청구에 따라 다른 상속인에게 상속될 재산은 이를 상속하지 아니한 경우에도 가업상속공제를 적용받을 수 있게 되었음), 청구인이 상속세 신고기한 내에 다른 상속인과의 상속재산 분할협의를 마치고 가업상속에 필요한 주식을 전부 취득한 후 가업상속공제를 신청한 점 등을 종합할 때, 처분청이 가업상속공제 적용을 배제한 처분은 잘못이 있는 것으로 판단됨(조심 2012부0934, 2014. 3. 18.).

㉩ 상속인의 임원 및 대표이사 취임요건

1 공동상속 후 대표이사 취임은 공동이나 각자대표이사 취임도 가능함

▶ 귀 서면질의의 경우 가업상속공제를 적용함에 있어 상속인들은 「상속세 및 증여세법 시행령」 제15조 제3항 제2호 각목의 요건을 모두 갖춰야 하는 것이며, 다른 요건을 모두 충족한 경우 가업상속공제는 상속인들이 1개의 가업을 공동

상속받고 공동(각자)대표이사로 취임한 경우 또는 가업재산을 상속받기 전에 해당 기업의 대표이사로 취임한 경우에도 적용되는 것임(법령해석재산－1278, 2018. 10. 16.).

2 상속인의 배우자가 대표이사등 취임시 요건충족으로 보는 규정은 법인만 해당함

▶ 피상속인이 10년 이상 영위하던 개인기업을 상속인 1명이 전부 상속받는 경우로서 상속인의 배우자가 해당 개인기업의 대표자가 되는 경우, 상속인은 「상속세 및 증여세법 시행령(2016. 2. 5. 대통령령 제26960호로 개정되기 전의 것)」 제15조 제4항 제2호에 따른 요건을 갖춘 경우에 해당하지 아니하는 것임(법령해석재산－2084, 2016. 10. 25.).

3 신고기한까지 임원으로 취임하지 못한 경우 적용 제외

- 가업상속공제를 적용받고자 하는 상속인이 학업으로 인하여 상속세 과세표준 신고기한까지 임원에 취임하지 못하는 경우 가업에 종사하지 아니하게 된 정당한 사유가 있는 것으로 보아 가업상속공제를 적용할 수 있는지?
- 상속세 과세표준 신고기한까지 임원으로 취임하고 가업 종사와 학업을 병행하는 경우 가업에 종사한 것으로 볼 수 있는지?

▶ 상속인이 취학상 형편으로 상속세 과세표준 신고기한까지 임원으로 취임하지 못한 경우에는 「상속세 및 증여세법 시행령」 제15조 제4항 제2호 라목의 요건을 충족하지 못하여 「상속세 및 증여세법」 제18조의 가업상속공제를 적용할 수 없으며, 상속세 과세표준 신고기한까지 임원으로 취임하여 학업과 가업 종사를 병행하는 경우 임원으로서 직무에 종사하였는지는 사실판단할 사항임(법규재산－1325, 2014. 8. 13.).

4 상속인의 대표이사 취임요건

- [갑]법인 대표이사였던 피상속인이 2009년 1월 사망하고 2009년 1월 말 전무(타인)가 대표이사로 선임되어 등기되고 사업자등록 정정함.
- 2009년 7월 이사회에서 가업상속인인 피상속인의 부인을 공동대표이사로 선임

하여 업무결재를 했으나, 동 공동대표이사 등기는 하지 않았고 사업자등록도 정정되지 않음.
- 이 경우 상속인의 대표이사 취임요건을 충족한 것으로 볼 수 있는지?

▶ 귀 질의의 경우, 「상속세 및 증여세법 시행령」 제15조 제4항 제2호 다목의 "대표 이사 등으로 취임한 경우"는 상속인이 대표이사로 선임되어 법인등기부에 등재되고 대표이사직을 수행하는 경우를 말하는 것임(재산세과-166, 2010. 3. 18.).

③ 가업상속재산의 범위 및 공제액

가. 가업상속재산의 범위

개인가업	상속재산 중 가업에 직접 사용되는 토지, 건축물, 기계장치 등 사업용 자산가액 - 해당 자산에 담보된 채무액
법인가업	$\left[\begin{array}{c}\text{상속재산 중 가업에}\\\text{해당하는 법인의 주식 등 가액}\end{array} \times \left(1 - \dfrac{\text{사업무관 자산가액}}{\text{법인의 총자산가액}}\right)\right]$

"가업상속재산"이란 「소득세법」을 적용받는 가업(개인가업)과 「법인세법」을 적용받는 가업(법인가업)으로 구분하여 다음과 같이 산정하며, 이 경우 2014. 2. 21. 이후부터 2016. 2. 4.까지 상속이 개시되는 분까지는 「민법」 제1115조에 따른 유류분 반환청구에 따라 다른 상속인이 받았거나 받을 유류분 상속재산은 제외한다.

(1) 소득세법을 적용받는 가업

「소득세법」을 적용받는 개인가업의 경우 가업상속재산이란, 상속재산 중 가업에 직접 사용되는 토지, 건축물, 기계장치 등 사업용 자산의 가액에서 해당 자산에 담보된 채무액을 뺀 가액(2014. 2. 21. 이후부터 2016. 2. 4.까지는 유류분 상속재산을 차감)을 말하며, 담보된 채무액을 빼는 규정은 법인 가업의 가업상속재산가액과의 형평성을 제고하기 위하여 2017. 2. 7. 개정한 것으로 2017. 2. 7. 이후 상속이 개시되는 분부터 적용한다.

한편, 구체적으로 사업용 자산이란 상속재산 중 가업에 직접 사용되는 토지, 건축물, 기계장치 등 사업용 고정자산으로서 「기업회계기준」 제18조 및 제20조의 유형자산 및 무형자산[25]이라고 해석(재산세과-705, 2010. 9. 17., 재산세과-283, 2010. 5. 7.)하고 있다.[26]

(2) 법인세법을 적용받는 가업

「법인세법」을 적용받는 법인가업의 경우 가업상속재산이란, 상속재산 중 가업에 해당하는 법인의 주식 등[27]의 가액에 그 법인의 총자산가액[28] 중 상속개시일 현재 "사업무관자산"을 제외한 자산가액이 그 법인의 총자산가액에서 차지하는 비율을 곱하여 계산한 금액에 해당하는 것을 말한다.

㉮ 가업상속재산의 범위

$$\left(\begin{array}{c} \text{상속재산 중 가업에 해당하는} \\ \text{법인의 주식 등 가액} \end{array} \times \left(1 - \frac{\text{사업무관 자산가액}}{\text{법인의 총자산가액}} \right) \right)$$

㉯ 사업무관자산의 범위

"사업무관자산"이란 상속개시일 현재 법인의 자산 중 다음에 해당하는 자산을 말한다.

① 「법인세법」 제55조의2 【토지 등 양도소득에 대한 과세특례】에 해당하는 자산
② 「법인세법 시행령」 제49조 【업무와 관련이 없는 자산의 범위 등】에 해당하는 자산 및 타인에게 임대하고 있는 부동산(지상권 및 부동산임차권 등 부동산에 관한 권리를 포함한다)

---

25) 일반기업회계기준 제10장과 제11장
26) 조세심판원에서는 가업에 직접 사용되는 토지, 건물의 임차보증금(기타비유동자산)도 가업상속재산으로 보는 것이 합리적이라고 판단하고 있다(조심 2012서626, 2012. 6. 19.).
27) '주식등'에는 유한책임회사의 출자지분이 포함하며, 업무집행자를 「상속세 및 증여세법 시행령」 제15조 제3항 제1호 나목에 따른 대표이사로 보아 관련 규정을 적용하는 것임(법규재산-2914, 2022. 5. 31.).
28) 상속개시일 현재 상증법 제4장에 따라 평가한 가액을 말한다.

③ 「법인세법 시행령」 제61조【대손충당금의 손금산입】 제1항 제2호(대여금)에 해당하는 자산

④ 과다보유현금[상속개시일 직전 5개 사업연도 말 평균 현금(요구불예금 및 취득일부터 만기가 3개월 이내인 금융상품을 포함한다) 보유액의 100분의 150을 초과하는 것을 말한다]

⑤ 법인의 영업활동과 직접 관련이 없이 보유하고 있는 주식 등 채권 및 금융상품(위 ④에 해당하는 것은 제외한다)

① 「법인세법」 제55조의2【토지 등 양도소득에 대한 과세특례】에 해당하는 자산

「법인세법」 제55조의2 규정에 따라 토지 등 양도소득에 대한 과세특례가 적용되는 자산은 1) 지정지역에 소재하는 부동산, 2) 주택 및 주택부수토지와 별장, 3) 조합원입주권 및 분양권, 4) 비사업용토지로 구분할 수 있으나, 특정지역은 현재까지 지정된 바가 없으므로 2) 주택 및 주택부수토지와 별장, 3) 조합원입주권 및 분양권, 4) 비사업용토지가 해당된다.

㉠ 주택 및 부수토지

법인이 소유하는 국내에 소재하는 주택으로서 법인세법 시행령 제92조의2 제2항 각 호의 어느 하나에 해당하지 않는 주택을 말한다. 다만, 제1호, 제1호의2, 제1호의4 및 제1호의12에 해당하는 임대주택(법률 제17482호 민간임대주택에 관한 특별법 일부 개정법률 부칙 제5조 제1항이 적용되는 주택으로 한정한다)으로서 「민간임대주택에 관한 특별법」 제6조 제5항에 따라 임대의무기간이 종료한 날에 등록이 말소되는 경우에는 임대의무기간이 종료한 날에 제1호, 제1호의2, 제1호의4 및 제1호의12에서 정한 임대기간요건을 갖춘 것으로 본다.

○ **법인세법 시행령 제92조의2 제2항 각호**

1. 해당 법인이 임대하는 「민간임대주택에 관한 특별법」 제2조 제3호에 따른 민간매입임대주택 또는 「공공주택 특별법」 제2조 제1호의3에 따른 공공매입임대주택으로서 다음 각 목의 요건을 모두 갖춘 주택. 다만, 「민간임대주택에 관한 특별법」 제2조 제7호에 따른 임대사업자의 경우에는 2018년 3월 31일 이전에 같은 법 제5조에 따른 임대사업

자 등록과 법 제111조에 따른 사업자등록(이하 이 조에서 "사업자등록등"이라 한다)을 한 주택으로 한정한다.

가. (삭제, 2013. 2. 15.)

나. 5년 이상 임대한 주택일 것

다. 「민간임대주택에 관한 특별법」 제5조에 따라 민간임대주택으로 등록하거나 「공공주택 특별법」 제2조 제1호 가목에 따른 공공임대주택으로 건설 또는 매입되어 임대를 개시한 날의 해당 주택 및 이에 딸린 토지의 기준시가(「소득세법」 제99조에 따른 기준시가를 말한다. 이하 이 항에서 같다)의 합계액이 6억원[「수도권정비계획법」 제2조 제1호에 따른 수도권(이하 "수도권"이라 한다) 밖의 지역인 경우에는 3억원] 이하일 것

1의 2. 해당 법인이 임대하는 「민간임대주택에 관한 특별법」 제2조 제2호에 따른 민간건설임대주택 또는 「공공주택 특별법」 제2조 제1호의2에 따른 공공건설임대주택으로서 다음 각 목의 요건을 모두 갖춘 주택이 2호 이상인 경우 그 주택. 다만, 「민간임대주택에 관한 특별법」 제2조 제7호에 따른 임대사업자의 경우에는 2018년 3월 31일 이전에 사업자등록등을 한 주택으로 한정한다. (2018. 2. 13. 단서신설)

가. 대지면적이 298제곱미터 이하이고 주택의 연면적(「소득세법 시행령」 제154조 제3항 본문에 따라 주택으로 보는 부분과 주거전용으로 사용되는 지하실부분의 면적을 포함하고, 공동주택의 경우에는 전용면적을 말한다)이 149제곱미터 이하일 것 (2008. 2. 22. 개정)

나. 5년 이상 임대하는 것일 것 (2008. 2. 22. 개정)

다. 「민간임대주택에 관한 특별법」 제5조에 따라 민간임대주택으로 등록하거나 「공공주택 특별법」 제2조 제1호 가목에 따른 공공임대주택으로 건설 또는 매입되어 임대를 개시한 날의 해당 주택 및 이에 딸린 토지의 기준시가의 합계액이 6억원 이하일 것 (2015. 12. 28. 개정 : 임대주택법 시행령 부칙)

1의 3. 「부동산투자회사법」 제2조 제1호에 따른 부동산투자회사 또는 「간접투자자산 운용업법」 제27조 제3호에 따른 부동산간접투자기구가 2008년 1월 1일부터 2008년 12월 31일까지 취득 및 임대하는 「민간임대주택에 관한 특별법」 제2조 제3호에 따른 민간매입임대주택 또는 「공공주택 특별법」 제2조 제1호의 3에 따른 공공매입임대주택으로서 다음 각 목의 요건을 모두 갖춘 주택이 5호 이상인 경우 그 주택

가. 대지면적이 298제곱미터 이하이고 주택의 연면적(「소득세법 시행령」 제154조 제3항 본문에 따라 주택으로 보는 부분과 주거전용으로 사용되는 지하실부분의 면적을 포함하고, 공동주택의 경우에는 전용면적을 말한다)이 149제곱미터 이하일 것

나. 10년 이상 임대하는 것일 것 (2008. 2. 22. 신설)

다. 수도권 밖의 지역에 소재할 것 (2008. 10. 7. 개정)

1의 4. 「민간임대주택에 관한 특별법」제2조 제3호에 따른 민간매입임대주택 또는 「공공주택 특별법」제2조 제1호의3에 따른 공공매입임대주택[미분양주택(「주택법」제54조에 따른 사업주체가 같은 조에 따라 공급하는 주택으로서 입주자모집공고에 따른 입주자의 계약일이 지난 주택단지에서 2008년 6월 10일까지 분양계약이 체결되지 아니하여 선착순의 방법으로 공급하는 주택을 말한다. 이하 이 호에서 같다)으로서 2008년 6월 11일부터 2009년 6월 30일까지 최초로 분양계약을 체결하고 계약금을 납부한 주택에 한정한다]으로서 다음 각 목의 요건을 모두 갖춘 주택. 이 경우 해당 주택을 양도하는 법인은 해당 주택을 양도하는 날이 속하는 사업연도 과세표준신고 시 시장·군수 또는 구청장이 발행한 미분양주택 확인서 사본 및 미분양주택 매입 시의 매매계약서 사본을 납세지 관할세무서장에게 제출해야 한다. (2020. 10. 7. 후단개정)

가. 대지면적이 298제곱미터 이하이고 주택의 연면적(「소득세법 시행령」제154조 제3항 본문에 따라 주택으로 보는 부분과 주거전용으로 사용되는 지하실부분의 면적을 포함하고, 공동주택의 경우에는 전용면적을 말한다)이 149제곱미터 이하일 것 (2008. 7. 24. 신설)

나. 5년 이상 임대하는 것일 것 (2008. 7. 24. 신설)

다. 수도권 밖의 지역에 소재할 것 (2008. 10. 7. 개정)

라. 가목부터 다목까지의 요건을 모두 갖춘 매입임대주택(이하 이 조에서 "미분양매입임대주택"이라 한다)이 같은 시(특별시 및 광역시를 포함한다)·군에서 5호 이상일 것[제1호에 따른 매입임대주택이 5호 이상이거나 제1호의3에 따른 매입임대주택이 5호 이상인 경우에는 제1호 또는 제1호의3에 따른 매입임대주택과 미분양매입임대주택을 합산하여 5호 이상일 것] (2008. 7. 24. 신설)

마. 2020년 7월 11일 이후 종전의 「민간임대주택에 관한 특별법」(법률 제17482호 민간임대주택에 관한 특별법 일부개정법률에 따라 개정되기 전의 것을 말한다. 이하 같다) 제5조에 따른 임대사업자등록 신청(임대할 주택을 추가하기 위해 등록사항의 변경 신고를 한 경우를 포함한다)을 한 같은 법 제2조 제5호에 따른 장기일반민간임대주택 중 아파트를 임대하는 민간매입임대주택 또는 같은 조 제6호에 따른 단기민간임대주택이 아닐 것 (2020. 10. 7. 신설)

바. 종전의 「민간임대주택에 관한 특별법」제5조에 따라 등록을 한 같은 법 제2조 제6호에 따른 단기민간임대주택을 같은 법 제5조 제3항에 따라 2020년 7월 11일 이후

장기일반민간임대주택 등으로 변경 신고한 주택이 아닐 것 (2020. 10. 7. 신설)

1의 5. 다음 각 목의 요건을 모두 갖춘 「부동산투자회사법」 제2조 제1호 다목에 따른 기업구조조정부동산투자회사 또는 「자본시장과 금융투자업에 관한 법률」 제229조 제2호에 따른 부동산집합투자기구(이하 이 항에서 "기업구조조정부동산투자회사 등"이라 한다)가 2010년 2월 11일까지 직접 취득(2010년 2월 11일까지 매매계약을 체결하고 계약금을 납부한 경우를 포함한다)을 하는 미분양주택(「주택법」 제54조에 따른 사업주체가 같은 조에 따라 공급하는 주택으로서 입주자모집공고에 따른 입주자의 계약일이 지나 선착순의 방법으로 공급하는 주택을 말한다. 이하 이 항에서 같다)

가. 취득하는 부동산이 모두 서울특별시 밖의 지역(「소득세법」 제104조의2에 따른 지정지역은 제외한다. 이하 이 조에서 같다)에 있는 미분양주택으로서 그 중 수도권 밖의 지역에 있는 주택수의 비율이 100분의 60 이상일 것 (2009. 9. 29. 개정)

나. 존립기간이 5년 이내일 것 (2009. 4. 21. 신설)

1의 6. 제1호의5, 제1호의8 또는 제1호의10에 따라 기업구조조정부동산투자회사등이 미분양주택을 취득할 당시 매입약정을 체결한 자가 그 매입약정에 따라 미분양주택(제1호의8의 경우에는 수도권 밖의 지역에 있는 미분양주택만 해당한다)을 취득한 경우로서 그 취득일부터 3년 이내인 주택 (2011. 6. 3. 개정)

1의 7. 다음 각 목의 요건을 모두 갖춘 신탁계약에 따른 신탁재산으로 「자본시장과 금융투자업에 관한 법률」에 따른 신탁업자(이하 이 호에서 "신탁업자"라 한다)가 2010년 2월 11일까지 직접 취득(2010년 2월 11일까지 매매계약을 체결하고 계약금을 납부한 경우를 포함한다)을 하는 미분양주택 (2009. 12. 31. 개정)

가. 주택의 시공자(이하 이 조에서 "시공자"라 한다)가 채권을 발행하여 조달한 금전을 신탁업자에게 신탁하고, 해당 시공자가 발행하는 채권을 「한국주택금융공사법」에 따른 한국주택금융공사의 신용보증을 받아 「자산유동화에 관한 법률」에 따라 유동화 할 것

나. 신탁업자가 신탁재산으로 취득하는 부동산은 모두 서울특별시 밖의 지역에 있는 미분양주택(「주택도시기금법」에 따른 주택도시보증공사가 분양보증을 하여 준공하는 주택만 해당한다)으로서 그 중 수도권 밖의 지역에 있는 주택수의 비율(신탁업자가 다수의 시공자로부터 금전을 신탁받은 경우에는 해당 신탁업자가 신탁재산으로 취득한 전체 미분양주택을 기준으로 한다)이 100분의 60 이상일 것 (2015. 6. 30. 개정 : 주택도시기금법 시행령 부칙)

다. 신탁재산의 운용기간(신탁계약이 연장되는 경우 그 연장되는 기간을 포함한다)이

5년 이내일 것 (2009. 9. 29. 신설)

1의 8. 다음 각 목의 요건을 모두 갖춘 기업구조조정부동산투자회사등이 2011년 4월 30일까지 직접 취득(2011년 4월 30일까지 매매계약을 체결하고 계약금을 납부한 경우를 포함한다)하는 수도권·밖의 지역에 있는 미분양주택 (2010. 6. 8. 신설)

　가. 취득하는 부동산이 모두 서울특별시 밖의 지역에 있는 2010년 2월 11일 현재 미분양주택으로서 그 중 수도권 밖의 지역에 있는 주택수의 비율이 100분의 50 이상일 것 (2010. 6. 8. 신설)

　나. 존립기간이 5년 이내일 것 (2010. 6. 8. 신설)

1의 9. 다음 각 목의 요건을 모두 갖춘 신탁계약에 따른 신탁재산으로 「자본시장과 금융투자업에 관한 법률」에 따른 신탁업자(이하 이 호에서 "신탁업자"라 한다)가 2011년 4월 30일까지 직접 취득(2011년 4월 30일까지 매매계약을 체결하고 계약금을 납부한 경우를 포함한다)하는 수도권 밖의 지역에 있는 미분양주택 (2010. 6. 8. 신설)

　가. 시공자가 채권을 발행하여 조달한 금전을 신탁업자에게 신탁하고, 해당 시공자가 발행하는 채권을 「한국주택금융공사법」에 따른 한국주택금융공사의 신용보증을 받아 「자산유동화에 관한 법률」에 따라 유동화할 것 (2010. 6. 8. 신설)

　나. 신탁업자가 신탁재산으로 취득하는 부동산은 모두 서울특별시 밖의 지역에 있는 2010년 2월 11일 현재 미분양주택(「주택도시기금법」에 따른 주택도시보증공사가 분양보증을 하여 준공하는 주택만 해당한다)으로서 그 중 수도권 밖의 지역에 있는 주택수의 비율(신탁업자가 다수의 시공자로부터 금전을 신탁받은 경우에는 해당 신탁업자가 신탁재산으로 취득한 전체 미분양주택을 기준으로 한다)이 100분의 50 이상일 것 (2015. 6. 30. 개정 : 주택도시기금법 시행령 부칙)

　다. 신탁재산의 운용기간(신탁계약이 연장되는 경우 그 연장되는 기간을 포함한다)은 5년 이내일 것 (2010. 6. 8. 신설)

1의 10. 다음 각 목의 요건을 모두 갖춘 기업구조조정부동산투자회사등이 2014년 12월 31일까지 직접 취득(2014년 12월 31일까지 매매계약을 체결하고 계약금을 납부한 경우를 포함한다)하는 미분양주택 (2014. 2. 21. 개정)

　가. 취득하는 부동산이 모두 미분양주택일 것 (2011. 6. 3. 신설)

　나. 존립기간이 5년 이내일 것 (2011. 6. 3. 신설)

1의 11. 다음 각 목의 요건을 모두 갖춘 신탁계약에 따른 신탁재산으로 「자본시장과 금융투자업에 관한 법률」에 따른 신탁업자(이하 이 호에서 "신탁업자"라 한다)가 2012년 12월 31일까지 직접 취득(2012년 12월 31일까지 매매계약을 체결하고 계약금을 납부한 경우를 포함한다)하는 미분양주택(「주택도시기금법」에 따른 주택

도시보증공사가 분양보증을 하여 준공하는 주택만 해당한다)

가. 시공자가 채권을 발행하여 조달한 금전을 신탁업자에게 신탁하고, 해당 시공자가 발행하는 채권을 「한국주택금융공사법」에 따른 한국주택금융공사의 신용보증을 받아 「자산유동화에 관한 법률」에 따라 유동화할 것 (2011. 6. 3. 신설)

나. 신탁재산의 운용기간(신탁계약이 연장되는 경우 그 연장되는 기간을 포함한다)이 5년 이내일 것 (2011. 6. 3. 신설)

1의 12. 「민간임대주택에 관한 특별법」 제2조 제3호에 따른 민간매입임대주택 중 같은 조 제4호에 따른 공공지원민간임대주택 또는 같은 조 제5호에 따른 장기일반민간임대주택(이하 이 조에서 "장기일반민간임대주택등"이라 한다)으로서 다음 각 목의 요건을 모두 갖춘 주택[「민간임대주택에 관한 특별법」 제2조 제5호에 따른 장기일반민간임대주택의 경우에는 2020년 6월 17일 이전에 사업자등록등을 신청(임대할 주택을 추가하기 위해 등록사항의 변경 신고를 한 경우를 포함한다)한 주택으로 한정한다]. 다만, 종전의 「민간임대주택에 관한 특별법」 제5조에 따라 등록을 한 같은 법 제2조 제6호에 따른 단기민간임대주택을 같은 법 제5조 제3항에 따라 2020년 7월 11일 이후 장기일반민간임대주택등으로 변경 신고한 주택은 제외한다. (2020. 10. 7. 개정)

가. 10년 이상 임대한 주택일 것 (2020. 10. 7. 개정)

나. 「민간임대주택에 관한 특별법」 제5조에 따라 민간임대주택으로 등록하여 해당 주택의 임대를 개시한 날의 해당 주택 및 이에 딸린 토지의 기준시가의 합계액이 6억원(수도권 밖의 지역인 경우에는 3억원) 이하일 것 (2018. 2. 13. 신설)

1의 13. 「민간임대주택에 관한 특별법」 제2조 제2호에 따른 민간건설임대주택 중 장기일반민간임대주택등으로서 다음 각 목의 요건을 모두 갖춘 주택이 2호 이상인 경우 그 주택. 다만, 종전의 「민간임대주택에 관한 특별법」 제5조에 따라 등록을 한 같은 법 제2조 제6호에 따른 단기민간임대주택을 같은 법 제5조 제3항에 따라 2020년 7월 11일 이후 장기일반민간임대주택등으로 변경 신고한 주택은 제외한다. (2020. 10. 7. 단서신설)

가. 대지면적이 298제곱미터 이하이고 주택의 연면적(「소득세법 시행령」 제154조 제3항 본문에 따라 주택으로 보는 부분과 주거전용으로 사용되는 지하실부분의 면적을 포함하고, 공동주택의 경우에는 전용면적을 말한다)이 149제곱미터 이하일 것 (2018. 2. 13. 신설)

나. 10년 이상 임대하는 것일 것 (2020. 10. 7. 개정)

다. 「민간임대주택에 관한 특별법」 제5조에 따라 민간임대주택으로 등록하여 해당 주택의 임대를 개시한 날의 해당 주택 및 이에 딸린 토지의 기준시가의 합계액이 9억원 이하일 것 (2022. 8. 2. 개정)

라. 직전 임대차계약 대비 임대보증금 또는 임대료(이하 이 호에서 "임대료등"이라 한다)의 증가율이 100분의 5를 초과하는 임대차계약을 체결하지 않았을 것. 이 경우 임대료등을 증액하는 임대차계약을 체결하면서 임대보증금과 월임대료를 서로 전환하는 경우에는 「민간임대주택에 관한 특별법」 제44조 제4항에서 정하는 기준에 따라 임대료등의 증가율을 계산한다. (2022. 8. 2. 신설)

마. 임대차계약을 체결한 후 또는 약정에 따라 임대료등의 증액이 있은 후 1년 이내에 임대료등을 증액하는 임대차계약을 체결하지 않았을 것 (2022. 8. 2. 신설)

1의 14. 제1호, 제1호의2, 제1호의4 및 제1호의12에 해당하는 임대주택(법률 제17482호 민간임대주택에 관한 특별법 일부개정법률 부칙 제5조 제1항이 적용되는 주택으로 한정한다)으로서 「민간임대주택에 관한 특별법」 제6조 제1항 제11호에 따라 임대사업자의 임대의무기간 내 등록 말소 신청으로 등록이 말소된 경우(같은 법 제43조에 따른 임대의무기간의 2분의 1 이상을 임대한 경우에 한정한다)에는 해당 등록 말소 이후 1년 이내 양도하는 주택 (2020. 10. 7. 신설)

2. 주주 등이나 출연자가 아닌 임원 및 직원에게 제공하는 사택 및 그 밖에 무상으로 제공하는 법인 소유의 주택으로서 사택제공기간 또는 무상제공기간이 10년 이상인 주택 (2019. 2. 12. 개정)

3. 저당권의 실행으로 인하여 취득하거나 채권변제를 대신하여 취득한 주택으로서 취득일부터 3년이 경과하지 아니한 주택 (2006. 2. 9. 개정)

4. 그 밖에 부득이한 사유로 보유하고 있는 주택으로서 기획재정부령으로 정하는 주택

ⓒ 별장

주거용 건축물로서 상시 주거용으로 사용하지 아니하고 휴양·피서·위락 등의 용도로 사용하는 건축물

ⓒ 조합원 입주권 및 분양권

주택을 취득하기 위한 권리로서 「소득세법」 제88조 제9호에 따른 조합원입주권 및 같은 조 제10호에 따른 분양권을 말한다.

ⓔ 비사업용 토지

법인이 소유한 토지의 보유기간 중 '비사업용 토지의 기간기준' 요건과 '비사업용 토지의 범위' 요건을 모두 충족하는 토지를 말한다.

② 「법인세법 시행령」 제49조【업무와 관련이 없는 자산의 범위 등】에 해당하는 자산 및 타인에게 임대하고 있는 부동산(지상권 및 부동산임차권 등 부동산에 관한 권리를 포함)

「법인세법 시행령」 제49조에 따른 업무와 관련이 없는 자산이란, 업무무관 부동산과 업무무관 동산으로 구분할 수 있다.

㉠ 업무무관 부동산

업무무관 부동산이란 해당 법인의 업무와 직접 관련이 없다고 인정되는 자산으로서, 다음에 해당하는 부동산을 말한다. 다만, 법령에 따라 사용이 금지되거나 제한된 부동산, 자산유동화에 관한 법률에 의한 유동화전문회사가 같은 법 제3조에 따라 등록한 자산유동화계획에 따라 양도하는 부동산 등에 해당하는 부득이한 사유가 있는 부동산은 제외한다.

- 법인의 업무에 직접 사용하지 아니하는 부동산. 다만, 유예기간[29]이 경과하기 전까지의 기간 중에 있는 부동산은 제외한다.
- 유예기간 중에 해당 법인의 업무에 직접 사용하지 아니하고 양도하는 부동산. 다만, 부동산매매업을 주업으로 영위하는 법인의 경우는 제외한다.

㉡ 업무무관 동산

업무무관 동산이란 해당 법인의 업무와 직접 관련이 없다고 인정되는 부동산 이외의 자산으로서 다음의 것을 말한다.

- 서화 및 골동품. 다만, 장식·환경미화 등의 목적으로 사무실·복도 등 여러 사람이 볼 수 있는 공간에 상시 비치하는 것은 제외한다.
- 업무에 직접 사용하지 않는 자동차·선박 및 항공기. 다만, 저당권의 실행 및 채권을 변제받기 위해 취득한 자동차·선박 및 항공기로서 취득일로부터 3년이 경과되지 아니한 것은 제외한다.
- 그 밖에 위의 자산과 유사한 자산으로서 해당 법인의 업무에 직접 사용하지 않는 자산

---

29) 유예기간: 부동산을 취득하여 업무에 직접 사용하기 위한 준비기간 및 건설기간 등을 고려하여 자산별로 산정한 부동산을 취득한 후의 일정기간을 말한다(기간-법인세법 시행규칙 제26조 제1항).

③「법인세법 시행령」제61조【대손충당금의 손금산입】제1항 제2호(대여금)에 해당하는 자산

「법인세법 시행령」제61조 제1항 제2호에 의한 대여금이란 대손충당금을 설정할 수 있는 채권 중 금전소비대차계약 등에 의하여 타인에게 대여한 금액을 말한다. 여기서 '금전소비대차계약'이란 금전소비대차 약정의 유무에 관계없이 실질적인 대여금이 해당된다.

> **필자 주**
>
> 법인세법을 적용함에 있어서는, 특수관계인에게 법인의 업무와 관계없이 지급한 가지급금 등으로서 지급이자의 손금불산입규정(법인세법 §28 ① 4호 나목)이 적용되는 대여금은 대손충당금 설정대상 대여금에서 제외하도록 규정(법인세법 §19의2 ② 2호)하고 있으나, '업무무관자산' 비율을 가업상속재산가액에서 제외하는 제도의 도입취지[30]상 특수관계인에게 업무와 관계없이 지급(대여)한 가지급금도 업무무관자산에 포함하여야 한다고 판단 된다. → 서면-법령해석재산-2768, 2020. 10. 15. "사업무관자산에 해당한다"고 해석함.

④ 과다보유현금

여기서 말하는 현금이란 요구불예금[31]과 취득일부터 만기가 3개월 이내인 금융상품[32]을 포함하는 개념으로써, 상속개시일 현재 가업에 해당하는 법인기업이 보유하는 현금이 상속개시일 직전 5개 사업연도 말 평균 보유 현금액의 100분의 150을 초과하는 경우 그 현금을 '과다보유현금'으로 보아 업무무관자산에 포함한다.

> ㉠ 상속개시일 현재 현금(현금+요구불예금+취득~만기가 3개월 이내인 금융상품)
> ㉡ 상속개시일 직전 5개 사업연도 말 평균 보유현금(현금+요구불예금+취득~만기가 3개월 이내인 금융상품)
> → 과다보유현금: ㉠ - (㉡ × 150%)

---

30) 가업상속공제를 이용한 상속세 회피를 방지하고 개인사업자와의 형평을 고려하여 가업상속공제의 취지에 부합하도록 가업상속재산 범위 조정(2012. 2. 2.)
31) 보통예금, 당좌예금, 별단예금 등 예금주가 지급을 원하면 조건없이 지급하는 예금을 말한다.
32) 현금성자산 중 취득당시 만기 또는 상환일이 3개월 이내인 단기금융상품을 말한다.

[사례]

㉠ 상속개시일 현재 현금 등: 10억 원

㉡ 직전 5개 사업연도 말 현금 등 평균: 5억 원

→ 과다보유현금: 10억 원 − 7억5천만 원(5억 원 × 150%) = **2억5천만 원**

⑤ 법인의 영업활동과 직접 관련이 없이 보유하고 있는 주식, 채권 및 금융상품(위 '④'에 해당하는 금융상품은 제외한다)

법인의 영업활동과 직접 관련이 없이 보유하고 있는 주식, 채권 및 금융상품이란 투자업 등이 주업이 아닌 법인이 보유하고 있는 투자주식(소유지분에 대한 증서) 및 채권과 '거래당사자에게 금융자산과 금융부채를 동시에 발생시키는 계약'에 따른 금융상품[33]으로서 취득일 현재 만기가 3개월 이내인 단기금융상품은 제외한 것을 말한다.

● 사례

▫ 제조업을 영위하며 상증법 제18조 제2항에 따른 가업상속공제 요건을 충족한 A법인의 상속개시일(2023. 3. 1.) 현재 주식평가액은 다음과 같다.

  - 1주당 주식평가액: 20,000원
  - 발행주식수: 100,000주(피상속인 [갑]의 보유주식수 80,000주, 80%)

▫ 상속개시일 현재 A법인의 자산현황은 다음과 같다.

  - 총자산가액: 22,000,000,000원(상증법 제4장에 따라 평가한 가액)

  - 「법인세법」 제55조의2 【토지 등 양도소득에 대한 과세특례】에 해당하는 자산
    • 대표이사 [갑]의 사택으로 보유하는 주택: 500,000,000원
    • 비사업용 토지에 해당하는 대지: 1,500,000,000원

  - 「법인세법 시행령」 제49조 【업무와 관련이 없는 자산의 범위 등】에 해당하는 자산 및 타인에게 임대하고 있는 부동산 등
    • 투자목적으로 취득하여 보유하는 오피스텔 10채: 2,000,000,000원
    • 투자목적으로 보유하는 서양화: 100,000,000원
    • 거래관계 회사인 C법인의 사업장으로 임대하는 부동산: 1,000,000,000원

---

33) 금융기관이 취급하는 정기예금·정기적금·사용이 제한되어 있는 예금 및 기타 정형화된 상품 등

- 「법인세법 시행령」 제61조【대손충당금의 손금산입】 제1항 제2호(대여금)에 해당하는 자산
  - [갑]의 지인이 영위하는 B법인에 대한 금전대여: 300,000,000원
  - 거래처인 C법인에 대하여 편의상 대여한 금액: 200,000,000원

- 과다보유현금
  - 상속개시일(2023. 3. 1.) 현재
    - 현금: 600,000,000원
    - 보통예금: 2,000,000,000원
    - 당좌예금: 1,000,000,000원
    - 정기적금: 2,000,000,000원(취득일부터 만기가 3개월 이내)
  - 2022. 12. 31. 현재
    - 현금: 300,000,000원, 보통예금: 1,400,000,000원
  - 2021. 12. 31. 현재
    - 현금: 350,000,000원, 보통예금: 1,000,000,000원
  - 2020. 12. 31. 현재
    - 현금: 400,000,000원, 보통예금: 1,000,000,000원
  - 2019. 12. 31. 현재
    - 현금: 350,000,000원, 보통예금: 900,000,000원
  - 2018. 12. 31. 현재
    - 현금: 300,000,000원, 보통예금: 800,000,000원
- 법인의 영업활동과 직접 관련이 없이 보유하고 있는 주식, 채권 및 금융상품 등
  - 투자목적으로 D법인 주식 50,000주를 보유하고 있음(1,500,000,000원).
  - 투자목적으로 E법인 발행 사채 1,000,000,000원을 보유하고 있음.

□ 피상속인 [갑]의 상속재산인 A법인 주식 80,000주를 유언에 따라 장남인 [을]이 60,000주, 차남인 [병]은 20,000주를 상속받았으나, A법인 임원 및 대표이사에는 [을]만 취임하였음.

□ 위와 같은 경우 가업상속재산가액은?

【풀이】

(1) 가업상속재산가액

　㉠ × [(㉡ 총자산가액 − ㉢ 사업무관 자산가액) / ㉡ 총자산가액]

ⓐ 상속받은 A법인 주식가액: 80,000주 × 20,000원 = 1,600,000,000원

ⓑ 상속개시일 현재 총자산가액: 22,000,000,000원

ⓒ 사업무관 자산가액: 11,660,000,000원

　① 토지 등 양도소득 과세특례 대상 자산가액: 2,000,000,000원

　　- 주택: 500,000,000원, 비사업용 토지: 1,500,000,000원

　② 업무무관자산 및 임대부동산 가액: 3,100,000,000원

　　- 업무무관 오피스텔: 2,000,000,000원, 서화: 100,000,000원, 임대부동산: 1,000,000,000원

　③ 대여금: 500,000,000원

　④ 과다보유현금: 3,560,000,000원

　　- 상속개시일 현재 현금등: 5,600,000,000원

　　- 상속개시일 직전 5개 사업연도 말 평균 현금 등 보유액: 1,360,000,000원

　　　• [(1,700,000,000+1,350,000,000+1,400,000,000+1,250,000,000+1,100,000,000) ÷5]=1,360,000,000

　　- 과다보유현금: 5,600,000,000 − (1,360,000,000×150%) = 3,560,000,000

　⑤ 영업무관 주식 등: 2,500,000,000원

(2) 가업상속재산가액

　ⓐ × [(ⓑ 총자산가액 − ⓒ 사업무관 자산가액) / ⓑ 총자산가액]

　1,600,000,000×[(22,000,000,000−11,660,000,000)/22,000,000,000]

　=1,600,000,000×0.47 → 752,000,000원

　• 1주당: 9,400원(752,000,000 ÷ 80,000주)

　• 상속재산 80,000주 중 상속인 요건을 충족하지 못한 [병]이 상속받은 20,000주는 제외함.

　• 가업상속재산가액: 60,000주×9,400원=564,000,000원

법인세법 제55조의2 【토지 등 양도소득에 대한 과세특례】

① 내국법인이 다음 각호의 어느 하나에 해당하는 토지 및 건물(건물에 부속된 시설물과 구축물을 포함하며, 이하 이 조 및 제95조의2에서 "토지 등"이라 한다)을 양도한 경우에는 해당 각호에 따라 계산한 세액을 토지 등 양도소득에 대한 법인세로 하여 제13조에 따른 과세표준에 제55조에 따른 세율을 적용하여 계산한 법인세액에 추가하여 납부하여야 한

다. 이 경우 하나의 자산이 다음 각호의 규정 중 둘 이상에 해당할 때에는 그 중 가장 높은 세액을 적용한다. (개정 2014. 12. 23.)

1. 다음 각목의 어느 하나에 해당하는 부동산을 2012년 12월 31일까지 양도한 경우에는 그 양도소득에 100분의 10을 곱하여 산출한 세액

   가. 「소득세법」 제104조의2 제2항에 따른 지정지역에 있는 부동산으로서 제2호에 따른 주택(이에 부수되는 토지를 포함한다. 이하 이 항에서 같다)

   나. 「소득세법」 제104조의2 제2항에 따른 지정지역에 있는 부동산으로서 제3호에 따른 비사업용 토지

   다. 그 밖에 부동산가격이 급등하거나 급등할 우려가 있어 부동산가격의 안정을 위하여 필요한 경우에 대통령령으로 정하는 부동산

2. 대통령령으로 정하는 주택(이에 부수되는 토지를 포함한다) 및 주거용 건축물로서 상시 주거용으로 사용하지 아니하고 휴양·피서·위락 등의 용도로 사용하는 건축물(이하 이 조에서 "별장"이라 한다)을 양도한 경우에는 토지등의 양도소득에 100분의 10(미등기 토지등의 양도소득에 대하여는 100분의 40)을 곱하여 산출한 세액. 다만, 「지방자치법」 제3조 제3항 및 제4항에 따른 읍 또는 면에 있으면서 대통령령으로 정하는 범위 및 기준에 해당하는 농어촌주택(그 부속토지를 포함한다)은 제외한다.

3. 비사업용 토지를 양도한 경우에는 토지 등의 양도소득에 100분의 10(미등기 토지 등의 양도소득에 대하여는 100분의 40)을 곱하여 산출한 세액

4. 주택을 취득하기 위한 권리로서 「소득세법」 제88조 제9호에 따른 조합원입주권 및 같은 조 제10호에 따른 분양권을 양도한 경우에는 토지등의 양도소득에 100분의 20을 곱하여 산출한 세액 (2020. 8. 18. 신설)

《이하 생략》

법인세법 시행령 제49조【업무와 관련이 없는 자산의 범위 등】

① 법 제27조 제1호에서 "대통령령으로 정하는 자산"이란 다음 각호의 자산을 말한다.

1. 다음 각목의 1에 해당하는 부동산. 다만, 법령에 의하여 사용이 금지되거나 제한된 부동산, 「자산유동화에 관한 법률」에 의한 유동화전문회사가 동법 제3조의 규정에 의하여 등록한 자산유동화계획에 따라 양도하는 부동산 등 기획재정부령이 정하는 부득이한 사유가 있는 부동산을 제외한다.

   가. 법인의 업무에 직접 사용하지 아니하는 부동산. 다만, 기획재정부령이 정하는 기간(이하 이 조에서 "유예기간"이라 한다)이 경과하기 전까지의 기간 중에 있는 부동산을 제외한다.

   나. 유예기간 중에 당해 법인의 업무에 직접 사용하지 아니하고 양도하는 부동산. 다만,

기획재정부령이 정하는 부동산매매업을 주업으로 영위하는 법인의 경우를 제외한다.

2. 다음 각목의 1에 해당하는 동산

가. 서화 및 골동품. 다만, 장식·환경미화 등의 목적으로 사무실·복도 등 여러 사람이 볼 수 있는 공간에 상시 비치하는 것을 제외한다.

나. 업무에 직접 사용하지 아니하는 자동차·선박 및 항공기. 다만, 저당권의 실행 기타 채권을 변제받기 위하여 취득한 선박으로서 3년이 경과되지 아니한 선박 등 기획재정부령이 정하는 부득이한 사유가 있는 자동차·선박 및 항공기를 제외한다.

다. 기타 가목 및 나목의 자산과 유사한 자산으로서 당해 법인의 업무에 직접 사용하지 아니하는 자산

② 제1항 제1호의 규정에 해당하는 부동산인지 여부의 판정 등에 관하여 필요한 사항은 기획재정부령으로 정한다. (개정 2008. 2. 29.)

③ 법 제27조 제1호에서 "대통령령으로 정하는 금액"이란 제1항 각호의 자산을 취득·관리함으로써 생기는 비용, 유지비, 수선비 및 이와 관련되는 비용을 말한다.

법인세법 시행령 제61조【대손충당금의 손금산입】

① 법 제34조 제1항에 규정하는 외상매출금·대여금 기타 이에 준하는 채권은 다음 각호의 것으로 한다.

1. 외상매출금: 상품·제품의 판매가액의 미수액과 가공료·용역 등의 제공에 의한 사업수입금액의 미수액

2. 대여금: 금전소비대차계약 등에 의하여 타인에게 대여한 금액

3. 기타 이에 준하는 채권: 어음상의 채권·미수금 기타 기업회계기준에 의한 대손충당금 설정대상이 되는 채권(제88조 제1항 제1호의 규정을 적용받는 시가초과액에 상당하는 채권을 제외한다)

《이하 생략》

"가업상속재산의 범위" 유형별 판단 사례

1 업무무관 금융상품 해당 여부

▶ 이 사건 제7예금은 I의 요구에 따라 이 사건 법인이 이 사건 프로그램 지원을 받기 위해 필수적으로 가입한 금융상품에 해당한다고 봄이 상당한 점, ④ 피고는 이 사건 법인이 I으로부터 지원받은 경영자금을 그대로 이 사건 제7예금에

불입해 그로부터 이자수익을 얻었던 것이라고 사실관계를 오인하였던 것으로 보이는 점 등을 종합하여 보면, 이 사건 제7예금은 예외적으로 상증세법 시행령 제15조 제5항 제2호 마목에 따른 사업무관자산에 해당하지 아니한다고 봄이 타당함(서울행정법원 2022구합54863, 2023. 5. 18.).

2 유가증권 매각대금 사용에 따른 사업무관자산 해당 여부

▶ 쟁점재조사결정의 취지는 쟁점유가증권 매각대금 중 OOO원은 쟁점법인의 영업활동과 관련이 있는 것으로 인정되나 이외의 매각대금과 관련하여서는 영업활동과 직접적인 관련이 있는지를 확인할 수 있는 자료가 충분히 제시되지 아니하였으므로 이를 재조사하라는 취지로 이해되므로, 쟁점재조사결정 취지에 따라 쟁점유가증권의 매각대금 중 OOO원은 쟁점법인의 영업활동과 관련이 있는 것으로 보아 가업상속 재산가액에 포함하는 것이 타당함(조심 2022서6525, 2023. 11. 2.).

3 사업용자산의 임차보증금은 가업상속공제 대상임

▶ 귀 질의의 경우 가업에 직접 사용되는 토지, 건축물, 기계장치 등 사업용 자산을 임차하기 위해 지급하는 임차보증금은 「상속세 및 증여세법 시행령」 제15조 제5항 제1호에 따른 "가업상속 재산가액"에 포함되는 것임(기획재정부 재산세제과 -1324, 2022. 10. 21.).

4 임대하는 사택의 사업무관자산 여부

▶ 비록 회사가 무상(관리비 보전 수준의 보증금 포함) 임대차계약을 통해 직원에게 쟁점사택을 제공하고 있지만 이는 사택 운영방법상의 임대차계약일 뿐이므로 이를 적극적 임대로 보기 어려운 점 등에 비추어 쟁점사택을 상증세법 시행령 제15조 제5항 제2호 나목에 따른 법인의 업무에 직접 사용하지 아니하거나 타인에게 임대하고 있는 사업무관자산으로 보기는 어렵다 할 것임(조심 2021서6935, 2022. 8. 2.).

5 개인가업 유동자산의 사업용자산 해당 여부

▶ 1년 이내 단기간 보유 또는 사업의 필요에 따라 언제든지 처분할 수 있는 자산인 유동자산을 "사업용 자산"으로 보는 경우, 정상적인 영업활동에 따라 유동자산이 단기에 처분될 경우 그 처분된 가액에 따라 사후관리 위반으로 상속세가 추징될 수도 있는 점 등을 볼 때 유동자산은 가업상속공제 대상인 사업용자산에 포함되지 아니한다고 해석함이 타당함(조심 2019중2136, 2019. 9. 9. 기각).

6 같은 업종을 영위하는 다른 법인이 발행한 주식은 사업무관자산에 해당함

▶ 1. 「상속세 및 증여세법 시행령」 제15조 제5항에 따라 「법인세법」을 적용받는 가업의 가업상속재산을 계산함에 있어 같은 조 제1항에 따른 가업에 해당하는 법인이 같은 업종을 영위하는 다른 법인이 발행한 주식을 보유하고 있는 경우 그 보유주식은 같은 조 제5항 제2호 마목에 따른 사업무관자산에 해당하는 것임(상속증여–0750, 2022. 5. 13., 상속증여–4450, 2016. 8. 31.).

　2. 조세특례제한법 제30조의6 제1항에 따른 가업자산상당액을 계산함에 있어 가업에 해당하는 법인이 보유하고 있는 동일업종의 완전자회사 주식은 상속세 및 증여세법 시행령 제15조 제5항 제2호 마목에 다른 법인의 영업활동과 직접 관련이 없이 보유하고 있는 주식에 해당하는 것임(기획재정부 재산세제과–312, 2015. 4. 16.).

　3. 쟁점금융상품의 가입이 일시적인 자금운용목적으로 보기 어려운 점, 쟁점금융상품이 법인의 영업활동과 직접적인 관련성이 있다고 하기는 어려운 점, 상속세에 대한 과소신고가산세 산정시 기납부세액은 과소신고된 사전증여재산에 대한 증여세로 보아야 하는 점 등에 비추어 청구주장을 받아들이기 어려움(조심 2017광–0248, 2017. 8. 24.).

7 다른 법인이 발행한 주식 중 사업관련 자산에 해당하는 경우

▶ 1. 일반적으로 '영업활동'이란 '제품의 생산과 상품・용역의 구매 및 판매 활동을 말하며, 투자활동과 재무활동에 속하지 아니하는 활동'을 의미하므로, '법인의 영업활동과 직접 관련하여 보유하고 있는 주식'이란 법인이 제품의 생

산활동, 상품·용역의 구매활동 및 판매활동 등과 직접 관련하여 보유하는 주식을 의미하고, 투자활동이나 재무활동과 관련하여 보유하는 주식은 제외 되는 것으로 볼 수 있다. 이 사건 해당법인은 자동차부품 생산과 관련하여 저임금을 활용하고 물류비용을 절약하기 위하여 해외현지법인들의 주식을 보유하고 있다고 봄이 상당하므로, 위 주식은 영업활동과의 직접적인 관련성 을 가졌다고 할 것임(서울행정법원 2020구합87845, 2022. 8. 19.).

2. 제조업을 영위하는 법인이 가격경쟁력을 위하여 해외진출하는 과정제품의 경쟁력을 갖추기 위해 해외현지공장을 운영하는 것은 필요하고, 현지법령에 따라 지점설치가 불가능하여 자회사 설립형태로 진출할 수밖에 없는 것으로 보이며, 이 건 법인의 거래 비중 등에 비추어 쟁점법인은 이 건 법인의 현지 공장 또는 판매법인 역할을 하는 것으로 보이므로 쟁점주식 보유는 영업활 동과 직접 관련성이 있어 보임(조심 2022서0229, 2022. 8. 16.).

3. 가업상속공제 적용대상 주식 판단시 영업활동과 직접 관련이 없이 보유하고 있는 주식은 그 문언 그대로 영업활동과 직접 관련이 있는지 여부만으로 판 단하여야 하며, 이 사건 쟁점지분은 영업활동과 직접 관련이 있다고 봄이 타 당함(대법원 2018두39713, 2018. 7. 13., 서울고등법원 2017누71125, 2018. 3. 13., 서울행 정법원 2016구합80595, 2017. 8. 25.).

4. 해외 현지법인이 없으면 이 사건 법인의 운영이 불가능한 수준이므로 이 사 건 주식이 이 사건 법인의 영업활동과 직접 관련이 없다고 보기 어려운 점 등을 감안할 때, 법인의 영업활동을 위하여 필요한 현지 생산공장에 해당하 는 해외 현지법인 출자주식은 국내 법인의 영업활동과 직접 관련이 있으므 로 법인의 사업관련 자산에 포함하여 가업상속공제액을 계산하여야 함(감심 2019-270, 2020. 3. 5.).

8 개인가업 유동자산의 사업용자산 해당 여부

▶ 1년 이내 단기간 보유 또는 사업의 필요에 따라 언제든지 처분할 수 있는 자산 인 유동자산을 "사업용 자산"으로 보는 경우, 정상적인 영업활동에 따라 유동 자산이 단기에 처분될 경우 그 처분된 가액에 따라 사후관리 위반으로 상속세 가 추징될 수도 있는 점 등을 볼 때 유동자산은 가업상속공제 대상인 사업용

자산에 포함되지 아니한다고 해석함이 타당함(조심 2019중2136, 2019. 9. 9. 기각).

9 같은 업종을 영위하는 다른 법인이 발행한 주식은 사업무관자산에 해당함

▶ 1. 「상속세 및 증여세법 시행령」 제15조 제5항에 따라 「법인세법」을 적용받는 가업의 가업상속재산을 계산함에 있어 같은 조 제1항에 따른 가업에 해당하는 법인이 같은 업종을 영위하는 다른 법인이 발행한 주식을 보유하고 있는 경우 그 보유주식은 같은 조 제5항 제2호 마목에 따른 사업무관자산에 해당하는 것임(상속증여 – 4450, 2016. 8. 31.).

2. 조세특례제한법 제30조의6 제1항에 따른 가업자산상당액을 계산함에 있어 가업에 해당하는 법인이 보유하고 있는 동일업종의 완전자회사 주식은 상속세 및 증여세법 시행령 제15조 제5항 제2호 마목에 다른 법인의 영업활동과 직접 관련이 없이 보유하고 있는 주식에 해당하는 것임(기획재정부 재산세제과 – 312, 2015. 4. 16.).

3. 가업상속공제 적용대상 주식 판단시 영업활동과 직접 관련이 없이 보유하고 있는 주식은 그 문언 그대로 영업활동과 직접 관련이 있는지 여부만으로 판단하여야 하며, 이 사건 쟁점지분은 영업활동과 직접 관련이 있다고 봄이 타당함(대법원 2018두39713, 2018. 7. 13., 서울고등법원 2017누71125, 2018. 3. 13., 서울행정법원 2016구합80595, 2017. 8. 25.).

- 자유시장 경제질서 하에서 기업들이 해외 진출과 사업다각화 등으로 성장을 도모하기 위하여 자회사 설립, 물적분할, 타기업 인수합병을 하는 것은 보편적인 현상인바, 구 상속세 및 증여세법 시행령 제15조 제5항 제2호 마목의 영업활동의 의미를 지나치게 축소 해석할 경우 중소기업들의 해외 진출과 사업다각화를 통한 성장을 방해하는 결과가 초래될 수도 있음.
결국 구 상속세 및 증여세법 시행령 제15조 제5항 제2호 마목의 영업활동과 직접 관련이 없이 보유하고 있는 주식은 그 문언 그대로 영업활동과 직접 관련이 있는지 여부만으로 판단하여야 하고, 영업활동의 의미를 지나치게 축소 해석하거나 자의적으로 다른 요건을 부가하여 해석하여서는 아니됨.

4. 해외 현지법인이 없으면 이 사건 법인의 운영이 불가능한 수준이므로 이 사건 주식이 이 사건 법인의 영업활동과 직접 관련이 없다고 보기 어려운 점 등을 감안할 때, 법인의 영업활동을 위하여 필요한 현지 생산공장에 해당하

는 해외 현지법인 출자주식은 국내 법인의 영업활동과 직접 관련이 있으므로 법인의 사업관련 자산에 포함하여 가업상속공제액을 계산하여야 함(감심 2019-270, 2020. 3. 5.).

▶ 쟁점금융상품의 가입이 일시적인 자금운용목적으로 보기 어려운 점, 쟁점금융상품이 법인의 영업활동과 직접적인 관련성이 있다고 하기는 어려운 점, 상속세에 대한 과소신고가산세 산정시 기납부세액은 과소신고된 사전증여재산에 대한 증여세로 보아야 하는 점 등에 비추어 청구주장을 받아들이기 어려움(조심 2017광-0248, 2017. 8. 24.).

▶ 「상속세 및 증여세법」 제18조 제2항 및 같은 법 시행령 제15조 제5항에 따라 「법인세법」을 적용받는 가업의 경우 가업상속 재산가액은 가업에 해당하는 법인의 주식등의 가액에 그 법인의 총자산가액 중 상속개시일 현재 사업무관자산을 제외한 자산가액이 그 법인의 총자산가액에서 차지하는 비율을 곱하여 계산한 금액에 해당하는 것을 말하는 것임(기획재정부 재산세제과-222, 2016. 3. 18.).

🔟 총자산가액 등은 상증법 제4장에 따라 평가한 가액에 의함

▶ 법인세법을 적용받는 가업의 가업상속 재산가액은 가업에 해당하는 법인의 주식등의 가액에 그 법인의 총자산가액(상속개시일 현재 상속세 및 증여세법 제4장에 따라 평가한 가액을 말한다) 중 상속개시일 현재 상속세 및 증여세법 시행령 제15조 제5항 제2호 각목의 어느 하나에 해당하는 자산(상속개시일 현재를 기준으로 같은 법 제4장에 따라 평가한 가액을 말한다)을 제외한 자산가액이 차지하는 비율을 곱하여 계산한 금액에 해당하는 것을 말하는 것임(상속증여-2287, 2016. 6. 14.).

1️⃣1️⃣ 일시 보유 후 처분할 목적인 자기주식은 사업무관자산에 해당함

▶ 「조세특례제한법」 제30조의6 및 같은 법 시행령 제27조의6 제9항에 따른 가업자산상당액은 「상속세 및 증여세법 시행령」 제15조 제5항 제2호를 준용하여 계산한 금액을 말하는 것임. 이 경우 가업에 해당하는 법인이 일시적으로 보유한 후 처분할 자기주식은 같은 호 마목에 따른 법인의 영업활동과 직접 관련이 없이 보유하고 있는 주식에 해당하는 것임(서면-2015-법령해석재산-1711, 2015. 11. 13.).

12 **법인의 자산 중 금융상품의 사업무관자산에 해당 여부**

▶ 「상속세 및 증여세법 시행령」 제15조 제5항에 따라 「법인세법」을 적용받는 가업의 가업상속재산을 계산하는 경우 법인이 보유하고 있는 금융상품은 같은 항 제2호 마목에 따른 법인의 영업활동과 직접 관련이 없이 보유하고 있는 금융상품(취득일부터 만기가 3개월 이내인 금융상품은 제외함)에 해당하는 것이며, 취득일부터 만기가 3개월 이내인 금융상품은 같은 호 라목에 따른 과다보유현금을 판단하는 경우 현금에 포함되는 것임(서면-2015-법령해석재산-1287 [법령해석과-2534], 2015. 10. 1.).

13 **자가창설 영업권은 가업상속재산에 포함되지 않음**

> - 2015. 1월 모친의 사망으로 1995. 9월 개업하여 모친이 운영하시던 음식점에 대하여 상속세 신고를 하고자 함.
> 1. 상속세 신고시 외부로부터 취득한 영업권은 없으나, 음식점에 대한 영업권을 평가하여, 동 영업권을 상속재산에 포함하여 신고하여야 하는지?
> 2. 동 영업권은 가업상속공제 대상 가업상속재산의 범위에 속하여 가업상속공제를 할 수 있는지?

▶ 귀 질의 1의 경우 「상속세 및 증여세법」 제7조 제1항에 따라 상속재산에는 피상속인에게 귀속되는 재산으로서 금전으로 환산할 수 있는 경제적 가치가 있는 모든 물건과 재산적 가치가 있는 법률상 또는 사실상의 모든 권리가 포함되는 것으로, 상속재산인 개인사업체를 평가함에 있어서 평가한 영업권의 가액은 상속재산에 포함되는 것임.

귀 질의 2의 경우 「상속세 및 증여세법」 제18조 제2항 제1호에 따른 가업상속공제를 적용함에 있어 같은 법 시행령 제15조 제5항 제1호 및 제7항 제1호에 따라 「소득세법」을 적용받는 가업의 경우 가업상속 재산이란 상속재산 중 가업에 직접 사용되는 토지, 건축물, 기계장치 등 사업용 자산으로서 「기업회계기준」 제18조 및 제20조의 유형자산 및 무형자산을 말하는 것임(서면-2015-상속증여-0795, 2015. 6. 16.). ☞ 공제대상이 아니라는 해석임.

14 의결권 없는 우선주는 가업상속공제 대상이 아님

- 피상속인 생전에 보통주와 의결권 없는 우선주를 증여받아 조특법 제30조의6 규정을 적용받은 후 피상속인이 사망하여 상증법 제18조 규정을 적용받은 경우에 있어,
- 가업상속공제 요건 중 피상속인(그의 특수관계인 포함)의 지분율이 10년 이상 계속하여 50% 이상인지 여부를 판정할 때 피상속인이 보유하고 있는 의결권 없는 우선주를 포함하는지?
- 의결권 없는 우선주를 포함하지 않는 경우, 우선주 가액의 상증법 제18조 및 조특법 제30조의6 적용대상인지?

▶ 「상속세 및 증여세법」 제18조 제2항에 따른 가업상속공제를 적용함에 있어 같은 법 시행령 제15조 제3항에 따라 피상속인과 그의 특수관계인의 주식 등을 합하여 해당 기업의 발행주식총수의 100분의 50(한국거래소에 상장된 법인이면 100분의 30) 이상을 계속하여 보유하는지 여부를 판정할 때 「상법」에 따른 의결권이 없는 우선주는 발행주식총수 및 피상속인과 그의 특수관계인이 보유하는 주식수에서 제외하는 것이며, 같은 조 제5항에서 규정하는 가업상속재산에도 해당하지 않는 것임.

또한, 「조세특례제한법」 제30조의6 제1항의 규정을 적용함에 있어 「상법」에 따른 의결권이 없는 우선주를 증여받는 경우 해당 주식은 가업의 승계에 대한 증여세 과세특례를 적용받을 수 없는 것임(법규과-1088, 2014. 10. 14.).

15 모회사가 보유하는 자회사 발행주식은 사업무관자산에 해당함

- 갑법인은 2004년에 을법인 주식을 100% 취득하였으며 갑법인과 을법인은 현재까지 동일 업종을 운영 중에 있음.
- 갑법인과 을법인의 경영진(대표이사, 이사, 감사) 구성은 동일함.
- 모회사가 소유하고 있는 자회사 지분(지분율: 100%)이 상속세 및 증여세법 제18조가 적용되는 가업상속 재산에 포함되는지?(모회사와 자회사는 동일 업종을 운영 중임)
- 당사는 레포츠용과 작업용 가죽장갑 및 바지를 제조하여 판매하는 비상장중소

기업으로 봉재업종에 해당되어 노동집약적인 업종을 영위하기 때문에 해외 (베트남)에서 전량 생산한 제품을 당사가 전량 매입하여 100% 직수출하고 있으며, 그 해외 생산회사를 당사가 100% 출자하여 소유·지배하고 있음.

- 당사가 보유하고 있는 해외 생산자회사 주식(지분법적용투자주식)이 상증법 시행령 제15조(가업상속) 제5항 제2호 마목의 "법인의 영업활동과 직접 관련 이 없이 보유하고 있는 주식, 채권 및 금융상품"에 해당하는 사업무관자산으로 보는지?

▶ 「상속세 및 증여세법 시행령」 제15조 제5항에 따라 「법인세법」을 적용받는 가 업의 가업상속재산을 계산함에 있어 같은 조 제1항에 따른 가업에 해당하는 법 인이 같은 업종을 영위하는 다른 법인이 발행한 주식을 보유하고 있는 경우 그 보유주식은 같은 조 제5항 제2호 마목에 따른 사업무관자산에 해당하는 것임 (서면법규과-842, 2014. 8. 11.).

☞ 모회사와 자회사가 있는 경우 두 회사가 사실상 1개의 회사로서 모두 가업에 해당하므로 전부에 대해 가업상속공제를 적용받는 것이 타당하다고 생각할 수 있으나, 모회사가 보유하고 있는 자회사 주식은 기업회계기준에 의하면 지분법 적용 투자주식인 투자자산에 해당하며, 투자자산이란 기업이 장기적인 투자수 익이나 타기업 지배목적 등의 부수적인 기업활동의 결과로 보유하는 자산이므 로 기업 본연의 영업활동을 위한 직접적인 자산으로는 보기 어렵고, 개인가업 의 경우 사업용 고정자산만 가업상속재산으로 규정하고 있는 점 등과 비교하면 그 형평에도 문제가 있을 수 있으므로 자회사 발행주식은 사업무관자산으로 해 석하고 있음.

16 법인의 경우 사업무관자산의 범위

- 당사는 서비스업을 영위하는 중소기업으로 용역제공에 대한 수수료 수입이 주 수입원임.
- 당사는 순자산 약 25억 원 중 미수금 1~2억 원을 제외한 대부분이 현금성자산 이고 이 중 20억 원을 우량채권에 투자하여 그에 따른 이자수입이 회사운영에 많은 도움이 되고 있음.
- 토지, 건물 등 부동산이 거의 없고 위와 같이 채권에 투자하기 전에는 보통예금 이나 1년 정기예금에 예치하였음.

– 가업상속공제를 적용할 때 위 보유채권 20억 원이 사업무관자산에 해당하는지?

▶ 1. 가업상속공제 적용대상 가업이 「법인세법」을 적용받는 가업인 경우 가업상속 재산은 「상속세 및 증여세법 시행령」 제15조 제5항 제2호에 따라 다음 산식에 의하여 법인의 사업용 자산 비율에 상당하는 가액으로 계산하는 것임.

가업상속재산(법인가업) = 가업 법인의 주식가액 × (법인의 총자산가액 −
사업무관자산) / 법인의 총자산가액

2. 여기서 "사업무관자산"은 같은 조 제5항 제2호 각목의 어느 하나에 해당하는 자산(상속개시일 현재를 기준으로 「상속세 및 증여세법」 제4장에 따라 평가한 가액을 말함)을 말하며, 귀 질의의 경우 당해 법인의 영업활동과 직접 관련이 없이 보유하고 있는 주식, 채권 및 금융상품은 사업무관자산에 해당하는 것임(재산세과−420, 2012. 11. 22.).

17 법인의 자산 중 타인에게 임대한 부분은 사업무관자산에 해당함

– 법인이 소유하는 건물은 연면적이 15,000㎡로 12,000㎡는 가업상속공제 업종으로 사용하고 있고, 나머지 3,000㎡는 임대하고 있음.
– 법인의 매출액 120억 원 중 부동산 임대수입은 10억 원인 경우
– 주업종으로 사용하고 있는 하나의 건물 중 일부를 임대한 경우 주업종 수입금액이 크므로 일부 임대면적은 타인에게 임대하고 있는 부동산으로 보지 않는지, 아니면 전체 면적에서 임대면적이 차지하는 비율로 안분하여 임대면적에 대한 평가액만큼 타인에게 임대하고 있는 부동산가액으로 보는지?

▶ 상속인 1인이 가업에 해당하는 법인의 주식을 상속받는 경우로서 상속개시일 현재 법인의 자산 중 타인에게 임대하는 부동산 부분이 있는 경우 가업상속공제 대상 주식가액은 해당 주식가액에 총자산가액 중 부동산 임대 부분의 가액이 차지하는 비율을 곱하여 계산한 금액을 제외하며, 이 경우 총자산가액과 부동산 임대 부분의 가액은 「상속세 및 증여세법」 제4장에 따라 평가한 가액으로 하는 것임(재산세과−329, 2012. 9. 17.).

☞ 주업종 매출액과 부동산 임대매출액의 크기에 상관없이 사업장의 일부를 타인에게 임대하고 있는 경우에는 해당 부동산 전체 평가액에서 임대면적이 차지하는

비율을 적용한 임대부동산 가액은 '사업무관자산가액'에 해당하는 것이다.

18 개인가업의 경우 가업에 직접 사용되는 사업용자산이 해당됨

- 중소제조업을 영위하는 개인사업자로서 30년 이상 사업장 전체(토지 6,000㎡, 건물 1,000㎡)를 사업용(제조업)으로 사용하다가,
- 5년 전부터 일부(토지 2,000㎡, 건물 300㎡)를 다른 법인에 임대하고 나머지 토지, 건물은 계속 제조업 용도로 사용하던 중 사망함.
- 가업상속공제와 관련하여 공제대상 범위 판정시 임대부분 토지도 해당되는지?

▶「상속세 및 증여세법」제18조 제2항 제1호에 따른 가업상속공제 규정을 적용함에 있어 가업상속재산이란 같은 법 시행령 제15조 제5항 각호의 상속재산을 말하는 것으로,「소득세법」을 적용받는 가업의 경우 상속재산 중 가업에 직접 사용되는 토지, 건축물, 기계장치 등 사업용 자산을 말함(재산세과-338, 2011. 7. 14.).

☞ 개인가업의 경우 가업상속공제 대상 재산이란 상속개시일 현재 가업에 직접 사용하는 사업용자산을 말하는 것이므로, 가업(제조업)에 직접 사용하지 않는 임대용 토지, 건물은 공제대상 자산에 해당하지 않는다.

19 개인가업의 경우 가업상속재산이란 가업에 직접 사용하던 유형·무형자산을 말함

- 개인가업의 경우 가업상속공제 대상이 토지, 건물, 기계장치, 차량운반구, 비품 등 사업용 고정자산만을 의미하는지?
- 아니면 매출채권과 당좌자산, 원재료 등 재고자산과 무형자산 및 투자자산 등 사업에 사용되는 모든 자산을 의미하는지?

▶「상속세 및 증여세법 시행령」제15조 제5항 제1호의 가업상속재산은 상속재산 중 가업에 직접 사용되는 토지, 건축물, 기계장치 등 사업용 고정자산으로서「기업회계기준」제18조 및 제20조의 유형자산 및 무형자산을 말함(재산세과-705, 2010. 9. 17.).

☞ 일반기업회계기준에 따르면, 기업운영에 직접 사용되는 토지, 건축물, 기계장치 등은 비유동자산 중 유형자산에 해당되며, 위 해석에서는 무형자산의 경우도 사업운영에 있어서는 필수적인 자산에 해당하므로 가업상속재산에 해당되는 것으로 하였다.

유형자산이란, 재화의 생산, 용역의 제공, 타인에 대한 임대 또는 자체적으로 사용할 목적으로 보유하는 물리적 형태가 있는 자산으로서, 1년을 초과하여 사용할 것이 예상되는 자산을 말하며,

무형자산이란, 재화의 생산이나 용역의 제공, 타인에 대한 임대 또는 관리에 사용할 목적으로 기업이 보유하고 있으며, 물리적 형체가 없지만 식별가능하고, 기업이 통제하고 있으며, 미래 경제적 효익이 있는 비화폐성자산을 말한다.

나. 가업상속공제액

□ 가업상속공제금액: 가업상속재산에 상당하는 금액(100%)
 - 공제한도: 10년 이상 영위 300억 원, 20년 이상 400억 원, 30년 이상 600억 원

가업상속공제액은 가업상속재산에 상당하는 금액의 100%('12. 1. 1.~'13. 12. 31.: 70%, '09. 1. 1.~'11. 12. 31.: 40%, '08. 1. 1.~'08. 12. 31.: 20%)를 상속세 과세가액에서 공제하며, 그 금액이 300억 원을 초과하는 경우에는 300억 원을 한도로 하되, 피상속인이 20년 이상 계속하여 경영한 경우에는 400억 원, 피상속인이 30년 이상 계속하여 경영한 경우에는 600억 원을 한도로 한다.

2022. 12. 31. 이전에는 10년 이상 영위시 200억 원, 20년 이상 영위시 300억 원, 30년 이상 영위시 500억 원이었다가 2022. 12. 31. 위와 같이 개정하였다. 연도별 공제대상금액 및 공제한도액은 다음과 같다.

(1) 연도별 공제대상금액 및 공제한도액

상속개시일	피상속인의 가업영위기간	공제대상금액	공제한도액
2007. 12. 31. 이전	5년 이상	가업상속재산가액	1억 원
2008. 1. 1. ~ 2008. 12. 31.	15년 이상	Max[①, ②] ① 가업상속재산가액 × 20% ② 2억 원(미달시 가업상속재산가액)	30억 원

상속개시일	피상속인의 가업영위기간	공제대상금액	공제한도액
2009. 1. 1. ~ 2011. 12. 31.	10년 이상~ 15년 미만	Max[①, ②] ① 가업상속재산가액 × 40% ② 2억 원(미달시 가업상속재산가액)	60억 원
	15년 이상~ 20년 미만		80억 원
	20년 이상		100억 원
2012. 1. 1. ~ 2013. 12. 31.	10년 이상~ 15년 미만	Max[①, ②] ① 가업상속재산가액 × 70% ② 2억 원(미달시 가업상속재산가액)	100억 원
	15년 이상~ 20년 미만		150억 원
	20년 이상		300억 원
2014. 1. 1. ~ 2017. 12. 31.	10년 이상~ 15년 미만	가업상속재산에 상당하는 금액 100%	200억 원
	15년 이상~ 20년 미만		300억 원
	20년 이상		500억 원
2018. 1. 1. ~ 2022. 12. 31.	10년 이상~ 20년 미만	가업상속재산에 상당하는 금액 100%	200억 원
	20년 이상~ 30년 미만		300억 원
	30년 이상		500억 원
2023. 1. 1. 이후	10년 이상~ 20년 미만	가업상속재산에 상당하는 금액 100%	300억 원
	20년 이상~ 30년 미만		400억 원
	30년 이상		600억 원

(2) 2 이상의 가업을 상속인 1명이 상속받는 경우 가업상속공제액

피상속인이 2개 이상의 서로 다른 기업을 영위하던 중 사망한 경우 해당 기업이 가업에 해당하는지 여부 판단은 각 기업별로 하는 것이며, 모든 요건을 충족한 경우로서 상속인 요건을 충족한 상속인들(2016. 2. 4. 이전 상속분의 경우는 상속인 1명)이 모두 상속받는 경우에 가업상속공제가 적용된다. 다만, 상속인들 중 가업상속인이 1개의 가업을 상속받고 상속세 과세표준 신고시 1개의 가업에 대해서만 가업상속재산명세서 및 가업상속사실을 입증할 수 있는 서류를 제출한 경우에는 그 제출한 가업에 대해서만 가업상속공제를 적용하므로, 사실상 2개 이상의 가업을 가업별로 각각 자녀들에게 상속할 수 있다. 이 경우 신고된 가업 외 다른 자녀 등이 상속받은 가업재산에 대해서는 가업상속공제가 적용되지 않는다.

한편, 종전에 가업상속공제 한도액이 500억 원으로 확대됨에 따라 보다 많은 공제를 적용받기 위해 2개 이상의 가업을 모두 상속받는 것으로 선택한 경우로서 각각의 가업이 그 영위기간이 다른 경우 그동안 전체 공제한도액 적용방법에 대한 해석이 없어 의견이 분분하였으나, 2014. 3. 11. 기획재정부에서 해석(기획재정부 재산세제과-255, 2014. 3. 11.)을 하였고, 이를 명확히 하기 위해 2016. 3. 21. 「상속세 및 증여세법 시행규칙」 제5조에 해당 내용을 규정하였다.

2016. 2. 5. 이후 상속개시분부터는 상속인들이 공동으로 가업을 상속받는 경우도 가업상속공제가 인정되어 2개 이상의 가업을 상속받고 가업상속공제를 적용받는 경우가 종전에 비해 많이 발생할 수 있으므로, 다음의 계산식을 충분히 숙지할 필요가 있다.

가업상속공제 대상이 되는 2개 이상의 기업을 상속인 1인이 전부 상속받은 경우 가업상속공제금액은 피상속인이 계속하여 경영한 기간이 가장 긴 기업을 기준으로 적용한 「상속세 및 증여세법」 제18조 제2항 제1호 가목의 금액을 공제한도로 하여 피상속인이 계속하여 경영한 기간이 긴 기업부터 순차적으로 공제하되, 각 기업별 공제금액은 같은 법 제18조 제2항 제1호 가목에 따른 해당 기업의 경영기간별 공제한도 내에서 공제하는 것임(기획재정부 재산세제과-255, 2014. 3. 11.).

상속세 및 증여세법 시행규칙 제5조 【가업상속의 공제한도 및 순서】 (2016. 3. 21. 개정)
법 제18조 제2항 제1호의 가업상속의 공제한도를 적용함에 있어 영 제15조 제4항에 따른 피상속인이 둘 이상의 독립된 가업을 영위한 경우에는 해당 기업 중 계속하여 경영한 기간이 긴 기업의 계속 경영기간에 대한 공제한도를 적용하며, 상속세 과세가액에서 피상속인이 계속하여 경영한 기간이 긴 기업의 가업상속 재산가액부터 순차적으로 공제한다.

㉮ **전체한도액**

현행 우리나라의 상속세는 피상속인을 기준으로 상속세 과세표준을 산정하는 유산세 과세체계를 채택하고 있는 바, 과세형평 등을 감안하여 상속인 1인이 2개 이상의 가업을 상속받는 경우에도 피상속인을 기준으로 가장 큰 공제한도금액[34]을 전체 한도금액으로 설정한다.

예를 들면, 피상속인이 25년 경영한 가업(ⓐ)과 35년 경영한 가업(ⓑ)을 상속인 1명이 모두 상속받는 경우 공제받을 수 있는 전체 한도액은 가업(ⓑ) 해당 공제액인 600억 원(30년 이상 경영)이다.

㉯ **개별한도액**

위와 같은 전체한도 외에 각 가업별로 영위기간에 따른 공제한도액을 별도로 적용한다.

| 가업 영위기간별 공제한도액 |

가업 영위기간	10년 이상 ~ 20년 미만	20년 이상 ~ 30년 미만	30년 이상
공제한도액	300억 원	400억 원	600억 원

예를 들면, 25년 경영한 가업(ⓐ)의 가업상속재산가액이 450억 원이고, 35년 경영한 가업(ⓑ)의 가업상속재산가액이 200억 원인 경우, 가업 ⓐ는 최대 400억 원까지만 공제되며, 가업 ⓑ는 600억 원 한도에서 해당 가업상속재산가액이 공제된다.

㉰ **공제방법**

가업 영위기간이 다른 2개 이상의 가업을 상속받는 경우 위 ㉮ 및 ㉯의 한도액을 감안하여 가업 영위기간이 긴 가업부터 아래와 같이 순차적으로 공제액을 산정한다. 이 방법은 장수기업에 대한 공제액을 차별적으로 우대하는 입법취지에 부합하고, 계산방법이 간단하다는 장점이 있다.

---

34) 가업 영위기간이 가장 긴 가업의 한도를 말한다(30년 이상 600억 원 등).

| 공제방법 |

가업별	상속 가액	공제 순서	공제한도액	공제액 (각 한도 내)
30년 이상 영위	ⓐ	①	600억 원	ⓐ′
20년 이상 30년 미만	ⓑ	②	Min[(600억 원−ⓐ′), 400억 원]	ⓑ′
10년 이상 20년 미만	ⓒ	③	Min[(600억 원−ⓐ′−ⓑ′), 300억 원]	ⓒ′
합 계			600억 원	600억 원 이하

예시 1

가업별	상속 가액	공제 순서	공제한도액	공제액 (각 한도 내)
30년 이상 영위	100억 원	①	600억 원	100억 원
20년 이상 30년 미만	200억 원	②	Min[(600억 원−ⓐ′), 400억 원]	200억 원
10년 이상 20년 미만	400억 원	③	Min[(600억 원−ⓐ′−ⓑ′), 300억 원]	300억 원*
합 계	700억 원		600억 원	600억 원

* 공제한도: Min[(600억 원−100억 원−200억 원), 300억 원] → 300억 원
  공제액: Min[상속재산가액, 한도액] = Min[400억 원, 300억 원] → 300억 원

예시 2

가업별	상속 가액	공제 순서	공제한도액	공제액 (각 한도 내)
30년 이상 영위	400억 원	①	600억 원	400억 원
20년 이상 30년 미만	400억 원	②	Min[(600억 원−ⓐ′), 400억 원]	200억 원*
10년 이상 20년 미만	400억 원	③	Min[(600억 원−ⓐ′−ⓑ′), 300억 원]	0**
합 계	1,200억 원		600억 원	600억 원

* 공제한도: Min[(600억 원−400억 원), 300억 원] → 200억 원
  공제액: Min[상속재산가액, 한도액] = Min[400억 원, 200억 원] → 200억 원

** 공제한도: Min[(600억 원−400억 원−200억 원), 300억 원] → 0원
  공제액: Min[상속재산가액, 한도액] = Min[400억 원, 0원] → 0원

예시 3

가업별	상속가액	공제순서	공제한도액	공제액 (각 한도 내)
30년 이상 영위	200억 원	①	600억 원*	200억 원
20년 이상 30년 미만	0		–	–
10년 이상 20년 미만	300억 원	②	Min[(600억 원−ⓐ′), 300억 원]	300억 원**
합 계	500억 원		600억 원	500억 원

* 공제한도: 600억 원 → 기간이 가장 긴 가업의 한도액이 전체 한도액임.

　공제액: Min[상속재산가액, 한도액] = Min[200억 원, 600억 원] → 200억 원

** 공제한도: Min[(600억 원−200억 원), 300억 원] → 300억 원

　공제액: Min[상속재산가액, 한도액] = Min[400억 원, 300억 원] → 300억 원

예시 4

가업별	상속가액	공제순서	공제한도액	공제액 (각 한도 내)
30년 이상 영위	0		–	–
20년 이상 30년 미만	400억 원	①	400억 원	400억 원*
10년 이상 20년 미만	300억 원	②	Min[(400억 원−ⓑ′), 300억 원]	0**
합 계	700억 원		600억 원	400억 원

* 공제한도: 400억 원 → 기간이 가장 긴 기업의 한도액이 전체 한도액임.

　공제액: Min[상속재산가액, 한도액] = Min[400억 원, 400억 원] → 400억 원

** 공제한도: Min[(400억 원−400억 원), 300억 원] → 0원

　공제액: Min[상속재산가액, 한도액] = Min[300억 원, 0원] → 0원

☞ 10년 이상 20년 미만 영위한 가업의 경우 가업상속공제를 신청하더라도 공제가능한 금액이 없으므로 굳이 신청할 필요가 없다고 본다.

예시 5

가업별	상속가액	공제순서	공제한도액	공제액(각 한도 내)
30년 이상 영위	100억 원	①	600억 원	100억 원
20년 이상 30년 미만	100억 원	②	Min[(600억 원-ⓐ′), 400억 원]	100억 원*
10년 이상 20년 미만	300억 원	③	Min[(600억 원-ⓐ′-ⓑ′), 300억 원]	300억 원**
합 계	500억 원		600억 원	500억 원

* 공제한도: Min[(600억 원-100억 원), 400억 원] → 400억 원

공제액: Min[상속재산가액, 한도액] = Min[100억 원, 400억 원] → 100억 원

** 공제한도: Min[(600억 원-100억 원-100억 원), 300억 원] → 300억 원

공제액: Min[상속재산가액, 한도액] = Min[300억 원, 300억 원] → 300억 원

"가업상속공제액" 관련 유형별 판단 사례

1 증여세 과세특례 적용 후 상속으로 가업상속공제를 적용하는 경우 증여세 과세특례 한도액을 추가하지 않음

- 상속인 1인이 피상속인 생전에 A법인의 주식을 사전증여(30억 원 한도) 받아 「조세특례제한법」 제30조의6 규정에 따라 증여세 과세특례를 받은 경우로서 이번에 피상속인의 사망으로 A법인에 대한 가업상속공제를 적용받을 때
- 가업상속공제 한도액(100억 원~300억 원)에 사전증여 한도액 30억 원을 추가하는지?

▶ 「조세특례제한법」 제30조의6 제1항에 따른 증여세 과세특례대상인 주식을 증여받은 후 증여자의 사망으로 상속이 개시되는 경우 상속개시일 현재 같은 법 시행령 제27조의6 제8항 각호의 요건을 모두 갖춘 경우에는 「상속세 및 증여세법」 제18조 제2항 제1호에 따른 가업상속으로 보아 가업상속공제를 받을 수 있으며, 이 경우 「조세특례제한법」 제30조의6 제1항의 한도액(30억 원)은 「상속세 및 증여세법」 제18조 제2항 제1호 가목의 가업상속공제 한도액 적용시 추가하여 적용하지 아니하는 것임(재산세과-329, 2012. 9. 17.).

2 수개의 가업을 상속받는 경우 전체 합계액을 기준으로 계산함

- 거주자 A는 법인 4개 업체(갑, 을, 병, 정)의 대표이사이며 4개사 모두 100% 소유하고 있음.
- 4개 회사는 중소기업으로 모두 15년 이상 유지하던 중 사망하여 자녀인 B에게 모두 상속함.
- 4개 회사의 주식평가액은 갑 200억 원, 을 200억 원, 병 200억 원, 정 200억 원임.
- 이 경우 가업상속공제 한도액 계산시 4개 회사 총 가액을 기준으로 하는지 아니면 각 회사별로 한도액을 계산하는지?

▶「상속세 및 증여세법」제18조에 따라 가업상속공제액을 계산함에 있어 상속인 1인이 가업에 해당하는 수개 법인의 주식을 전부 상속받는 경우, 전체 법인 주식 가액의 합계액을 기준으로 계산하는 것임(재산세과-1118, 2009. 12. 24.).

④ 가업상속공제 사후관리

상속개시일로부터 5년 이내에 아래와 같은 사유가 발생한 경우 상속세를 추징한다.
가. 가업상속재산을 처분한 경우
나. 가업에 종사하지 않는 경우
다. 상속인의 주식지분이 감소한 경우
라. 고용 및 총급여액 유지 요건을 충족하지 않은 경우
마. 이자상당액 부과

가업상속공제를 적용받은 상속인이 상속개시일 또는 상속이 개시된 사업연도의 말일부터 5년(2022. 12. 31. 이전은 7년) 이내에 정당한 사유 없이 ① 가업상속재산을 처분, ② 가업에 미종사, ③ 주식지분의 감소, ④ 고용 및 총급여액 유지 요건을 미충족한 경우에는 가업상속 공제받은 금액에 기간별 추징률을 곱하여 계산한 금액을 상속개시 당시의 상속세 과세가액에 산입하여 상속세를 부과한다(기간별 추징률 적용은 2014.

1. 1. 이후 개시하는 과세기간 또는 사업연도분부터 적용).

한편, 가업상속 지원 세제의 실효성을 제고하기 위해 2022. 12. 31. 「상속세 및 증여세법」을 개정시 사후관리 기준을 다음과 같이 완화하였다.

사후관리 내용	종 전	개 정	적용시기
사후관리 기간	7년	5년	2022. 12. 31. 이전 상속분도 적용
고용유지	매년 80% 7년 평균 100% (중견기업도 100%)	매년 사후관리는 삭제 5년 평균 90%	2022. 12. 31. 이전 상속분도 적용
자산처분	7년 이내 20% 이상 처분제한 (5년 이내 10%)	5년 이내 40% 이상 처분제한	2022. 12. 31. 이전 상속분도 적용

한편, 2022. 12. 31. 개정분에 대한 경과조치를 정리하면 다음과 같다.

〈부칙 특례규정〉 2023. 1. 1. 현재 사후관리 중인 경우에도 개정규정 적용 (부칙 §7)
[가업상속공제에 관한 경과조치]

1. 가업상속공제 사후관리 개정규정(상증법 §18의2 ⑤)은 아래와 같은 "① 사후관리를 받고 있는 상속인"과 "② 2023. 1. 1. 이후 가업상속공제를 적용받는 상속인"에 대해서도 적용한다(부칙 §7 ②).
   ① 사후관리를 받고 있는 상속인이란,
      - 2022. 12. 31. 이전에 종전규정에 따라 가업상속공제를 받은 경우로서
      - 2023. 1. 1. 현재 종전의 7년 사후관리 기간이 경과하지 않았고
      - 2022. 12. 31. 이전에 사후관리 위반으로 상속세 및 이자상당액이 부과되지 않은 상속인
   ② 2023. 1. 1. 이후 가업상속공제를 적용받는 상속인이란,
      - 2023. 1. 1. 이후 상속이 개시된 경우뿐 아니라
      - 2022. 12. 31. 이전에 상속이 개시된 경우로서 2023. 1. 1. 이후 가업상속공제를 받는 상속인

필자 주

한편, 2022. 12. 31. 이전 종전규정에서 사후관리기간은 2020. 1. 1. 이후 상속개시분은 7년 사후관리, 2019. 12. 31. 이전 상속개시분은 10년 사후관리를 적용하고 있었는 바, 위 부칙에서 말하는 종전규정에 10년 사후관리 중인 경우도 포함되는지 여부가 논란이 될 수도 있으나, 2022. 12. 31. 개정시 사후관리 완화의 취지 등을 감안할 때 종전에 10년 사후관리 중인 경우도 이번 개정규정에 따라 5년 사후관리를 적용받을 수 있다고 봄이 타당하다.

2. 가업용자산 처분 관련

다만, 가업용자산 처분과 관련해서는 2022. 12. 31. 이전에 종전의 가업용자산 처분 사후관리 규정 위반에 해당하여 가업용 자산의 처분비율을 고려하여 상속세 및 이자상당액을 부과받은 경우에 해당하더라도, 7년의 사후관리 기간이 경과되지 않은 경우에는 개정된 자산처분 사후관리 규정을 적용한다(부칙 §7 ② 단서).

3. 예외사항

위 경과조치에 불구하고, 종전의 정규직 근로자수 및 총급여액 사후관리기준인 7년 평균을 적용하는 것이 개정규정(5년 평균)을 적용하는 것보다 "사후관리를 받고 있는 상속인"에게 유리한 경우에는 종전 규정을 적용한다.

※ 5년 사후관리 적용범위

「상속세 및 증여세법」(2022. 12. 31. 법률 제19195호로 개정된 것) 제18조의2 제5항의 개정규정은 동법 부칙 제7조 제2항 각 호의 요건을 모두 충족하는 상속인에 대해서도 적용되는 것임(상속증여-0678, 2023. 7. 6.).

또한, 2016. 12. 31.까지는 「국세기본법」 제47조의3 및 같은 법 제47조의5에 따른 가산세는 부과하지 않았으나,[35] 2017. 1. 1. 이후 개시하는 소득세 과세기간 또는 법인세 사업연도부터는 일정한 이자상당액을 그 부과하는 상속세에 가산하며(상증법 §18 ⑤, 2016. 12. 20. 개정), 2018. 1. 1. 이후 사후관리를 위반하는 분부터는 해당 사유 발생일이 속하는 달의 말일(정규직근로자수 평균 미달의 경우에는 해당 사업연도 말일)부터 6개

---

35) 징세과-1184(2010. 12. 29.) 해석 참조
 ☞ 사후관리 위반에 대해 납세의무자에게 신고의무를 부여하고 있지 않으므로, 신고 및 납부불성실 가산세를 부과하지 않는 것으로 이해할 수 있다.

월 이내에 위반사실에 대하여 신고하고 해당 상속세와 이자상당액을 납부하도록 하였다(상증법 §18 ⑧, 2017. 12. 19. 신설). 사후관리 추징사유 신고를 하지 않은 경우 「국세기본법」 제47조의2(무신고가산세) 및 같은 법 제47조의3(과소신고가산세)은 적용되지 않으나, 같은 법 제47조의4(납부지연가산세)는 적용된다[36]. 한편, 2개 이상 법인의 주식을 상속받고 그 중 1개 법인에 대하여만 가업상속공제를 신청하여 적용받은 경우 사후관리는 모든 상속받은 법인 주식이 아니라 가업상속공제를 적용받은 그 법인의 주식만 대상이 된다.[37]

| 2022. 12. 31. 개정내용 |

2014. 1. 1. ~ 2019. 12. 31.	2020. 1. 1. ~ 2022. 12. 31.
7~10년 기간별 추징률(7년 미만 100%)을 적용하여 추징 – 추징대상금액 = 가업상속공제액 × 기간별 추징률	5~7년 기간별 추징률을 적용

2023. 1. 1. 이후	기간별 추징률
5년 기간별 추징률 적용	5년 미만 100%

■ 기간별 추징률 적용대상 기간(2022. 12. 31. 이전)

기간별 추징률 적용시 5년 미만인지 또는 5년 이상~7년 미만인지 등을 판단하는 기간은 다음과 같이 산정된 기간으로 한다.

위반유형	기간계산
㉮ 7년 이내, 가업용자산 20% 이상 처분 　(5년 이내 10% 이상 처분)	① 상속개시일부터 해당 사유 발생일까지의 기간
㉯ 7년 이내, 가업에 종사하지 않는 경우	
㉰ 7년 이내, 상속인의 주식지분이 감소한 경우	
㉱ 각 사업연도 정규직 근로자수 평균 또는 총급여액이 기준고용인원 또는 기준총급여액의 80%에 미달하는 경우	② 상속개시 사업연도 말일부터 해당일까지의 기간

---

36) 법령해석기본-0015, 2021. 2. 22.
37) 사전-2015-법령해석재산-0281(2016. 1. 12.) 같은 뜻

위반유형	기간계산
⑩ 7년간 정규직 근로자수 평균 또는 총급여액 평균이 기준고용인원 또는 기준총급여액의 100%에 미달하는 경우	③ 상속이 개시된 사업연도 말일부터 각 사업연도 말일까지 각각 누적하여 계산한 정규직근로자수 전체평균 또는 총급여액 전체평균이 기준고용인원 또는 기준총급여액 이상을 충족한 기간 중 가장 긴 기간

 참고

정규직 근로자란?

(2020. 1. 1. 이후)「근로기준법」에 따라 계약을 체결한 근로자 중 다음을 제외한 근로자를 말한다.

① 계약기간 1년 미만 근로자, ② 단시간(1개월간 60시간 미만) 근로자, ③ 근로소득세 원천징수 미확인 및 국민연금 부담금, 기여금과 직장가입 건강보험료 등 납부사실 미확인자

(2019. 12. 31. 이전) 정규직 근로자란 '비정규직 근로자'를 제외한 근로자를 말한다.

○ 비정규직 근로자: 1차적으로 고용형태에 의해 정의되는 것으로, ① 한시적 근로자 ② 시간제 근로자 ③ 비전형 근로자 등으로 분류된다.

| 비정규직 근로자 구분 |

■ 비정규직 근로자	1차적으로 고용형태에 의해 정의되는 것으로, ① 한시적 근로자 ② 시간제 근로자 ③ 비전형 근로자 등으로 분류된다.
○ 한시적 근로자	근로계약기간을 정한 근로자(기간제 근로자) 또는 정하지 않았으나 계약의 반복 갱신으로 계속 일할 수 있는 근로자와 비자발적 사유로 계속 근무를 기대할 수 없는 근로자(비기간제 근로자)를 포함
－ 기간제 근로자	근로계약기간을 설정한 근로자가 해당됨.
－ 비기간제 근로자	근로계약기간을 정하지 않았으나 계약의 반복 갱신으로 계속 일할 수 있는 근로자와 비자발적 사유(계약만료, 일의 완료, 이전 근무자 복귀, 계절근무 등)로 계속근무를 기대할 수 없는 근로자
○ 시간제 근로자	직장(일)에서 근무하도록 정해진 소정의 근로시간이 동일 사업장에서 동일한 종류의 업무를 수행하는 근로자의 소정 근로시간보다 1시간이라도 짧은 근로자로, 평소 1주에 36시간 미만 일하기로 정해져 있는 경우가 해당됨.
○ 비전형 근로자	파견근로자, 용역근로자, 특수형태근로종사자, 가정 내(재택, 가내) 근로자, 일일(단기)근로자
－ 파견 근로자	임금을 지급하고 고용관계가 유지되는 고용주와 업무지시를 하는 사용자가 일치하지 않는 경우로 파견 사업주가 근로자를 고용한 후 그 고용관계를 유지하면서 근로자 파견계약의 내용에 따라 사용 사업주의 사업장에서 지휘, 명령을 받아 사용 사업주를 위하여 근무하는 형태

– 용역 근로자	용역업체에 고용되어 이 업체의 지휘 하에 이 업체와 용역계약을 맺은 다른 업체에서 근무하는 형태(예: 청소용역, 경비용역업체 등에 근무하는 자)
– 특수형태근로 종사자	독자적인 사무실, 점포 또는 작업장을 보유하지 않았으면서 비독립적인 형태로 업무를 수행하면서도, 다만 근로제공의 방법, 근로시간 등은 독자적으로 결정하면서 개인적으로 모집·판매·배달·운송 등의 업무를 통해 고객을 찾거나 맞이하여 상품이나 서비스를 제공하고 그 일을 한만큼 소득을 얻는 근무 형태
– 가정 내 근로자	재택근무, 가내하청 등과 같이 사업체에서 마련해 준 공동 작업장이 아닌 가정 내에서 근무(작업)가 이루어지는 근무 형태
– 일일(단기) 근로자	근로계약을 정하지 않고, 일거리가 생겼을 경우 며칠 또는 몇 주씩 일하는 형태의 근로자

《자료: '2018년 8월 경제활동 인구조사(용어설명)', 2018. 10. 30. 통계청 보도자료》

| 가업상속공제의 사후관리(상속개시일부터 7년 이내) |

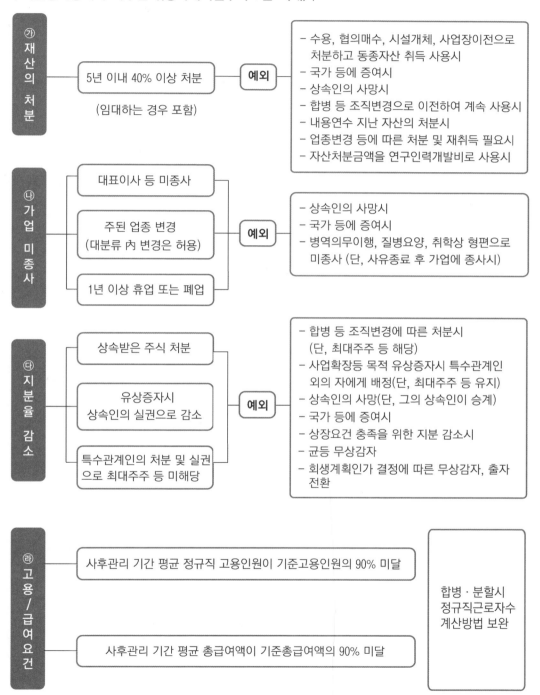

㉮ 재산의 처분

5년 이내 40% 이상 처분
(임대하는 경우 포함)

예외
- 수용, 협의매수, 시설개체, 사업장이전으로 처분하고 동종자산 취득 사용시
- 국가 등에 증여시
- 상속인의 사망시
- 합병 등 조직변경으로 이전하여 계속 사용시
- 내용연수 지난 자산의 처분시
- 업종변경 등에 따른 처분 및 재취득 필요시
- 자산처분금액을 연구인력개발비로 사용시

㉯ 가업 미종사

대표이사 등 미종사

주된 업종 변경
(대분류 內 변경은 허용)

1년 이상 휴업 또는 폐업

예외
- 상속인의 사망시
- 국가 등에 증여시
- 병역의무이행, 질병요양, 취학상 형편으로 미종사 (단, 사유종료 후 가업에 종사시)

㉰ 지분율 감소

상속받은 주식 처분

유상증자시 상속인의 실권으로 감소

특수관계인의 처분 및 실권으로 최대주주 등 미해당

예외
- 합병 등 조직변경에 따른 처분시 (단, 최대주주 등 해당)
- 사업확장등 목적 유상증자시 특수관계인 외의 자에게 배정(단, 최대주주 등 유지)
- 상속인의 사망(단, 그의 상속인이 승계)
- 국가 등에 증여시
- 상장요건 충족을 위한 지분 감소시
- 균등 무상감자
- 회생계획인가 결정에 따른 무상감자, 출자 전환

㉱ 고용/급여요건

사후관리 기간 평균 정규직 고용인원이 기준고용인원의 90% 미달

사후관리 기간 평균 총급여액이 기준총급여액의 90% 미달

합병·분할시 정규직근로자수 계산방법 보완

가. 5년 이내에 가업상속재산의 처분

> 1) 상속개시일부터 5년 이내에 가업용 자산의 40% 이상 처분
> 2) 수용 등 예외사유 인정

가업상속공제를 받은 상속인이 상속개시일부터 5년 이내에 가업용 자산의 40% 이상을 처분한 경우에는 공제받은 금액에 자산처분비율(2019. 1. 1. 이후 자산을 처분하는 분부터 적용)과 기간별 추징률을 곱한 금액을 상속개시 당시의 상속세 과세가액에 산입한다. 한편, 5년 이내에 40%[2022. 12. 31. 이전은 7년 이내에 20%(5년 이내 10%)] 이상을 처분하여 먼저 상속세를 부과한 후 다시 자산을 처분하여 재차 상속세를 부과하는 경우 자산처분비율 산정시에는 종전에 처분한 자산의 가액은 제외하고 산정하도록 명확히 하였으며(상증령 §15 ⑮ 단서, 2020. 2. 11. 개정), 2022. 12. 31. 상증법 개정시 해당 사후관리 개정규정은 2022. 12. 31. 이전에 종전의 처분 사후관리 규정 위반에 해당하여 상속세 및 이자상당액을 부과받은 경우라도 2023. 1. 1. 현재 7년의 사후관리 기간이 경과되지 않은 경우에는 개정된 규정을 적용받을 수 있다(부칙 §7 ② 단서).

| 2022. 12. 31. 개정내용 |

2022. 12. 31. 이전	2023. 1. 1. 이후
□ 가업용 자산의 유지 　○ 7년 이내 가업용자산의 20%(5년 이내 10%) 이상 처분 제한	□ 가업용 자산의 유지 완화 　○ 5년 이내 40% 이상 처분 제한

| 2020. 2. 11. 개정내용 |

2020. 2. 10. 이전	2020. 2. 11. 이후
□ 가업상속공제 후 자산 유지 의무 위반시 추징금액 　○ 공제금액 전액 　　× 자산 처분비율* 　　× 기간별 추징률 　* 처분한 자산의 상속개시일 현재 가액 　／ 상속개시일 현재 가업용자산의 가액	□ 수회에 걸쳐서 자산을 처분하는 경우 추징 기준 명확화 　○ 자산 처분비율 산정시 수회에 걸쳐 자산을 처분하는 경우 각 처분가액을 기준으로 함.

| 2018. 12. 31. 개정내용 |

2018. 12. 31. 이전 처분	2019. 1. 1. 이후 처분
가업상속공제 후 자산 유지 의무 위반시 추징하는 금액 아래 ㉠의 금액을 상속개시 당시 상속세 과세가액에 산입하여 산출한 상속세 + 이자상당액 ㉠ 가업상속공제액 × 기간별 추징률	〈좌 동〉 ㉠ 가업상속공제액 × 자산처분비율* × 기간별 추징률 * 자산처분비율 = 처분한 자산의 상속개시일 현재가액 ÷ 상속개시일 현재 전체 가업용자산의 가액

| 기간별 추징률 | 2023. 1. 1. 이후 상속개시분

기간	5년 미만	비고
추징률	100%	

| 기간별 추징률 | 2020. 1. 1. ~ 2022. 12. 31. 상속개시분

기간	5년 미만	5년 이상 ~ 7년 미만
추징률	100%	80%

| 기간별 추징률 | 2019. 12. 31. 이전 상속개시분

기간	7년 미만	① 7년 이상~ 8년 미만	② 8년 이상~ 9년 미만	③ 9년 이상~ 10년 미만
추징률	100%	90%	80%	70%

(1) 상속개시일부터 5년 이내에 가업용 자산의 40% 이상 처분

㉮ 가업용 자산이란

처분하는 가업용 자산이란 상속개시일 현재 다음의 자산을 말한다(상증령 §15 ⑨).

① 소득세법을 적용받는 가업: 상속재산 중 가업에 직접 사용되는 토지, 건축물, 기계장치 등 사업용 자산(가업상속재산을 말한다)

② 법인세법을 적용받는 가업: 가업에 해당하는 법인의 사업에 직접 사용되는 사업용 고정자산(사업무관자산을 제외한다)

㉯ 40% 이상 처분했는지 여부

가업용 자산을 상속개시일부터 5년 이내에 40%[2022. 12. 31. 이전은 7년 이내에 20%(5년 이내는 10%)] 이상 처분했는지 여부는 상속개시일 현재의 가액을 기준으로 전체 가업용 자산가액 중 처분한 가업용 자산가액이 차지하는 비율로 판단하며, 이 경우 처분에는 사업에 사용하지 않고 임대하는 경우를 포함한다(상증법 §15 ⑩).

$$\text{가업용 자산 처분비율} = \frac{\text{가업용 자산 중 처분(사업에 사용하지 않고 임대하는 경우 포함)한 자산의 상속개시일 현재 가액}}{\text{전체 가업용 자산의 상속개시일 현재 가액}}$$

처분비율 예시

① 가업용 자산 현황 및 상속개시일(2022. 2. 20.) 현재 가액
- 토지 1 및 지상건물 1: 65억 원
- 토지 2 및 지상건물 2: 5억 원, 전체합계 70억 원

② 2024. 3. 1. 위 가업용 자산 중 토지 2 및 지상건물 2 자산을 처분
- 처분 당시 가액
  · 토지 1 및 지상건물 1: 70억 원
  · 토지 2 및 지상건물 2: 50억 원(처분)
  · 처분 당시 가액기준 처분비율: 50억 원 / 70억 원 + 50억 원 = 41.66%

③ 가업상속공제 사후관리시 5년 이내 40% 이상 처분 여부 판단
(상속개시일 현재 가액 기준)
- 5억 원 / (65억 원 + 5억 원) = 7.14% → "5년 이내 40% 이상 처분"에 해당하지 않음.

※ 가업용 자산을 처분하는 시점을 기준으로는 처분비율이 40% 이상에 해당하나, 상속개시일 현재 가액을 기준으로 판단하는 것이므로 본 사례의 경우는 사후관리에 위배되지 않음.

㉐ 40% 이상 처분시 추징방법

상속개시일부터 5년 이내에 정당한 사유 없이 해당 가업용 자산의 40% 이상을 처분한 경우에는 다음과 같이 계산한 금액을 상속개시 당시의 상속세과세가액에 산입하여 상속세를 부과한다(상증법 §18의2 ⑤).

> **가업상속공제액 × ㉠ 자산처분비율 × ㉡ 기간별 추징률**

㉠ 자산처분비율 : 40% 이상을 처분하여 상속세를 추징하는 경우 자산처분비율을 말하며, 상증령 제15조 제10항 규정에 따라 상속개시일 현재의 가액으로 비율을 산정하는 것이나, 1차 처분으로 상속세를 부과한 후 재차 재산을 처분하여 다시 상속세를 부과하는 경우에는 종전에 처분한 자산의 가액은 제외하고 각 처분가액을 기준으로 자산처분비율을 산정한다(상증령 §15 ⑮).

㉡ 기간별 추징률 : 2023. 1. 1. 이후 상속이 개시되는 경우 5년 미만 100%를 적용한다.

● **사례**

① 가업상속공제액 : 100억 원
② 가업용 자산 현황 및 상속개시일(2023. 2. 20.) 현재 가액
   - 토지 1 및 지상건물 1: 33억 원
   - 토지 2 및 지상건물 2: 42억 원
   - 토지 3 및 지상건물 3: 25억 원 합계 100억 원
③ 2024. 10. 1. 위 가업용 자산 중 토지 2 및 지상건물 2 자산을 처분
   - 자산처분비율 : 42억 원 / 100억 원 = 42%
   → 상속세 과세가액에 가산하는 금액
      가업상속공제액 (100억 원) × 자산처분비율 (42%) × 기간별 추징률 (100%)
      = 42억 원
④ 2024. 12. 1. 위 가업용 자산 중 토지 3 및 지상건물 3 자산을 처분
   - 자산처분비율 : 누계 67억 원 / 100억 원 = 67%
     추징시 처분비율 : 25억 원 / 100억 원 = 25%
   → 상속세 과세가액에 가산하는 금액

> 가업상속공제액 (100억 원) × 자산처분비율 (25%) × 기간별 추징률 (100%)
> = 25억 원

(2) 처분해도 추징하지 않는 예외사유

가업용 자산을 처분하는 경우에도, 다음과 같은 '정당한 사유'가 있는 경우에는 추징하지 않는다.

㉮ "가업용 자산"이 「공익사업을 위한 토지 등의 취득 및 보상에 관한 법률」, 그 밖의 법률에 따라 수용 또는 협의 매수되거나 국가 또는 지방자치단체에 양도되는 경우 또는 시설의 개체(改替), 사업장 이전 등으로 처분되는 경우. 다만, 처분자산과 같은 종류의 자산을 대체 취득하여 가업에 계속 사용하는 경우에 한한다.

즉 수용, 국가 및 지방자치단체에 양도, 시설개체, 사업장 이전 등의 사유로 가업용 자산을 처분한 후 동일한 종류의 자산을 대체 취득하여 가업에 사용하는 경우를 말한다.

> 이 경우 "처분자산과 같은 종류의 자산을 대체 취득하여 가업에 계속 사용하는 경우"란, 처분자산 양도가액 이상의 금액에 상당하는 같은 종류의 자산을 취득하여 가업에 계속 사용하는 경우[38]를 말한다.

㉯ 가업용 자산을 국가 또는 지방자치단체에 증여하는 경우

㉰ 가업상속받은 상속인이 사망한 경우

㉱ 합병·분할, 통합, 개인사업의 법인전환 등 조직변경으로 인하여 자산의 소유권이 이전되는 경우. 다만, 조직변경 이전의 업종과 같은 업종을 영위하는 경우로서 이전된 가업용 자산을 그 사업에 계속 사용하는 경우에 한한다.

㉲ 내용연수가 지난 가업용 자산을 처분하는 경우

㉳ 가업의 주된 업종 변경과 관련하여 자산을 처분하는 경우로서 변경된 업종을 가업으로 영위하기 위하여 자산을 대체취득하여 가업에 계속 사용하는 경우

---

38) 재산세과－140, 2011. 3. 17.

㉔ 가업용 자산의 처분금액을 「조세특례제한법」 제10조에 따른 연구·인력개발비로 사용하는 경우(2020. 2. 11. 신설)

(2020. 2. 11. 상증령 §15 ⑧ 1 신설, 개정 전 사후관리를 받고 있는 상속인에 대해서도 적용함. 영 부칙 §3)

조세특례제한법 제10조【연구·인력개발비에 대한 세액공제】

① 내국인이 각 과세연도에 연구개발 및 인력개발에 지출한 금액 중 대통령령으로 정하는 비용(이하 "연구·인력개발비"라 한다)이 있는 경우에는 다음 각 호의 금액을 합한 금액을 해당 과세연도의 소득세(사업소득에 대한 소득세만 해당한다) 또는 법인세에서 공제한다. 이 경우 제1호는 2021년 12월 31일까지 발생한 해당 연구·인력개발비에 대해서만 적용한다. (2019. 12. 31. 개정)

조세특례제한법 시행령 제9조【연구 및 인력개발비에 대한 세액공제】

① 법 제10조 제1항 각 호 외의 부분 전단에서 "대통령령으로 정하는 비용"이란 연구개발 및 인력개발을 위한 비용으로서 별표 6의 비용을 말한다. 다만, 다음 각 호에 해당하는 비용은 제외한다. (2020. 2. 11. 신설)

1. 법 제10조의2에 따른 연구개발출연금등을 지급받아 연구개발비로 지출하는 금액 (2020. 2. 11. 신설)
2. 국가, 지방자치단체, 「공공기관의 운영에 관한 법률」에 따른 공공기관 및 「지방공기업법」에 따른 지방공기업으로부터 연구개발 또는 인력개발 등을 목적으로 출연금 등의 자산을 지급받아 연구개발비 또는 인력개발비로 지출하는 금액 (2020. 2. 11. 신설)

"10년 이내 가업상속재산의 처분" 유형별 판단 사례

1 상속개시일 이후 잔금일이 도래한 경우

▶ 상속개시일 당시 쟁점부동산이 매각예정이었다가 상속개시일 이후 잔금청산·소유권이전등기되어 매각되었고, 가업상속공제를 받은 상속인이 상속개시일로부터 5년 이내에 정당한 사유 없이 가업용자산의 10% 이상을 처분한 경우에 해당하므로 가업상속공제대상에서 배제함이 타당함(조심 2023인7287, 2023. 9. 18.).

2 상속개시일 이후 잔금을 받았으나 유동자산이므로 사후관리대상이 아님

▶ 상속인이 처분한 것이 아니므로 사후관리 대상이 아니라는 주장은 인정하기 어려우나, 곧 매각되어 영업활동에 사용할 목적임에도 불구하고 매각계약이 이행되는 도중에 상속이 개시되었다는 사정만으로 가업상속공제를 받을 수 없는 부당한 결과가 초래되는 것으로 보인다. 상증세법상 가업상속공제의 사후관리 대상에 속하는 고정자산은 기업 본연의 영업활동을 위해 장기간 사용되는 자산인 유·무형자산을 말하는 것으로 해석되나, 쟁점부동산은 2017. 7. 5. 매매계약이 체결되어 상속개시일 당시 매각이 예정되어 있어 상속개시일로부터 1년을 초과하여 사용할 것으로 예상되는 자산에 해당하지 아니하고, 그 실질은 단기간 내 현금화 또는 실현될 것으로 예상되는 유동성이 있는 자산에 해당하는 점 등에 비추어 쟁점부동산은 사후관리 대상자산에 해당한다고 보기 어려움(조심 2022서6400, 2023. 6. 26.).

3 처분자산의 양도가액의 범위

▶ 귀 질의와 관련하여, 「상속세 및 증여세법 시행령」 제15조 제8항 제1호 가목 단서는 '처분자산 양도가액' 이상의 금액에 상당하는 같은 종류의 자산을 대체 취득하여 가업에 계속 사용하는 경우 적용되는 것임.
이때, 처분하는 부동산이 가업용 자산과 비가업용 자산으로 구분되는 경우 '처분자산 양도가액'은 해당 부동산 양도가액에 상속개시일 현재 해당 부동산의 평가액 중 가업용 자산의 평가액이 차지하는 비율을 곱하여 계산한 금액을 말하는 것임(상속증여 - 0388, 2023. 5. 8.).

4 건물매각 후 종전 보유하던 건물로 이전하는 경우 대체취득 해당 안됨

▶ 가업의 사업장으로 사용하던 건물을 매각하고, 가업상속 이전부터 해당 법인이 보유하던 임대용 건물로 사업장을 이전하는 경우는 「상속세 및 증여세법 시행령」 제15조 제8항 제1호 가목 단서에 따른 "처분자산과 같은 종류의 자산을 대체 취득하여 가업에 계속 사용하는 경우"에 해당하지 않는 것임(법규재산 - 5459, 2022. 4. 26.).

5 **대체취득 자산은 가업상속공제를 적용받지 않은 자산의 추가취득을 의미함**

▶ 가업법인이 A, B 공장을 이전할 목적으로 C공장을 취득하였으나 사업장을 이전하는 과정에서 상속인이 가업을 상속받고 A, B, C 공장에 대해 「상속세 및 증여세법」(2013. 1. 1. 법률 제11609호로 개정되기 전의 것) 제18조 제2항에 따른 가업상속공제를 적용받은 후, 상속재산가액의 20% 이상에 해당하는 A, B 공장을 상속개시일로부터 10년 이내에 양도하는 경우에는 같은 조 제5항에 따라 가업상속공제받은 금액을 상속개시 당시의 상속세 과세가액에 산입하여 상속세를 부과하는 것임(법령해석재산-0253, 2016. 12. 9.).

▶ 공장 이전 과정에서 상속이 개시되었고 상속개시일에는 신공장으로 이전이 완료되지 않았으므로 신공장에 대해서는 가업상속공제가 적용되지 않는 것이나, 신공장으로 이전 후 같은 종류의 가업에 계속 사용하였으므로 구공장을 처분한 것은 추징 배제사유에 해당하는 것임(적부-국세청-2017-0146, 2018. 3. 7.).

6 **가업용 자산을 처분한 경우 대체 취득 자산의 범위와 취득기한**

▶ 「상속세 및 증여세법」 제18조 제5항 제1호 가목 및 같은 법 시행령 제15조 제6항 제1호 가목에 따라 가업용 자산을 처분하고 처분자산과 같은 종류의 자산을 대체 취득하는 경우의 "같은 종류의 자산"이란 가업에 직접 사용되는 사업용 고정자산으로 기업회계기준 제18조(유형자산) 및 제20조(무형자산) 각목에 따른 과목별로 판단하는 것이며, 처분 즉시 같은 종류의 자산을 대체 취득하여 가업에 계속 사용하지 않을 경우 「상속세 및 증여세법」 제18조 제5항에 따라 정당한 사유가 없는 것으로 보아 상속세가 부과되는 것임(서면-2017-상속증여-1799, 2019. 6. 12., 서면-2015-법령해석재산-0253, 2015. 4. 21.).

7 **상속받은 주식을 증여하는 경우는 가업상속재산의 처분에 해당함**

▶ 청구인들은 쟁점주식의 증여는 처분에 해당하지 아니하고, 이를 처분이라고 보아 가업상속재산가액에서 제외하더라도 가업상속재산가액이 ○○○원을 초과하므로 공제대상 가업상속재산가액이 ○○○원인 점은 변함없다고 주장하나, ○○○은 가업상속공제를 받은 상속인으로서 쟁점주식을 자녀인 ○○○에게

각 증여하였으므로 가업상속받은 재산을 처분한 것으로 보이는 점, 가업상속공제는 가업상속재산가액 전액을 공제하는 것이 아니라 한도액의 범위 내에서 가업상속재산가액을 공제하는 것이므로 처분한 재산가액의 비율에 상당하는 가업상속공제금액을 상속개시 당시의 상속세 과세가액에 산입하여 과세하는 것인 점 등에 비추어 처분청이 쟁점주식을 가업상속재산의 처분으로 보아 그 재산가액의 비율에 상당하는 가업상속공제금액을 상속세 과세가액에 산입하여 청구인들에게 상속세를 과세한 이 건 처분은 잘못이 없는 것으로 판단됨(조심 2014서2390, 2014. 10. 17.).

☞ 위 심판례는 2002년 상속분에 대한 과세로서 2008년 이후 확대 개정된 가업상속공제 적용 전 사례에 대한 결정이나, 가업상속재산의 처분의 내용 및 범위에 대해서는 개정 후 규정에도 동일하게 준용할 수 있다고 판단된다.

8 가업상속공제 후 균등 유상감자는 주식의 처분에 해당함

- 가업상속공제를 받은 후 가업용자산을 처분하지 않은 채, 법인이 보유하는 금융자산이나 차입금을 재원으로 균등 유상감자를 하는 경우 「상속세 및 증여세법」 제18조 제5항에 따라 상속세를 추징하는지?
- 증여일 이후 상속인들의 증자금액 범위 내 재원으로 균등 유상감자를 하는 경우 상속세를 추징하는지?

▶ 「상속세 및 증여세법」 제18조 제2항 제1호에 따라 가업상속공제를 받은 후 주식 등을 상속받은 상속인이 상속개시일로부터 10년 이내에 같은 법 시행령 제15조 제6항에 따른 정당한 사유없이 상속받은 주식 등을 처분하는 경우 원래 공제받은 금액을 상속개시 당시의 상속세 과세가액에 산입하여 상속세를 부과하는 것으로, 이 경우 상속받은 주식 등의 처분에는 균등 유상감자를 포함하는 것임. 다만, 「조세특례제한법」 제30조의6에 따른 가업승계 증여세 과세특례를 적용받지 아니하고 상속인이 상속개시일 전 보유한 기존주식을 처분하는 경우로서 처분 후에도 「상속세 및 증여세법 시행령」 제15조 제3항에 따른 최대주주 등에 해당하는 경우에는 「상속세 및 증여세법」 제18조 제5항에 의한 상속세를 부과하지 아니하는 것임(서면법규과-943, 2014. 8. 28., 기획재정부 재산세제과-1575, 2022. 12. 23.).

9 가업용 자산을 부동산임대업으로 전환한 경우 '처분'한 것으로 봄

> - 피상속인이 영위하던 개인 학원업을 2005년 A가 상속받고, 가업상속공제 받은 후 그 사업에 사용하던 토지와 건물을 제외한 나머지 개인 학원 사업을 2006년 12월 ○○학원(법인 - A가 50% 이상 지분 보유)에 양도하고 다음 날 위 토지와 건물을 ○○학원(법인)에 임대함.
> - 그 다음 날 종전 개인 학원은 폐업신고하고, 임대 토지 및 건물에 대해 부동산임대업 사업자 등록을 함.
> - 위와 같은 경우 가업용 자산의 처분으로 보아 상속세를 추징하는지?

▶ 상속인이 상속개시일 현재의 가업 전부를 유지·승계할 것을 전제로 가업용 자산에 대하여 조세감면 혜택을 부여하려는 가업상속공제 규정의 취지에 비추어 보면, 가업상속공제를 받은 상속인에게 상속세를 추징하는 경우로서 가업상속재산을 "처분"한 경우에는 가업상속재산을 가업에 직접 사용하지 않고 임대하는 등 다른 사업에 전용한 경우도 포함하는 것으로 보아야 할 것인바, 이 건의 경우, 청구인이 상속받은 학원업 중 가업용 자산(쟁점부동산)을 제외한 나머지를 법인에 양도하면서 동 가업용 자산(쟁점부동산)을 해당 법인에 임대한 것의 실질은 청구인이 상속받은 가업을 학원업과 부동산임대업으로 분할하고, 위 가업용 자산을 가업인 학원업에 직접 사용하지 아니하고 가업상속공제가 적용되지 아니하는 부동산임대업에 직접 사용하는 자산으로 전환한 것에 상당하므로, 이는 감면세액 추징대상인 가업상속재산을 가업에 사용하지 않고 처분(임대)한 경우에 해당함.

따라서, 청구인이 상속개시일로부터 5년 이내에 가업상속재산을 처분하였다고 보아 가업상속공제를 부인하고 과세한 처분에는 잘못이 없는 것으로 판단됨(조심 2013부1082, 2013. 6. 28.).

☞ 2008년 가업상속공제가 확대 적용되기 전 상속분(2005년 귀속)에 대한 심판례에 해당하나, 가업용 자산의 처분에 대해서는 현행규정에도 준용할 수 있는 사례로 볼 수 있다.

10 자산의 포괄적 양도에 해당하는 경우는 조직변경에 해당함

- 2008. 4. 3. 父의 사망으로 A교통(주) 주식 7,000주 중 2,800주를 본인이 상속받아 가업상속공제를 받음.
- 그 후 경영난으로 A교통과 B운수를 B운수로 1 : 2 통합하고 A교통(주)는 청산하고자 하며, 합병절차가 복잡하여 조특법 제37조【자산의 포괄적 양도에 대한 과세특례】에 따라 정리하고자 함.
- 이 경우 사후관리 요건 중 합병·분할 등 조직변경 사유에 해당하는지, 아니면 조직변경 등에 해당하지 않아 상속세가 추징되는지?

▶「상속세 및 증여세법」 제18조에 따라 가업상속에 대한 공제를 받은 상속인이 상속개시일부터 10년 이내에「조세특례제한법」 제37조에 따라 자산을 포괄적으로 양도한 경우, 해당 자산의 포괄적 양도는「상속세 및 증여세법 시행령」 제15조 제6항 제1호 라목과 같은 조 같은 항 제3호 가목의 조직변경에 해당하는 것임(재산세과-186, 2012. 5. 16.).

11 가업용 자산인 토지 위에 건물을 신축하여 일부 임대하는 경우 처분비율

- 父가 운영하던 개인 제조업체를 2010년에 상속받고, 그 공장에 대해 가업상속공제를 받음.
- 그 후 공장 면적이 부족하여 해당 공장의 빈 토지 위에 공장건물을 신축하고, 신축건물의 일부는 공장으로 사용하고 일부는 임대를 주는 경우임.
- 위 신축건물의 일부 임대를 가업용 자산 처분으로 보아 처분비율을 계산하는 경우 상속개시일 현재 가액 계산 방법은?

▶「상속세 및 증여세법」 제18조 제5항 제1호의 가업용 자산의 처분비율은 같은 법 시행령 제15조 제8항에 따라 상속개시일 현재 가업용 자산의 가액에서 가업용 자산 중 처분(사업에 사용하지 아니하고 임대하는 경우를 포함한다)한 자산의 상속개시일 현재의 가액이 차지하는 비율로 계산하는 것이며, 가업용 자산인 토지 위에 건물을 신축하여 그 일부를 임대하는 경우 건물 신축에 사용된 면적의 상속개시일 현재 토지의 가액에 신축건물의 연면적에서 임대면적이 차지하는 비율을 곱하여 계산한 금액을 가업용 자산 중 처분한 자산의 상속개시일 현재의 가액으로 보아 같은 법 시행령 제15조 제8항을 적용하는 것임(재산세과-163, 2011. 3. 30.).

☞ 사례로 풀어보면

- 전체 가업용 자산의 상속개시일 현재 가액: 35억 원(토지 30억 원, 건물 5억 원)
- 토지면적 300㎡(기존건물 바닥면적 100㎡, 그 외 주차장 등 200㎡)
  - 상속개시일 현재 전체 토지가액 30억 원(건물 외 면적 200㎡ 가액 20억 원)
- 위 200㎡ 위에 건물을 신축(연면적 500㎡, 그 중 100㎡ 임대)
  ① 가업용 자산 중 건물신축에 사용된 토지 면적(200㎡)의 상속개시일 현재 가액: 20억 원
  ② 신축건물의 연면적: 500㎡
  ③ 임대면적: 100㎡
  ④ 가업용 자산 중 처분한 자산의 상속개시일 현재의 가액
    - ① × (③/②)
    - 20억 원 × (100/500) = 4억 원
  ⑤ 가업용 자산 처분비율: 4억 원 / 35억 원 = 11.4%
    → 상속개시일부터 5년 내 신축하여 임대하는 경우 처분비율이 10% 이상 이므로 상속세 추징

나. 가업에 종사하지 않는 경우

(1) 가업에 미종사(대표이사 사퇴, 주요업종 변경, 1년 이상 휴업 및 폐업)
(2) 상속인의 사망 등 예외사유 인정

가업상속공제를 받은 상속인이 상속개시일부터 5년(2022. 12. 31. 이전은 7년) 이내에 정당한 사유 없이 가업에 종사하지 않는 것으로 확인되는 경우에는, 가업상속공제 받은 금액에 대하여 상속개시일부터 가업에 종사하지 않은 날까지의 기간에 따라 적용되는 '기간별 추징률'을 곱하여 계산한 금액을 상속개시 당시의 상속세 과세가액에 산입하여 상속세를 부과한다.

(1) 가업에 종사하지 않는 경우의 범위

가업에 종사하지 않는 경우란 사실상 가업을 영위하지 않는 것을 말하며, 구체적으로 다음과 같은 경우를 포함한다.

㉮ 상속인(또는 그 배우자)이 대표이사 등으로 종사하지 않는 경우

다만, 가업상속받은 기업이 다음의 요건을 모두 갖춘 경우에는 상속인이 대표이사 등으로 종사해야 한다는 요건은 적용하지 않는다.

1) 본점 또는 주사무소("본사"라 한다)를 「조세특례제한법」 제99조의4 제1항 제1호 가목 1)부터 5)까지 외의 부분에 따른 기회발전특구로 이전하였거나, 본사가 기회발전특구에 소재하는 경우로서

2) 기회발전특구에 소재하는 본사 및 그 밖의 사업장에서 해당 기업의 업무에 종사하는 상시 근무인원(「조세특례제한법 시행령」 제60조의2 제7항에 따른 상시 근무인원을 말한다)의 연평균 인원(매월 말 현재의 인원을 합하고 이를 해당 개월 수로 나누어 계산한 인원을 말한다)이 해당 기업의 업무에 종사하는 전체 상시 근무인원의 연평균 인원의 100분의 50 이상인 경우

㉯ 가업의 주된 업종(사업수입금액이 큰 업종)을 변경하는 경우. 다만, 다음의 어느 하나에 해당하는 경우는 제외한다.

1) 「통계법」 제22조에 따라 통계청장이 작성·고시하는 표준분류("한국표준산업분류"라 한다)에 따른 대분류(2024. 2. 28. 이전은 중분류) 내에서 업종을 변경하는 경우 (2024. 2. 29. 개정)

2) 위 1) 외의 경우로서 상증령 제49조의2에 따른 평가심의위원회의 심의를 거쳐 업종의 변경을 승인하는 경우

‑ 2024. 2. 29. 상증법 시행령 제15조 제11항이 개정되어 위와 같이 대분류 내(위원회의 심의를 거치는 경우 그 외의 경우도 가능) 업종 변경을 허용하였으며, 2024. 2. 29. 전에 주된 업종을 변경한 경우에는 종전의 규정에 따른다(상증령 부칙 §4).

위 ㉮ 단서의 "기회발전특구 내 기업"에 해당하는 경우에는 한국표준산업분류에 따른 구분에 관계 없이 별표에 따른 업종으로 변경할 수 있다. 이 경우 둘 이상의 독립된 기업을 가업상속받은 경우에는 개별 기업별로 적용 여부를 판단한다.

‑ 종전 2020. 2. 11. 개정내용은 중분류 내(위원회의 심의를 거치는 경우 그 외의 경우도 가능) 업종 변경을 허용하였으며, 이 개정내용은 2020. 2. 11. 개정 전

사후관리를 받고 있는 상속인에 대해서도 적용한다(상증령 부칙 §3).

- 또한, 2020. 2. 11. 개정 전 내용을 보면, 2016. 2. 5. 이후 상속개시분부터는 소분류 내 업종변경을 허용하였다. 다만, 이 경우 상속개시일 현재 영위하던 세분류 내 업종의 매출액이 매 사업연도 종료일 기준 30% 이상이어야 한다. 종전(2014. 2. 21.이 속하는 사업연도)에는 세분류 내에서 업종을 변경하는 경우는 업종변경으로 보지 않도록 하였으며, 그 전에는 관련 해석(재산세과-773, 2010. 10. 19.)에서 세세분류까지만 인정하고 있었다.

㉔ 해당 가업을 1년 이상 휴업(실적이 없는 경우를 포함한다)하거나 폐업하는 경우

(2) 가업에 종사하지 않아도 추징하지 않는 정당한 사유

가업에 종사하지 않는 경우에도 다음과 같은 '정당한 사유'가 있을 때에는 추징하지 않는다.

㉮ 가업상속받은 상속인이 사망한 경우

㉯ 가업상속재산을 국가 또는 지방자치단체에 증여하는 경우

㉰ 상속인이 법률의 규정에 의한 병역의무의 이행, 질병의 요양, 취학상 형편 등으로 가업에 직접 종사할 수 없는 사유가 있는 경우. 다만, 그 부득이한 사유가 종료된 후 가업에 종사하지 아니하거나 가업상속받은 재산을 처분하는 경우에는 정당한 사유로 보지 않는다.

"가업미종사" 유형별 판단 사례

1 국외학교 취학시 정당한 사유 해당여부

▶ 「상속세 및 증여세법 시행령」 제15조 제8항 제2호 다목에서 기획재정부령으로 정하는 부득이한 사유란 상속인이 법률의 규정에 의한 병역의무의 이행, 질병의 요양, 취학상 형편 등으로 가업에 직접 종사할 수 없는 사유가 있는 경우를 말하는 것임. 여기서 취학은 국외학교에 취학하는 것도 포함되는 것이나, 그 국외학교의 성격이 「고등교육법」에 따른 학교와 동일하거나 유사한 경우에만 포함되는 것임. 귀 질의의 경우가 「상속세 및 증여세법 시행규칙」 제6조에서

규정한 취학상 형편등에 해당하는지 여부는 입학허가서, 재학증명서 등 관련 서류와 사실관계를 종합적으로 확인하여 판단할 사항임(서면상속증여-1912, 2018. 8. 7.).

2 법원의 회생절차 폐지결정에 따른 폐업은 사후관리 대상에서 제외되는 정당한 사유에 해당하지 않음

▶ 상속개시일로부터 3년 6개월만에 폐업되었으므로 청구인들은 가업상속공제 사후관리 요건을 위반한 것으로 보이는 점, 관련 법령에 법원의 회생절차 폐지에 따른 폐업을 사후관리 대상에서 제외하고 있지 아니하는 점 등에 비추어 청구인들이 가업상속공제 사후관리 요건을 위배하였다고 보아 처분청이 상속세를 과세한 이 건 처분은 잘못이 없음(조심 2017구-1237, 2017. 6. 12. 대구지방법원 2017구합-2327, 2017. 12. 12. 같은 내용).

3 리모델링 공사로 1년 이상 휴업한 경우

▶ 리모델링 공사로 인하여 1년 이상 휴업(매출액이 발생하지 않은 경우를 포함함)한 경우 사후관리 요건 미충족사유에 해당하며, 사업용 건물의 리모델링 공사는 사후관리 예외의 부득이한 사유에 해당하지 않음(기준-2016-법령해석재산-0263, 2017. 2. 28.).

▶ 쟁점호텔 리모델링 공사는 영업준비의 일환으로서 영업활동의 일부에 해당하고, 휴업신고 없이 건설중인 자산관리 등 통상적인 업무관리 활동의 일정 수준 업무를 수행한 것으로 나타나는 점 등에 비추어 상속세 및 증여세법상 '가업을 1년 이상 휴업(실적이 없는 경우 포함)하는 경우'에 해당한다고 보는 것은 잘못임(조심 2018서-0804, 2018. 7. 24.).

4 2 이상 업종의 경우 업종변경은 주된 업종을 기준으로 함

- [갑]은 건설업과 제조업을 겸업으로 하는 내국법인 A를 운영하다 사망하였고, 상속인 [을]이 위 가업을 상속받고 가업상속공제를 적용받음.
- 가업상속공제 사후관리와 관련하여 상속개시 당시 A법인의 매출액비율이 건설업 : 제조업이 6 : 4였으나, 그 다음 해에는 4 : 6으로 제조업이 더 크게

된 경우 "가업의 주된 업종이 변경"된 경우로 볼 수 있는지?

▶ 가업상속공제를 사후관리함에 있어 가업상속공제를 받은 후 상속인이 상속 개시일부터 10년 이내에 정당한 사유없이 가업의 주된 업종을 변경하는 경우에는 그 상속인이 가업에 종사하지 아니하게 된 경우에 해당하는 것으로 보아 「상속세 및 증여세법」 제18조 제5항에 따라 상속세를 부과하는 것으로, 이때 동일한 사업장에서 2 이상의 서로 다른 사업을 영위하는 경우에는 사업별 사업수입금액이 큰 사업을 주된 사업으로 보아 주된 업종의 변경여부를 판단하는 것임(재산세과-270, 2012. 7. 24., 상속증여-2051, 2021. 9. 30.).

☞ 가업상속공제의 취지는 중소기업의 기술 및 경영노하우의 효율적 전수·활용을 통한 경쟁력 확보로 작지만 강한 우량기업을 지원하기 위한 것으로 이와 같은 취지에 따라 사후관리에서 5년간(종전은 7년간) 동일업종을 유지하도록 요구하고 있다. 한편 주된 업종이란 매출액이 더 큰 업종을 의미하며 가업에 해당하는지 여부 판단시에도 상속개시일 전 주된 업종을 10년 이상 유지하여야 한다고 하고 있으며, 마찬가지로 사후관리 적용시에도 이후 5년간 동일업종을 유지하여야 하는 것이다. 상속개시 후 경제적 상황의 변화에 따라 업종의 다각화 및 구조조정 등으로 업종을 변경할 수 있으므로 너무 가혹한 사후관리가 아니냐는 의견이 있을 수 있으나, "가업"의 의미와 공제의 취지 등을 감안하여 해석할 수 밖에 없는 것으로, 사례의 경우 주된 업종이 변경된 경우에 해당한다. 다만, 2020. 2. 11. 이후부터는 중분류 내(2024. 2. 29. 이후는 대분류 내, 기회발전특구 내 기업은 별표 내)에서 업종을 변경하거나, 평가심의위원회의 심의를 거쳐 업종의 변경을 승인하는 경우는 주된 업종을 변경하는 경우에서 제외하고 있다.

5 물적분할의 경우 주된 업종의 변경 여부

- 회사는 A업종과 B업종을 동시에 영위하고 있으며, 매출액 비중은 A업종 2, B업종 1 비율임.
- 회사의 대표이사가 子에게 조특법 제30조의6 규정에 맞추어 A법인 주식을 증여하고 증여세 과세특례를 적용받은 후, B업종을 물적분할하고 특수관계인이 지분 대부분을 갖고 있는 관계회사 C와 합병하려고 함.
- 관계회사 C는 B업종과 동일한 업종을 영위하고 있음.

- 이와 같이 A업종과 B업종을 물적분할하고 B업종을 관계회사와 합병하는 경우 "주된 업종의 변경"에 해당하는지?

▶ 「조세특례제한법」 제30조의6 가업의 승계에 대한 증여세 과세특례 규정을 적용함에 있어 2개의 서로 다른 사업을 영위하는 중소기업의 주식을 증여받은 후 사업별 수입금액이 작은 사업 부문을 물적분할한 경우에는 같은 법 시행령 제27조의6 제5항 제2호의 주된 업종을 변경한 경우에 해당하지 아니함(재산세과 - 92, 2011. 2. 23.).

☞ 가업상속과 관련된 내용이 아니라 조특법 제30조의6 가업승계에 대한 증여세 과세특례와 관련된 내용이나, 그 사후관리에서 상증법 시행령 제15조 제9항 제2호의 내용과 동일하게 "가업의 주된 업종 변경 금지" 요건을 두고 있으므로, 이와 관련된 해석은 가업상속에서도 준용할 수 있을 것이다.

6 상속인이 대표이사 등으로 종사하는 경우란

▶ 「법인세법」을 적용받는 가업의 경우 상속인이 대표이사로 종사하는 경우란 "대표이사로 선임되어 법인등기부에 등재되고 대표이사직을 수행하는 것"을 말함 (재산세과 - 172, 2011. 4. 1. 등).

필 자 주

개인사업의 경우는 상속인이 "대표자"로 종사하도록 규정하고 있는데, 대표자에 대한 정의 및 구체적인 해석은 없다. 다만, 위 대표이사에 대한 해석과 부가가치세법 등을 준용하여 판단하면, 부가가치세법 시행령 제14조【사업자등록 사항의 변경】제1항 제5호에서는 상속으로 인하여 사업자의 명의가 변경되는 경우 사업자 등록사항을 정정하도록 규정하고 있으며, 부가가치세법 제2조【정의】제3호에서는 "사업자"란 사업 목적이 영리이든 비영리이든 관계없이 사업상 독립적으로 재화 또는 용역을 공급하는 자를 말한다고 정의하고 있는 바, "대표자"란 피상속인의 가업을 상속받아 상속인 명의로 사업자 등록사항을 변경한 후 사업자등록증상 사업자로 기재되고 실제 사업을 영위하는 사업자를 말하는 것으로 정의할 수 있겠다.

다. 주식 등을 상속받은 상속인의 지분이 감소한 경우

> (1) 상속인의 지분이 감소(단, 물납으로 감소한 경우는 예외)
> (2) 합병·분할 등 예외사유 인정

주식 등을 상속받아 가업상속공제를 받은 상속인이 상속개시일부터 5년(2022. 12. 31. 이전은 7년) 이내에 지분이 감소된 경우에는 가업상속공제받은 금액을 상속개시 당시의 상속세 과세가액에 산입하여 상속세를 부과한다. 다만, 상속인이 상속받은 주식 등을 물납하여 지분이 감소한 경우(물납한 후에도 최대주주 등에는 해당하여야 한다) 와 정당한 사유가 있는 경우에는 예외로 한다.

(1) 지분이 감소된 경우란

상속인의 지분이 감소된 경우란 상속개시일로부터 5년 이내에 주식의 처분 등으로 지분이 감소한 경우를 말하며, 구체적으로 다음과 같은 경우를 포함한다(상증령 §15 ⑫).

㉮ 상속인이 상속받은 주식 등을 처분하는 경우

㉯ 해당 법인이 유상증자할 때 상속인의 실권 등으로 지분율이 감소한 경우

주주	관계	가업상속 후		유상증자 (100,000주)	증자 후	
		주식수	지분율		주식수	지분율
갑	가업 상속인	40,000	40%	25,000 (15,000 실권)	65,000	32.5%
을	친족	15,000	15%	30,000	45,000	22.5%
병	기타	45,000	45%	45,000	90,000	45%
합계		100,000	100%	100,000	200,000	100%

㉰ 상속인의 특수관계인이 주식 등을 처분하거나 유상증자할 때 실권 등으로 상속인이 최대주주 등에 해당되지 아니하게 되는 경우

주주	관계	가업상속 후		유상증자 (100,000주)	증자 후	
		주식수	지분율		주식수	지분율
갑	가업 상속인	40,000	40%	40,000	80,000	40%
을	친족	15,000	15%	0	15,000	7.5%
병	기타	45,000	45%	60,000	105,000	52.5%*
합계		100,000	100%	100,000	200,000	100%

* 최대주주 등 변경: (갑, 을) → 병

(2) 지분이 감소해도 추징하지 않는 예외사유

상속인의 지분이 감소하는 경우에도 다음과 같은 '정당한 사유'가 있을 때에는 추징하지 않는다.

㉮ 합병·분할 등 조직변경에 따라 주식 등을 처분하는 경우. 다만, 처분 후에도 상속인이 합병법인 또는 분할신설법인 등 조직변경에 따른 법인의 최대주주 등에 해당하는 경우에 한한다.

㉯ 해당 법인의 사업확장 등에 따라 유상증자할 때 상속인의 특수관계인 외의 자에게 주식 등을 배정함에 따라 상속인의 지분율이 낮아지는 경우. 다만, 상속인이 최대주주 등에 해당하는 경우에 한한다.

㉰ 상속인이 사망한 경우. 다만, 사망한 자의 상속인이 원래 상속인의 지위를 승계하여 가업에 종사하는 경우에 한한다.

㉱ 주식 등을 국가 또는 지방자치단체에 증여하는 경우

㉲ 「자본시장과 금융투자업에 관한 법률」 제390조 제1항에 따른 상장규정의 상장요건을 갖추기 위하여 지분을 감소시킨 경우(2014. 2. 21.이 속하는 사업연도분부터 적용한다). 다만, 상속인이 최대주주 등에 해당하여야 한다(2016. 2. 2. 단서 신설).

㉳ 주주 또는 출자자의 주식 및 출자지분의 비율에 따라서 무상으로 균등하게 감자하는 경우(2019. 2. 12. 이후 감자하는 분부터 적용)

㉴ 「채무자 회생 및 파산에 관한 법률」에 따른 법원의 결정에 따라 무상으로 감자하거나, 채무를 출자전환하는 경우(2019. 2. 12. 이후 감자·출자전환하는 분부터 적용)

참고

「자본시장과 금융투자업에 관한 법률」 제390조【상장규정】

① 거래소는 증권시장에 상장할 증권의 심사 및 상장증권의 관리를 위하여 증권상장규정(이하 "상장규정"이라 한다)을 정하여야 한다. 이 경우 거래소가 개설·운영하는 둘 이상의 증권시장에 대하여 별도의 상장규정으로 정할 수 있다.

(이하 생략)

「유가증권시장 상장규정」

제1조(목적) 이 규정은 한국거래소가 「자본시장과 금융투자업에 관한 법률」 제390조에 따라 유가증권시장에 상장할 증권을 심사하고 상장법인과 상장증권을 관리하는 데에 필요한 사항을 규정함을 목적으로 한다.

제29조(형식적 심사요건) ① 보통주권의 신규상장신청인은 다음 각호의 형식적 심사요건을 모두 충족해야 한다. (개정 2014. 6. 18.)

1. 영업활동기간: 상장예비심사 신청일 현재 설립 후 3년 이상이 경과하고 계속 영업을 하고 있을 것

2. 기업규모: 상장예비심사 신청일 현재 다음 각목의 요건을 모두 충족할 것. 이 경우 상장예비심사를 신청한 후에 모집·매출을 하는 법인은 신규상장신청일을 기준으로 판단한다.
   가. 상장예정인 보통주식총수가 100만 주 이상일 것
   나. 자기자본이 300억 원 이상일 것. 이 경우 종속회사가 있는 법인(지주회사가 아닌 경우에는 한국채택 국제회계기준을 적용한 사업연도만 해당한다)의 자기자본은 연결재무제표상 자본총계에서 비지배지분을 제외한 금액을 기준으로 하며, 이하 이 조에서 같다.

3. 주식분산: 상장예비심사 신청일 현재의 보통주식을 기준으로 다음 각목의 요건을 모두 충족할 것. 이 경우 상장예비심사를 신청한 후에 모집·매출을 하는 법인은 신규상장신청일을 기준으로 판단한다.
   가. 일반주주[39]의 소유주식 수 등이 다음의 어느 하나에 해당할 것. 다만, 「금융지주회사법」 제2조 제1항 제5호의 은행지주회사(이하 "은행지주회사"라 한

---

39) "일반주주"란 해당 법인의 주주 중에서 최대주주 등과 법 제9조 제1항 제2호의 주요 주주를 제외한 주주를 말한다(「유가증권시장 상장규정」 §2 ① 12호).

다) 중 세칙으로 정하는 경우에는 이 목을 적용하지 않는다.

(1) 일반주주가 보통주식총수의 100분의 25 이상을 소유하고 있을 것. 다만, 일반주주의 소유주식 수가 500만 주 이상으로서 세칙으로 정하는 수량 이상인 경우에는 이 요건을 충족한 것으로 본다.

(2) 모집(법시행령 제11조 제2항에 따라 모집으로 보는 경우를 제외한다. 이하 이 조에서 같다) 또는 매출로 발행하거나 매각한 주식의 총수가 보통주식총수의 100분의 25 이상일 것. 다만, 모집 또는 매출로 발행하거나 매각한 주식의 총수가 500만 주 이상으로서 세칙으로 정하는 수량 이상인 경우에는 이 요건을 충족한 것으로 본다.

(3) 상장예비심사를 신청한 후에 모집 또는 매출로 발행하거나 매각한 주식의 총수가 신규상장신청일 현재 보통주식총수의 100분의 10 이상으로서 다음의 어느 하나에 해당할 것

(가) 상장예비심사신청일 현재의 자기자본을 기준으로 다음의 어느 하나에 해당할 것

1) 자기자본 500억 원 이상 1,000억 원 미만인 법인: 100만 주 이상

2) 자기자본 1,000억 원 이상 2,500억 원 미만인 법인: 200만 주 이상

3) 자기자본 2,500억 원 이상인 법인: 500만 주 이상

(나) 신규상장신청일 현재의 기준시가총액을 기준으로 다음의 어느 하나에 해당할 것

1) 기준시가총액 1,000억 원 이상 2,000억 원 미만인 법인: 100만 주 이상

2) 기준시가총액 2,000억 원 이상 5,000억 원 미만인 법인: 200만 주 이상

3) 기준시가총액 5,000억 원 이상인 법인: 500만 주 이상

(4) 국내외 동시공모를 하는 법인의 경우에는 국내외 동시공모로 발행하거나 매각한 주식의 총수가 신규상장신청일 현재 보통주식총수의 100분의 10 이상이고, 국내에서 모집 또는 매출로 발행하거나 매각한 주식의 총수가 100만 주(액면주식인 경우에는 액면가액 5,000원을 기준으로 한다) 이상일 것

나. 삭제(2014. 6. 18.)

다. 일반주주의 수가 500명 이상일 것 (2019. 6. 26. 개정)

"10년 이내 상속인의 지분감소" 유형별 판단 사례

1 공동상속인 간 지분이 이전된 경우

▶ 「상속세 및 증여세법」 제18조의2 제1항에 따라 공동으로 가업상속공제를 받은 상속인이 상속개시일로부터 5년 이내 공동으로 가업상속공제를 받은 다른 상속인에게 상속받은 가업상속법인의 주식등을 양도하여 지분이 감소한 경우, 같은 법 같은 조 제5항에 따라 상속세가 부과되는 것임(서면법규재산-1704, 2023. 9. 1.).

2 일부주식 상속공제 가능하며 그 외 주식은 처분가능

▶ 가업상속공제 적용 시 상속받은 가업법인 주식 중 일부만 가업상속공제받는 것으로 선택이 가능하며, 상속공제받지 않은 주식 일부를 사후관리기간 내 처분 시 사후관리 위반에 해당하지 않음(기획재정부 재산세제과-1538, 2022. 12. 20.).

3 종전에 보유한 기존주식을 처분하는 경우

▶ 위 사전답변 신청의 사실관계와 같이, 2019. 12. 31. 이전 상속분으로서 「상속세 및 증여세법」 제18조 제2항 제1호에 따라 가업상속공제를 받은 후 주식 등을 상속받은 상속인의 지분이 상속개시일부터 10년 이내에 같은 법 시행령 제15조 제8항 제3호에 해당하는 사유 없이 감소한 경우에는 공제받은 금액을 상속개시 당시의 상속세 과세가액에 산입하여 상속세를 부과하는 것이나, 상속인이 상속개시일 전 보유한 기존주식을 처분하는 경우로서 처분 후에도 같은 법 시행령 제15조 제3항에 따른 최대주주등에 해당하는 경우에는 그러하지 아니하는 것임(사전-2020-법령해석재산-0930, 2020. 11. 30.).

4 가업상속공제 적용 후 전환사채 발행 및 전환으로 상속인의 지분이 감소된 경우

▶ 귀 서면질의의 경우와 같이 「상속세 및 증여세법」 제18조 제2항 제1호에 따른 가업상속공제를 받은 이후 가업법인이 사업확장을 위하여 상속인의 특수관계인 외의 자에게 전환사채를 발행하고 전환사채 인수인의 권리 행사로 상속인의 지분율이 낮아지는 경우로서, 같은 법 시행령 제15조 제8항 제3호 나목 단서에

해당하는 때에는 같은 법 제18조 제6항이 적용되지 아니하는 것임(법령해석재산-2115, 2018. 10. 12.).

5 가업상속공제 적용 후 균등 무상감자한 경우

▶ 「상속세 및 증여세법」 제18조 제2항 제1호에 따른 가업상속공제를 받은 상속인이 상속개시일로부터 10년 이내에 같은 법 시행령 제15조 제8항에 따른 정당한 사유없이 상속인이 상속받은 주식등을 처분하는 경우 「상속세 및 증여세법」 제18조 제2항 제1호에 따라 공제받은 금액을 상속개시 당시의 상속세 과세가액에 산입하여 상속세를 부과하는 것이나, 귀 서면질의의 경우와 같이 균등 무상감자를 하는 경우는 "상속인이 상속받은 주식등을 처분하는 경우"에 해당하지 않는 것임(법령해석재산-0323, 2018. 6. 21.).

6 법원의 회생계획인가결정에 따라 감소하는 경우 추징배제되는 정당한 사유에 해당하지 아니함

▶ 상속인이 피상속인으로부터 주식등을 상속받고 「상속세 및 증여세법」 제18조 제2항에 따라 가업상속공제를 적용받은 해당 주식등에 대하여 상속개시일부터 10년 이내에 같은 법 시행령 제15조 제6항 제3호에 따른 정당한 사유 없이 상속받은 상속인의 지분이 감소하는 경우 같은 법 제18조 제5항에 따라 공제받은 금액을 상속개시 당시의 상속세 과세가액에 산입하여 상속세를 부과하는 것이며, 귀 과세기준자문 신청의 사실관계와 같이 주식 등을 상속받은 상속인의 지분이 법원의 회생계획인가결정에 따라 감소하는 경우에는 정당한 사유에 해당하지 아니하는 것임(기준-2016-법령해석재산-0023, 2016. 3. 30. → 2019. 2. 이후 무상감자·출자전환하는 분부터는 정당한 사유에 해당함(2019. 2. 상증령 §15 ⑧ 3 사 신설)).

7 자기주식 처분으로 지분이 감소된 경우 추징하지 않음

- 상속개시 시점을 기준으로 가업법인이 자기주식을 보유하고 있으며, 주식을 상속받은 상속인의 지분은 자기주식을 포함하면 14.86%, 제외하면 16.08%임.
- 가업상속 후 주식발행법인의 자기주식 처분(매매)으로 인하여 상속인 지분이 감소하는 경우 상속세가 추징되는지?

▶ 「상속세 및 증여세법」 제18조에 따른 가업상속공제를 적용함에 있어 같은 법 제18조 제5항 제1호 다목 본문 및 같은 법 시행령 제15조 제10항의 "상속인의 지분이 감소한 경우"의 지분율 판단시 주식발행법인이 보유하는 자기주식은 발행주식총수에서 제외하는 것이며, 이 경우 주식발행법인이 자기주식을 처분한 후에도 상속인이 최대주주 등에 해당하는 경우에는 위 "상속인의 지분이 감소한 경우"에 해당하지 않는 것임(서면법규과-763, 2014. 7. 18.).

8 자산의 포괄적 양도에 해당하는 경우는 조직변경에 해당함

- 2008. 4. 3. 父의 사망으로 A교통(주) 주식 7,000주 중 2,800주를 본인이 상속받아 가업상속공제를 받음.
- 그 후 경영난으로 A교통과 B운수를 B운수로 1 : 2 통합하고 A교통(주)는 청산하고자 하며, 합병절차가 복잡하여 조특법 제37조 【자산의 포괄적 양도에 대한 과세특례】에 따라 정리하고자 함.
- 이 경우 사후관리 요건 중 합병·분할 등 조직변경 사유에 해당하는지, 아니면 조직변경 등에 해당하지 않아 상속세가 추징되는지?

▶ 「상속세 및 증여세법」 제18조에 따라 가업상속에 대한 공제를 받은 상속인이 상속개시일부터 10년 이내에 「조세특례제한법」 제37조에 따라 자산을 포괄적으로 양도한 경우, 해당 자산의 포괄적 양도는 「상속세 및 증여세법 시행령」 제15조 제6항 제1호 라목과 같은 조 같은 항 제3호 가목의 조직변경에 해당하는 것임(재산세과-186, 2012. 5. 16.).

9 상속개시일 전 보유주식 처분은 지분감소에 해당하지 않음

- 상속인인 본인은 부친이 사망하여 망인이 보유한 가업주식 전체를 상속받고 가업상속공제를 적용받음.
- 본인은 위 가업주식을 상속받기 전 회사의 주식을 보유하고 있었으며, 기존에 보유하던 주식을 처분하더라도 최대주주 등에 해당하고, 대표이사로 가업에 종사할 것임.
- 위와 같이 상속인이 가업으로 상속받은 주식이 아닌 본인이 이전부터 보유하고 있던 주식을 처분하는 경우 상증법 제18조 제5항의 상속인의 지분이 감소한 경우에 해당하여 상속세를 추징하는지?

▶ 「상속세 및 증여세법」 제18조 제2항 제1호에 따라 가업상속공제를 받은 후 주식 등을 상속받은 상속인의 지분이 상속개시일부터 10년 이내에 같은 법 시행령 제15조 제6항 제3호에 해당하는 사유 없이 감소한 경우에는 공제받은 금액을 상속개시 당시의 상속세 과세가액에 산입하여 상속세를 부과하는 것이나, 상속인이 상속개시일 전 보유한 기존주식을 처분하는 경우로서 처분 후에도 같은 법 시행령 제15조 제3항에 따른 최대주주 등에 해당하는 경우에는 그러하지 않은 것이며, 종전 질의회신사례(재산세과-594, 2010. 8. 16.)도 참고하기 바람(재산세과-24, 2011. 1. 12.).

* 재산세과-594, 2010. 8. 16.

「조세특례제한법」 제30조의6 제1항에 따른 증여세 특례대상인 주식 등을 증여받은 후 상속이 개시되는 경우로서 수증자가 가업을 승계받기 전 보유한 기존주식을 처분한 후에도 「상속세 및 증여세법 시행령」 제15조 제3항에 따른 최대주주 등에 해당하는 경우에는 같은 법 시행령 제27조의6 제8항 제3호의 요건을 충족하는 것으로 보는 것임.

☞ 상속인의 주식지분 감소관련 사후관리는 상속받은 주식을 처분 등을 하여 지분율이 감소하는 것을 말하므로, 상속개시일 전부터 본인이 보유하던 주식을 양도하는 경우는 이에 해당하지 않는 것이나, 처분 후에도 최대주주 등은 계속 유지하여야 하는 것임. 다만, 조특법 제30조의6 규정에 따라 주식을 증여받고 증여세 과세특례를 적용받은 주식도 상속개시일 전에 보유하던 주식에는 해당하나 주식을 처분하는 경우에는 상속세가 추징된다는 취지의 해석이다.

라. 고용유지 요건과 총급여액 유지 요건을 충족하지 못한 경우

2019. 12. 31. 「상속세 및 증여세법」 개정 시 기업이 경제환경 변화에 탄력적으로 대응할 수 있도록 고용유지 관련 사후관리 부담을 완화하였다. 즉, 종전에는 정규직근로자수 유지 요건만 적용하였으나 이를 개정하여 정규직 근로자수 기준과 총급여액 유지기준 중 선택하여 적용하도록 하였으며, 2019. 12. 31. 이전에 공제를 받은 후 사후관리 중인 경우도 적용하도록 하였으며, 2022. 12. 31. 개정시에는 매년 사후관리(80% 이상) 규정은 삭제하고 5년 통산 90% 이상을 충족하도록 하였다.

(1) 고용유지 요건을 충족하지 못한 경우

> 5년(2022. 12. 31. 이전은 7년)간 전체평균이 기준고용인원의 90%에 미달하는 경우

고용유지 요건의 실효성을 제고하기 위해 2014. 1. 1. 「상속세 및 증여세법」 제18조 제5항을 개정하여 2014. 1. 1. 이후 개시하는 사업연도분부터 각 사업연도의 정규직근로자수 평균이 기준고용인원의 80% 요건을 충족하도록 하였다. 즉, 종전의 10년 평균 고용유지 요건 외에 각 사업연도별 고용유지 요건을 추가하였으며, 이 규정은 중소기업의 경우는 2012. 1. 1. 이후 상속개시분, 규모초과 중견기업의 경우는 2011. 1. 1. 이후 상속개시분의 경우로서 2014. 1. 1. 이후 개시하는 과세기간 또는 사업연도 분부터 적용된다(기획재정부 재산세제과-450, 2017. 7. 20. 해석 참조).

이때 적용하는 '기준고용인원'도 종전 상속이 개시된 사업연도의 직전 사업연도 말 정규직 근로자수에서 상속이 개시된 사업연도의 직전 2개 사업연도의 정규직 근로자수 평균으로 변경하였으며, 2023. 1. 1. 이후부터는 5년 통산 90% 요건만 충족하면 되도록 하였다.

구 분	2014. 1. 1 ~ 2022. 12. 31.	2023. 1. 1. 이후
사후관리 대상기간	- 상속개시 사업연도 말부터 7년(2019. 12. 31. 이전은 10년) 평균 - 2014년 이후 각 사업연도별(매년) * 중소기업은 2012. 1. 1. 이후, 중견기업은 2011. 1. 1. 이후 상속개시분의 경우 적용	- 상속개시일부터 5년
기준고용 인원[1]	- 상속개시 사업연도 직전 2개 사업연도 말 정규직 근로자수의 평균[2]	- 좌 동

1) 기준고용인원: 상속이 개시된 사업연도의 직전 2개 사업연도 정규직 근로자수 평균

$$\frac{\text{직전 사업연도 평균인원} + \text{직전 전 사업연도 평균인원}}{2}$$

2) 정규직 근로자수 평균

$$\text{평균인원} = \frac{\text{매월 말 정규직 근로자수 합계}}{\text{해당 월수}}$$

2019. 2. 12. 상증령 개정시, 가업상속 후 합병·분할의 경우에 다음과 같이 정규직 근로자 수를 계산하도록 하여 가업상속공제 사후관리를 합리화하였다.

- 분할하는 경우: 분할에 따라 가업에 해당하는 법인의 정규직 근로자의 일부가 다른 법인으로 승계되어 근무하는 경우, 그 정규직 근로자는 분할 후에도 가업에 해당하는 법인의 정규직 근로자로 본다.

- 합병하는 경우: 합병에 따라 다른 법인의 정규직 근로자가 가업에 해당하는 법인에 승계되어 근무하는 경우, 그 정규직 근로자는 상속이 개시되기 전부터 가업에 해당하는 법인의 정규직 근로자였던 것으로 본다.

2020. 1. 1. 이후 상속이 개시되는 분에 대해서는 상속이 개시된 소득세 과세기간 또는 법인세 사업연도의 말일부터 기산해서 기준고용인원의 80%에 미달하는 연도말까지 기간이 5년 미만인 경우 100%, 5년 이상인 경우 80% 적용하고, 7년 간 평균이 100%에 미달하는 경우 공제받은 금액을 상속개시 당시의 상속세 과세가액에 산입하여 상속세를 부과하되, 각 사업연도 말일까지 누적 평균이 기준고용인원 이상을 충족한 기간이 가장 긴 기간이 5년 이상인 경우에는 80% 추징률 적용하여 부과하도록 하였으며, 2023. 1. 1. 이후부터는 5년 미만인 경우 100% 추징하는 것으로 단순해졌다.

한편, 2019. 12. 31. 상증법 개정 시 "정규직 근로자" 판단 기준을 변경하였으며, 중견기업의 7년간 평균 고용유지 요건을 중소기업과 동일하게 완화하였다.

종 전	개 정
□ 가업상속공제 후 고용유지의무 판단시 '정규직 근로자' 기준 　○ 통계청 '경제활동인구조사'의 '정규직 근로자*' 　　* 비정규직 근로자(한시적, 시간제, 비전형 근로자)를 제외한 임금근로자	□ '정규직 근로자' 판단 기준 변경 　○ 조특법(고용증대세제)에 따른 '**상시 근로자**' 준용 　　* 근로기준법에 따른 근로계약 체결 근로자 중 다음의 근로자를 제외한 자 　　　- 계약기간 1년 미만 근로자(연속된 갱신으로 총 기간이 1년 이상인 근로자는 제외) 　　　- 「근로기준법」 제2조 제1항 제9호의 단시간근로자로서 1개월간 60시간 미만 근로자 　　　- 근로소득세 원천징수 미확인 및 국민

종 전	개 정
	연금 부담금, 기여금과 직장가입 건강 보험료 납부사실 미확인자
○ 고용유지	○ 중견기업 고용유지의무 완화
− 매년 **평균 정규직 근로자 수가 기준 고용인원***의 80% 이상 * 상속 개시 전 2년간 평균 고용인원	− (좌 동)
− **10년간 평균 정규직 근로자 수가 기준 고용인원의 100%(중견기업은 120%) 이상**	− **7년간** 평균 정규직 근로자 수가 기준 고용인원의 **100% 이상(중견기업도 동일)**

〈적용시기〉 2020. 1. 1. 이후 개시하는 과세기간(사업연도) 분부터 적용

※ 사후관리기간 단축: 법 시행 후 상속분부터 적용
　고용요건 완화: 개정 전 공제를 받은 후 사후관리 중인 경우도 적용

■ 정규직 근로자란?

　「근로기준법」에 따라 계약을 체결한 근로자로서 다음의 어느 하나에 해당하지 않는 사람을 말한다.

　1. 근로계약기간이 1년 미만인 근로자(근로계약의 연속된 갱신으로 인하여 그 근로계약의 총 기간이 1년 이상인 근로자는 제외한다)

　2. 「근로기준법」 제2조 제1항 제9호에 따른 단시간근로자로서 1개월간의 소정 근로시간이 60시간 미만인 근로자

　3. 「소득세법 시행령」 제196조에 따른 근로소득원천징수부에 따라 근로소득세를 원천징수한 사실이 확인되지 않고, 다음의 어느 하나에 해당하는 금액의 납부사실도 확인되지 않는 자

　　가. 「국민연금법」 제3조 제1항 제11호 및 제12호에 따른 부담금 및 기여금

　　나. 「국민건강보험법」 제69조에 따른 직장가입자의 보험료

근로기준법 제2조【정 의】① 생략

　9. "단시간근로자"란 1주 동안의 소정근로시간이 그 사업장에서 같은 종류의 업무에 종사하는 통상 근로자의 1주 동안의 소정근로시간에 비하여 짧은 근로자를 말한다

국민연금법 제3조【정의 등】① 생략

---

11. "부담금"이란 사업장가입자의 사용자가 부담하는 금액을 말한다.

12. "기여금"이란 사업장가입자가 부담하는 금액을 말한다

국민건강보험법 제69조【보험료】 ④ 직장가입자의 월별 보험료액은 다음 각 호에 따라 산정한 금액으로 한다.

1. 보수월액보험료: 제70조에 따라 산정한 보수월액에 제73조 제1항 또는 제2항에 따른 보험료율을 곱하여 얻은 금액

2. 소득월액보험료: 제71조에 따라 산정한 소득월액에 제73조 제1항 또는 제2항에 따른 보험료율을 곱하여 얻은 금액

● 사례

□ 가업상속공제 사후관리 중 「상속세 및 증여세법」 제18조 제5항 제1호 라목, 마목에 따른 고용유지 요건은 위반 사유에 관계없이 적용하는 것임.

– 가업상속공제를 적용받은 후 ① 각 사업연도의 정규직 근로자(「통계법」 제17조에 따라 통계청장이 지정하여 고시하는 경제활동인구조사의 정규직 근로자를 말함) 수의 평균이 상속이 개시된 사업연도의 직전 2개 사업연도의 정규직근로자 수의 평균(이하 "기준고용인원")의 100분의 80에 미달하거나 ② 상속이 개시된 사업연도 말부터 10년간 정규직 근로자 수의 전체 평균이 기준고용인원의 100분의 100(규모의 확대 등으로 중소기업에 해당하지 아니하게 된 기업의 경우에는 100분의 120)에 미달하는 경우에 위반 사유에 관계없이 「상속세 및 증여세법」 제18조 제5항에 따라 계산한 금액을 상속개시 당시의 상속세 과세가액에 산입하여 상속세를 부과하는 것임(서면 – 2016 – 상속증여 – 2819 [상속증여세과 – 00162], 2016. 2. 17.).

필자 주

○ 2014. 1. 1. 세법 개정시 고용유지요건 사후관리는 대폭 수정 강화되었다.

즉, 종전에는 매년 사후관리 없이 10년 후 10년 평균 고용인원이 상속개시일이 속하는 사업연도의 직전 사업연도 말 정규직 고용인원의 100%(120%)에 미달하는지 여부로 판단하였으나, 2014년 이후는 매년 사후관리와 '기준고용인원'이 신설되어 아래와 같이 적용되고 있다.

1. 2014년 이후 각 사업연도 말 현재 정규직 근로자수 평균이 기준고용인원의 80%에 미달하는 경우 상속세 과세

☞ 이 규정은 개정 법 부칙(§4)에서 2014. 1. 1. 이후 개시하는 사업연도분부터 적용하도록 규정하고 있으므로, 이 법 시행 전에 이미 상속이 개시되고 가업상속공제를 받은 경우에도 적용되나[40] 정규직 근로자 고용유지 요건이 처음 신설되기 이전 상속개시분까지 적용하기는 어려워 보인다. 즉, 기획재정부 해석(재산세제과-450, 2017. 7. 20.)에 의하면, 규모초과 기업은 2010. 12. 31.(중소기업의 경우는 2011. 12. 31.) 이전에 상속이 개시된 경우는 연도별 고용유지 요건을 적용하지 않도록 하고 있다. 예를 들어, 2012. 5. 1. 상속이 개시되고 2012. 11. 30. 상속세 신고시 가업상속공제를 신청하여 적용받은 경우에도 2014년 이후 사업연도부터는 신설된 '기준고용인원' 대비 80% 이상의 정규직 근로자를 고용하여야 하나, 2011. 6. 30. 중소기업을 상속받고 가업상속공제를 적용받은 경우는 신설된 '기준고용인원' 대비 80% 이상 고용요건이 적용되지 않는 것이다.

2. 10년 후 10년 평균 고용인원이 '기준고용인원'의 100%에 미달하는 경우 상속세 과세

☞ 다만, 10년 평균 고용인원이 100%에 미달하는 경우에도 10년 기간 중 누적 고용인원이 100% 이상에 해당되는 기간이 있는 경우에는 추징률이 가장 작은 기간을 적용하여 상속세를 추징한다.

○ 2020. 1. 1 이후부터는 중견기업도 10년 평균 100%를 적용하며, 이는 2019. 12. 31. 이전에 상속이 개시된 경우에도 적용된다.

(2) 총급여액 유지 요건을 충족하지 못한 경우

> 5년간 총급여액 전체평균이 기준총급여액의 90%에 미달하는 경우

총급여액 유지 기준은 2019. 12. 31. 상증법 제18조 제6항 개정시 도입된 것으로, 정규직 근로자수 유지요건 외에 총급여액 기준을 선택하여 사후관리 요건을 충족할 수 있도록 완화한 것이며 이 총급여액 기준 적용 등은 종전에 상속받아 사후관리 중인 경우에도 적용하도록 하였다(상증법 부칙 §3 ③). 2022. 12. 31. 개정시에는 사후관리기간은 5년으로 금액기준은 5년 통산 90% 이상을 충족하도록 하였으며 종전에 상속받아 사후관리 중인 경우에도 적용하도록 하였다.

---

40) 상속증여-4559, 2016. 8. 24. 참조

① 총급여액의 범위

각 사업연도별 또는 7년 평균 총급여액 기준 충족 여부 판단시 적용할 총급여액이란 상증법 시행령 제15조 제13항에 따른 근로자(㉠)[「조세특례제한법 시행령」 제26조의4 제2항 제3호에 해당하는 사람(㉡)을 제외하되, 기준고용인원 산정기간에 같은 호에 해당되는 사람만 있을 경우에는 포함한다]에게 지급한 「소득세법」 제20조 제1항 제1호 및 제2호에 따른 소득(㉢)의 합계액을 말한다.

㉠ 상증법 시행령 제15조 제13항에 따른 근로자: 정규직 근로자

- 「근로기준법」에 따라 계약을 체결한 근로자로서 다음의 어느 하나에 해당하는 사람은 제외한다.

1. 근로계약기간이 1년 미만인 근로자(근로계약의 연속된 갱신으로 인하여 그 근로계약의 총 기간이 1년 이상인 근로자는 제외한다)

2. 「근로기준법」 제2조 제1항 제9호에 따른 단시간근로자로서 1개월간의 소정근로시간이 60시간 미만인 근로자

3. 「소득세법 시행령」 제196조에 따른 근로소득원천징수부에 따라 근로소득세를 원천징수한 사실이 확인되지 않고, 다음 각 목의 어느 하나에 해당하는 금액의 납부사실도 확인되지 않는 자

가. 「국민연금법」 제3조 제1항 제11호 및 제12호에 따른 부담금 및 기여금

나. 「국민건강보험법」 제69조에 따른 직장가입자의 보험료

㉡ 「조세특례제한법 시행령」 제26조의4 제2항 제3호에 해당하는 사람 : 최대주주와 그 친족

- 기획재정부령으로 정하는 해당 기업의 최대주주 또는 최대출자자(개인사업자의 경우에는 대표자를 말한다) 및 그와 「국세기본법 시행령」 제1조의2 제1항에 따른 친족관계인 근로자

㉢ 소득 : 급여와 상여

- 근로를 제공함으로써 받는 봉급·급료·보수·세비·임금·상여·수당과 이와 유사한 성질의 급여

- 법인의 주주총회·사원총회 또는 이에 준하는 의결기관의 결의에 따라 상여

로 받는 소득

② 기준총급여액

"기준총급여액"이란 상속이 개시된 소득세 과세기간 또는 법인세 사업연도의 직전 2개 소득세 과세기간 또는 법인세 사업연도의 총급여액의 평균을 말한다.

> 1) 기준총급여액: 상속이 개시된 사업연도의 직전 2개 사업연도 총급여액 평균
>
> $$\frac{\text{직전 사업연도 총급여액 + 직전 전 사업연도 총급여액}}{2}$$
>
> 2) 총급여액 : 「근로기준법」에 따라 계약을 체결한 근로자 중 단시간근로, 1년 미만 계약, 근로소득세 원천징수 미확인자를 제외한 근로자(「조세특례제한법 시행령」 제26조의4 제2항 제3호에 해당하는 사람-최대주주 등과 그의 친족인 근로자-을 제외하되, 기준 고용인원 산정기간에 최대주주등과 그의 친족인 근로자만 있을 경우에는 포함한다)에게 지급한 급여와 상여 등 소득의 합계액을 말한다.

③ 기준총급여액 미달시 상속세 과세

가업상속공제를 받은 상속인이 상속이 개시된 소득세 과세기간 또는 법인세 사업연도의 말일부터 5년 이내에 총급여액 기준을 충족하지 못하는 경우 공제받은 금액에 100%를 곱하여 계산한 금액을 상속개시 당시의 상속세 과세가액에 산입하여 상속세를 부과한다. 이 경우 이자상당액을 그 부과하는 상속세에 가산한다.

| 기간별 추징률 |

2019. 12. 31. 이전	기간	7년 미만	① 7년 이상 ~8년 미만	② 8년 이상 ~9년 미만	③ 9년 이상 ~10년 미만
	추징률	100%	90%	80%	70%
2020. 1. 1. ~ 2022. 12. 31	기간	5년 미만		5년 이상 ~ 7년 미만	
	추징률	100%		80%	
2023. 1. 1. 이후	기간	5년 미만			
	추징률	100%			

"고용유지 요건" 유형별 판단 사례

1 정규직근로자 해당 여부

▶ 귀 서면질의의 경우, 「상속세 및 증여세법」 제18조의2 제5항 제4호 가목에 따른 상속개시일이 속하는 소득세 과세기간 또는 법인세 사업연도의 직전 2개 소득세 과세기간 또는 법인세 사업연도의 정규직근로자 수의 평균(이하 "기준고용인원"이라 함)을 계산할 때 상속개시 전부터 가업기업에서 정규직근로자로 근무하던 「조세특례제한법 시행령」 제26조의4 제2항 제3호에 해당하는 '가업기업의 최대주주 또는 최대출자자 및 그와 「국세기본법 시행령」 제1조의2 제1항에 따른 친족관계에 있는 근로자'는 정규직근로자 수에 포함되는 것임.

또한, 고용노동부로부터 근로계약기간 등을 승인받은 외국인근로자를 1년 단위로 「근로기준법」에 따라 계약을 체결하는 경우, 해당 외국인근로자는 「상속세 및 증여세법 시행령」 제15조 제13항에 따른 정규직근로자에 해당하는 것임 (법규재산-8408, 2023. 3. 24.).

▶ 가업상속공제를 받은 기업(이하 "가업기업"이라 함)의 공동상속인이 상속개시 전부터 가업기업에서 정규직근로자로 근무하던 중 상속이 개시되고 가업기업의 공동대표자가 된 경우, 해당 공동상속인은 「상속세 및 증여세법」 제18조의2 제5항 제4호 가목에 따른 상속개시일이 속하는 소득세 과세기간 또는 법인세 사업연도의 직전 2개 소득세 과세기간 또는 법인세 사업연도(이하 "산정기간"이라 함)의 정규직근로자 수의 평균(이하 "기준고용인원"이라 함)을 계산할 때 정규직근로자 수에 포함되는 것이나, 해당 공동상속인의 총급여액은 같은 호 나목에 따른 산정기간의 정규직근로자 총급여액의 평균을 계산할 때 정규직근로자 총급여액에서는 제외(단, 기준고용인원 산정기간에 「조세특례제한법 시행령」 제26조의4 제2항 제3호에 해당되는 사람만 있을 경우에는 포함함)되는 것이며, 「상속세 및 증여세법 시행령」 제15조 제17항에 따라 정규직근로자 수의 평균을 계산할 때에는 해당 공동상속인이 가업기업의 공동대표자가 된 날이 속하는 월부터 정규직근로자 수에 포함되지 않는 것임(법규재산-4691, 2023. 3. 15.)

2 근로계약기간이 1년 이상인 경우

▶ 귀 서면질의의 경우, 근로계약기간이 1년 이상인 근로계약을 체결한 근로자가 개인사정 등으로 중도에 퇴직하여 1년 미만 근무한 경우 「상속세 및 증여세법 시행령」 제15조 제13항 본문 외 각 호의 어느 하나에 해당하지 아니하는 것이며, 「근로기준법」에 따라 1년 이상의 근로계약을 체결하고 근무하다가 중도에 퇴직한 근로자에 해당하는지 여부는 근로계약서, 실제 근로내용, 퇴직경위 등을 살펴 사실 판단할 사항임(법규재산-4357, 2022. 1. 19.).

3 해외현지법인 근로자의 경우

▶ 귀 서면질의의 경우, 가업상속공제를 적용받은 기업(이하 "가업법인"이라 함)이 100% 지분을 보유하고 있는 해외현지법인에 파견한 직원이 가업법인의 업무에 종사하지 않고 해외현지법인의 업무에만 종사하는 경우, 해당 직원은 「상속세 및 증여세법」 제18조 제6항 제1호 라목 1)에 따른 정규직근로자에 포함되지 않는 것이며, 가업법인이 해당 직원에게 지급한 급여도 같은 법 제18조 제6항 제1호 라목 2)에 따른 총급여액에 포함되지 않는 것임(법령해석재산-2053, 2021. 9. 30.).

4 정규직 근로자의 범위

▶ 「상속세 및 증여세법」 제18조 제6항 제1호 라목 및 마목에서 '정규직 근로자'란 「근로기준법」에 따라 계약을 체결한 근로자를 말하며, 같은 법 시행령 제15조 제13항 각 호에 열거된 근로자는 포함되지 않는 것임(서면-2019-상속증여-2317, 2020. 8. 27.).

5 10년평균 고용인원 개정사항 적용 범위

▶ 「상속세 및 증여세법(2019. 12. 31. 제16846호로 개정된 것)」 제18조 제6항 제1호 마목 개정규정은 상속세 및 증여세법 부칙(2019. 12. 31. 제16846호로 개정된 것) 제3조에 따라 이 법 시행 전에 가업상속공제를 적용받은 상속인에 대하여도 적용되는 것으로, 귀 질의의 경우 10년간 정규직 근로자 수의 전체 평균이 기준고용인원의 100분의 100 이상인 경우 사후관리 요건을 위반하지 않은 것으

로 보는 것임(서면−2020−상속증여−1611, 2020. 7. 29.).

6 다른 법인에 흡수합병되는 경우 고용인원 산정

▶ 귀 서면질의의 경우, 가업상속공제를 적용받은 기업(이하 "가업법인"이라 함) 이 사후관리기간 중에 다른 법인(이하 "합병법인"이라 함)에 흡수합병되는 경 우 고용유지의무 사후관리를 적용함에 있어 「상속세 및 증여세법」 제18조 제6 항 제1호 라목 1)·마목 1)(이하 "해당규정"이라 함)에 따른 정규직 근로자 수 는 동 합병 이후 가업법인의 사업부문(사업장)에 속하는 정규직 근로자를 기준 으로 산정하는 것이며, 합병법인의 근로자 중 가업법인의 사업부문(사업장)에 서 근로를 제공하는 정규직 근로자는 해당규정에 따른 정규직 근로자 수에 포 함되는 것임(서면−2019−법령해석재산−2133, 2020. 5. 21.).

7 가업상속인의 근로자수 포함 여부

▶ 귀 서면질의의 경우 「상속세 및 증여세법」(2016. 12. 20. 법률 제14388호로 개정 되기 전의 것) 제18조 제5항 제1호 라목의 기준고용인원 계산 시 '정규직근로 자 수'에는 상속개시 전부터 가업기업에서 정규직 근로자로 근무한 가업상속인 도 포함하는 것임(법령해석재산−5690, 2019. 6. 18.).

8 가업법인이 인적분할하는 경우 정규직 근로자 수

▶ 상속인이 피상속인의 가업을 상속받아 「상속세 및 증여세법」 제18조 제2항 제1 호에 따른 가업상속공제를 적용받고 같은 조 제5항에 따른 사후관리 기간 중 가업인 해당 법인이 인적분할하여 가업 법인과 같은 업종의 분할신설법인이 설 립된 경우 같은 조 제5항 제1호 라목 및 마목의 정규직 근로자 수에는 분할신설 법인의 정규직 근로자 수가 포함되는 것임(법령해석재산−2436, 2017. 8. 30.).

▶ 법인세법상 적격여부에 관계없이 분할존속법인과 분할신설법인의 근로자 수를 합하여 계산하는 것임(상속증여−0307, 2018. 3. 26.).

9 가업상속공제의 고용유지의무 사후관리 규정 신설 전 상속이 개시된 경우 사후 관리 기간 중 신설된 고용유지 의무 규정을 적용하지 않음

▶ 2010. 12. 31.(중소기업의 경우 2011. 12. 31.) 이전에 피상속인의 사망으로 상속이 개시되어 가업상속공제를 적용받은 경우에는 각 사업연도별 고용유지 요건을 추가한 「상속세 및 증여세법」(2014. 1. 1. 법률 제12168호로 개정된 것) 제18조 제5항의 개정 규정을 적용하지 않는 것임(기획재정부 재산세제과-450, 2017. 7. 20.).

⑩ 가업상속공제 사후관리 요건을 충족하지 못하였다는 이유로 상속세를 부과한 처분의 당부

▶ 쟁점외국인근로자들은 1년 단위의 근로계약을 체결한 한시적 근로자로서 비정규직 근로자로 보이며, 쟁점외국인근로자들을 비정규직 근로자로 구분하여 기준고용인원을 산정하면 청구인이 가업상속공제 사후관리 요건을 충족하므로 상속세를 부과한 처분은 잘못이 있음(조심 2017중0872, 2017. 8. 10.).

⑪ 사후관리기간 중 합병시 근로자수 산정방법

▶ 가업상속공제를 적용받은 기업이 사후관리기간 중에 다른 법인을 흡수합병하여 피합병법인의 근로자를 승계하는 경우, 피합병법인의 근로자 중 가업법인의 사업장에서 근로를 제공하는 정규직 근로자는 「상속세 및 증여세법(2015. 12. 15. 법률 제13557호로 개정되기 전의 것)」 제18조 제5항 제1호 라목 및 마목에서 규정하는 정규직 근로자 수에 포함되는 것임(법령해석재산-1858, 2016. 9. 28.).

☞ 사후관리기간 중 합병으로 정규직 근로자 수가 증가된 경우에도, 종전의 가업상속공제 대상 법인의 사업장에서 근무하는 근로자들만 정규직 근로자수에 포함된다는 해석임.

⑫ 2013년 이전 상속이 개시된 경우도 매년 고용유지 사후관리 대상임

▶ 상속세 및 증여세법(2014. 1. 1. 제12168호로 개정된 것) 제18조 제5항의 개정규정은 상속세 및 증여세법 부칙(2014. 1. 1. 제12168호로 개정된 것) 제4조에 따라 2014. 1. 1. 이후 개시하는 과세기간 또는 사업연도분부터 적용하는 것으로, 귀 질의의 경우 상속세 및 증여세법(2014. 1. 1. 제12168호로 개정된 것) 제18조 제5항의 개정규정을 적용하는 것임(상속증여-4559, 2016. 8. 24., 기획재정부 재산세제과-247, 2017. 3. 27. 같은 뜻).

☞ 상속개시일이 2012년인 경우에 대한 해석으로, 2013. 12. 31. 이전 상속분도 매년 기준고용인원의 80% 요건을 충족하여야 함.

13 정규직 근로자수 평균 계산방법

▶ 1. 「상속세 및 증여세법」 제18조 제5항 제1호 라목 및 마목 규정에서 "정규직 근로자 수의 평균" 및 "정규직 근로자 수의 전체 평균" 산정시 소수점 이하 부분은 절사나 반올림 없이 모든 비율을 반영하는 것임.

2. 가업상속공제 사후관리는 가업상속공제 금액에 「상속세 및 증여세법 시행령」 제15조 제11항에 따른 기간별 추징률을 곱하여 계산한 금액을 상속개시 당시의 상속세 과세가액에 산입하여 상속세를 부과하고, 상속개시일이 2014년 6월 1일인 경우 「상속세 및 증여세법」 제18조 제5항 제1호 마목 적용시 "상속이 개시된 사업연도 말부터 10년간 정규직 근로자 수의 전체 평균"은 "2014년 6월 1일부터 2023년 12월 31일까지 각각 누적하여 계산한 정규직 근로자 수의 전체 평균"에 해당하는 것임(사전-2016-법령해석재산-0005, 2016. 5. 13.).

☞ 상속이 개시된 사업연도 말일을 포함하여 10년간(10회) 매년 말일 현재의 정규직 근로자수를 평균함.

14 고용유지 요건은 위반 사유에 관계없이 적용하는 것임

▶ 가업상속공제를 적용받은 후 ① 각 사업연도의 정규직 근로자(「통계법」 제17조에 따라 통계청장이 지정하여 고시하는 경제활동인구조사의 정규직 근로자를 말함) 수의 평균이 상속이 개시된 사업연도의 직전 2개 사업연도의 정규직 근로자 수의 평균(이하 "기준고용인원")의 100분의 80에 미달하거나 ② 상속이 개시된 사업연도 말부터 10년간 정규직 근로자 수의 전체 평균이 기준고용인원의 100분의 100(규모의 확대 등으로 중소기업에 해당하지 아니하게 된 기업의 경우에는 100분의 120)에 미달하는 경우에 위반 사유에 관계없이 상속세 및 증여세법 제18조 제5항에 따라 계산한 금액을 상속개시 당시의 상속세 과세가액에 산입하여 상속세를 부과하는 것임(상속증여-2819, 2016. 2. 17.).

마. 이자상당액 가산

가업상속공제 후 10년간 사후관리규정을 위반한 경우 2016. 12. 31.까지는 「국세기본법」 제47조의3 및 같은 법 제47조의5에 따른 가산세는 부과하지 않았으나, 2017. 1. 1. 이후 개시하는 소득세 과세기간 또는 법인세 사업연도부터는 상속세 및 증여세법에 따라 일정한 이자상당액을 그 부과하는 상속세에 가산한다(상증법 §18 ⑤, 2016. 12. 20. 개정).

이 경우 그 이자상당액은 다음과 같이 계산한 금액으로 한다(상증령 §15 ⑫).

이자상당액 = ① × ② × ③
① 사후관리 위반에 따른 상속세 결정세액
② 사후관리 위반 일수
③ 이자율

---

① 사후관리 위반에 따른 상속세 결정세액

가업상속공제받은 금액에 아래의 기간별 추징률을 곱하여 계산한 금액(2019. 1. 1. 이후 자산 처분의 경우에는 자산처분비율을 곱한 금액을 말한다)을 상속개시 당시의 상속세 과세가액에 산입하여 결정한 상속세액을 말한다.

| 기간별 추징률 |

2019. 12. 31. 이전	기간	7년 미만	① 7년 이상 ~8년 미만	② 8년 이상 ~9년 미만	③ 9년 이상 ~10년 미만
	추징률	100%	90%	80%	70%
2020. 1. 1. ~ 2022.12.31	기간	5년 미만		5년 이상 ~ 7년 미만	
	추징률	100%		80%	
2023. 1. 1. 이후	기간	5년 미만			
	추징률	100%			

② 사후관리 위반 일수

사후관리 위반 일수는 당초 상속받은 가업상속재산에 대한 상속세 과세표준 신고기한의 다음날부터 사후관리 위반의 사유가 발생한 날까지의 기간으로 산정한다.

③ 이자율

이자상당액 계산시 적용하는 이자율은 사후관리 위반에 따라 상속세를 부과하는 당시의 「국세기본법 시행령」 제43조의3 제2항에 따른 이자율(국세환급가산금의 이율)을 365로 나눈 율을 적용한다.

- 1천분의 35 ÷ 365(2024. 3. 22. 이후, 국기법 시행규칙 제19조의3)

바. 사후관리 위반시 신고납부 의무

가업상속공제 규정을 적용받고 사후관리 규정을 위반한 경우에는 해당 상속인은 그 위반사유가 발생한 날이 속하는 달의 말일부터 6개월 이내에 납세지 관할 세무서장에게 신고하고 해당 상속세와 이자상당액을 납세지 관할 세무서, 한국은행 또는 체신관서에 납부하여야 한다. 다만, 사후관리 위반으로 이미 상속세와 이자상당액이 부과되어 납부한 경우에는 그러하지 아니하다.

이 경우 상속세와 이자상당액을 신고하는 때에는 "가업상속공제 사후관리추징사유 신고 및 자진납부 계산서"를 납세지 관할 세무서장에게 제출하여야 하며(상증법 §18의2 ⑧, 상증령 §15 ⑱), 이 개정규정은 2018. 1. 1. 이후 추징사유가 발생하는 경우부터 적용한다(법률 제15224호, 2017. 12. 19., 상증법 부칙 §3).

> 사후관리 위반시 신고납부 기한: 사후관리 위반사유 발생일의 말일부터 6개월 이내

사. 탈세·회계부정 기업인의 가업상속공제 혜택 배제

피상속인 또는 상속인이 가업의 경영과 관련하여 조세포탈 또는 회계부정 행위(「조세범 처벌법」 제3조 제1항 또는 「주식회사 등의 외부감사에 관한 법률」 제39조 제1항에 따른 죄를 범하는 것을 말하며, 상속개시일 전 10년 이내 또는 상속개시일부터 5년 이내의 기간 중의 행위로 한정한다)로 징역형 또는 대통령령으로 정하는 벌금형을 선고받고 그 형이 확정된 경우에는 다음 각 호의 구분에 따른다(2019. 12. 31. 신설). 이 개정규정은 피상속인 또는 상속인이 2020. 1. 1. 이후 조세포탈 또는 회계부정 행위를 한 경우로서 2020. 1. 1. 이후 상속이 개시된 분부터 적용함(상증법 부칙 §4).

① 과세표준과 세율의 결정이 있기 전에 피상속인 또는 상속인에 대한 형이 확정된 경우: 가업상속공제를 적용하지 아니한다.

② 가업상속 공제를 받은 후에 상속인에 대한 형이 확정된 경우: 공제받은 금액을 상속개시 당시의 상속세 과세가액에 산입하여 상속세를 부과한다. 이 경우 대통령령으로 정하는 바에 따라 계산한 이자상당액을 그 부과하는 상속세에 가산한다 (2019. 12. 31. 신설).

이 경우 대통령령으로 정하는 벌금형이란, 다음의 어느 하나에 해당하는 것을 말한다(상증령 §15 ⑲, 2020. 2. 11. 신설).

① 조세포탈의 경우: 「조세범 처벌법」 제3조 제1항 각 호의 어느 하나에 해당하여 받은 벌금형(포탈세액이 3억 원 이상이고 포탈세액 등이 납부하여야 할 세액의 30% 이상인 경우 또는 포탈세액이 5억 원 이상인 경우)

② 회계부정의 경우: 「주식회사 등의 외부감사에 관한 법률」 제39조 제1항에 따른 죄를 범하여 받은 벌금형(재무제표상 변경된 금액이 자산총액의 100분의 5 이상인 경우로 한정한다)

⑤ 가업상속공제재산에 대한 양도소득세 이월과세 도입 및 사후관리

> 가. 가업상속공제를 적용받은 재산을 양도하는 경우 양도차익계산시 이월과세를 적용
> 나. 가업상속공제 사후관리 위반으로 상속세 추징시 이월과세로 증가된 양도소득세 상당액은 상속세 추징세액에서 공제

2014년 가업상속재산에 대한 공제율을 종전 70%에서 100%로 확대하고, 공제한도도 종전 최대 300억 원에서 500억 원으로 상향함에 따라 가업상속공제를 적용받은 재산의 세대간 이전에 대한 최소한의 과세장치를 마련할 필요가 대두되었다.

즉, 종전까지는 피상속인이 재산을 취득하여 보유하던 중 상속이 개시된 경우 피상속인의 보유기간 중 증가된 재산의 가치에 대해서는 상속세만 과세되고, 상속인이 그 재산을 양도하는 경우 양도가액에서 상속개시일 현재의 가액을 차감하여 양도소득세

를 과세하고 있었으나, 가업상속공제가 적용된 재산의 경우는 상속개시 시점에서 거액의 가업상속공제 상당액에 대한 상속세가 과세되지 않아 결과적으로 피상속인이 얻은 자본이득이 과세누락되는 경우가 발생하게 되었다. 따라서, 가업상속공제액에 상당하는 자본이득에 대해서는 상속인이 양도할 때 양도차익에 추가하여 과세하는 양도소득세 이월과세 제도를 도입하게 된 것이다.

또한, 가업상속공제를 적용받은 후 5년(2022. 12. 31. 이전 상속분은 7년) 이내에 해당 자산을 양도하는 경우에는 사후관리 위반으로 상속세가 추징되는데, 이때 양도소득세는 위와 같이 이월과세를 적용하여 가업상속공제 해당 양도차익에 대해 과세하되 그에 따른 증가된 양도소득세를 상속세 추징세액에서 공제하도록 하였다.

가. 가업상속공제 적용 재산의 양도시 이월과세제도 도입

「상속세 및 증여세법」 제18조 제2항 제1호에 따른 가업상속공제가 적용된 자산을 양도하는 경우 양도차익을 계산할 때 양도가액에서 공제할 필요경비는 「소득세법」 제97조 제2항(실지취득가액+자본적 지출액+양도비 등)에 따르되, 취득가액은 다음의 금액을 합한 금액(①+②)으로 하며(소득세법 §97의2 ④, 2014. 1. 1. 신설), 이는 2014. 1. 1. 이후 상속받아 양도하는 분부터 적용한다.

이와 같은 양도소득세 이월과세는 상속개시일로부터 양도일까지의 기간에 관계없이 적용되는 것이며 다만, 상속개시일로부터 7년 이내에 양도하여 상속세가 추징되는 경우에는 다음 "나."와 같이 상속세 추징세액을 조정하게 된다.

【가업상속공제 후 양도하는 자산의 취득가액: ① + ②】

① 피상속인의 취득가액(소득세법 제97조 제1항 제1호 각목[41]의 어느 하나에 해당하

---

[41] 소득세법 제97조
① 거주자의 양도차익을 계산할 때 양도가액에서 공제할 필요경비는 다음 각호에서 규정하는 것으로 한다.
1. 취득가액
가. 제94조 제1항 각호의 자산 취득에 든 실지거래가액. 다만, 제96조 제2항 각호 외의 부분에 해당하는 경우에는 그 자산 취득 당시의 기준시가
나. 가목 본문의 경우로서 취득 당시의 실지거래가액을 확인할 수 없는 경우에는 대통령령으로 정하는 매매사례가액, 감정가액 또는 환산가액

는 금액) × 해당 자산가액 중 가업상속공제가 적용된 비율("가업상속공제적용률 *"이라 한다)

* 가업상속공제적용률 = $\dfrac{\text{가업상속공제액}}{\text{총 가업상속재산가액}^{**}}$

** 가업상속재산가액

개인가업	상속재산 중 기업에 직접 사용되는 토지, 건축물, 기계장치 등 사업용 자산가액 – 관련 채무액
법인가업	상속재산 중 가업에 해당하는 법인의 주식 등 가액 × $\left(1 - \dfrac{\text{사업무관 자산가액}}{\text{법인의 총자산가액}}\right)$

② 상속개시일 현재 해당 자산가액 × (1 – 가업상속공제적용률)

양도자산의 상속개시일 현재 가액 × $\dfrac{\text{총 가업상속재산가액 – 가업상속공제액}}{\text{총 가업상속재산가액}}$

또는 양도자산의 상속개시일 현재 가액 × (1 – 가업상속공제적용률)

【효과】

「상속세 및 증여세법」 제18조의2 제1항에 따라 가업상속공제를 적용받은 자산을 양도하는 경우 종전에는 상속개시일 현재 평가액과 양도 당시 실지거래금액과의 차이에 대하여만 양도소득세를 부담하였으나, 2014. 1. 1. 이후 상속받아 양도하는 분부터는 피상속인의 취득금액과 상속개시일 현재 평가액과의 차액부분에 대해서도 양도소득세가 과세되게 되었다.

다만, 가업상속공제액 한도(300억 원, 400억 원, 600억 원) 초과로 가업상속재산가액 전액에 대해 가업상속공제가 적용되지 않은 경우에는 상속개시일 현재 가업상속공제가 적용된 가액상당액(평가액 × 가업상속공제적용률)에서 피상속인이 취득한 가액 중 가업상속공제가 적용된 가액상당액(취득가액 × 가업상속공제적용률)을 차감한 가액에 대해 추가적으로 양도소득세가 과세된다.

● 사례

1. 공제한도 이내로 가업상속재산가액 전액에 대해 가업상속공제가 적용되는 경우

2022. 5. 1. 피상속인 [갑]의 사망으로 상속이 개시되어 [갑]이 16년 동안 영위하던 가업을 상속인 [을]이 모두 상속받고 2022. 11. 30. 상속세 과세표준 신고시 상증법 제18조 제2항에 따라 가업상속공제를 적용받았음.

그 후 7년을 경과하여 상속인 [을]이 가업상속재산 중 일부 토지를 양도하는 경우 양도차익 계산은?

(1) 양도자산의 현황
- 피상속인 취득: 취득일 1998. 5. 1., 취득금액 50억 원
- 상속개시일: 2022. 5. 1., 평가액 100억 원
- 상속인이 양도: 2029. 7. 1., 양도금액 140억 원

(2) 가업상속공제 현황 및 가업상속공제적용률
- 가업상속공제액: 300억 원
- 상속재산 중 가업에 직접 사용되는 토지, 건축물 등 총 가업상속재산가액: 300억 원
- 가업상속공제적용률: 100%(300억 원 / 300억 원)

(3) 양도차익 계산
- 양도가액: 140억 원
- 취득가액: ① 50억 원 + ② 0 = 50억 원
  ① 피상속인의 취득가액(㉠ 50) × 가업상속공제적용률(100%) = 50(㉢)
   * 가업상속공제 적용률 = 가업상속공제액 / 총가업상속재산가액
  ② 상속개시일 현재 자산가액(㉡ 100) × (1 - 가업상속공제적용률 100%) = 0(㉣)
- 양도차익: 90억 원(종전 양도차익 40억 원 + 추가 양도차익 40억 원)

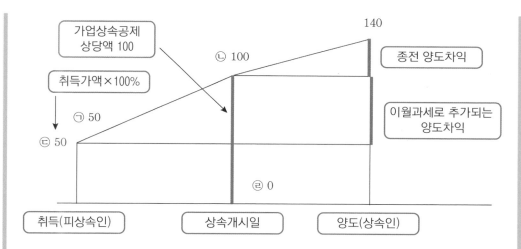

2. 공제한도 초과로 가업상속재산가액의 일부에 대해서만 가업상속공제가 적용되는 경우

2022. 5. 1. 피상속인 [갑]의 사망으로 상속이 개시되어 [갑]이 16년 동안 영위하던 가업을 상속인 [을]이 모두 상속받고 2022. 11. 30. 상속세 과세표준 신고시 상증법 제18조 제2항에 따라 가업상속공제를 적용받았음.

그 후 7년을 경과하여 상속인 [을]이 가업상속재산 중 일부 토지를 양도하는 경우 양도차익 계산은?

(1) 양도자산의 현황
- 피상속인 취득: 취득일 1998. 5. 1., 취득금액 50억 원
- 상속개시일: 2022. 5. 1., 평가액 100억 원
- 상속인이 양도: 2029. 7. 1., 양도금액 140억 원

(2) 가업상속공제 현황 및 가업상속공제적용률
- 가업상속공제액: 300억 원
- 상속재산 중 가업에 직접 사용되는 토지, 건축물 등 총 가업상속재산가액: 1,000억 원
- 가업상속공제적용률: 30%(300억 원 / 1,000억 원)

(3) 양도차익 계산
- 양도가액: 140억 원
- 취득가액: ① 15억 원 + ② 70억 원 = 85억 원
  ① 피상속인의 취득가액(㉠ 50) × 가업상속공제적용률(30%) = 15(㉢)
    * 가업상속공제 적용률 = 가업상속공제액 / 총가업상속재산가액

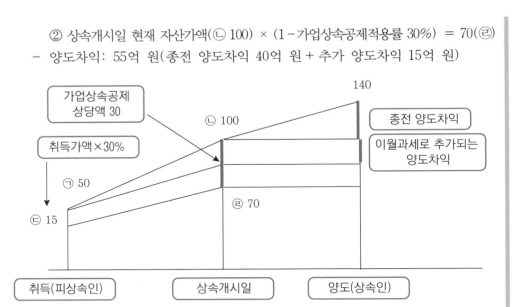

② 상속개시일 현재 자산가액(ⓛ 100) × (1 − 가업상속공제적용률 30%) = 70(ⓡ)
 − 양도차익: 55억 원(종전 양도차익 40억 원 + 추가 양도차익 15억 원)

소득세법 제97조의2【양도소득의 필요경비 계산 특례】

(중간 생략)

④ 「상속세 및 증여세법」 제18조의2 제1항에 따른 공제(이하 이 항에서 "가업상속공제"라 한다)가 적용된 자산의 양도차익을 계산할 때 양도가액에서 공제할 필요경비는 제97조 제2항에 따른다. 다만, 취득가액은 다음 각호의 금액을 합한 금액으로 한다.

1. 피상속인의 취득가액(제97조 제1항 제1호에 따른 금액) × 해당 자산가액 중 가업상속공제가 적용된 비율(이하 이 조에서 "가업상속공제적용률"이라 한다)

2. 상속개시일 현재 해당 자산가액 × (1 − 가업상속공제적용률)

⑤ 제1항부터 제4항까지의 규정을 적용할 때 증여세 상당액의 계산과 가업상속공제적용률의 계산방법 등 필요경비의 계산에 필요한 사항은 대통령령으로 정한다.

소득세법 시행령 제163조의2【양도소득의 필요경비 계산 특례】

(중간 생략)

③ 법 제97조의2 제4항을 적용할 때 가업상속공제적용률은 「상속세 및 증여세법」 제18조 제2항 제1호에 따라 상속세 과세가액에서 공제한 금액을 같은 항 제1호에 따른 가업상속재산가액으로 나눈 비율로 하고, 가업상속공제가 적용된 자산별 가업상속공제금액은 가업상속공제금액을 상속개시 당시의 해당 자산별 평가액을 기준으로 안분하여 계산한다.

（개정 2016. 2. 17.）

나. 5년 내 처분 등 사후관리 위반으로 상속세 추징시 추징세액 조정

(1) 개요

상속재산 중 가업에 직접 사용되는 토지, 건축물, 기계장치 등 사업용 자산(「소득세법」을 적용받는 가업상속재산)을 5년(2022. 12. 31. 이전은 7년) 이내에 40%[2022. 12. 31. 이전은 20%(5년 이내에는 10%)] 이상을 처분하거나, 5년 이내에 가업상속공제를 적용받은 주식 등을 처분하여 상속인의 지분이 감소한 경우 공제받은 금액에 기간별 추징률을 곱한 금액(2019. 1. 1. 이후 자산 처분의 경우에는 자산처분비율을 추가로 곱한 금액을 말한다)을 상속개시 당시의 상속세 과세가액에 산입하여 상속세를 추징한다.

이 경우 「소득세법」 제97조의2 제4항에 따라 납부하였거나 납부할 양도소득세가 있는 경우에는 그 이월과세 규정을 적용하여 계산한 양도소득세액(㉮)에서 이월과세를 적용하지 않고 상속개시일 현재 시가를 취득가액으로 적용하여 계산한 양도소득세액(㉯)을 뺀 금액에 해당 기간별 추징률(㉰)을 곱한 금액(2019. 1. 1. 이후 자산 처분의 경우에는 자산처분비율을 추가로 곱한 금액을 말한다)을 상속세 산출세액에서 공제하도록 함으로써 가업상속공제가 취소된 경우에는 양도소득세 이월과세 적용도 배제하도록 하였다. 다만, 공제한 해당 금액이 음수(陰數)인 경우에는 영으로 보는 것이며, 2014. 1. 1. 이후 상속받아 양도하는 분부터 적용한다(상증법 §18의2 ⑩, 영 §15 ⑳, 2014. 1. 1. 및 2014. 2. 21. 신설).

이 규정은 가업상속공제가 적용된 자산을 상속개시일로부터 5년 이내에 「상속세 및 증여세법」 제18조의2 제5항의 사후관리규정을 위배하며 양도한 경우에 적용되는 것으로, 상속개시 시점에서 거액의 가업상속공제 상당액에 대해 상속세가 과세되지 않게 되므로 피상속인이 얻은 자본이득이 과세누락되는 경우가 발생할 수 있다고 보아 양도소득세 이월과세를 적용하도록 하였으나, 그 가업상속공제가 취소된 경우에 해당하므로 이월과세적용 또한 배제하기 위한 것이다.

> **필자 주**
>
> 위와 같은 세액조정 방법은, 1) 소득세법에서 양도시점을 기준으로 가업상속공제 사후
> 관리 위반에 해당하는 경우 이월과세를 처음부터 적용하지 않는 방법과, 2) 일단은 이월
> 과세를 적용하고 상증법에서 상속세를 추징할 때 조정해 주는 방법이 있을 수 있다.
> 세액계산이 쉽고 단순하다는 측면에서는 소득세법에서 규정하는 것이 좋아 보이나, 신
> 고결정세목인 양도소득세와 정부부과결정세목인 상속세의 차이와 상증법에서 사후관리
> 위반에 대해 납세자에게 신고의무를 부여하고 있지 않은 점(2017. 12. 19. 법 개정시 신
> 고의무를 부여함) 등을 감안할 때 다소 복잡하기는 하지만 상증법에서 조정하는 방법을
> 선택한 것으로 보인다.

(2) 상속세 산출세액에서 공제하는 양도소득세액

- (㉮ − ㉯) × ㉰ 사후관리 위반시 적용된 기간별 추징률
- (상속세 산출세액 − 공제대상 양도소득세 상당액) 〈 0 → "0"

㉮ 이월과세를 적용한 양도소득세액
- 다음과 같이 계산한 양도차익에 대한 양도소득세액
  - 양도가액: 양도 당시 실지거래가액
  - 취득가액: ① + ②
    ① 피상속인의 취득가액 × 가업상속공제적용률
    ② 상속개시일 현재 자산가액 × (1 − 가업상속공제적용률)

㉯ 이월과세를 적용하지 않은 경우의 양도소득세액
- 상속개시일 현재 시가를 취득가액으로 적용하여 계산한 양도차익에 대한 양도소득세액

㉰ 사후관리 위반시 적용된 기간별 추징률

2022. 12. 31. 이전	기간	7년 미만	5년 이상 ~ 7년 미만
	추징률	100%	80%
2023. 1. 1. 이후	기간	5년 미만	
	추징률	100%	

양도소득세 이월과세 적용 여부

1 양도소득세 이월과세 규정은 가업상속공제 사후관리 위반시 양도소득세 납부
대상인 경우에 적용함

> (사실관계)
> ○ '15.6월 부친의 사망으로 상속이 개시되어 가업상속공제를 적용한 후 상속세를
> 신고하였음.
> ○ 이후 '19년 말 사후관리 요건을 위반(고용유지)하였고, '20년 초 사업용 고정자
> 산도 양도하였음.
>
> (질의내용)
> 1) 사후관리 위반에 따른 이자상당액 계산시 양도소득세 상당액을 차감하고 이자
> 상당액을 계산하는지 여부
> 2) 이자상당액은 상속세 신고납부기한 다음날부터 기산하는지 여부(이자상당액
> 계산이 신설된 2017. 1. 1. 이후부터 기산하는지 여부)

▶ 가업상속공제 사후관리 위반에 따라 상속세를 부과할 때 「소득세법」 제97조의
2 제4항에 따라 납부하였거나 납부할 양도소득세가 있는 경우에는 대통령령으
로 정하는 바에 따라 계산한 양도소득세 상당액을 상속세 산출세액에서 공제하
는 것이나, 귀 질의와 같이 고용유지 요건을 충족하지 못해 사후관리를 위반한
이후 상속재산을 양도한 경우에는 「상속세 및 증여세법」 제18조 제11항이 적용
되지 않는 것임.
가업상속공제 사후관리 위반시 상속세에 가산하는 이자상당액은 상속세 과세
표준 신고기한의 다음날부터 사후관리 위반 사유가 발생한 날까지의 기간으로
계산하는 것임(서면-2020-상속증여-2259, 2020. 9. 1.).

2 사후관리 위반으로 상속세 추징 후 양도시

▶ 귀 서면질의의 경우 가업상속공제 적용 후 사후관리 위반에 따라 상속세가 부
과된 후 해당 주식 양도 시 취득가액은 「소득세법」 제97조의2 제4항 단서에 의
한 양도소득세 이월과세가 적용되지 아니하는 것임(법규재산-6738, 2022. 12. 5.).

● 사례

- 2020. 2. 1. 피상속인 [갑]의 사망으로 상속이 개시되고 피상속인이 13년 동안 영위하던 비상장 중소기업(A) 주식 100,000주(100%)를 상속인 [을]이 상속받고 가업상속공제를 신청하여 적용받았다.
- 상속인 [을]은 부득이한 사정이 있어 2020. 10. 30. 위 주식 중 60,000주를 양도하였다. 이 경우 양도소득세 및 상속세 추징세액 등을 계산하면?

1. 상속세 결정현황
- 총 상속재산가액: 5,000,000,000원
  - 토지, 건물 등 부동산: 3,000,000,000원
  - 가업해당 비상장중소기업(A) 주식: 2,000,000,000원(1주당 20,000원)
- 상속세 과세가액: 4,000,000,000원(채무 등 1,000,000,000원 차감)
- 상속공제: 3,000,000,000원
  - 일괄공제: 500,000,000원
  - 배우자공제: 500,000,000원
  - 가업상속공제: 2,000,000,000원
- 과세표준: 1,000,000,000원
- 산출세액: 240,000,000원
- 신고세액공제: 7,200,000원
- 납부세액: 232,800,000원

2. 가업해당 주식 현황
- 2007. 1. 1. 피상속인이 설립(100%, 취득가액 1주당 5,000원)
- 상속개시일 현재 1주당 가액: 20,000원
  - 사업무관자산 없음
  - 가업상속재산가액: 2,000,000,000원
  - 가업상속공제액: 가업상속재산가액의 100% 2,000,000,000원
    (10년 이상 영위 200억 원 한도)
  - 가업상속공제 적용률: 100%
- 2020. 10. 30. 양도가액: 60,000주를 3,000,000,000원에 양도(1주당 50,000원)

3. 양도소득세 이월과세 현황
- 양도가액: 3,000,000,000원
- 취득가액: (㉮ + ㉯) = 300,000,000
  ㉮ 피상속인의 취득가액: (60,000주 × 5,000원) × 가업상속공제적용률*(100%)

$$= 300,000,000원$$

    * 가업상속공제적용률: 가업상속공제액 ÷ 가업상속재산가액

    ㈏ 상속개시일 현재 가액: (60,000주 × 20,000원) × (1 − 가업상속공제적용률) = 0

- 양도차익: 2,700,000,000원
- 산출세액: 270,000,000원(중소기업 10% 세율)

4. 주식처분으로 인한 가업상속공제액의 과세가액 산입 및 세액계산

- 과세가액 산입대상 가액: 2,000,000,000원
  - 상속개시일부터 5년 내 지분율이 감소했으므로 기간별 추징률 100% 적용
- 상속세 과세가액: 4,000,000,000원
- 상속공제액: 1,000,000,000원(가업상속공제액 2,000,000,000원 공제부인하고 과세가액에 산입)
- 과세표준: 3,000,000,000원
- 산출세액: 1,040,000,000원
- 이월과세 양도소득세 추가분 공제액: (㉮ − ㉯) × 기간별 추징률
  → (270,000,000원 − 180,000,000원) × 100% = 90,000,000원
  - ㉮ 이월과세를 적용한 양도소득세: 270,000,000원
  - ㉯ 이월과세를 적용하지 않은 경우의 양도소득세액: 180,000,000원
    - 양도가액: 3,000,000,000원
    - 취득가액: 1,200,000,000원(상속개시일 현재 1주당 20,000원 × 60,000주)
    - 양도차익: 1,800,000,000원
    - 산출세액: 180,000,000원(중소기업 10% 세율)
- 신고세액공제: 9,500,000원
- 기납부세액: 232,800,000원
- 차가감 고지세액: 707,700,000원

6 가업승계 증여세 과세특례 적용 주식 등에 대한 가업상속공제

「조세특례제한법」 제30조의6 규정에 따른 증여세 과세특례는 중소기업 경영자의 고령화에 따라 생전 계획적인 가업승계 등 가업의 사전상속을 통한 성공적인 가업승계를 지원하기 위해 2007. 12. 31. 신설된 규정으로서, 증여세 과세특례를 적용받은 후 증여 자가 사망하는 경우 해당 주식 등에 대해서는 다시 가업상속공제를 적용받을 수 있도 록 허용하고 있다.

즉, 증여세 과세특례를 적용받은 주식 등은 상속개시일 현재 피상속인이 보유하던 재산이 아니라 상속개시일 전 상속인에게 증여한 재산에 해당하나, 일정요건을 모두 갖춘 경우에는 가업상속공제를 적용받을 수 있도록 한 것으로, 상속개시일 현재 다음 의 요건을 모두 갖춘 경우 「상속세 및 증여세법」 제18조 제2항 제1호에 따른 가업상속 으로 보아 관련 가업상속공제 규정을 적용한다(조특령 §27의6 ⑨).

> **가업상속공제 적용 요건(조특령 §27의6 ⑨)**
> ① 「상속세 및 증여세법 시행령」 제15조 제3항에 따른 가업에 해당할 것. 다만, 「상속세 및 증여세법 시행령」 제15조 제3항 제1호 나목은 적용하지 아니한다.
> ② 수증자가 증여받은 주식 등을 처분하거나 지분율이 낮아지지 아니한 경우로서 가업에 종사하거나 대표이사로 재직하고 있을 것

가. 가업상속공제 요건

가업승계 증여세 과세특례를 적용받은 후 증여자의 사망으로 상속이 개시되는 경우 다시 가업상속공제를 적용받을 수 있는 요건은 다음과 같으며 이를 모두 충족하여야 한다.

(1) 「상속세 및 증여세법 시행령」 제15조 제3항에 따른 가업에 해당할 것

「상속세 및 증여세법 시행령」 제15조(가업상속) 제3항에 따른 가업에 해당하여야 한다. 다만, 피상속인이 가업의 영위기간 중 같은 법 시행령 제15조 제3항 제1호 나목의 대표 이사 재직요건(전체 가업영위기간 중 50% 이상, 상속개시일부터 소급하여 10년 중 5년 이상, 10년 이상 재직 후 상속인이 대표이사를 승계하여 상속개시일까지 재직한 경우)

은 적용하지 아니한다(조특령 §27의6 ⑨ 1).

한편, 2020. 2. 11. 조특법 시행령 개정 시 피상속인이 보유한 가업의 주식등의 전부를 증여하여 상증법 시행령 제15조 제3항 제1호 가목의 요건[최대주주등 지분율 50%(상장법인은 30%) 이상 유지 요건]을 충족하지 못하는 경우에는 상속인이 증여받은 주식등을 상속개시일 현재까지 피상속인이 보유한 것으로 보도록 제도를 합리화하였으며, 이는 2020. 2. 11. 이후 상속받는 분부터 적용한다. 즉, 2020. 2. 11. 이후 상속분부터는 상속개시일 전에 피상속인이 보유하던 주식을 전부 증여하여 조특법 제30조의6 규정을 적용받은 경우로서 상속개시일 현재 보유하는 주식이 없는 경우에도 가업상속공제가 가능하게 되었다.

또한, 2023. 2. 28. 이후 상속받는 분부터는 가업요건 중 매출액 평균금액은 조특법 제30조의6 제1항에 따라 주식 등을 증여받은 날이 속하는 사업연도의 직전 3개 사업연도의 매출액 평균금액을 기준으로 판단하도록 개정하였다.

(2) 상속개시일 현재 지분율 유지 및 가업종사 등 요건

수증자가 증여받은 주식 등을 처분하거나 지분율이 낮아지지 아니한 경우로서 상속개시일 현재 가업에 종사하거나 대표이사로 재직하고 있어야 한다.

> ☞ 이 경우 증여받은 주식 등의 처분과 지분율 감소에 「조세특례제한법」 제30조의6 제2항 제2호 및 「조세특례제한법 시행령」 제27조의6 제6항의 사후관리 요건과 같이 일정부분 예외[42]를 인정할 수 있는지, 아니면 예외없이 상속개시일 현재까지 당초 증여받을 당시의 주식수와 지분율을 그대로 보유하여 유지하는 경우에 해당하여야만 하는지 여부에 대한 명확한 해석은 없는 실정이다.

㉮ 증여받은 주식 등을 처분하지 않아야 한다.
㉯ 수증자의 주식 등 지분율이 낮아지지 않아야 한다.
㉰ 상속개시일 현재 가업에 종사하거나 대표이사로 재직하여야 한다.

---

42) – 주식 처분시 예외: 합병·분할 등 조직변경에 따른 처분으로서 수증자가 「상속세 및 증여세법 시행령」 제15조 제3항에 따른 최대주주 등에 해당하는 경우(조특령 §27의6 ⑥ 1 단서)
  – 지분율 감소의 예외: 해당 법인의 시설투자·사업규모의 확장 등에 따른 유상증자로서 수증자의 특수관계인 외의 자에게 신주를 배정하기 위하여 실권하는 경우로서 수증자가 최대주주 등에 해당하는 경우(조특령 §27의6 ⑥ 2 단서)

「조세특례제한법」 제30조의6 규정에 따라 증여세 과세특례를 적용받기 위해서는 수 증자인 자녀가 주식을 증여받고 가업을 승계하여야 하는 바, 여기서 가업을 승계하는 것이란 1) 증여세 과세표준 신고기한까지 가업에 종사하고, 2) 증여일부터 3년(2022. 12. 31. 이전은 5년) 이내에 대표이사에 취임하는 것을 말한다. 따라서, 가업 해당 주식 을 증여받은 후 3년 이내 대표이사로 취임하기 전에 상속이 개시된 경우에는 가업에 종사하는 요건만 충족하면 된다고 볼 수 있다.

> ☞ 한편, 관련 해석[43]에서는 상속개시일 현재 「상속세 및 증여세법 시행령」 제15조 제4항 제2호의 '상속인 요건'을 충족하여야 가능하다고 보고 있으므로 상속개시일 현재 수증 자가 2년 이상 직접 가업에 종사하거나, 피상속인이 65세(2016. 2. 4. 이전은 60세) 이전 사망, 천재지변 및 인재 등으로 사망한 경우에 해당하여야 할 것이다.

나. 가업상속공제액의 범위

「조세특례제한법」 제30조의6 제1항에 따른 증여세 특례대상인 주식 등을 증여받은 후 증여자의 사망으로 상속이 개시되는 경우 위 요건을 모두 갖추었다면 「상속세 및 증여세법」 제18조의2 제1항의 가업상속으로 보아 가업상속공제 관련 규정을 적용한다.

이 경우 가업상속공제 관련 규정을 적용하여 공제받을 수 있는 공제액의 범위는 상속 개시일 현재 평가액이 아닌 당초 증여일 현재 가액을 기준으로 산정하여야 하는 것이나, 동일한 가업법인에 대하여 피상속인이 상속개시 전 증여한 주식(이하 이 절에서 "특례 대상 주식"이라 한다)과 상속개시일 현재 보유하던 주식(이하 이 절에서 "상속주식"이라 한다)이 동시에 존재하는 경우 가업상속공제액의 산정방법과 「상속세 및 증여세법 시행 령」 제15조 제5항 제2호의 '가업상속재산' 산정시 적용되는 "사업무관자산비율"을 특례 대상 주식에 대해서도 적용하여야 하는지 여부에 대하여는 별도로 알아볼 필요가 있다.

(1) 특례대상 주식과 일반 상속주식이 있는 경우

상속개시일 전 가업을 영위하던 부모로부터 가업에 해당하는 법인의 주식 중 일부를 증여받아 「조세특례제한법」 제30조의6 규정에 따라 증여세 과세특례를 적용받고 나머지

---

43) 재산세과-353, 2010. 6. 1.

주식은 동일한 수증자가 상속으로 취득하는 경우, 특례대상 주식은 「조세특례제한법 시행령」 제27조의6 제8항의 요건을 충족하는지 여부로 판단하고 그 외 상속주식은 상속개시일 현재 「상속세 및 증여세법」 제18조 제2항의 요건을 충족하는지 여부로 판단한다.

한편, 상속주식에 대한 가업상속공제요건을 판단하는 경우 피상속인의 요건(전체 가업영위기간 중 50% 이상, 상속개시일부터 소급하여 10년 중 5년 이상 대표이사 재직 및 10년 이상 재직 후 상속인이 대표이사를 승계하여 상속개시일까지 재직한 경우(상증령 §15 ④ 1))을 충족하기 위해서는 상속개시일까지 피상속인이 대표이사 또는 공동대표이사로 가업을 유지하거나 수증자인 자녀가 특례대상 주식을 증여받고 피상속인의 대표이사직을 승계하여 상속개시일까지 계속 대표이사로 재직하여야 할 것이다.

> ● **사례**
>
> [갑]은 가업에 해당하는 A법인(중소기업)을 10년 이상 영위하고 있으며, 전체 발행주식수(500,000주)의 60%인 300,000주를 보유하던 중,
> - 2018. 5. 1. 자녀인 [을](30세, 거주자)에게 100,000주(1주당 30,000원)를 증여하고 증여재산가액 30억 원에 대하여 조특법 제30조의6 규정에 따라 증여세 과세특례를 적용받았으며, 2018. 7. 1. [을]은 종전 대표이사인 [갑]으로부터 대표이사직을 승계받아 계속 재직하고 있으며, 주식처분이나 지분율 감소는 없음.
> 2022. 5. 1. [갑]의 사망으로 상속이 개시되어 나머지 A법인(중소기업 해당) 주식 200,000주(1주당 50,000원)를 다시 [을]에게 상속하였음.
> - 이와 같은 경우 가업상속공제액은 얼마인지?
>   (단, 가업영위기간은 14년이며, 사업무관자산은 없는 것으로 가정함)

1. 특례대상 주식
- 상속개시일 현재 조특법상 중소기업에 해당하고 주식을 증여받은 날 이후부터 상속개시일 현재까지 주식처분이나 지분율이 감소하지 않았으며, 대표이사로 재직하고 있어 각 요건을 충족하므로 가업상속으로 보아 가업상속공제 가능
- 특례대상 주식을 상속세 과세가액 산정시 상증법 제13조 제1항의 규정에 불구하고 기간에 관계없이 상속세 과세가액에 가산하며, 그 가액은 당초 증여재산가액인 30억 원을 적용함.
- 따라서, 가업상속공제 대상금액은 30억 원임.

2. 상속주식

- 상속개시일 현재 조특법상 중소기업으로 피상속인의 특수관계인들인 최대주주 등 지분이 60%이므로 가업에 해당하며,
- 10년 이상 유지하던 피상속인의 대표이사직을 상속인이 승계하여 상속개시일까지 계속 대표이사로 재직하였으므로 피상속인의 요건을 충족하고, 당초 수증자인 [을]이 나머지 가업주식을 상속받았으므로 가업상속공제 요건을 충족함.
- 가업상속공제액은,
  1) 상속개시일 현재 가업상속재산가액(㉠+㉡) : 130억 원
     ㉠ 특례대상주식가액: 30억 원(당초 증여재산가액)
     ㉡ 상속주식가액: 100억 원(200,000주 × 50,000원)
  2) 공제한도: 가업영위기간 10년 이상 20년 미만 – 200억 원
  3) 가업상속공제액: 130억 원

(2) 특례대상 주식에 대한 사업무관자산비율 적용

「상속세 및 증여세법」 제18조 제2항 제1호에 따른 가업상속공제는 「소득세법」을 적용받는 개인가업과 「법인세법」을 적용받는 법인가업 모두에게 적용되며, 가업상속재산의 범위는 종전 「소득세법」을 적용받는 개인가업은 가업에 사용되는 토지, 건축물, 기계장치 등이었으며 「법인세법」을 적용받는 법인가업의 경우는 해당 법인의 주식이었으나, 2012. 2. 2. 가업상속공제를 이용한 상속세 회피를 방지하고 개인사업자와의 형평을 고려하여 가업상속공제의 취지에 부합하도록 가업상속재산의 범위를 조정하는 시행령 개정이 있었고, 2017. 2. 7. 개정시에는 개인가업의 경우도 사업용 자산가액에서 해당 자산에 담보된 채무액을 빼도록 하여 법인가업과의 형평을 강화하였다.

즉, 개인가업의 경우는 가업에 직접 사용되는 사업용자산 가액(2017. 2. 7. 이후는 해당 자산에 담보된 채무액 차감)을 가업상속재산가액으로 보아 가업상속공제를 적용하나, 법인가업의 경우는 주식가액 전부에 대해 가업상속공제를 적용함으로써 개인사업자와 법인사업자 간 불형평 문제가 제기됨에 따라 개인사업자와 동일하게 사업용 자산 비율에 해당하는 가액에 한정하여 가업상속공제를 적용하기 위한 것으로, 2012. 2. 2. 이후 상속분부터는 「법인세법」을 적용받는 법인가업의 가업상속재산가액은 「상속세 및 증여세법」상 법인주식 평가액에 총자산가액에서 사업무관자산을 제외한 자산가액이 총자산가액에서 차지하는 비율을 곱하여 계산하도록 한 것이다.

법인가업	$\left[\begin{array}{c} \text{상속재산 중 가업에 해당하는} \\ \text{법인의 주식 등 가액} \end{array} \times \left(1 - \dfrac{\text{사업무관 자산가액}}{\text{법인의 총자산가액}} \right) \right]$

한편, 2014. 1. 1. 「조세특례제한법」 제30조의6 제1항을 개정하고 같은 법 시행령 제27조의6 제9항을 신설하여 '「상속세 및 증여세법 시행령」 제15조 제5항 제2호를 준용하여 계산한 금액'을 가업자산상당액으로 하도록 규정하고 있으므로, 특례대상 주식에 대하여도 사업무관자산비율을 적용하여 자산가액을 산정하여야 한다.

"증여세 과세특례 후 상속이 개시되는 경우 가업상속공제" 유형별 판단 사례

1 상속인별 상속세납부비율 산정

▶ 「조세특례제한법」 제30조의6 제1항에 따른 증여세 특례대상인 주식 등을 증여받은 후 상속이 개시되는 경우 상속개시일 현재 같은 법 시행령 제27조의6 제9항 각 호의 요건을 모두 갖춘 경우에는 「상속세 및 증여세법」 제18조 제2항 제1호에 따른 가업상속으로 보아 관련 규정을 적용하는 것임.
이 경우 「상속세 및 증여세법」 제3조의2 제1항 및 같은 법 시행령 제3조에 따라 상속인별 상속세 납부의무 비율 산출 시, 같은 영 제3조 제1항 제1호 가목의 '가산한 증여재산의 과세표준'은 증여재산가산액(「조세특례제한법」 제30조의6 제1항에 따른 증여세 특례대상)에서 같은 법 제18조 제2항 제1호에 따라 계산한 가업상속공제액을 차감하여 산출하는 것임(법규재산-4131, 2022. 5. 31.).

2 가업승계 과세특례 후 가업상속공제 받은 경우 사후관리

▶ 귀 질의 경우 「조세특례제한법」 제30조의6 제1항에 따른 증여세 특례대상인 주식 등을 증여받은 후 상속이 개시되는 경우 상속개시일 현재 동법 시행령 제27조의6 제9항 각 호의 요건을 모두 갖춘 경우에는 「상속세 및 증여세법」 제18조 제2항 제1호에 따른 가업상속으로 보아 관련 규정을 적용하는 것이며, 이 경우 상속개시일부터 7년 이내에 동법 시행령 제15조 제8항 각 호에 해당하는 정당한 사유없이 법 제18조 제6항 각 호의 어느 하나에 해당하는 경우 상속세와 이자상당액이 부과되는 것임(상속증여-2055, 2021. 4. 29., 상속증여-5502, 2021. 9. 30.).

3 **과세특례를 적용받은 수증자가 사망한 경우**

▶ 위 사전답변신청의 경우와 같이 가업승계 증여세 과세특례를 적용받은 주식을 보유한 수증자가 상속개시일 현재 「상속세 및 증여세법 시행령」 제15조 제3항 제1호의 요건을 모두 충족하지 아니한 상태에서 사망한 경우 수증자의 배우자가 해당 주식을 상속받아 수증자의 지위를 승계하고 공동대표이사에 취임하여 가업에 종사하는 경우에도 해당 주식에 대해 같은 법 제18조 제2항 제1호에 따른 가업상속공제는 적용하지 아니하는 것임(사전-2018-법령해석재산-0648, 2019. 11. 22.).

4 **주식 전부를 증여받아 과세특례를 적용받은 후 상속이 이루어지는 경우 가업상속공제 적용 제외됨 → 2020. 2. 11. 이후 상속분부터는 공제 가능**

▶ 「조세특례제한법」 제30조의6 제1항 단서에 따라 자녀 1인에게 최초로 가업의 승계가 이루어진 후에 최대주주등의 다른 자녀는 가업의 승계를 받을 수 없으나, 최초로 가업의 승계를 받은 자녀는 같은 항에 따른 과세특례 한도 내에서 증여자 및 수증자의 요건을 갖추어 재차 승계를 받을 수 있는 것임. 자녀가 부(父)의 주식 전부를 증여받아 「조세특례제한법」 제30조의6 제1항에 따른 "가업의 승계에 대한 증여세 과세특례"를 적용받은 후, 부가 사망하여 상속이 개시되는 경우 상속개시일 현재 같은 법 시행령 제27조의6 제8항 제1호의 요건을 갖추지 못한 경우에는 「상속세 및 증여세법」 제18조 제2항 제1호에 따른 가업상속으로 보지 아니하는 것임(법령해석재산-2916, 2016. 12. 12.).

▶ 자녀(子)가 부(父)의 주식 전부를 증여받아 「조세특례제한법」 제30조의6 제1항에 따른 "가업의 승계에 대한 증여세 과세특례"를 적용받은 후, 부(父)가 사망하여 상속이 개시되는 경우 상속개시일 현재 같은 법 시행령 제27조의6 제8항 제1호의 요건을 갖추지 못한 경우에는 「상속세 및 증여세법」 제18조 제2항 제1호에 따른 가업상속으로 보지 아니하는 것임(법령해석재산-1710, 2016. 6. 23.).

5 **가업을 사전승계한 상속인 1인에게 가업 전부가 상속된 것이 아닌 경우 가업상속공제 적용여부**

▶ 처분청이 요구하는 사전승계 후 상속시 상속인 1인의 가업전부상속 요건은 최

근 개정된 상속세 및 증여세법 시행령에서 삭제된 점 등에 비추어 청구인이 상속개시 당시 쟁점주식을 상속받지 아니하였다 하여 가업상속공제를 배제한 처분은 잘못이 있음(조심 2015서0660, 2016. 8. 9.).

6 증여세 과세특례 후 가업상속공제 적용시 사업관련자산비율 등 판정기준일

- 가업승계 증여세 과세특례 대상 주식을 증여받은 후 상속개시로 가업상속공제를 적용할 때, 사업관련자산비율을 반영하는지 여부 및 반영시 그 비율은 사전 증여일 현재 기준인지 상속개시일 현재 기준인지?
- 가업상속재산가액을 상속개시일 현재의 가액으로 다시 평가하는지?

▶ 거주자가 2012. 2. 1. 이전 「조세특례제한법」 제30조의6에 따른 가업승계 증여세 과세특례상 주식을 증여받아 증여세 과세특례를 적용받고 2012. 2. 2. 이후 상속이 개시되어 같은 법 시행령 제27조의6 제8항에 따른 요건을 모두 갖추어 「상속세 및 증여세법」 제18조에 따른 가업상속공제를 적용하는 경우에 있어서 「상속세 및 증여세법」 제18조 제2항 제1호 가목에 따른 가업상속재산가액의 산정방법은 "서면법규과-173(2014. 2. 26.)호"를 참조하기 바라며,
이 경우 「상속세 및 증여세법」 제13조에 따라 상속재산의 가액에 가산하는 증여재산의 가액은 증여일 현재의 시가에 따르는 것임(법규과-427, 2014. 4. 28.).

7 증여세 과세특례 후 가업상속공제 적용시 공제대상 주식가액의 산정

- 가업승계 증여세 과세특례 대상 주식을 증여받은 후 상속개시로 가업상속공제를 적용할 때, 당초 과세특례를 적용받은 주식가액에 가업상속공제 산정비율 70%를 적용하는지 아니면 법인의 사업용 자산비율*을 곱한 가액에 가업상속공제 산정비율 70%를 적용하는지?
 * (2012. 2. 2. 신설) 사업용 자산비율 = (총자산가액 - 사업무관자산) / 총자산가액
- 가업상속공제 사후관리를 위한 가업용자산의 처분비율 및 정규직 근로자의 고용 유지비율 계산은 증여일 현재 기준인지 아니면 상속일 현재 기준인지?

▶ 귀 서면질의의 경우, 거주자가 2012. 2. 1. 이전 「조세특례제한법」 제30조의6에 따른 가업승계 증여세 과세특례대상 주식을 증여받아 증여세 과세특례를 적용받고

2012. 2. 2. 이후 상속이 개시되어 같은 법 시행령 제27조의6 제8항에 따른 요건을 모두 갖추어 「상속세 및 증여세법」 제18조에 따른 가업상속공제를 적용하는 경우 「상속세 및 증여세법」 제18조 제2항 제1호 가목에 따른 가업상속재산가액은 「상속세 및 증여세법 시행령」(2012. 2. 2. 대통령령 제23591호로 개정된 것) 제15조 제5항 제2호에 따라 증여세 과세특례를 적용받은 주식의 가액에 그 법인의 총자산가액 중 상속개시일 현재 사업무관자산을 제외한 자산가액이 그 법인의 총자산가액에 차지하는 비율을 곱하여 계산한 금액으로 하는 것이며, 이에 따른 가업상속공제를 적용받은 거주자에 대해 「상속세 및 증여세법」 제18조 제5항에 따른 가업상속공제 사후관리규정을 적용할 때 가업용자산의 처분비율 또는 정규직 근로자의 고용유지 요건은 상속개시일 현재의 자산가액 또는 상속이 개시된 사업연도의 직전 사업연도 말 정규직 근로자 수를 기준으로 상속세 부과 여부를 판단하는 것임(서면법규과-173, 2014. 2. 26.).

8 일반증여주식과 과세특례주식이 있는 경우 가업상속공제는 과세특례주식에 대해서만 적용됨

> - 상속개시 전에 A가 보유하던 가업법인 주식(평가액 50억 원)을 자녀에게 증여하는 경우
> - 가업승계 증여세 과세특례는 30억 원이 한도액이므로 30억 원까지는 10% 세율로 증여세를 납부하고, 나머지 20억 원은 일반세율로 납부한 후,
> - 상속이 개시되는 경우 피상속인의 대표이사 재직요건을 충족하지 않아도 가업상속공제가 가능하다면 그 대상은 30억 원인지, 아니면 한도초과분 20억 원도 해당되는지?

▶ 「조세특례제한법」 제30조의6 제1항에 따른 증여세 특례대상 주식 등(증여세 과세가액 30억 원을 한도로 함)을 증여받은 후 상속이 개시되는 경우로서 상속개시일 현재 같은 법 시행령 제27조의6 제8항 각호의 요건(「상속세 및 증여세법 시행령」 제15조 제4항 제1호에 규정한 피상속인의 대표이사 재직요건은 적용하지 아니함)을 모두 갖춘 경우에는 「상속세 및 증여세법」 제18조 제2항 제1호에 따른 가업상속으로 보아 가업상속공제를 적용하는 것으로서, 이때 가업상속공제 대상은 증여세 과세특례를 받은 해당 주식 등에 한하는 것임(재산세과-311, 2012. 8. 31.).

9 증여세 과세특례를 적용받기 전 수증자가 보유하던 주식 처분시

- 수증자 [갑]은 父가 보유하던 주식 중 일부를 증여받아 증여세 과세특례를 적용받았음.
- 그 후 父가 사망하는 경우로서, 수증자인 [갑]이 위와 같은 주식증여 전에 보유하던 주식을 처분하였으나, 여전히 최대주주 등에 해당하고 대표이사로 가업에 종사하는 경우 가업상속공제 요건 중 증여받은 주식의 처분 및 지분율 감소하지 않는 요건(조특법 제27조의6 제8항 제3호)을 충족한 것으로 보는지?

▶ 「조세특례제한법」 제30조의6 제1항에 따른 증여세 특례대상인 주식 등을 증여받은 후 상속이 개시되는 경우로서 수증자가 가업을 승계받기 전 보유한 기존 주식을 처분한 후에도 「상속세 및 증여세법 시행령」 제15조 제3항에 따른 최대주주 등에 해당하는 경우에는 같은 법 시행령 제27조의6 제8항 제3호의 요건을 충족하는 것으로 보는 것임(재산세과-594, 2010. 8. 16.).

10 과세특례주식에 대한 가업상속공제 적용시 상속인 요건은 충족해야 함

- 증여자 [갑]은 2009. 12. 29. 현재 A법인의 대주주(90%)이면서 대표이사로 16년째 영위 중임.
- [갑]은 2009. 12. 31. A법인 주식을 자녀 [을](35세)에게 증여함.
- [을]은 그동안 해외 유학생활을 하고 2009년 3월 귀국하여 부친의 가업을 승계하고자 A법인의 임원으로 근무 중임.
- [을]이 가업승계를 목적으로 주식을 증여받아 조특법 제30조의6 규정을 적용받은 이후 2년이 경과하지 못한 상태에서 증여자인 [갑]이 사망한 경우 상증법 제18조 제2항 제1호의 가업상속공제가 가능한지?

▶ 귀 질의의 경우, 증여받은 주식에 대하여 「조세특례제한법」 제30조의6에 따라 가업의 승계에 대한 증여세 과세 특례를 적용받은 후 증여자의 사망으로 상속이 개시되는 경우에 「상속세 및 증여세법」 제18조 제2항 제1호에 따른 가업상속은 「상속세 및 증여세법 시행령」 제15조 제4항 제2호의 요건을 갖춘 경우에 적용하는 것임(재산세과-353, 2010. 6. 1.).

❼ 가업상속공제 요건 검토 및 신청

「상속세 및 증여세법」제18조의2 제1항에 따라 가업상속공제를 적용받으려는 자는 가업상속재산명세서 및 같은 법 시행령 제15조 제3항에 따른 최대주주 등에 해당하는 자임을 입증하는 서류와 그 밖에 상속인이 당해 가업에 직접 종사한 사실을 입증할 수 있는 서류를 첨부하여 상속세 과세표준신고와 함께 "가업상속공제신고서"(상속세 및 증여세법 시행규칙 별지 제1호 서식)를 제출하여야 한다.

> ### ❖ 참고
>
> 가업상속을 받은 상속인이 피상속인 또는 상속인과 그 외의 제3자와의 분쟁으로 인한 상속회복청구소송 또는 유류분반환청구소송이 있어 가업상속에 해당함을 증명하기 위한 서류를 상속세 과세표준신고기한까지 제출하지 못한 경우에는「상속세 및 증여세법」제79조 제1항 제1호에 따라 그 확정 판결이 있는 날부터 6개월 이내에 해당 서류를 제출한 경우에는 같은 법 제18조 제2항 제1호에 따른 공제를 적용받을 수 있는 것임(기획재정부 재산세제과-1175, 2022. 9. 20.).

☞ 가업상속공제를 신청하고자 하는 경우, 우선 공제요건을 충족하고 있는지 여부를 판단하여야 하며, 또한 공제 후 사후관리 내용을 정확히 숙지하여 상속개시일로부터 5년간 이행할 수 있는지 여부 등을 면밀히 검토해 보아야 한다.

가. 가업상속공제요건 검토

(1) 가업의 요건

> (1) 별표에 따른 업종을 주된 사업으로 영위하는 자산 5천억 원 미만의 중소기업 또는 직전 3개 사업연도 평균매출액이 5천억 원 미만인 중견기업이어야 한다.
> (2) 피상속인이 10년 이상 계속 경영한 기업이어야 한다.
> (3) 종전에 최대주주 등 중 1인의 사망으로 가업상속공제를 받은 경우가 아니어야 한다.

가업요건 검토표 (2023. 1. 1. 이후)

○ 기본사항

① 상 호(법인명)		② 사업자등록번호	
③ 성 명(대표자)		④ 주민등록번호	
⑤ 개 업 연 월 일		⑥ 업 종	
⑦ 사업장		⑧ 상장여부(상장일)	[ ]상장(. . .)[ ]비상장

1. 중소기업 및 중견기업 해당 여부

⑨ 중소기업 여부	[ ] 해당 (별첨 "중소기업 등 기준검토표" 적합) [ ] 미해당	10년간 유지 ( )
⑩ 중견기업 여부	[ ] 해당 (별첨 "중소기업 등 기준검토표" 적합) [ ] 미해당	10년간 유지 ( )

2. 피상속인이 10년 이상 계속 경영 여부

⑪ 10년 이상 경영	피상속인 경영기간 (년)	10년 이상 계속 경영 ( )
	(. . . ~ . . .) 년 월	

3. 종전에 가업상속공제를 적용받은 사실이 있는지 여부	여[ ], 부[ ]

○ **중소기업의 요건**

중소기업이란 다음 ①, ②, ③, ④에 모두 해당하는 기업을 말한다(상증령 §15 ①).
① 업종기준: 별표(상증령)에 따른 업종을 주된사업으로 영위할 것
② 규모기준: 종업원수, 자본금 또는 매출액이 업종별로 중소기업기본법 시행령 별표 1의 규정에 의한 규모기준 이내일 것
③ 독립성기준: 실질적인 독립성이 중소기업기본법 시행령 제3조 제1항 제2호의 독립성기준에 적합할 것
④ 자산총액 기준: 자산총액이 5천억 원 미만일 것

○ **중견기업 요건**

중견기업이란 위 중소기업이 아닌 경우로서 다음 ①, ②, ③에 모두 해당하는 기업을 말한다(상증령 §15 ①).
① 업종기준: 별표(상증령)에 따른 업종을 주된사업으로 영위할 것
② 독립성기준: 실질적인 독립성이 「중견기업 성장촉진 및 경쟁력 강화에 관한 특별법 시행령」 제2조 제2항 제1호에 적합할 것
③ 매출액 기준: 상속개시일 직전 3개사업연도 평균매출액이 5천억 원 미만일 것

■ 상속세 및 증여세법 시행령 제15조 관련

사 업 연 도	· · · ~ · · ·	중소기업 등 기준검토표	법 인 명	
			사업자등록번호	

구분		요 건	검 토 내 용	적합여부	적정 여부
중 소 기 업	① 사업 요건	○ 별표에 따른 업종 영위	<table><tr><td>구분 업태별</td><td>기준경비율 코드</td><td>사 업 수입금액</td></tr><tr><td>(01) ( )업</td><td>(04)</td><td>(07)</td></tr><tr><td>(02) ( )업</td><td>(05)</td><td>(08)</td></tr><tr><td>(03) 그 밖의 사업</td><td>(06)</td><td>(09)</td></tr><tr><td>계</td><td></td><td></td></tr></table>	적 합 (Y) 부적합 (N)	적 (Y) 부 (N)
	② 규모 요건	○ 아래 요건 ㉮, ㉯를 동시에 충족할 것 ㉮ 매출액이 업종별로「중소기업기본법 시행령」별표 1의 규모기준("평균매출 액등"은 "매출액"으로 봄) 이내일 것 ㉯ 자산총액 기준 -자산총액 5천억 원 미만	가. 매 출 액 - 당 회사(10) (억 원) -「중소기업기본법 시행령」별표 1의 규모기준(11) (억 원) 이하 나. 자산총액(12) (억 원)	적 합 (Y) 부적합 (N)	
	③ 독립 성 요건	○「조세특례제한법 시행령」제2조 제1 항 제3호에 적합한 기업일 것	•「독점규제 및 공정거래에 관한 법률」제14조 제1항에 따른 상호출자제한기업집단에 속하지 아니할 것 •자산총액 5천억 원 이상인 법인이 주식 등의 30% 이상 직·간접적으로 소유한 경우로서 최다출자 자인 기업이 아닐 것 •「중소기업기본법 시행령」제2조 제3호에 따른 관 계기업에 속하는 기업으로서 같은 영 제7조의4에 따라 산정한 매출액이「조세특례제한법 시행령」제2조 제1항 제1호에 따른 중소기업기준(⑩의① 기준) 이내 일 것	적 합 (Y) 부적합 (N)	
중 견 기 업	④ 별표에 따른 업종 영위		상속세 및 증여세법 시행령 별표에 따른 업종을 주 된 사업으로 영위하는지 여부 (업태: 종목:)	(Y), (N)	적 (Y) 부 (N)
	⑤ 소유와 경영의 실질적인 독립성이「중견기업 성 장촉진 및 경쟁력 강화에 관한 특별법 시행 령」제2조 제1항 제1호에 적합할 것		•「독점규제 및 공정거래에 관한 법률」제14조 제1항에 따른 상호출자제한기업집단 또는 채무보증제한기 업집단에 속하지 아니할 것 •자산총액 5조 원 이상인 법인이 주식 등의 30% 이상 직·간접적으로 소유한 경우로서 최다출자자 인 기업이 아닐 것	(Y), (N)	
	⑥ 직전 3년 평균 매출액 평균이 3천억 원 미만일 것		직전 3년 과세연도 매출액의 평균금액 <table><tr><td>직전 3년</td><td>직전 2년</td><td>직전 1년</td><td>평균</td></tr><tr><td>(억 원)</td><td>(억 원)</td><td>(억 원)</td><td>(억 원)</td></tr></table>	(Y), (N)	

210mm×297mm[백상지 80g/㎡ 또는 중질지 80g/㎡]

(2) 피상속인 요건

> (1) 피상속인이 최대주주 등으로서 10년 이상 계속하여 해당 기업 발행주식총수의 40% (상장법인은 20%) 이상을 보유하여야 한다.
>
> (2) 일정기간 대표이사 등 재직요건(㉮ or ㉯ or ㉰)
>
>   ㉮ 가업 영위기간 중 50% 이상 재직
>
>   ㉯ 상속개시일부터 소급하여 10년 중 5년 이상 재직
>
>   ㉰ 10년 이상 재직 후 상속인이 승계하여 상속개시일까지 재직

피상속인 요건 검토표

(1) 주식보유기준

	기 간		지분율
최대주주 등 지분율 10년간 계속 (상장법인 20% 이상, 비상장법인 40% 이상)	(. . . ~ . . .)	년 월	
	(. . . ~ . . .)	년 월	
	(. . . ~ . . .)	년 월	
	(. . . ~ . . .)	년 월	
	지분율을 계속하여 충족한 기간: 년 월		
	충족 여부 (Y), (N)		

(2) 피상속인의 대표이사(대표자) 재직 요건

① 사업개시일		② 상속개시일	
③ 대표이사 재직기간		요 건 검 토	
(. . . ~ . . .)	년 월	㉮ 영위기간 중 50% 이상 재직 ( )	
(. . . ~ . . .)	년 월	㉯ 소급하여 10년 중 5년 이상 재직 ( )	
(. . . ~ . . .)	년 월		
(. . . ~ . . .)	년 월	㉰ 10년 이상 재직 후 상속인 승계 ( )	
(. . . ~ . . .)	년 월		
대표이사 등 재직요건 충족 여부 여 ( ), 부 ( )			

- 피상속인이 최대주주 등으로서 10년 이상 계속하여 40%(상장법인은 20%) 이상 보유했는지 여부를 판단하고,

- 설립일부터 상속이 개시되는 날까지의 기간 중 최대주주 등의 지분이 40%(상장법인은 20%) 이상되는 시점부터 상속개시일까지의 기간을 기준으로 피상속인이 대표이사로 등재된 기간(통산 가능)이 50% 이상인지 여부로 판단한다.

- 대표이사로 재직한 경우란, 법인등기부에 등재되고 대표이사직을 수행하는 경우를 말한다.

(3) 상속인 요건

○ 아래 요건을 모두 충족(다만, (1), (2), (3) 요건을 상속인의 배우자가 모두 갖춘 경우에는 상속인이 그 요건을 충족한 것으로 함)
(1) 상속개시일 현재 18세 이상일 것
(2) 상속개시일 전 2년 이상 직접 가업에 종사할 것
(3) 신고기한까지 임원에 취임하고 신고기한부터 2년 이내 대표이사 등에 취임할 것
(4) 중견기업 상속의 경우 상속세 납부능력요건을 충족할 것

㉮ 종사기간 통산 인정

2014. 2. 21. 「상속세 및 증여세법 시행령」 제15조 제4항 제2호 나목을 개정하여 상속인에 대한 가업종사 요건을 완화하였다. 즉, 개정 전에는 상속인이 상속개시일 2년 전부터 상속개시일까지 계속하여 직접 가업에 종사하는 경우만 가능했으나, 개정 후에는 상속개시일 전 상속인 및 그 배우자가 직접 가업에 종사한 기간을 통산하여 2년 이상인 경우 요건을 충족한 것으로 하였다.

㉯ 부득이한 사유 신설

2년 이상 직접 가업에 종사하는 요건 중 기간에 대한 예외규정을 신설하여 상속인 및 그 배우자가 상속개시일 2년 전부터 가업에 종사한 경우로서 상속개시일부터 소급하여 2년에 해당하는 날부터 상속개시일까지의 기간 중 법률에 따른 병역의무의 이행, 질병의 요양, 취학상 형편 등으로 가업에 직접 종사하지 못한 기간이 있는 경우에는 그 기간은 가업에 종사한 기간으로 보도록 하였다.

㉰ 상속인의 배우자가 요건을 충족한 경우 인정

위 1.(18세 이상), 2.(상속개시일 전 2년 이상 가업종사), 3.(신고기한 내 임원 취임 및 2년 이내 대표이사 취임) 요건을 상속인의 배우자가 모두 갖춘 경우에는 상속인이 그 요건을 충족한 것으로 하였다.

상속인 요건 검토표 (2019. 1. 1. 이후 상속개시분)

○ 상속인 인적사항

① 성 명		② 생년월일	
③ 상속개시일		④ 상속개시일 현재	1. 만 세 ≥ 18세

2. 상속개시일 전 가업 종사기간

종 사 기 간		충족여부	미충족시 예외사유	
(. . . ~ . . .) 년 월			㉠ 65세 이전 사망	
(. . . ~ . . .) 년 월			㉡ 천재지변 및 인재	
(. . . ~ . . .) 년 월			㉢ 2년 전 취학 등 부득이한 사유	

※ 상속인의 배우자가 충족한 경우: 여 (   ), 부 (   )

– 가업 종사기간 요건 충족 여부: 여 (   ), 부 (   )

3. 임원 및 대표이사 취임

상속개시일		상속세 신고기한		
임원 등 취임요건	취 임 일	충 족 여 부		비 고
㉠ 임원 취임일		신고기한 내 ( )		
㉡ 대표이사 등 취임일		신고기한부터 2년 이내 ( )		

※ 상속인의 배우자가 충족한 경우: 여 (   ), 부 (   )

– 상속인의 임원 및 대표이사 취임요건 충족 여부: 여 (   ), 부 (   )

4. 중견기업 상속의 경우 상속세 납부능력요건

㉠ 가업상속인(ⓐ)의 가업상속재산 외 상속재산가액 (① + ② - ③ - ④)	원
① ⓐ의 전체 상속재산	원
② ⓐ가 상속개시일 전 10년 이내 증여받은 재산가액	원
③ ⓐ가 부담하는 상속채무	원
④ ⓐ의 가업상속재산가액	원
㉡ 가업상속인(ⓐ)이 부담하는 상속세액 × 2 (②×2)	원
① 가업상속공제를 배제한 경우 상속세 과세표준	원
② ⓐ가 납부할 상속세액(상증령 §3 적용)	원
– 납부능력요건(㉠ ≤ ㉡) 충족 여부: 충족 ( ). 미충족 ( )	
상속인 요건 충족 여부(1, 2, 3, 4)	**여 ( ), 부 ( )**

(4) 가업상속재산의 범위 및 공제액

㉮ 가업상속재산의 범위

개인가업	상속재산 중 가업에 직접 사용되는 토지, 건축물, 기계장치 등 사업용 자산 － 해당자산에 담보된 채무액
법인가업	$\left[\text{상속재산 중 가업에 해당하는 법인의 주식 등 가액} \times \left(1 - \dfrac{\text{사업무관 자산가액}}{\text{법인의 총자산가액}} \right) \right]$

㉯ 가업상속공제액

> ▫ 가업상속공제금액: 가업상속재산에 상당하는 금액(100%)
>   - 공제한도(2023. 1. 1. 이후): 10년 이상 영위 300억 원, 20년 이상 400억 원, 30년 이상 600억 원
>   - 공제한도(2018. 1. 1.~2022. 12. 31): 10년 이상 영위 200억 원, 20년 이상 300억 원, 30년 이상 500억 원
>   - 공제한도(2014. 1. 1.~2017. 12. 31.): 10년 이상 영위 200억 원, 15년 이상 300억 원, 20년 이상 500억 원

(5) 가업상속공제 사후관리

> 상속개시일로부터 5년(2020. 1. 1 ~ 2022. 12. 31. 기간은 7년, 2019. 12. 31. 이전 상속은 10년) 이내에 아래와 같은 사유가 발생한 경우 상속세를 추징한다.
> 가. 가업상속재산을 처분한 경우
> 나. 가업에 종사하지 않는 경우
> 다. 상속인의 주식지분이 감소한 경우
> 라. 고용유지 요건을 충족하지 않은 경우

가업상속공제를 적용받은 상속인이 상속개시일 또는 상속이 개시된 사업연도의 말일부터 5년 이내에 정당한 사유 없이 ① 가업상속재산을 처분, ② 가업에 미종사, ③ 주식지분의 감소, ④ 고용유지 및 급여총액 요건을 미충족한 경우에는 가업상속 공제

받은 금액에 기간별 추징률을 곱하여 계산한 금액(①의 경우에는 2019. 1. 1. 이후 처분하는 분부터 자산처분비율을 추가로 곱한 금액을 적용한다)을 상속개시 당시의 상속세 과세가액에 산입하여 상속세를 부과한다(기간별 추징률 적용은 '14. 1. 1. 이후 상속개시분부터 적용).

이 경우 2016. 12. 31.까지는 「국세기본법」 제47조의3 및 같은 법 제47조의5에 따른 가산세는 부과하지 않았으나, 2017. 1. 1. 이후 개시하는 소득세 과세기간 또는 법인세 사업연도부터는 일정한 이자상당액을 그 부과하는 상속세에 가산한다(상증법 §18 ⑤, 2016. 12. 20. 개정).

| 기간별 추징률 |

2019. 12. 31. 이전	기간	7년 미만	① 7년 이상 ~8년 미만	② 8년 이상 ~9년 미만	③ 9년 이상 ~10년 미만
	추징률	100%	90%	80%	70%
2020. 1. 1. ~ 2022.12.31	기간	5년 미만		5년 이상 ~ 7년 미만	
	추징률	100%		80%	
2023. 1. 1. 이후	기간	5년 미만			
	추징률	100%			

가업상속공제 사후관리 검토표

○ 기본사항

① 상 호(법인명)		② 사업자등록번호	
③ 성 명(대표자)		④ 주민등록번호	
⑤ 개 업 연 월 일		⑥ 업 종	
⑦ 사업장		⑧ 상속개시일	

1. 가업상속재산의 처분

ⓐ 가업상속재산의 처분내역

구분	처분일시	처분내역 (임대포함)	① 처분재산의 상속개시일 현재가액	② 상속개시일 현재 가업상속재산가액	③ 처분비율 (①/②)
법인					
개인					

– 추징대상 여부 판단	상속개시일부터 5년 이내 ③≥40%
– 예외사유 해당 여부 (여, 부)	수용, 증여 등
ⓑ 상속세 과세가액 산입액	상속개시일부터 5년 이내 처분: 100%

2. 가업에 종사하지 않는 경우

ⓐ 가업 미종사 사유	사유발생일	상속개시일~ 사유발생일 기간	비 고
① 대표이사 등 미종사			
② 주된업종 변경			
③ 1년 이상 휴업 및 폐업			

– 예외사유 해당 여부 (여, 부)	상속인 사망, 국가등 증여, 병역의무 이행 등
ⓑ 상속세 과세가액 산입액	상속개시일부터 5년 이내: 100%

3. 상속인의 주식지분율 감소

ⓐ 지분율 감소 사유	사유발생일	상속개시일~ 사유발생일 기간	비 고
① 상속받은 주식 처분			
② 유상증자시 상속인 실권			
③ 특수관계인의 실권 등			

– 예외사유 해당 여부 (여, 부)	조직변경, 특수관계 외의 자 배정, 상속인 사망, 국가 등 증여, 상장규정 이행목적 등
ⓑ 상속세 과세가액 산입액	상속개시일부터 5년 이내: 100%

가업상속공제 사후관리 검토표

4. 5년간 정규직 근로자수 평균이 기준고용인원의 90% 미달

㉠ 기준고용인원 (4-㉠-③)		
가업의 형태별	㉡ 5년간 근로자수 평균인원 비율(㉡/㉠)	기준비율 초과 여부
중소기업		기준고용인원의 90% ( )
중견기업		기준고용인원의 90% ( )
㉢ 누적평균 고용인원이 90%를 초과하는 연도		① 5년 미만 ( )
㉣ 상속세 과세가액 산입액	− 5년 간 평균이 90% 미달 : 100%	

5. 5년간 정규직 근로자 총급여액의 전체 평균이 기준총급여액의 90% 미달

㉠ 기준총급여액 (6-㉠-③)		
가업의 형태별	㉡ 5년간 총급여액 평균 비율(㉡/㉠)	기준비율 초과 여부
중소기업		기준총급여액의 90% ( )
중견기업		기준총급여액의 90% ( )
㉢ 연도별 누적평균 총급여액이 90%를 초과하는 연도		5년 미만 ( )
㉣ 상속세 과세가액 산입액	− 5년 간 평균이 90% 미달 : 100%	

■ 상속세 및 증여세법 시행규칙 【별지 제1호 서식】 (2022. 3. 18. 개정)

가업상속공제신고서

가. 가업현황

상 호 (법 인 명)		사업자등록번호	
성 명 (대 표 자)		주 민 등 록 번 호	
개 업 연 월 일		업 종	
기 준 총 급 여 액		기 준 고 용 인 원	

나. 중소기업 또는 중견기업 여부 (해당되는 곳에 √표 기재)

중 소 기 업 여 부	[ ]해당 [ ]해당안됨	상장여부 (상장일)	[ ]상장(. .) [ ]비상장
중 견 기 업 여 부	[ ]해당 [ ]해당안됨	직전 3개 사업연도 평 균 매 출 액	

다. 피상속인

성 명		주 민 등 록 번 호	
가 업 영 위 기 간		대 표 이 사 (대 표 자) 재 직 기 간	
최 대 주 주 등 여 부		특수관계인포함 보유주 식 등 지 분 율	

라. 가업상속인

성 명		주 민 등 록 번 호	
가 업 종 사 기 간		임원/대표이사 취임일	
주 소	(☎)		

마. 가업상속재산 명세

종 류	수 량(면적)	단 가	가 액	비 고

바. 가업상속공제 신고액 :   원

「상속세 및 증여세법」 제18조 제4항 및 같은 법 시행령 제15조 제21항에 따라 가업상속공제신고서를 제출합니다.

년 월 일

신고인 (서명 또는 인)

세무서장 귀하

신고인 제출서류	1. 중소기업 등 기준검토표(「법인세법 시행규칙」 별지 제51호서식을 말합니다) 2. 가업상속재산이 주식 또는 출자지분인 경우에는 해당 주식 또는 출자지분을 발행한 법인의 상속개시일 현재와 직전 10년간의 사업연도의 주주현황 각 1부 3. 그 밖에 상속인이 해당 가업에 직접 종사한 사실을 입증할 수 있는 서류 1부	수수료 없음

작성방법

1. "가. 가업현황"에서 '업종'은 「상속세 및 증여세법 시행령」 별표에 따른 업종 중에서 해당 업종을 적습니다.
2. "가. 가업현황"에서 '기준총급여액'은 상속이 개시된 소득세 과세기간 또는 법인세 사업연도의 직전 2개 소득세 과세기간 또는 법인세 사업연도의 총급여액의 평균을 적습니다(최대주주 및 친족 등에게 지급한 임금은 제외하되, 가업상속공제 당시 기준고용인원에 최대주주 및 친족 등에 해당하는 인원만 있는 경우 이를 포함합니다).
3. "가. 가업현황"에서 '기준고용인원'은 상속이 개시된 소득세 과세기간 또는 법인세 사업연도의 직전 2개 소득세 과세기간 또는 법인세 사업연도의 정규직근로자 수의 평균을 적습니다.
4. "나. 중소기업 또는 중견기업 여부"에서 '중소기업'은 「조세특례제한법 시행령」 제2조 제1항 제1호 및 제3호의 요건을 모두 충족하고 자산총액이 5천억원 미만인 기업을 말합니다.
5. "나. 중소기업 또는 중견기업 여부"에서 '중견기업'은 「조세특례제한법 시행령」 제9조 제4항 제1호 및 제3호의 요건을 모두 충족하고 상속개시일의 직전 3개 소득세 과세기간 또는 법인세 사업연도의 매출액 평균금액이 4천억원 미만인 기업을 말합니다.
6. "마. 가업상속재산 명세"와 "바. 가업상속공제 신고액"은 별지 제1호서식 부표 1(가업상속재산명세서) 및 별지 제1호서식 부표 2(가업용 자산 명세)를 작성한 후 해당 금액 등을 적습니다.

210mm×297mm[백상지 80g/㎡]

■ 상속세 및 증여세법 시행규칙【별지 제1호 서식 부표 1】(2019. 3. 20. 개정)

가업상속재산명세서

※ 뒤쪽의 작성방법을 읽고 작성하시기 바랍니다.　　　　　　　　　　　　　(앞쪽)

가. 「소득세법」을 적용받는 가업

구 분	자 산 종 류	금 액(자산가액 – 담보채무액)
가업에 직접 사용되는 사업용 자산	토지	
	건축물	
	기계장치	
	기타	
	① 계	

나. 「법인세법」을 적용받는 가업

② 상속개시일 현재 주식 등의 가액			
사업관련 자산 가액 비율	③ 총자산가액		
	사업무관자산 가액	㉮ 「법인세법」 제55조의2 해당자산	
		㉯ 「법인세법 시행령」 제49조 해당자산 및 임대용부동산	
		㉰ 「법인세법 시행령」 제61조 제1항 제2호 해당자산	
		㉱ 과다보유현금	
		㉲ 영업활동과 직접 관련없이 보유하는 주식·채권 및 금융상품	
		④ 사업무관자산 가액 계	
	⑤ 사업관련 자산가액 (③ - ④)		
	⑥ 사업관련 자산가액 비율 (⑤ ÷ ③)		
⑦ 가업상속공제 대상금액 (② × ⑥)			

다. 한도액 계산

⑧ 가업영위기간	⑨ 가업상속공제 대상금액 (① 또는 ⑦)	⑩ 한도액	⑪ 가업상속공제액 (⑨와 ⑩ 중 적은 금액)
10년 이상 20년 미만		200억 원	
20년 이상 30년 미만		300억 원	
30년 이상		500억 원	

신청(신고)인 제출서류	1. 「소득세법」을 적용받는 가업의 경우, 가업에 직접 사용되는 사업용 자산 입증서류 2. 「법인세법」을 적용받는 가업의 경우, 주식평가내역 및 사업무관자산 가액을 확인할 수 있는 입증서류 　(재무상태표 등)	수수료 없음

210mm×297mm[백상지 80g/㎡(재활용품)]

(뒤 쪽)

작 성 방 법

1. "① 계"란은 「소득세법」을 적용받는 가업에 해당하는 경우에 적으며, 상속재산 중 가업에 직접 사용되는 토지, 건축물, 기계장치 및 그 밖의 사업용 자산의 가액에서 해당 자산에 담보된 채무액을 뺀 금액을 적은 후 그 합계액을 적습니다.

2. "② 상속개시일 현재 주식 등의 가액"란은 「법인세법」을 적용받는 가업에 해당하는 경우에 적으며, 상속재산 중 가업에 해당하는 법인의 주식 등의 가액을 적습니다.

3. "③ 총자산가액"란은 상속개시일 현재 해당 법인의 전체 자산을 「상속세 및 증여세법」 제4장에 따라 평가한 가액을 적습니다.

4. 사업무관자산 가액의 ㉮~㉱란은 「상속세 및 증여세법 시행령」 제15조 제5항 제2호 가목부터 마목까지에 해당하는 가액을 각각 적습니다.

5. "⑤ 사업관련 자산가액"란은 "③ 총자산가액"에서 "④ 사업무관자산 가액 계"를 뺀 가액을 적습니다.

6. "⑦ 가업상속공제 대상금액"란은 "② 상속개시일 현재 주식 등의 가액"에 "⑥ 사업관련 자산 가액 비율"을 곱한 가액을 적고, 해당 가액을 「가업상속공제 신고서」의 "라. 가업상속재산 명세"란의 "가액"란에 적습니다.

7. "⑨ 가업상속 대상금액"란은 「소득세법」을 적용받는 가업의 경우는 ①의 금액을, 「법인세법」을 적용받는 가업의 경우는 ⑦의 금액을 가업영위기간 구분에 따라 해당되는 란에 적습니다.

8. "⑪ 가업상속공제액"란은 "⑨ 가업상속공제 대상금액"과 "⑩ 한도액" 중 적은 금액을 적습니다.

9. "⑪ 가업상속공제액"란의 금액을 「가업상속공제 신고서」의 "마. 가업상속공제 신고액"란에 적습니다.

제 3 절

가업상속에 대한 상속세 납부유예

❶ 개요

2022. 12. 31. 상증법 개정시 상속인이 승계받은 가업을 영위하는 기간 동안 상속세 납부 부담 없이 가업을 경영할 수 있도록 납부유예제도를 신설하였다(상증법 §72의2). 중소기업을 상속받은 상속인이 가업상속공제 방식과 납부유예 방식 중 선택할 수 있도록 하였으며 가업을 승계받은 상속인이 그 주식등을 양도·상속·증여하는 시점까지 상속세를 납부유예하되 일정한 사후관리 의무를 부여하여 위반시 상속세를 추징하도록 하였다.

❷ 적용대상과 요건

가. 적용대상

납부유예는 다음의 요건을 모두 충족한 상속인이 신청한 경우 적용받을 수 있다.
① 상속인이 상증법 제18조의2 제1항에 따른 가업(중소기업으로 한정한다)을 상속받았을 것
② 가업상속공제를 받지 아니하였을 것. 이 경우 가업상속공제 대신 영농상속공제를 받은 경우에는 가업상속공제를 받은 것으로 본다.

나. 적용요건

납부유예 적용요건은 가업상속공제 요건을 준용하여 다음과 같은 요건을 충족하여야 한다.

① 상증령 제15조 제1항에 따른 중소기업을 상속받아야 한다.

② 다음의 피상속인 요건을 충족하여야 한다.

- 최대주주 등으로서 지분 40% 이상(상장법인 20%)을 10년 이상 계속 보유할 것
- 상증령 제15조 제3항의 대표이사 재직요건을 충족할 것

③ 상속인은 다음의 요건을 모두 충족하여야 한다.

- 상속개시일 현재 18세 이상일 것
- 상속개시일 전에 2년 이상 직접 가업에 종사할 것
- 상속세 과세표준 신고기한까지 임원에 취임하고, 신고기한부터 2년 이내에 대표이사에 취임할 것

❸ 납부유예 방식과 대상세액

상속인이 가업상속공제와 납부유예를 선택하여 적용받을 수 있으며, 상속세 납부유예란 상속받은 가업상속재산을 양도·상속·증여하는 시점까지 상속세를 납부유예하는 것을 말한다. 이 경우 납부유예 가능세액은 다음과 같이 산정한다.

$$\text{납부유예 가능 세액} = \text{상속세 납부세액} \times \frac{\text{가업상속재산가액}}{\text{총 상속재산가액}}$$

❹ 납부유예 신청

상속세의 납부유예를 신청하려는 자는 상속세 과세표준 신고를 하는 경우(「국세기본법」 제45조에 따른 수정신고 또는 같은 법 제45조의3에 따른 기한 후 신고를 하는 경우를 포함한다)에는 납부해야 할 세액에 대하여 납부유예신청서를 상속세 과세표준 신고와 함께 납세지 관할세무서장에게 제출해야 한다.

다만, 과세표준과 세액의 결정통지를 받은 자는 해당 납부고지서의 납부기한(상증법 제4조의2 제6항에 따른 연대납세의무자가 같은 조 제7항에 따라 통지를 받은 경우에는

해당 납부고지서상의 납부기한을 말한다)까지 납부유예신청서를 제출할 수 있다.

⑤ 납부유예 허가

납부유예신청서를 받은 세무서장은 다음과 같은 기간 이내에 신청인에게 허가 여부를 서면으로 결정·통지해야 한다. 이 경우 해당 기간까지 허가 여부에 대한 서면을 발송하지 않은 때에는 허가를 한 것으로 본다.

- 상속세 과세표준신고를 한 경우: 상속세 과세표준신고기한이 경과한 날부터 9개월
- 수정신고 또는 기한 후 신고를 한 경우: 신고한 날이 속하는 달의 말일부터 9개월
- 과세표준과 세액의 결정통지를 받은 경우 : 납부고지서에 따른 납부기한이 경과 한 날부터 14일

⑥ 납부유예 후 납부사유

납부유예 허가를 받은 자가 정당한 사유없이 다음에 해당하는 경우 그 날이 속하는 달의 말일부터 6개월 이내에 신고하고 해당 상속세와 이자상당액을 납부하여야 한다.

구분	납부(징수) 사유		납부할세액
㉮	소득세법상 가업(개인가업)을 상속받은 경우로서 가업용자산의 40% 이상 처분		납부유예세액 × 자산처분비율[①]
㉯	해당 상속인이 가업에 종사하지 아니하게 된 경우		납부유예세액 전부
㉰	상속받은 주식등 지분감소	상속개시일부터 5년 이내	납부유예세액 전부
		상속개시일부터 5년 후	납부유예세액 × 일정비율[②]
		→ 수증자가 조특법 §30의6에 따라 증여세과세특례를 적용받는 경우 예외인정	
㉱	가업상속공제 사후관리 요건 중 정규직근로자수 및 총급여액 관련 일정기준 위반시 - 정규직근로자수 5년 전체평균 70% 미만 - 총급여액 5년 전체평균 70% 미만		납부유예세액 전부

구분	납부(징수) 사유	납부할세액
㉮	해당 상속인이 사망하여 재상속된 경우	납부유예세액 전부
	→ 재상속시 그 상속인이 가업상속공제를 받거나 납부유예를 받는 경우 예외인정	

① 자산 처분비율 : 상증법 시행령 제15조 제9항 및 제10항을 준용하여 계산

$$\text{가업용 자산 처분비율} = \frac{\text{가업용 자산 중 처분(사업에 사용하지 않고 임대하는}}{\text{경우 포함)한 자산의 상속개시일 현재 가액}}{\text{전체 가업용 자산의 상속개시일 현재 가액}}$$

② 지분 감소비율을 감안하여 계산한 세액

$$\text{해당세액} = A \times (B \div C)$$

A: 상증법 제72조의2 제1항에 따라 납부유예된 세액
B: 감소한 지분율
C: 상속개시일 현재 지분율

⑦ 상속세 징수사유

상속세 납부유예 허가를 받은 자가 다음의 어느 하나에 해당하게 되는 경우 납세지 관할세무서장은 그 허가를 취소하거나 변경하고, 납부유예된 세액의 전부 또는 일부와 이자상당액을 징수할 수 있다.

- 담보의 변경 또는 그 밖의 담보 보전에 필요한 관할 세무서장의 명령에 따르지 아니한 경우
- 「국세징수법」 제9조 제1항 각 호의 어느 하나(납부기한 전 징수사유)에 해당되어 납부유예된 세액의 전액을 징수할 수 없다고 인정되는 경우

제 **4** 절

가업상속에 대한 연부연납기간 연장

① 연부연납의 개요

상속세 및 증여세는 일시에 납부하는 것이 원칙이나, 상속 및 증여의 원인으로 취득하는 재산의 종류는 일반적으로 부동산과 주식 등 즉시 환가하기가 곤란한 재산이 많은 비중을 차지하고 있어 거액의 상속세 및 증여세를 일시에 납부하기가 어려우므로 납세의무자의 국세납부 편의를 제공하고자 일정한 법정요건을 충족한 경우에는 세금을 일정기간 동안 여러 번에 걸쳐 나누어 납부할 수 있도록 하는 연부연납 제도를 두고 있다.

상속세납부세액 또는 증여세납부세액이 2천만 원을 초과하는 경우에 연부연납을 신청할 수 있으며, 연부연납을 적용받고자 하는 경우 납세의무자는 과세관청에 연부연납세액에 상당하는 담보를 제공하여야 하며, 일정액의 연부연납가산금을 부담하게 된다.

② 연부연납의 요건

연부연납을 적용받기 위해서는 상속세 및 증여세 납부세액에 대한 금액요건과 신청요건 및 담보제공 요건을 충족하여야 한다.

가. 금액요건

상속세 납부세액이나 증여세 납부세액이 2천만 원을 초과하는 경우 연부연납 신청 대상이 된다.

나. 신청요건

연부연납을 적용받기 위해서는 연부연납신청서를 상속세 과세표준신고 또는 증여세 과세표준신고와 함께 납세지 관할 세무서장에게 제출하거나, 「국세기본법」 제45조에 따른 수정신고시,[44] 같은 법 제45조의3에 따른 기한 후 신고시 또는 납세고지서의 납부기한까지 제출하여야 한다.

구 분		연부연납 신청기한
신고기한 내 신고한 경우	상속세	상속세과세표준 신고기한
	증여세	증여세과세표준 신고기한
수정신고 하는 경우		수정신고를 하는 때
기한 후 신고한 경우		기한 후 신고를 하는 때
납세고지서·납부통지서(연대납세의무자)에 의해 신청한 경우		납세고지서·납부통지서상의 납부기한

다. 담보제공 요건

연부연납을 적용받고자 하는 납세의무자는 담보를 제공하여야 한다. 이 경우 연부연납 제도의 활성화를 위하여 별도의 평가가 필요 없는 납세보증보험증권이나 납세보증서 등 「국세기본법」 제29조[45](담보의 종류) 제1호부터 제5호까지의 규정에 따른 납세담보를 제공하여 연부연납 허가를 신청하는 경우에는 그 신청일에 연부연납을 허가받은 것으로 보도록 하고 있다.

---

44) 수정신고시 연부연납이 가능한 규정은, 2020. 2. 11. 이후 연부연납 신청분부터 적용함
45) 국세기본법 제29조(담보의 종류)
　1. 금전
　2. 「자본시장과 금융투자업에 관한 법률」 제4조 제3항에 따른 국채증권 등 대통령령으로 정하는 유가증권(이하 이 절에서 "유가증권"이라 한다)
　3. 삭제(2011. 12. 31.)
　4. 납세보증보험증권
　5. 「은행법」에 따른 은행 등 대통령령으로 정하는 자의 납세보증서
　6. 토지
　7. 보험에 든 등기·등록된 건물, 공장재단, 광업재단, 선박, 항공기 또는 건설기계

라. 가업상속의 연부연납 요건

일반재산을 상속받은 경우 외에 상증법 제18조의2 제1항에 따라 가업상속 공제를 받았거나 비록 가업상속 공제를 적용받지는 않았으나 다음과 같은 요건을 모두 충족하면서 중소기업 또는 중견기업을 상속받은 경우에는 연부연납 범위액과 연부연납기간을 달리하도록 규정하고 있다(상증법 §71 ②, 상증령 §68 ③). 이는 2019. 12. 31. 상증법 개정시 상속세 납부를 위한 단기적 현금확보 부담을 완화해주기 위해 그 대상을 확대하고 요건을 완화한 것으로 2020. 1. 1. 이후 상속이 개시되는 분부터 적용한다.

① 「조세특례제한법 시행령」 제2조 제1항에 따른 중소기업 또는 같은 영 제9조 제4항에 따른 중견기업을 상속받은 경우(상증령 §68 ③ 1)
② 피상속인이 다음의 요건을 모두 갖춘 경우(상증령 §68 ③ 2)
　㉮ 위 ①에 따른 중소기업 또는 중견기업의 최대주주등인 경우로서 피상속인과 그의 특수관계인의 주식등을 합하여 해당 기업의 발행주식총수등의 100분의 40(거래소에 상장되어 있는 법인이면 100분의 20) 이상을 5년 이상 계속하여 보유할 것
　㉯ 피상속인이 해당 기업을 5년 이상 계속하여 경영한 경우로서 해당 기업의 영위기간 중 다음의 어느 하나에 해당하는 기간을 대표이사등으로 재직할 것
　　㉠ 100분의 30 이상의 기간
　　㉡ 5년 이상의 기간(상속인이 피상속인의 대표이사등의 직을 승계하여 승계한 날부터 상속개시일까지 계속 재직한 경우로 한정한다)
　　㉢ 상속개시일부터 소급하여 5년 중 3년 이상의 기간
③ 상속인이 다음의 요건을 모두 갖춘 경우. 이 경우 상속인의 배우자가 다음 각 목의 요건을 모두 갖춘 경우에는 상속인이 그 요건을 갖춘 것으로 본다(상증령 §68 ③ 3).
　㉮ 상속개시일 현재 18세 이상일 것
　㉯ 상속세과세표준 신고기한까지 임원으로 취임하고, 상속세 신고기한부터 2년 이내에 대표이사등으로 취임할 것

○ 가업상속 연부연납 특례 대상 확대 · 요건 완화(2019. 12. 31. 개정. 상증법 §71, 상증령 §68)

2019. 12. 31. 이전	2020. 1. 1. 이후
□ 연부연납 특례 적용대상	□ 가업상속 연부연납 특례 대상 확대 등
○ 가업상속 공제를 받은 경우	○ (좌 동)
○ 가업상속공제요건을 충족하나 공제받지 않은 경우	○ 대상 확대 및 요건 완화
① (대상)	① (대상)
－ 중소기업 및 매출액 3천억 원 이하 중견기업	－ 중소기업 및 중견기업 (중견기업 매출액 기준 삭제)
－ 가업상속공제대상 업종 영위	－ 소비성서비스업 외 모든 업종
② (피상속인) 지분보유 및 대표	② (피상속인)
(지분) 10년 이상 최대주주 · 지분(상장 30%, 비상장 50%)보유	(지분) 10년 이상 → 5년 이상
(대표) 다음 중 어느 하나의 기간동안 대표자 등 재직	(대표) (좌 동)
• 가업영위기간 중 50% 이상	• 가업영위기간 중 50% → 30% 이상
• 10년 이상 (상속인이 피상속인의 대표이사직을 승계하여 상속시까지 계속 재직)	• 10년 → 5년 이상 (상속인이 피상속인의 대표이사직을 승계하여 상속시까지 계속 재직)
• 상속개시일부터 소급하여 10년 중 5년 이상	• 10년 중 5년 → 5년 중 3년
③ (상속인)	③ (상속인)
－ 18세 이상	－ (좌 동)
－ 상속 전 2년 이상 가업종사	－ 〈삭 제〉
－ 상속세 신고기한 내 임원취임, 2년 내 대표이사 취임	－ (좌 동)

③ 연부연납의 허가

연부연납신청서를 받은 세무서장은 다음에 따른 기간 이내에 신청인에게 그 허가 여부를 서면으로 결정·통지하여야 한다. 이 경우 해당 기간까지 그 허가 여부에 대한 서면을 발송하지 아니한 때에는 허가를 한 것으로 본다(상증령 §67 ②).

① 신고기한 이내에 신청한 경우 통지 기한
  - 상속세: 상속세과세표준 신고기한부터 9개월 이내
  - 증여세: 증여세과세표준 신고기한부터 6개월 이내
② 기한 후 신고시 신청한 경우
  - 상속세: 신고한 날이 속하는 달의 말일부터 9개월 이내
  - 증여세: 신고한 날이 속하는 달의 말일부터 6개월 이내
③ 수정신고시 신청한 경우
  - 상속세: 신고한 날이 속하는 달의 말일부터 9개월 이내
  - 증여세: 신고한 날이 속하는 달의 말일부터 6개월 이내
④ 납세고지서 등의 납부기한까지 신청한 경우
  - 납세고지서 등에 의한 납부기한이 경과한 날부터 14일 이내

| 신청 구분별 허가 결정·통지 기한 |

신 청 구 분		연부연납 허가결정·통지 기한
신고기한 내 신청	상속세	상속세과세표준 신고기한부터 9월 이내
	증여세	증여세과세표준 신고기한부터 6월 이내
수정신고 또는 기한 후 신고시 신청	상속세	신고한 날이 속하는 달의 말일부터 9개월 이내
	증여세	신고한 날이 속하는 달의 말일부터 6개월 이내
납세고지서(납부통지서 포함)에 따라 납부기한 내 신청		납부기한이 경과한 날부터 14일 이내
통지기한까지 허가 여부에 대한 서면을 발송하지 아니한 경우		허가를 한 것으로 본다.

※ 가업상속공제 후 사후관리 위반으로 추징세액 신고시 해당 추징세액에 대해 연부연납 적용 가능하며 「상속세 및 증여세법」(2019. 12. 31. 법률 제16846호로 개정되기 전의 것) 제71조 제2항 제1호(이하 "연

부연납기간 특례")의 요건을 충족하는 경우 해당 연부연납기간 특례를 적용할 수 있는 것임(기획재정부 재산세제과 – 1039, 2023. 9. 4.).

④ 연부연납기간

납세지 관할 세무서장은 상속세납부세액 또는 증여세납부세액이 2천만 원을 초과하는 경우에는 납세의무자의 신청을 받아 연부연납을 허가할 수 있으며, 연부연납의 기간은 일반 상속재산은 10년, 증여재산의 경우는 5년, 가업상속재산의 경우 20년 또는 10년 거치 후 10년 등 법령에서 정한 기간의 범위에서 해당 납세의무자가 신청한 기간으로 하되, 각 회분의 분납세액이 1천만 원을 초과하도록 연부연납기간을 정하여야 한다.

가. 일반 상속재산 및 증여재산에 대한 연부연납기간

가업상속공제를 적용받지 않은 일반 상속재산만 있는 경우의 상속세와 증여세의 경우 연부연납기간은 연부연납 허가일부터 상속세는 10년, 증여세는 5년의 범위에서 납세의무자가 신청한 기간으로 한다. 다만, 각 회분의 분납세액이 1천만 원을 초과하도록 연부연납기간을 정하여야 한다.

나. 가업상속공제 대상 재산이 있는 경우 연부연납기간

2023. 1. 1. 이후 상속개시분부터 있는 경우의 연부연납기간은 가업상속재산 비율에 관계없이 20년 또는 연부연납 허가 후 10년이 되는 때부터 10년의 기간으로 하였다. 2022. 12. 31. 이전에는 상속재산(상속인이 아닌 자에게 유증한 재산을 제외한다) 중 가업상속재산(「유아교육법」 제7조 제3호에 따른 사립유치원에 직접 사용하는 교지(校地), 실습지(實習地), 교사(校舍) 등의 상속재산을 포함한다)이 차지하는 비율이 100분의 50 미만인 경우에는 연부연납 허가 후 10년(3년 거치 가능)의 기간 범위에서 해당 납세의무자가 신청한 기간으로 하며, 상속재산(상속인이 아닌 자에게 유증한 재산을 제외한다) 중 가업상속재산이 차지하는 비율이 100분의 50 이상인 경우에는 연부연납 허가 후 20년(5년 거치 가능)의 기간 중 납세의무자가 신청한 기간으로 하되, 각 회분의

분납세액이 1천만 원을 초과하도록 연부연납기간을 정하도록 하였다.

2017. 12. 31. 이전에는 연부연납 허가 후 2년이 되는 날부터 5년 또는 3년이 되는 날부터 12년의 기간을 적용하였으나 2017. 12. 19. 법률 개정시 완화하였으며, 또한, 종 전에는 「상속세 및 증여세법」 제18조 제2항 제1호(가업상속공제)에 따른 가업상속공 제를 적용받는 경우에 한하여 가업상속재산 관련 연부연납기간 등을 적용하도록 하던 것을 가업상속공제를 적용받지 않더라도 해당 가업상속공제 요건을 충족하면 적용하 도록 하였다.

| 연부연납기간 및 매년 납부할 세액 (2023. 1. 1. 이후) |

구 분		연부연납기간	매년 납부할 세액
증 여 세		허가받은 날부터 5년 이내	연납연부 대상금액
상 속 세	일반 재산	허가받은 날부터 10년 이내	(연부연납기간 + 1)
	상속재산 중 가업상속재산 이 있는 경우	20년 또는 10년 거치 후 10년	* 1천만 원 초과

(1) 가업상속재산 관련 연부연납 대상세액

가업상속재산과 관련하여 연부연납할 수 있는 상속세납부세액은 다음 계산식에 따 른다. 이 경우 기업상속재산가액이란, 상속개시일 현재 18세 이상이고 상속세과세표준 신고기한까지 임원으로 취임하고, 상속세 신고기한부터 2년 이내에 대표이사 등으로 취임한 상속인(요건을 갖춘 것으로 보는 경우를 포함한다)이 받거나 받을 상속재산의 가액을 말한다.

$$\text{가업상속재산에 상당하는 연부연납 대상세액} = \text{상속세 납부세액} \times \frac{\text{기업상속재산가액} - \text{가업상속공제액}}{\text{상속재산가액} - \text{가업상속공제액}}$$

⑤ 연부연납 적용시 납부할 세액의 계산

연부연납하는 경우의 납부금액은 매년 납부할 금액이 1천만 원을 초과하는 금액의 범위에서 증여재산 및 일반 상속재산만 있는 경우와 상속재산 중 가업상속재산이 포함된 경우를 구분하여 다음과 같이 계산된 금액으로 한다.

가. 증여재산 및 일반상속재산만 있는 경우

(1) 납부기한과 납부기한 경과 후 매년 납부할 금액

신고납부기한 또는 납세고지서에 따른 납부기한과 납부기한 경과 후 연부연납기간에 매년 납부할 금액은 다음의 산식에 따라 계산한 금액으로 한다. 이 경우 연부연납기간은 매년 납부할 금액이 1천만 원을 초과하는 범위에서 허가 후 상속세는 10년, 증여세는 5년 이내로 한다. 연부연납기간을 10년(5년)으로 허가받은 경우에 납부기한까지 납부할 총액의 1/11(1/6)은 연부연납 신청시 납부하여야 한다.

$$\text{납부기한 및 연부연납기간 매년 납부할 금액} = \frac{\text{연부연납 대상금액}}{(\text{연부연납기간} + 1)}$$

사례 1

- 총 납부할 세액: 55억 원(상속재산 중 가업상속재산 없음)
- 신고납부기한: 2023. 3. 31.
- 연부연납 신청: 2023. 6. 31.(10년)
- 대상세액: 55억 원
- 각 연도별 연부연납할 세액
  • 연부연납 신청시 납부할 세액: 5억 원(55억 원 / 10년 + 1) 이상
  • 각 회차별 납부할 세액: 5억 원 × 10회

사례 2

- 총 납부할 세액: 6천만 원(상속재산 중 가업상속재산 없음)
- 신고납부기한: 2023. 6. 30.
- 연부연납 신청: 2023. 6. 30.(10년)
- 대상세액: 6천만 원
- 각 연도별 연부연납할 세액
  - 연부연납 신청시 납부할 세액: 1천2백만 원(6천만 원 / 4년 + 1) 이상
    → 10년으로 신청했으나, 매년 납부할 세액이 1천만 원을 초과하여야 하므로 신고시 납부할 금액을 포함하여 4년에 걸쳐 분할납부할 수 있음.
  - 각 회차별 납부할 세액: 1천2백만 원 × 4회

나. 기업상속재산이 포함된 상속세의 경우

(1) 연부연납 신청시 납부할 세액

가업상속 공제를 받았거나 일정한 요건에 따라 중소기업 또는 중견기업을 상속받은 상속세의 경우 일반상속재산에 해당하는 상속세액과 가업상속재산에 해당하는 상속세액으로 구분하여 신고기한 내 납부시(고지서상 납부기한 내 납부시)와 매년 분할하여 납부할 금액을 계산하여야 한다.

즉, 기업상속 재산가액에 상당하는 상속세액은 납세자의 선택에 따라 20년 또는 10년이 되는 날부터 10년에 걸쳐 매년 납부하여야 하므로 각 회차별 납부할 금액이 각각 다르게 계산될 수 있다.

㉮ 일반상속재산에 해당하는 세액의 경우

상속세 과세표준 신고납부기한, 수정신고, 기한후 신고 또는 납세고지서에 따른 납부기한에 납부할 금액은 다음 산식에 따라 계산한 금액을 납부한다. 이 경우 연부연납기간은 허가 후 10년 이내로 한다.

이는 상속세 납부세액에서 기업상속재산에 해당하는 세액을 제외한 금액의 연부연납기간은 10년 이내이므로, 10년의 기간을 허가받은 경우에는 연부연납 대상금액의

1/11은 연부연납 신청시 납부하여야 한다.

$$연부연납\ 신청시\ 납부할\ 세액 = \left[\begin{array}{c} 상속세 \\ 납부세액 \end{array} - \left(\begin{array}{c} 상속세 \\ 납부세액 \end{array} \times \frac{기업상속재산 - 가업상속공제액}{총상속재산가액 - 가업상속공제액} \right) \right] \times \frac{1}{(연부연납기간 + 1)}$$

㉯ 기업상속재산에 해당하는 세액의 경우

연부연납 허가 후 20년 기간 연부연납을 선택하는 경우에는 가업상속재산에 해당하는 상속세 납부세액의 1/21에 상당하는 세액을 연부연납 신청시 납부하여야 하나, 10년이 되는 날부터 10년 동안 연부연납하는 방식을 선택한 경우에는 연부연납 신청시 납부할 세액은 없다.

(2) 연부연납기간 중 매년 납부할 세액

㉮ 일반상속재산에 해당하는 세액의 경우

상속세 과세표준 신고납부기한 또는 납세고지서에 따른 납부기한에 납부할 금액과 매년 납부할 금액은 다음 산식에 따라 계산한다.

따라서 10년의 기간을 허가받은 경우에는 연부연납 대상금액의 1/11을 매년 납부하여야 한다.

$$연부연납기간\ 중\ 매년\ 납부할\ 세액 = \left[\begin{array}{c} 상속세 \\ 납부세액 \end{array} - \left(\begin{array}{c} 상속세 \\ 납부세액 \end{array} \times \frac{기업상속재산 - 가업상속공제액}{총상속재산가액 - 가업상속공제액} \right) \right] \times \frac{1}{(연부연납기간 + 1)}$$

㉯ 기업상속재산이 있는 경우(20년, 10년 거치 후 10년)

연부연납 허가 후 20년의 기간 또는 10년이 되는 날부터 10년의 연부연납기간에 매년 납부할 금액은 다음 산식으로 계산한 금액을 납부한다.

연부연납기간 중 매년 납부할 세액

$$= \left(\text{상속세 납부세액} \times \frac{\text{기업상속재산} - \text{가업상속공제액}}{\text{총상속재산가액} - \text{가업상속공제액}} \right) \times \frac{1}{(\text{연부연납기간} + 1)}$$

| 각 납부할 세액 요약 |

구 분			신청시 납부세액	매년 납부세액
– 증여세 – 일반상속재산만 있는 상속세			대상금액 $\times \left(\dfrac{1}{\text{연부연납기간}+1} \right)$	대상금액 $\times \left(\dfrac{1}{\text{연부연납기간}+1} \right)$
상속세 (기업상속재산이 있는 경우)	일반 상속 재산 해당분	① 납부세액 $- \left(\text{납부세액} \times \dfrac{\text{가업상속재산가액}-ⓐ}{\text{상속재산가액}-ⓐ} \right)$ ⓐ: 가업상속공제액	① $\times \left(\dfrac{1}{\text{연부연납기간}+1} \right)$	① $\times \left(\dfrac{1}{\text{연부연납기간}+1} \right)$
	가업 상속 재산 해당분	② 납부세액 $\times \left(\dfrac{\text{기업상속재산가액}-ⓐ}{\text{상속재산가액}-ⓐ} \right)$	(20년 선택시) ② $\times \left(\dfrac{1}{\text{연부연납기간}+1} \right)$	② $\times \left(\dfrac{1}{\text{연부연납기간}+1} \right)$
			(10년 거치 선택시) 0	10년이 되는 날부터 10년 이내 매년

사례 3

㉮ 일반 상속재산만 있는 경우
- 상속세 납부세액: 1,540,000,000원, 연부연납 신청
- 가업상속재산 없음.
- 연부연납 허가: 10년

㉯ 기업상속재산이 있는 상속세(가업상속공제를 적용받지 않은 경우)
- 상속세 납부세액: 1,540,000,000원, 연부연납 신청(10년 거치 방식 신청)
- 상속재산 중 가업상속재산 비율
  [(기업상속재산가액(30억 원) – 가업상속공제액(0))
  / (상속재산가액(100억 원) – 가업상속공제액(0))]: 30%
- 연부연납 허가: 10년 되는 날부터 10년

구 분			신청시 납부세액(천 원)	매년 납부세액(천 원)
㉮	− 증여세 − 일반상속재산만 있는 상속세: 1,540,000		140,000 $\left(1{,}540{,}000 \times \dfrac{1}{11}\right)$	140,000(매 10년)
㉯	기업상속 재산이 있는 경우	일반상속 재산분	① 1,078,000 1,540,000 − (1,540,000 × 30%)	98,000 $\left(1{,}078{,}000 \times \dfrac{1}{11}\right)$	98,000(매 10년)
		가업상속 재산분	② 462,000 1,540,000 × 30%	0	42,000(10년) 10년이 되는 날 포함 11회

필자 주

2018. 2. 13. 상증법 시행령 제68조 제2항 "가업상속의 연부연납 가능한 금액 계산식"이 개정되어 종전 [상속세 납부세액×(가업상속재산가액/총상속재산가액)]에서 【상속세 납부세액×[(가업상속재산가액 − 가업상속공제액)]/총상속재산가액 − 가업상속공제액】으로 변경되었다. 개정 후 계산식에 따라 상증법 제18조 제2항의 가업상속공제를 적용받은 경우의 연부연납 가능세액을 계산하면 분자가 거의 "0"이므로 해당 세액이 "0"이 나오게 된다. 따라서 위 시행령 개정 후 가업상속에 대한 연부연납 특례는 상증법 제18조 제2항에 따른 가업상속공제를 적용받지 않거나, 가업상속재산이 공제한도액을 초과하여 일부 공제 부인된 경우에만 적용되게 되었는 바, 이는 가업상속공제액이 확대되었으므로 가업상속공제를 받은 경우에 대해서 중복적으로 혜택을 주지는 않겠다는 의미로 볼 수 있다.

⑥ 연부연납의 취소 또는 변경

가. 연부연납의 취소 또는 변경 사유

연부연납을 허가받은 납세의무자가 다음의 어느 하나에 해당하게 된 경우에는 그 연부연납 허가를 취소하거나 변경하고, 그에 따라 연부연납에 관계되는 세액의 전액 또는 일부를 징수할 수 있다. 이 경우 연부연납의 허가를 취소한 경우에는 납세의무자에게 그 사실을 알려야 한다.

(1) 지정된 납부기한까지 납부하지 아니한 경우

연부연납세액을 지정된 납부기한(허가받은 것으로 보는 경우에는 연부연납세액의 납부 예정일을 말한다)까지 납부하지 아니한 경우

(2) 담보변경 등의 세무서장의 명령에 따르지 않은 경우

담보의 변경 또는 그 밖에 담보 보전(保全)에 필요한 관할 세무서장의 명령에 따르지 아니한 경우

(3) 납기 전 징수사유에 해당되는 경우

「국세징수법」 제14조(납기 전 징수) 제1항 각호의 어느 하나에 해당되어 그 연부연납 기한까지 그 연부연납에 관계되는 세액의 전액을 징수할 수 없다고 인정되는 경우

(4) 가업상속 공제를 받은 후 폐업 등의 사유가 발생한 경우

가업상속공제를 적용받은 상속인이 상속개시일부터 10년 이내에 정당한 사유 없이 ① 가업상속재산을 50% 이상 처분, ② 상속인(배우자 포함)이 대표이사 등으로 종사하지 않거나 1년 이상 휴·폐업하는 경우, ③ 상속인이 최대주주 등에 해당하지 않는 경우

(5) 사립유치원 해당 재산을 해당 사업에 직접 사용하지 않은 경우

「유아교육법」 제7조 제3호에 따른 사립유치원에 직접 사용하는 교지(校地), 실습지

(實習地), 교사(校舍) 등의 상속재산을 다음과 같이 해당 사업에 직접 사용하지 않은 경우

㉮ 사립유치원이 폐쇄되는 경우

㉯ 상속받은 사립유치원 재산을 사립유치원에 직접 사용하지 아니하는 경우

나. 연부연납 허가의 취소 또는 변경 방법

연부연납을 허가한 후에 위와 같은 사유가 발생한 경우에는 아래와 같은 방법으로 당초 허가한 연부연납을 취소하거나 변경한다.

(1) 연부연납 허가 후 가업상속공제 사후관리를 위반한 경우

연부연납 허가일부터 10년 이내에 다음 ㉮~㉳ 중 어느 하나에 해당하는 경우에는 허가일부터 10년에 미달하는 잔여기간에 한하여 연부연납을 변경하여 허가한다.

즉, 가업상속공제 사후관리를 위반하여 상속세를 추징하는 경우에는 연부연납 특례도 취소하게 되나, 일반적인 10년의 연부연납은 허용하겠다는 것이다.

예를 들면, 허가일부터 3년 이내에 주식을 처분하는 등 가업상속공제 추징사유가 발생하였다면 10년에 미달하는 잔여기간인 7년 동안의 연부연납은 허용할 수 있다는 뜻으로 풀이될 수 있다.

㉮ 가업용자산의 100분의 50 이상을 처분하는 경우(상증령 제15조 제8항 제1호 각목의 어느 하나(예외사유)에 해당하는 경우는 제외)

㉯ 다음과 같은 가업미종사에 해당하는 경우(상증령 제15조 제8항 제2호 각목의 어느 하나(예외사유)에 해당하는 경우는 제외)

　－ 상속인 또는 그 배우자가 대표이사 등으로 종사하지 않는 경우

　－ 해당 가업을 1년 이상 휴업(실적이 없는 경우 포함)하거나 폐업하는 경우

㉰ 상속인이 최대주주등에 해당하지 않게 되는 경우(상증령 제15조 제8항 제3호 다목 및 라목(예외사유)에 해당하는 경우는 제외)

㉱ 「유아교육법」 제7조 제3호에 따른 사립유치원에 직접 사용하는 교지(校地), 실습지(實習地), 교사(校舍) 등의 상속재산을 사립유치원이 폐쇄되거나, 사립유치원에

직접 사용하지 아니하는 경우와 같이 해당 사업에 직접 사용하지 아니하는 경우

(2) 가업상속재산 외에 대한 상속세 등

그 밖의 경우에는 연부연납 허가를 취소하고, 연부연납에 관계되는 세액을 일시에 징수한다.

 연부연납 가산금

가. 연부연납 가산금 계산

연부연납의 허가를 받은 자는 각 회분 분납세액에 대하여 연부연납 이자율로 계산한 가산금을 각 회분의 분할납부세액에 가산하여 납부하여야 한다.

(1) 첫 회 분납세액에 가산하는 연부연납 가산금

최초의 분할납부세액에 대해서는 연부연납을 허가한 총세액에 대하여 「상속세 및 증여세법」 제67조와 같은 법 제68조에 따른 신고기한 또는 납세고지서에 의한 납부기한의 다음 날부터 그 분할납부세액의 납부기한까지의 일수(日數)에 연부연납 가산금의 가산율을 곱하여 계산한 금액을 가산한다(2024. 3. 22. 이후 연부연납 가산금의 가산율은 연 3.5%임).

$$
\begin{array}{c} \text{첫 회 분납세액에} \\ \text{가산하는} \\ \text{연부연납 가산금} \end{array} = \begin{array}{c}\text{연부연납허가}\\ \text{총세액}\end{array} \times \left(\begin{array}{c} \text{신고기한 또는 납부기한의} \\ \text{다음 날부터 첫 회 분납세액의} \\ \text{납부기한까지의 일수} \end{array} \right) \times \left(\frac{35}{1,000} \right) \times \frac{1}{365}
$$

(2) 첫 회 이후 분납세액에 가산하는 연부연납 가산금

위 (1) 외의 경우에는 연부연납을 허가한 총세액에서 직전 회까지 납부한 분할납부세액의 합계액을 뺀 잔액에 대하여 직전 회의 분할납부세액 납부기한의 다음 날부터 해당 분할납부기한까지의 일수에 연부연납 이자율을 곱하여 계산한 금액을 가산한다.

$$
\begin{array}{c}
\text{첫 회 이후} \\
\text{분납세액에} \\
\text{가산하는} \\
\text{연부연납 가산금}
\end{array}
=
\left(
\begin{array}{c}
\text{연부연납} \\
\text{허가} \\
\text{총세액}
\end{array}
-
\begin{array}{c}
\text{직전 회까지} \\
\text{납부한} \\
\text{분납세액합계}
\end{array}
\right)
\times
\begin{array}{c}
\text{직전회의 분납세액} \\
\text{납부기한의} \\
\text{다음 날부터} \\
\text{당해 분납세액} \\
\text{납부기한까지 일수}
\end{array}
\times
\left(\dfrac{35}{1,000}\right)
\times \dfrac{1}{365}
$$

(3) 연부연납 가산금의 가산율

연부연납 가산금의 가산율은 「국세기본법 시행령」 제43조의3 제2항에 따른 이자율을 말하며, 그 이자율이란 시중은행의 1년 만기 정기예금 평균 수신금리를 고려하여 기획재정부령으로 정하는[46] 이자율을 말한다.

연부연납 가산금의 가산율은 당초 국세청장이 고시하였으나, 2010. 3. 31. 기획재정부장관이 고시하다가 2011. 4. 11. 이후부터는 「국세기본법 시행규칙」 제19조의3에서 정하는 율을 적용하도록 하였다.

(4) 연부연납 가산금 가산율 적용시기

위 (3)과 같은 가산율은 종전(2020. 2. 11. 상증령 제69조 개정 전)에는 위의 이자율 변경 이후 최초로 연부연납을 신청하는 분부터 신청 당시 이자율을 적용하도록 하였으나, 2020. 2. 11. 상증법 시행령 제69조가 개정되어 각 회분의 분할납부세액의 납부일 현재 이자율을 적용하도록 하였으며, 구체적인 적용방법은 다음과 같다.

㉮ 상증법 시행령 제69조의 개정규정은 2020. 2. 11. 이후 연부연납을 신청하는 분부터 적용함. 다만, 2020. 2. 11. 전에 연부연납기간 중에 있는 분에 대해서는 2020. 2. 11. 이후 납부하는 분부터 영 제69조의 개정규정을 적용할 수 있으며, 같은 개정규정을 적용한 이후 연부연납기간에 대해서는 개정규정을 계속하여 적용해야 한다(영 부칙(2020. 2. 11.) §12).

㉯ 2020. 2. 11. 전에 연부연납기간 중에 있는 분에 대해서 영 제69조의 개정규정(이하 이 조에서 "개정규정"이라 함)에 따라 가산금을 납부하려는 납세의무자는 분

---

46) 국세기본법 시행규칙 §19의3【국세환급가산금의 이율】, 연 1천분의 35(2024. 3. 22. 개정)

할납부세액의 납부기한이 속하는 달의 전전월 말일까지 납세지 관할 세무서장에게 개정규정의 적용을 신청해야 함. 다만, 2020. 4. 30. 이전에 납부기한이 도래하는 분에 대하여 개정규정의 적용을 신청하려는 경우에는 납부기한까지 납세지 관할 세무서장에게 개정규정의 적용을 신청해야 함(규칙 부칙(2020. 3. 13.) §5 1호).

㉰ 상증규칙 부칙(2020. 3. 13.) 제5조 제1호에 따른 신청을 받은 관할 세무서장은 납세자에게 개정규정의 적용을 신청한 이후의 연부연납기간에 대해서는 계속해서 개정규정에 따라 가산금을 납부해야 함을 통지해야 함(규칙 부칙(2020. 3. 13.) §5 2호).

또한, 2023. 2. 28. 이후 연부연납 가산금을 납부하는 분부터는, 상증법 제72조를 적용할 때 같은 조 각 호에 따른 가산금 납부의 대상이 되는 기간 중에 가산율이 1회 이상 변경된 경우 그 변경 전의 기간에 대해서는 변경 전의 가산율을 적용하여 계산한 금액을 각 회분의 분할납부세액에 가산한다.

○ 연부연납 가산율 적용방법 변경(2020. 2. 11. 개정 상증령 §69)

종 전	개 정
□ 연부연납시 분할납부 세액에 가산하는 가산율 　○ **연부연납 신청일 현재** 　　「국세기본법 시행령」 제43조의3 제2항에 따른 이자율 　　* 현재 연 1천분의21 　　（국기칙 §19의3, 국세환급가산금의 이율） 　　　　（신 설）	□ **가산율 적용시점 변경** 　○ **각 분할납부세액의 납부일 현재** 　　「국세기본법 시행령」 제43조의3 제2항에 따른 이자율 　　* 현재 연 1천분의18 　　（국기칙 §19의3, 국세환급가산금의 이율） □ 가산율 관련 **개정규정 적용 신청절차** 　○ 개정규정을 적용받기 위해서는 관할 세무서에 분할납부세액 납부기한 전전월 말일까지* **개정규정의 적용 신청서 제출** 　　* 납부기한이 2020. 4. 30. 이전인 경우 납부기한까지 신청서 제출 　○ 개정규정 적용의 신청을 받은 **관할 세무서장**은 이후 연부연납기간에 대해 **개정규정에 따른 가산금을 납부**하여야 함을 **통지**

〈개정이유〉 시중금리변동을 반영하여 연부연납 가산금을 부과

〈적용시기〉 2020. 2. 11. 이후 연부연납을 신청하는 분부터 적용

○ (적용특례) 영 시행일 이전에 연부연납을 신청하여 분할납부하고 있는 경우, 시행일 이후 납세분부터 적용 가능 (개정규정 적용시 이후 개정규정 계속 적용)

○ 연부연납가산금의 가산율 적용방법(2023. 2. 28. 개정 상증령 §69 ② 신설)

종 전	개 정
□ 연부연납 가산금의 가산율	□ 가산율 적용방법 합리화
○ **분할납부세액의 납부일 현재 국세환급가산금 이자율** (연 1.2%) 〈신 설〉	○ (좌 동) – 가산금 납부의 대상이 되는 기간 중에 가산율이 1회 이상 변경된 경우 그 변경 전의 기간에 대해서는 변경 전의 가산율을 적용

〈개정이유〉 연부연납 가산금의 가산율 합리화

〈적용시기〉 ① 2023. 2. 28. 이후 연부연납 가산금을 납부하는 분부터 적용

○ (적용특례) ② ①에도 불구하고 2023. 2. 28. 전에 연부연납 허가를 받은 자가 2023. 2. 28. 이후 연부연납 가산금을 납부하는 경우에는 연부연납 허가를 받은 자의 선택에 따라 제69조 제2항의 개정규정을 적용하지 않을 수 있다.

③ ②에 따라 제69조 제2항의 개정규정을 적용하지 않는 경우에는 이후의 연부연납 기간 동안에도 같은 개정규정을 계속하여 적용하지 않는다.

| 연부연납 가산금의 가산율 개정 연혁 |

2019. 3. 20.~	2020. 3. 13.~	2021. 3. 16.~	2023. 3. 20.~	2024. 3. 22.~
연 1천분의 21	연 1천분의 18	연 1천분의 12	(연 1천분의 29)	(연 1천분의 35)

■ 상속세 및 증여세법 시행규칙 【별지 제11호 서식】 (2022. 3. 18. 개정)

상속세(증여세) 연부연납허가신청서

(앞쪽)

관리번호	–			
신청인	① 성 명		② 주 민 등 록 번 호	
	③ 주 소 (☎ :)		전자우편주소	

④ 신고(고지납부) 기한		⑤ 총 납부 세액		⑥ 최초 납부 세액		⑦ 연부연납 대상 금액(⑤-⑥)			
구 분	1 회	2 회	3 회	4 회	5 회	6 회	7 회	8 회	9 회	10회
납부예정일									
납부예정 세액									
구 분	11회	12회	13회	14회	15회	16회	17회	18회	19회	20회
납부예정일									
납부예정 세액									

「상속세 및 증여세법」 제71조 및 같은 법 시행령 제67조·제68조에 따라 위와 같이 연부연납 허가를 신청합니다.

년 월 일

신청인 (서명 또는 인)
신청인 (서명 또는 인)
신청인 (서명 또는 인)
신청인 (서명 또는 인)

등 기 승 낙 서

년 월 일 납세담보제공서에 표시된 부동산에 대하여 납세담보의 목적으로 저당권을 설정할 것을 승낙합니다.

년 월 일

신청인 (서명 또는 인)

세무서장 귀하

신청인 제출서류	1. 유가증권인 경우 공탁영수증 1부 2. 은행의 지급보증서 1부 3. 납세담보제공서 1부	수수료 없음
담당공무원 확인사항	1. 토지 등기사항증명서 2. 건물 등기사항증명서	

행정정보 공동이용 동의서

본인은 이 건 업무처리와 관련하여 담당 공무원이 「전자정부법」 제36조 제1항에 따른 행정정보의 공동이용을 통하여 위의 담당 공무원 확인사항을 확인하는 것에 동의합니다.

* 동의하지 않는 경우에는 신청인이 직접 관련 서류를 제출하여야 합니다.

신청인 (서명 또는 인)

210mm×297mm[백상지 80g/㎡]

(뒤쪽)

작성방법

1. ⑥란에는 상속세(증여세) 신고납부기한(기한 후 신고 포함) 또는 납세고지서에 따른 납부기한까지 납부하였거나 납부할 상속세(증여세)액을 적습니다.

2. 연부연납기간은 연부연납 허가일부터 5년[가업상속재산의 경우 연부연납 허가 후 2년이 되는 날부터 5년, 가업상속재산이 상속재산(상속인이 아닌 자에 유증한 재산은 제외)의 50퍼센트 이상인 경우에는 연부연납 허가 후 3년이 되는 날부터 12년] 이내로 합니다.

3. 가업상속재산이 아닌 경우로서 신고납부(납세고지서의 납부)기한과 신고납부(납세고지서의 납부)기한 경과 후 연부연납기간에 매년 납부할 금액은[연부연납 대상금액 / (연부연납기간 + 1)]으로 하며, 이 경우 각 회분의 납부예정 세액은 1천만 원을 초과하도록 적어야 합니다.

4. 가업상속재산에 해당하는 경우로서 연부연납 허가 후 2년 또는 3년[상속재산(상속인이 아닌 자에게 유증한 재산은 제외) 중 가업상속재산이 차지하는 비율이 100분의 50 이상인 경우]이 되는 날부터 연부연납기간에 매년 납부할 금액은 [연부연납 대상금액 / (연부연납기간 + 1)]으로 합니다. 이 경우 각 회분의 납부예정 세액은 1천만원을 초과하도록 적어야 합니다.

5. 납부예정세액은 연부연납신청세액에 연부연납 신청일 현재 「국세기본법 시행령」 제43조의3 제2항에 따른 이자율을 적용하여 계산한 연부연납 가산금을 더한 가액을 적습니다.

6. 상속인 전부가 연부연납을 신청하되, 연부연납을 신청하려는 상속인이 다른 공동상속인에게 공동신청을 요청하였으나 그 공동상속인의 거부 또는 주소불명 등의 사유로 공동신청이 곤란하다고 인정되는 경우에는 상속인이 상속재산 중 본인이 받았거나 받을 재산에 대한 상속세를 한도로 연부연납을 신청할 수 있습니다.
신청인들을 대리하여 세무대리인이 이 신청서를 제출하는 경우에는 세무대리인의 명칭(성명) 및 관리번호를 신청인란의 신청인 다음에 적고, 해당 세무대리인이 서명 또는 날인하여 제출합니다.

7. 상속세 또는 증여세 납부세액이 2천만 원 이하인 경우에는 연부연납을 신청할 수 없습니다.

210mm×297mm[백상지 80g/㎡]

제 5 절

중소기업 명의신탁주식의 실제소유자 확인

　국세청은 「상속세 및 증여세 사무처리규정」 개정(훈령 제2056호, 2014. 6. 23.)을 통하여 2014. 6. 23.부터 중소기업을 대상으로 「명의신탁주식 실제소유자 확인제도」를 시행하고 있으며, 2017. 5. 1.과 2018. 7. 10. 동 규정을 개정하여 보다 간소한 절차로 명의신탁 주식의 실제소유자 환원을 지원하고 있다.

　이는, 과거 상법상 발기인 규정으로 인해 법인 설립시 부득이하게 주식을 다른 사람 명의로 등재하였으나 장기간 경과되어 이를 입증하기 어렵거나 세금부담 등의 염려로 실제소유자 명의로 환원하지 못하고 있는 기업에 대하여 다소 증빙서류가 미비하더라도 복잡한 세무 검증절차를 거치지 않고, 신청서류와 국세청 보유자료 등을 활용하여 간소한 절차로 명의신탁주식의 환원이 이루어지도록 하기 위한 것이며, 이 제도가 명의신탁주식의 실제소유자 환원에 따른 납세자의 과도한 불편과 세무행정상의 불확실성을 해소해 주고 중소기업 가업승계 등의 걸림돌을 제거함으로써 안정적인 경영기반 마련과 지속적인 성장에 많은 도움이 될 것으로 기대한다고 밝히고 있다.[47]

　「상속세 및 증여세법」 제18조의2 제1항에 따른 가업상속공제와 「조세특례제한법」 제30조의6 규정에 따른 가업의 승계에 대한 증여세 과세특례 적용시 그 요건을 보면, 피상속인 또는 증여자가 해당 법인의 최대주주 등인 경우로서 그와 특수관계인의 주식 등을 합하여 해당 법인 발행주식총수의 100분의 40(상장법인은 100분의 20) 이상을 계속하여 보유하고 있어야 한다고 규정하고 있는 바, 불가피하게 주식 등을 명의신탁하여 그 요건을 충족하지 못한 중소기업은 위 제도의 시행으로 다소 간소한 절차를 통하여 실제소유자 환원을 인정받음으로써 가업상속공제 및 가업승계 증여세 과세특례를

---

47) 2014. 6. 18. 국세청 보도자료 참고

받을 수 있게 되었다.

한편, 이와 같은 제도에 의해 실제소유자로 확인받은 경우에도 당초 명의신탁에 대한 증여세 납세의무[48] 등이 면제되는 것은 아님을 분명히 하고 있음은 유념하여야 한다. 즉, 실제소유자 환원과정에서 「국세기본법」 제26조의2 규정에 따른 국세부과의 제척기간 이내에 확인된 명의신탁 사실에 대하여는 명의신탁재산에 대한 증여의제 규정(상증법 §45의2)에 따라 증여세가 과세된다.

 실제소유자 확인신청 및 처리절차 개요

① 사전상담

- 실제소유자 확인신청 전에 신청 구비서류, 처리절차 등에 대한 상담을 받을 수 있다.

② 명의신탁주식 실제소유자 확인신청

- 주주명부에 실명으로 명의개서(전환)한 실제소유자는,
- ㉠ 중소기업 등 기준 검토표, ㉡ 주식발행법인(또는 명의개서 대행기관)이 확인한 "주식 명의개서 확인서", ㉢ 신청인(실제소유자) 및 명의수탁자의 "명의신탁 확인서" 또는 "진술서"와 명의수탁자의 신분증 사본을 첨부하여,
- 주소지 관할 세무서(재산세과)에 「명의신탁주식 실제소유자 확인신청서」를 제출하여 확인을 신청할 수 있다.

③ 실제소유자 확인

- 일정한 요건이 충족되는 경우에는 통일된 절차와 기준에 따라 간편하게 실제소유자 여부를 확인한다.
- 실제소유자가 불분명하거나 실명전환 주식가액이 20억 원(2017. 4. 30. 이전은 10억 원) 이상인 경우 "명의신탁주식 실명전환자문위원회"(이하 "자문위원회"라 한다)에 상정하여 실제소유자 여부를 확인한다.

---

48) 「상속세 및 증여세법」 제45조의2 [명의신탁재산의 증여의제]

④ 실제소유자 여부 판정결과 통지

– 실제소유자 여부를 판정하여 처리한 경우 신청서 제출자(대리인은 제외)에게 그 처리결과를 통지한다.

② 일반 확인대상자 요건

주주명부에 다른 사람의 명의로 등재하였거나 명의개서한 명의신탁 주식에 대하여 실질주주인 실제소유자 명의로 실명전환하고 「상속세 및 증여세 사무처리규정」 제12조 제1항 각호에서 정하는 다음의 일반 확인대상 요건을 모두 충족하는 경우에 그 실제소유자는 「법인세법」 제119조에 따른 주식등변동상황명세서가 제출되기 전이라도 명의신탁주식 실명전환에 따른 실제소유자 확인을 신청할 수 있다(규정 §12 ①).

일반 확인대상 요건(모두 충족)

가. 설립일 및 중소기업 요건
  – 2001년 7월 23일 이전에 설립된 법인으로 「조세특례제한법 시행령」 제2조에서 정하는 중소기업에 해당할 것

나. 신청인 및 명의수탁자 요건
  – 실제소유자와 명의수탁자가 법인설립 당시 발기인으로서 설립 당시에 명의신탁한 주식을 실제소유자 명의로 환원하는 경우일 것

다. 균등증자 등으로 취득한 주식 포함
  – 법인설립 이후 균등증자를 원인으로 명의수탁자가 취득한 주식을 포함

가. 설립일 및 중소기업 요건

실명전환하고자 하는 주식발행 법인이 2001년 7월 23일 이전에 설립된 법인으로 「조세특례제한법 시행령」 제2조에서 정하는 중소기업에 해당하여야 한다(규정 §12 ① 1).

실명전환 대상 주식 발행법인의 최초 설립일자가 2001. 7. 23. 이전으로 구 상법(2001. 7. 24. 법률 제6488호로 개정되기 전의 것) 제288조 규정[49)]에 따라 3명 이상의 발기인 수 제한요건이 적용되는 법인이어야 한다. 즉, 2001. 7. 23. 이전에는 주식회사 설립시

3인 이상의 발기인이 있어야 한다는 규정이 있었으며, 이 요건을 충족하기 위한 명의신탁의 경우에 해당하여야 한다는 요건으로 볼 수 있다.

나. 신청인 및 명의수탁자 모두 발기인 요건

실제소유자와 명의수탁자(실명전환 전 주주명부 등에 주주로 등재되어 있던 자로서 국내에 주소를 두고 있는 거주자를 말한다)가 법인설립 당시 발기인으로서 설립 당시에 명의신탁한 주식을 실제소유자에게 환원하는 경우에 해당하여야 한다(규정 §12 ① 2).

다. 균등증자 등으로 취득한 주식 포함

법인 설립 당시 명의신탁주식에는 법인설립 이후에 「상법」 제418조 제1항 및 「자본시장과 금융투자업에 관한 법률」 제165조의6 제1항 제1호에서 정하는 주주배정방식으로 배정된 신주를 기존주주가 실권 없이 인수하는 증자("균등증자"라고 하며, 무상증자 또는 주식배당을 원인으로 증자한 경우를 포함한다)를 원인으로 명의수탁자가 새로이 취득한 주식을 포함한다(규정 §12 ① 3).

라. 확인신청

위와 같은 요건을 충족한 실제소유자는 주소지(주소지가 불분명한 경우에는 거소지) 관할 세무서장(재산세과장)에게 다음의 서류를 첨부하여 확인신청을 하여야 한다(규정 §12 ②).

① 명의신탁주식 실제소유자 확인신청서(별지 제24호 서식을 말한다)

② 중소기업 등 기준검토표(「법인세법 시행규칙」 별지 제51호 서식)

③ 주식발행법인이 당초 명의자와 실제소유자 인적사항, 실명전환(명의개서)일, 실명전환주식수 등을 확인하여 발행한 주식 명의개서 확인서. 이 경우 주식발행법인에는 「자본시장과 금융투자업에 관한 법률」 제294조에 의하여 설립된 한국예탁결제원 또는 같은 법 제365조에 의한 명의개서대행회사(이하 "명의개서대행기

---

49) 구 상법 제288조 (발기인) 주식회사의 설립에는 3인 이상의 발기인이 있어야 한다. (개정 1995. 12. 29.)

관"이라 한다. 이하 같다)에 주식을 예탁한 경우에는 명의개서 대행기관을 포함한다

④ 주식등을 명의신탁한 사유·경위 등에 관한 실제소유자와 명의수탁자의 확인서 또는 진술서 및 명의수탁자의 신분증 사본

실제소유자 확인 및 판정

가. 일반 확인처리

실제소유자 확인은 "일반 확인처리"와 "추가 확인처리"로 구분되며, 일반 확인처리는 검토표 검토만으로 실제소유자를 확인하나,

① 실명전환 주식가액이 20억 원 이상이거나,

② 신청서 및 제출 서류만으로 실제소유자 여부가 불분명한 경우에는 자문위원회의 자문을 받아 처리한다(규정 §12 ④).

> ◆ 참고
>
> **실명전환주식 평가방법(규정 §12 ⑤)**
> 실명전환하는 명의신탁주식의 가액은 다음과 같이 산정한 1주당가액에 실명전환 주식수를 곱하여 계산한다.
> ㉮ 상장법인의 1주당가액
> 주권상장법인의 경우 1주당가액은, 실명전환일 이전 이후 2개월 동안 공표된 매일의 거래소 최종 시세가액(거래실적 유무를 따지지 아니한다)의 평균액에 의한다. 다만, 실명전환일부터 신청접수일까지 기간이 2개월이 경과하지 않은 경우에는 실명전환일 이전 2개월부터 신청접수일까지 기간의 평균액으로 한다.
> ㉯ 비상장법인의 1주당가액
> 비상장법인의 경우 1주당가액은, 상속세 및 증여세법 시행령 제54조에서 정하는 순손익가치와 순자산가치를 각각 3과 2의 비율(부동산 과다보유법인은 2와 3)로 가중평균한 가액에 의하며, 그 밖에 비상장법인의 주식평가에 관한 사항은 상속세 및 증여세법 시행령 제54조 규정에 따라 처리한다.

나. 추가 확인처리

명의신탁주식 실제소유자 확인 처리과정이거나 실제소유자 여부를 판정한 이후 다음 중 어느 하나에 해당하는 경우에는 일반 자료처리 등의 규정에 따라 사실관계를 확인하여 처리하여야 한다(규정 §12 ⑨).

① 일반 확인 신청 요건 중 어느 하나를 충족하지 못하는 것으로 확인되는 경우

② 같은 법인이 발행한 주식에 대하여 동일인이 새로운 명의신탁주식에 대하여 추가로 확인신청을 하는 등 2회 이상 신청서를 제출한 것으로 확인되는 경우

③ 주주명부 등에 명의수탁자 명의로 등재된 주식 중에서 일부만 실제소유자 명의로 환원하고 확인을 신청하는 경우

④ 자문위원회 자문을 받았음에도 불구하고 실제소유자 여부가 불분명한 경우

⑤ 명의신탁주식 실제소유자 확인 신청서를 제출한 후에 그 신청을 취하하거나 반려를 요청하는 경우로 과세여부 검토가 필요한 경우

⑥ 결과통지를 한 후, 소송 등을 원인으로 주식에 대한 소유권의 변동에 의해 새로운 명의신탁자가 신청하는 경우

④ 실제소유자 여부 통지 유형별 처리

가. "실제소유자 인정"으로 통지된 경우

실제소유자 확인 결과 실제소유자가 실명전환하는 것으로 판명되어 "실제소유자 인정"으로 통지된 경우에도, 당초 명의신탁에 대하여 「상속세 및 증여세법」 제45조의2 【명의신탁재산의 증여의제】 규정이 적용되는지 여부(「국세기본법」 제26조의2 규정에 따라 부과제척기간이 경과된 경우는 제외)와 그 밖에 실제소유자에 대한 배당소득세 등에 대해 검토하게 된다.

나. "실제소유자 불인정"으로 통지된 경우

실제소유자 확인 결과 실제소유자 명의로 실명전환하는 것이 아닌 것으로 판명되어

"실제소유자 불인정"으로 통지된 경우에는, 그 실명전환 거래의 실질이 증여인지, 새로운 명의신탁인지 또는 사실상 양도거래인지 여부 등을 확인하여 증여세, 양도소득세 등의 과세 여부를 검토하게 된다.

> **필자 주**
>
> 위와 같은 「명의신탁주식 실제소유자 확인제도」는 당초 법인 설립시 부득이하게 명의신탁한 중소기업에 대하여 별다른 세무간섭 없이 간편하게 실명전환할 수 있는 길을 마련하여 그동안 실명확인에 대한 입증이 어려워 가업상속공제나 증여세 과세특례요건을 충족할 수 없었던 납세의무자에게는 반가운 제도로 볼 수 있으나, 조세회피 등을 위하여 사실과 다르게 실명전환을 하고자 신청하는 경우에는 현장확인 및 실지조사 등의 불이익을 받을 수 있으므로 신청시 특히 유의하여야 한다.
>
> 또한, 실제소유자로 확인받은 경우에도 부과제척기간 내 명의신탁 사실에 대해서는 상증법 제45조의2[명의신탁재산의 증여의제] 규정에 의한 증여세 및 기타 관련 세금에 대한 부담이 면제되는 것은 아님을 다시 한 번 강조하는 바이다.

【상속세 및 증여세 사무처리규정】 별지 제24호 서식 (2018. 7. 10. 개정) (제1장 앞쪽)

명의신탁주식 실제소유자 확인신청서

접수번호						

신 청 인 (실제소유자)	① 성 명		② 생년월일			가족관계	
	③ 주 소				연락처	☎ (H.P)	

■ 실명전환한 주식 또는 출자지분에 관한 사항

(주, 백만 원)

명의수탁자(명의자)			⑦ 실제 소유자와의 관계	⑧ 명의신탁일	⑨ 실명전환일	⑩ 실명전환 주식수
④ 성 명 (법인명)	⑤ 생년월일 (사업자등록번호)	⑥ 주 소 (본점소재지)				
합 계						

■ 주식발행법인 또는 출자법인에 관한 사항

⑪ 법인명	⑫ 사업자등록번호	⑬ 대표자	⑭ 설립일	⑮ 중소기업여부	⑯ 주권상장 법인여부

■ 대리인이 신청하는 경우에는 아래의 **위임장을** 작성하시기 바랍니다.　　　※ 본인 신분증사본 첨부

위임장	본인은 명의신탁주식 실제소유자 확인신청과 관련한 모든 사항을 아래의 대리인에게 위임합니다. 본인:　　　　　 (서명 또는 인)			
대리인 인적사항	성명(법인명)	생년월일(사업자등록번호)	전화번호	신청인과의 관계

　「상속세 및 증여세 사무처리규정」 제9조의2 제1항 및 제2항의 규정에 의하여 명의신탁주식 실제소유자 확인을 신청합니다.

년 월 일

신청인　　　　　　　　　 (서명 또는 인)
위 대리인　　　　　　　　 (서명 또는 인)

세무서장 귀하

※ 제출할 서류: 1. 중소기업 등 기준검토표(「법인세법 시행규칙」 별지 제51호 서식)
　　　　　　　 2. 주식발행법인이 발행한 "주식 명의개서 확인서"
　　　　　　　 3. 신청인(실제소유자) 및 명의수탁자의 명의신탁 확인서 또는 진술서(신분증사본 첨부)
　　　　　　　 4. 그 밖에 당초 명의신탁 및 실제소유자를 입증할 수 있는 증빙서류
　　　　　　　 (※ 주식대금납입 또는 배당금 수령에 관한 금융증빙, 신탁약정서, 법인설립 당시 정관 및 주주명부, 법인등기부등본 등)

※ 신청서는 본인(또는 대리인) 신분증을 지참하여 신청인(실제소유자)의 주소지 관할 세무서장에게 제출하시기 바랍니다.
※ 신청서는 주식발행법인 또는 출자법인별로 각각 작성하고, 명의수탁자가 많은 경우에는 명세를 별지로 첨부합니다.

〈 절 취 선 〉

접수증	접수번호		접수일		
	신청인 (또는 대리인)		접수자	(소속) (성명)　　　☎	
	■ 위와 같이 「명의신탁주식 실제소유자 확인신청서」를 접수하였습니다.				

(제1장 뒤쪽)

「명의신탁주식 실제소유자 확인신청서」 작성요령

1. 신청인 사항 (①~③)

①~③ 실명전환한 명의신탁주식의 실제소유자 성명, 생년월일, 주소지 등을 기재합니다.

2. 실명전환한 주식 또는 출자지분에 관한 사항 (④~⑩)

④~⑥ 명의수탁자(명의자) 사항: 명의신탁 당시 주주명부 또는 사원명부에 주주 또는 출자자로 기재된 자가 개인일 경우에는 성명, 생년월일, 주소지를 기재하고, 법인일 경우에는 법인명, 사업자등록번호, 본점소재지를 기재합니다.

⑦ 실제소유자와의 관계: 실제소유자와 명의수탁자 간의 인적·사회적 관계를 기재합니다.

〈예시〉 실제소유자	본인	친족	대표이사	대표이사
명의수탁자	친족	본인	임직원	기타 지인 등
기재요령	친족	친족	사용인	지인

⑧ 명의신탁일: 실명전환한 주식에 대하여 주주명부 또는 사원명부에 실제소유자가 아닌 명의수탁자를 주주로 등재하거나 명의수탁자 명의로 명의개서한 날을 기재합니다.

⑨ 실명전환일: 명의신탁주식에 대해서 주주명부 또는 사원명부에 실제소유자 명의로 개서한 날을 기재합니다(주식발행법인 확인서류의 주주명부 등재일을 기재합니다).

⑩ 실명전환주식수: 실명전환한 주식수(출자지분의 경우에는 소유지분비율을 말한다)를 기재합니다.

3. 주식발행법인 또는 출자법인에 관한 사항 (⑪~⑯)

⑪~⑭ 주식발행법인 기본사항: 법인명, 사업자등록번호, 대표자 성명, 설립일자 등을 기재합니다.

⑮~⑯ 중소기업 및 주권상장법인 여부: 「조세특례제한법 시행령」 제2조에서 정하는 중소기업 요건을 충족하는지 및 유가증권시장 또는 코스닥시장에 주권을 상장한 법인인지를 기재합니다.

※ 중소기업 여부를 확인할 수 있도록 「인세법 시행규칙」 제82조 제1항 제49호에 의한 "중소기업 등 기준검토표(별지 제51호 서식)"를 반드시 작성 후 첨부하여 제출하여야 합니다.

4. 제출할 서류 및 부표 작성요령

- 제출할 서류 중 1. 중소기업 등 기준검토표, 2. 주식 명의개서 확인서, 3. 실제소유자와 명의수탁자 확인서(신분증사본 첨부) 등의 서류는 반드시 제출하셔야 합니다.

- 제출할 서류 중 4. 그 밖에 당초 명의신탁 및 실제소유자를 입증할 수 있는 증빙서류는 반드시 제출하여야 하는 것은 아니지만, 제출하시면 사실관계를 규명하는 데 도움이 되어 확인처리기간이 단축될 수 있습니다.

- 「명의신탁주식 실제소유자에 관한 보충확인서(부표)」 중 1번~4번 항목은 반드시 기재하시고, 5번과 6번 항목은 해당사항이 없으면 기재하지 않으셔도 무방합니다.

※ 안내말씀: 이 신청서는 당초 명의신탁에 대한 증여세 감면 또는 면제를 신청하는 것이 아니라, 귀하의 명의신탁주식 실명전환에 따른 실제소유자 여부를 확인하기 위한 것임을 알려드립니다. 또한, 신청시 제출한 자료를 검토하는 과정에서 명의환원을 가장하여 허위 신청한 사실이 확인될 경우 세무조사 등을 통해 조세범으로 고발될 수 있음을 유의하시기 바랍니다.

【별지 제24호 서식 부표】 (제2장)

명의신탁주식 실제소유자에 관한 보충 확인서

■ 명의신탁주식 실제소유자 확인에 필요한 자료이므로 신청인이 사실대로 작성하여 주시기 바랍니다.

확인할 사항	신청인 답변내용			
1. 최초 명의신탁하게 된 사유와 경위를 기재해 주십시오. (간단히 요약 기재) ※ 간단하게 요약 기재하고, 신청인과 명의수탁자의 진술서 또는 확인서를 첨부해 주십시오.				
2. 주식발행법인의 설립 당시의 발기인별현황과 현직책 등을 기재해 주십시오. (인원이 많을 경우 별지로 작성하고, 설립 당시 명의자 기준으로 작성합니다) ※ 설립 당시의 주주명부, 정관 또는 발기인총회회의록 사본을 첨부하시고, 해당법인으로부터 원본대조필을 받아 제출하시기 바랍니다.	성명	생년월일	인수한주식수	현직책
구분	연령	직위	직책	담당업무
3. 신청인(실제소유자)이 주식발행법인에서 담당하는 업무와 직책을 기재해 주십시오. ※ 법인등기부등본상 직위를 함께 기재합니다.	명의신탁 당시				
	실명전환 당시				
4. 신청인이 법인 설립이후 임원의 임면 등 경영에 참여한 사실을 기재하여 주십시오. (내부결재, 경영방침 수립, 이사회 참석, 회사행사 참여 등 실제 회사운영에 관여한 내용) ※ 본 문항은 실질적 경영권행사 여부에 관한 것이므로 법인등기부등본, 업무집행서류 등을 함께 제출해 주시기 바랍니다.				
5. 신청인이 실명전환일까지 다른 법인의 경영 또는 사업체 운영, 타회사 근무한 사실 등이 있으면 기재하여 주십시오.				
6. 기타 참고사항 (당초 명의신탁 및 실제소유자를 확인할 수 있는 추가적 사실이나 내용 또는 증빙 등을 기재)				

■ 법인세법 시행규칙 【별지 제51호 서식】 (2017. 3. 10. 개정)

제3쪽의 작성방법을 읽고 작성해 주시기 바랍니다.

(4쪽 중 제1쪽)

| 사 업 연 도 | . . . ~ . . . | 중소기업 등 기준검토표 | 법 인 명 | |
| | | | 사 업 자 등록번호 | |

구 분	① 요 건	② 검 토 내 용	③ 적합 여부	④ 적정 여부
중 기 업	⑩ 사업요건	• 「조세특례제한법 시행령」 제29조 제3항에 따른 소비성 서비스업에 해당하지 않는 사업	<table><tr><td>구분 업태별</td><td>기준경비율 코드</td><td>사 업 수입금액</td></tr><tr><td>(01) ( )업</td><td>(04)</td><td>(07)</td></tr><tr><td>(02) ( )업</td><td>(05)</td><td>(08)</td></tr><tr><td>(03) 그 밖의 사업</td><td>(06)</td><td>(09)</td></tr><tr><td>계</td><td></td><td></td></tr></table>	(17) 적 합 (Y) 부적합 (N)	(26)
	⑪ 규모요건	• 아래 요건 ①, ②를 동시에 충족할 것 ① 매출액이 업종별로 「중소기업기본법 시행령」 별표 1의 규모기준("평균매출액등"은 "매출액"으로 봄) 이내일 것 ② 졸업제도 - 자산총액 5천억 원 미만	가. 매 출 액 - 당 회사(10) (억 원) - 「중소기업기본법 시행령」 별표 1의 규모기준(11) (억 원) 이하 나. 자산총액(12) (억 원)	(18) 적 합 (Y) 부적합 (N)	적 (Y)
	⑫ 독립성 요건	• 「조세특례제한법 시행령」 제2조 제1항 제3호에 적합한 기업일 것	• 「독점규제 및 공정거래에 관한 법률」 제14조 제1항에 따른 상호출자제한기업집단등에 속하는 회사 또는 같은 법 제14조의3에 따라 상호출자제한기업집단등의 소속회사로 편입·통지된 것으로 보는 회사에 해당하지 아니할 것 • 자산총액 5천억 원 이상인 법인이 주식등의 30퍼센트 이상을 직·간접적으로 소유한 경우로서 최다출자자인 기업이 아닐 것 • 「중소기업기본법 시행령」 제2조 제3호에 따른 관계기업에 속하는 기업으로서 같은 영 제7조의4에 따라 산정한 매출액이 「조세특례제한법 시행령」 제2조 제1항 제1호에 따른 중소기업기준(⑫의① 기준) 이내일 것	(19) 적 합 (Y) 부적합 (N)	부 (N)
	⑬ 유예 기간	① 중소기업이 규모의 확대 등으로 ⑫의 기준을 초과하는 경우 최초 그 사유가 발생한 사업연도와 그 다음 3개 사업연도까지 중소기업으로 보고 그 후에는 매년마다 판단 ② 「중소기업기본법 시행령」 제3조 제1항 제2호, 별표 1 및 별표 2의 개정으로 중소기업에 해당하지 아니하게 되는 때에는 그 사유가 발생한 날이 속하는 사업연도와 그 다음 3개 사업연도까지 중소기업으로 봄	• 사유발생 연도(13) (년)	(20) 적 합 (Y) 부적합 (N)	
소 기 업	⑭ 사업요건 및 독립성요건을 충족할 것		중소기업 업종(⑩)을 주된사업으로 영위하고, 독립성요 건(⑫)을 충족하는지 여부	(21) (Y), (N)	(27) 적 (Y)
	⑮ 자산총액이 5천억 원 미만으로서 매출액이 업종별로 「중소기업기본법 시행령」 별표 3의 규모기준("평균매출액등"은 "매출액"으로 본다) 이내일 것		• 매 출 액 - 당 회사(14) (억 원) - 「중소기업기본법 시행령」 별표 3의 규모기준 (15) (억 원) 이하	(22) (Y), (N)	부 (N)

210mm×297mm[백상지 80g/㎡ 또는 중질지 80g/㎡]

구분	① 요 건	② 검 토 내 용	③ 적합여부	④ 적정여부
중견기업	⑩ 「조세특례제한법」상 중소기업 업종을 주된 사업으로 영위할 것	중소기업이 아니고, 중소기업 업종(⑩)을 주된 사업으로 영위하는지 여부	(23) (Y), (N)	(28) 적 (Y) 부 (N)
	⑱ 소유와 경영의 실질적인 독립성이 「중견기업 성장촉진 및 경쟁력 강화에 관한 특별법 시행령」 제2조 제2항 제1호에 적합할 것	• 「독점규제 및 공정거래에 관한 법률」 제14조 제1항에 따른 상호출자제한기업집단등에 속하는 회사에 해당하지 아니할 것 • 「독점규제 및 공정거래에 관한 법률 시행령」 제17조 제1항에 따른 상호출자제한기업진단 지정기준인 자산총액 이상인 법인이 주식등의 30% 이상을 직·간접적으로 소유한 경우로서 최다출자자인 기업이 아닐 것(「중견기업 성장촉진 및 경쟁력 강화에 관한 특별법 시행령」 제2조 제3항에 해당하는 기업은 제외)	(24) (Y), (N)	
	⑲ 직전 3년 평균 매출액이 다음의 중견기업 대상 세액공제 요건을 충족할 것 ① 중소기업 등 투자세액공제(법 제5조 제1항) : 1천5백억 원 미만(신규상장 중견기업에 한함) ② 연구인력개발비에 대한 세액공제(법 제10조 제1항 제3호 나목 3)) : 5천억 원 미만 ③ 기타 중견기업 대상 세액공제 : 3천억 원 미만	직전 3년 과세연도 매출액의 평균금액 | 직전 3년 | 직전 2년 | 직전 1년 | 평균 | |---|---|---|---| | (억 원) | (억 원) | (억 원) | (억 원) |	(25) (Y), (N)	

작 성 방 법

1. ① 요건란의 소비성 서비스업은 아래의 사업을 말하며, ② 검토내용란에는 사업내용을 적습니다. 둘 이상의 사업을 겸영하는 경우에는 사업수입금액이 큰 사업을 주된 사업으로 합니다.
   - 호텔업 및 여관업(「관광진흥법」에 따른 관광숙박업은 제외합니다), 주점업(일반유흥주점업, 무도유흥주점업 및 「식품위생법 시행령」 제21조에 따른 단란주점업을 말하며, 「관광진흥법」에 따른 외국인전용유흥음식점업 및 관광유흥음식점업은 제외합니다) 등

2. ② 검토내용란의 ⑩ 독립성요건에서 관계기업 여부는 2012년 1월 1일 이후 최초로 개시한 사업연도 분부터 검토합니다.

3. ② 검토내용란의 ⑭ 유예기간의 사유발생 연도는 최초로 사유가 발생한 연도를 적습니다. 「조세특례제한법 시행령」 제2조 제2항 단서에 따른 사유에 해당하는 경우에는 유예기간을 적용하지 않습니다.

4. ③ 적합여부란은 요건의 충족여부에 따라 "적합" 또는 "부적합"에 "○"표시를 합니다. 이 경우 (25)란은 ① 요건란 ⑩의 ①~③의 요건 중 어느 하나에 해당되는 경우 "(Y)"에 "○"표시하며, ⑩의 ①~③의 세액공제 대상에 해당하지 아니하는 경우에는 ③의 금액을 기준으로 작성합니다.

5. ④ 적정여부의 (26)란은 ① 요건란의 ⑩·⑫·⑬의 요건이 동시에 충족되거나, ① 요건란의 ⑭ 요건(유예기간)이 충족되는 경우에만 "적(Y)"에 "○"표시를 합니다.

6. ④ 적정여부의 (27)란은 ① 요건란 ⑮ 및 ⑯의 요건이 동시에 충족되는 경우에만 "적(Y)"에 "○"표시를 합니다.

7. ④ 적정여부의 (28)란은 중소기업이 아닌[(26)에 "부(N)"로 기재] 기업으로서 ① 요건란의 ⑰, ⑱, ⑲의 요건이 동시에 충족되는 경우에만 "적(Y)"에 "○"표시를 합니다.

※ 「중소기업기본법 시행령」 별표 1 중소기업 규모기준("평균매출액등"은 "매출액"으로 봅니다)

해당 기업의 주된 업종	분류기호	규모 기준	해당 기업의 주된 업종	분류기호	규모 기준
1. 의복, 의복액세서리 및 모피제품 제조업	C14	평균매출액등 1,500억 원 이하	24. 음료 제조업	C11	평균매출액등 800억 원 이하
2. 가죽, 가방 및 신발 제조업	C15		25. 인쇄 및 기록매체 복제업	C18	
3. 펄프, 종이 및 종이제품 제조업	C17		26. 의료용 물질 및 의약품 제조업	C21	
4. 1차 금속 제조업	C24		27. 비금속 광물제품 제조업	C23	
5. 전기장비 제조업	C28		28. 의료, 정밀, 광학기기 및 시계 제조업	C27	
6. 가구 제조업	C32		29. 그 밖의 제품 제조업	C33	
7. 농업, 임업 및 어업	A	평균매출액등 1,000억 원 이하	30. 하수폐기물 처리, 원료재생 및 환경복원업	E	
8. 광업	B		31. 운수업	H	
9. 식료품 제조업	C10		32. 출판, 영상, 방송통신 및 정보서비스업	J	
10. 담배 제조업	C12		33. 전문, 과학 및 기술 서비스업	M	평균매출액등 600억 원 이하
11. 섬유제품 제조업(의복 제조업은 제외한다)	C13		34. 사업시설관리 및 사업지원 서비스업	N	
12. 목재 및 나무제품 제조업(가구 제조업은 제외한다)	C16		35. 보건업 및 사회복지 서비스업	Q	
13. 코크스, 연탄 및 석유정제품 제조업	C19		36. 예술, 스포츠 및 여가 관련 서비스업	R	
14. 화학물질 및 화학제품 제조업(의약품 제조업은 제외한다)	C20		37. 수리(修理) 및 기타 개인 서비스업	S	
15. 고무제품 및 플라스틱제품 제조업	C22		38. 숙박 및 음식점업	I	평균매출액등 400억 원 이하
16. 금속가공제품 제조업(기계 및 가구 제조업은 제외한다)	C25		39. 금융 및 보험업	K	
17. 전자부품, 컴퓨터, 영상, 음향 및 통신장비 제조업	C26		40. 부동산업 및 임대업	L	
18. 그 밖의 기계 및 장비 제조업	C29		41. 교육 서비스업	P	
19. 자동차 및 트레일러 제조업	C30				
20. 그 밖의 운송장비 제조업	C31				
21. 전기, 가스, 증기 및 수도사업	D				
22. 건설업	F				
23. 도매 및 소매업	G				

* 해당 업종의 분류 및 분류부호는 「통계법」 제22조에 따라 통계청장이 고시한 한국표준산업분류에 따릅니다.

작 성 방 법

※ 「중소기업기본법 시행령」 별표 3 소기업 규모기준("평균매출액등"은 "매출액"으로 봅니다)

해당 기업의 주된 업종	분류기호	규모 기준	해당 기업의 주된 업종	분류기호	규모 기준
1. 식료품 제조업	C10	평균매출액등 120억 원 이하	17. 농업,임업 및 어업	A	평균매출액등 80억 원 이하
			18. 광업	B	
2. 음료 제조업	C11		19. 담배 제조업	C12	
			20. 섬유제품 제조업(의복 제조업은 제외한다)	C13	
3. 의복, 의복액세서리 및 모피제품 제조업	C14		21. 목재 및 나무제품 제조업(가구 제조업은 제외한다)	C16	
4. 가죽, 가방 및 신발 제조업	C15		22. 펄프, 종이 및 종이제품 제조업	C17	
5. 코크스, 연탄 및 석유정제품 제조업	C19		23. 인쇄 및 기록매체 복제업	C18	
6. 화학물질 및 화학제품 제조업(의약품 제조업은 제외한다)	C20		24. 고무제품, 및 플라스틱제품 제조업	C22	
			25. 의료, 정밀, 광학기기 및 시계 제조업	C27	
7. 의료용 물질 및 의약품 제조업	C21		26. 그 밖의 운송장비 제조업	C31	
			27. 그 밖의 제품 제조업	C33	
8. 비금속 광물제품 제조업	C23		28. 건설업	F	
9. 1차 금속 제조업	C24		29. 운수업	H	
10. 금속가공제품 제조업(기계 및 가구 제조업은 제외한다)	C25		30. 금융 및 보험업	K	
			31. 도매 및 소매업	G	평균매출액등 50억 원 이하
11. 전자부품, 컴퓨터, 영상, 음향 및 통신장비 제조업	C26		32. 출판, 영상, 방송통신 및 정보서비스업	J	
12. 전기장비 제조업	C28		33. 하수폐기물 처리, 원료재생 및 환경복원업	E	평균매출액등 30억 원 이하
			34. 부동산업 및 임대업	L	
13. 그 밖의 기계 및 장비 제조업	C29		35. 전문과학 및 기술 서비스업	M	
			36. 사업시설관리 및 사업지원 서비스업	N	
14. 자동차 및 트레일러 제조업	C30		37. 예술, 스포츠 및 여가 관련 서비스업	R	
15. 가구 제조업	C32		38. 숙박 및 음식점업	I	평균매출액등 10억 원 이하
			39. 교육 서비스업	P	
16. 전기, 가스, 증기 및 수도사업	D		40. 보건업 및 사회복지 서비스업	Q	
			41. 수리(修理) 및 기타 개인 서비스업	S	

* 해당 업종의 분류 및 분류부호는 「통계법」 제22조에 따라 통계청장이 고시한 한국표준산업분류에 따릅니다.

제3장

사전상속에 대한 증여세 과세특례

제 1 절

가업승계에 대한 증여세 과세특례

　중소기업 경영자의 고령화에 따라 생전 계획적인 가업승계를 지원하여 원활한 가업승계를 도모하기 위하여 2007. 12. 31. 「조세특례제한법」 제30조의6 【가업의 승계에 대한 증여세 과세특례】(이하 이 절에서 편의상 "증여세 과세특례"라 한다) 규정을 신설한 바 있다.

　18세 이상인 거주자가 「상속세 및 증여세법」 제18조의2 제1항에 따른 가업을 10년 이상 계속하여 경영한 60세 이상의 부모(증여 당시 부 또는 모가 사망한 경우에는 그 사망한 부 또는 모의 부모를 포함한다)로부터 해당 가업의 승계를 목적으로 주식 또는 출자지분(증여세 과세가액 600억 원(2015. 1. 1.∼2022. 12. 31. 기간은 100억 원, 2014. 12. 31. 이전은 30억 원)을 한도로 한다)을 증여받고 가업을 승계한 경우에는 증여세 과세가액에서 10억 원(2022. 12. 31. 이전은 5억 원)을 공제하고 세율을 100분의 10(2024. 1. 1. 이후 증여분부터는 과세표준이 120억 원을 초과하는 경우 그 초과금액에 대해서는 100분의 20)으로 하여 증여세를 부과하도록 완화하였으며, 가업승계 후 상속이 개시되는 경우 「상속세 및 증여세법」 제18조의2 제1항의 요건을 충족한다면 다시 가업상속공제를 받을 수 있도록 하였다.

　또한, 주식 등을 증여받은 자가 증여세 신고기한 내 가업에 종사하지 않거나 증여일로부터 3년 이내에 대표이사에 취임하지 않는 등 가업을 승계하지 않는 경우와 5년 이내에 정당한 사유 없이 가업 미종사 또는 주식지분이 감소하는 경우에는 과세특례를 배제하고 이자상당액을 포함하여 「상속세 및 증여세법」에 따라 계산한 증여세를 추징하며, 2018. 1. 1. 이후 사후관리를 위반하는 분부터는 사유발생일이 속하는 달의 말일부터 3개월 이내에 해당사항을 신고하고 증여세와 이자상당액을 납부하도록 개정하였다.

　한편, 2014. 1. 1. 개정시 적용시한을 삭제하여 향후 계속적인 지원이 가능하도록 하였으며, 2020. 1. 1. 이후부터는 2인 이상이 가업을 승계받는 경우에도 적용이 가능하도록 하였다.

| 일반증여와 과세특례의 비교 |

구분		증여세 과세가액	공제액	세율
과세특례	2024년 이후	증여받은 가업 주식가액 (최대 600억 원 한도)	10억 원	10% 적용 (120억 원 초과분 20%)
	2023년			10% 적용 (60억 원 초과분 20%)
	2022년 이전	증여받은 가업 주식가액 (100억 원 한도)	5억 원	10% 적용 (30억 원 초과분 20%)
일반증여		증여받은 재산가액 (한도 없음)	증여재산공제 등 - 배우자 6억 원 - 직계존속 5천만 원 - 직계비속 5천만 원 - 기타친족 1천만 원 혼인·출산공제 1억 원	10~50% 초과누진세율 적용

① 가업승계에 대한 증여세 과세특례 적용요건

증여세 과세특례를 적용받기 위해서는 「상속세 및 증여세법」 제18조의2 제1항에서 규정하는 법인가업을 10년 이상 영위한 부모로부터 그 가업의 주식(최대 600억 원을 한도로 한다)을 자녀가 증여받아 가업을 승계하여야 한다.

한편, 부모가 소유하고 있는 주식의 전부를 받아야만 과세특례가 적용되는 것은 아니며 요건을 충족한 부모소유 주식 중 일부를 최대 600억 원 한도로 증여받아 다른 요건을 모두 충족하는 경우에도 과세특례는 적용[50]된다.

---

50) 재산세과 - 278, 2010. 5. 4. 같은 뜻

가. 「상속세 및 증여세법」상 가업에 해당하는 법인의 주식을 증여받을 것
나. 증여자 요건을 충족할 것(60세 이상 부모, 10년 이상 영위)
다. 수증자 요건을 충족할 것(2인 이상 가업승계도 가능)

가. 「상속세 및 증여세법」상 가업에 해당하는 주식의 증여

가업승계 증여세 과세특례를 적용받기 위해서는 「상속세 및 증여세법」 제18조의2 제1항에 따른 가업에 해당하는 법인의 주식 등을 증여받아야 한다.

「상속세 및 증여세법」 제18조의2 제1항에 따른 "가업"이란 아래와 같은 요건을 충족한 가업을 말하는 것으로, 이 경우 "피상속인"은 "부모"로, "상속인"은 "거주자"로 보아 해당 요건을 판단한다.

(1) 별표에 따른 업종을 주된 사업으로 영위하는 자산 5천억 원 미만의 중소기업 또는 직전 3개사업연도 평균매출액이 5천억 원 미만인 중견기업이어야 한다.
(2) 부모가 10년 이상 계속 경영한 기업이어야 한다.
(3) 부모가 최대주주 등으로서 10년 이상 계속하여 그와 특수관계인 지분을 합하여 40%(상장법인은 20%) 이상을 보유하여야 한다.
(4) 종전에 최대주주 등 중 1인으로부터 증여받아 증여세 과세특례를 적용받은 경우가 아니어야 한다.

(1) 중소기업 또는 중견기업

㉮ 중소기업의 범위

증여세 과세특례 대상 중소기업이란, 증여일이 속하는 법인세 사업연도의 직전 사업연도 말 현재 다음의 요건을 모두 갖춘 기업을 말한다.

① 별표에 따른 업종을 주된 사업으로 영위할 것
② 「조세특례제한법 시행령」 제2조 제1항 제1호 및 제3호의 요건을 충족할 것
③ 자산총액이 5천억 원 미만일 것

① 증여세 과세특례 대상 업종 영위 요건

2016. 12. 20. 상속세 및 증여세법 제18조 제2항을 개정하여 2017. 1. 1. 이후 상속이 개시되는 분부터는 가업상속공제를 적용받는 중소기업의 해당업종을 아래와 같이 상속세 및 증여세법 시행령 별표에 신설하였으며, 2019년에는 한국표준산업분류 개정내용을 반영하여 대상 업종을 재분류하였다.

이는 조세특례제한법 제30조의6 증여세 과세특례 규정을 적용받기 위한 대상 업종 요건에도 동일하게 적용된다.

[상속세 및 증여세법 시행령 별표] (2023. 2. 28. 개정)

가업상속공제를 적용받는 중소·중견기업의 해당업종(상증령 제15조 제1항 및 제2항 관련)

1. 한국표준산업분류에 따른 업종

표준산업분류상 구분	가업 해당 업종
가. 농업, 임업 및 어업 (01~03)	작물재배업(011) 중 종자 및 묘목생산업(01123)을 영위하는 기업으로서 다음의 계산식에 따라 계산한 비율이 100분의 50 미만인 경우 [제15조 제7항에 따른 가업용 자산 중 토지(「공간정보의 구축 및 관리 등에 관한 법률」에 따라 지적공부에 등록하여야 할 지목에 해당하는 것을 말한다) 및 건물(건물에 부속된 시설물과 구축물을 포함한다)의 자산의 가액] ÷ (제15조 제7항에 따른 가업용 자산의 가액)
나. 광업(05~08)	광업 전체
다. 제조업(10~33)	제조업 전체. 이 경우 자기가 제품을 직접 제조하지 않고 제조업체(사업장이 국내 또는 「개성공업지구 지원에 관한 법률」 제2조 제1호에 따른 개성공업지구에 소재하는 업체에 한정한다)에 의뢰하여 제조하는 사업으로서 그 사업이 다음의 요건을 모두 충족하는 경우를 포함한다. 1) 생산할 제품을 직접 기획(고안·디자인 및 견본제작 등을 말한다)할 것 2) 해당 제품을 자기명의로 제조할 것 3) 해당 제품을 인수하여 자기책임하에 직접 판매할 것

표준산업분류상 구분	가업 해당 업종
라. 하수 및 폐기물 처리, 원료 재생, 환경정화 및 복원업(37~39)	하수·폐기물 처리(재활용을 포함한다), 원료 재생, 환경정화 및 복원업 전체
마. 건설업(41~42)	건설업 전체
바. 도매 및 소매업 (45~47)	도매 및 소매업 전체
사. 운수업(49~52)	여객운송업[육상운송 및 파이프라인 운송업(49), 수상 운송업(50), 항공 운송업(51) 중 여객을 운송하는 경우]
아. 숙박 및 음식점업 (55~56)	음식점 및 주점업(56) 중 음식점업(561)
자. 정보통신업 (58~63)	출판업(58)
	영상·오디오 기록물 제작 및 배급업(59). 다만, 비디오물 감상실 운영업(59142)을 제외한다.
	방송업(60)
	우편 및 통신업(61) 중 전기통신업(612)
	컴퓨터 프로그래밍, 시스템 통합 및 관리업(62)
	정보서비스업(63)
차. 전문, 과학 및 기술서비스업(70~73)	연구개발업(70)
	전문서비스업(71) 중 광고업(713), 시장조사 및 여론조사업(714)
	건축기술, 엔지니어링 및 기타 과학기술 서비스업(72) 중 기타 과학기술 서비스업(729)
	기타 전문, 과학 및 기술 서비스업(73) 중 전문디자인업(732)
카. 사업시설관리 및 사업지원 서비스업(74~75)	사업시설 관리 및 조경 서비스업(74) 중 건물 및 산업설비 청소업(7421), 소독, 구충 및 방제 서비스업(7422)
	사업지원 서비스업(75) 중 고용알선 및 인력 공급업(751, 농업노동자 공급업을 포함한다), 경비 및 경호 서비스업(7531), 보안시스템 서비스업(7532), 콜센터 및 텔레마케팅 서비스업(75991), 전시, 컨벤션 및 행사 대행업(75992), 포장 및 충전업(75994)
타. 임대업: 부동산 제외 (76)	무형재산권 임대업(764, 「지식재산 기본법」 제3조 제1호에 따른 지식재산을 임대하는 경우로 한정한다)
파. 교육서비스업(85)	교육 서비스업(85) 중 유아 교육기관(8511), 사회교육시설(8564), 직원훈련기관(8565), 기타 기술 및 직업훈련학원(85669)

표준산업분류상 구분	가업 해당 업종
하. 사회복지 서비스업(87)	사회복지서비스업 전체
거. 예술, 스포츠 및 여가관련 서비스업(90~91)	창작, 예술 및 여가관련서비스업(90) 중 창작 및 예술관련 서비스업(901), 도서관, 사적지 및 유사 여가관련 서비스업(902). 다만, 독서실 운영업(90212)은 제외한다.
너. 협회 및 단체, 수리 및 기타 개인 서비스업 (94~96)	기타 개인 서비스업(96) 중 개인 간병인 및 유사 서비스업(96993)

2. 개별법률의 규정에 따른 업종

가업 해당 업종
가. 「조세특례제한법」 제7조 제1항 제1호 커목에 따른 직업기술 분야 학원
나. 「조세특례제한법 시행령」 제5조 제9항에 따른 엔지니어링사업
다. 「조세특례제한법 시행령」 제5조 제7항에 따른 물류산업
라. 「조세특례제한법 시행령」 제6조 제1항에 따른 수탁생산업
마. 「조세특례제한법 시행령」 제54조 제1항에 따른 자동차정비공장을 운영하는 사업
바. 「해운법」에 따른 선박관리업
사. 「의료법」에 따른 의료기관을 운영하는 사업
아. 「관광진흥법」에 따른 관광사업(카지노, 관광유흥음식점업 및 외국인전용 유흥음식점업은 제외한다)
자. 「노인복지법」에 따른 노인복지시설을 운영하는 사업
차. 법률 제15881호 「노인장기요양보험법」 부칙 제4조에 따른 재가장기요양기관을 운영하는 사업(2020. 2. 11. 개정)
카. 「전시산업발전법」에 따른 전시산업
타. 「에너지이용 합리화법」 제25조에 따른 에너지절약전문기업이 하는 사업
파. 「근로자직업능력 개발법」에 따른 직업능력개발훈련시설을 운영하는 사업
하. 「도시가스사업법」 제2조 제4호에 따른 일반도시가스사업
거. 「국가과학기술 경쟁력 강화를 위한 이공계지원 특별법」 제2조 제4호 나목에 따른 연구개발지원업
너. 「민간임대주택에 관한 특별법」에 따른 주택임대관리업
더. 「신에너지 및 재생에너지 개발·이용·보급 촉진법」에 따른 신·재생에너지 발전사업

② 매출액 및 독립성기준

증여세 과세특례 대상 중소기업의 요건 중「조세특례제한법 시행령」제2조 제1항 제1호 및 제3호의 요건은,

㉠ 매출액이 업종별로「중소기업기본법 시행령」별표 1에 따른 규모 기준("평균매출액등"은 "매출액"으로 보며, "중소기업기준"이라 한다) 이내일 것과

㉡ 실질적인 독립성이「중소기업기본법 시행령」제3조 제1항 제2호에 적합해야 한다는 요건이 있다. 이 경우「중소기업기본법 시행령」제3조 제1항 제2호 나목의 주식등의 간접소유 비율을 계산할 때「자본시장과 금융투자업에 관한 법률」에 따른 집합투자기구를 통하여 간접소유한 경우는 제외하며,「중소기업기본법 시행령」제3조 제1항 제2호 다목을 적용할 때 "평균매출액등이 별표 1의 기준에 맞지 아니하는 기업"은 "매출액이「조세특례제한법 시행령」제2조 제1항 제1호에 따른 중소기업기준에 맞지 아니하는 기업"으로 본다.

㉠「중소기업기본법 시행령」【별표 1】(2017. 10. 17. 개정)

주된 업종별 평균매출액등의 규모 기준(제3조 제1항 제1호 가목 관련)

해당 기업의 주된 업종	분류 기호	규모 기준
1. 의복, 의복액세서리 및 모피제품 제조업	C14	평균매출액등 1,500억 원 이하
2. 가죽, 가방 및 신발 제조업	C15	
3. 펄프, 종이 및 종이제품 제조업	C17	
4. 1차 금속 제조업	C24	
5. 전기장비 제조업	C28	
6. 가구 제조업	C32	
7. 농업, 임업 및 어업	A	평균매출액등 1,000억 원 이하
8. 광업	B	
9. 식료품 제조업	C10	
10. 담배 제조업	C12	
11. 섬유제품 제조업(의복 제조업은 제외한다)	C13	

해당 기업의 주된 업종	분류 기호	규모 기준
12. 목재 및 나무제품 제조업(가구 제조업은 제외한다)	C16	
13. 코크스, 연탄 및 석유정제품 제조업	C19	
14. 화학물질 및 화학제품 제조업(의약품 제조업은 제외한다)	C20	
15. 고무제품 및 플라스틱제품 제조업	C22	
16. 금속가공제품 제조업(기계 및 가구 제조업은 제외한다)	C25	
17. 전자부품, 컴퓨터, 영상, 음향 및 통신장비 제조업	C26	
18. 그 밖의 기계 및 장비 제조업	C29	
19. 자동차 및 트레일러 제조업	C30	
20. 그 밖의 운송장비 제조업	C31	
21. 전기, 가스, 증기 및 공기조절 공급업	D	
22. 수도업	E36	
23. 건설업	F	
24. 도매 및 소매업	G	
25. 음료 제조업	C11	평균매출액등 800억 원 이하
26. 인쇄 및 기록매체 복제업	C18	
27. 의료용 물질 및 의약품 제조업	C21	
28. 비금속 광물제품 제조업	C23	
29. 의료, 정밀, 광학기기 및 시계 제조업	C27	
30. 그 밖의 제품 제조업	C33	
31. 수도, 하수 및 폐기물 처리, 원료재생업 (수도업은 제외한다)	E (E36 제외)	
32. 운수 및 창고업	H	
33. 정보통신업	J	
34. 산업용 기계 및 장비 수리업	C34	평균매출액등 600억 원 이하
35. 전문, 과학 및 기술 서비스업	M	
36. 사업시설관리, 사업지원 및 임대 서비스업 (임대업은 제외한다)	N (N76 제외)	
37. 보건업 및 사회복지 서비스업	Q	
38. 예술, 스포츠 및 여가 관련 서비스업	R	

해당 기업의 주된 업종	분류 기호	규모 기준
39. 수리(修理) 및 기타 개인 서비스업	S	
40. 숙박 및 음식점업	I	평균매출액등
41. 금융 및 보험업	K	400억 원 이하
42. 부동산업	L	
43. 임대업	N76	
44. 교육 서비스업	P	

비고

1. 해당 기업의 주된 업종의 분류 및 분류기호는 「통계법」 제22조에 따라 통계청장이 고시한 한국표준산업분류에 따른다.

2. 위 표 제19호 및 제20호에도 불구하고 자동차용 신품 의자 제조업(C30393), 철도 차량 부품 및 관련 장치물 제조업(C31202) 중 철도 차량용 의자 제조업, 항공기용 부품 제조업(C31322) 중 항공기용 의자 제조업의 규모 기준은 평균매출액등 1,500억 원 이하로 한다.

ⓒ 실질적인 독립성

소유와 경영의 실질적인 독립성이 「중소기업기본법 시행령」 제3조 【중소기업의 범위】 제1항 제2호의 규정에 적합하여야 한다.

- 위 호 나목의 주식의 소유는 직접소유 및 간접소유를 포함함.

  ('09. 1. 1. 이후 종료하는 사업연도분부터 간접소유분 포함하여 계산)

  * '09. 2. 4. 이후 종료하는 사업연도분부터 집합투자기구를 통한 간접소유 제외

- 「중소기업기본법 시행령」 제3조 제1항 제2호 다목을 적용할 때 "평균매출액등이 별표 1의 기준에 맞지 아니하는 기업"은 "매출액이 「조세특례제한법 시행령」 제2조 제1항 제1호에 따른 중소기업기준에 맞지 아니하는 기업"으로 본다.

○ 「중소기업기본법 시행령」 제3조 제1항 제2호(독립성 기준)

 【소유와 경영의 실질적인 독립성이 다음의 어느 하나에 해당하지 않는 기업】

가. 「독점규제 및 공정거래에 관한 법률」 제14조 제1항에 따른 상호출자제한기업집단(이하 이 호에서 "상호출자제한기업집단"이라 한다)에 속하는 회사 또는 같은 법 제14조의3에 따라 공시대상기업집단의 소속회사로 편입·통지된 것으로 보는 회사 중 상호출자제한기업집단에 속하는 회사

나. 자산총액이 5천억 원 이상인 법인(외국법인을 포함하되, 비영리법인 및 제

3조의2 제3항[⊙] 각호의 어느 하나에 해당하는 자는 제외한다)이 주식등의 100분의 30 이상을 직접적 또는 간접적으로 소유한 경우로서 최다출자자인 기업. 이 경우 최다출자자는 해당 기업의 주식등을 소유한 법인 또는 개인으로서 단독으로 또는 다음의 어느 하나에 해당하는 자와 합산하여 해당 기업의 주식등을 가장 많이 소유한 자를 말하며, 주식등의 간접소유 비율에 관하여는 「국제조세조정에 관한 법률 시행령」 제2조 제2항[⊙]을 준용한다.

1) 주식등을 소유한 자가 법인인 경우: 그 법인의 임원

2) 주식등을 소유한 자가 1)에 해당하지 아니하는 개인인 경우: 그 개인의 친족

다. 관계기업에 속하는 기업의 경우에는 제7조의4에 따라 산정한 평균매출액 등이 별표 1의 기준에 맞지 아니하는 기업

→ "매출액이 「조세특례제한법 시행령」 제2조 제1항 제1호에 따른 중소기업기준에 맞지 아니하는 기업"

《⊙ 중소기업기본법 시행령 제3조의2 제3항》

③ 다음 각호의 어느 하나에 해당하는 자가 다른 국내기업의 주식등을 소유하고 있는 경우에는 그 기업과 그 다른 국내기업은 제1항에 따른 지배기업과 종속기업의 관계로 보지 아니한다. (개정 2011. 12. 28., 2012. 1. 25., 2014. 4. 14., 2015. 6. 30.)

1. 「중소기업창업 지원법」에 따른 중소기업창업투자회사
2. 「여신전문금융업법」에 따른 신기술사업금융업자
3. 「벤처기업육성에 관한 특별조치법」에 따른 신기술창업전문회사
4. 「산업교육진흥 및 산학연협력촉진에 관한 법률」에 따른 산학협력기술지주회사
5. 그 밖에 제1호부터 제4호까지의 규정에 준하는 경우로서 중소기업 육성을 위하여 중소벤처기업부장관이 정하여 고시하는 자

《⊙ 국제조세조정에 관한 법률 시행령 제2조 제2항》

② 제1항 제1호부터 제3호까지 및 제5호에서 규정하는 주식의 간접소유비율은 다음 각호의 방법으로 계산한다.

1. 어느 한쪽 법인이 다른 쪽 법인의 주주인 법인(이하 "주주법인"이라 한다)의 의결권 있는 주식의 100분의 50 이상을 소유하고 있는 경우에는 주주법인이 소유하고 있는 다른 쪽 법인의 의결권 있는 주식이 그 다른 쪽 법인의 의결권 있는 주식에서 차지하는 비율(이하 "주주법인의 주식소유비율"이라 한다)을 어느 한쪽 법인의 다른 쪽 법인에 대한 간접소유비율로 한다. 다만, 주주법인이 둘 이상인 경우에는 주주법인별로 계산한 비율을 합계한 비율을 어느 한쪽 법인의 다른 쪽 법인에 대한 간접소유비율로 한다.

2. 어느 한쪽 법인이 다른 쪽 법인의 주주법인의 의결권 있는 주식의 100분의 50 미만을 소유하고 있는 경우에는 그 소유비율에 주주법인의 주식소유비율을 곱한 비율을 어느 한쪽 법인의 다른 쪽 법인에 대한 간접소유비율로 한다. 다만, 주주법인이 둘 이상인 경우에는 주주법인별로 계산한 비율을 합계한 비율을 어느 한쪽 법인의 다른 쪽 법인에 대한 간접소유비율로 한다.

3. 다른 쪽 법인의 주주법인과 어느 한쪽 법인 사이에 하나 이상의 법인이 개재되어 있고 이들 법인이 주식소유관계를 통하여 연결되어 있는 경우에도 제1호와 제2호의 계산방법을 준용한다.

③ 자산총액 기준

자산총액이 5천억 원 미만이어야 한다.

㉯ 중견기업의 범위

2016. 12. 31. 이전에는 규모의 확대 등으로 중소기업에 해당하지 않게 된 기업으로서 상호출자제한기업집단 내 기업에 해당하지 않고 증여일 직전 사업연도 매출액이 3천억 원 미만인 기업도 증여세 과세특례 대상 기업으로 인정되었으나, 2017. 1. 1. 이후 증여 분 부터는 별도로 정한 중견기업에 대해 증여세 과세특례를 적용하도록 명확히 하였다. 여기서 중견기업이란, 증여일이 속하는 법인세 사업연도의 직전 사업연도 말 현재 다음의 요건을 모두 갖춘 기업을 말한다.

① 별표에 따른 업종을 주된 사업으로 영위할 것
② 「조세특례제한법 시행령」 제9조 제4항 제1호 및 제3호의 요건을 충족할 것
   (상호출자제한기업집단에 속하는 기업이 아니어야 한다)
③ 증여일 직전 3개 사업연도 매출액의 평균액이 5천억 원 미만일 것

① 증여세 과세특례 대상 업종 영위 요건

2017. 1. 1. 이후 증여분부터 증여세 과세특례를 적용받는 중견기업이 되기 위해서는 중소기업과 같이 2017. 2. 7. 신설한 상속세 및 증여세법 시행령 별표에서 정하는 업종을 주된 사업으로 영위하여야 한다.

② 독립성기준

증여세 과세특례 대상 중견기업이 되기 위해서는 해당 기업이 「조세특례제한법 시행령」 제9조 제2항 제1호 및 제3호의 요건을 충족하여야 한다. 즉, 중소기업이 아니어야 하며, 소유와 경영의 실질적인 독립성이 「중견기업 성장촉진 및 경쟁력 강화에 관한 특별법 시행령」 제2조 제2항 제1호에 적합하여야 한다.

조세특례제한법 시행령 제9조 【연구 및 인력개발비에 대한 세액공제】

③ 「조세특례제한법」 제10조 제1항 제1호 가목 2)에서 "대통령령으로 정하는 중견기업" 이란 다음 각 호의 요건을 모두 갖춘 기업을 말한다. (신설 2013. 2. 15., 2013. 11. 29., 2015. 2. 3., 2017. 2. 7., 2018. 2. 13., 2020. 2. 11. 항번개정)

<u>1. 중소기업이 아닐 것</u>

2. 다음 각목의 어느 하나에 해당하는 업종을 주된 사업으로 영위하지 아니할 것. 이 경우 둘 이상의 서로 다른 사업을 영위하는 경우에는 사업별 사업수입금액이 큰 사업을 주된 사업으로 본다.

   가. 제29조 제3항에 따른 소비성서비스업

   나. 「중견기업 성장촉진 및 경쟁력 강화에 관한 특별법 시행령」 제2조 제2항 제2호 각목 의 업종

<u>3. 소유와 경영의 실질적인 독립성이 「중견기업 성장촉진 및 경쟁력 강화에 관한 특별법 시행령」 제2조 제2항 제1호에 적합할 것</u>

4. 직전 3개 과세연도의 매출액(매출액은 제2조 제4항에 따른 계산방법으로 산출하며, 과 세연도가 1년 미만인 과세연도의 매출액은 1년으로 환산한 매출액을 말한다)의 평균금 액이 5천억 원 미만인 기업일 것

중견기업 성장촉진 및 경쟁력 강화에 관한 특별법 시행령 제2조 【중견기업 및 중견기업 후보기업의 범위】

① 「중견기업 성장촉진 및 경쟁력 강화에 관한 특별법」(이하 "법"이라 한다) 제2조 제1호 나목에서 "「공공기관의 운영에 관한 법률」 제4조에 따른 공공기관, 「지방공기업법」에 따 른 지방공기업 등 대통령령으로 정하는 기관"이란 다음 각호의 기관을 말한다. (신설 2016. 8. 29.)

1. 「공공기관의 운영에 관한 법률」 제4조에 따른 공공기관

2. 「지방공기업법」에 따른 지방공기업

<u>② 법 제2조 제1호 다목에서 "지분 소유나 출자관계 등이 대통령령으로 정하는 기준에</u>

적합한 기업"이란 다음 각호의 요건을 모두 갖춘 기업을 말한다. (개정 2016. 8. 29.)

1. 소유와 경영의 실질적인 독립성이 다음 각목의 어느 하나에 해당하지 아니하는 기업일 것

　가.「독점규제 및 공정거래에 관한 법률」제14조 제1항에 따른 상호출자제한기업집단에 속하는 기업

　나.「독점규제 및 공정거래에 관한 법률 시행령」제21조 제2항에 따른 상호출자제한기업집단 지정기준인 자산총액 이상인 기업 또는 법인(외국법인을 포함한다. 이하 같다)이 해당 기업의 주식(「상법」제344조의3에 따른 의결권 없는 주식은 제외한다) 또는 출자지분(이하 "주식등"이라 한다)의 100분의 30 이상을 직접적 또는 간접적으로 소유하면서 최다출자자인 기업. 이 경우 최다출자자는 해당 기업의 주식등을 소유한 법인 또는 개인으로서 단독으로 또는 다음의 어느 하나에 해당하는 자와 합산하여 해당 기업의 주식등을 가장 많이 소유한 자로 하며, 주식등의 간접소유비율에 관하여는 「국제조세조정에 관한 법률 시행령」제2조 제2항을 준용한다. (2018. 3. 27. 개정)

　1) 주식등을 소유한 자가 법인인 경우: 그 법인의 임원

③ 매출액기준

　증여세 과세특례 대상 중견기업이 되기 위해서는 증여일의 직전 3개 법인세 사업연도의 매출액(매출액은 기획재정부령으로 정하는 바에 따라 기업회계기준에 따라 작성한 손익계산서상의 매출액으로 하며, 법인세 사업연도가 1년 미만인 사업연도의 매출액은 1년으로 환산한 매출액을 말한다)의 평균금액이 5천억 원(2022. 12. 31. 이전은 4천억 원) 미만인 기업이어야 한다.

※ 2016. 12. 31. 이전 증여분 규모확대 기업의 범위

2010. 12. 27. 「상속세 및 증여세법」 개정시, 중소기업이 중견기업으로 성장함에 따른 급격한 세부담을 완화하고 중소기업에 해당하지 않더라도 고용을 증대하는 기업을 가업상속공제 대상에 추가함으로써 일자리 창출을 지원하기 위해 규모확대 기업에 대해서도 가업상속공제가 가능하도록 하고 2011. 1. 1. 이후 상속분부터 적용하도록 하였으며, 가업승계에 대한 증여세 과세특례 적용시도 동일하게 적용한다.

증여세 과세특례 대상 규모확대 기업이란, 규모의 확대 등으로 중소기업에 해당하지 아니하게 된 기업을 말하는 것으로 상호출자제한기업집단 내 기업이 아닌 경우로서 증여받은 날이 속하는 사업연도의 직전 사업연도 매출액이 3천억 원 미만인 기업을 말한다.

| 연도별 규모한도의 변경내역 |

연도별	2011. 1. 1.~2012. 12. 31.	2013. 1. 1.~2013. 12. 31.	2014. 1. 1. 이후
매출액 한도	1천5백억 원 이하	2천억 원 이하	3천억 원 미만

- 규모의 확대 등으로 중소기업에 해당하지 아니하게 된 기업

"규모의 확대 등으로 중소기업에 해당하지 아니하게 된 기업"이란, 「조세특례제한법 시행령」 제2조 제1항 각호 외의 부분 단서[51]에 해당되거나 같은 항 제1호의 중소기업기준을 초과하는 기업을 말하는 것(재산세과-128, 2011. 3. 10.)으로 이는 위 "「조세특례제한법」상 '중소기업'의 범위" 표에서 "1. 중소기업의 요건" 중 ② 규모기준과 ④ 졸업기준을 충족하지 못한 기업 중 위 매출액기준 등(3천억 원 미만, 상호출자제한기업집단 외)에 해당하는 기업을 말한다.

---

51) 상시 사용하는 종업원 수가 1천 명 이상, 자기자본이 1천억 원 이상, 매출액이 1천억 원 이상 또는 자산총액이 5천억 원 이상인 경우

"가업 해당 여부" 유형별 판단 사례

※ 증여세 과세특례 적용대상 "가업"은 가업상속공제 적용시의 가업 규정을 준용하고 있으므로 "가업 해당 여부"에 대한 가업상속공제관련 판단 사례와 증여세 과세특례 관련 판단 사례는 모두 동일하게 적용된다고 볼 수 있다.

1 가업상속공제 대상업종 여부

▶ 「상속세 및 증여세법」 별표에 규정된 「관광진흥법」에 따른 관광사업(카지노, 관광유흥음식점업 및 외국인전용 유흥음식점업은 제외)은 가업상속공제 대상 업종에 해당하는 것이나, 귀 질의의 골프장이 「관광진흥법」에 따른 관광사업에 해당하는지 여부는 주무부처인 문화체육관광부에 문의하시기 바람(상속증여 – 4002, 2018. 2. 6.).

2 관계기업이 가업법인에 해당하는지 여부는 개별기업의 매출액을 기준으로 판단함

▶ 구 「상속세 및 증여세법」(2016. 12. 20. 법률 제14388호로 개정되기 전의 것) 제18조 제2항 제1호에 따른 "규모의 확대 등으로 중소기업에 해당하지 아니하게 된 기업(상속이 개시되는 사업연도의 직전 사업연도의 매출액이 3천억 원 이상인 기업 및 상호출자제한기업집단 내 기업은 제외한다)"에 해당하는지 여부를 판단할 때 매출액은 개별기업의 매출액을 기준으로 산정하는 것임(기획재정부 재산세제과 – 441, 2017. 7. 20.).

3 종전, 규모확대기업에는 매출액 3천억 원 미만의 관계기업도 포함됨

▶ 「상속세 및 증여세법」 제18조 제2항 제1호에 따른 규모의 확대 등으로 중소기업에 해당하지 아니하게 된 기업(상속이 개시되는 사업연도의 직전 사업연도의 매출액이 3천억 원 이상인 기업 및 상호출자제한기업집단 내 기업은 제외한다)은 상속개시일이 속하는 과세연도의 직전 과세연도 말 현재 「조세특례제한법 시행령」 제2조 제1항 각호 외의 부분 단서에 해당되거나 같은 항 제1호 또는 제3호(「중소기업기본법 시행령」 제3조 제1항 제2호 다목의 규정으로 한정한다)의 요건을 갖추지 못하게 되어 중소기업에 해당하지 아니하게 된 기업을 말

하는 것임(법령해석재산 - 3959, 2016. 7. 29.).

4 영농 상속공제 대상 업종과 일반업종 영위 시 가업 여부 판정

- A사는 농업회사법인으로서 돼지 생산 및 판매를 주요사업으로 하고 있음.
- A사가 생산한 돼지는 제품 매출로 인식하고, 외부에서 매입하여 판매하는 돼지는 상품매출로 인식하고 있는데 최근 3년간 평균제품매출의 비중은 15%이며 상품매출은 85% 정도임.
- 한국표준산업분류상 제품매출은 축산업(012) 중 양돈업(01220)에 해당하며, 상품매출은 도매 및 소매업 중 산동물도매업(46205)에 해당함.
- 사업자등록증에는 도소매(산동물)와 축산(양돈) 등으로 되어 있음.
- 농업회사법인의 도소매업의 사업수입금액이 축산업보다 많은 경우 도소매업을 주된 사업으로 보아 가업상속공제를 적용할 수 있는지?

▶「농어업경영체 육성 및 지원에 관한 법률」에 따른 농업회사법인의 주된 사업이 「상속세 및 증여세법」 제18조 제2항 제2호(영농상속공제)의 적용을 받는 사업에 해당하지 아니하는 경우로서 같은 법 제18조 제2항 제1호의 요건을 모두 충족하는 경우에는 해당 법인의 주식에 대하여 가업상속공제를 적용받을 수 있는 것임(서면법규과 - 1260, 2014. 12. 1.).

5 의결권 없는 우선주는 과세특례 대상이 아님

- 피상속인 생전에 보통주와 의결권 없는 우선주를 증여받아 조특법 제30조의6 규정을 적용받은 후 피상속인이 사망하여 상증법 제18조 규정을 적용받은 경우에 있어,
- 가업상속공제 요건 중 피상속인(그의 특수관계인 포함)의 지분율이 10년 이상 계속하여 50% 이상인지 여부를 판정할 때 피상속인이 보유하고 있는 의결권 없는 우선주의 포함 여부
- 의결권 없는 우선주를 포함하지 않는 경우 우선주 가액이 상증법 제18조 및 조특법 제30조의6 적용 대상인지?

▶「상속세 및 증여세법」 제18조 제2항에 따른 가업상속공제를 적용함에 있어 같은 법 시행령 제15조 제3항에 따라 피상속인과 그의 특수관계인의 주식 등을

합하여 해당 기업의 발행주식총수의 100분의 50(한국거래소에 상장된 법인이면 100분의 30) 이상을 계속하여 보유하는 지 여부를 판정할 때 「상법」에 따른 의결권이 없는 우선주는 발행주식총수 및 피상속인과 그의 특수관계인이 보유하는 주식수에서 제외하는 것이며, 같은 조 제5항에서 규정하는 가업상속재산에도 해당하지 않는 것임.

또한, 「조세특례제한법」 제30조의6 제1항의 규정을 적용함에 있어 「상법」에 따른 의결권이 없는 우선주를 증여받는 경우 해당 주식은 가업의 승계에 대한 증여세 과세특례를 적용받을 수 없는 것임(법규과-1088, 2014. 10. 14.).

6 부동산 과다보유 법인에 대한 과세특례 배제 사례

- 조경사업을 영위하는 A법인의 주식을 부모로부터 증여받고 증여세 과세특례를 신청했으나,
- 증여일 전 10년 동안 조경수 등 판매실적이 없고, 수년간 관리한 흔적이 없는 등 10년 이상 계속 경영한 가업이 아니라고 보아 과세특례 배제함.
- 납세자는 과세특례 요건에 매출액 하한 규정은 없으며, 그 외 다른 요건은 충족하므로 과세특례가 정당하다고 심판청구함.

▶ 청구인은 쟁점주식을 수증받은 것이 이 건 특례규정을 충족하므로 증여세 부과처분이 부당하다고 주장하나, ○○○은 부동산 과다보유법인(83%)으로 가업인 조경수 매출액이 2010년도 "0"원 등 설립 후 현재까지 조경수 판매 실적이 거의 없어 실제 가업을 영위하였다기보다는 재산세가 중과되는 점 등을 피하기 위해 조경수를 형식적으로 심어 관리하고 있다고 보이는 점, ○○○의 2004～2010사업연도에 계상된 배당금 수익 ○○○, 임대료 수익 ○○○, 이자수익 ○○○ 등에 비추어 청구인이 주장하는 조경사업은 부수적이고 형식적 사업에 불과한 것으로 보이는 점, 원활한 가업승계를 지원하고자 하는 이 건 특례규정의 입법 취지에도 부합한다고 보기 어려운 점, 가업의 효과적이고 효율적인 관리 및 운영을 위하여 실제 가업운영에 참여하였다기보다는 단순히 지분을 소유한 것으로 보여 가업을 실제 경영하였다고 보기 어려운 점 등을 감안할 때 청구주장을 받아들이기 어렵다고 판단된다(조심 2013서1241, 2013. 6. 25. 기각).

7 자동차 운전학원은 가업상속공제 대상 가업에 해당하지 않음

▶ 가업에 해당하는 중소기업이란 상속개시일이 속하는 과세연도의 직전 과세연도 말 현재 「조세특례제한법」 제5조 제1항에 따른 '중소기업'으로 규정하고 있으며, 같은 법 시행령 제2조 제1항에 따라 「조세특례제한법」 제7조 제1항 제1호 커목의 「학원의 설립·운영 및 과외교습에 관한 법률」에 따른 직업기술분야를 교습하는 학원을 포함하고 있으나, 「학원의 설립·운영 및 과외교습에 관한 법률」 제2조에 의하면 「도로교통법」에 따른 자동차운전학원은 제외하도록 규정하고 있으므로 지방경찰청장 등에게 등록한 자동차운전학원은 「조세특례제한법」에 의한 중소기업에 해당하지 않는다(재산세과-552, 2011. 11. 22. 및 조심 2013광1383, 2013. 7. 23. 같은 뜻).

8 인적분할 후 주식 증여시 과세특례 적용

- 당사는 3개의 제조사업부 모두를 10년 이상 영위하는 제조기업으로 규모의 확대로 조특법상 중소기업에 해당하지 않게 된 법인임(직전연도 매출액 4,000억 원 초과).
- 당사는 위의 3개 제조사업부 중 조특법상의 중소기업 요건을 모두 갖춘 1개의 사업부를 인적분할하여 법인을 신설함.
- 다른 과세특례 요건을 모두 갖추었다면, 위와 같은 분할신설법인 주식에 대해 증여세 과세특례가 적용되는지?

▶ 「상속세 및 증여세법」 제18조 제2항 제1호 및 같은 법 시행령 제15조 제1항·제3항의 가업에 해당하는 법인을 인적분할한 경우로서 분할법인 또는 분할신설법인 중 분할 전 법인과 동일한 업종을 유지하는 법인의 주식 또는 출자지분을 「조세특례제한법」 제30조의6에 따라 증여하는 경우 먼저 증여하는 주식 또는 출자지분의 순서에 따라 30억 원을 한도로 증여세 과세특례를 적용받을 수 있는 것으로서 귀 질의의 경우 분할 전 법인이 가업에 해당하지 아니하므로 위 규정을 적용받을 수 없는 것임(재산세과-613, 2011. 12. 26.).

9 전문서비스업에 해당하는 '제조업 회사본부' 등은 가업에 해당하지 않음

> - 제조업을 20년 이상 영위하고 있으며, 금년 중 자회사의 주식만 소유하고 있는
>   지주회사 성격의 분할존속회사와 기존 자산 및 부채와 모든 영업을 양수한 분
>   할신설회사로 물적분할하고자 함.
> - 분할 후 분할존속회사의 업종은 '제조업 회사본부(분류코드 71511)' 또는 '비금
>   융 지주회사(71520)'로 운영하고자 함.
> - 위와 같은 '제조업 회사본부(분류코드 71511)' 또는 '비금융 지주회사(71520)'
>   가 '그 밖의 과학기술서비스업'에 포함되어 가업상속공제 대상에 해당하는지?

▶ '제조업 회사본부 및 비금융 지주회사'는 '그 밖의 과학기술서비스업'에 해당하
지 않음(재산세과-157, 2011. 3. 14.).

10 2 이상의 사업 영위 시 주된 사업으로 가업 여부 판정

> - A법인은 유류판매업을 주업으로 하는 법인으로 자산은 100억 원 가량(대부분
>   부동산)이며, [갑]은 A법인 주식을 100% 보유한 주주임.
> - A법인이 추가로 100억 원 상당의 부동산을 취득하여 부동산임대업을 영위함.
> - 다른 가업상속공제 요건을 모두 갖추었다면, 위와 같은 경우 가업에 해당하는
>   지 여부를 어떤 기준으로 판단하는지?

▶ 2 이상의 서로 다른 사업을 영위하는 경우에는 사업별 사업수입금액이 큰 사업
을 주된 사업으로 보는 것이며, 법인 또는 거주자가 2 이상의 사업을 영위하는
경우 중소기업 해당 여부를 판정함에 있어서 「조세특례제한법 시행령」 제2조
제1항 각호의 요건은 당해 법인 또는 거주자가 영위하는 사업 전체의 종업원수,
자본금 또는 매출액을 기준으로 하여 판정하는 것임.
또한, 「상속세 및 증여세법」 제18조 제2항 제1호를 적용함에 있어 법인이 2 이
상의 서로 다른 사업을 영위하는 경우에는 피상속인이 영위하는 사업 전부를
10년 이상 계속하여 경영한 경우에 적용되는 것임(재산세과-769, 2010. 10. 19.).

11 **10년간 중소기업 등을 동일업종으로 유지 경영하여야 함**

- 10년 이상의 기간 중 하나의 기업이 [갑]이라는 중소기업 업종을 6년간 경영하고, 업종을 변경하여 [을]이라는 중소기업 업종을 5년간 경영한 경우

6년간 **[갑]업종** (중소기업)	5년간 **[을]업종** (중소기업)

중소기업 영위기간 11년

- 또는, 8년간 중소기업 업종을 경영하다가 3년간은 중소기업 업종이 아닌 업종을 경영하다가 다시 6년간 중소기업 업종을 경영한 경우

8년간 중소기업 업종	3년 **중소기업 외** 업종	6년 중소기업 업종

중소기업 영위기간 17년

- 가업상속공제 대상에 해당하는지?

▶ 「상속세 및 증여세법」 제18조 제2항 제1호의 가업이란 피상속인이 10년 이상 계속하여 같은 법 시행령 제15조 규정에 따른 중소기업을 동일업종으로 유지 경영한 기업을 말하는 것임(재산세과-1135, 2009. 6. 9.).

12 **주차장운영업은 가업상속공제 대상 가업에 해당하지 않음**

▶ 가업에 해당하는 중소기업이란, 상속개시일이 속하는 과세연도의 직전 과세연도 말 현재 「조세특례제한법 시행령」 제2조에 의한 '중소기업'을 말하는 것으로, 주차장운영업은 같은 조 제1항에서 열거하고 있는 운수업 등에 해당하지 않으므로 가업상속공제 대상 업종에 해당하지 않는 것임(재산세과-247, 2009. 1. 21. 같은 뜻).

(2) 증여자가 10년 이상 영위한 기업

증여세 과세특례 대상 가업이란 증여자가 10년 이상 계속하여 경영한 기업을 말한다. 이는 증여자가 증여일까지 계속하여 사실상 경영한 경우를 말하는 것으로, 여기서 경영이란 단순히 지분을 소유하는 것을 넘어 가업의 효과적이고 효율적인 관리 및 운영을 위하여 실제 가업운영에 참여한 경우를 의미한다.

| 연도별 가업 영위기간 요건 |

상속개시일	2007. 12. 31. 이전	2008. 1. 1.~ 2008. 12. 31.	2009. 1. 1. ~
가업 영위기간 요건	5년 이상	15년 이상	10년 이상

"10년 이상 계속 경영" 유형별 판단 사례

※ 증여세 과세특례 적용대상 "가업"은 가업상속공제 적용시의 가업 규정을 준용하고 있으므로 "10년 이상 계속 영위한 가업"에 대한 가업상속공제관련 판단 사례와 증여세 과세특례관련 판단 사례는 모두 동일하게 적용된다고 볼 수 있다.

1 개인사업을 동일업종의 법인으로 전환하면서 일부 사업용 자산을 제외한 경우

▶ 「상속세 및 증여세법」 제18조 제2항 제1호를 적용할 때 피상속인이 개인사업자로서 영위하던 가업을 동일업종의 법인으로 전환하고 법인 설립 이후 계속하여 피상속인이 그 법인의 최대주주 등에 해당하는 경우에는 피상속인이 개인사업자로서 가업을 영위한 기간을 포함하여 가업 경영기간을 계산하는 것임.
이 경우 개인사업자로서 제조업에 사용하던 건물 등 일부 사업용 자산을 제외하고 법인전환을 하였다 하더라도, 법인 전환 후에 동일한 업종을 영위하는 등 가업의 영속성이 유지되는 경우에는 피상속인이 개인사업자로서 가업을 영위한 기간을 포함하여 가업 경영기간을 계산하는 것이며, 귀 질의가 이에 해당하는지는 사실판단할 사항임(기획재정부 재산세제과-725, 2019. 10. 28.).

2 개인기업을 폐업하고 법인기업만 상속받은 경우 10년 영위 여부는 법인기업만으로 판단함

▶ 피상속인이 같은 업종의 개인기업과 법인기업을 경영하다가 개인기업을 폐업하고 사망한 경우로서 「상속세 및 증여세법」 제18조 제2항 제1호에 따라 피상속인이 해당 법인기업을 10년 이상 계속하여 경영하였는지를 판단하는 경우 개인기업의 사업 영위기간은 법인기업의 사업 영위기간에 포함하지 않는 것임(법령해석재산－0600, 2016. 12. 30.).

3 수증자가 주식 등을 증여받기 전에 해당 기업의 대표이사로 취임한 경우에도 적용될 수 있음

▶ 수증자가 이미 주식의 50% 이상을 보유하고 대표이사로 재직 중이라 하더라도 부모가 10년 이상 계속하여 경영한 기업으로서 「상속세 및 증여세법」 제18조 제2항 제1호에 따른 가업의 요건을 충족하는 기업의 주식을 자녀에게 증여하고 그 자녀가 「조세특례제한법」 제30조의6 제1항 및 같은 법 시행령 제27조의6 제1항에 따른 요건을 갖추어 가업을 승계하는 경우에는 증여세 과세특례를 적용하는 것이며, 여기서 말하는 경영이란 단순히 지분을 소유하는 것을 넘어 가업의 효과적이고 효율적인 관리 및 운영을 위하여 실제 가업운영에 참여한 경우를 의미하는 것으로, 부모가 10년 이상 계속하여 경영한 기업에 해당하는지 여부는 사실판단할 사항임(법령해석재산－2596, 2016. 12. 9.).

4 피상속인이 10년 이상 가업을 계속 영위했는지 여부는 사실판단 사항임

▶ 피상속인의 가업영위 기간을 계산함에 있어 실제 가업에 종사하기 시작한 날은 해당 법인의 경영내용 등을 종합하여 사실판단할 사항임(재산세과－252, 2010. 4. 26.).

▶ 가업의 영위기간은 피상속인이 「상속세 및 증여세법 시행령」 제15조 제3항의 요건(최대주주 등 지분 50%(30%) 이상 요건)에 해당하는 상태에서 가업의 관리 및 운영을 위하여 실제 가업운영에 참여한 기간을 의미하는 것이며, 가업의 실제 경영 여부는 사실판단 사항임(사전답변 법규재산 2013－432, 2014. 1. 22.).

▶ 가업의 경영이란 단순히 지분을 소유하는 것을 넘어 가업의 효과적이고 효율적인 관리 및 운영을 위하여 실제 가업운영에 참여한 경우를 의미하는 것이고, 가업의 실제 경영 여부는 사실판단 사항임(기획재정부 재산세제과－825, 2011. 9. 30. 외).

5 합병 등을 하는 경우 가업 영위기간 계산

(1) 개인기업과 법인의 통합

> – 피상속인이 개인사업으로서 제조업을 30년간 직접 경영하다 법인과 합병하고,
> 그 법인의 대주주가 되어 대표이사 회장으로 취임한 후 같은 업종을 5년 동안
> 직접 경영에 참여하던 중 상속이 개시됨.
> – 이와 같은 경우 피상속인이 10년 이상 직접 계속 영위한 것으로 볼 수 있는지?

▶ 상속재산인 주식 또는 출자지분을 발행한 법인이 「상속세 및 증여세법」 제18조
제2항 제1호에서 규정하는 피상속인이 10년 이상 계속하여 경영한 기업에 해당
하는지 여부는 해당 법인과 피상속인이 개인사업자로서 경영하던 기업이 통합
한 날로부터 기산하여 판단하는 것임(재산세과-3784, 2008. 11. 14.).

☞ 개인사업의 법인전환이 아니라 개인사업과 다른 법인이 통합한 경우는 그 통합
일로부터 기산하여 10년 이상 계속 영위 여부를 판단함.

(2) 법인과 법인의 합병

☐ 법인이 합병한 경우 가업 해당 여부 등은 합병법인을 기준으로 판단함

▶ 「상속세 및 증여세법」 제18조 제2항 및 같은 법 시행령 제15조 제5항에 따라
「법인세법」을 적용받는 가업의 경우 가업상속 재산가액은 가업에 해당하는 법
인의 주식등의 가액에 그 법인의 총자산가액 중 상속개시일 현재 사업무관자산
을 제외한 자산가액이 그 법인의 총자산가액에서 차지하는 비율을 곱하여 계산
한 금액에 해당하는 것을 말하는 것임(기획재정부 재산세제과-222, 2016. 3. 18.).

☞ 가업에 해당하는 법인이 가업에 해당하지 않는 법인을 흡수합병한 경우에 대한
기획재정부의 해석으로, 종전 국세청의 해석(법령해석재산-22512, 2015. 5.
27.)과 달리 합병법인을 기준으로 가업여부 및 가업상속재산가액을 산정한다는
해석임.

☐ 비상장법인이 상장을 위해 기업인수목적회사와 합병하는 경우

> – 사업영위기간이 10년 미만인 기업인수목적주식회사(SPAC)[갑]이 사업영위
> 기간이 10년 이상인 비상장법인[을]법인을 상장을 위해 흡수합병함.

- 합병 과정에서 피합병법인인 [을]법인의 최대주주는 합병 존속법인인 [갑]법인의 최대주주가 되고, 합병 후 상장법인은 합병 전 비상장법인과 업종, 명칭, 대표이사 등이 동일함.
- 최대주주 A는 피합병법인인 [을]법인을 10년 이상 경영하였고, 합병 이후 합병법인을 계속하여 경영하던 중 합병일로부터 10년 이상 경영하기 전에 사망함.
- 이와 같은 경우 피상속인이 10년 이상 직접 계속 영위한 것으로 볼 수 있는지?

▶ 비상장법인이 상장을 위하여 「자본시장과 금융투자업에 관한 법률 시행령」 제6조 제4항 제14호에 따른 기업인수목적회사(SPAC)와 합병을 하는 경우로서 합병 후 상장법인이 합병 전의 비상장법인과 업종, 명칭, 대표이사 및 최대주주 등이 동일하여 사업의 계속성이 인정되는 경우에는 「상속세 및 증여세법」 제18조 제2항 제1호에 따른 "피상속인이 10년 이상 계속하여 경영한 기업" 판정 시 피상속인이 합병 전 비상장법인을 계속하여 경영한 기간을 피상속인의 가업 영위기간에 포함하는 것임(기획재정부 재산세제과-186, 2015. 2. 17.).

(3) 합병 후 업종을 변경하는 경우

- [갑]은 A법인과 B법인의 최대주주로서 설립시부터 계속 경영함.
- A법인: 1983년 설립, 제조업 영위 중 2007년 계열사에 제조업 양도 후 2008년 서비스업을 주된 업종으로 영위함.
- B법인: 1984년 설립, 도매업이 주업으로 조특법상 중소기업이었으나 매출액기준이 초과하여 2004년, 2005년 중소기업이 아니었다가 2006년부터 다시 중소기업에 해당함.
- 2009년 A법인이 B법인을 흡수합병하고, 주된 업종을 도매업으로 함.
- 이와 같은 경우 가업영위기간은 언제부터 기산하는지?

▶ 「조세특례제한법」 제30조의6 가업의 승계에 대한 증여세 과세특례 규정을 적용함에 있어 B법인을 A법인에 흡수합병하고 주된 업종을 합병 전 B법인의 주된 업종으로 변경한 경우 10년 이상 경영한 기업에 해당하는지는 변경된 업종의 재화 또는 용역을 처음 공급한 날부터 계산하는 것이며, 「상속세 및 증여세법」 제18조 제2항 제1호의 가업은 피상속인이 10년 이상 계속하여 같은 법 시행령 제15조에 따른 중소기업을 동일업종으로 유지 경영한 기업을 말하는 것임(재산

세과-755, 2010. 10. 14.).

6 가업의 주된 업종이 변경된 경우 사업영위기간

피상속인이 경영하는 기업이 제조 및 도매업을 중단하고 물류창고 운영업으로 주된 업종을 변경한 경우 「상속세 및 증여세법」 제18조 제2항 제1호의 "피상속인이 10년 이상 계속하여 경영한 기업"은 해당 기업이 주된 업종을 변경한 후 처음으로 재화 또는 용역의 공급을 개시한 때부터 기산하여 피상속인이 10년 이상 계속하여 같은 업종으로 경영한 기업을 말하는 것임(상증, 기준-2015-법령해석재산-0227 [법령해석과-2808], 2015. 10. 28.).

7 개인사업자로 영위하던 가업을 법인으로 전환 등을 한 경우

- [갑]은 1998년부터 개인사업으로 주유소를 운영하다 2011년 법인으로 전환하여 [갑]이 최대주주이자 대표이사로 재직 중 2012년 사망함.
- 법인전환 시 [갑] 소유의 주유소 토지 및 건물은 설립된 법인에 전부 임대하고, 이를 제외한 나머지 시설장치에 대해서만 법인에 매각처리함.
- 이와 같이 사업과 관련된 토지 및 건물을 제외하고 법인으로 전환한 경우에도 가업상속공제가 가능한지?

▶ 「상속세 및 증여세법」 제18조 제2항 제1호의 '10년 이상 계속하여 경영한 기업'에 해당하는지 여부를 판정할 때, 개인사업자로서 영위하던 가업을 동일한 업종의 법인으로 전환하여 피상속인이 법인 설립일 이후 계속하여 그 법인의 최대주주 등에 해당하는 경우에는 개인사업자로서 가업을 영위한 기간을 포함하여 계산하는 것이며, 이때 현물출자의 방법으로 법인 전환하는 경우 개인가업의 모든 자산과 부채를 현물출자하여야 하는 것임(재산세과-335, 2012. 9. 20.).

▶ 「상속세 및 증여세법」 제18조 제2항 제1호에 따른 가업을 10년 이상 계속하여 영위하였는지를 판단할 때, 피상속인이 개인사업자로서 영위하던 가업을 동일한 업종의 법인으로 현물출자에 의하여 신설하거나 법인 설립 후 사업양수도 방법에 의하여 전환한 경우로서 피상속인이 법인설립일 이후 계속하여 당해 법인의 최대주주 등에 해당하는 경우에는 개인사업자로서 가업을 영위한 기간을 포함하여 계산하는 것임(재산세과-412, 2010. 6. 21.).

> – 피상속인이 개인사업을 법인으로 전환한 경우로서 피상속인 소유 토지·건물을
>   해당 법인에 임대하던 중 사망한 경우 그 토지·건물에 대해 가업상속공제가 가능
>   한지?

▶ 가업에 해당하는 법인에 임대하고 있는 피상속인 개인 소유의 부동산에 대해서
  는 가업상속공제를 적용받을 수 없는 것임(재산세과-335, 2012. 9. 20.).

> – [갑]은 1971년 도매업으로 개인사업 A를 운영하다 2005. 6. 30. 폐업하고 2005.
>   6. 29. 같은 사업장에 같은 업종의 B법인을 설립함.
> – B법인은 개인사업과 동일한 거래처, 외상매출금, 보증금 등을 기초에 승계받은
>   것으로 기장함.
> – A사업시 토지, 건물은 승계되지 않고 2005. 7. 1. 부동산 임대업으로 등록함.
> – 1972년부터 같이 일하던 子가 2014년 대표이사로 취임하였고, [갑]은 2014년
>   4월 사망함.
> – 개인사업을 폐업하고 같은 장소에서 법인을 설립하여 사업을 영위하는 경우
>   가업상속공제 10년 이상 영위요건 판단시, 개인사업 영위기간이 포함되는지?

▶ 「상속세 및 증여세법」 제18조 제2항 제1호를 적용할 때 개인사업자로서 영위하
  던 가업을 폐업하고 같은 장소에서 법인을 설립하여 동일업종을 영위하는 경우
  로서 법인전환에 해당하지 않거나, 개인사업의 사업용 자산의 일부를 제외하고
  법인전환한 경우에는 개인사업자로서 가업을 영위한 기간은 포함하지 않는 것
  임(서면법규과-1179, 2014. 11. 7.).

8 종전 사업장 폐업 후 신규로 사업을 개시한 경우

> – 1999년 ○○동 소재 [A](개인기업, 제조/기계부품)를 개업하여 경영하던 중
>   2009년 △△동 소재 다른 사업장으로 [A]를 확장 이전하면서 사업자등록 정
>   정신고를 하지 않고 [B](개인기업, 제조/기계부품, 선박부품)를 신규등록하였
>   고, [A]는 폐업신고함.
> – 이 경우 종전 사업장의 사업영위기간을 통산하여 가업상속공제를 받을 수 있는지?

▶ 「상속세 및 증여세법」 제18조 제2항 제1호의 '10년 이상 계속하여 경영한 기업'

에 해당하는지 여부를 판정할 때, 피상속인이 「소득세법」이 적용되는 기업의 종전 사업장을 폐업하고 다른 장소에 신규로 사업을 영위한 경우에는 종전 사업장에서의 사업영위기간을 포함하지 아니하는 것이나, 사업장을 사실상 폐업하지 아니하고 이전하여 같은 업종의 사업을 계속하여 영위하는 경우에는 종전 사업장에서의 사업영위기간을 포함하여 계산하는 것임.

이 경우 업종의 변경 여부는 통계청장이 작성·고시하는 한국표준산업분류상의 세세분류가 동일한 업종에 해당하는지 여부로 판단하는 것이며, 종전 사업장을 폐업하고 다른 장소에 신규로 사업을 영위한 것인지 또는 사업장 이전인지 여부는 종전 사업장과 신규 사업장의 실질내용을 종합하여 판단할 사항임(재산세과-301, 2012. 8. 26.).

9 법인이 분할하는 경우 사업영위기간

☐ 중소기업 해당 겸영법인의 분할시 신설법인의 사업영위기간

> - [갑]법인은 1975년 제조업과 부동산임대를 하는 법인으로 설립함(수입금액 비율: 제조업 90%, 임대업 10%).
> - 2002년 제조업 영위법인 [갑]법인과 임대업 영위법인 [을]법인으로 분할함.
> - 위와 같은 경우 2009년 피상속인이 사망하여 [갑]법인에 대한 가업상속공제를 적용함에 있어 '10년 이상 계속 경영한 기업' 판단시 당초 개업일(1975년)로부터 기산하는지 아니면 분할시점(2002년)부터 기산하는지?

▶ 제조업과 부동산임대업을 겸영하던 중소기업에 해당하는 법인이 제조업부문을 인적분할한 경우 당해 분할신설법인의 사업영위기간은 분할 전 분할법인의 사업개시일부터 계산하여 「상속세 및 증여세법」 제18조 제2항 제1호를 적용하는 것임(재산세과-951, 2009. 5. 15. 재산세과-519, 2010. 7. 15. 같은 뜻).

> ☞ 상속개시일이 속하는 과세연도의 직전 사업연도 말 현재 「조세특례제한법 시행령」 제2조에서 규정하는 중소기업에는 해당하며, 법인 분할 전에도 사업별 수입금액이 큰 주된 업종이 제조업으로 가업에 해당하므로 통산하여 영위기간을 판단함이 타당함.

☐ 중소기업 등에 해당하지 않던 법인이 분할하여 중소기업 등 요건을 갖춘 경우 신설법인의 사업영위기간

> - [갑]법인은 3개의 제조사업부 모두를 10년 이상 영위하던 기업으로 매출액이
>   4,000억 원을 초과하여 조특법상 중소기업에 해당하지 않게 된 기업임.
> - 2011년 위 3개 제조사업부 중 어느 한 사업부를 인적분할하였고, 그 신설법인
>   은 조특법상 중소기업 요건을 갖추게 되었음.
> - 위와 같은 경우 인적분할 신설법인이 '10년 이상 계속 경영한 가업'에 해당하는지?

▶ 「상속세 및 증여세법」 제18조 제2항 제1호 및 같은 법 시행령 제15조 제1항·
제3항의 가업에 해당하는 법인을 인적분할한 경우로서 분할법인 또는 분할신설
법인 중 분할 전 법인과 동일한 업종을 유지하는 법인의 주식 또는 출자지분을
「조세특례제한법」 제30조의6에 따라 증여하는 경우 먼저 증여하는 주식 또는
출자지분의 순서에 따라 30억 원을 한도로 증여세 과세특례를 적용받을 수 있
는 것으로서, 귀 질의의 경우 분할 전 법인이 가업에 해당하지 아니하므로 위
규정을 적용받을 수 없는 것임(재산세과-613, 2011. 12. 26.).

　☞ 종전 법인이 「상속세 및 증여세법」 제18조 제2항 및 「조세특례제한법」 제5조에
　　의한 '가업'에 해당하는 경우로서 그 법인을 분할하여 분할 전 법인과 동일한 업
　　종을 유지하는 경우는 가업 영위기간을 통산[52]하여 판단할 수 있는 것이나, 분할
　　전 법인이 가업의 요건을 갖추지 못한 상태에서 분할한 경우는 분할 후 최초로
　　재화와 용역을 공급한 날을 기산일로 하여 10년 이상 영위여부를 판단하는 것임.

10 상속개시일 전에 폐업한 경우

▶ 가업상속공제는 상속개시일 현재 피상속인이 10년 이상 계속하여 영위한 사업
을 말하는 것이므로, 사망하기 10년 전에 폐업한 경우는 가업상속공제 대상이
아님(재산 46014-1197, 1999. 6. 18. 같은 뜻).

(3) 주식보유 요건(최대주주 등 40%(상장법인 20%))

증여자가 가업의 최대주주 등(「상속세 및 증여세법 시행령」 제19조 제2항에 따른 최
대주주 또는 최대출자자를 말한다)인 경우로서 증여자와 그의 특수관계인의 주식 등을
합하여 해당 기업의 발행주식총수 등의 40%(한국거래소에 상장되어 있는 법인이면

---

52) 재산세과-809, 2010. 11. 1. 같은 뜻

20%) 이상을 계속하여 보유하는 경우에 해당되어야 증여세 과세특례가 적용된다.

> **상속세 및 증여세법 시행령 제19조 【금융재산 상속공제】**
>
> ② 법 제22조 제2항에서 "대통령령으로 정하는 최대주주 또는 최대출자자"란 주주 등 1인과 그의 특수관계인의 보유주식 등을 합하여 그 보유주식 등의 합계가 가장 많은 경우의 해당 주주 등 1인과 그의 특수관계인 모두를 말한다. (개정 2012. 2. 2.)

이 경우 증여자와 그의 특수관계인의 보유주식 등을 합하여 최대주주 등에 해당하는 경우에는 증여자 및 그의 특수관계인 모두를 최대주주 등으로 보는 것[53]이므로, 증여자의 지분이 가장 크지 않은 경우에도 다른 요건을 모두 충족한 경우에는 증여세 과세특례가 적용된다.

또한, 위와 같은 주식보유 요건은 증여일 전 증여자의 가업영위 기간 중 10년 이상 계속 충족하여야 하는 것으로 증여자가 10년 이상 가업영위기간계산은 위 주식보유요건을 충족한 상태에서 실제 가업을 운영한 기간을 기준으로 판단[54]하도록 하고 있다.

> **필자 주**
>
> 증여자가 포함된 최대주주 등의 주식보유 요건은, 2016. 2. 5. 상속세 및 증여세법 시행령 제15조 개정 전에는 같은 조 제3항에 따라 "가업"에 해당하는지 여부를 판단하는 요건 중 하나로 규정되어 있었으나, 2016. 2. 5. 같은 영 제15조가 개정되면서 제3항 제1호에 따라 "피상속인의 요건" 중 하나로 변경되었다.
>
> 따라서, 조세특례제한법 제30조의6 증여세 과세특례 규정을 적용함에 있어서는 위 주식보유요건은 가업의 요건이 아니라고 할 수 있겠으나, 상속세 및 증여세법상 가업의 의의와 경영권을 확보하여 실질적으로 가업을 영위한다는 의미 등을 감안하면 가업의 요건 중 하나로 보는 것이 타당해 보이며, 법령의 보완이 필요해 보인다.

㉮ **최대주주 등의 범위**

"최대주주 등"이란 주주 1인 및 그와 특수관계에 있는 주주(특수관계에 있는 주주그룹)

---

53) 재산세과−3185, 2008. 10. 8.
54) 사전답변 법규재산 2013−432, 2014. 1. 22.

가 보유하고 있는 의결권이 있는 주식 등의 합계를 주주그룹별로 계산하여 해당 법인에서 보유 지분율이 가장 많은 주주그룹에 속하는 모든 주주를 말한다.

㈏ 특수관계인의 범위

「상속세 및 증여세법」을 적용함에 있어 "특수관계인"이란 "본인과 친족관계, 경제적 연관관계 또는 경영지배관계 등 「상속세 및 증여세법 시행령」 제2조의2 제1항 각호의 어느 하나에 해당하는 관계에 있는 자"로 정의하고 있다(상증법 §2 10호).

이 경우 본인도 특수관계인의 특수관계인으로 본다(상증법 §2 10호 후단)고 규정하여 쌍방특수관계를 명확히 하고 있다.

즉, 특수관계인의 범위를 본인과 다음 중 어느 하나에 해당하는 관계에 있는 자로 하고, 이 경우 본인도 특수관계인의 특수관계인으로 보도록 2012. 2. 2. 「상속세 및 증여세법 시행령」 제12조의2를 신설하였다가 2015. 12. 15. 「상속세 및 증여세법」 제2조【정의】 규정을 신설하면서 동조 제10호에서 정의하고 있다.

① 「국세기본법 시행령」 제1조의2(특수관계인의 범위) 제1항 제1호부터 제5호까지의 어느 하나에 해당하는 자(이하 "친족"이라 한다) 및 직계비속의 배우자의 2촌 이내의 혈족(2014. 2. 20. 이전은 부계혈족)과 그 배우자

> **국세기본법 시행령 제1조의2【특수관계인의 범위】**
> ① 국세기본법 제2조 제20호 가목에서 "혈족·인척 등 대통령령으로 정하는 친족관계"란 다음 각호의 어느 하나에 해당하는 관계(이하 "친족관계"라 한다)를 말한다. (신설 2012. 2. 2.)
> 1. 4촌 이내의 혈족
> 2. 3촌 이내의 인척
> 3. 배우자(사실상의 혼인관계에 있는 자를 포함한다)
> 4. 친생자로서 다른 사람에게 친양자 입양된 자 및 그 배우자·직계비속
> 5. 본인이 「민법」에 따라 인지한 혼인 외 출생자의 생부나 생모(본인의 금전이나 그 밖의 재산으로 생계를 유지하는 사람 또는 생계를 함께하는 사람으로 한정한다)

② 사용인(출자에 의하여 지배하고 있는 법인의 사용인을 포함한다. 이하 같다)이나 사용인 외의 자로서 본인의 재산으로 생계를 유지하는 자

- 사용인: 임원, 상업사용인, 그 밖에 고용계약관계에 있는 자

  ☞ 임원이란, 「법인세법 시행령」 제40조 제1항에 따른 임원을 말한다.
  - 퇴직임원은 '퇴직 후 3년(공정거래법 제14조에 따른 공시대상기업집단 소속기업은 5년)이 지나지 아니한 그 임원이었던 사람'으로 별도 정의
  - 2014. 2. 21. 시행령 개정시 "사외이사[55]"였던 자가 퇴임한 경우는 임원의 범위에서 제외하였고, 이 개정사항은 2014. 2. 21. 이후 결정하는 분부터 적용하도록 하였으며,
  - 2019. 2. 12. 시행령 개정시 "퇴직임원"이란 "퇴직 후 3년(공정거래법 제14조에 따른 공시대상기업집단 소속기업은 5년)이 지나지 아니한 그 임원이었던 사람"이라고 새롭게 정의하였고, 이 개정규정은 2019. 2. 12. 이후 상속이 개시되거나 증여받는 분부터 적용한다(종전에는 퇴직 후 5년이 지나지 아니한 임원이었던 사람으로서 사외이사가 아니었던 사람). 따라서, 2019. 2. 12. 이후 특수관계인 해당 여부 판단시, 기업집단의 소속기업 임원에 해당하지 않는 경우라면, 퇴직한 임원은 사용인의 범위에서 제외된 것으로 볼 수 있다.

- 출자에 의하여 지배하고 있는 법인: 다음의 어느 하나에 해당하는 법인

  ㉮ 다음 ⑥에 해당하는 법인

  ㉯ 다음 ⑦에 해당하는 법인

  ㉰ ①부터 ⑦까지에 해당하는 자가 발행주식총수 등의 100분의 50 이상을 출자하고 있는 법인

③ 다음의 어느 하나에 해당하는 자

  ㉮ 본인이 개인인 경우: 본인이 직접 또는 본인과 위 ①에 해당하는 관계에 있는 자가 임원에 대한 임면권의 행사 및 사업방침의 결정 등을 통하여 그 경영에 관하여 사실상의 영향력을 행사하고 있는 기획재정부령으로 정하는 기업집단의 소속 기업[해당 기업의 임원(「법인세법 시행령」 제40조 제1항에 따른 임원을 말한다. 이하 같다)과 퇴직 후 3년(해당 기업이 「독점규제 및 공정거래에 관한 법률」 제14조에 따른 공시대상기업집단에 소속된 경우는 5년)이 지나지 않은 사람(이하 "퇴직임원"이라 한다)을 포함한다]

  ㉯ 본인이 법인인 경우: 본인이 속한 기획재정부령으로 정하는 기업집단의 소속 기업(해당 기업의 임원과 퇴직임원을 포함한다)과 해당 기업의 임원에 대한 임면권의 행사 및 사업방침의 결정 등을 통하여 그 경영에 관하여 사실상의 영향력을 행사하고 있는 자 및 그와 위 ①에 해당하는 관계에 있는 자

---

55) 회사의 상무에 종사하지 않는 이사로서 결격사유(상법 §382 ③ 각호)에 해당하지 않는 자(상법 §382 ③)

- "기획재정부령이 정하는 기업집단의 소속기업": 「독점규제 및 공정거래에 관한 법률 시행령」 제3조 각호의 어느 하나에 해당하는 기업집단에 속하는 계열회사

④ 본인, 위 ①부터 ③까지의 자 또는 본인과 위 ①부터 ③까지의 자가 공동으로 재산을 출연하여 설립하거나 이사의 과반수를 차지하는 비영리법인

⑤ 위 ③에 해당하는 기업의 임원 또는 퇴직임원이 이사장인 비영리법인

⑥ 본인, 위 ①부터 ⑤까지의 자 또는 본인과 ①부터 ⑤까지의 자가 공동으로 발행주식총수 또는 출자총액(이하 "발행주식총수 등"이라 한다)의 100분의 30 이상을 출자하고 있는 법인

⑦ 본인, 위 ①부터 ⑥까지의 자 또는 본인과 위 ①부터 ⑥까지의 자가 공동으로 발행주식총수 등의 100분의 50 이상을 출자하고 있는 법인

⑧ 본인, 위 ①부터 ⑦까지의 자 또는 본인과 위 ①부터 ⑦까지의 자가 공동으로 재산을 출연하여 설립하거나 이사의 과반수를 차지하는 비영리법인

"주식보유 요건" 유형별 판단 사례

※ 증여세 과세특례 적용대상 "가업"은 가업상속공제 적용시의 가업 규정을 준용하고 있으므로 "50%(30%) 이상 주식보유요건"에 대한 가업상속공제관련 판단 사례와 증여세 과세특례관련 판단 사례는 모두 동일하게 적용된다고 볼 수 있다.

1 취득한 지 10년이 안 된 주식에 대해서도 가업상속공제 가능

상속인이 상속받은 쟁점법인 주식 중 12,000주는 피상속인이 직접 10년 이상 보유, 나머지 3,000주는 10년 미만 보유한 경우, 피상속인이 직접 10년 이상 보유한 주식에 대해서만 가업상속공제가 적용되는지?

▶ 해당 법인 주식 중 피상속인이 10년 이상 보유하지 않은 주식에 대해서도 적용되며, 2022. 1. 5. 이후 결정·경정분부터 적용함(기획재정부 조세법령운용과-10, 2022. 1. 5., 상속증여-6259, 2022. 8. 25.).

2 증여자가 10년 이상 계속 보유한 주식이어야 하는지 여부

▶ 증여세 과세특례의 대상인 '가업'에 해당하려면, '증여자인 부모가 최대주주 또는 최대출자자로서 10년 이상 계속하여 그의 특수관계인의 주식 또는 출자지분을 합하여 일정비율, 즉 발행주식총수 또는 출자총액의 50% 이상을 보유할 것'을 충족하면 되고, '증여자가 증여하는 해당 주식을 10년 이상 계속하여 보유할 것'까지 충족할 필요는 없으므로, '증여자가 해당 주식을 10년 이상 보유할 것'은 구 「조세특례제한법」 제30조의6 제1항에서 정한 가업의 승계에 대한 증여세 과세특례를 적용하기 위한 요건이라 할 수 없음(대법원 2019두44095, 2020. 5. 28. 국패).

3 최대주주 등이란 특수관계 주주 모두를 의미함

- 1998년 현재 특수관계인 해당 주주 지분이 88%(피상속인 55%)
- 2005년 피상속인이 상속인(장남)에게 주식을 증여하여 피상속인 지분은 15%, 상속인(장남)의 지분은 45%가 됨.
- 2008년 피상속인의 사망시 피상속인의 지분이 상속인보다 작은 경우에도 가업 상속공제가 가능한지?

▶ 「상속세 및 증여세법 시행령」 제15조의 규정에 의한 가업상속공제 요건을 충족한 경우에는 같은 법 제18조 제2항의 규정에 따라 상속세 과세가액에서 가업상속공제를 적용받을 수 있는 것임. 이 경우 피상속인과 같은 법 시행령 제19조 제2항 각호의 어느 하나에 규정하는 특수관계자의 보유주식 등을 합하여 최대주주 등에 해당하는 경우에는 피상속인 및 그와 특수관계에 있는 자 모두를 최대주주 등으로 보는 것임(재산세과-3185, 2008. 10. 8.).

☞ 최대주주 등의 지분 보유요건(50%, 상장 30%)은 증여자와 그의 특수관계인 모두의 지분을 합하여 판단하는 것이며, 이 경우 증여자의 지분이 작은 경우에도 증여세 과세특례는 적용될 수 있는 것임.

4 10년 이상 계속하여 최대주주 등에 해당하여야 함

> - 1979년 [갑]이 A법인 설립 후 2007년 [을]에게 지분을 양도함.
> - 2008년 A법인이 물적분할하고 2009년 [갑]이 분할 신설법인(B법인) 주식을 100% 인수함.
> - 2009년 [갑]이 사망한 경우 B법인의 가업상속공제 여부 판단시 최대주주 등 요건은 상속개시 시점인지 아니면 일정기간 유지조건인지 여부?

▶ 「상속세 및 증여세법」 제18조 제2항 제1호에 따른 가업상속공제 규정은 피상속인이 상속개시일 현재 10년 이상 계속하여 같은 법 시행령 제15조 제1항에 해당하는 중소기업의 최대주주 등인 경우로서 그와 특수관계에 있는 자의 주식 등을 합하여 해당 법인의 발행주식총수 등의 100분의 50(한국거래소에 상장되어 있는 법인이면 100분의 40) 이상인 경우에 적용되는 것임(재산세과-1406, 2009. 7. 10.).

☞ 최대주주 등의 지분 보유요건(50%, 상장 30%)은 증여일 전 10년 이상 기간 동안 계속 유지하여야 하는 것임.

5 사내근로복지기금 보유 주식을 포함하여 50% 이상 여부 판단함

▶ 중소기업을 영위하는 비상장법인의 최대주주가 그와 특수관계에 있는 자의 주식을 합하여 해당 법인의 발행주식총수의 100분의 50 이상을 보유하는 경우에는 「상속세 및 증여세법」 제18조 제2항 제1호에 포함되는 것임. 이 경우 사내근로복지기금은 「상속세 및 증여세법 시행령」 제15조 제3항의 최대주주 등과 특수관계에 있는 자에 해당되는 것임(기획재정부 재산세제과-1039, 2011. 12. 2.).

6 50% 이상 여부 판단 시 자기주식은 발행주식총수에서 제외함

▶ 「상속세 및 증여세법」 제18조에 따른 가업상속공제를 적용함에 있어 같은 법 시행령 제15조 제3항에 따라 피상속인과 그의 특수관계인의 주식 등을 합하여 해당 기업의 발행주식총수의 100분의 50(한국거래소에 상장된 법인이면 100분의 30) 이상을 계속하여 보유하는지 여부를 판정할 때 주식발행법인이 보유하는 자기주식은 발행주식총수에서 제외하는 것임(서면법규과-1386, 2013. 12. 22.).

7 **비상장기업이 상장한 경우 주식보유 요건**

- 증여일 전 10년간 비상장기업 당시 최대주주 등 지분이 34.5%, 50.7%, 49.9% 이었다가, 2008년 상장하여 37.8%를 유지함.
- 위와 같이 증여일 현재 상장기업인 경우 지난 10년간 30% 이상 유지한 경우 증여세 과세특례가 적용되는지?

▶ 귀 질의의 비상장 중소기업이 상장되는 경우「조세특례제한법」제30조의6 제1항의 가업은 증여자가 10년 이상 계속하여「상속세 및 증여세법 시행령」제15조 제1항에 해당하는 중소기업의 최대주주 등인 경우로서 그와 특수관계에 있는 자의 주식 등을 합하여 해당 법인의 발행주식총수 등의 100분의 50, 한국거래소에 상장된 후에는 100분의 30 이상을 각각 보유한 경우에 한정하는 것임 (재산세과-432, 2011. 9. 20.).

　☞ 비상장기업이 상장한 후 주식을 증여하는 경우에도, 최대주주 등 지분율 요건은 비상장기업 기간은 50% 이상, 상장기업 기간은 30% 이상을 각각 유지하여야 한다는 해석임.

8 **명의신탁 주식은 실소유자 기준으로 지분율 산정함**

▶「조세특례제한법」제30조의6 제1항에 따른 증여세 과세특례규정을 적용함에 있어 증여자와「상속세 및 증여세법 시행령」제19조 제2항 각호의 어느 하나에 해당하는 특수관계에 있는 자가 명의신탁한 주식이 있는 사실이 명백히 확인되는 경우에는 그 명의신탁한 주식을 포함하여 같은 영 제15조 제3항의 요건을 충족하는지 여부를 판단하는 것임(재산세과-596, 2010. 8. 16.).

(4) 종전에 증여세 과세특례를 적용받지 않은 가업일 것

종전에 증여자가 10년 이상 영위하던 가업의 주식을 증여하여 증여세 과세특례를 적용받은 경우(1차 과세특례)로서 그 당시 최대주주 등에 해당하는 다른 주주가 다시 주식을 증여하는 경우는 증여세 과세특례(2차 과세특례) 대상 가업에서 제외하고 있으므로 (조특법 §30의6 ① 단서) 증여세 과세특례를 적용받을 수 있는 가업이란 종전에 증여세 과세특례를 적용받지 않은 가업 즉, 최초로 과세특례를 적용받는 가업이어야 한다. 다만, 종전에 가업을 증여받은 자가 해당 주식을 증여하여 승계받는 경우에는 예외로 하고 있다.

2010. 12. 31. 이전 증여분까지는 최대주주 등에 해당하는 자들이 각각의 자녀에게 각각 주식을 증여하여 가업승계 증여세 과세특례를 적용받을 수 있었으나, 2010. 12. 30. 「상속세 및 증여세법 시행령」제15조 제3항 개정과 아울러 2010. 12. 27. 「조세특례제한법」제30조의6 제1항 단서를 신설하여 2011. 1. 1. 이후 증여분부터는 위와 같이 최대주주 등에 해당하는 주주의 가업승계시 1회만(단, 1차 가업승계받은 자가 증여하는 경우에는 2차 가업승계도 가능) 과세특례를 적용받을 수 있도록 제한 규정을 두었다.

> ● 사례
>
> ○ 공동사업을 경영하던 부와 모의 지분 중 모 지분 증여로 가업승계 증여세 특례를 받은 후 부의 지분을 재차 증여받는 경우 증여세 특례를 적용할 수 없음.
>
> ▶ 귀 서면질의 신청의 사실관계와 같이, 부와 모가 공동사업을 경영하는 가업의 모 지분을 자녀가 증여받아 「조세특례제한법」제30조의6 제1항에 따른 "가업의 승계에 대한 증여세 과세특례"를 적용받은 후, 부 지분을 증여받은 경우는 해당 특례를 적용하지 아니하는 것임(법규재산-4361, 2022. 6. 29.).

나. 증여자 요건

증여자는 60세 이상의 부모(증여 당시 부 또는 모가 사망한 경우에는 그 사망한 부 또는 모의 부모를 포함한다)에 해당하여야 하며, 그 부모가 각각 10년 이상 계속하여 가업을 경영한 경우에 해당하여야 한다. 이 경우 가업상속공제 요건 중 하나인 피상속인의 대표이사 재직요건은 증여세 과세특례 적용시는 필요로 하지 않는다.

따라서, 대표이사로는 재직하지 않았다 하더라도 10년 이상 계속 가업을 경영한 경우이어야 하며,[56] 여기서 가업을 경영하는 경우란 단순히 지분을 소유하는 것을 넘어 가

---

56) 재산세과-779, 2009. 11. 19. 외

업의 효과적이고 효율적인 관리 및 운영을 위하여 실제 가업운영에 참여한 경우를 말한다.

- 가업의 승계에 대한 증여세 과세특례 적용시 증여자인 부모가 증여일 현재 가업에 종사하지 아니하였더라도 증여세 과세특례 적용할 수 있다(상속증여 – 2304, 2022. 7. 4., 재조세법령운용 – 571, 2022. 5. 30.).
- 증여세 과세특례규정 적용시, 요건을 갖춘 증여자의 증여일 이후 공동대표이사직 퇴임 여부는 동 규정의 적용과는 무관하다(재산세과 – 251, 2010. 4. 26.).
- 증여세 과세특례규정 적용시, "부모"에는 "양부모"가 포함된다(재산세과 – 430, 2009. 10. 9.).

다. 수증자 요건

> (1) 18세 이상의 거주자이어야 한다.
> (2) 증여세 신고기한까지 가업에 종사하여야 한다.
> (3) 증여일부터 3년(2022. 12. 31. 이전은 5년) 이내에 대표이사에 취임하여야 한다.
>   [(2) and (3)]
>   - 2015. 2. 3. 이후 증여분부터 (2)와 (3) 요건을 배우자가 충족한 경우도 포함
> (4) 2인 이상이 가업을 승계받는 경우도 가능하다(2020. 1. 1. 이후).

수증자에 대한 과세특례 요건은, 18세 이상인 거주자가 부모로부터 주식 등을 증여받고 가업을 승계하여야 한다는 것으로, 여기서 가업을 승계한 경우란 수증자 또는 그 배우자가 「상속세 및 증여세법」 제68조에 따른 증여세 과세표준 신고기한까지 가업에 종사하고 증여일부터 3년(2022. 12. 31. 이전은 5년) 이내에 대표이사에 취임하는 것을 말한다. 이 경우 2015. 2. 3. 이후 증여분부터는 수증자의 배우자가 가업종사 및 대표이사 취임요건을 충족한 경우도 포함하며, 수증자가 가업의 승계를 목적으로 주식 등을 증여받기 전에 해당 가업의 대표이사로 취임한 경우에도 적용될 수 있으나 이때는 대표이사가 아닌 증여자가 실제 가업을 영위한 것으로 확인되어야 한다.

한편, 2019. 12. 31. 이전에는 가업에 해당하는 주식을 증여받은 자녀 중 1인에 대하여만 증여세 과세특례가 적용되었으나, 2020. 1. 1. 이후부터는 가업을 승계한 거주자가

2인 이상인 경우에도 각 거주자가 증여받은 주식등을 1인이 모두 증여받은 것으로 보아 과세특례를 적용한다(조특법 §30의6 ② 2019. 12. 31. 신설).

"수증자 요건" 유형별 판단 사례

1 2인 이상이 증여받는 경우에도 과세특례는 적용됨

▶ 귀 질의의 경우 종전에 조세특례제한법 제30조의6 및 동법 시행령 제27조의6에 따라 주식을 증여받아 가업의 승계에 대한 증여세 과세특례를 적용받은 경우, 이후 해당 수증인을 포함한 2인 이상이 동 법령에 따라 과세가액 100억 원을 한도로 해당 증여세 과세특례를 적용받을 수 있는 것임(상속증여-2204, 2022. 7. 4.).

▶ 귀 서면질의의 경우와 같이, 부(父)와 모(母)가 각각 영위하는 가업의 주식 또는 출자지분을 장남, 차남에게 각각 증여하여 가업을 승계하는 경우로서, 「조세특례제한법」 제30조의6 제1항 및 같은 법 시행령 제27조의6 제1항에 따른 요건을 모두 갖춘 경우에는, 같은 법 제30조의6 제2항에 따라 거주자 1인이 모두 증여받은 것으로 보아 증여세를 계산하는 것임(법규재산-5942, 2022. 3. 31.).

▶ 2020. 1. 1. 이후 증여받는 분부터 2인 이상의 수증자가 기업별로 주식을 증여받거나 1개 기업을 공동으로 증여받은 경우 해당 가업의 주식 등을 증여받은 수증자 또는 그 배우자가 「상속세 및 증여세법」 제68조에 따른 증여세 과세표준 신고기한까지 가업에 종사하고 증여일부터 5년 이내에 대표이사에 취임하여 「조세특례제한법」 제30조의6 제1항 및 같은 법 시행령 제27조의6 제1항에 따른 요건을 모두 갖춘 경우에는 해당 수증자의 승계지분에 대하여 증여세 과세특례를 적용할 수 있는 것이며, 이 경우 각 수증자가 납부할 증여세액은 같은 법 시행령 제27조의6 제2항에 따라 계산함(상속증여-5330, 2021. 4. 30.).

2 주식의 수증자는 자녀이어야 함

▶ 조특법 가업승계 특례규정에 의하면 가업승계의 주체는 '자녀' 외에 '자녀의 배우자'도 될 수 있으나 주식의 수증자는 '자녀'여야 함이 문언상 분명함(서울행정법원 2018구합88159, 2019. 6. 21. 국승).

3 가업의 승계 후 증여받는 경우에는 과세특례가 적용되지 아니하나, 승계를 받은 그 자녀에게 재차 증여한 경우에는 100억 원 한도 내에서 과세특례 적용됨

▶ 수증자가 이미 주식의 50% 이상을 보유하고 대표이사로 재직 중이라 하더라도 부모가 10년 이상 계속하여 경영한 기업으로서 「상속세 및 증여세법」 제18조 제2항 제1호에 따른 가업의 요건을 충족하는 기업의 주식을 자녀에게 증여하고 그 자녀가 「조세특례제한법」 제30조의6 제1항 및 같은 법 시행령 제27조의6 제1항에 따른 요건을 갖추어 가업을 승계하는 경우에는 증여세 과세특례를 적용하는 것임.

「조세특례제한법」 제30조의6 제1항 단서에 따라 자녀 1인에게 최초로 가업의 승계가 이루어진 후에 최대주주등의 다른 자녀는 가업의 승계를 받을 수 없으나, 최초로 가업의 승계를 받은 자녀는 「조세특례제한법」 제30조의6 제1항에 따른 과세특례 한도 내에서 증여자 및 수증자의 요건을 갖추어 재차 승계를 받을 수 있는 것임(기획재정부 재산세제과-683, 2016. 10. 26.).

4 증여세 과세특례는 수증자 1인에 대하여만 적용되는 것임(2019. 12. 31. 이전 분)

▶ 1. 2016. 2. 5. 이후 상속부터는 「상속세 및 증여세법」 제18조 제2항 제1호에 따른 가업상속공제 적용시 상속인(상속인의 배우자가 상속세 및 증여세법 시행령 제15조 제3항 제2호 각목의 요건을 모두 갖춘 경우에는 상속인이 그 요건을 갖춘 것으로 본다)이 상속세 및 증여세법 시행령 제15조 제3항 제2호 각목의 요건을 모두 갖춘 경우에 적용하는 것임.

2. 「조세특례제한법」 제30조의6 제1항에 따른 가업의 승계에 대한 증여세 과세특례는 2 이상의 가업 전부를 승계받을 목적으로 주식 등을 증여받은 수증자 1인이 증여세 과세표준 신고기한까지 가업에 종사하고 증여일부터 5년 이내에 대표이사에 취임한 경우에 적용하는 것임(상속증여-3616, 2016. 5. 17.).

5 두 개의 가업을 합병 후 승계하거나, 승계 후 합병하는 경우

> - 2개의 사업체를 영위하고 있으며, 각각의 법인은 10년 이상 경영하였음.
> - 2개의 법인 주식을 아들에게 증여하여 가업승계하고자 함.

- 2개의 법인을 합병 후 합병법인 주식을 증여하는 경우와, 2개의 가업승계 후 합병하는 경우 과세특례 가능 여부 및 대표이사 취임요건은?

▶ 두 개의 가업 승계를 목적으로 자녀 1인이 주식 등을 2010년 12월 31일까지 증여받고 가업을 승계한 경우에는 주식 등 가액을 합하여 계산한 증여세 과세가액 30억 원을 한도로「조세특례제한법」제30조의6 과세특례를 적용하는 것이며, 증여자가 모두 최대주주 등인 법인 간의 합병으로 인해 합병 후 존속법인(증여자가 최대주주 등)이 피합병법인의 사업을 승계하여 계속 영위하던 중에 주식 등을 증여하는 경우에 가업영위기간은 피합병법인의 사업영위기간을 포함하여「조세특례제한법」제30조의6 과세특례 적용 여부를 판단하는 것임(재산세과-358, 2010. 6. 3.).

▶ 두 개의 가업을 자녀 1인이 주식 등을 증여받고 가업을 승계하는 경우 주식 등 가액을 합하여 계산한 증여세 과세가액 30억 원을 한도로「조세특례제한법」제30조의6에 의한 과세특례를 적용하는 것이며, 두 개의 가업을 승계한 후 합병하는 경우에는 존속법인이 피합병법인의 사업을 승계하는 경우로서 수증자가 증여일부터 5년 이내에 존속법인의 대표이사에 취임하고 같은 조 제2항 각호의 요건에 해당하지 아니할 경우 그 주식 등의 가액에 대하여「상속세 및 증여세법」에 따라 증여세를 부과하지 아니하는 것이 타당함(재산세과-728, 2010. 10. 5.).

6 인적분할 후 승계받거나, 승계 후 인적분할하는 경우 대표이사 취임

- 과세특례 요건을 모두 갖춘 기업을 인적분할하고자 함.
- 주식 증여 후 인적분할하는 경우 5년 내 대표이사 취임은 두 회사 모두에게 적용되는지?

▶「상속세 및 증여세법」제18조 제2항 제1호에 따른 가업의 법인을 인적분할한 경우로서 분할법인 또는 분할신설법인 중 분할 전 법인과 동일한 업종을 유지하는 법인의 주식 또는 출자지분을「조세특례제한법」제30조의6에 따라 증여하는 경우 먼저 증여하는 주식 또는 출자지분의 순서에 따라 30억 원을 한도로 증여세 과세특례를 적용받을 수 있는 것이며, 이 경우 당해 분할신설법인의 사업영위기간은 분할 전 분할법인의 사업개시일부터 계산하는 것임.

「조세특례제한법」제30조의6에 따라 가업을 승계받은 후 법인을 인적분할한 경우로서 그 가업을 승계받은 자가 증여일부터 5년 이내 분할법인 및 분할신설법인의 대표이사로 취임하지 아니하는 경우 같은 법 제30조의6 제2항에 따라 증여세를 부과하는 것임(재산세과−809, 2010. 11. 1.).

☞ 분할 및 분할신설법인 모두 대표이사로 취임하여야 함.

7 대표이사 취임요건

【증여 후 대표이사 취임】

▶ 조세특례제한법 시행령상 "증여일부터 5년 이내 대표이사 취임" 규정은 "가업에 종사할 수 있는 상태로부터 기산하여 5년 이내 대표이사 취임"을 의미하는 것으로 보아야 한다는 청구주장은 받아들이기 어려움(조심 2018중2854, 2018. 9. 4.).

▶ 대표이사가 등기부에 등재되지 아니한 상태라면 선의의 제3자에 대항할 수 없는바, 대표이사는 등기 전에는 직무를 완전히 수행할 수 없다고 할 것인 점 등에 비추어 청구인이 쟁점주식의 증여일부터 5년 이내에 대표이사에 취임하지 않은 것으로 보아 증여세를 과세한 이 건 처분은 잘못이 없음(조심 2017부3614, 2017. 12. 11.).

▶ 증여세 과세표준 신고기한까지 공동대표이사로 취임하여 가업에 종사하다가 대표이사직을 사임하고 다른 직책으로 계속 가업에 종사하다 증여일부터 5년 이내에 대표이사에 다시 취임하는 경우에도 적용되는 것임(재산세과−707, 2010. 9. 27.).

▶ 증여세 과세표준 신고기한까지 가업에 종사하고 증여일부터 5년 이내에 (각자)대표이사에 취임하는 경우에도 적용되는 것임(재산세과−1151, 2009. 6. 11.).

【증여 전 대표이사 취임】

▶ 수증자가 가업의 승계를 목적으로 주식 등을 증여받기 전에 해당 기업의 공동대표이사로 취임한 경우에도 적용되는 것임(재산세과−251, 2010. 4. 26.).

▶ 수증자가 가업의 승계를 목적으로 주식 등을 증여받기 전에 해당 기업의 대표이사로 취임한 경우에도 적용되는 것임(재산세과−2389, 2008. 8. 22.).

증여세 과세특례 적용시 수증자의 대표이사 취임 요건은 증여일부터 5년 이내 취임하도록 요구하고 있으나, 이는 증여일부터 5년내 기간 중에만 대표이사로 취임하여야 한다고는 볼 수 없어 증여일 전에 대표이사로 취임한 경우에도 요건은 충족된 것으로 해석하고 있다.

　그러나, 이 경우에도 가업승계를 위한 주식 증여 전에 자녀가 대표이사로 취임하면서 사실상 기업경영을 승계받고 증여자인 부모는 기업경영에 참여하지 않는다면 증여세 과세특례는 적용되지 않는 것으로 보아야 한다. 즉, 증여세 과세특례는 10년 이상 계속하여 경영한 부모로부터 가업승계 목적으로 주식을 증여받는 경우에 적용되는 것이므로, 주식증여 전에 이미 가업을 사실상 승계하였다면 요건을 충족하였다고 보기 어렵다.

　따라서, 주식증여 전에 수증자가 대표이사로 취임한 경우에는 증여자가 대표이사는 아니지만 사실상 가업을 경영하였는지 여부에 대한 사실판단이 필요하다(가업의 경영이란, 가업의 효과적이고 효율적인 관리 및 운영을 위하여 실제 가업운영에 참여한 경우를 말한다).

② 증여세 과세특례 내용

가. 증여세 과세특례 금액 한도는 최대 600억 원
나. 증여세 과세가액에서 10억 원 공제, 10%(120억 원 초과분은 20%) 세율 적용
　　- 2인 이상이 증여받는 경우 증여세액의 계산
다. 증여시기에 관계없이 상속세 과세가액에 산입, 상속공제 한도 계산시 차감하지 않음.
라. 증여세액공제시 한도액 적용하지 않고 전액 공제(단, 환급은 불인정)
마. 일반 증여재산과 합산하지 않음.
바. 신고세액공제 적용 불가
사. 과세특례 주식이 상장 등 이익에 해당하는 경우 과세특례 선택 가능
아. 창업자금에 대한 증여세 과세특례와 중복적용 불가
자. 증여자의 사망시 가업상속공제 가능

차. 연부연납기간 15년 적용

가. 가업승계 주식의 과세특례 한도

(1) 증여받는 주식 등 가액의 과세특례 한도

가업승계를 목적으로 주식 등을 증여받아 증여세 과세특례를 적용받을 수 있는 금액은 그 주식 등 가액 중 「상속세 및 증여세법 시행령」 제15조 제5항 제2호를 준용하여 계산한 "가업자산상당액"에 대한 증여세 과세가액 최대 600억 원(2022. 12. 31. 이전은 100억 원, 2014. 12. 31. 이전은 30억 원)을 한도로 한다.

과세특례 한도 금액은 2023. 1. 1. 이후부터 다음과 같이 증여자의 가업 영위 기간에 따라 다르게 설정되었다.

- 부모가 10년 이상 20년 미만 계속하여 경영한 경우: 300억 원(2022. 12. 31. 신설)
- 부모가 20년 이상 30년 미만 계속하여 경영한 경우: 400억 원(2022. 12. 31. 신설)
- 부모가 30년 이상 계속하여 경영한 경우: 600억 원(2022. 12. 31. 신설)

이 경우 각 한도금액을 초과하는 주식 등 가액은 일반 증여로 보아 「상속세 및 증여세법」에 따라 증여재산공제(10년간 5천만 원) 등 적용 후 10~50%의 초과누진세율을 적용한다.

한편, 동 특례규정을 적용받을 수 있는 증여시한에 관한 규정이 2014. 1. 1. 개정시 삭제되었으므로 기한에 대한 제한 없이 적용이 가능하며, 2020. 1. 1. 이후부터 2인 이상이 증여받는 경우 1인이 모두 증여받은 것으로 보아 적용한다.

(2) 가업자산상당액의 계산

종전에는 증여세 과세특례대상 가액은 가업에 해당하는 법인의 주식가액 중 증여받는 주식가액 전부로 계산하였으나, 증여재산 중 가업과 관련된 사업용 자산에 한정하여 지원하기 위해 2014. 1. 1. 「조세특례제한법」 제30조의6 제1항을 개정하여 증여받는 주식가액 중 「상속세 및 증여세법 시행령」 제15조 제5항 제2호를 준용하여 계산한 "가업자산상당액"으로 계산하도록 하였다.

㉮ 가업자산상당액

$$\text{증여가액 (가업자산상당액)} = \text{증여한 주식가액} \times \left(1 - \frac{\text{사업무관 자산가액}}{\text{법인의 총자산가액}} \right)$$

한편, 과세관청의 해석[57]에서는 증여세 과세특례는 가업에 대한 사전상속 개념으로 볼 수 있고, 동 규정 적용시 가업의 개념은 「상속세 및 증여세법」을 차용하고 있으며, 2012. 2. 2. 이후 상속분부터 법인가업에 대한 가업상속공제 적용시 사업용자산 비율을 곱하여 사업무관자산에 상당하는 주식가액은 가업상속공제 대상에서 제외하는 점 등을 감안하면, 가업상속공제와 동일하게 2012. 2. 2. 이후 증여분부터 「조세특례제한법」 제30조의6 규정에 따른 증여세 과세특례 적용시 가업주식가액에 사업용자산 비율을 적용하여 특례대상 증여재산가액을 산정하도록 하고 있다.

㉯ "사업무관자산"이란

「상속세 및 증여세법 시행령」 제15조 제5항 제2호에 따른 사업무관자산이란, 법인의 자산 중 다음과 같은 자산을 말한다.

> ① 「법인세법」 제55조의2 【토지 등 양도소득에 대한 과세특례】에 해당하는 자산
> ② 「법인세법 시행령」 제49조 【업무와 관련이 없는 자산의 범위 등】에 해당하는 자산 및 타인에게 임대하고 있는 부동산(지상권 및 부동산임차권 등 부동산에 관한 권리를 포함한다)
> ③ 「법인세법 시행령」 제61조 【대손충당금의 손금산입】 제1항 제2호(대여금)에 해당하는 자산
> ④ 과다보유현금[요구불예금 및 상속개시일 직전 5개 사업연도 말 평균 현금(취득일부터 만기가 3개월 이내인 금융상품을 포함한다) 보유액의 100분의 150을 초과하는 것을 말한다]

---

57) 서면법규과-634, 2013. 5. 31.
　　2012. 2. 2. 이후 가업의 승계 주식에 대한 1주당 증여세 과세가액 산정은 「상속세 및 증여세법 시행령」 제15조 제5항 제2호의 산식을 준용하여 계산하는 것임.

⑤ 법인의 영업활동과 직접 관련이 없이 보유하고 있는 주식, 채권 및 금융상품(위 ④에 해당하는 것은 제외한다)

① 「법인세법」 제55조의2 【토지 등 양도소득에 대한 과세특례】에 해당하는 자산

「법인세법」 제55조의2 규정에 따라 토지 등 양도소득에 대한 과세특례가 적용되는 자산은 1) 지정지역에 소재하는 부동산, 2) 주택 및 주택부수토지와 별장, 3) 조합원입주권 및 분양권, 4) 비사업용토지로 구분할 수 있으나, 특정지역은 현재까지 지정된 바가 없으므로 2) 주택 및 주택부수토지와 별장, 3) 조합원입주권 및 분양권, 4) 비사업용 토지가 해당된다.

㉠ 주택 및 부수토지

법인이 소유하는 국내에 소재하는 주택으로서 법인세법 시행령 제92조의2 제2항 각 호의 어느 하나에 해당하지 않는 주택을 말한다. 다만, 제1호, 제1호의2, 제1호의4 및 제1호의12에 해당하는 임대주택(법률 제17482호 민간임대주택에 관한 특별법 일부 개정법률 부칙 제5조 제1항이 적용되는 주택으로 한정한다)으로서 「민간임대주택에 관한 특별법」 제6조 제5항에 따라 임대의무기간이 종료한 날에 등록이 말소되는 경우에는 임대의무기간이 종료한 날에 제1호, 제1호의2, 제1호의4 및 제1호의12에서 정한 임대기간요건을 갖춘 것으로 본다.

㉡ 별장

주거용 건축물로서 상시 주거용으로 사용하지 아니하고 휴양·피서·위락 등의 용도로 사용하는 건축물

㉢ 조합원 입주권 및 분양권

주택을 취득하기 위한 권리로서 「소득세법」 제88조 제9호에 따른 조합원입주권 및 같은 조 제10호에 따른 분양권을 말한다.

㉣ 비사업용 토지

법인이 소유한 토지의 보유기간 중 '비사업용 토지의 기간기준' 요건과 '비사업용 토지의 범위' 요건을 모두 충족하는 토지를 말한다.

② 「법인세법 시행령」 제49조 【업무와 관련이 없는 자산의 범위 등】에 해당하는 자

산 및 타인에게 임대하고 있는 부동산(지상권 및 부동산임차권 등 부동산에 관한 권리를 포함)

「법인세법 시행령」 제49조에 따른 업무와 관련이 없는 자산이란, 업무무관 부동산과 업무무관 동산으로 구분할 수 있다.

㉠ 업무무관 부동산

업무무관 부동산이란 해당 법인의 업무와 직접 관련이 없다고 인정되는 자산으로서 다음에 해당하는 부동산을 말한다. 다만, 법령에 따라 사용이 금지되거나 제한된 부동산, 자산유동화에 관한 법률에 의한 유동화 전문회사가 같은 법 제3조에 따라 등록한 자산유동화계획에 따라 양도하는 부동산 등에 해당하는 부득이한 사유가 있는 부동산은 제외한다.

- 법인의 업무에 직접 사용하지 아니하는 부동산. 다만, 유예기간[58]이 경과하기 전까지의 기간 중에 있는 부동산은 제외한다.
- 유예기간 중에 해당 법인의 업무에 직접 사용하지 아니하고 양도하는 부동산. 다만, 부동산매매업을 주업으로 영위하는 법인의 경우는 제외한다.

㉡ 업무무관 동산

업무무관 동산이란 해당 법인의 업무와 직접 관련이 없다고 인정되는 부동산 이외의 자산으로서 다음의 것을 말한다.

- 서화 및 골동품. 다만, 장식·환경미화 등의 목적으로 사무실·복도 등 여러 사람이 볼 수 있는 공간에 상시 비치하는 것은 제외한다.
- 업무에 직접 사용하지 않는 자동차·선박 및 항공기. 다만, 저당권의 실행 및 채권을 변제받기 위해 취득한 자동차·선박 및 항공기로서 취득일로부터 3년이 경과되지 아니한 것은 제외한다.
- 그 밖에 위의 자산과 유사한 자산으로서 해당 법인의 업무에 직접 사용하지 않는 자산

③ 「법인세법 시행령」 제61조 【대손충당금의 손금산입】 제1항 제2호(대여금)에 해당

---

58) 유예기간: 부동산을 취득하여 업무에 직접 사용하기 위한 준비기간 및 건설기간 등을 고려하여 자산별로 산정한 부동산을 취득한 후의 일정기간을 말한다(기간: 법인세법 시행규칙 제26조 제1항).

하는 자산

「법인세법 시행령」 제61조 제1항 제2호에 의한 대여금이란 대손충당금을 설정할 수 있는 채권 중 금전소비대차계약 등에 의하여 타인에게 대여한 금액을 말한다. 여기서 '금전소비대차계약'이란 금전소비대차 약정의 유무에 관계없이 실질적인 대여금이 해당된다.

④ 과다보유현금

여기서 말하는 현금이란 요구불예금[59]과 취득일부터 만기가 3개월 이내인 금융상품[60]을 포함하는 개념으로서, 증여일 현재 가업에 해당하는 법인기업이 보유하는 현금이 증여일 직전 5개 사업연도 말 평균 보유 현금액의 100분의 150을 초과하는 경우 그 현금을 '과다보유현금'으로 보아 업무무관자산에 포함한다.

㉠ 증여일 현재 현금(현금+요구불예금+취득~만기가 3개월 이내인 금융상품)
㉡ 증여일 직전 5개 사업연도 말 평균 보유현금(현금+요구불예금+취득~만기가 3개월 이내인 금융상품)
　→ 과다보유현금: ㉠-(㉡×150%)

[사례]
㉠ 증여일 현재 현금 등: 10억 원
㉡ 직전 5개 사업연도 말 현금 등 평균: 5억 원
　→ 과다보유현금: 10억 원-7억5천만 원(5억 원×150%)=2억5천만 원

---

⑤ 법인의 영업활동과 직접 관련이 없이 보유하고 있는 주식, 채권 및 금융상품(위 ④에 해당하는 금융상품은 제외한다)

법인의 영업활동과 직접 관련이 없이 보유하고 있는 주식, 채권 및 금융상품이란 투자업 등이 주업이 아닌 법인이 보유하고 있는 투자주식(소유지분에 대한 증서) 및 채권과 '거래당사자에게 금융자산과 금융부채를 동시에 발생시키는 계약'에

---

59) 보통예금, 당좌예금, 별단예금 등 예금주가 지급을 원하면 조건없이 지급하는 예금을 말한다.
60) 현금성자산 중 취득당시 만기 또는 상환일이 3개월 이내인 단기금융상품을 말한다.

따른 금융상품[61]으로서 취득일 현재 만기가 3개월 이내인 단기금융상품은 제외한 것을 말한다.

과세특례 적용 "한도 및 증여가액" 판단 사례

1 사업용자산의 임차보증금은 가업상속공제 대상임

▶ 귀 질의의 경우 가업에 직접 사용되는 토지, 건축물, 기계장치 등 사업용 자산을 임차하기 위해 지급하는 임차보증금은 「상속세 및 증여세법 시행령」 제15조 제5항 제1호에 따른 "가업상속 재산가액"에 포함되는 것임(기획재정부 재산세제과-1324, 2022. 10. 21.).

2 확정급여형퇴직연금제도에 따라 적립된 퇴직연금운용자산의 사업무관 여부

▶ 「근로자퇴직급여보장법」 제2조 제8호의 확정급여형퇴직연금제도에 따라 적립된 퇴직연금운용자산은 「상속세 및 증여세법 시행령」 제15조 제5항 제2호 마목에서 규정한 "사업무관자산"에 해당하지 않는 것임. 다만, 동 자산 중 「근로자퇴직급여보장법」 제16조 제4항에 따라 사용자가 반환을 요구할 수 있는 부분은 "사업무관자산"에 해당하는 것임(기획재정부 재산세제과-1121, 2022. 9. 14.).

3 같은 업종을 영위하는 다른 법인이 발행한 주식은 사업무관자산에 해당함

▶ 1. 「상속세 및 증여세법 시행령」 제15조 제5항에 따라 「법인세법」을 적용받는 가업의 가업상속재산을 계산함에 있어 같은 조 제1항에 따른 가업에 해당하는 법인이 같은 업종을 영위하는 다른 법인이 발행한 주식을 보유하고 있는 경우 그 보유주식은 같은 조 제5항 제2호 마목에 따른 사업무관자산에 해당하는 것임(상속증여-0750, 2022. 5. 13., 상속증여-4450, 2016. 8. 31.).

4 다른 법인이 발행한 주식 중 사업관련 자산에 해당하는 경우

▶ 일반적으로 '영업활동'이란 '제품의 생산과 상품·용역의 구매 및 판매 활동을

---

61) 금융기관이 취급하는 정기예금·정기적금·사용이 제한되어 있는 예금 및 기타 정형화된 상품 등

말하며, 투자활동과 재무활동에 속하지 아니하는 활동'을 의미하므로, '법인의 영업활동과 직접 관련하여 보유하고 있는 주식'이란 법인이 제품의 생산활동, 상품·용역의 구매활동 및 판매활동 등과 직접 관련하여 보유하는 주식을 의미하고, 투자활동이나 재무활동과 관련하여 보유하는 주식은 제외되는 것으로 볼 수 있다. 이 사건 해당법인은 자동차부품 생산과 관련하여 저임금을 활용하고 물류비용을 절약하기 위하여 해외현지법인들의 주식을 보유하고 있다고 봄이 상당하므로, 위 주식은 영업활동과의 직접적인 관련성을 가졌다고 할 것임(서울행정법원 2020구합87845, 2022. 8. 19.).

▶ 해외현지법인이 없으면 이 사건 법인의 운영이 불가능한 수준이므로 이 사건 주식이 이 사건 법인의 영업활동과 직접 관련이 없다고 보기 어려운 점 등을 감안할 때, 법인의 영업활동을 위하여 필요한 현지 생산공장에 해당하는 해외현지법인 출자주식은 국내 법인의 영업활동과 직접 관련이 있으므로 법인의 사업관련 자산에 포함하여 가업상속공제액을 계산하여야 함(감심 2019-270, 2020. 3. 5.).

5 2014. 12. 31. 이전 증여 후 재차 증여의 경우 과세특례 적용 여부

- 2009. 11. 20. 1차증여 父가 장남에게, 증여세 과세특례 받음
- 2016년 부가 장남에게 추가 증여 예정
1) "가업의 승계에 대한 증여세 과세특례"를 적용받은 후 세법 개정으로 100억 원으로 적용한도가 증가하고 재차 증여가 발생한 경우
  - 「조세특례제한법」 제30조의6 "가업의 승계에 대한 증여세 과세특례"를 다시 적용받을 수 있는지?

▶ 귀 서면질의의 경우, 「조세특례제한법」 제30조의6 제1항 단서에 따라 자녀 1인에게 최초로 가업의 승계가 이루어진 후에 최대주주등의 다른 자녀는 가업의 승계를 받을 수 없으나, 최초로 가업의 승계를 받은 자녀는 같은 항에 따른 과세특례 한도 내에서 증여자 및 수증자의 요건을 갖추어 재차 승계를 받을 수 있는 것임.
자녀가 부의 주식 전부를 증여받아 「조세특례제한법」 제30조의6 제1항에 따른 "가업의 승계에 대한 증여세 과세특례"를 적용받은 후, 부가 사망하여 상속이 개시되는 경우 상속개시일 현재 같은 법 시행령 제27조의6 제8항 제1호의 요건

을 갖추지 못한 경우에는 「상속세 및 증여세법」 제18조 제2항 제1호에 따른 가업상속으로 보지 아니하는 것임(법령해석재산-2916, 2016. 12. 12.).

6 사업용 자산과 사업무관자산이 있는 경우 안분방법

> - 회사는 제조업을 영위하고 있으며, 2014. 9. 30. 최대주주가 자녀 1인(현 대표이사)에게 주식 50%를 증여함.
> - 회사가 보유한 토지와 건물 중 일부가 가업승계 과세특례가 적용되지 않는 임대업에 사용되고 있음.
>   (1층과 2층 일부는 임대용으로, 2층 일부와 3층은 사업용으로 사용)
> - 회사가 소유하고 있는 동일 건물이 가업승계에 대한 증여세 과세특례를 적용받을 수 있는 제조업과 과세특례를 적용받을 수 없는 임대업에 겸용으로 사용되고 있는 경우 자산가액의 안분기준은?

▶ 동일한 건물이 「조세특례제한법」 제30조의6에 따른 가업의 승계가 적용되는 사업용으로 사용하는 부분과 해당 조항이 적용되지 아니하는 임대용으로 사용하는 부분이 있는 경우, 같은 법 시행령 제27조의6 제9항에서 준용한 「상속세 및 증여세법 시행령」 제15조 제5항 제2호의 "사업무관자산"의 가액은 건물의 경우 「상속세 및 증여세법」에 따라 평가한 건물의 평가액에 건물을 「상속세 및 증여세법」 제61조 제1항에 의해 평가(이하 "기준시가로 평가"라 함)한 가액 중 임대용으로 사용하는 부분의 기준시가로 평가한 가액이 차지하는 비율을 곱하여 계산한 가액을 말하는 것이고, 토지의 경우 「상속세 및 증여세법」에 따라 평가한 토지의 평가액에 토지의 전체 면적 중 임대용으로 사용하는 건물의 부수토지에 상당하는 면적이 차지하는 비율을 곱하여 계산한 가액을 말하는 것임(법규재산 2014-1894, 2014. 11. 19.).

나. 과세표준 계산 및 세액계산

(1) 일반적인 사항

가업승계 증여세 과세특례 적용시 적용하는 과세표준 및 세율은, 「상속세 및 증여세법」 제53조(증여재산 공제) 제1항(직계존속 5천만 원), 제53조의2(혼인·출산 증여재산 공제) 및 같은 법 제56조(증여세 세율)에도 불구하고 증여세 과세가액에서 10억 원(2022. 12. 31. 이전은 5억 원)을 공제하고 세율을 100분의 10(과세표준이 120억 원(2023. 12. 31. 이전은 60억 원)을 초과하는 경우 그 초과금액에 대해서는 100분의 20)으로 하여 증여세를 부과한다.

| 공제액 및 세율의 변경내역 |

구 분		2015. 1. 1.~2022. 12. 31.	2023. 1. 1.~2023. 12. 31.	2024. 1. 1. 이후
공제액		5억 원	10억 원	10억 원
세율	10%	과세표준 30억 원 이하	과세표준 60억 원 이하	과세표준 120억 원 이하
	20%	과세표준 30억 원 초과	과세표준 60억 원 초과	과세표준 120억 원 초과

(2) 2인 이상이 증여받은 경우

2020. 1. 1. 이후 증여분부터는 주식등을 증여받고 가업을 승계한 거주자가 2인 이상인 경우에는 각 거주자가 증여받은 주식등을 1인이 모두 증여받은 것으로 보아 증여세를 부과한다. 이 경우 각 거주자가 납부하여야 하는 증여세액은 다음과 같이 계산한 금액으로 한다(조특법 §30의6 ②, 조특령 §27의6 ②). 이는 2인 이상이 가업을 승계한 경우에도 1인이 승계한 경우와 총 세부담이 같도록 계산방법을 규정한 것이다.

㉮ (동시증여) 2인 이상의 거주자가 같은 날에 주식등을 증여받은 경우: 1인이 모두 증여받은 것으로 보아 조특법 제30조의6에 따라 부과되는 증여세액을 각 거주자가 증여받은 주식등의 가액에 비례하여 안분한 금액(2020. 2. 11. 신설)

㉯ (순차증여) 해당 주식등의 증여일 전에 다른 거주자가 해당 가업의 주식등을 증여받고 법 제30조의6에 따라 증여세를 부과받은 경우: 그 다른 거주자를 해당 주식등의 수증자로 보아 조특법 제30조의6에 따라 부과되는 증여세액(2020. 2. 11.

신설)

다. 증여시기에 관계없이 상속재산에 가산 및 상속공제한도액 미반영

증여세 과세특례를 적용받은 주식은 「상속세 및 증여세법」 제13조(상속세 과세가액) 제1항 제1호[62]를 적용할 때 증여받은 날부터 상속개시일까지의 기간과 관계없이 상속세 과세가액에 가산하되, 「상속세 및 증여세법」 제24조[63](공제 적용의 한도) 제3호를 적용할 때에는 상속세 과세가액에 가산한 증여재산가액으로 보지 아니한다. 따라서 가업승계를 위한 사전증여분에 대해서는 상속공제 한도액 계산시 상속세 과세가액에서 빼지 않고 전액 상속공제를 적용받을 수 있다.

라. 상속세액 계산시 증여세액공제 방법

증여세 과세특례를 적용받은 주식에 대한 증여세액에 대하여 「상속세 및 증여세법」 제28조(증여세액공제)를 적용하는 경우에는 같은 조 제2항[64](한도액 계산)에도 불구하고 상속세 산출세액에서 증여세 과세특례를 적용받은 주식에 대한 증여세액을 공제한다. 다만, 공제할 증여세액이 상속세 산출세액보다 많은 경우 그 차액에 상당하는 증여세액은 환급하지 않는다.

마. 과세특례 주식가액 외 일반 증여재산가액과 합산배제

증여세 과세특례를 적용받은 주식에 대하여 증여세를 부과하는 경우에는 「상속세 및

---

62) 상속개시일 전 10년 이내에 피상속인이 상속인에게 증여한 재산가액은 상속세 과세가액에 가산한다.
63) 상속공제는 상속세 과세가액에서 1. 상속인이 아닌 자에게 유증 등을 한 재산의 가액과 2. 상속인의 상속포기로 그 다음 순위의 상속인이 상속받은 재산의 가액, 3 상증법 제13조에 따라 상속세 과세가액에 가산한 증여재산가액(제53조 또는 제54조에 따라 공제받은 금액이 있으면 그 증여재산가액에서 그 공제받은 금액을 뺀 가액을 말한다)을 뺀 금액을 한도로 한다.
64) ② 제1항에 따라 공제할 증여세액은 상속세 산출세액에 상속재산(제13조에 따라 상속재산에 가산하는 증여재산을 포함한다. 이하 이 항에서 같다)의 과세표준에 대하여 가산한 증여재산의 과세표준이 차지하는 비율을 곱하여 계산한 금액을 한도로 한다. 이 경우 그 증여재산의 수증자가 상속인이거나 수유자이면 그 상속인이나 수유자 각자가 납부할 상속세액에 그 상속인 또는 수유자가 받았거나 받을 상속재산에 대하여 대통령령으로 정하는 바에 따라 계산한 과세표준에 대하여 가산한 증여재산의 과세표준이 차지하는 비율을 곱하여 계산한 금액을 한도로 각자가 납부할 상속세액에서 공제한다.

증여세법」 제47조 제2항(동일인의 증여재산가액 합산)에도 불구하고 동일인(증여자가 직계존속인 경우 그 직계존속의 배우자를 포함한다)으로부터 증여받은 증여세 과세특례를 적용받은 주식 외의 다른 증여재산의 가액은 증여세 과세특례를 적용받은 주식에 대한 증여세 과세가액에 가산하지 않는다.

바. 신고세액공제의 적용 불가

증여세 과세특례를 적용받은 주식 등에 대한 증여세 과세표준을 신고하는 경우에도 「상속세 및 증여세법」 제69조 제2항에 따른 신고세액공제를 적용하지 않는다(2014. 12. 31. 이전은 상증법 제71조 제1항에 따른 연부연납도 적용 불가).

사. 증여세 과세특례 주식이 상장 등 이익에 해당하는 경우

(1) 납세자 선택에 따라 적용이 가능

증여세 과세특례 적용대상 주식을 증여받은 후 해당 주식에 대하여 「상속세 및 증여세법」 제41조의3(주식 또는 출자지분의 상장 등에 따른 이익의 증여), 제41조의5(합병에 따른 상장 등 이익의 증여)에 따른 증여이익(이하 "증여이익"이라 한다)이 발생한 경우, 증여세 과세특례 대상 주식의 과세가액과 증여이익을 합하여 100억 원까지 납세자의 선택에 따라 「조세특례제한법」 제30조의6(가업의 승계에 대한 증여세 과세특례) 제1항에 따른 증여세 과세특례를 적용받을 수 있다(조특법 §30의6 ⑤, 조특령 §27의6 ⑧).

(2) 증여세 과세특례를 선택한 경우 시기에 관계없이 상속세 과세가액에 가산

증여세 과세특례를 적용받은 증여이익은 「상속세 및 증여세법」 제13조(상속세 과세가액) 제3항에 불구하고 「조세특례제한법」 제30조의5 제7항(상속재산에 가산하는 증여재산) 및 제8항(증여기간에 관계없이 상속재산에 가산 및 상속공제 적용의 한도액 계산시 가산한 증여재산에서 제외), 조세특례제한법 제30조의6 제3항(조특법 제30조의5 제7항부터 제12항까지 준용)에 따라 상속세 과세가액에 가산한다.

아. 창업자금에 대한 증여세 과세특례와 중복적용 불가

증여세 과세특례를 적용받은 거주자는 「조세특례제한법」 제30조의5(창업자금에 대한 증여세 과세특례) 규정을 적용하지 않는다.

다만, 증여자가 동일한 경우 수증자인 1거주자가 증여세 과세특례와 창업자금에 대한 증여세 과세특례를 같이 적용받지는 못하나, 수증자가 다른 경우 각각의 적용은 가능하다(증여자인 父가 장남에게는 창업자금을, 차남에게는 가업승계대상 주식을 증여하는 경우 각각 적용 가능).

자. 증여자의 사망시 가업상속공제 가능

증여세 과세특례대상 주식을 증여받은 후 증여자의 사망으로 상속이 개시되는 경우 상속개시일 현재 다음의 요건을 모두 갖춘 경우에는 「상속세 및 증여세법」 제18조의2 제1항에 따른 가업상속으로 보아 관련 규정을 적용한다.

즉, 가업승계 증여세 과세특례를 적용받은 후 증여자의 사망으로 상속이 개시되는 경우 상속개시일 현재 가업상속의 요건을 갖춘 경우에는 가업상속공제가 가능하며, 공제 후에는 가업상속공제 사후관리가 적용된다. 한편, 2020. 2. 11. 조특법 시행령 개정 시 피상속인이 보유한 가업의 주식등의 전부를 증여하여 상증법 시행령 제15조 제3항 제1호 가목의 요건(최대주주등 지분율 50%(상장법인은 30%) 이상 유지 요건)을 충족하지 못하는 경우에는 상속인이 증여받은 주식등을 상속개시일 현재까지 피상속인이 보유한 것으로 보도록 제도를 합리화 하였으며, 이는 2020. 2. 11. 이후 상속받는 분부터 적용한다. 즉, 2020. 2. 11. 이후 상속분부터는 상속개시일 전에 피상속인이 보유하던 주식을 전부 증여하여 조특법 제30조의6 규정을 적용받은 경우로서 상속개시일 현재 보유하는 주식이 없는 경우에도 가업상속공제가 가능하게 되었다.

또한, 2023. 2. 28. 이후 상속받는 분부터는 가업요건 중 매출액 평균금액은 조특법 제30조의6 제1항에 따라 주식 등을 증여받은 날이 속하는 사업연도의 직전 3개 사업연도의 매출액 평균금액을 기준으로 판단하도록 개정하였다.

☞ 자세한 내용은 제2장 제2절 "6. 가업승계 증여세 과세특례 적용 주식 등에 대한 가업상속공제"를 참조하기 바람.

① 「상속세 및 증여세법 시행령」 제15조(가업상속) 제3항에 따른 가업(최대주주 등 지분율 40%, 상장은 20% 이상)에 해당할 것. 다만, 피상속인의 대표이사 재직요건은 적용하지 아니한다.
② 수증자가 증여받은 주식 등을 처분하거나 지분율이 낮아지지 아니한 경우로서 가업에 종사하거나 대표이사로 재직하고 있을 것

차. 연부연납 기간 연장

2024. 1. 1. 이후 증여분으로서 조특법 제30조의6에 따른 과세특례를 적용받은 증여재산에 대해서는 연부연납 기간을 연부연납 허가일부터 15년(종전은 5년)으로 확대하였다(상증법 §71 ② 2 가. 2023. 12. 31. 개정).

카. 증여세 신고기한까지 특례신청을 한 경우에 적용

증여세 과세특례를 적용받으려는 자는 증여세 과세표준 신고기한까지 특례신청을 하여야 한다.

이 경우 그 신고기한까지 특례신청을 하지 아니한 경우에는 이 특례규정을 적용하지 않는다(서면-2017-상속증여-1848, 2017. 7. 28. 같은 뜻).

③ 증여세 과세특례에 대한 사후관리

가업의 승계를 위해 주식을 증여받은 자가 정당한 사유 없이 다음에 해당하는 경우에는 「상속세 및 증여세법」에 따라 증여세를 부과한다. 이 경우 이자상당액을 가산하며, 2018. 1. 1. 이후 사후관리를 위반하는 분부터는 사유발생일이 속하는 달의 말일부터 3개월 이내에 신고·납부하도록 하였다.
가. 가업을 승계하지 않은 경우
나. 5년 이내에 가업에 종사하지 않거나 휴·폐업하는 경우
다. 증여받은 주식의 지분이 줄어드는 경우

○ 사후관리에 대한 2022. 12. 31. 개정사항

종 전	개 정
□ 사후관리	□ 사후관리 완화
○사후관리 위반시 증여세 및 이자상당액 부과	○사후관리
− (사후관리 기간) 7년	− 7년 → 5년
− (가업 유지) 5년 이내 대표이사 취임 & 7년간 유지	− **대표이사 취임**: 5년 → 3년 **대표이사직 유지**: 7년 → 5년
− (업종 유지) 표준산업분류상 **중분류** 내 업종변경 허용	− (좌 동)
− (지분 유지) 증여받은 주식 지분 유지	− (좌 동)

〈개정이유〉 중소·중견기업의 원활한 가업승계 지원

〈적용시기〉 2023. 1. 1. 이후 증여받는 분부터 적용

〈특례규정〉 (사후관리 완화) 2023. 1. 1. 현재 사후관리 중인 경우에도 개정규정 적용
　　　　　　 (단, 대표이사 취임 기한은 종전 규정 적용)

〈부칙 특례규정〉 2023. 1. 1. 현재 사후관리 중인 경우에도 개정규정 적용 (부칙 §7)
[가업의 승계에 대한 증여세 과세특례에 관한 경과조치]

1. 이 법 시행 전에 증여를 받은 경우의 가업의 승계에 대한 증여세과세특례에 관하여는 제30조의6 제1항의 개정규정에도 불구하고 종전의 규정에 따른다.

2. 가업승계에 대한 증여세과세특례 사후관리 개정규정(조특법 §30의6 ③, 7년→5년)은 아래와 같은 "① 사후관리를 받고 있는 자"와 "② 2023. 1. 1. 이후 과세특례 증여세 과세표준을 신고하는 자"에 대해서도 적용한다(부칙 §7 ②).

　① 사후관리를 받고 있는 자(아래 모두 충족)
　　− 2022. 12. 31. 이전에 종전규정에 따라 과세특례를 적용받은 경우로서
　　− 2023. 1. 1. 현재 주식등을 증여받은 날부터 7년을 경과하지 않았고
　　− 2022. 12. 31. 이전에 사후관리 위반으로 증여세 및 이자상당액이 부과되지 않았을 것

　② 2023. 1. 1. 이후 과세특례 증여세 과세표준을 신고하는 자
　　− 2023. 1. 1. 이후 증여받는 경우뿐 아니라
　　− 2022. 12. 31. 이전에 증여를 받은 경우로서 2023. 1. 1. 이후 증여세 과세표준

을 신고하는 자

가. 가업을 승계하지 않은 경우

가업의 승계를 위해 주식을 증여받았으나 수증자 또는 그 배우자가 가업을 승계하지 않아 증여세를 추징하는 경우란, 다음 중 어느 하나에 해당하는 경우를 말한다.

- 가업을 승계하지 않은 경우(① 또는 ②)
  - ① 「상속세 및 증여세법」 제68조에 따른 증여세 과세표준 신고기한까지 가업에 종사하지 않은 경우
  - ② 증여일부터 3년 이내에 대표이사로 취임하지 않은 경우

이와 같은 가업승계 여부 사후관리는 「조세특례제한법」 제30조의6 제1항의 증여세 과세특례 적용요건에도 해당하는 것으로, 2008년 규정 신설시 가업승계 요건에 일정기간 가업종사기간을 부여하고 5년 내 대표이사로 취임하여 가업을 완전 승계하도록 하였으며, 이를 위반하는 경우에는 증여세를 추징한다고 밝히고 있다.

일반적으로 가업을 승계하기 위해서는 일정기간 경영수업이 필요하므로 5년의 기간을 둔 것으로 볼 수 있으며, 가업요건 판단시에는 일단 증여세 과세표준 신고기한 내에 가업에 종사하는지 여부로 판단하고 사후관리에서 5년 이내 대표이사 취임 및 7년까지 대표이사 유지 여부를 판단함이 타당해 보인다(2022. 12. 31. 개정, 3년 이내 대표이사 취임 및 5년까지 대표이사 유지).

나. 5년 이내에 가업에 종사하지 않거나 휴·폐업한 경우

가업의 승계를 위해 주식을 증여받은 자가 증여받은 날부터 5년 이내(2015. 1. 1.~ 2022. 12. 31. 기간은 7년, 2014. 12. 31. 이전은 10년)에 정당한 사유 없이 가업에 종사하지 않거나 가업을 휴·폐업하는 경우에는 「상속세 및 증여세법」에 따라 증여세를 부과하며, 이자상당액을 가산한다.

(1) 가업에 종사 등을 하지 않는 경우

가업에 종사 등을 하지 않는 경우란, 주식을 증여받은 날부터 5년 이내에 다음의 어느 하나에 해당하게 된 경우를 말한다.

㉮ 수증자가 주식의 증여일부터 5년까지[65] 대표이사직을 유지하지 아니하는 경우

   – 수증자가 증여자와 공동대표이사로 취임하는 경우도 가능함(재산세과–2081, 2008. 8. 1.).

㉯ 가업의 주된 업종을 변경하는 경우

   – 업종 변경의 허용범위는 2014. 2. 21. 시행령을 개정하여 "세분류"로 완화하였다가 2016. 2. 5.이 속하는 과세연도분부터는 "소분류"로 확대 완화(다만, 이 경우 증여일 현재 영위하던 세분류 내 업종의 매출액이 매 사업연도 종료일 기준 30% 이상이어야 함)하였으며, 2020. 2. 11. 이후 및 2024. 2. 29. 변경하는 분부터는 다음과 같이 대폭 완화하였다.
     • 한국표준산업분류에 따른 대분류(2024. 2. 28. 이전은 중분류) 내에서 업종을 변경하는 경우(대분류 내 변경 허용)
     • 위 외의 경우로서 상증법 시행령 제49조의2에 따른 평가심의위원회의 심의를 거쳐 업종의 변경을 승인하는 경우(대분류 외 변경 허용)

(2) 가업을 휴업하거나 폐업하는 경우

가업을 휴업하거나 폐업하는 경우란, 증여세 과세특례를 위해 주식을 증여받은 날부터 5년 이내에 가업을 1년 이상 휴업(실적이 없는 경우를 포함한다)하거나 폐업하는 경우를 말한다.

   – 가업승계 후 경영사정 등으로 폐업하는 경우에도 사후관리 위반으로 보아 증여세를 추징함(재산세과–225, 2010. 4. 7.).

---

65) 증여일부터 3년이 되는 날 대표이사로 취임한 경우는 이후 2년 이상 대표이사직을 유지해야 되는 것임.

(3) 정당한 사유가 있어 추징하지 않는 경우

「조세특례제한법 시행령」 제27조의6 제4항에서는 사후관리 위반에 대한 정당한 사유를 규정하고 있으며, 5년 이내 가업에 종사하지 않은 경우에 대한 정당한 사유는 다음과 같다.

   ㉮ 수증자가 사망한 경우로서 수증자의 상속인이 「상속세 및 증여세법」 제67조에 따른 상속세 과세표준 신고기한까지 당초 수증자의 지위를 승계하여 가업에 종사하는 경우

   ㉯ 수증자가 증여받은 주식 등을 국가 또는 지방자치단체에 증여하는 경우

   ㉰ 수증자가 법률에 따른 병역의무의 이행, 질병의 요양, 취학상 형편 등으로 가업에 직접 종사할 수 없는 경우로서 증여받은 주식을 처분한 경우에 해당하지 않고 부득이한 사유가 종료된 후 가업에 종사하는 경우

다. 5년 이내에 증여받은 주식의 지분이 줄어드는 경우

가업의 승계를 위해 주식을 증여받은 자가 증여받은 날부터 5년 이내에 정당한 사유 없이 증여받은 주식의 지분이 줄어드는 경우에는 「상속세 및 증여세법」에 따라 증여세를 부과하며, 이자상당액을 가산한다.

(1) 주식의 지분이 줄어드는 경우의 범위와 예외

「조세특례제한법 시행령」 제27조의6 제7항에서 증여받은 주식의 지분이 줄어드는 경우로서 증여받은 주식의 처분, 유상증자시 수증자의 실권, 수증자의 특수관계인의 실권 등을 규정하고 있으며, 각 경우에 대한 예외를 인정하고 있다.

㉮ 수증자가 증여받은 주식을 처분하는 경우

  – 예외

    ① 합병·분할 등 조직변경에 따른 처분으로서 수증자가 최대주주 등에 해당하는 경우

    ② 「자본시장과 금융투자업에 관한 법률」 제390조 제1항에 따른 상장규정의 상장 요건을 갖추기 위하여 지분을 감소시킨 경우

㉯ 증여받은 주식을 발행한 법인이 유상증자 등을 하는 과정에서 수증자의 실권 등으로 지분율이 낮아지는 경우

- 예외
  ① 해당 법인의 시설투자·사업규모의 확장 등에 따른 유상증자로서 수증자의 특수관계인 외의 자에게 신주를 배정하기 위하여 실권하는 경우에 해당하고 그 후에도 수증자가 최대주주 등에 해당하는 경우
  ② 채무가 출자전환되어 지분율이 감소하였으나, 수증자가 최대주주 등에 해당하는 경우

㉰ 수증자와 특수관계에 있는 자의 주식처분 또는 유상증자 시 실권 등으로 지분율이 낮아져 수증자가 최대주주 등에 해당되지 아니하는 경우

(2) 정당한 사유가 있어 추징하지 않는 경우

「조세특례제한법 시행령」 제27조의6 제4항에서 사후관리 위반에 대한 예외를 규정하고 있으며, 그 중 위와 같이 수증자의 지분이 줄어드는 경우에 대한 예외는 "수증자가 증여받은 주식 등을 국가 또는 지방자치단체에 증여하는 경우"가 해당된다.

참고

법인전환 등 기업 주식에 대한 가업승계 지원

조특법 제31조【중소기업 간의 통합에 대한 양도소득세의 이월과세 등】 및 조특법 제32조【법인전환에 대한 양도소득세의 이월과세】에 따라 양도소득세 이월과세를 적용받은 거주자 등이 5년 이내에 통합으로 취득한 통합법인의 주식 및 법인전환으로 취득한 주식의 100분의 50 이상을 처분하는 경우 양도소득세를 납부하여야 하나, 해당 내국인 또는 거주자가 가업의 승계를 목적으로 해당 가업의 주식 또는 출자지분을 증여하는 경우로서 수증자가 조특법 제30조의6에 따른 증여세 과세특례를 적용받은 경우에는 예외를 인정하고 있다(조특령 §28 ⑩ 6, §29 ⑦ 6).

"증여세 과세특례에 대한 사후관리" 유형별 판단 사례

1 사후관리 위반으로 증여세 부과하는 경우 다른 일반 동일인 증여재산가액과 합산함

▶ 「조세특례제한법」 제30조의6 제1항에 따른 가업의 승계에 대한 증여세 과세특례를 적용받은 후 같은 조 제3항에 따라 증여세를 부과하는 경우에는 「상속세 및 증여세법」 제47조 제2항에 따라 동일인으로부터 증여받은 다른 증여재산가액을 가산하여 과세하며, 같은 법 제69조 제2항에 따른 신고세액공제는 적용하지 않는 것임(법령해석재산-1464, 2021. 10. 28.).

2 증여 후 상속이 개시된 경우 사후관리 의무

▶ 귀 서면질의의 경우 「조세특례제한법」 제30조의6에 따라 가업의 승계에 대한 증여세 과세특례를 적용받은 후 증여자의 사망으로 상속이 개시되는 경우로서, 상속개시일 현재 같은 법 시행령 제27조의6 제9항에 따른 요건을 모두 갖추지 못하여 「상속세 및 증여세법」 제18조 제2항 제1호에 따른 가업상속으로 보지 아니하는 경우에도 「조세특례제한법」 제30조의6 제3항에 따른 사후관리규정을 적용하는 것임(법령해석재산-4455, 2021. 6. 30.).

3 주식지분율 감소시 가업승계를 적용받은 주식 전부에 대해 증여세를 부과함

▶ 1. 귀 질의의 경우 「조세특례제한법」 제30조의6 제1항에 따라 가업승계 주식 등을 증여받은 자가 가업을 승계한 후 주식등을 증여받은 날부터 7년 이내에 정당한 사유없이 증여받은 주식을 발행한 법인이 유상증자 등을 하는 과정에서 실권 등으로 수증자의 지분율이 감소한 경우에는 그 주식등의 가액에 대하여 「상속세 및 증여세법」에 따라 증여세 및 이자상당액을 가산하여 부과하는 것이며, 귀 질의의 경우 지분율이 감소한 경우에 해당하는지 여부는 거래경위 및 계약내용 등 거래의 실질내용에 따라 사실판단할 사항임.
  2. 가업의 승계에 대한 증여세 과세특례의 사후관리 규정을 위반하는 경우에는 가업승계를 적용받은 주식등의 가액 전액에 대하여 증여세를 부과하는 것임.

4 **5년 이내 대표이사에 취임하지 않은 경우**

▶ 「조세특례제한법」 제30조의6에 따라 「가업의 승계에 관한 증여세 과세특례」를 적용받은 자가 증여일로부터 5년 이내에 대표이사에 취임하지 않은 경우에는 「상속세 및 증여세법」에 따른 증여세와 이자상당액이 과세되는 것임(기획재정부 재산세제과-784, 2020. 9. 10.).

5 **주식 증여 후 인적분할하는 경우**

▶ 「조세특례제한법」 제30조의6에 따라 가업을 승계받은 후 법인을 인적분할한 경우로서 그 가업을 승계받은 자가 증여일부터 5년 이내 분할법인 및 분할신설 법인의 대표이사로 취임하지 아니하는 경우 같은 법 제30조의6 제2항에 따라 증여세를 부과하는 것임(재산세과-809, 2010. 11. 1.).

6 **5년 이내 대표이사 취임요건**

▶ 원고는 이 사건 주식의 증여일로부터 5년의 기간이 만료되는 당시 이미 출산휴가 및 육아휴직이라는 부득이한 사유가 종료된 후였던 점, 원고는 육아휴직을 마치고 복직하여 이 사건 주식의 증여일부터 5년이 되는 2015. 12. 1.까지 대표이사로 취임하기 위한 약 1년 11개월의 충분한 시간이 있었던 점 등에 비추어, 증여일부터 5년 이내에 대표이사 취임하지 아니한 데에 정당한 사유가 없음(수원지법 2018구합72933, 2019. 8. 22. 국승).

7 **파산선고에 의한 폐업이 부득이한 사유인지 여부**

▶ 청구인이 가업승계 후 쟁점법인이 2년 2개월만에 폐업되었으므로 가업승계의 증여세 과세특례 사후관리 요건을 위반한 것으로 보이는 점, 관련 법령 등에 법원의 파산선고에 따른 폐업을 '정당한 사유'나 '부득이한 사유'로 열거하고 있지 않은 점 등에 비추어 청구인이 사후관리 요건을 위배하였다고 보아 처분청이 이 건 증여세를 과세한 처분은 잘못이 없는 것으로 판단됨(조심 2018서2171, 2018. 9. 10.).

8 **증여세 과세특례 적용 후 사후관리 위반으로 증여세 추징된 후에는 재차 가업 승계를 적용받을 수 있음**

▶ 부로부터 가업의 주식을 증여받아 「조세특례제한법」 제30조의6 제1항에 따라 가업의 승계에 따른 증여세 과세특례를 적용받은 거주자가 같은 조 제2항에 따라 증여세를 부과받은 경우로서 증여자 및 수증자의 요건을 갖추어 부로부터 가업의 주식을 추가로 증여받는 경우 같은 조 제1항에 따른 과세특례 한도 내에서 증여세 과세특례를 적용받을 수 있는 것임(법령해석재산-1801, 2016. 12. 9.).

9 가업승계 후 인적분할하여 분할존속법인이 가업승계받은 사업을 영위하지 않는 경우 사후관리 위반사유에 해당함

▶ 「조세특례제한법」 제30조의6 제1항에 따라 가업을 승계받아 증여세 과세특례를 적용받은 후 해당 가업의 주식을 증여받은 날부터 7년 이내에 해당 가업이 인적분할하여 분할존속법인은 지주회사로 전환(한국표준산업분류에 따른 소분류 내에서 업종을 변경하는 경우에 해당하지 않음)하고 분할신설법인은 분할전 가업의 주된 업종을 영위하는 경우에는 같은 법 시행령 제27조의6 제5항 제2호에 규정된 가업의 주된 업종을 변경하는 경우에 해당하여 같은 법 제30조의6 제2항에 따라 가업을 승계받을 당시 증여세 과세특례를 적용받은 주식의 가액에 대하여 증여세(이자상당액을 가산함)를 부과하는 것임(법령해석재산-2565, 2016. 9. 29.).

10 가업을 승계받은 자녀가 사망한 경우 추징제외 사유인 '수증자의 지위를 승계하여 가업에 종사하는 경우'의 의미

▶ 기존해석사례(서면-2015-상속증여-1674 [상속증여세과-956], 2015. 9. 14.)를 참조하기 바람(법령해석재산-2423, 2016. 7. 1.).

○ 서면-2015-상속증여-1674 [상속증여세과-956], 2015. 9. 14.

「조세특례제한법 시행령」 제27조의6 제3항 제1호의 "당초 수증자의 지위를 승계하여 가업에 종사하는 경우"라 함은 수증자의 상속인이 수증자가 같은 법 제30조의6 제1항 본문에 따라 증여받은 주식을 상속받아 상속세 과세표준 신고기한까지 대표이사로 취임하는 것을 말함.

11 증여받은 수증자의 지분이 법원의 회생계획인가결정에 따라 감소하는 경우 추징배제되는 정당한 사유에 해당하지 않음

▶ 「조세특례제한법」(2014. 12. 23. 법률 제12853호로 개정되기 전의 것) 제30조의

6 제1항에 따라 주식등을 증여받은 수증자가 가업을 승계한 후 주식등을 증여받은 날부터 10년 이내에 법원의 회생계획인가결정에 따라 증여받은 주식등의 지분이 줄어드는 경우에는 같은 법 같은 조 제2항에 따라 그 주식등의 가액에 대한 증여세에 이자상당액을 가산하여 부과하는 것임(기준 - 2016 - 법령해석재산 - 0021, 2016. 4. 5.).

12 가업을 승계하지 않은 것으로 보아 증여세를 과세한 처분은 정당함

▶ 청구인은 쟁점주식의 증여일로부터 5년이 임박한 시점에 단기간만 요양병원에서 입원치료를 받은 점, 청구인이 같은 기간 다른 법인의 대표이사로 선임된 것으로 보아 부득이한 사유가 발생하였다고 보기 어려우므로 조세특례제한법상 가업을 승계하지 아니한 것으로 보아 이 건 증여세를 과세한 처분은 잘못이 없음(조심 2015부2607, 2015. 12. 2.).

13 가업승계 후 상장에 따른 유상증자로 인하여 수증자의 지분이 감소하는 경우

▶「조세특례제한법」제30조의6에 따라 증여받은 주식을 발행한 법인이 시설투자·사업규모의 확장을 위하여 유상증자한 경우에는 「자본시장과 금융투자에 관한 법률」에 따라 코스닥 시장에 상장한 경우에도 「조세특례제한법 시행령」제27조의6 제6항 제2호 단서에 따라 증여세가 부과되지 아니하는 것임(기획재정부 재산세제과 - 651, 2015. 10. 5.).

14 가업승계 후 주식등을 증여받은 날부터 7년 이내에 수증자가 사망한 경우

> 1. 「조세특례제한법 시행령」제27조의6 제3항 제1호에서 "지위를 승계하여 가업에 종사하는 경우"의 의미
> 2. 「조세특례제한법」제30조의6 제2항의 "증여받은 날부터 7년 이내 정당한 사유 없이…"의 내용 중 7년의 기산일

▶ 1. 「조세특례제한법 시행령」제27조의6 제3항 제1호의 "당초 수증자의 지위를 승계하여 가업에 종사하는 경우"라 함은 수증자의 상속인이 수증자가 같은 법 제30조의6 제1항 본문에 따라 증여받은 주식을 상속받아 상속세 과세표

준 신고기한까지 대표이사로 취임하는 것을 말함.

2. 귀 질의 "2"의 경우 「조세특례제한법」 제30조의6 제1항 본문에 따라 가업의 승계를 목적으로 해당 가업의 주식등을 증여받은 날임(서면-2015-상속증여-1674 [상속증여세과-956], 2015. 9. 14).

15 **유상증자 실권 후 모친이 상환우선주 취득으로 수증자 지분이 감소한 경우 증여세 추징함**

- 본인은 ○○(주) 주식 35%(3,500주)를 보유하던 중 2009년 9월 모친으로부터 65%(6,500주)를 증여받아(100%) 조특법 제30조의6 규정에 따라 증여세 과세특례를 적용받았음.
- 2014년 중 위 법인은 의결권이 부여된 상환우선주 4,000주를 발행할 예정이며, 이 주식은 모두 모친이 취득할 예정임.
- 위와 같이 증여세 과세특례 적용 후 모친이 상환우선주를 취득하여 본인 지분이 100%에서 71.4%로 감소한 경우 수증자의 지분이 감소된 것으로 보아 증여세가 추징되는지?

▶ 귀 질의의 경우, 「조세특례제한법」 제30조의6 제2항 및 같은 법 시행령 제27조의6 제6항 제2호에 따라 가업의 승계를 위하여 주식을 증여받은 후 10년 이내에 그 주식을 발행한 법인이 유상증자 등을 하는 과정에서 실권 등으로 수증자의 모친이 그 법인의 상환우선주를 취득함으로써 수증자의 지분율이 증여 직후 100%에서 71.4%로 낮아진 경우에는 동 과세특례를 적용받은 주식 등의 가액에 대하여 「상속세 및 증여세법」에 따라 증여세를 부과하는 것이며, 이때 「조세특례제한법 시행령」 제27조의6 제4항에 따라 계산한 이자상당액을 증여세에 가산하여 부과하는 것임(상속증여세과-281, 2014. 7. 31.).

16 **증여세 과세특례를 적용받은 후 공장매각 및 신공장 취득의 경우**

- 2012년 가업인 A법인(제조업) 주식을 증여받아 과세특례를 적용받음.
- A법인의 기존공장(토지/건물) 전부를 매각한 후 새로운 공장인 토지와 건물을 매입하거나 신축하고 가업인 제조업을 그대로 승계하여 영위함.
- 위와 같은 경우 사후관리 위반으로 증여세가 추징되는지?

▶「조세특례제한법」제30조의6 제1항에 따라 가업의 승계에 따른 증여세 과세특 례를 적용받은 후 가업용 자산인 공장시설을 확장·이전하기 위해 기존 공장을 처분하고 새로운 공장을 취득하는 경우 같은 법 제30조의6 제2항을 적용하지 아니하는 것임(서면법규과-150, 2014. 2. 18.).

17 전환사채 등의 주식전환으로 수증자의 지분이 낮아지는 경우

- 가업승계를 위하여 주식을 증여받은 후 회사가 사모형태로 발행한 BW(신주 인수권부사채), CB(전환사채)의 사채권자가 권리를 행사하는 경우임.
- 위와 같은 경우 부득이 수증자의 지분율이 감소하게 되는 바, 이 경우에도 사후 관리 위반으로 증여세가 추징되는지?

▶ 가업의 승계를 위하여 주식을 증여받은 후 회사가 신주인수권부사채나 전환사채를 사모형태로 발행하여 사채권자의 권리행사로 수증자의 지분율이 낮아지는 경우 로서「조세특례제한법 시행령」제27조의6 제6항 제2호 단서에 해당하는 때에는 같은 법 제30조의6 제2항이 적용되지 아니하는 것임(재산세과-821, 2009. 4. 29.).

☞ 가업승계를 위하여 주식을 증여받은 후 시설투자 등을 위하여 전환사채 등을 발행하고 수증자와 특수관계 없는 사채권자의 권리행사로 인하여 수증자의 지분율이 낮아지는 경우로서, 그 이후에도 수증자가 최대주주 등에 해당한다면 추징하지 않는다는 해석임.

18 증여세 과세특례를 적용받기 전 수증자가 보유하던 주식 처분시

- 당 법인은 제조업을 영위하는 협회등록 중소기업임.
- 20여 년간 대표이사 [갑]이 경영하였으며, 자녀가 경영수업 후 2005년 공동대 표이사로 선임되었음.
- 주식보유현황은 父 37%, 子 10%임.
- 父의 주식을 증여받고 증여세 과세특례를 적용받는 경우로서, 수증자가 기존에 보유하던 주식과 증여받은 주식을 합하여 최대주주 지분율을 유지하면서, 증 여받은 주식은 보유하고 증여받기 전 본인이 보유하던 주식을 처분하는 경우 사후관리 위반으로 증여세가 추징되는지?

▶「조세특례제한법」제30조의6 제1항에 따라 주식 등을 증여받고 가업을 승계한

> 수증자의 지분이 증여일부터 10년 이내에 정당한 사유 없이 감소된 경우에는 동조 제2항의 규정에 따른 증여세를 부과하는 것이나, 수증자가 가업을 승계받기 전에 보유한 주식을 처분한 경우로서 당해 주식을 처분한 후에도 「상속세 및 증여세법 시행령」 제15조 제3항에 따른 최대주주 등에 해당하는 경우에는 그러하지 아니하는 것임(재산세과-1931, 2008. 7. 28.).

라. 증여세 부과시 이자상당액 가산

가업승계를 위해 주식을 증여받은 수증자가 가업을 승계하지 않거나, 5년 이내에 가업에 미종사 또는 가업을 휴·폐업한 경우, 증여받은 주식지분이 감소하는 경우에는 「상속세 및 증여세법」에 따라 증여세를 부과하며, 이 경우 이자상당액을 가산한다.

이와 같이 증여세에 가산하여 부과하는 이자상당액은 다음과 같이 계산한다.

$$\text{① 결정한 증여세액} \times \text{② 증여세 신고기한의 다음 날부터 추징사유가 발생한 날까지의 기간} \times \text{③} \frac{22^*}{100,000}$$

* 적용시기 : 2022. 2. 15. 전에 발생한 사유로 2022. 2. 15. 이후 세액을 납부 또는 부과하는 경우 2022. 2. 15. 전일까지의 기간분에 대한 이자상당가산액 또는 이자상당액의 계산에 적용되는 이자율은 영 제27조의6 제5항 제3호의 개정규정에도 불구하고 각각 종전의 규정(1일 10만분의 25)에 따르고, 2022. 2. 15. 이후의 기간분에 대한 이자상당가산액 또는 이자상당액의 계산에 적용되는 이자율은 각각 같은 개정규정에 따른다(영 부칙(2022. 2. 15.) 21조).

① 「상속세 및 증여세법」에 따라 결정한 증여세액

   – 결정한 증여세액[66]: 증여세 산출세액 – 과세특례에 따른 기납부세액

② 당초 증여받은 주식에 대한 증여세의 과세표준 신고기한의 다음 날부터 추징사유가 발생한 날까지의 기간

③ 조특법 시행령 제11조의2 제9항 제2호에 따른 율(1일 10만분의 22) (2022. 2. 14 이전은 1일 10만분의 25)

---

66) 2008년 개정세법 해설(국세청) p.404

마. 사후관리 위반시 신고·납부 의무

가업승계에 대한 증여세 과세특례를 적용받은 거주자는 ① 가업에 종사하지 아니하거나 가업을 휴업하거나 폐업하는 경우, ② 증여받은 주식등의 지분이 줄어드는 경우 등 사후관리 위반에 해당하게 되는 날이 속하는 달의 말일부터 3개월 이내에 납세지 관할 세무서장에게 신고하고 해당 증여세와 이자상당액을 납세지 관할 세무서, 한국은행 또는 체신관서에 납부하여야 한다.

다만, 제2항에 따라 이미 증여세와 이자상당액이 부과되어 납부된 경우에는 그러하지 아니하다(조특법 §30의6 ⑥ 신설 2017. 12. 19.). 이 규정은 2018. 1. 1. 이후 사후관리를 위반하는 분부터 적용한다.

바. 탈세·회계부정에 대한 증여세 과세특례 배제

거주자 또는 부모가 가업의 경영과 관련하여 조세포탈 또는 회계부정 행위(「조세범처벌법」 제3조 제1항 또는 「주식회사 등의 외부감사에 관한 법률」 제39조 제1항에 따른 죄를 범하는 것을 말하며, 증여일 전 10년 이내 또는 증여일부터 5년 이내의 기간 중의 행위로 한정한다)로 징역형 또는 대통령령으로 정하는 벌금형을 선고받고 그 형이 확정된 경우에는 다음 각 호의 구분에 따른다(2023. 12. 31. 신설). 이 개정규정은 2024. 1. 1. 이후 증여를 받는 분부터 적용한다(조특법 부칙 §38 ②).

① 과세표준과 세율의 결정이 있기 전에 거주자 또는 부모에 대한 형이 확정된 경우: 증여세 과세특례를 적용하지 아니한다.

② 증여세 과세특례를 적용받은 후에 거주자 또는 부모에 대한 형이 확정된 경우: 증여받은 주식등의 가액에 대하여 상증법에 따라 증여세를 부과한다. 이 경우 대통령령으로 정하는 바에 따라 계산한 이자상당액을 증여세에 가산하여 부과한다(2023. 12. 31. 신설).

이 경우 대통령령으로 정하는 벌금형이란, 다음의 어느 하나에 해당하는 것을 말한다(조특령 §27의6 ⑪, 2024. 2. 29. 신설).

① 조세포탈의 경우: 「조세범 처벌법」 제3조 제1항 각 호의 어느 하나에 해당하여

받은 벌금형(포탈세액이 3억 원 이상이고 포탈세액 등이 납부하여야 할 세액의
30% 이상인 경우 또는 포탈세액이 5억 원 이상인 경우)

② 회계부정의 경우:「주식회사 등의 외부감사에 관한 법률」제39조 제1항에 따른
죄를 범하여 받은 벌금형(재무제표상 변경된 금액이 자산총액의 100분의 5 이상
인 경우로 한정한다)

■ 조세특례제한법 시행규칙 【별지 제11호의 7 서식】 (2015. 3. 13. 개정)

주식등 특례신청서

※ [ ]에는 해당되는 곳에 √표를 합니다.

1. 인적사항

수 증 자	① 성 명		② 주민등록번호	
	③ 주 소		(☎)	
	④ 증여자와의 관계		전자우편주소	

2. 증여자 및 가업승계 법인 현황

증 여 자 (가업법인 주식 등 증여자)		승계대상 가업법인 현황	
⑤ 성 명	(☎)	⑪ 법인명	(☎)
⑥ 주민등록번호		⑫ 사업자등록번호	– –
⑦ 주 소		⑬ 업종	(업태) (종목)
⑧ 가업법인의 최대주주여부	[ ]해당 [ ]해당하지 않음	⑭ 개업일	
⑨ 특수관계자 포함 보유주식수(지분율)	총 주 (지분율: %)	⑮ 발행주식총수	주
⑩ 가업영위기간	~	⑯ 중소기업 여부	[ ]해당 [ ]해당하지 않음
		⑰ 상장여부 (일자)	[ ]상장(. .) [ ]비상장

3. 가업법인 주식등 증여현황

⑱ 수증일	⑲ 수량	⑳ 수증 주식등 지분율	㉑ 단가	㉒ 주식 등 가액 (⑲×㉑)	㉓ 과세특례 적용대상 증여세 과세가액

「조세특례제한법」 제30조의6 제3항에 따라 위와 같이 가업승계 주식등에 대한 증여세 과세특례를 신청합니다.

년 월 일

제출자 (서명 또는 인)

세 무 서 장 귀하

제출서류	1. 가업법인의 중소기업기준검토표(「법인세법 시행규칙」 별지 제51호 서식을 말합니다) 2. 가업승계 법인의 증여일 현재와 직전 10년간의 사업연도의 주주현황 각 1부 3. 그 밖에 가업승계 사실을 입증할 수 있는 서류	수수료 없음

작성방법

1. ⑧, ⑨, ⑬~⑰란은 증여일이 속하는 사업연도의 직전 사업연도 말 기준으로 작성합니다.
2. "㉒ 주식 등 가액"란은 증여일 현재 「상속세 및 증여세법」에 따라 평가한 가액을 적습니다.
3. "㉓ 과세특례 적용대상 증여세 과세가액"란은 "가업승계 주식 등 증여재산평가 및 과세가액 계산명세서(「상속세 및 증여세법 시행규칙」 별지 제10호의2 서식 부표 2)"의 ⑫의 금액을 적습니다.

210㎜×297㎜[중질지(80g/㎡(재활용품)]

■ 조세특례제한법 시행규칙 【별지 제11호의 9 서식】 (2018. 3. 21. 신설)

가업승계 증여세 과세특례 추징사유 신고 및 자진납부 계산서

(앞쪽)

수증자	① 성 명		② 주민등록번호		③ 거 주 구 분	[ ] 거주자 [ ] 비거주자
	④ 주 소				⑤ 전자우편주소	
	⑥ 전화번호	(자 택)	(휴대전화)		⑦ 증여자와의 관 계	
증여자	⑧ 성 명		⑨ 주민등록번호		⑩ 증 여 일 자	
	⑪ 주 소				⑫ 전 화 번 호	(자 택) (휴대전화)

1. 증여재산

⑰ 재산구분코드	⑱ 재산종류	⑲ 지목 또는 건물·재산종류	⑳ 소재지·법인명 등			㉑ 수량(면적)	㉒ 단가	㉓ 금 액
			국외자산여부	국외재산국가명				
			[ ]여 [ ]부					
			[ ]여 [ ]부					
			[ ]여 [ ]부					
계								
㉔ 사후관리 위반코드								

2. 사후관리 위반으로 결정한 증여세액

㉕ 증여세액	

3. 이자상당액

㉖ 일수	
㉗ 이자율	
㉘ 이자상당액 (㉕ × ㉖ × ㉗)	

4. 납부할 세액

㉙ 납부할 세액(㉕ + ㉘)	

「조세특례제한법」 제30조의6 및 같은 법 시행령 제27조의6 제10항에 따라 가업승계 증여세 과세특례 추징사유 신고 및 자진납부 계산서를 제출합니다.

년 월 일

신 고 인 (서명 또는 인)

세무대리인 (서명 또는 인)

(관리번호: ☎)

세무서장 귀하

제 **2** 절

가업승계 시 증여세의 납부유예

 개요

2022. 12. 31. 조세특례제한법 개정 시 수증자가 승계받은 가업을 영위하는 기간 동안 증여세 납부 부담 없이 가업을 경영할 수 있도록 지원하기 위해 가업승계 시 증여세의 납부유예제도를 신설하였다. 중소기업 주식을 증여받은 수증자가 저율의 증여세 과세 특례 방식과 납부유예 방식 중 선택할 수 있도록 하였으며 가업 주식을 증여받은 수증 자가 그 주식등을 양도·상속·증여하는 시점까지 증여세를 납부유예 하되 일정한 사 후관리 의무를 부여하여 위반시 증여세를 징수하도록 하였다. 이 신설규정은 2023. 1. 1. 이후 증여받는 분부터 적용한다.

2 **납부유예의 적용요건과 대상세액**

가. 납부유예 적용요건

납부유예 적용요건은 다음과 같이 가업에 해당하는 중소기업 주식등을 증여받고 창 업자금에 대한 증여세 과세특례(조특법 §30의5)와 가업의 승계에 대한 증여세 과세특례 (조특법 §30의5)를 적용받지 않은 경우이어야 한다.

① 가업에 해당하는 중소기업 주식을 증여받은 경우일 것

거주자가 대통령령으로 정하는 바에 따라 가업(대통령령으로 정하는 중소기업으 로 한정한다)의 승계를 목적으로 해당 가업의 주식 또는 출자지분(이하 "주식등" 이라 한다)을 증여받은 경우이어야 한다.

이 경우 가업이란 상증법 제18조의2 제1항에 따른 가업으로서 피상속인이 10년

이상 계속하여 경영한 기업을 말하며(조특법 §30의6 ①), 대통령령으로 정하는 중소기업이란 상증령 제15조 제1항에 따른 중소기업을 말한다(조특령 §27의7 ⑥). 납부유예 허가를 받으려는 경우에는 가업의 주식등을 증여받은 거주자 또는 그 배우자가 증여세 과세표준 신고기한까지 해당 가업에 종사하고 증여일부터 3년 이내에 대표이사에 취임하여야 한다(조특령 §27의7 ⑤).

② 창업자금 및 가업승계 과세특례를 적용받지 않은 경우일 것

거주자가 주식등을 증여받고 조특법 제30조의5【창업자금에 대한 증여세 과세특례】 또는 같은 법 제30조의6【가업의 승계에 대한 증여세 과세특례】에 따른 증여세 과세특례를 적용받지 않았어야 한다.

나. 납부유예 대상세액

납부유예란 수증자가 증여받은 주식을 양도·증여 (주식지분 감소) 및 상속하는 시점까지 증여세 납부를 유예하는 것이며, 증여세 납부세액에서 증여재산가액 중 가업자산상당액이 차지하는 증여세액이 납부유예 대상세액에 해당한다.

① 납부유예 기간

거주자가 조특법 제30조의7 제1항 각 호의 요건을 모두 갖추어 증여세의 납부유예를 신청하여 납부유예를 허가받은 후 정당한 사유 없이 증여받은 주식의 지분이 감소하거나 상속이 개시되는 시점까지는 납부유예를 적용받을 수 있다(조특법 §30의7 ③, ④).

② 납부유예 대상세액

납부유예를 적용받을 수 있는 세액은 다음 계산식에 따라 계산한 금액을 말한다. 이 경우 "가업자산상당액"이란 상증령 제15조 제5항 제2호를 준용하여 계산한 금액을 말하며, "상속개시일"은 "증여일"로 본다(조특령 §27의7 ④).

$$증여세\ 납부세액 \times \frac{가업자산상당액}{총\ 증여재산가액}$$

○ **상증령 제15조 【가업상속】**

⑤ 법 제18조 제2항 제1호에서 "가업상속 재산가액"이란 다음 각 호의 구분에 따라 제3항 제2호의 요건을 모두 갖춘 상속인(이하 이 조에서 "가업상속인"이라 한다)이 받거나 받을 상속재산의 가액을 말한다. (2018. 2. 13. 개정)

1. 「소득세법」을 적용받는 가업: 가업에 직접 사용되는 토지, 건축물, 기계장치 등 사업용 자산의 가액에서 해당 자산에 담보된 채무액을 뺀 가액 (2017. 2. 7. 개정)

2. 「법인세법」을 적용받는 가업: 가업에 해당하는 법인의 주식등의 가액[해당 주식등의 가액에 그 법인의 총자산가액(상속개시일 현재 법 제4장에 따라 평가한 가액을 말한다) 중 상속개시일 현재 다음 각 목의 어느 하나에 해당하는 자산(상속개시일 현재를 기준으로 법 제4장에 따라 평가한 가액을 말한다. 이 조 및 제68조에서 "사업무관자산"이라 한다)을 제외한 자산가액이 차지하는 비율을 곱하여 계산한 금액에 해당하는 것을 말한다] (2020. 2. 11. 개정)

　가. 「법인세법」 제55조의2에 해당하는 자산 (2012. 2. 2. 개정)

　나. 「법인세법 시행령」 제49조에 해당하는 자산 및 타인에게 임대하고 있는 부동산(지상권 및 부동산임차권 등 부동산에 관한 권리를 포함한다) (2012. 2. 2. 개정)

　다. 「법인세법 시행령」 제61조 제1항 제2호에 해당하는 자산 (2012. 2. 2. 개정)

　라. 과다보유현금[상속개시일 직전 5개 사업연도 말 평균 현금(요구불예금 및 취득일부터 만기가 3개월 이내인 금융상품을 포함한다)보유액의 100분의 150을 초과하는 것을 말한다] (2012. 2. 2. 개정)

　마. 법인의 영업활동과 직접 관련이 없이 보유하고 있는 주식등, 채권 및 금융상품(라목에 해당하는 것은 제외한다) (2018. 2. 13. 개정)

③ 납부유예의 신청과 허가

가. 납부유예의 신청

| 납부유예 신청기한 |

구　　분	납부유예 신청기한
신고기한 내 신고한 경우	증여세과세표준 신고기한
기한 후 신고한 경우	기한 후 신고를 하는 때

구　　분	납부유예 신청기한
수정신고하는 경우	수정신고를 하는 때
납부고지서·납부통지서(연대납세의무자)에 의해 신청한 경우	납부고지서의 납부기한

(1) 신고기한 이내와 수정신고 및 기한 후 신고와 함께 납부유예 신청

납부유예를 신청하려는 거주자는 증여세 과세표준신고를 하는 경우 또는 국세기본법 제45조에 따른 수정신고 또는 같은 법 제45조의3에 따른 기한 후 신고를 하는 경우에 납부해야 할 세액에 대하여 다음의 서류를 납세지 관할세무서장에게 제출하여야 한다(조특령 §27의7 ①).

① 기획재정부령으로 정하는 납부유예신청서

② 조특법 제30조의6에 따른 과세특례를 적용받았거나 같은 법 제30조의7에 따른 납부유예 허가를 받았음을 증명할 수 있는 서류(법 제30조의7 제6항 제1호(납부유예 허가받은 거주자가 주식을 증여하여 증여세액을 납부하여야 할 자가 그 수증자가 가업승계 증여세 과세특례를 받거나 납부유예를 받은 경우)에 따라 신청하는 경우에만 해당한다)

③ 상속세 및 증여세법 제18조의2 제1항에 따른 가업상속공제를 받았거나 같은 법 제72조의2 제1항에 따른 납부유예 허가를 받았음을 증명할 수 있는 서류(법 제30조의7 제6항 제2호(납부유예 허가받은 거주자가 사망하여 증여세액을 납부하여야 할 자가 다시 가업상속공제를 받거나 상속세 납부유예 허가를 받은 경우)에 따라 신청하는 경우에만 해당한다)

(2) 과세표준과 세액의 결정통지를 받은 경우

상증법 제77조에 따른 과세표준과 세액의 결정통지를 받은 자는 해당 납부고지서의 납부기한(상증법 제4조의2 제6항에 따른 연대납세의무자가 같은 조 제7항에 따라 통지를 받은 경우에는 해당 납부고지서상의 납부기한을 말한다)까지 위 ①, ②, ③ 서류를 첨부하여 납부유예신청서를 제출할 수 있다(조특령 §27의7 ① 단서).

나. 납부유예의 허가

구 분		납부유예 허가결정·통지 기한
신고기한 내 신고한 경우	상속세	증여세과세표준 신고기한 지난 날부터 9개월 이내
	증여세	증여세과세표준 신고기한 지난 날부터 6개월 이내
수정신고 및 기한 후 신고한 경우		신고한 날이 속하는 달의 말일부터 6개월 이내
납부고지서(연대납세의무자 포함)에 의한 신청		납부기한이 경과한 날부터 14일 이내

(1) 허가 여부 서면결정·통지 기한

납부유예신청서를 받은 세무서장은 다음에 따른 기간 이내에 신청인에게 그 허가 여부를 서면으로 결정·통지해야 한다(조특령 §27의7 ②).

㉮ 신고기한 이내에 신청한 경우 통지 기한

- 상속세과세표준 신고기한이 지난 날부터 9개월 이내
- 증여세과세표준 신고기한이 지난 날부터 6개월 이내

㉯ 수정신고 또는 기한 후 신고를 한 경우

- 신고한 날이 속하는 달의 말일부터 6개월(조특법 제30조의7 제6항 제2호(납부유예 허가받은 거주자가 사망하여 증여세액을 납부하여야 할 자가 다시 가업상속공제를 받거나 상속세 납부유예 허가를 받은 경우에는 9개월)

㉰ 납부고지서 등의 납부기한까지 신청한 경우

- 납부고지서에 따른 납부기한이 지난 날부터 14일 이내

(2) 납부기한 경과 후 납부유예 허가 여부를 통지하는 경우 가산세 면제

과세표준과 세액의 결정통지를 받은 자가 해당 납부고지서의 납부기한(연대납세의무자의 경우에는 납부고지서상의 납부기한을 말한다)까지 납부유예 신청서를 제출한 경우에 납부기한을 경과하여 납부유예 허가 여부 통지를 하여 그 납부유예세액을 징수

할 때에는 납부유예 허가 여부 통지일 이전에 한정하여 국세기본법 제47조의4 제1항 제1호(납부고지서에 따른 납부기한의 다음 날부터 성립하는 부분으로 한정한다) 및 제3호의 납부지연가산세를 부과하지 아니한다(조특령 §27의7 ③).

④ 담보제공

납부유예 허가를 받으려는 자는 담보를 제공하여야 한다(조특법 §30의7 ②).

⑤ 납부유예 후 증여세 납부사유 등

가. 증여세 납부사유 및 납부할 세액

납세지 관할세무서장은 거주자가 대통령령으로 정하는 정당한 사유 없이 다음 각 호의 어느 하나에 해당하는 경우 납부유예 허가를 취소하거나 변경하고, 해당 세액과 대통령령으로 정하는 바에 따라 계산한 이자상당액을 징수한다(조특법 §30의7 ③).

① 해당 거주자가 가업에 종사하지 아니하게 된 경우: 납부유예된 세액의 전부

여기서 가업에 종사하지 아니하게 된 경우란 다음과 같은 경우를 말한다(조특령 §27의7 ⑧).

㉮ 가업의 주식등을 증여받은 거주자(거주자의 배우자를 포함한다)가 대표이사로 종사하지 않는 경우(증여일부터 5년 이내의 기간 중으로 한정한다)

㉯ 해당 가업을 1년 이상 휴업(실적이 없는 경우를 포함한다)하거나 폐업하는 경우

② 주식등을 증여받은 거주자의 지분이 감소한 경우*: 다음의 구분에 따른 세액

다만, 수증자가 조특법 제30조의6에 따른 과세특례를 적용받거나 같은 법 제30조의7 제1항에 따른 납부유예 허가를 받은 경우에는 해당 세액과 이자상당액(정상이자율에 100분의 50을 곱한 이자율 적용)의 납부유예를 신청할 수 있다(조특법 §30의7 ⑥).

"거주자의 지분이 감소한 경우"란 조특령 제27조의6 제7항 각 호의 어느 하나에 해당하는 경우를 포함한다(조특령 §27의7 ⑨).

조특령 제27조의6 (가업의 승계에 대한 증여세 과세특례)

⑦ 조특법 법 제30조의6 제3항 제2호(증여받은 주식등의 지분이 줄어드는 경우)의 경우는 다음 각 호의 어느 하나에 해당하는 경우를 포함한다.

1. 수증자가 증여받은 주식 등을 처분하는 경우. 다만, 다음 각 목의 어느 하나에 해당하는 경우는 제외한다.

    가. 합병·분할 등 조직변경에 따른 처분으로서 수증자가 「상속세 및 증여세법 시행령」 제15조 제3항에 따른 최대주주 등(이하 이 조에서 "최대주주 등"이라 한다)에 해당하는 경우

    나. 「자본시장과 금융투자업에 관한 법률」 제390조 제1항에 따른 상장규정의 상장요건을 갖추기 위하여 지분을 감소시킨 경우 (2015. 2. 3. 신설)

2. 증여받은 주식 등을 발행한 법인이 유상증자 등을 하는 과정에서 실권 등으로 수증자의 지분율이 낮아지는 경우. 다만, 다음 각 목의 어느 하나에 해당하는 경우는 제외한다.

    가. 해당 법인의 시설투자·사업규모의 확장 등에 따른 유상증자로서 수증자의 특수관계인(「상속세 및 증여세법 시행령」 제2조의2 제1항 각 호의 어느 하나에 해당하는 자를 말한다. 이하 이 조에서 같다) 외의 자에게 신주를 배정하기 위하여 실권하는 경우로서 수증자가 최대주주 등에 해당하는 경우

    나. 해당 법인의 채무가 출자전환됨에 따라 수증자의 지분율이 낮아지는 경우로서 수증자가 최대주주 등에 해당하는 경우

3. 수증자와 특수관계에 있는 자의 주식처분 또는 유상증자 시 실권 등으로 지분율이 낮아져 수증자가 최대주주 등에 해당되지 아니하는 경우

4. 해당 법인의 감자(상속세 및 증여세법 시행령 제15조 제8항 제3호 바목(균등무상감자)에 해당하는 경우는 제외한다)로 인하여 수증자의 보유주식 수가 감소한 경우(2023. 2. 28. 신설)

㉮ 증여일부터 5년 이내에 감소한 경우: 납부유예된 세액의 전부

㉯ 증여일부터 5년 후에 감소한 경우: 납부유예된 세액 중 지분 감소 비율을 고려하여 대통령령으로 정하는 바에 따라 계산한 세액

여기서 "지분감소 비율을 고려하여 대통령령으로 정하는 바에 따라 계산한 세액"이
란 다음 계산식에 의하여 계산한 가액을 말한다.

세액 = A × B ÷ C

A: 조특법 제30조의7 제1항에 따라 납부유예된 세액
B: 감소한 지분율
C: 증여일 현재 지분율

③ 다음에 모두 해당하는 경우: 납부유예된 세액의 전부
   ㉮ 증여일부터 5년간 대통령령으로 정하는 정규직 근로자("정규직 근로자"라 한
      다) 수의 전체 평균이 증여일이 속하는 사업연도의 직전 2개 사업연도의 정규
      직근로자 수의 평균의 100분의 70에 미달하는 경우

대통령령으로 정하는 정규직 근로자

– 「근로기준법」에 따라 계약을 체결한 근로자를 말한다. 다만, 상증령 제15조 제13항
  각 호의 어느 하나(다음 각 호)에 해당하는 사람은 제외한다.(조특령 §27의7 ⑪)
  1. 근로계약기간이 1년 미만인 근로자(근로계약의 연속된 갱신으로 인하여 그 근로
     계약의 총 기간이 1년 이상인 근로자는 제외한다)
  2. 「근로기준법」 제2조 제1항 제9호에 따른 단시간근로자로서 1개월간의 소정근로
     시간이 60시간 미만인 근로자
  3. 「소득세법 시행령」 제196조에 따른 근로소득원천징수부에 따라 근로소득세를
     원천징수한 사실이 확인되지 않고, 다음 각 목의 어느 하나에 해당하는 금액의
     납부사실도 확인되지 않는 자
     가. 「국민연금법」 제3조 제1항 제11호 및 제12호에 따른 부담금 및 기여금
     나. 「국민건강보험법」 제69조에 따른 직장가입자의 보험료

   ㉯ 증여일부터 5년간 대통령령으로 정하는 총급여액("총급여액"이라 한다)의 전
      체 평균이 증여일이 속하는 사업연도의 직전 2개 사업연도의 총급여액 평균의
      100분의 70에 미달하는 경우

> **대통령령으로 정하는 총급여액**
> – "대통령령으로 정하는 총급여액"이란 제11항에 따른 근로자(제26조의4 제2항 제3호 [해당 기업의 최대주주 또는 최대출자자(개인사업자의 경우에는 대표자를 말한다) 및 그와 「국세기본법 시행령」 제1조의2 제1항에 따른 친족관계인 근로자)에 해당하는 사람을 제외하되, 기준고용인원 산정기간에 같은 호에 해당되는 사람만 있을 경우에는 포함한다)에게 지급한 「소득세법」 제20조 제1항 제1호 및 제2호에 따른 소득의 합계액을 말한다(조특령 §27의7 ⑫).

– 정규직 근로자 수 및 총급여액의 계산에 관하여는 상증령 제15조 제17항 및 제18항을 준용한다.

④ 해당 거주자가 사망하여 상속이 개시되는 경우: 납부유예된 세액의 전부

　　다만, 상속인이 상속받은 가업에 대하여 상증법 제18조의2 제1항에 따른 가업상속공제를 받거나 같은 법 제72조의2 제1항에 따른 납부유예 허가를 받은 경우에는 해당 세액과 이자상당액(정상이자율에 100분의 50을 곱한 이자율 적용)의 납부유예 허가를 신청할 수 있다(조특법 §30의7 ⑥).

구분	납부(징수) 사유		납부할 세액
①	해당 거주자가 가업에 종사하지 아니하게 된 경우		납부유예세액 전부
②	증여받은 주식등 지분감소	증여일부터 5년 이내	납부유예세액 전부
		증여일부터 5년 후	납부유예세액 × 일정비율*
		→ 수증자가 조특법 §30의6에 따라 증여세과세특례를 적용받는 경우 예외 인정	
③	증여일부터 5년간 다음 요건에 모두 해당되는 경우 – 정규직 근로자수 5년간 전체평균이 증여일이 속하는 사업연도 직전 2개 사업연도 평균의 70% 미만 – 총급여액 5년간 전체평균이 증여일이 속하는 사업연도 직전 2개 사업연도 평균의 70% 미만		납부유예세액 전부
④	해당 거주자가 사망하여 상속이 개시되는 경우		납부유예세액 전부
	→ 상속시 그 상속인이 가업상속공제를 받거나 납부유예를 받는 경우 예외 인정		

나. 증여세 납부사유 발생시 신고 납부 의무

납부유예 허가를 받은 자는 위 가.의 증여세 납부사유가 발생하는 경우 그 날이 속하는 달의 말일부터 3개월 이내에 대통령령으로 정하는 바에 따라 납세지 관할세무서장에게 신고하고 해당 증여세와 이자상당액을 납세지 관할세무서, 한국은행 또는 체신관서에 납부하여야 한다. 다만, 위 가.의 본문 내용에 따라 이미 증여세와 이자상당액이 징수된 경우에는 그러하지 아니하다(조특법 §30의7 ④).

다. 증여세 징수사유

납세지 관할세무서장은 납부유예 허가를 받은 자가 다음의 어느 하나에 해당하는 경우 그 허가를 취소하거나 변경하고, 납부유예된 세액의 전부 또는 일부와 대통령령으로 정하는 바에 따라 계산한 이자상당액을 징수할 수 있다.

① 담보의 변경 또는 그 밖의 담보 보전에 필요한 관할 세무서장의 명령에 따르지 아니한 경우

②「국세징수법」제9조(납부기한 전 징수) 제1항 각 호의 어느 하나에 해당되어 납부유예된 세액의 전액을 징수할 수 없다고 인정되는 경우

③ 위 증여세 납부사유에 해당하는 경우로서 납부기한까지 증여세 및 이자상당액을 납부하지 않은 경우

라. 증여세를 징수하지 않는 정당한 사유 등

거주자가 정당한 사유 없이 조특법 제30조의7 제3항 각 호의 어느 하나에 해당하는 경우 증여세액과 이자상당액을 징수하는 것이나, 정당한 사유가 있는 경우에는 그러하지 아니한다. 이 경우 정당한 사유란 다음과 같다(조특령 §27의7 ⑦).

① **거주자가 가업에 종사하지 아니하게 된 경우의 정당한 사유**
  - 수증자가 법률에 따른 병역의무의 이행, 질병의 요양, 취학상 형편 등으로 가업에 직접 종사할 수 없는 사유에 해당하는 경우. 다만, 증여받은 주식 또는 출자지분을 처분하거나 그 부득이한 사유가 종료된 후 가업에 종사하지 아니하는

경우는 제외한다(조특령 §27의6 ④ 3, 조특칙 §14의5).

② 주식등을 증여받은 거주자의 지분이 감소한 경우의 정당한 사유

- 수증자가 증여받은 주식 등을 국가 또는 지방자치단체에 증여하는 경우
- 합병·분할 등 조직변경에 따른 처분으로서 수증자가 「상속세 및 증여세법 시행령」 제15조 제3항에 따른 최대주주 등(이하 이 조에서 "최대주주 등"이라 한다)에 해당하는 경우
- 「자본시장과 금융투자업에 관한 법률」 제390조 제1항에 따른 상장규정의 상장 요건을 갖추기 위하여 지분을 감소시킨 경우
- 해당 법인의 시설투자·사업규모의 확장 등에 따른 유상증자로서 수증자의 특수관계인(「상속세 및 증여세법 시행령」 제2조의2 제1항 각 호의 어느 하나에 해당하는 자를 말한다. 이하 이 조에서 같다) 외의 자에게 신주를 배정하기 위하여 실권하는 경우로서 수증자가 최대주주 등에 해당하는 경우
- 해당 법인의 채무가 출자전환됨에 따라 수증자의 지분율이 낮아지는 경우로서 수증자가 최대주주 등에 해당하는 경우

마. 증여세 부과시 이자상당액 가산

조특법 제30조의7 제3항 및 5항에 따라 납부유예 허가 후 납부 및 징수사유가 발생하여 증여세에 가산하여 부과하는 이자상당액은 다음 ①의 금액에 ②의 기간과 ③의 율(재차 가업승계에 해당하는 경우에는 100분의 50을 곱한 율을 적용한다)을 곱하여 계산한 금액으로 한다. 다만, ②의 기간 중에 ③ 「국세기본법 시행령」 제43조의3 제2항 본문에 따른 이자율이 1회 이상 변경된 경우 그 변경 전의 기간에 대해서는 변경 전의 이자율을 365로 나눈 율을 적용한다(조특령 §27의7 ⑭, ⑮).

> **이자상당액**
> = ① 결정한 증여세액 × ② 증여세과표 신고기한의 다음 날부터 추징사유 발생일까지 일수 × ③

① 조특법 제30조의7 제3항 각 호에 따른 증여세액

② 당초 증여받은 가업 주식 등에 대한 증여세 과세표준 신고기한의 다음 날부터 조특법 제30조의7 제3항 각 호의 납부사유가 발생한 날까지의 기간

③ 조특법 제30조의7 제3항에 따른 납부유예 허가의 취소 또는 변경 당시의 「국세기본법 시행령」 제43조의3 제2항 본문에 따른 이자율을 365로 나눈 율
　－1일 10만분의 22 (2022. 2. 15. 이후) (조특령 §27의7 ⑭ 3)

⑥ 증여받은 주식의 상속세 과세가액 산입

조특법 제30조의7 제1항에 따른 주식등의 증여에 관하여는 조특법 제30조의5 제7항부터 제10항까지의 규정 및 제12항을 준용한다. 이 경우 "창업자금"은 "주식등"으로 본다 (조특법 §30의7 ⑧).

－증여세 납부사유에 해당하는 경우 그 날이 속하는 달의 말일부터 3개월 이내에 납세지 관할 세무서장에게 신고하고 해당 증여세와 이자상당액을 납세지 관할 세무서, 한국은행 또는 체신관서에 납부하여야 한다. 다만, 제6항에 따라 이미 증여세와 이자상당액이 부과되어 이를 납부한 경우에는 그러하지 아니하다 (조특법 §30의5 ⑦).

－주식등은 「상속세 및 증여세법」 제3조의2 제1항을 적용할 때 상속재산에 가산하는 증여재산으로 본다 (조특법 §30의5 ⑧).

－주식등은 「상속세 및 증여세법」 제13조 제1항 제1호를 적용할 때 증여받은 날부터 상속개시일까지의 기간과 관계없이 상속세 과세가액에 가산하되, 같은 법 제24조 제3호를 적용할 때에는 상속세 과세가액에 가산한 증여재산가액으로 보지 아니한다 (조특법 §30의5 ⑨).

－주식등에 대한 증여세액에 대하여 「상속세 및 증여세법」 제28조를 적용하는 경우에는 같은 조 제2항에도 불구하고 상속세 산출세액에서 창업자금에 대한 증여세액을 공제한다. 이 경우 공제할 증여세액이 상속세 산출세액보다 많은 경우 그 차액에 상당하는 증여세액은 환급하지 아니한다 (조특법 §30의5 ⑩).

－납부유예를 적용받으려는 자는 증여세 과세표준 신고기한까지 대통령령으로 정하는 바에 따라 특례신청을 하여야 한다. 이 경우 그 신고기한까지 특례신청을 하지 아니한 경우에는 이 특례규정을 적용하지 아니한다 (조특법 §30의5 ⑫).

창업자금에 대한 증여세 과세특례

출산율의 저하, 고령화의 진전에 대응하여 젊은 세대로의 富의 조기 이전을 촉진함으로써 경제활력 증진을 도모하기 위하여 2005. 12. 31. 「조세특례제한법」 제30조의5 【창업자금에 대한 증여세 과세특례】 규정(이하 이 절에서 편의상 "창업자금 과세특례"라 한다)을 신설하였다.

이러한 창업자금 사전상속 제도는 18세 이상인 거주자가 「조세특례제한법」 제6조 제3항 각호에 따른 창업중소기업과 창업벤처중소기업 업종을 영위하는 중소기업[67]을 창업할 목적으로 60세 이상의 부모로부터 50억 원(10명 이상 신규 고용하는 경우 100억 원) 한도의 창업자금을 증여받는 경우 증여세 과세가액에서 5억 원을 공제하고 100분의 10의 특례세율을 적용하며, 창업자금을 2회 이상 증여받거나 부모로부터 각각 증여받는 경우에는 각각의 증여세 과세가액을 합산하여 적용하도록 하였다.

❶ 창업자금 과세특례 적용요건

창업자금 과세특례는 적용 대상인 수증자와 증여자 요건, 창업자금 해당 재산의 요건, 창업 요건 등을 충족하여야 한다.

> 가. 수증자와 증여자 요건
> 나. 창업자금에 해당하는 증여재산의 범위
> 다. 창업의 범위 및 사용기한 요건

---

67) 2013. 12. 31. 이전에는 조특법상 중소기업이 적용 대상이었다.

가. 수증자와 증여자 요건

(1) 수증자

창업자금 과세특례를 적용받을 수 있는 수증자란, 「조세특례제한법」 제6조 제3항 각호에 따른 업종을 영위하는 중소기업(「조세특례제한법 시행령」 제2조의 중소기업을 말한다)을 창업하고자 하는 18세 이상인 거주자를 말한다.

(2) 증여자

창업자금 과세특례 적용시 증여자는 수증자의 60세 이상 부모(증여 당시 부 또는 모가 사망한 경우에는 그 사망한 부 또는 모의 부모를 포함한다)인 경우에 해당하여야 한다.

나. 창업자금에 해당하는 증여재산의 범위

창업자금 과세특례를 적용받기 위해서는 토지·건물 등 「소득세법」 제94조 제1항에 따른 양도소득세 과세대상자산이 아닌 재산을 증여받아야 한다.

즉, 현금, 채권, 상장주식 중 소액주주지분 등 양도소득세가 과세되지 않는 재산을 증여받아야 하는 것으로, 이는 부동산 등 양도소득세 과세대상자산을 증여받아 양도하는 경우 취득가액을 증여 당시의 가액으로 하므로 동 증여에 대해 과세특례를 적용한다면 증여시점까지 발생한 양도소득이 탈루되는 문제가 있어 제외한 것이다.

다. 창업자금의 범위

창업자금 과세특례를 적용받기 위한 창업자금이란, 다음 "라."의 창업에 직접 사용되는 아래의 어느 하나에 해당하는 자금을 말한다(조특령 §27의5 ②, 신설 2016. 2. 5.).

① 토지와 「법인세법 시행령」 제24조의 규정에 의한 감가상각자산 등 사업용자산(조특령 §5 ⑲)의 취득자금
② 사업장의 임차보증금(전세금을 포함한다) 및 임차료 지급액

라. 창업기한 및 범위와 사용기한

창업자금을 증여받은 수증자는 증여받은 날부터 2년 이내에 창업을 하여야 하며, 이 경우 창업의 범위와 구체적인 사용기한은 다음과 같다.

(1) 창업의 범위

"창업"이란 「소득세법」 제168조(사업자등록 및 고유번호의 부여) 제1항, 「법인세법」 제111조(사업자등록) 제1항 또는 「부가가치세법」 제8조(사업자등록) 제1항 및 제5항의 규정에 따라 납세지 관할 세무서장에게 등록하는 것을 말하며(조특령 §27의5 ③), 2016. 1. 1. 이후 증여분부터는 사업을 확장하는 경우로서 사업용자산을 취득하거나 확장한 사업장의 임차보증금 및 임차료를 지급하는 경우를 포함한다.

또한, 창업자금 과세특례를 받기 위해서는 「조세특례제한법」 제6조 제3항 각호에 따른 업종을 영위하는 중소기업(「조세특례제한법 시행령」 제2조의 중소기업을 말한다)을 창업하여야 한다.

㉮ 창업대상 중소기업

2014. 1. 1. 이후 증여받는 분부터 창업자금 과세특례 적용대상 중소기업이란, 「조세특례제한법」 제6조 제3항 각호에 따른 업종을 영위하는 중소기업을 말한다.

> **조세특례제한법 제6조 【창업중소기업 등에 대한 세액감면】**
> ③ 창업중소기업과 창업벤처중소기업의 범위는 다음 각 호의 업종을 경영하는 중소기업(조특법 시행령 §2의 중소기업)으로 한다. (2019. 12. 31. 개정)
> 1. 광업
> 2. 제조업(제조업과 유사한 사업으로서 대통령령으로 정하는 사업을 포함한다. 이하 같다)
> 3. 수도, 하수 및 폐기물 처리, 원료 재생업
> 4. 건설업
> 5. 통신판매업
> 6. 대통령령으로 정하는 물류산업(이하 "물류산업"이라 한다)
> 7. 음식점업
> 8. 정보통신업. 다만, 다음 각 목의 어느 하나에 해당하는 업종은 제외한다.

　　가. 비디오물 감상실 운영업

　　나. 뉴스제공업

　　다. 블록체인 기반 암호화자산 매매 및 중개업

9. 금융 및 보험업 중 대통령령으로 정하는 정보통신을 활용하여 금융서비스를 제공하는 업종

10. 전문, 과학 및 기술 서비스업[대통령령으로 정하는 엔지니어링사업(이하 "엔지니어링사업"이라 한다)을 포함한다]. 다만, 다음 각 목의 어느 하나에 해당하는 업종은 제외한다.

　　가. 변호사업 (2019. 12. 31. 개정)

　　나. 변리사업 (2019. 12. 31. 개정)

　　다. 법무사업 (2019. 12. 31. 개정)

　　라. 공인회계사업 (2019. 12. 31. 개정)

　　마. 세무사업 (2019. 12. 31. 개정)

　　바. 수의업 (2019. 12. 31. 개정)

　　사. 「행정사법」 제14조에 따라 설치된 사무소를 운영하는 사업

　　아. 「건축사법」 제23조에 따라 신고된 건축사사무소를 운영하는 사업

11. 사업시설 관리, 사업 지원 및 임대 서비스업 중 다음 각 목의 어느 하나에 해당하는 업종

　　가. 사업시설 관리 및 조경 서비스업 (2019. 12. 31. 개정)

　　나. 사업 지원 서비스업(고용 알선업 및 인력 공급업은 농업노동자 공급업을 포함한다)

12. 사회복지 서비스업

13. 예술, 스포츠 및 여가관련 서비스업. 다만, 다음 각 목의 어느 하나에 해당하는 업종은 제외한다.

　　가. 자영예술가 (2019. 12. 31. 개정)

　　나. 오락장 운영업 (2019. 12. 31. 개정)

　　다. 수상오락 서비스업 (2019. 12. 31. 개정)

　　라. 사행시설 관리 및 운영업 (2019. 12. 31. 개정)

　　마. 그 외 기타 오락관련 서비스업 (2019. 12. 31. 개정)

14. 협회 및 단체, 수리 및 기타 개인 서비스업 중 다음 각 목의 어느 하나에 해당하는 업종

　　가. 개인 및 소비용품 수리업 (2019. 12. 31. 개정)

　　나. 이용 및 미용업 (2019. 12. 31. 개정)

15. 「학원의 설립·운영 및 과외교습에 관한 법률」에 따른 직업기술 분야를 교습하는 학원을 운영하는 사업 또는 「근로자직업능력 개발법」에 따른 직업능력개발훈련시설을

운영하는 사업(직업능력개발훈련을 주된 사업으로 하는 경우로 한정한다)

16. 「관광진흥법」에 따른 관광숙박업, 국제회의업, 유원시설업 및 대통령령으로 정하는 관광객 이용시설업

17. 「노인복지법」에 따른 노인복지시설을 운영하는 사업

18. 「전시산업발전법」에 따른 전시산업

| 창업자금 중소기업의 해당 업종 개정연혁 |

2006. 1. 1.~ 2007. 12. 31.	2008. 1. 1.~ 2013. 12. 31.	2014. 1. 1. 이후
□ 적용대상 업종 ○ 다음의 업종을 제외한 모든 업종 - 소비성 서비스업 - 부동산임대 및 기계장비 및 소비용품 임대업 - 상호출자제한기업집단 내 기업영위 업종	□ 창업자금 중소기업 - 조특법상 중소기업	□ 창업중소기업 세액감면 업종과 일치 - 창업중소기업 등에 대한 세액감면(조특법 §6 ③) 해당 업종

㉯ 창업으로 보지 않는 경우

다음의 어느 하나에 해당하는 경우는 창업으로 보지 않는다

① 합병·분할·현물출자 또는 사업의 양수를 통하여 종전의 사업을 승계하여 같은 종류의 사업을 하는 경우

② 종전의 사업에 사용되던 자산을 인수 또는 매입하여 같은 종류의 사업을 하는 경우로서 인수 또는 매입한 자산가액의 합계액이 사업개시일이 속하는 과세연도의 종료일 또는 그 다음 과세연도의 종료일 현재 토지와 「법인세법 시행령」 제24조의 규정에 의한 감가상각자산(사업용자산)의 총 가액에서 차지하는 비율이 100분의 30을 초과하는 경우(2022. 12. 31. 신설)

$$\frac{\text{인수 또는 매입한 자산가액}}{\text{사업용자산 총가액}} > 30\%$$

③ 거주자가 하던 사업을 법인으로 전환하여 새로운 법인을 설립하는 경우

④ 폐업 후 사업을 다시 개시하여 폐업 전의 사업과 같은 종류의 사업을 하는 경우

⑤ 사업을 확장하거나 다른 업종을 추가하는 등 새로운 사업을 최초로 개시하는 것으로 보기 곤란한 경우, 그 밖에 창업자금을 증여받기 이전부터 영위한 사업의 운용자금과 대체설비자금 등으로 사용하는 경우

- 단, 창업자금 과세특례는 50억 원을 한도로 2회 이상 증여받는 경우에도 적용되므로, 창업자금을 증여받아 창업을 한 자가 새로 창업자금을 증여받아 당초 창업한 사업과 관련하여 사용하는 경우에는 위 ④, ⑤를 적용하지 않고 창업한 것으로 본다(조특법 §35의5 ③).

(2) 창업 및 창업자금 사용의 기한

㉮ 창업의 기한

창업자금 과세특례를 적용받기 위해 창업자금을 증여받은 자는 증여받은 날부터 2년 이내(2019. 12. 31. 이전 증여분은 1년 이내)에 창업을 하여야 한다.

㉯ 창업자금 사용기한

창업자금을 증여받은 자는 증여받은 날부터 4년(2019. 12. 31. 이전 증여분은 3년)이 되는 날까지 창업자금을 모두 해당 목적에 사용하여야 한다.

"창업의 범위" 유형별 판단 사례

1 재고자산인 토지 취득자금은 창업자금에 해당하지 않음

▶ 귀 서면질의의 경우, 증여자금으로 건설업 법인을 영위하기 위한 재고자산인 토지를 매입하는 경우는 「조세특례제한법 시행령」 제27조의5 제2항 각호에 따른 창업자금에 해당하지 아니하는 것임(법령해석재산-2136, 2020. 10. 21.).

2 대출금 상환목적은 창업자금이 아님

▶ 창업자금을 증여받아 창업을 한 자가 새로 창업자금을 증여받아 2년 이내에 당

초 창업한 사업과 관련하여 사용하는 경우에도 모두 합하여 30억 원(창업을 통하여 10명 이상을 신규 고용한 경우에는 50억 원)까지는 해당 특례규정이 적용되는 것이나, 창업 후 대출금 상환목적으로 증여받은 자금은 이에 해당하지 않음(상속증여-3674, 2020. 3. 30.).

3 **커피전문점은 창업자금에 대한 증여세 과세특례 대상 중소기업에 해당하지 않음**

▶ 「조세특례제한법」 제30조의5(창업자금에 대한 증여세 과세특례)는 같은 법 제6조 제3항 각호에 따른 업종을 영위하는 중소기업을 창업하는 경우 적용되는 것으로 귀 질의 경우 이에 해당하지 않는 것임(상속증여-0204, 2017. 2. 14.).

4 **창업자금은 사업용자산의 취득자금과 사업장의 임차보증금(전세금 포함)을 말함**

▶ 조세특례제한법 제30조의5 제1항에 따른 창업자금은 같은 법 시행령 제27조의5 제2항에 따라 ① 같은 법 제5조 제13항에 따른 사업용자산의 취득자금 ② 사업장의 임차보증금(전세금을 포함) 및 임차료 지급액을 말하는 것으로, 귀 질의의 조리전문교육비용 등은 이에 해당하지 않는 것임(상속증여-4857, 2016. 8. 30.).

5 **자동차정비업이 창업중소기업 등에 대한 세액감면 대상 업종에 해당하는지 여부**

▶ 「조세특례제한법」 제6조 제3항에 의하여 제조업을 영위하는 경우 창업 중소기업 등에 대한 세액감면 대상 업종으로 보는 것으로서, 업종의 분류는 「조세특례제한법」 제2조 제3항에 의하여 특별한 규정이 있는 경우를 제외하고는 「통계법」 제22조에 따라 통계청장이 고시하는 한국표준산업분류에 따르는 것으로 아래의 통계청 해석사례를 참고하여 판단하기 바람(법인-0470, 2015. 7. 13.).

□ 통계청 통계기준팀-384, 2008. 11. 26.
  - 교통사고, 폐차 등으로 사용이 불가능한 차량을 재생하기 위하여 수행되는 차체제작, 판금 및 도장 등의 재생활동이나 자동차의 용도변경을 위하여 수행되는 구조변경(탱크로리차, 사다리차, 청소차 등의 특장차)의 산업활동을 주로 수행하는 경우 "3012 자동차 제조업"
  - 자동차의 형상적 기능유지를 위한 고장 수리활동이나 부품, 오일, 타이어

등의 교체, 내장품 수리 등의 산업활동을 주로 수행하는 경우 "9521 자동차 수리 및 세차업"

6 **프렌차이즈 사업을 인수하는 경우 창업으로 보지 않음**

> – 프렌차이즈 본사가 직영하던 직영점이 폐업하고, 본인이 그 사업장을 임차하여 인테리어 기자재 등 최신장비 설치 후 같은 업종의 프렌차이즈를 창업하는 경우
> – 창업자금 과세특례 대상 창업에 해당하는지?

▶ 사업의 양수를 통하여 종전의 사업을 승계하거나 종전의 사업에 사용되던 자산을 인수 또는 매입하여「통계법」제22조 제1항에 따라 통계청장이 작성·고시하는 한국표준산업분류상의 세분류가 동일한 업종을 영위하는 경우에는「조세특례제한법」제30조의5에 따른 창업자금에 대한 증여세 과세특례를 적용받을 수 있는 창업으로 보지 아니하는 것으로, 귀 질의의 경우에도 창업으로 보지 아니하는 것임(상속증여세과-125, 2013. 5. 20.).

7 **창업한 후 기계장치 등 취득목적으로 증여받는 자금은 특례대상이 아님**

▶ 거주자가 중소기업을 창업한 후에 사업에 필요한 기계장치를 취득할 목적으로 60세 이상의 부모로부터 증여받은 자금에 대해서는「조세특례제한법」제30조의5(창업자금에 대한 증여세 과세특례)를 적용하지 아니함(재산세과-446, 2012. 12. 10.).

 ☞ 창업목적 자금을 증여(1차)받아 창업 후 다시 증여(2차)받아 동 사업에 사용하는 경우에는 30억 원 한도로 특례가 적용되나, 먼저 창업을 한 후에 기계장치 등 취득목적으로 증여받는 경우는 이에 해당하지 않는다는 해석임.

8 **창업자금을 증여받아 창업한 자가 다시 증여받아 사용하는 경우**

▶ 귀 질의의 경우, 창업자금을 증여받아 1년 이내에 창업을 한 자가 새로 창업자금을 증여받아 당초 창업자금중소기업의 사업과 관련하여 사용하는 경우에도 창업자금을 모두 합하여 30억 원까지는「조세특례제한법」제30조의5【창업자금에 대한 증여세 과세특례】의 규정을 적용받을 수 있는 것임(재산세과-247, 2012. 7. 4.).

9 창업 후 대출금 상환목적의 증여는 특례대상이 아님

▶ 18세 이상인 거주자가 중소기업을 창업한 후에 본인의 증자대금으로 사용된 금융기관의 대출금을 상환할 목적으로 60세 이상의 부모로부터 증여받은 자금에 대해서는 「조세특례제한법」 제30조의5(창업자금에 대한 증여세 과세특례)를 적용하지 아니하는 것임(재산세과-434, 2012. 12. 3.).

10 창업의 의미

▶ 「조세특례제한법」 제30조의5에 따른 창업자금에 대한 증여세 과세특례는 18세 이상인 거주자가 「상속세 및 증여세법 시행령」 제15조 제1항에 따른 중소기업을 창업할 목적으로 60세 이상의 부모로부터 창업자금을 증여받는 경우에 적용되는 것으로, 여기서 창업이라 함은 수증자인 거주자가 해당 중소기업을 새로 설립, 「소득세법」 제168조 제1항, 「법인세법」 제111조 제1항 또는 「부가가치세법」 제5조 제1항의 규정에 따라 납세지 관할 세무서장에게 등록하고 사업을 개시하여 실제로 독립적인 경영을 하는 것을 말함(재산세과-369, 2012. 10. 9.).

11 부모로부터 자금을 증여받아 부모가 경영 중인 업종과 동일한 법인을 설립 후에 부모와 공동대표이사로 취임하는 경우 과세특례 적용 안됨

▶ 귀 질의의 경우, 「조세특례제한법」 제30조의5의 규정을 적용함에 있어 18세 이상인 거주자가 60세 이상의 부모로부터 창업자금을 증여받아 법인을 설립하고 증여자인 부모와 함께 해당 법인의 공동대표이사로 취임한 경우 해당 창업자금에 대해 창업자금에 대한 증여세 과세특례를 적용할 수 없는 것임(재산세과-291, 2012. 8. 21.).

12 부모가 영위하던 사업과 동종의 사업을 창업시 특례적용이 가능한 경우

▶ 「조세특례제한법」 제30조의5의 규정을 적용함에 있어 거주자가 60세 이상의 부 또는 모로부터 창업자금을 증여받아 창업하는 경우로서, 합병·분할·현물출자 또는 사업의 양수를 통하여 종전의 사업을 승계하거나 종전의 사업에 사용되던 자산을 인수·매입하여 「통계법」 제17조 제1항의 규정에 의하여 통계청

장이 작성·고시하는 한국표준산업분류상의 세분류가 동일한 업종을 영위하는
경우 등 같은 조 제2항 각호의 1에 규정된 사유에 해당하지 아니하는 경우에는
부모가 영위하던 사업과 동종의 사업을 공동(수증자와 특수관계있는 법인과)
으로 창업하는 경우에도 과세특례가 적용되는 것임(재산세과-198, 2011. 4. 19.).

13 창업자금으로 창업자금에 대한 증여세를 납부한 것은 목적외 사용이며, 창업
후 규모 초과로 중소기업이 아니게 된 경우 추징하지 않음

▶ 「조세특례제한법」 제30조의5 제1항에 따라 창업자금을 증여받은 자가 창업자금에
대한 증여세를 창업자금으로 납부하는 경우 증여세 납부세액 상당액은 같은 조
제6항 제4호의 "해당 사업용도 외의 용도로 사용된 창업자금"에 해당하는 것임.

▶ 「조세특례제한법」 제30조의5 제1항에 따라 설립된 창업중소기업이 창업 후 영
업활동으로 사업규모가 확대되어 중소기업의 규모를 초과하는 경우에는 같은 조
제6항의 증여세 부과사유에 해당하지 아니하는 것임(재산세과-361, 2011. 7. 28.).

14 부동산임대업자가 자기건물 지하에 증여받은 자금으로 음식점을 영위하는 경
우 과세특례 적용되지 않음

▶ 부동산임대사업자가 자기의 임대건물 지하층에서 부로부터 증여받은 자금으로
본인이 직접 음식점업을 영위하는 경우 해당 음식점은 「조세특례제한법」 제30
조의5 "창업자금에 대한 증여세 과세특례" 규정이 적용되지 아니함(법규재산
2011-118, 2011. 4. 5., 상속증여-0050, 2017. 1. 24.).

15 증여받은 재산 담보로 대출받은 자금은 창업자금이 아님

▶ 「조세특례제한법」 제30조의5에 따른 창업자금에 대한 증여세 과세특례를 적용
함에 있어서 창업자금을 증여받은 날로부터 1년 이내에 창업하여야 하고, 같은
법 제4항에 따라 창업자금을 증여받은 날로부터 3년이 되는 날까지 창업자금을
모두 해당 목적에 사용하여야 하는 것이며, 증여받은 재산을 담보로 대출받은
대출금은 창업자금에 해당하지 아니하는 것임(재산세과-716, 2010. 9. 30.).

16 종전사업에 사용하던 자산을 인수하여 세분류가 다른 업종 영위시 특례가 가능한 경우

▶ 「조세특례제한법」 제30조의5의 규정은 사업의 양수를 통하여 종전의 사업을 승계하거나 종전의 사업에 사용되던 자산을 인수 · 매입하여 「통계법」 제17조 제1항의 규정에 의하여 통계청장이 작성 · 고시하는 한국표준산업분류상의 세분류가 동일한 업종을 영위하는 경우에는 적용되지 아니하는 것이나, 냉동창고업을 영위하기 위하여 타인으로부터 일반창고업에 사용되던 자산 중 토지만을 매입한 후 냉동창고시설을 설치하여 사업을 영위하는 경우에는 그러하지 아니하는 것임(재산세과-3468, 2008. 10. 24.).

17 신축 중인 주유소 인수 후 주유소 영위시 창업으로 보지 않음

▶ 귀 질의의 경우 타인이 신축 중인 주유소 관련 건축물과 토지 등을 양수하여 주유소업을 영위하는 경우는 「조세특례제한법」 제30조의5 제2항 제1호에서 규정하는 사업의 양수를 통하여 종전의 사업을 승계하거나 종전의 사업에 사용되던 자산을 인수 또는 매입하여 동종의 사업을 영위하는 경우에 해당하는 것임(재산세과-717, 2009. 4. 9.).

18 증여받은 창업자금으로 증여자의 토지를 취득 후 물류업 영위시 과세특례 적용됨

▶ 「조세특례제한법」 제30조의5 규정을 적용함에 있어 창업자금 중소기업이란 「조세특례제한법 시행령」 제2조 제1항에 따른 중소기업을 말하는 것이나, 「상속세 및 증여세법」 제18조 제2항 제2호의 적용을 받는 사업은 제외하는 것임. 귀 질의와 관련, 창업자금을 증여받아 증여자의 토지를 매입하여 그 위에 창고를 지어 물류산업을 영위하는 경우 「조세특례제한법」 제30조의5 규정을 적용받을 수 있는 것임(재산세과-250, 2009. 1. 21.).

19 창업자금을 3년 내 당해 목적에 사용하는 경우란

▶ 「조세특례제한법」 제30조의5 제4항의 규정에 의하여 창업자금을 증여받은 자는 증여받은 날부터 3년이 되는 날까지 창업자금을 모두 당해 목적에 사용하여야

하며, 이 경우 "당해 목적에 사용한다"함은 「소득세법」 제168조 제1항, 「법인세법」 제111조 제1항 또는 「부가가치세법」 제5조 제1항의 규정에 따라 납세지 관할 세무서장에게 등록한 사업을 영위하기 위하여 사용하는 것을 말하는 것임(서면4팀-108, 2008. 1. 14.).

20 개인사업자가 다른 장소에 동종 사업을 개시한 경우는 사업의 확장에 해당함

▶ 「조세특례제한법」 제30조의5의 규정을 적용함에 있어 사업을 확장하거나 다른 업종을 추가하는 등 새로운 사업을 최초로 개시한 것으로 보기 곤란한 경우에는 같은 조 제4항 제2호의 규정에 의하여 이를 창업으로 보지 아니하는 것이며, 귀 질의와 같이 개인사업을 영위하는 거주자가 다른 장소에서 동종의 사업을 개시한 경우에는 사업의 확장에 해당하는 것임(서면4팀-3160, 2006. 9. 14.).

② 창업자금 과세특례 내용

거주자가 창업중소기업 등에 대한 세액감면(조특법 §6 ③) 해당 업종을 영위하는 중소기업(조특령 §2 해당)을 창업할 목적으로 60세 이상의 부모로부터 50억 원(10명 이상 신규 고용하는 경우 100억 원) 한도의 창업자금을 증여받는 경우 증여세 과세가액에서 5억 원을 공제하고 세율을 100분의 10으로 하는 창업자금 과세특례를 적용하는 바, 구체적인 특례내용은 다음과 같다.

> 가. 창업자금 과세특례 금액 한도는 50(100)억 원
> 나. 증여세 과세가액에서 5억 원 공제, 10% 세율 적용
> 다. 증여시기에 관계없이 상속세 과세가액에 산입, 상속공제 한도 계산시 차감하지 않음.
> 라. 증여세액공제시 한도액 적용하지 않고 전액 공제(단, 환급은 불인정)
> 마. 일반 증여재산과 합산하지 않음.
> 바. 신고세액공제 적용 불가
> 사. 가업승계에 대한 증여세 과세특례와 중복적용 불가
> 아. 증여세 신고기한까지 특례신청을 한 경우에 적용

가. 창업자금의 과세특례 한도

창업자금은 2회 이상 증여받거나 父 또는 母로부터 각각 증여받을 수 있으며, 그 증여액은 합하여 증여세 과세가액 50억 원(창업을 통하여 10명 이상을 신규 고용한 경우에는 100억 원)을 한도로 한다.

- 수증자별로 각각 창업자금 과세특례를 적용받을 수 있으며, 수증자가 공동으로 창업하는 경우에도 수증자별로 과세특례를 적용받을 수 있다(재산세과 - 4457, 2008. 12. 30.).

| 증여한도 개정내역 |

구 분	2015. 12. 31. 이전	2016. 1. 1.~2022. 12. 31.	2023. 1. 1. 이후
한도액	30억 원	30억 원 (10명 이상 고용시 50억 원)	50억 원 (10명 이상 고용시 100억 원)

나. 과세표준 계산 및 적용세율

창업자금 과세특례 적용시 적용하는 과세표준 및 세율은, 「상속세 및 증여세법」 제53조(증여재산 공제) 제1항(직계존속 5천만 원), 제53조의2(혼인ㆍ출산 증여재산 공제) 및 같은 법 제56조(증여세 세율)에도 불구하고 증여세 과세가액에서 5억 원을 공제하고 세율을 100분의 10으로 한다.

다. 증여시기에 관계없이 상속재산에 가산 및 상속공제한도액 미반영

창업자금 과세특례를 적용받은 증여자금은 「상속세 및 증여세법」 제13조(상속세 과세가액) 제1항 제1호[68]를 적용할 때 증여받은 날부터 상속개시일까지의 기간과 관계없이 상속세 과세가액에 가산하되, 「상속세 및 증여세법」 제24조[69](공제 적용의 한도) 제3호를 적용할 때에는 상속세 과세가액에 가산한 증여재산가액으로 보지 아니한다. 따라

---

68) 상속개시일 전 10년 이내에 피상속인이 상속인에게 증여한 재산가액은 상속세 과세가액에 가산한다.
69) 상속공제는 상속세 과세가액에서 1. 상속인이 아닌 자에게 유증 등을 한 재산의 가액과 2. 상속인의 상속포기로 그 다음 순위의 상속인이 상속받은 재산의 가액, 3 상증법 제13조에 따라 상속세 과세가액에 가산한 증여재산가액(제53조 또는 제54조에 따라 공제받은 금액이 있으면 그 증여재산가액에서 그 공제받은 금액을 뺀 가액을 말한다)을 뺀 금액을 한도로 한다.

서 창업자금 사전증여분에 대해서는 상속공제 한도액 계산시 상속세 과세가액에서 빼지 않고 전액 상속공제를 적용받을 수 있다.

라. 상속세액 계산시 증여세액공제 방법

창업자금 과세특례를 적용받은 증여자금에 대한 증여세액에 대하여 「상속세 및 증여세법」 제28조(증여세액 공제)를 적용하는 경우에는 같은 조 제2항[70](한도액 계산)에도 불구하고 상속세 산출세액에서 창업자금 과세특례를 적용받은 증여자금에 대한 증여세액을 공제한다. 다만, 공제할 증여세액이 상속세 산출세액보다 많은 경우 그 차액에 상당하는 증여세액은 환급하지 않는다. 즉, 父로부터 5억 원을 증여받아 창업자금 과세특례를 적용받은 후 父가 사망하여 상속세 과세가액에 가산 후 상속세 산출세액 1억 원이 계산된 경우, 상속세 산출세액에서 공제할 증여세액 공제액은 "0"(당초 과세특례 적용시 5억 원을 공제하여 납부한 세액이 없으므로)이 된다.

또한, 창업자금 과세특례를 적용받은 후 「조세특례제한법」 제30조의5 제6항의 사후관리 위반으로 「상속세 및 증여세법」에 따라 증여세가 부과된 경우, 해당 증여세 상당액은 「상속세 및 증여세법」 제28조 제1항 및 제2항에 따라 일정 한도액 내에서 상속세 산출세액에서 공제한다.

마. 과세특례 창업자금 외 일반 증여재산가액과 합산배제

창업자금 과세특례를 적용받은 증여자금에 대하여 증여세를 부과하는 경우에는 「상속세 및 증여세법」 제47조 제2항(동일인의 증여재산가액 합산)에도 불구하고 동일인(증여자가 직계존속인 경우 그 직계존속의 배우자를 포함한다)으로부터 증여받은 창업자금 외의 다른 증여재산의 가액은 창업자금 과세특례를 적용받은 증여자금에 대한

---

70) ② 제1항에 따라 공제할 증여세액은 상속세 산출세액에 상속재산(제13조에 따라 상속재산에 가산하는 증여재산을 포함한다. 이하 이 항에서 같다)의 과세표준에 대하여 가산한 증여재산의 과세표준이 차지하는 비율을 곱하여 계산한 금액을 한도로 한다. 이 경우 그 증여재산의 수증자가 상속인이거나 수유자이면 그 상속인이나 수유자 각자가 납부할 상속세액에 그 상속인 또는 수유자가 받았거나 받을 상속재산에 대하여 대통령령으로 정하는 바에 따라 계산한 과세표준에 대하여 가산한 증여재산의 과세표준이 차지하는 비율을 곱하여 계산한 금액을 한도로 각자가 납부할 상속세액에서 공제한다.

증여세 과세가액에 가산하지 않는다.

바. 신고세액공제의 적용 불가

창업자금 과세특례를 적용받은 증여자금에 대한 증여세 과세표준을 신고하는 경우 「상속세 및 증여세법」 제69조 제2항에 따른 신고세액공제(2014. 12. 31. 이전 증여분까지는 같은 법 제71조 제1항에 따른 연부연납도 적용되지 않았음)는 적용하지 않는다.

사. 가업승계에 대한 증여세 과세특례와 중복적용 불가

창업자금 과세특례를 적용받은 거주자는 「조세특례제한법」 제30조의6(가업승계에 대한 증여세 과세특례) 규정을 적용하지 않는다.

- 당초 창업자금 과세특례를 신청하여 적용받았으나, 일반 증여세율을 적용하여 수정신고 후 「조세특례제한법」 제30조의6 규정에 따른 가업승계 증여세 과세특례를 적용받을 수 있는지?

▶ 증여세 과세표준 신고기한까지 창업자금 특례신청서를 제출하여 「상속세 및 증여세법」 제76조에 따라 「조세특례제한법」 제30조의5에 따른 창업자금에 대한 증여세 과세특례를 관할 세무서장으로부터 적용받은 거주자는 같은 법 제30조의6에 따른 가업의 승계에 대한 증여세 과세특례를 적용받을 수 없는 것임(상속증여세과 – 395, 2013. 7. 22.).

아. 증여세 신고기한까지 특례신청을 한 경우에 적용

창업자금 과세특례를 적용받으려는 자는 증여세 과세표준 신고기한까지 특례신청을 하여야 한다. 이 경우 그 신고기한까지 특례신청을 하지 아니한 경우에는 이 특례규정을 적용하지 않는다.

③ 창업자금 과세특례에 대한 사후관리

거주자가 창업중소기업 등에 대한 세액감면(조특법 §6 ③) 해당 업종을 영위하는 중소기업(조특령 §2 해당)을 창업할 목적으로 60세 이상의 부모로부터 50억 원(10명 이상을 신규 고용한 경우는 100억 원) 한도의 창업자금을 증여받아 창업자금 과세특례를 적용받은 경우로서 창업자금 사용명세를 제출하지 않거나 창업하지 않은 경우 또는 창업 목적 외에 사용하는 등의 경우에는 가산세를 부과하거나 해당 금액에 대하여 「상속세 및 증여세법」에 따라 증여세와 상속세를 각각 부과하며, 일정한 이자상당액을 부과되는 증여세에 가산한다.

가. 창업자금 사용명세 제출의무
나. 창업 및 창업자금 사용 등에 대한 사후관리

가. 창업자금 사용명세 제출

창업자금을 증여받은 자가 창업하는 경우에는 일정한 제출 기한 내에 창업자금 사용명세(증여받은 창업자금이 50억 원을 초과하는 경우에는 고용명세를 포함한다)를 증여세 납세지 관할 세무서장에게 제출하여야 한다. 이 경우 창업자금 사용명세를 제출하지 아니하거나 제출된 창업자금 사용명세가 분명하지 아니한 경우에는 그 미제출분 또는 불분명한 부분의 금액에 1천분의 3을 곱하여 산출한 금액을 사용명세서 미제출 가산세로 부과한다(조특법 §30의5 ⑤).

이 경우 2011. 1. 1. 이후 의무를 위반하는 분부터는 해당 의무를 고의적으로 위반한 경우가 아닌 경우 가산세 한도액은 5천만 원(「중소기업기본법」 제2조 제1항에 따른 중소기업이 아닌 기업은 1억 원)으로 한다(국기법 §49 ① 5).

$$\text{창업자금 사용명세서 미제출 가산세} = \text{미제출분 또는 불분명한 금액} \times \frac{3}{1,000}$$

(1) 사용명세 제출기한

창업자금 사용명세는 증여세 납세지 관할 세무서장에게 다음에 해당하는 날까지 제출하여야 한다.

㉮ 창업일이 속하는 달의 다음 달 말일

㉯ 창업일이 속하는 과세연도부터 4년 이내의 과세연도(창업자금을 모두 사용한 경우에는 그 날이 속하는 과세연도)까지 매 과세연도의 과세표준 신고기한

(2) 제출하는 창업자금 사용내역

관할 세무서장에게 제출하는 창업자금 사용내역에는 다음의 사항이 포함되어야 한다.

㉮ 증여받은 창업자금의 내역

㉯ 증여받은 창업자금의 사용내역 및 이를 확인할 수 있는 사항

㉰ 증여받은 창업자금이 50억 원을 초과하는 경우에는 고용 내역을 확인할 수 있는 사항

나. 창업 및 창업자금 사용 등에 대한 사후관리

(1) 증여세를 추징하는 사유와 대상금액

창업자금을 증여받은 경우로서 다음의 어느 하나에 해당하는 경우에는 다음의 구분에 따른 금액에 대하여 「상속세 및 증여세법」에 따라 증여세와 상속세를 각각 부과한다. 이 경우 이자상당액을 그 부과하는 증여세에 가산한다.

㉮ 조세특례제한법 제30조의5 제2항에 따라 창업하지 아니한 경우(2년 이내에 창업을 하지 않거나, 창업으로 보지 않은 경우): 창업자금 전부

㉯ 창업자금으로 창업중소기업 등에 대한 세액감면(조특법 §6 ③) 해당 업종 외의 업종을 경영하는 경우: 해당 업종 외의 업종에 사용된 창업자금

㉰ 새로 증여받은 창업자금을 당초 창업한 사업과 무관하게 사용한 경우: 해당 목적에 사용되지 아니한 창업자금

㉔ 창업자금을 증여받은 날부터 4년이 되는 날까지 모두 해당 목적에 사용하지 않은 경우: 해당 목적에 사용되지 아니한 창업자금

㉕ 증여받은 후 10년 이내에 창업자금 등(창업으로 인한 가치증가분을 포함한다)을 해당 사업용도 외의 용도로 사용한 경우: 해당 사업용도 외의 용도로 사용된 창업자금 등
　－ 이 경우 창업으로 인한 가치증가분에는 창업한 사업에서 발생한 이익 및 창업에 사용된 재산의 가치증가분이 포함된다(서면4팀－2895, 2007. 10.)

㉖ 창업 후 10년 이내에 수증자가 사망한 경우
　－ 다만, 다음에 해당하는 경우는 제외한다(추징 제외).
① 수증자가 창업자금을 증여받고 창업하기 전에 사망한 경우로서 수증자의 상속인이 당초 수증자의 지위를 승계하여 창업자금 과세특례 요건에 따라 창업하는 경우
② 수증자가 창업자금을 증여받고 창업한 후 창업목적에 사용하기 전에 사망한 경우로서 수증자의 상속인이 당초 수증자의 지위를 승계하여 창업자금 과세특례 요건에 따라 창업하는 경우
③ 수증자가 창업자금을 증여받고 창업을 완료한 후 사망한 경우로서 수증자의 상속인이 당초 수증자의 지위를 승계하여 창업자금 과세특례 요건에 따라 창업하는 경우

㉗ 당해 사업을 폐업하거나 휴업(실질적 휴업을 포함한다)한 경우
　－ 다만, 다음에 해당하는 경우는 제외한다(추징 제외).
① 부채가 자산을 초과하여 폐업하는 경우
② 최초 창업 이후 영업상 필요 또는 사업전환을 위하여 1회에 한하여 2년(폐업의 경우에는 폐업 후 다시 개업할 때까지 2년) 이내의 기간 동안 휴업하거나 폐업하는 경우(휴업 또는 폐업 중 어느 하나에 한한다)

㉘ 창업 후 5년간 고용을 유지하지 않은 경우
　－ 증여받은 창업자금이 50억 원을 초과하는 경우로서 창업한 날이 속하는 과세연도의 종료일부터 5년 이내에 각 과세연도의 근로자 수가 다음 계산식에 따라 계산한 수보다 적은 경우: 50억 원을 초과하는 창업자금에 대해 증여세 추징

> 창업한 날의 근로자 수 - (창업을 통하여 신규 고용한 인원수 - 10명)

- 이 경우 근로자는 조특법 시행령 제27조의3 제4항에 따른 상시근로자를 말하며, 근로자 수는 해당 과세연도의 매월 말일 현재의 인원을 합하여 해당 월수로 나눈 인원을 기준으로 계산한다.

조세특례제한법 시행령 제27조의3 【고용유지중소기업 등에 대한 과세특례】

④ 법 제30조의3 제1항부터 제3항까지의 규정을 적용할 때 상시근로자는 「근로기준법」에 따라 근로계약을 체결한 근로자로 한다. 다만, 다음 각 호의 어느 하나에 해당하는 사람은 제외한다. (2012. 2. 2. 신설)

1. 근로계약기간이 1년 미만인 자. 다만, 법 제30조의3 제3항을 적용할 때 근로계약의 연속된 갱신으로 인하여 그 근로계약의 총기간이 1년 이상인 근로자는 상시근로자로 본다. (2012. 2. 2. 신설)
2. 「법인세법 시행령」 제40조 제1항 각 호의 어느 하나에 해당하는 임원 (2019. 2. 12. 개정)
3. 해당 기업의 최대주주 또는 최대출자자(개인사업자의 경우에는 대표자를 말한다)와 그 배우자 (2012. 2. 2. 신설)
4. 제3호에 해당하는 자의 직계존속·비속과 그 배우자 (2012. 2. 2. 신설)
5. 「소득세법 시행령」 제196조에 따른 근로소득원천징수부에 의하여 근로소득세를 원천징수한 사실이 확인되지 아니하고, 다음 각 목의 어느 하나에 해당하는 보험료 등의 납부 사실도 확인되지 아니하는 사람 (2012. 2. 2. 신설)
   가. 「국민연금법」 제3조 제1항 제11호 및 제12호에 따른 부담금 및 기여금 (2012. 2. 2. 신설)
   나. 「국민건강보험법」 제69조에 따른 직장가입자의 보험료 (2012. 8. 31. 개정 : 국민건강보험법 시행령 부칙)
6. 「근로기준법」 제2조 제1항 제9호에 따른 단시간근로자로서 1개월간의 소정근로시간이 60시간 미만인 근로자 (2019. 2. 12. 개정)

---

(2) 증여세 부과시 이자상당액 가산

위와 같이 창업 및 창업자금 사용 등에 대한 사후관리를 위반하는 경우에는 「상속세 및 증여세법」에 따라 증여세를 부과하며, 이 경우 이자상당액을 가산한다.

이와 같이 증여세에 가산하여 부과하는 이자상당액은 다음과 같이 계산한다.

① 결정한 증여세액 × ② 증여세 신고기한의 다음 날부터 추징사유가 발생한 날까지의 기간 × ③ $\dfrac{22}{100,000}$

① 「상속세 및 증여세법」에 따라 결정한 증여세액
  – 결정한 증여세액: 증여세 산출세액 – 과세특례에 따른 기납부세액
② 당초 증여받은 창업자금에 대한 증여세의 과세표준 신고기한의 다음 날부터 추징 사유가 발생한 날까지의 기간
③ 1일 10만분의 22(2022. 2. 14. 이전은 1일 10만분의 25, 2019. 2. 11. 이전은 1일 1만분의 3)

☞ 적용시기 : 2022. 2. 15. 전에 발생한 사유로 2022. 2. 15. 이후 세액을 납부 또는 부과하는 경우 2022. 2. 15. 전일까지의 기간분에 대한 이자상당가산액 또는 이자상당액의 계산에 적용되는 이 자율은 영 제27조의6 제5항 제3호의 개정규정에도 불구하고 각각 종전의 규정(1일 10만분의 25)에 따르고, 2022. 2. 15. 이후의 기간분에 대한 이자상당가산액 또는 이자상당액의 계산에 적용되는 이자율은 각각 같은 개정규정에 따른다(영 부칙(2022. 2. 15.) 21조).

(3) 사후관리 위반시 신고·납부 의무

사후관리를 위반한 거주자는 각 사후관리를 위반한 사유가 발생한 날이 속하는 달의 말일부터 3개월 이내에 "창업자금 증여세 과세특례 위반사유 신고 및 자진납부 계산서"를 납세지 관할 세무서장에게 신고하고 해당 증여세와 이자상당액을 납세지 관할 세무서, 한국은행 또는 체신관서에 납부하여야 한다. 다만, 조특법 제30조의5 제6항에 따라 이미 증여세와 이자상당액이 부과되어 이를 납부한 경우에는 그러하지 아니하다 (조특법 §30의5 ⑦, 2022. 12. 31. 신설).

"창업 및 창업자금 사용 등에 대한 사후관리" 유형별 판단 사례

1 가치증가분의 범위

▶ 귀 질의2의 경우 수증자가 창업자금을 증여받아 「조세특례제한법」 제30조의5

에 따른 창업자금에 대한 증여세 과세특례를 적용받은 후 같은 조 제6항 제6호에 따라 창업 후 10년 이내에 해당 사업을 폐업하는 경우에는 창업자금(창업으로 인한 가치증가분 포함)에 대하여 「상속세 및 증여세법」에 따른 증여세와 상속세가 각각 부과되는 것이며, 당초 증여받은 창업자금에 대한 증여세 과세표준신고기한의 다음 날부터 추징사유가 발생한 날까지의 기간에 해당하는 이자상당액을 증여세에 가산하는 것임. 이 경우 창업으로 인한 가치증가분에는 창업한 사업에서 발생한 이익 및 창업에 사용된 재산의 가치증가분이 포함되는 것임(상속증여-3729, 2021. 8. 25.).

2 창업자금 과세특례 적용 후 증여자가 사망한 경우에도 사후관리는 계속 적용됨

▶ 「조세특례제한법」 제30조의5에 따라 창업자금에 대한 증여세 과세특례를 적용한 후 증여자의 사망으로 인하여 상속이 개시되어 그 창업자금에 대한 상속세를 신고한 경우에도 같은 조 제4항 및 제6항을 적용하는 것임(기획재정부 재산세제과-678, 2011. 8. 22.).

【창업자금을 목적 외에 사용한 경우】

3 창업자금을 부동산임대업 부동산취득자금으로 사용한 경우

▶ 창업자금을 증여받은 자는 증여받은 날로부터 3년이 되는 날까지 창업자금을 모두 당해 목적에 사용하여야 하는 것이며, 증여받은 창업자금으로 부동산임대업을 영위하는 데 사용하는 금액 등 「조세특례제한법」 제30조의5 제6항 각호에 규정된 금액에 대하여는 상속세 및 증여세법에 따른 증여세와 상속세가 각각 부과되는 것임(서면4팀-3430, 2007. 11. 28.).

4 창업자금으로 부동산 취득시 일부 증여하는 경우

▶ 증여받은 창업자금으로 부동산을 취득하면서 일부를 증여하는 등 「조세특례제한법」 제30조의5 제6항 각호에 규정된 금액에 대하여는 「상속세 및 증여세법」에 따른 증여세와 상속세가 각각 부과되는 것임(재산세과-346, 2010. 5. 28.).

5 창업자금을 용도 외에 사용하는 경우 가치증가분의 범위

▶「조세특례제한법」제30조의5 제1항의 규정에 의하여 창업자금에 대한 증여세 과세특례를 적용받은 자가 증여받은 후 10년 이내에 창업자금(창업으로 인한 가치증가분을 포함한다)을 당해 사업용도 외의 용도로 사용한 경우에는 같은 조 제6항 제4호의 규정에 의하여 당해 사업용도 외의 용도로 사용된 창업자금 등에 대하여 증여세를 부과하는 것이며, 이 경우 창업으로 인한 가치증가분에는 창업한 사업에서 발생한 이익 및 창업에 사용된 재산의 가치증가분이 포함되는 것임(서면4팀−2895, 2007. 10. 9.).

6 창업자금 창업기업을 통해 국외 현지법인에 투자하는 경우

▶ 18세 이상인 거주자가「조세특례제한법」제30조의5 제1항에 따라 증여받은 창업자금으로 창업자금중소기업을 창업한 후 10년 이내에 창업자금중소기업이 당해 창업자금으로 국외 현지법인에 투자하는 경우에는 해당 사업용도 외의 용도로 사용하는 경우에 해당하는 것임(재산세과−317, 2011. 7. 4.).

7 창업자금과 대출금으로 자산취득 후 일부를 사업목적 외 사용시 안분 방법

▶「조세특례제한법」제30조의5에 따른 창업자금을 증여받은 자가 해당 창업자금과 대출금 등의 자금을 합하여 사업용 자산을 취득하고 해당 사업용 자산 중 일부를 해당 사업목적 외의 사업용도로 사용한 경우, 그 사업목적 외 사업용도로 사용한 창업자금 부분은 같은 조에 따른 창업자금에 대한 증여세 과세특례가 적용되지 아니하는 것이며, 같은 조 제6항에 따라 증여세 및 그 이자상당액이 부과되는 것임.

이 경우 창업자금의 해당 사업목적 사용부분에 대한 실지 귀속이 구분되는 경우에는 그 구분에 따라 판단하는 것이나 실지 귀속이 구분되지 아니하는 경우 그 사업목적 외 사업용도로 사용한 창업자금 부분의 계산은 사업용 자산 중 사업목적 외 사업용도로 사용한 부분의 취득금액을 증여받은 창업자금과 대출금 등의 자금의 비율에 의하여 안분계산하는 것임(기획재정부 재산세제과−441, 2011. 6. 16.).

☞ 창업자금 5억 원, 대출금 4억 원 합계 9억 원으로 사업용 자산인 토지, 건물을 취득하고 그중 1/3을 사업목적 외 용도로 사용하는 경우
  − 사업목적 외 용도로 사용한 부분(1/3)의 취득금액: 3억 원(9억 원×1/3)
  − 창업자금과 대출금 비율로 안분: 3억 원 × (5억 원/9억 원) = 1.66억 원

【폐업하거나 휴업하는 경우】

8 이월과세를 적용받을 수 있는 사업 양도·양수의 방법에 따라 법인전환한 경우 창업자금 증여세 과세특례 사후관리 위반사유에 해당되지 않음

▶ 「조세특례제한법」 제30조의5 제1항에 따라 창업자금을 증여받아 개인사업을 창업하여 증여세 과세특례를 적용받은 거주자가 창업 후 10년 이내에 같은 법 제32조 제1항의 사업 양도·양수의 방법에 따라 법인으로 전환하는 경우 같은 법 시행령 제27조의5 제8항 제2호 나목의 영업상 필요 또는 사업전환을 위하여 폐업하는 경우에 해당되는 것임(상속증여-0009, 2015. 2. 26.).

9 창업 후 해당 사업을 폐업하여 부동산임대업으로 전환한 경우 추징함

▶ 당해 사업을 폐업하여 창업자금중소기업에 해당하지 않는 업종인 부동산임대업으로 전환한 경우에는 「조세특례제한법 시행령」 제27조의5 【창업자금에 대한 증여세 과세특례】 제8항 제2호 단서에 해당하지 않으므로 같은 법 제30조의5 제6항 제6호에 따라 증여받은 창업자금(창업으로 인한 가치증가분을 포함한다)에 대하여 증여세를 부과하는 것임(상속증여세과-576, 2013. 10. 14.).

10 공동사업 창업 후 폐업하는 경우 추징대상임

▶ 형제인 A와 B가 아버지로부터 창업자금을 증여받아 서로 다른 장소에 [가]와 [나]의 공동사업을 창업하고 그 공동사업 계약을 해지하여 각자의 1인 단독 사업장으로 한 후 A가 그의 단독사업인 [가] 사업장을 폐업하는 경우에는 「조세특례제한법 시행령」 제27조의5 제8항 제2호 단서에서 규정하는 증여세 부과제외 사유에 해당하지 아니하는 것임(서면법규과-528, 2013. 5. 9.).

11 사업전환을 위해 창업중소기업 폐업 후 개업시 중소기업의 범위

▶ 「조세특례제한법 시행령」 제27조의5 【창업자금에 대한 증여세 과세특례】 제8항 제2호 단서에 따라 창업자금중소기업을 최초 창업한 이후 영업상 필요 또는 사업전환을 위하여 1회에 한하여 2년(폐업의 경우에는 폐업 후 다시 개업할 때까지 2년) 이내의 기간 동안 휴업하거나 폐업하는 경우(휴업 또는 폐업 중 어느 하나에 한한다)에는 같은 법 제30조의5 제6항에 따른 증여세와 상속세의 추

징사유에서 제외되는 것임.

이때 폐업의 경우에는 「상속세 및 증여세법 시행령」 제15조 제1항에 따른 중소기업을 다시 개업하여야 하는 것으로, 이는 「조세특례제한법 시행령」 제2조 제1항에 따른 중소기업(제1항 각호 외의 부분 본문을 적용할 때 제1호의 사업은 제외하고 제2호의 사업은 포함)을 말하는 것임(재산세과-43, 2013. 2. 6.).

12 폐업 후 개업하는 경우 손실금액은 해당 사업용도 외 사용으로 보지 않음

▶ 창업자금을 증여받은 경우로서 창업 후 10년 이내에 해당 사업을 폐업하거나 휴업(실질적 휴업을 포함한다)한 경우에는 「조세특례제한법」 제30조의5 제6항의 규정에 따라 그 창업자금(창업으로 인한 가치증가분을 포함한다)에 대하여 「상속세 및 증여세법」에 의한 증여세와 상속세를 각각 부과하는 것이나, 「조세특례제한법 시행령」 제27조의5 제8항 제2호 단서규정에 따라 부채가 자산을 초과하여 폐업하는 경우 또는 최초 창업 이후 영업상 필요 또는 사업전환을 위하여 1회에 한하여 2년(폐업의 경우에는 폐업 후 다시 개업할 때까지 2년) 이내의 기간 동안 휴업하거나 폐업하는 경우(휴업 또는 폐업 중 어느 하나에 한한다)에는 그러하지 아니하는 것임.

이 경우 폐업 후 다시 개업이라 함은 「상속세 및 증여세법 시행령」 제15조 제1항에 따른 중소기업을 창업하는 경우를 말하는 것이며, 이와 관련한 손실금액을 해당 사업용도 외의 용도로 사용한 경우로 보지는 않는 것임(재산세과-098, 2012. 3. 9.).

13 창업자금으로 법인과 개인사업을 창업한 후 개인사업을 폐업하고 법인에 양도하는 경우 증여세 추징됨

▶ 「조세특례제한법」 제30조의5 제1항에 따라 창업자금을 증여받아 법인과 개인사업을 각각 창업하여 증여세 과세특례를 적용받은 거주자가 창업 후 10년 이내에 개인사업을 폐업하고 법인에 사업을 양도하는 경우 이는 같은 법 시행령 제27조의5 제8항 제2호 나목에 규정한 영업상 필요 또는 사업전환을 위하여 폐업하는 경우에 해당되지 아니하는 것으로, 같은 법 같은 조 제6항에 따라 증여세가 부과되는 것임(재산세과-167, 2009. 9. 9.).

14 개인사업을 법인으로 전환한 경우

- 부모로부터 창업자금을 증여받아 조특법 제30조의5 규정을 적용받은 후 개인 사업을 창업하여 운영하던 중,
- 개인사업을 조특법 제32조의 현물출자 방법으로 법인전환한 경우 사후관리 위 반사유인 폐업한 경우에 해당하는지?

▶ 「조세특례제한법」 제30조의5 제1항에 따라 창업자금을 증여받아 개인사업을 창업하여 증여세 과세특례를 적용받은 거주자가 창업 후 10년 이내에 같은 법 제32조 규정을 적용받는 현물출자에 따라 개인사업을 법인으로 전환하는 경우 같은 법 시행령 제27조의5 제8항 제2호 나목에 규정한 영업상 필요 또는 사업 전환을 위하여 폐업하는 경우에 해당되는 것임(서면법규과 - 1016, 2014. 9. 21.).

☞ 조특법 제32조 규정에 따른 현물출자 방법으로 발기인 요건, 법인의 최소자본 금 규모 등 요건을 준수하는 경우에는, 일반적인 폐업과 달리 기업의 형태만 변 경되어 그 사업을 계속 영위하는 것으로 볼 수 있으므로 "영업상 필요에 의한 폐업"으로 볼 수 있어 사후관리 위반에 해당하지 않는다는 해석임.

■ 조세특례제한법 시행규칙[별지 제11호의6 서식] (2016. 3. 14. 개정)

창업자금 [ ] 특례신청서
[ ] 사용내역서

※ [ ]에는 해당되는 곳에 √표를 합니다.

1. 기 본 사 항

<table>
<tr><td rowspan="3">수
증
자</td><td>① 성　명</td><td></td><td colspan="2">② 주민등록번호</td><td></td></tr>
<tr><td>③ 주　소</td><td colspan="4">　　　　　　　　　　　　　　　(전화번호:　　　　　　　)</td></tr>
<tr><td>④ 증여자와의 관계</td><td></td><td colspan="2">⑤ 전자우편주소</td><td></td></tr>
<tr><td rowspan="2">증
여
자</td><td>⑥ 성　명</td><td></td><td colspan="2">⑦ 주민등록번호</td><td></td></tr>
<tr><td>⑧ 주　소</td><td colspan="4">　　　　　　　　　　　　　　　(전화번호:　　　　　　　)</td></tr>
</table>

2. 신 청 내 용 (※ 증여받은 날부터 1년 이내에 창업해야 합니다)

⑨ 수 증 일	⑩ 재 산 종 류	⑪ 증 여 재 산 가 액	⑫ 비　　　　고

3. 사 용 내 역

<table>
<tr><td colspan="3">증여받은 재산내역</td><td colspan="4">사 용 내 역</td></tr>
<tr><td>⑬ 수증일</td><td>⑭ 재산종류</td><td>⑮ 가 액</td><td>⑯ 사용일자</td><td>⑰ 사용용도 및 내역</td><td>⑱ 사용금액</td><td>⑲ 비　고</td></tr>
<tr><td></td><td></td><td></td><td></td><td></td><td></td><td></td></tr>
<tr><td></td><td></td><td></td><td></td><td></td><td></td><td></td></tr>
<tr><td></td><td></td><td></td><td></td><td></td><td></td><td></td></tr>
<tr><td></td><td></td><td></td><td></td><td></td><td></td><td></td></tr>
</table>

「조세특례제한법 시행령」 제27조의5 제11항에 따라 위와 같이 창업자금 ([ ]특례신청서, [ ]사용내역서)를 제출합니다.

　　　　　　　　　　　　　　　　　　　　　　　　　　　년　　　월　　　일

제출자　　　　　　　　　　　　(서명 또는 인)

　　　세 무 서 장　귀하

작성방법

1. 창업자금에 대한 증여세 과세특례를 신청하는 경우에는 1. 기본사항과 2. 신청내용만을 적습니다.
2. 창업자금 사용내역을 제출하는 경우에는 1. 기본사항과 3. 사용내역만을 적습니다.
3. ⑪ 증여재산가액란은 증여일 현재 「상속세 및 증여세법」에 따라 평가한 가액을 적습니다.
4. ⑰ 사용용도 및 내역란은 증여재산의 사용용도(예 : 사업용자산 취득, 임대보증금 및 임차료 지급 등)를 적고, 사용 관련 증명서류 (예: 취득자산 명세, 대금지급 증빙, 주식 및 채권의 매각내역 등)를 별지에 첨부합니다.
5. ⑲ 비고란은 취득자산 등의 거래상대방 상호와 사업자등록번호를 적습니다.
6. 창업을 통하여 10명 이상을 신규 고용한 경우에는 부표1 신규 고용명세서를 제출합니다.

210㎜×297㎜[중질지(80g/㎡(재활용품)]

제4장

관련법령 및 기타 참고자료

상속세 및 증여세법

○ 「상속세 및 증여세법」 제18조의2 【가업상속공제】

① 거주자의 사망으로 상속이 개시되는 경우로서 가업[대통령령으로 정하는 중소기업 또는 대통령령으로 정하는 중견기업(상속이 개시되는 소득세 과세기간 또는 법인세 사업연도의 직전 3개 소득세 과세기간 또는 법인세 사업연도의 매출액 평균금액이 5천억원 이상인 기업은 제외한다. 이하 이 조에서 같다)으로서 피상속인이 10년 이상 계속하여 경영한 기업을 말한다. 이하 같다]의 상속(이하 "가업상속"이라 한다)에 해당하는 경우에는 가업상속 재산가액에 상당하는 금액을 상속세 과세가액에서 공제한다. 이 경우 공제하는 금액은 다음 각 호의 구분에 따른 금액을 한도로 한다. (2022. 12. 31. 신설)

1. 피상속인이 10년 이상 20년 미만 계속하여 경영한 경우: 300억원 (2022. 12. 31. 신설)

2. 피상속인이 20년 이상 30년 미만 계속하여 경영한 경우: 400억원 (2022. 12. 31. 신설)

3. 피상속인이 30년 이상 계속하여 경영한 경우: 600억원 (2022. 12. 31. 신설)

② 제1항에도 불구하고 가업이 중견기업에 해당하는 경우로서 가업을 상속받거나 받을 상속인의 가업상속재산 외의 상속재산의 가액이 해당 상속인이 상속세로 납부할 금액에 대통령령으로 정하는 비율을 곱한 금액을 초과하는 경우에는 해당 상속인이 상속받거나 받을 가업상속재산에 대해서는 제1항에 따른 공제(이하 "가업상속공제"라 한다)를 적용하지 아니한다. (2022. 12. 31. 신설)

③ 가업상속공제를 받으려는 상속인은 가업상속에 해당함을 증명하기 위한 서류를 제67조 제2항에 따라 납세지 관할세무서장에게 제출하여야 한다. (2022. 12. 31. 신설)

④ 제1항 및 제2항을 적용할 때 피상속인 및 상속인의 요건, 주식등을 상속하는 경우의 적용방법 등 가업상속의 범위, 가업상속재산과 가업상속재산 외의 상속재산의 범위, 가업을 상속받거나 받을 상속인이 상속세로 납부할 금액의 계산방법, 그 밖에 필요한 사항은 대통령령으로 정한다. (2022. 12. 31. 신설)

⑤ 가업상속공제를 받은 상속인이 상속개시일부터 5년 이내에 대통령령으로 정하는 정당한 사유 없이 다음 각 호의 어느 하나에 해당하면 제1항에 따라 공제받은

금액에 해당일까지의 기간을 고려하여 대통령령으로 정하는 율을 곱하여 계산한 금액(제1호에 해당하는 경우에는 가업용 자산의 처분 비율을 추가로 곱한 금액을 말한다)을 상속개시 당시의 상속세 과세가액에 산입하여 상속세를 부과한다. 이 경우 대통령령으로 정하는 바에 따라 계산한 이자상당액을 그 부과하는 상속세에 가산한다. (2022. 12. 31. 신설)

1. 가업용 자산의 100분의 40 이상을 처분한 경우 (2022. 12. 31. 신설)

2. 해당 상속인이 가업에 종사하지 아니하게 된 경우 (2022. 12. 31. 신설)

3. 주식등을 상속받은 상속인의 지분이 감소한 경우. 다만, 상속인이 상속받은 주식등을 제73조에 따라 물납(物納)하여 지분이 감소한 경우는 제외하되, 이 경우에도 상속인은 제22조 제2항에 따른 최대주주나 최대출자자에 해당하여야 한다. (2022. 12. 31. 신설)

4. 다음 각 목에 모두 해당하는 경우 (2022. 12. 31. 신설)

   가. 상속개시일부터 5년간 대통령령으로 정하는 정규직 근로자(이하 이 조에서 "정규직근로자"라 한다) 수의 전체 평균이 상속개시일이 속하는 소득세 과세기간 또는 법인세 사업연도의 직전 2개 소득세 과세기간 또는 법인세 사업연도의 정규직근로자 수의 평균의 100분의 90에 미달하는 경우 (2022. 12. 31. 신설)

   나. 상속개시일부터 5년간 대통령령으로 정하는 총급여액(이하 이 목에서 "총급여액"이라 한다)의 전체 평균이 상속개시일이 속하는 소득세 과세기간 또는 법인세 사업연도의 직전 2개 소득세 과세기간 또는 법인세 사업연도의 총급여액의 평균의 100분의 90에 미달하는 경우 (2022. 12. 31. 신설)

⑥ 가업상속공제를 받은 상속인은 대통령령으로 정하는 바에 따라 해당 가업용 자산, 가업 및 지분의 구체적인 내용을 납세지 관할세무서장에게 제출하여야 한다. (2022. 12. 31. 신설)

⑦ 제5항을 적용할 때 가업용 자산의 범위, 가업용 자산의 처분 비율 계산방법, 가업 종사 여부 및 지분의 감소 여부에 관한 판정방법, 정규직근로자 수 평균의 계산, 그 밖에 필요한 사항은 대통령령으로 정한다. (2022. 12. 31. 신설)

⑧ 피상속인 또는 상속인이 가업의 경영과 관련하여 조세포탈 또는 회계부정 행위

(「조세범 처벌법」제3조 제1항 또는 「주식회사 등의 외부감사에 관한 법률」제39조 제1항에 따른 죄를 범하는 것을 말하며, 상속개시일 전 10년 이내 또는 상속개시일부터 5년 이내의 기간 중의 행위로 한정한다. 이하 제18조의3에서 같다)로 징역형 또는 대통령령으로 정하는 벌금형을 선고받고 그 형이 확정된 경우에는 다음 각 호의 구분에 따른다. (2022. 12. 31. 신설)

1. 제76조에 따른 과세표준과 세율의 결정이 있기 전에 피상속인 또는 상속인에 대한 형이 확정된 경우: 가업상속공제를 적용하지 아니할 것 (2022. 12. 31. 신설)

2. 가업상속공제를 받은 후에 상속인에 대한 형이 확정된 경우: 가업상속공제 금액을 상속개시 당시의 상속세 과세가액에 산입하여 상속세를 부과할 것. 이 경우 대통령령으로 정하는 바에 따라 계산한 이자상당액을 그 부과하는 상속세에 가산한다. (2022. 12. 31. 신설)

⑨ 상속인이 제5항 또는 제8항 제2호에 해당하는 경우 상속세 납세의무자는 상속인이 제5항 각 호의 어느 하나에 해당하는 날이 속하는 달의 말일 또는 제8항 제2호에 해당하는 날이 속하는 달의 말일부터 6개월 이내에 대통령령으로 정하는 바에 따라 납세지 관할세무서장에게 신고하고 해당 상속세와 이자상당액을 납세지 관할세무서, 한국은행 또는 체신관서에 납부하여야 한다. 다만, 제5항 또는 제8항 제2호에 따라 이미 상속세와 이자상당액이 부과되어 이를 납부한 경우에는 그러하지 아니하다. (2022. 12. 31. 신설)

⑩ 제5항 또는 제8항 제2호에 따라 상속세를 부과할 때 「소득세법」제97조의2 제4항에 따라 납부하였거나 납부할 양도소득세가 있는 경우에는 대통령령으로 정하는 바에 따라 계산한 양도소득세 상당액을 상속세 산출세액에서 공제한다. 다만, 공제한 해당 금액이 음수(陰數)인 경우에는 영으로 본다. (2022. 12. 31. 신설)

부칙 (2022. 12. 31. 법률 제19195호)

제1조【시행일】

이 법은 2023년 1월 1일부터 시행한다.

제2조【일반적 적용례】

이 법은 이 법 시행 이후 상속이 개시되거나 증여를 받는 경우부터 적용한다.

(중간생략)

제7조【가업상속공제에 관한 경과조치 등】

① 이 법 시행 전에 상속이 개시된 경우의 가업상속공제에 관하여는 제18조의2의 개정규정에도 불구하고 종전의 제18조에 따른다.

② 제1항에도 불구하고 제18조의2 제5항 및 제8항의 개정규정은 다음 각 호의 요건을 모두 충족하는 상속인(이하 "사후관리를 받고 있는 상속인"이라 한다) 및 이 법 시행 전에 상속이 개시된 경우로서 이 법 시행 이후 가업상속공제를 받는 상속인에 대해서도 적용한다. 다만, 이 법 시행 전에 종전의 제18조 제6항 제1호 가목에만 해당하여 가업용 자산의 처분비율을 고려하여 상속세 및 이자상당액을 부과받은 상속인에 대해서는 제1호 및 제2호의 요건을 충족하는 경우 제18조의2 제5항 및 제8항의 개정규정을 적용한다.

1. 이 법 시행 전에 종전의 제18조 제2항 제1호에 따른 공제를 받았을 것
2. 이 법 시행 당시 종전의 제18조 제6항 각 호 외의 부분 전단, 같은 항 제1호 마목 및 같은 조 제9항 각 호 외의 부분에 따른 사후관리 기간이 경과하지 아니하였을 것
3. 이 법 시행 전에 종전의 제18조 제6항 및 같은 조 제9항 제2호에 따른 상속세 및 이자상당액이 부과되지 아니하였을 것

③ 제2항에도 불구하고 종전의 제18조 제6항 제1호 마목을 적용하는 것이 제18조의2 제5항 제4호의 개정규정을 적용하는 것보다 사후관리를 받고 있는 상속인에게 유리한 경우에는 종전의 제18조 제6항 제1호 마목을 적용한다.

제8조【영농상속공제에 관한 경과조치 등】

① 이 법 시행 전에 상속이 개시된 경우의 영농상속공제 한도에 관하여는 제18조의3 제1항의 개정규정에도 불구하고 종전의 제18조 제2항 제2호에 따른다.

② 제18조의3 제6항 및 제7항의 개정규정은 이 법 시행 이후 상속이 개시되는 경우로서 이 법 시행 이후 조세포탈 또는 회계부정 행위를 하는 경우부터 적용한다.

제9조【연부연납기간에 관한 경과조치】

이 법 시행 전에 상속이 개시된 경우의 상속세 연부연납기간에 관하여는 제71조 제2항 제1호 가목의 개정규정에도 불구하고 종전의 규정에 따른다.

○ 「상속세 및 증여세법 시행령」 제15조【가업상속】

① 법 제18조의2 제1항 각 호 외의 부분 전단에서 "대통령령으로 정하는 중소기업" 이란 상속개시일이 속하는 소득세 과세기간 또는 법인세 사업연도의 직전 소득세

과세기간 또는 법인세 사업연도 말 현재 다음 각 호의 요건을 모두 갖춘 기업(이하 이 조에서 "중소기업"이라 한다)을 말한다. (2023. 2. 28. 개정)

1. 별표에 따른 업종을 주된 사업으로 영위할 것 (2017. 2. 7. 개정)

> 영 별표 1호 카목의 개정규정은 2023. 2. 28. 이후 상속이 개시되는 경우부터 적용함. (영 부칙(2023. 2. 28.) 10조)

2. 「조세특례제한법 시행령」 제2조 제1항 제1호 및 제3호의 요건을 충족할 것 (2017. 2. 7. 개정)

3. 자산총액이 5천억원 미만일 것 (2017. 2. 7. 개정)

② 법 제18조의2 제1항 각 호 외의 부분 전단에서 "대통령령으로 정하는 중견기업"이란 상속개시일이 속하는 소득세 과세기간 또는 법인세 사업연도의 직전 소득세 과세기간 또는 법인세 사업연도 말 현재 다음 각 호의 요건을 모두 갖춘 기업(이하 이 조에서 "중견기업"이라 한다)을 말한다. (2023. 2. 28. 개정)

1. 별표에 따른 업종을 주된 사업으로 영위할 것 (2017. 2. 7. 개정)

2. 「조세특례제한법 시행령」 제9조 제4항 제1호 및 제3호의 요건을 충족할 것 (2022. 2. 15. 개정)

3. 상속개시일의 직전 3개 소득세 과세기간 또는 법인세 사업연도의 매출액(매출액은 기획재정부령으로 정하는 바에 따라 계산하며, 소득세 과세기간 또는 법인세 사업연도가 1년 미만인 소득세 과세기간 또는 법인세 사업연도의 매출액은 1년으로 환산한 매출액을 말한다)의 평균금액이 5천억원 미만인 기업일 것 (2023. 2. 28. 개정)

③ 법 제18조의2 제1항 각 호 외의 부분 전단에 따른 가업상속(이하 "가업상속"이라 한다)은 피상속인 및 상속인이 다음 각 호의 요건을 모두 갖춘 경우에만 적용한다. 이 경우 가업상속이 이루어진 후에 가업상속 당시 최대주주 또는 최대출자자(제19조 제2항에 따른 최대주주 또는 최대출자자를 말한다. 이하 "최대주주등"이라 한다)에 해당하는 자(가업상속을 받은 상속인은 제외한다)의 사망으로 상속이 개시되는 경우는 적용하지 아니한다. (2023. 2. 28. 개정)

1. 피상속인이 다음 각 목의 요건을 모두 갖춘 경우 (2016. 2. 5. 개정)

가. 중소기업 또는 중견기업의 최대주주등인 경우로서 피상속인과 그의 특수관계인의 주식등을 합하여 해당 기업의 발행주식총수등의 100분의 40[「자본시장과 금융투자업에 관한 법률」 제8조의2 제2항에 따른 거래소(이하 "거래소"라 한다)에 상장되어 있는 법인이면 100분의 20] 이상을 10년 이상 계속하여 보유할 것 (2023. 2. 28. 개정)

나. 법 제18조의2 제1항 각 호 외의 부분 전단에 따른 가업(이하 "가업"이라 한다)의 영위기간[별표에 따른 업종으로서 「통계법」 제22조에 따라 통계청장이 작성·고시하는 표준분류(이하 "한국표준산업분류"라 한다)상 동일한 대분류 내의 다른 업종으로 주된 사업을 변경하여 영위한 기간은 합산한다] 중 다음의 어느 하나에 해당하는 기간을 대표이사(개인사업자인 경우 대표자를 말한다. 이하 이 조, 제16조, 제68조 및 제69조의3에서 "대표이사등"이라 한다)로 재직할 것 (2023. 2. 28. 개정)

1) 100분의 50 이상의 기간 (2016. 2. 5. 개정)

2) 10년 이상의 기간(상속인이 피상속인의 대표이사등의 직을 승계하여 승계한 날부터 상속개시일까지 계속 재직한 경우로 한정한다) (2016. 2. 5. 개정)

3) 상속개시일부터 소급하여 10년 중 5년 이상의 기간 (2016. 2. 5. 개정)

2. 상속인이 다음 각 목의 요건을 모두 갖춘 경우. 이 경우 상속인의 배우자가 다음 각 목의 요건을 모두 갖춘 경우에는 상속인이 그 요건을 갖춘 것으로 본다. (2016. 2. 5. 개정)

가. 상속개시일 현재 18세 이상일 것 (2016. 2. 5. 개정)

나. 상속개시일 전에 제1호 나목에 따른 영위기간 중 2년 이상 직접 가업에 종사(상속개시일 2년 전부터 가업에 종사한 경우로서 상속개시일부터 소급하여 2년에 해당하는 날부터 상속개시일까지의 기간 중 제8항 제2호 다목에 따른 사유로 가업에 종사하지 못한 기간이 있는 경우에는 그 기간은 가업에 종사한 기간으로 본다)하였을 것. 다만, 피상속인이 65세 이전에 사망하거나 천재지변 및 인재 등 부득이한 사유로 사망한 경우에는 그러하지 아니하다. (2022. 2. 15. 개정)

> 2022. 2. 15. 전에 상속이 개시된 경우의 가업의 영위기간에 관하여는 영 15조 3항 2호 나목의 개정규정에도 불구하고 종전의 규정에 따름. (영 부칙(2022. 2. 15.) 5조)

　　다. 상속세과세표준 신고기한까지 임원으로 취임할 것 (2024. 2. 29. 신설)

　　라. 상속세과세표준 신고기한부터 2년 이내에 대표이사등으로 취임할 것 (2024. 2. 29. 개정)

④ 제3항을 적용할 때 피상속인이 둘 이상의 독립된 기업을 가업으로 영위한 경우의 해당 가업상속 공제한도 및 공제순서 등에 대해서는 기획재정부령으로 정한다. (2016. 2. 5. 신설)

⑤ 법 제18조의2 제1항 각 호 외의 부분 전단에서 "가업상속 재산가액"이란 다음 각 호의 구분에 따라 제3항 제2호의 요건을 모두 갖춘 상속인(이하 이 조에서 "가업상속인"이라 한다)이 받거나 받을 상속재산의 가액을 말한다. (2023. 2. 28. 개정)

1. 「소득세법」을 적용받는 가업: 가업에 직접 사용되는 토지, 건축물, 기계장치 등 사업용 자산의 가액에서 해당 자산에 담보된 채무액을 뺀 가액 (2017. 2. 7. 개정)

2. 「법인세법」을 적용받는 가업: 가업에 해당하는 법인의 주식등의 가액[해당 주식 등의 가액에 그 법인의 총자산가액(상속개시일 현재 법 제4장에 따라 평가한 가액을 말한다) 중 상속개시일 현재 다음 각 목의 어느 하나에 해당하는 자산(상속개시일 현재를 기준으로 법 제4장에 따라 평가한 가액을 말한다. 이 조 및 제68조에서 "사업무관자산"이라 한다)을 제외한 자산가액이 차지하는 비율을 곱하여 계산한 금액에 해당하는 것을 말한다] (2020. 2. 11. 개정)

　　가. 「법인세법」 제55조의2에 해당하는 자산 (2012. 2. 2. 개정)

　　나. 「법인세법 시행령」 제49조에 해당하는 자산 및 타인에게 임대하고 있는 부동산(지상권 및 부동산임차권 등 부동산에 관한 권리를 포함한다) (2012. 2. 2. 개정)

　　다. 「법인세법 시행령」 제61조 제1항 제2호에 해당하는 자산 (2012. 2. 2. 개정)

　　라. 과다보유현금[상속개시일 직전 5개 사업연도 말 평균 현금(요구불예금 및 취득일부터 만기가 3개월 이내인 금융상품을 포함한다)보유액의 100분의 150을 초과하는 것을 말한다] (2012. 2. 2. 개정)

　　마. 법인의 영업활동과 직접 관련이 없이 보유하고 있는 주식등, 채권 및 금융상품(라목에 해당하는 것은 제외한다) (2018. 2. 13. 개정)

⑥ 법 제18조의2 제2항에 따른 가업을 상속받거나 받을 상속인의 가업상속재산 외의 상속재산의 가액은 가업상속인이 받거나 받을 상속재산(법 제13조에 따라 상속재산에 가산하는 증여재산 중 가업상속인이 받은 증여재산을 포함한다)의 가액에서 다음 각 호의 금액을 차감한 금액으로 한다. (2023. 2. 28. 개정)

1. 해당 가업상속인이 부담하는 채무로서 제10조 제1항에 따라 증명되는 채무의 금액 (2018. 2. 13. 신설)

2. 해당 가업상속인이 제5항 각 호의 구분에 따라 받거나 받을 가업상속 재산가액 (2018. 2. 13. 신설)

⑦ 법 제18조의2 제2항에서 "해당 상속인이 상속세로 납부할 금액에 대통령령으로 정하는 비율을 곱한 금액"이란 가업상속인이 같은 조 제1항에 따른 가업상속공제를 받지 아니하였을 경우 법 제3조의2 제1항 및 제2항에 따라 계산한 해당 가업상속인이 납부할 의무가 있는 상속세액에 100분의 200을 곱한 금액을 말한다. (2023. 2. 28. 개정)

⑧ 법 제18조의2 제5항 각 호 외의 부분 전단에서 "대통령령으로 정하는 정당한 사유"란 다음 각 호에 해당하는 사유를 말한다. (2023. 2. 28. 개정)

1. 법 제18조의2 제5항 제1호를 적용할 때에는 다음 각 목의 어느 하나에 해당하는 경우 (2023. 2. 28. 개정)

　　가. 제9항에 따른 가업용 자산(이하 이 조에서 "가업용자산"이라 한다)이 「공익사업을 위한 토지 등의 취득 및 보상에 관한 법률」, 그 밖의 법률에 따라 수용 또는 협의 매수되거나 국가 또는 지방자치단체에 양도되거나 시설의 개체(改替), 사업장 이전 등으로 처분되는 경우. 다만, 처분자산과 같은 종류의 자산을 대체 취득하여 가업에 계속 사용하는 경우에 한한다. (2018. 2. 13. 개정)

　　나. 가업용자산을 국가 또는 지방자치단체에 증여하는 경우 (2008. 2. 22. 개정)

　　다. 가업상속받은 상속인이 사망한 경우 (2008. 2. 22. 개정)

　　라. 합병·분할, 통합, 개인사업의 법인전환 등 조직변경으로 인하여 자산의 소유권이 이전되는 경우. 다만, 조직변경 이전의 업종과 같은 업종을 영위하는

경우로서 이전된 가업용자산을 그 사업에 계속 사용하는 경우에 한한다. (2008. 2. 22. 개정)

마. 내용연수가 지난 가업용자산을 처분하는 경우 (2008. 2. 22. 개정)

바. 제11항 제2호에 따른 가업의 주된 업종 변경과 관련하여 자산을 처분하는 경우로서 변경된 업종을 가업으로 영위하기 위하여 자산을 대체취득하여 가업에 계속 사용하는 경우 (2020. 2. 11. 신설)

사. 가업용자산의 처분금액을 「조세특례제한법」 제10조에 따른 연구·인력개발비로 사용하는 경우 (2023. 2. 28. 개정)

2. 법 제18조의2 제5항 제2호를 적용할 때에는 다음 각 목의 어느 하나에 해당하는 경우 (2023. 2. 28. 개정)

가. 가업상속받은 상속인이 사망한 경우 (2008. 2. 22. 개정)

나. 가업상속 받은 재산을 국가 또는 지방자치단체에 증여하는 경우 (2016. 2. 5. 개정)

다. 상속인이 법률에 따른 병역의무의 이행, 질병의 요양 등 기획재정부령으로 정하는 부득이한 사유에 해당하는 경우 (2008. 2. 29. 직제개정 : 기획재정부와 그 소속기관 직제 부칙)

3. 법 제18조의2 제5항 제3호를 적용할 때에는 다음 각 목의 어느 하나에 해당하는 경우 (2023. 2. 28. 개정)

가. 합병·분할 등 조직변경에 따라 주식등을 처분하는 경우. 다만, 처분 후에도 상속인이 합병법인 또는 분할신설법인 등 조직변경에 따른 법인의 최대주주 등에 해당하는 경우에 한한다. (2008. 2. 22. 개정)

나. 해당 법인의 사업확장 등에 따라 유상증자할 때 상속인의 특수관계인 외의 자에게 주식등을 배정함에 따라 상속인의 지분율이 낮아지는 경우. 다만, 상속인이 최대주주등에 해당하는 경우에 한한다. (2012. 2. 2. 개정)

다. 상속인이 사망한 경우. 다만, 사망한 자의 상속인이 원래 상속인의 지위를 승계하여 가업에 종사하는 경우에 한한다. (2013. 2. 15. 단서개정)

라. 주식등을 국가 또는 지방자치단체에 증여하는 경우 (2008. 2. 22. 개정)

마. 「자본시장과 금융투자업에 관한 법률」 제390조 제1항에 따른 상장규정의 상

장요건을 갖추기 위하여 지분을 감소시킨 경우. 다만, 상속인이 최대주주등에 해당하는 경우에 한정한다. (2016. 2. 5. 단서신설)

바. 주주 또는 출자자의 주식 및 출자지분의 비율에 따라서 무상으로 균등하게 감자하는 경우 (2019. 2. 12. 신설)

사. 「채무자 회생 및 파산에 관한 법률」에 따른 법원의 결정에 따라 무상으로 감자하거나 채무를 출자전환하는 경우 (2019. 2. 12. 신설)

⑨ 법 제18조의2 제5항 제1호에서 "가업용 자산"이란 다음 각 호의 자산을 말한다. (2023. 2. 28. 개정)

1. 「소득세법」을 적용받는 가업: 가업에 직접 사용되는 토지, 건축물, 기계장치 등 사업용 자산 (2016. 2. 5. 개정)

2. 「법인세법」을 적용받는 가업: 가업에 해당하는 법인의 사업에 직접 사용되는 사업용 고정자산(사업무관자산은 제외한다) (2014. 2. 21. 개정)

⑩ 가업용자산의 처분비율은 제1호의 가액에서 제2호의 가액이 차지하는 비율(이하 이 조에서 "자산처분비율"이라 한다)로 계산한다. 이 경우 법 제18조의2 제5항 제1호에 해당하여 상속세를 부과한 후 재차 같은 호에 해당하여 상속세를 부과하는 경우에는 종전에 처분한 자산의 가액을 제외하고 계산한다. (2023. 2. 28. 후단신설)

1. 상속개시일 현재 가업용자산의 가액 (2008. 2. 22. 개정)

2. 가업용자산 중 처분(사업에 사용하지 아니하고 임대하는 경우를 포함한다)한 자산의 상속개시일 현재의 가액 (2008. 2. 22. 개정)

⑪ 법 제18조의2 제5항 제2호를 적용할 때 다음 각 호의 경우에는 해당 상속인이 가업에 종사하지 않게 된 것으로 본다. (2024. 2. 29. 개정)

1. 상속인(제3항 제2호 후단에 해당하는 경우에는 상속인의 배우자)이 대표이사등으로 종사하지 아니하는 경우 (2016. 2. 5. 개정)

2. 가업의 주된 업종을 변경하는 경우. 다만, 다음 각 목의 어느 하나에 해당하는 경우는 제외한다. (2020. 2. 11. 개정)

가. 한국표준산업분류에 따른 대분류 내에서 업종을 변경하는 경우(별표에 따른 업종으로 변경하는 경우로 한정한다) (2024. 2. 29. 개정)

나. 가목 외의 경우로서 제49조의2에 따른 평가심의위원회의 심의를 거쳐 업종

의 변경을 승인하는 경우 (2020. 2. 11. 개정)

3. 해당 가업을 1년 이상 휴업(실적이 없는 경우를 포함한다)하거나 폐업하는 경우 (2008. 2. 22. 개정)

⑫ 법 제18조의2 제5항 제3호 본문에서 "상속인의 지분이 감소한 경우"란 다음 각 호의 어느 하나에 해당하는 경우를 포함한다. (2023. 2. 28. 개정)

1. 상속인이 상속받은 주식등을 처분하는 경우 (2008. 2. 22. 개정)

2. 해당 법인이 유상증자할 때 상속인의 실권 등으로 지분율이 감소한 경우 (2010. 2. 18. 개정)

3. 상속인의 특수관계인이 주식등을 처분하거나 유상증자할 때 실권 등으로 상속인이 최대주주등에 해당되지 아니하게 되는 경우 (2012. 2. 2. 개정)

⑬ 법 제18조의2 제5항 제4호 가목에서 "대통령령으로 정하는 정규직 근로자"란 「근로기준법」에 따라 계약을 체결한 근로자를 말한다. 다만, 다음 각 호의 어느 하나에 해당하는 사람은 제외한다. (2023. 2. 28. 개정)

1. 근로계약기간이 1년 미만인 근로자(근로계약의 연속된 갱신으로 인하여 그 근로계약의 총 기간이 1년 이상인 근로자는 제외한다) (2020. 2. 11. 신설)

2. 「근로기준법」 제2조 제1항 제9호에 따른 단시간근로자로서 1개월간의 소정근로시간이 60시간 미만인 근로자 (2020. 2. 11. 신설)

3. 「소득세법 시행령」 제196조에 따른 근로소득원천징수부에 따라 근로소득세를 원천징수한 사실이 확인되지 않고, 다음 각 목의 어느 하나에 해당하는 금액의 납부사실도 확인되지 않는 자 (2020. 2. 11. 신설)

　　가. 「국민연금법」 제3조 제1항 제11호 및 제12호에 따른 부담금 및 기여금 (2020. 2. 11. 신설)

　　나. 「국민건강보험법」 제69조에 따른 직장가입자의 보험료 (2020. 2. 11. 신설)

⑭ 법 제18조의2 제5항 제4호 나목에서 "대통령령으로 정하는 총급여액"이란 제13항에 따른 근로자(「조세특례제한법 시행령」 제26조의4 제2항 제3호에 해당하는 사람을 제외하되, 기준고용인원 산정기간에 같은 호에 해당되는 사람만 있을 경우에는 포함한다)에게 지급한 「소득세법」 제20조 제1항 제1호 및 제2호에 따른 소득의 합계액을 말한다. (2023. 2. 28. 개정)

⑮ 법 제18조의2 제5항 각 호 외의 부분 전단에서 "대통령령으로 정하는 율"이란 100분의 100을 말한다. (2023. 2. 28. 개정)

⑯ 법 제18조의2 제5항 각 호 외의 부분 후단에서 "대통령령으로 정하는 바에 따라 계산한 이자상당액"이란 제1호의 금액에 제2호의 기간과 제3호의 율을 곱하여 계산한 금액을 말한다. (2023. 2. 28. 개정)

1. 법 제18조의2 제5항 각 호 외의 부분 전단에 따라 결정한 상속세액 (2023. 2. 28. 개정)

2. 당초 상속받은 가업상속재산에 대한 상속세 과세표준 신고기한의 다음날부터 법 제18조의2 제5항 각 호의 사유가 발생한 날까지의 기간 (2023. 2. 28. 개정)

3. 법 제18조의2 제5항 각 호 외의 부분 전단에 따른 상속세의 부과 당시의 「국세기본법 시행령」 제43조의3 제2항 본문에 따른 이자율을 365로 나눈 율 (2023. 2. 28. 개정)

⑰ 법 제18조의2 제5항 제4호 가목에 따른 정규직 근로자 수의 평균은 해당 기간 중 매월 말일 현재의 정규직 근로자 수를 합하여 해당 기간의 월수로 나누어 계산한다. (2023. 2. 28. 개정)

⑱ 법 제18조의2 제5항 제4호를 적용할 때 가업에 해당하는 법인이 분할하거나 다른 법인을 합병하는 경우 정규직 근로자 수 및 총급여액은 다음 각 호에 따라 계산한다. (2023. 2. 28. 개정)

1. 분할에 따라 가업에 해당하는 법인의 정규직 근로자의 일부가 다른 법인으로 승계되어 근무하는 경우 그 정규직 근로자는 분할 후에도 가업에 해당하는 법인의 정규직 근로자로 본다. (2019. 2. 12. 신설)

2. 합병에 따라 다른 법인의 정규직 근로자가 가업에 해당하는 법인에 승계되어 근무하는 경우 그 정규직 근로자는 상속이 개시되기 전부터 가업에 해당하는 법인의 정규직 근로자였던 것으로 본다. (2019. 2. 12. 신설)

⑲ 법 제18조의2 제8항 각 호 외의 부분에서 "대통령령으로 정하는 벌금형"이란 다음 각 호의 어느 하나에 해당하는 것을 말한다. (2023. 2. 28. 개정)

1. 조세포탈의 경우: 「조세범 처벌법」 제3조 제1항 각 호의 어느 하나에 해당하여 받은 벌금형 (2023. 2. 28. 개정)

2. 회계부정의 경우: 「주식회사 등의 외부감사에 관한 법률」 제39조 제1항에 따른

죄를 범하여 받은 벌금형(재무제표상 변경된 금액이 자산총액의 100분의 5 이상인 경우로 한정한다) (2023. 2. 28. 개정)

⑳ 법 제18조의2 제8항 제2호 후단에서 "대통령령으로 정하는 바에 따라 계산한 이자상당액"이란 제1호의 금액에 제2호의 기간과 제3호의 율을 곱하여 계산한 금액을 말한다. (2023. 2. 28. 신설)

1. 법 제18조의2 제8항 제2호 전단에 따라 결정한 상속세액 (2023. 2. 28. 신설)

2. 당초 상속받은 가업상속재산에 대한 상속세 과세표준 신고기한의 다음날부터 법 제18조의2 제8항 제2호의 사유가 발생한 날까지의 기간 (2023. 2. 28. 신설)

3. 법 제18조의2 제8항 제2호 전단에 따른 상속세의 부과 당시의 「국세기본법 시행령」 제43조의3 제2항 본문에 따른 이자율을 365로 나눈 율 (2023. 2. 28. 신설)

㉑ 법 제18조의2 제10항 본문에서 "대통령령으로 정하는 바에 따라 계산한 양도소득세 상당액"이란 같은 조 제1항에 따른 가업상속공제를 받고 양도하는 가업상속 재산에 대하여 「소득세법」 제97조의2 제4항을 적용하여 계산한 양도소득세액에서 같은 법 제97조를 적용하여 계산한 양도소득세액을 뺀 금액을 말한다. (2023. 2. 28. 개정)

㉒ 법 제18조의2 제1항에 따라 가업상속공제를 받으려는 자는 가업상속재산명세서 및 기획재정부령으로 정하는 가업상속 사실을 입증할 수 있는 서류를 제64조에 따른 상속세과세표준신고(이하 "상속세과세표준신고"라 한다)와 함께 납세지 관할 세무서장에게 제출하여야 한다. (2023. 2. 28. 개정)

㉓ 법 제18조의2 제9항 본문에 따라 상속세와 이자상당액을 납부하려는 상속세 납세의무자는 같은 항 본문에 따른 신고를 할 때 기획재정부령으로 정하는 가업상속공제 사후관리추징사유 신고 및 자진납부 계산서를 납세지 관할 세무서장에게 제출하여야 한다. (2023. 2. 28. 개정)

㉔ 납세지 관할 세무서장은 상속인이 법 제18조의2 제5항 각 호 및 같은 조 제8항 제2호에 해당하는지를 매년 확인·관리해야 한다. (2023. 2. 28. 신설)

㉕ 가업상속받은 기업이 다음 각 호의 요건을 모두 갖춘 경우에는 제3항 제2호 라목 및 제11항 제1호를 적용하지 않으며, 제11항 제2호에도 불구하고 한국표준산업분류에 따른 구분에 관계 없이 별표에 따른 업종으로 변경할 수 있다. 이 경우 둘 이상의 독립된 기업을 가업상속받은 경우에는 개별 기업별로 적용 여부를 판단한

다. (2024. 2. 29. 신설)

1. 다음 각 목의 어느 하나에 해당하는 경우 (2024. 2. 29. 신설)

　　가. 본점 또는 주사무소(이하 이 항에서 "본사"라 한다)를 「조세특례제한법」 제99조의4 제1항 제1호 가목 1)부터 5)까지 외의 부분에 따른 기회발전특구(이하 이 항에서 "기회발전특구"라 한다)로 이전한 경우 (2024. 2. 29. 신설)

　　나. 본사가 기회발전특구에 소재하는 경우 (2024. 2. 29. 신설)

2. 기회발전특구에 소재하는 본사 및 그 밖의 사업장에서 해당 기업의 업무에 종사하는 상시 근무인원(「조세특례제한법 시행령」 제60조의2 제7항에 따른 상시 근무인원을 말한다. 이하 이 항에서 같다)의 연평균 인원(매월 말 현재의 인원을 합하고 이를 해당 개월 수로 나누어 계산한 인원을 말한다. 이하 이 항에서 같다) 이 해당 기업의 업무에 종사하는 전체 상시 근무인원의 연평균 인원의 100분의 50 이상인 경우 (2024. 2. 29. 신설)

○ 「상속세 및 증여세법 시행규칙」 제4조의2 【매출액의 계산방법】

영 제15조 제2항 제3호에 따른 매출액은 기업회계기준에 따라 작성한 손익계산서 상의 매출액으로 한다.

○ 「상속세 및 증여세법 시행규칙」 제5조 【가업상속의 공제한도 및 순서】

법 제18조 제2항 제1호의 가업상속의 공제한도를 적용함에 있어 영 제15조 제4항에 따른 피상속인이 둘 이상의 독립된 가업을 영위한 경우에는 해당 기업 중 계속하여 경영한 기간이 긴 기업의 계속 경영기간에 대한 공제한도를 적용하며, 상속세 과세가액에서 피상속인이 계속하여 경영한 기간이 긴 기업의 가업상속 재산가액부터 순차적으로 공제한다.

○ 「상속세 및 증여세법 시행규칙」 제6조 【상속세를 추징하지 아니하는 사유】

영 제15조 제8항 제2호 다목 및 영 제16조 제6항 제7호에서 "기획재정부령으로 정하는 부득이한 사유"란 상속인이 법률의 규정에 의한 병역의무의 이행, 질병의 요양, 취학상 형편 등으로 가업 또는 영농에 직접 종사할 수 없는 사유가 있는 경우를 말한다. 다만, 그 부득이한 사유가 종료된 후 가업 또는 영농에 종사하지 아니하거나 가업상속 또는 영농상속받은 재산을 처분하는 경우를 제외한다. (2018. 3. 19. 개정)

○ 「상속세 및 증여세법 시행규칙」 제6조의2 【가업상속입증서류】

영 제15조 제22항에서 "기획재정부령으로 정하는 가업상속 사실을 입증할 수 있는 서류"란 다음 각 호에 따른 서류로서 해당 상속이 가업상속에 해당됨을 증명할 수 있는 것을 말한다. (2023. 3. 20. 개정)

1. 영 제15조 제3항 제1호 가목에 따른 최대주주등에 해당하는 자임을 입증하는 서류
2. 기타 상속인이 당해 가업에 직접 종사한 사실을 입증할 수 있는 서류

법인세법

○ 「법인세법」 제55조의2 【토지등 양도소득에 대한 과세특례】

① 내국법인이 다음 각 호의 어느 하나에 해당하는 토지 및 건물(건물에 부속된 시설물과 구축물을 포함하며, 이하 이 조 및 제95조의2에서 "토지등"이라 한다)을 양도한 경우에는 해당 각 호에 따라 계산한 세액을 토지등 양도소득에 대한 법인세로 하여 제13조에 따른 과세표준에 제55조에 따른 세율을 적용하여 계산한 법인세액에 추가하여 납부하여야 한다. 이 경우 하나의 자산이 다음 각 호의 규정 중 둘 이상에 해당할 때에는 그중 가장 높은 세액을 적용한다. (2014. 1. 1., 2014. 12. 23. 개정)

1. 다음 각 목의 어느 하나에 해당하는 부동산을 2012년 12월 31일까지 양도한 경우에는 그 양도소득에 100분의 10을 곱하여 산출한 세액

   가. 「소득세법」 제104조의2 제2항에 따른 지정지역에 있는 부동산으로서 제2호에 따른 주택(이에 부수되는 토지를 포함한다. 이하 이 항에서 같다)

   나. 「소득세법」 제104조의2 제2항에 따른 지정지역에 있는 부동산으로서 제3호에 따른 비사업용 토지

   다. 그 밖에 부동산가격이 급등하거나 급등할 우려가 있어 부동산가격의 안정을 위하여 필요한 경우에 대통령령으로 정하는 부동산

2. 대통령령으로 정하는 주택(이에 부수되는 토지를 포함한다) 및 주거용 건축물로서 상시 주거용으로 사용하지 아니하고 휴양·피서·위락 등의 용도로 사용하는 건축물(이하 이 조에서 "별장"이라 한다)을 양도한 경우에는 토지등의 양도소득에 100분의 10(미등기 토지등의 양도소득에 대하여는 100분의 40)을 곱하여 산출한 세액. 다만, 「지방자치법」 제3조 제3항 및 제4항에 따른 읍 또는 면에 있으면서 대통령령으로 정하는 범위 및 기준에 해당하는 농어촌주택(그 부속토지를 포함한다)은 제외한다.

3. 비사업용 토지를 양도한 경우에는 토지등의 양도소득에 100분의 10(미등기 토지등의 양도소득에 대하여는 100분의 40)을 곱하여 산출한 세액

② 제1항 제3호에서 "비사업용 토지"란 토지를 소유하는 기간 중 대통령령으로 정

하는 기간 동안 다음 각 호의 어느 하나에 해당하는 토지를 말한다. (2013. 1. 1., 2014. 12. 23., 2015. 7. 24. 개정)

1. 논밭 및 과수원(이하 이 조에서 "농지"라 한다)으로서 다음 각 목의 어느 하나에 해당하는 것

   가. 농업을 주된 사업으로 하지 아니하는 법인이 소유하는 토지. 다만, 「농지법」이나 그 밖의 법률에 따라 소유할 수 있는 농지로서 대통령령으로 정하는 농지는 제외한다.

   나. 특별시, 광역시(광역시에 있는 군 지역은 제외한다. 이하 이 항에서 같다), 특별자치시(특별자치시에 있는 읍·면지역은 제외한다. 이하 이 항에서 같다), 특별자치도(「제주특별자치도 설치 및 국제자유도시 조성을 위한 특별법」 제10조 제2항에 따라 설치된 행정시의 읍·면지역은 제외한다. 이하 이 항에서 같다) 및 시 지역[「지방자치법」 제3조 제4항에 따른 도농(都農) 복합형태의 시의 읍·면 지역은 제외한다. 이하 이 항에서 같다] 중 「국토의 계획 및 이용에 관한 법률」 제6조 제1호에 따른 도시지역(대통령령으로 정하는 지역은 제외한다. 이하 이 목에서 같다)에 있는 농지. 다만, 특별시, 광역시, 특별자치시, 특별자치도 및 시 지역의 도시지역에 편입된 날부터 대통령령으로 정하는 기간이 지나지 아니한 농지는 제외한다.

2. 임야. 다만, 다음 각목의 어느 하나에 해당하는 것은 제외한다.

   가. 「산림자원의 조성 및 관리에 관한 법률」에 따라 지정된 채종림(採種林)·시험림, 「산림보호법」 제7조에 따른 산림보호구역, 그 밖에 공익상 필요하거나 산림의 보호·육성을 위하여 필요한 임야로서 대통령령으로 정하는 것

   나. 임업을 주된 사업으로 하는 법인이나 「산림자원의 조성 및 관리에 관한 법률」에 따른 독림가(篤林家)인 법인이 소유하는 임야로서 대통령령으로 정하는 것

   다. 토지의 소유자·소재지·이용상황·보유기간 및 면적 등을 고려하여 법인의 업무와 직접 관련이 있다고 인정할 만한 상당한 이유가 있는 임야로서 대통령령으로 정하는 것

3. 다음 각 목의 어느 하나에 해당하는 목장용지. 다만, 토지의 소유자·소재지·이용상황·보유기간 및 면적 등을 고려하여 법인의 업무와 직접 관련이 있다고 인정할

만한 상당한 이유가 있는 목장용지로서 대통령령으로 정하는 것은 제외한다.

　가. 축산업을 주된 사업으로 하는 법인이 소유하는 목장용지로서 대통령령으로 정하는 축산용 토지의 기준면적을 초과하거나 특별시, 광역시, 특별자치시, 특별자치도 및 시 지역의 도시지역(대통령령으로 정하는 지역은 제외한다. 이하 이 목에서 같다)에 있는 목장용지(도시지역에 편입된 날부터 대통령령으로 정하는 기간이 지나지 아니한 경우는 제외한다)

　나. 축산업을 주된 사업으로 하지 아니하는 법인이 소유하는 목장용지

4. 농지, 임야 및 목장용지 외의 토지 중 다음 각 목을 제외한 토지

　가. 「지방세법」이나 관계 법률에 따라 재산세가 비과세되거나 면제되는 토지

　나. 「지방세법」 제106조 제1항 제2호 및 제3호에 따른 재산세 별도합산과세대상 또는 분리과세대상이 되는 토지

　다. 토지의 이용상황, 관계 법률의 의무이행 여부 및 수입금액 등을 고려하여 법인의 업무와 직접 관련이 있다고 인정할 만한 상당한 이유가 있는 토지로서 대통령령으로 정하는 것

5. 「지방세법」 제106조 제2항에 따른 주택 부속토지 중 주택이 정착된 면적에 지역별로 대통령령으로 정하는 배율을 곱하여 산정한 면적을 초과하는 토지

6. 별장의 부속토지. 다만, 별장에 부속된 토지의 경계가 명확하지 아니한 경우에는 그 건축물 바닥면적의 10배에 해당하는 토지를 부속토지로 본다.

7. 그 밖에 제1호부터 제6호까지에 규정된 토지와 유사한 토지로서 법인의 업무와 직접 관련이 없다고 인정할 만한 상당한 이유가 있는 대통령령으로 정하는 토지

③ 제1항 제3호를 적용할 때 토지를 취득한 후 법령에 따라 사용이 금지되거나 그 밖에 대통령령으로 정하는 부득이한 사유가 있어 비사업용 토지에 해당하는 경우에는 대통령령으로 정하는 바에 따라 비사업용 토지로 보지 아니할 수 있다.

④ 다음 각 호의 어느 하나에 해당하는 토지등 양도소득에 대하여는 제1항을 적용하지 아니한다. 다만, 미등기 토지등에 대한 토지등 양도소득에 대하여는 그러하지 아니하다.

1. 파산선고에 의한 토지등의 처분으로 인하여 발생하는 소득

2. 법인이 직접 경작하던 농지로서 대통령령으로 정하는 경우에 해당하는 농지의

교환 또는 분할·통합으로 인하여 발생하는 소득

3. 「도시 및 주거환경정비법」이나 그 밖의 법률에 따른 환지(換地) 처분 등 대통령령으로 정하는 사유로 발생하는 소득

⑤ 제1항 및 제4항에서 "미등기 토지등"이란 토지등을 취득한 법인이 그 취득에 관한 등기를 하지 아니하고 양도하는 토지등을 말한다. 다만, 장기할부 조건으로 취득한 토지등으로서 그 계약조건에 의하여 양도 당시 그 토지등의 취득등기가 불가능한 토지등이나 그 밖에 대통령령으로 정하는 토지등은 제외한다.

⑥ 토지등 양도소득은 토지등의 양도금액에서 양도 당시의 장부가액을 뺀 금액으로 한다. 다만, 비영리 내국법인이 1990년 12월 31일 이전에 취득한 토지등 양도소득은 양도금액에서 장부가액과 1991년 1월 1일 현재 「상속세 및 증여세법」 제60조와 같은 법 제61조 제1항에 따라 평가한 가액 중 큰 가액을 뺀 금액으로 할 수 있다. (2014. 12. 23. 개정)

⑦ 제1항부터 제6항까지의 규정을 적용할 때 농지·임야·목장용지의 범위, 주된 사업의 판정기준, 해당 사업연도에 토지등의 양도에 따른 손실이 있는 경우 등의 양도소득 계산방법, 토지등의 양도에 따른 손익의 귀속사업연도 등에 관하여 필요한 사항은 대통령령으로 정한다.

⑧ 토지등을 2012년 12월 31일까지 양도함으로써 발생하는 소득에 대하여는 제1항 제2호 및 제3호를 적용하지 아니한다.

○ 「법인세법 시행령」 제49조 【업무와 관련이 없는 자산의 범위 등】

① 법 제27조 제1호에서 "대통령령으로 정하는 자산"이란 다음 각 호의 자산을 말한다. (1999. 12. 31., 2000. 12. 29., 2005. 2. 19., 2008. 2. 29., 2011. 6. 3. 개정)

1. 다음 각 목의 1에 해당하는 부동산. 다만, 법령에 의하여 사용이 금지되거나 제한된 부동산, 「자산유동화에 관한 법률」에 의한 유동화전문회사가 동법 제3조의 규정에 의하여 등록한 자산유동화계획에 따라 양도하는 부동산 등 기획재정부령이 정하는 부득이한 사유가 있는 부동산을 제외한다.

　가. 법인의 업무에 직접 사용하지 아니하는 부동산. 다만, 기획재정부령이 정하는 기간(이하 이 조에서 "유예기간"이라 한다)이 경과하기 전까지의 기간

중에 있는 부동산을 제외한다.

　나. 유예기간 중에 당해 법인의 업무에 직접 사용하지 아니하고 양도하는 부동산. 다만, 기획재정부령이 정하는 '부동산매매업을 주업으로 영위하는 법인의 경우를 제외한다.

2. 다음 각 목의 1에 해당하는 동산

　가. 서화 및 골동품. 다만, 장식 · 환경미화 등의 목적으로 사무실 · 복도 등 여러 사람이 볼 수 있는 공간에 상시 비치하는 것을 제외한다.

　나. 업무에 직접 사용하지 아니하는 자동차 · 선박 및 항공기. 다만, 저당권의 실행 기타 채권을 변제받기 위하여 취득한 선박으로서 3년이 경과되지 아니한 선박 등 기획재정부령이 정하는 부득이한 사유가 있는 자동차 · 선박 및 항공기를 제외한다.

　다. 기타 가목 및 나목의 자산과 유사한 자산으로서 당해 법인의 업무에 직접 사용하지 아니하는 자산

② 제1항 제1호의 규정에 해당하는 부동산인지 여부의 판정 등에 관하여 필요한 사항은 기획재정부령으로 정한다. (2008. 2. 29. 개정)

③ 법 제27조 제1호에서 "대통령령으로 정하는 금액"이란 제1항 각 호의 자산을 취득 · 관리함으로써 생기는 비용, 유지비, 수선비 및 이와 관련되는 비용을 말한다. (2011. 6. 3. 개정)

○ 「법인세법 시행령」 제61조 【대손충당금의 손금산입】

① 법 제34조 제1항에 따른 외상매출금 · 대여금 및 그 밖에 이에 준하는 채권은 다음 각 호의 구분에 따른 것으로 한다. (2019. 2. 12. 개정)

1. 외상매출금 : 상품 · 제품의 판매가액의 미수액과 가공료 · 용역 등의 제공에 의한 사업수입금액의 미수액 (1998. 12. 31. 개정)

2. 대여금 : 금전소비대차계약 등에 의하여 타인에게 대여한 금액 (1998. 12. 31. 개정)

3. 그 밖에 이에 준하는 채권: 어음상의 채권 · 미수금, 그 밖에 기업회계기준에 따라 대손충당금 설정대상이 되는 채권(제88조 제1항 제1호에 따른 시가초과액에 상당하는 채권은 제외한다) (2019. 2. 12. 개정)

○ 「소득세법」 제97조 【양도소득의 필요경비 계산】

① 거주자의 양도차익을 계산할 때 양도가액에서 공제할 필요경비는 다음 각 호에서 규정하는 것으로 한다. (2009. 12. 31. 개정)

1. 취득가액(「지적재조사에 관한 특별법」 제18조에 따른 경계의 확정으로 지적공부상의 면적이 증가되어 같은 법 제20조에 따라 징수한 조정금은 제외한다). 다만, 가목의 실지거래가액을 확인할 수 없는 경우에 한하여 나목의 금액을 적용한다. (2018. 12. 31. 개정)

   가. 제94조 제1항 각 호의 자산 취득에 든 실지거래가액. (2016. 12. 20. 단서삭제)

   나. 대통령령으로 정하는 매매사례가액, 감정가액 또는 환산취득가액을 순차적으로 적용한 금액 (2019. 12. 31. 개정)

2. 자본적지출액 등으로서 대통령령으로 정하는 것 (2009. 12. 31. 개정)

3. 양도비 등으로서 대통령령으로 정하는 것 (2009. 12. 31. 개정)

② 제1항에 따른 양도소득의 필요경비는 다음 각 호에 따라 계산한다. (2010. 12. 27. 개정)

1. 취득가액을 실지거래가액에 의하는 경우의 필요경비는 다음 각 목의 금액에 제1항 제2호 및 제3호의 금액을 더한 금액으로 한다. (2010. 12. 27. 개정)

   가. 제1항 제1호 가목에 따르는 경우에는 해당 실지거래가액 (2017. 12. 19. 개정)

   나. 제1항 제1호 나목 및 제114조 제7항에 따라 환산취득가액에 의하여 취득 당시의 실지거래가액을 계산하는 경우로서 법률 제4803호 소득세법 개정 법률 부칙 제8조에 따라 취득한 것으로 보는 날(이하 이 목에서 "의제취득일"이라 한다) 전에 취득한 자산(상속 또는 증여받은 자산을 포함한다)의 취득가액을 취득 당시의 실지거래가액과 그 가액에 취득일부터 의제취득일의 전날까지의 보유기간의 생산자물가상승률을 곱하여 계산한 금액을 합산한 가액에 의하는 경우에는 그 합산한 가액 (2019. 12. 31. 개정)

   다. 제7항 각 호 외의 부분 본문에 의하는 경우에는 해당 실지거래가액 (2009. 12. 31. 개정)

2. 그 밖의 경우의 필요경비는 제1항 제1호 나목(제1호 나목이 적용되는 경우는 제 외한다), 제7항(제1호 다목이 적용되는 경우는 제외한다) 또는 제114조 제7항 (제1호 나목이 적용되는 경우는 제외한다)의 금액에 자산별로 대통령령으로 정 하는 금액을 더한 금액. 다만, 제1항 제1호 나목에 따라 취득가액을 환산취득가 액으로 하는 경우로서 가목의 금액이 나목의 금액보다 적은 경우에는 나목의 금 액을 필요경비로 할 수 있다. (2019. 12. 31. 단서개정)

　　가. 제1항 제1호 나목에 따른 환산취득가액과 본문 중 대통령령으로 정하는 금 액의 합계액 (2019. 12. 31. 개정)

　　나. 제1항 제2호 및 제3호에 따른 금액의 합계액 (2010. 12. 27. 신설)

③ 제2항에 따라 필요경비를 계산할 때 양도자산 보유기간에 그 자산에 대한 감가 상각비로서 각 과세기간의 사업소득금액을 계산하는 경우 필요경비에 산입하였거 나 산입할 금액이 있을 때에는 이를 제1항의 금액에서 공제한 금액을 그 취득가액 으로 한다. (2010. 12. 27. 개정)

④ (삭제, 2014. 1. 1.)

⑤ 취득에 든 실지거래가액의 범위 등 필요경비의 계산에 필요한 사항은 대통령령 으로 정한다. (2014. 1. 1. 개정)

⑥ (삭제, 2014. 1. 1.)

⑦ 제1항 제1호 가목을 적용할 때 제94조 제1항 제1호 및 제2호에 따른 자산을 양 도한 거주자가 그 자산 취득 당시 대통령령으로 정하는 방법으로 실지거래가액을 확인 한 사실이 있는 경우에는 이를 그 거주자의 취득 당시의 실지거래가액으로 본다. 다만, 다음 각 호의 어느 하나에 해당하는 경우에는 그러하지 아니하다. (2017. 12. 19. 개정)

1. 해당 자산에 대한 전 소유자의 양도가액이 제114조에 따라 경정되는 경우 (2009. 12. 31. 개정)

2. 전 소유자의 해당 자산에 대한 양도소득세가 비과세되는 경우로서 실지거래가액 보다 높은 가액으로 거래한 것으로 확인한 경우 (2009. 12. 31. 개정)

○ 「소득세법」 제97조의2 【양도소득의 필요경비 계산 특례】

① 거주자가 양도일부터 소급하여 5년 이내에 그 배우자(양도 당시 혼인관계가 소

멸된 경우를 포함하되, 사망으로 혼인관계가 소멸된 경우는 제외한다. 이하 이 항에서 같다) 또는 직계존비속으로부터 증여받은 제94조 제1항 제1호에 따른 자산이나 그 밖에 대통령령으로 정하는 자산의 양도차익을 계산할 때 양도가액에서 공제할 필요경비는 제97조 제2항에 따르되, 취득가액은 그 배우자 또는 직계존비속의 취득 당시 제97조 제1항 제1호에 따른 금액으로 한다. 이 경우 거주자가 증여받은 자산에 대하여 납부하였거나 납부할 증여세 상당액이 있는 경우에는 제97조 제2항에도 불구하고 필요경비에 산입한다. (2017. 12. 19. 개정)

② 다음 각호의 어느 하나에 해당하는 경우에는 제1항을 적용하지 아니한다. (2014. 12. 23., 2015. 12. 15., 2016. 12. 20. 개정)

1. 사업인정고시일부터 소급하여 2년 이전에 증여받은 경우로서 「공익사업을 위한 토지 등의 취득 및 보상에 관한 법률」이나 그 밖의 법률에 따라 협의매수 또는 수용된 경우

2. 제1항을 적용할 경우 제89조 제1항 제3호 각 목의 주택[같은 호에 따라 양도소득의 비과세대상에서 제외되는 고가주택(이에 딸린 토지를 포함한다)을 포함한다]의 양도에 해당하게 되는 경우

3. 제1항을 적용하여 계산한 양도소득 결정세액이 제1항을 적용하지 아니하고 계산한 양도소득 결정세액보다 적은 경우

③ 제1항에서 규정하는 연수는 등기부에 기재된 소유기간에 따른다.

④ 「상속세 및 증여세법」 제18조 제2항 제1호에 따른 공제(이하 이 항에서 "가업상속공제"라 한다)가 적용된 자산의 양도차익을 계산할 때 양도가액에서 공제할 필요경비는 제97조 제2항에 따른다. 다만, 취득가액은 다음 각 호의 금액을 합한 금액으로 한다. (2017. 12. 19. 개정)

1. 피상속인의 취득가액(제97조 제1항 제1호에 따른 금액) × 해당 자산가액 중 가업상속공제가 적용된 비율(이하 이 조에서 "가업상속공제적용률"이라 한다)

2. 상속개시일 현재 해당 자산가액 × (1 - 가업상속공제적용률)

⑤ 제1항부터 제4항까지의 규정을 적용할 때 증여세 상당액의 계산과 가업상속공제적용률의 계산방법 등 필요경비의 계산에 필요한 사항은 대통령령으로 정한다.

조세특례제한법

○ 「조세특례제한법」 제6조 【창업중소기업 등에 대한 세액감면】

① 대통령령으로 정하는 중소기업(이하 "중소기업"이라 한다) 중 2021년 12월 31일 이전에 제3항 각 호에 따른 업종으로 창업한 중소기업(이하 이 조에서 "창업중소기업"이라 한다)과 「중소기업창업 지원법」 제6조 제1항에 따라 창업보육센터사업자로 지정받은 내국인(이하 이 조에서 "창업보육센터사업자"라 한다)에 대해서는 해당 사업에서 최초로 소득이 발생한 과세연도(사업 개시일부터 5년이 되는 날이 속하는 과세연도까지 해당 사업에서 소득이 발생하지 아니하는 경우에는 5년이 되는 날이 속하는 과세연도를 말한다. 이하 제6항에서 같다)와 그 다음 과세연도의 개시일부터 4년 이내에 끝나는 과세연도까지 해당 사업에서 발생한 소득에 대한 소득세 또는 법인세에 다음 각 호의 구분에 따른 비율을 곱한 금액에 상당하는 세액을 감면한다. (2020. 12. 29. 개정)

1. 창업중소기업의 경우: 다음 각 목의 구분에 따른 비율 (2018. 5. 29. 신설)

　　가. 수도권과밀억제권역 외의 지역에서 창업한 대통령령으로 정하는 청년창업중소기업(이하 "청년창업중소기업"이라 한다)의 경우: 100분의 100 (2018. 5. 29. 신설)

　　나. 수도권과밀억제권역에서 창업한 청년창업중소기업 및 수도권과밀억제권역 외의 지역에서 창업한 창업중소기업의 경우: 100분의 50 (2018. 5. 29. 신설)

2. 창업보육센터사업자의 경우: 100분의 50 (2018. 5. 29. 신설)

② 「벤처기업육성에 관한 특별조치법」 제2조 제1항에 따른 벤처기업(이하 "벤처기업"이라 한다) 중 대통령령으로 정하는 기업으로서 창업 후 3년 이내에 같은 법 제25조에 따라 2021년 12월 31일까지 벤처기업으로 확인받은 기업(이하 "창업벤처중소기업"이라 한다)의 경우에는 그 확인받은 날 이후 최초로 소득이 발생한 과세연도(벤처기업으로 확인받은 날부터 5년이 되는 날이 속하는 과세연도까지 해당 사업에서 소득이 발생하지 아니하는 경우에는 5년이 되는 날이 속하는 과세연도)와 그 다음 과세연도의 개시일부터 4년 이내에 끝나는 과세연도까지 해당 사업에

서 발생한 소득에 대한 소득세 또는 법인세의 100분의 50에 상당하는 세액을 감면한다. 다만, 제1항을 적용받는 경우는 제외하며, 감면기간 중 다음 각 호의 사유가 있는 경우에는 다음 각 호의 구분에 따른 날이 속하는 과세연도부터 감면을 적용하지 아니한다. (2018. 5. 29. 개정)

1. 벤처기업의 확인이 취소된 경우: 취소일 (2016. 12. 20. 신설)

2. 「벤처기업육성에 관한 특별조치법」 제25조 제2항에 따른 벤처기업확인서의 유효기간이 만료된 경우(해당 과세연도 종료일 현재 벤처기업으로 재확인받은 경우는 제외한다): 유효기간 만료일 (2016. 12. 20. 신설)

③ 창업중소기업과 창업벤처중소기업의 범위는 다음 각 호의 업종을 경영하는 중소기업으로 한다. (2019. 12. 31. 개정)

> 법 제6조 제3항의 개정규정은 2020. 1. 1. 이후 창업하는 경우부터 적용함. (법 부칙 (2019. 12. 31.) 제4조)

1. 광업 (2019. 12. 31. 개정)

2. 제조업(제조업과 유사한 사업으로서 대통령령으로 정하는 사업을 포함한다. 이하 같다) (2019. 12. 31. 개정)

3. 수도, 하수 및 폐기물 처리, 원료 재생업 (2019. 12. 31. 개정)

4. 건설업 (2019. 12. 31. 개정)

5. 통신판매업 (2019. 12. 31. 개정)

6. 대통령령으로 정하는 물류산업(이하 "물류산업"이라 한다) (2019. 12. 31. 개정)

7. 음식점업 (2019. 12. 31. 개정)

8. 정보통신업. 다만, 다음 각 목의 어느 하나에 해당하는 업종은 제외한다. (2019. 12. 31. 개정)

　　가. 비디오물 감상실 운영업 (2019. 12. 31. 개정)

　　나. 뉴스제공업 (2019. 12. 31. 개정)

　　다. 블록체인 기반 암호화자산 매매 및 중개업 (2019. 12. 31. 개정)

9. 금융 및 보험업 중 대통령령으로 정하는 정보통신을 활용하여 금융서비스를 제공하는 업종 (2019. 12. 31. 개정)

10. 전문, 과학 및 기술 서비스업[대통령령으로 정하는 엔지니어링사업(이하 "엔지니어링사업"이라 한다)을 포함한다]. 다만, 다음 각 목의 어느 하나에 해당하는 업종은 제외한다. (2019. 12. 31. 개정)

　가. 변호사업 (2019. 12. 31. 개정)

　나. 변리사업 (2019. 12. 31. 개정)

　다. 법무사업 (2019. 12. 31. 개정)

　라. 공인회계사업 (2019. 12. 31. 개정)

　마. 세무사업 (2019. 12. 31. 개정)

　바. 수의업 (2019. 12. 31. 개정)

　사. 「행정사법」 제14조에 따라 설치된 사무소를 운영하는 사업 (2019. 12. 31. 개정)

　아. 「건축사법」 제23조에 따라 신고된 건축사사무소를 운영하는 사업 (2019. 12. 31. 개정)

11. 사업시설 관리, 사업 지원 및 임대 서비스업 중 다음 각 목의 어느 하나에 해당하는 업종 (2019. 12. 31. 개정)

　가. 사업시설 관리 및 조경 서비스업 (2019. 12. 31. 개정)

　나. 사업 지원 서비스업(고용 알선업 및 인력 공급업은 농업노동자 공급업을 포함한다) (2019. 12. 31. 개정)

12. 사회복지 서비스업 (2019. 12. 31. 개정)

13. 예술, 스포츠 및 여가관련 서비스업. 다만, 다음 각 목의 어느 하나에 해당하는 업종은 제외한다. (2019. 12. 31. 개정)

　가. 자영예술가 (2019. 12. 31. 개정)

　나. 오락장 운영업 (2019. 12. 31. 개정)

　다. 수상오락 서비스업 (2019. 12. 31. 개정)

　라. 사행시설 관리 및 운영업 (2019. 12. 31. 개정)

　마. 그 외 기타 오락관련 서비스업 (2019. 12. 31. 개정)

14. 협회 및 단체, 수리 및 기타 개인 서비스업 중 다음 각 목의 어느 하나에 해당하는 업종 (2019. 12. 31. 개정)

　가. 개인 및 소비용품 수리업 (2019. 12. 31. 개정)

　　나. 이용 및 미용업 (2019. 12. 31. 개정)

15. 「학원의 설립·운영 및 과외교습에 관한 법률」에 따른 직업기술 분야를 교습하는 학원을 운영하는 사업 또는 「근로자직업능력 개발법」에 따른 직업능력개발훈련시설을 운영하는 사업(직업능력개발훈련을 주된 사업으로 하는 경우로 한정한다) (2019. 12. 31. 개정)

16. 「관광진흥법」에 따른 관광숙박업, 국제회의업, 유원시설업 및 대통령령으로 정하는 관광객 이용시설업 (2019. 12. 31. 개정)

17. 「노인복지법」에 따른 노인복지시설을 운영하는 사업 (2019. 12. 31. 개정)

18. 「전시산업발전법」에 따른 전시산업 (2019. 12. 31. 개정)

④ 창업일이 속하는 과세연도와 그 다음 3개 과세연도가 지나지 아니한 중소기업으로서 2021년 12월 31일까지 대통령령으로 정하는 에너지신기술중소기업(이하 "에너지신기술중소기업"이라 한다)에 해당하는 경우에는 그 해당하는 날 이후 최초로 해당 사업에서 소득이 발생한 과세연도(에너지신기술중소기업에 해당하는 날부터 5년이 되는 날이 속하는 과세연도까지 해당 사업에서 소득이 발생하지 아니하는 경우에는 5년이 되는 날이 속하는 과세연도)와 그 다음 과세연도의 개시일부터 4년 이내에 끝나는 과세연도까지 해당 사업에서 발생한 소득에 대한 소득세 또는 법인세의 100분의 50에 상당하는 세액을 감면한다. 다만, 제1항 및 제2항을 적용받는 경우는 제외하며, 감면기간 중 에너지신기술중소기업에 해당하지 않게 되는 경우에는 그 날이 속하는 과세연도부터 감면하지 아니한다. (2018. 5. 29. 개정)

⑤ 제1항, 제2항 및 제4항에도 불구하고 2021년 12월 31일 이전에 수도권과밀억제권역 외의 지역에서 창업한 창업중소기업(청년창업중소기업은 제외한다), 2021년 12월 31일까지 벤처기업으로 확인받은 창업벤처중소기업 및 2021년 12월 31일까지 에너지신기술중소기업에 해당하는 경우로서 대통령령으로 정하는 신성장 서비스업을 영위하는 기업의 경우에는 최초로 세액을 감면받는 과세연도와 그 다음 과세연도의 개시일부터 2년 이내에 끝나는 과세연도에는 소득세 또는 법인세의 100분의 75에 상당하는 세액을 감면하고, 그 다음 2년 이내에 끝나는 과세연도에는 소득세 또는 법인세의 100분의 50에 상당하는 세액을 감면한다. (2018. 5. 29. 개정)

⑥ 제1항 및 제5항에도 불구하고 2021년 12월 31일 이전에 창업한 창업중소기업

(청년창업중소기업은 제외한다. 이하 이 항에서 같다)에 대해서는 최초로 소득이 발생한 과세연도와 그 다음 과세연도의 개시일부터 4년 이내에 끝나는 과세연도까지의 기간에 속하는 과세연도의 수입금액(과세기간이 1년 미만인 과세연도의 수입금액은 1년으로 환산한 총수입금액을 말한다)이 4천800만원 이하인 경우 그 과세연도에 대한 소득세 또는 법인세에 다음 각 호의 구분에 따른 비율을 곱한 금액에 상당하는 세액을 감면한다. 다만, 제2항 또는 제4항을 적용받는 경우는 제외한다. (2018. 5. 29. 신설)

1. 수도권과밀억제권역 외의 지역에서 창업한 창업중소기업의 경우: 100분의 100 (2018. 5. 29. 신설)

2. 수도권과밀억제권역에서 창업한 창업중소기업의 경우: 100분의 50 (2018. 5. 29. 신설)

⑦ 제1항, 제2항 및 제4항부터 제6항까지의 규정에 따라 감면을 적용받는 업종별로 대통령령으로 정하는 상시근로자 수(이하 이 조에서 "업종별최소고용인원"이라 한다) 이상을 고용하는 수도권과밀억제권역 외의 지역에서 창업한 창업중소기업(청년창업중소기업은 제외한다), 창업보육센터사업자, 창업벤처중소기업 및 에너지신기술중소기업의 같은 항에 따른 감면기간 중 해당 과세연도의 상시근로자 수가 직전 과세연도의 상시근로자 수(직전 과세연도의 상시근로자 수가 업종별최소고용인원에 미달하는 경우에는 업종별최소고용인원을 말한다)보다 큰 경우에는 제1호의 세액에 제2호의 율을 곱하여 산출한 금액을 같은 항에 따른 감면세액에 더하여 감면한다. 다만, 제6항에 따라 100분의 100에 상당하는 세액을 감면받는 과세연도에는 이 항에 따른 감면을 적용하지 아니한다. (2019. 12. 31. 개정)

1. 해당 사업에서 발생한 소득에 대한 소득세 또는 법인세 (2017. 12. 19. 신설)

2. 다음의 계산식에 따라 계산한 율. 다만, 100분의 50(제5항에 따라 100분의 75에 상당하는 세액을 감면받는 과세연도의 경우에는 100분의 25)을 한도로 하고, 100분의 1 미만인 부분은 없는 것으로 본다. (2018. 5. 29. 단서개정)

   (해당 과세연도의 상시근로자 수 - 직전 과세연도의 상시근로자 수)

   × 50 직전 과세연도의 상시근로자 수 100

⑧ 제4항을 적용할 때 해당 사업에서 발생한 소득의 계산은 대통령령으로 정한다. (2018. 5. 29. 항번개정)

⑨ 제7항을 적용할 때 상시근로자의 범위, 상시근로자 수의 계산방법 및 그 밖에 필요한 사항은 대통령령으로 정한다. (2018. 5. 29. 개정)

⑩ 제1항부터 제9항까지의 규정을 적용할 때 다음 각 호의 어느 하나에 해당하는 경우는 창업으로 보지 아니한다. (2018. 5. 29. 개정)

1. 합병·분할·현물출자 또는 사업의 양수를 통하여 종전의 사업을 승계하거나 종전의 사업에 사용되던 자산을 인수 또는 매입하여 같은 종류의 사업을 하는 경우. 다만, 다음 각 목의 어느 하나에 해당하는 경우는 제외한다. (2017. 12. 19. 단서개정)

  가. 종전의 사업에 사용되던 자산을 인수하거나 매입하여 같은 종류의 사업을 하는 경우 그 자산가액의 합계가 사업 개시 당시 토지·건물 및 기계장치 등 대통령령으로 정하는 사업용자산의 총가액에서 차지하는 비율이 100분의 50 미만으로서 대통령령으로 정하는 비율 이하인 경우 (2017. 12. 19. 신설)

  나. 사업의 일부를 분리하여 해당 기업의 임직원이 사업을 개시하는 경우로서 대통령령으로 정하는 요건에 해당하는 경우 (2017. 12. 19. 신설)

2. 거주자가 하던 사업을 법인으로 전환하여 새로운 법인을 설립하는 경우 (2010. 1. 1. 개정)

3. 폐업 후 사업을 다시 개시하여 폐업 전의 사업과 같은 종류의 사업을 하는 경우 (2010. 1. 1. 개정)

4. 사업을 확장하거나 다른 업종을 추가하는 경우 등 새로운 사업을 최초로 개시하는 것으로 보기 곤란한 경우 (2010. 1. 1. 개정)

⑪ 제1항, 제2항 및 제4항부터 제7항까지의 규정에 따라 감면을 적용받은 기업이 「중소기업기본법」에 따른 중소기업이 아닌 기업과 합병하는 등 대통령령으로 정하는 사유에 따라 중소기업에 해당하지 아니하게 된 경우에는 해당 사유 발생일이 속하는 과세연도부터 감면하지 아니한다. (2018. 5. 29. 개정)

⑫ 제1항, 제2항 및 제4항부터 제7항까지의 규정을 적용받으려는 내국인은 대통령령으로 정하는 바에 따라 세액감면신청을 하여야 한다. (2018. 5. 29. 개정)

○ 「조세특례제한법 시행령」 제2조 【중소기업의 범위】

① 법 제6조 제1항 각 호 외의 부분에서 "대통령령으로 정하는 중소기업"이란 다음

각 호의 요건을 모두 갖춘 기업(이하 "중소기업"이라 한다)을 말한다. 다만, 자산 총액이 5천억 원 이상인 경우에는 중소기업으로 보지 않는다. (2021. 2. 17. 개정)

1. 매출액이 업종별로 「중소기업기본법 시행령」 별표 1에 따른 규모 기준("평균매출액등"은 "매출액"으로 보며, 이하 이 조에서 "중소기업기준"이라 한다) 이내일 것 (2015. 2. 3. 개정)

2. (삭제, 2000. 12. 29.)

3. 실질적인 독립성이 「중소기업기본법 시행령」 제3조 제1항 제2호에 적합할 것. 이 경우 「중소기업기본법 시행령」 제3조 제1항 제2호 나목의 주식등의 간접소유 비율을 계산할 때 「자본시장과 금융투자업에 관한 법률」에 따른 집합투자기구를 통하여 간접소유한 경우는 제외하며, 「중소기업기본법 시행령」 제3조 제1항 제2호 다목을 적용할 때 "평균매출액등이 별표 1의 기준에 맞지 아니하는 기업"은 "매출액이 「조세특례제한법 시행령」 제2조 제1항 제1호에 따른 중소기업기준에 맞지 아니하는 기업"으로 본다. (2015. 2. 3. 후단개정)

4. 제29조 제3항에 따른 소비성서비스업을 주된 사업으로 영위하지 아니할 것 (2017. 2. 7. 신설)

② 제1항의 규정을 적용함에 있어서 중소기업이 그 규모의 확대 등으로 같은 항 각 호 외의 부분 단서에 해당되거나 같은 항 제1호 또는 제3호(「중소기업기본법 시행령」 제3조 제1항 제2호 다목의 규정으로 한정한다)의 요건을 갖추지 못하게 되어 중소기업에 해당하지 아니하게 된 때에는 최초로 그 사유가 발생한 날이 속하는 과세연도와 그 다음 3개 과세연도까지는 이를 중소기업으로 보고, 해당 기간(이하 이 조에서 "유예기간"이라 한다)이 경과한 후에는 과세연도별로 제1항의 규정에 따라 중소기업 해당여부를 판정한다. 다만, 중소기업이 다음 각 호의 어느 하나의 사유로 중소기업에 해당하지 아니하게 된 경우에는 유예기간을 적용하지 아니하고, 유예기간 중에 있는 기업에 대해서는 해당 사유가 발생한 날(제2호에 따른 유예기간 중에 있는 기업이 중소기업과 합병하는 경우에는 합병일로 한다)이 속하는 과세연도부터 유예기간을 적용하지 아니한다. (2017. 2. 7. 단서개정)

1. 「중소기업기본법」의 규정에 의한 중소기업외의 기업과 합병하는 경우 (2005. 2. 19. 개정)

2. 유예기간 중에 있는 기업과 합병하는 경우 (2010. 12. 30. 개정)

3. 제1항 제3호(「중소기업기본법 시행령」 제3조 제1항 제2호 다목의 규정은 제외한다)의 요건을 갖추지 못하게 되는 경우 (2015. 2. 3. 개정)

4. 창업일이 속하는 과세연도 종료일부터 2년 이내의 과세연도 종료일 현재 중소기업기준을 초과하는 경우 (2006. 2. 9. 개정)

③ 제1항의 규정을 적용함에 있어서 2 이상의 서로 다른 사업을 영위하는 경우에는 사업별 사업수입금액이 큰 사업을 주된 사업으로 본다. (2000. 12. 29. 개정)

④ 제1항 각 호 외의 부분 단서 및 같은 항 제1호 및 제3호 후단에 따른 매출액, 자산총액, 발행주식의 간접소유비율의 계산과 「중소기업기본법 시행령」 제3조 제1항 제2호 다목에 따른 관계기업에 속하는 기업인지의 판단에 관하여 필요한 사항은 기획재정부령으로 정한다. (2015. 2. 3. 개정)

⑤ 제1항을 적용할 때 기업이 「중소기업기본법 시행령」 제3조 제1항 제2호, 별표 1 및 별표 2의 개정으로 새로이 중소기업에 해당하게 되는 때에는 그 사유가 발생한 날이 속하는 과세연도부터 중소기업으로 보고, 중소기업에 해당하지 아니하게 되는 때에는 그 사유가 발생한 날이 속하는 과세연도와 그 다음 3개 과세연도까지 중소기업으로 본다. (2012. 2. 2. 개정)

○ **「조세특례제한법 시행령」 제9조【연구 및 인력개발비에 대한 세액공제】**

① 법 제10조 제1항 각 호 외의 부분 전단에서 "대통령령으로 정하는 비용"이란 연구개발 및 인력개발을 위한 비용으로서 별표 6의 비용을 말한다. 다만, 다음 각 호에 해당하는 비용은 제외한다. (2020. 2. 11. 신설)

1. 법 제10조의2에 따른 연구개발출연금등을 지급받아 연구개발비로 지출하는 금액 (2020. 2. 11. 신설)

2. 국가, 지방자치단체, 「공공기관의 운영에 관한 법률」에 따른 공공기관 및 「지방공기업법」에 따른 지방공기업으로부터 연구개발 또는 인력개발 등을 목적으로 출연금 등의 자산을 지급받아 연구개발비 또는 인력개발비로 지출하는 금액 (2020. 2. 11. 신설)

② 법 제10조 제1항 제1호 각 목 외의 부분에서 "대통령령으로 정하는 신성장·원

천기술을 얻기 위한 연구개발비"란 다음 각 호의 구분에 따른 비용(이하 이 조에서 "신성장·원천기술연구개발비"라 한다)을 말한다. 다만, 제1항 각 호에 해당하는 비용은 제외한다. (2020. 2. 11. 개정)

1. 자체 연구개발의 경우: 다음 각 목의 비용 (2017. 2. 7. 개정)

　　가. 기획재정부령으로 정하는 연구소 또는 전담부서에서 별표 7에 따른 신성장·원천기술의 연구개발업무(이하 이 조에서 "신성장·원천기술연구개발업무"라 한다)에 종사하는 연구원 및 이들의 연구개발업무를 직접적으로 지원하는 사람에 대한 인건비. 다만, 기획재정부령으로 정하는 사람에 대한 인건비는 제외한다. (2020. 2. 11. 개정)

　　나. 신성장·원천기술연구개발업무를 위하여 사용하는 견본품, 부품, 원재료와 시약류 구입비 및 소프트웨어(「문화산업진흥 기본법」 제2조 제2호에 따른 문화상품 제작을 목적으로 사용하는 경우에 한정한다)·서체·음원·이미지의 대여·구입비 (2020. 2. 11. 개정)

2. 위탁 및 공동연구개발의 경우: 기획재정부령으로 정하는 기관에 신성장·원천기술연구개발업무를 위탁(재위탁을 포함한다)함에 따른 비용(전사적 기업자원관리설비, 판매시점 정보관리 시스템 설비 등 기업의 사업운영·관리·지원 활동과 관련된 시스템 개발을 위한 위탁비용은 제외한다) 및 이들 기관과의 공동연구개발을 수행함에 따른 비용 (2020. 2. 11. 개정)

③ 법 제10조 제1항 제1호 가목 2)에서 "대통령령으로 정하는 중견기업"이란 다음 각 호의 요건을 모두 갖춘 기업을 말한다. (2020. 2. 11. 항번개정)

1. 중소기업이 아닐 것 (2013. 2. 15. 신설)

2. 다음 각 목의 어느 하나에 해당하는 업종을 주된 사업으로 영위하지 아니할 것. 이 경우 둘 이상의 서로 다른 사업을 영위하는 경우에는 사업별 사업수입금액이 큰 사업을 주된 사업으로 본다. (2019. 2. 12. 후단신설)

　　가. 제29조 제3항에 따른 소비성서비스업 (2017. 2. 7. 개정)

　　나. 「중견기업 성장촉진 및 경쟁력 강화에 관한 특별법 시행령」 제2조 제2항 제2호 각 목의 업종 (2017. 2. 7. 개정)

3. 소유와 경영의 실질적인 독립성이 「중견기업 성장촉진 및 경쟁력 강화에 관한

특별법 시행령」제2조 제2항 제1호에 적합할 것 (2017. 2. 7. 개정)

4. 직전 3개 과세연도의 매출액(매출액은 제2조 제4항에 따른 계산방법으로 산출하며, 과세연도가 1년 미만인 과세연도의 매출액은 1년으로 환산한 매출액을 말한다)의 평균금액이 5천억 원 미만인 기업일 것 (2015. 2. 3. 개정)

④ 법 제10조 제1항 제1호 나목 본문에서 "대통령령으로 정하는 일정배수"란 3배를 말한다. (2020. 2. 11. 항번개정)

⑤ 법 제10조 제1항 제3호 나목에서 "대통령령으로 정하는 바에 따라 최초로 중소기업에 해당하지 아니하게 된 경우"란 제2조 제2항 각 호 외의 부분 본문 및 같은 조 제5항에 따라 중소기업에 해당하지 아니하게 된 사유가 발생한 날이 속하는 과세연도와 그 다음 3개 과세연도가 경과한 경우를 말한다. (2020. 2. 11. 항번개정)

(이하 생략)

○ 「조세특례제한법」 제30조의5【창업자금에 대한 증여세 과세특례】

① 18세 이상인 거주자가 제6조 제3항 각 호에 따른 업종을 영위하는 중소기업을 창업할 목적으로 60세 이상의 부모(증여 당시 아버지나 어머니가 사망한 경우에는 그 사망한 아버지나 어머니의 부모를 포함한다. 이하 이 조에서 같다)로부터 토지·건물 등 대통령령으로 정하는 재산을 제외한 재산을 증여받는 경우에는 「상속세 및 증여세법」 제53조 및 제56조에도 불구하고 해당 증여받은 재산의 가액 중 대통령령으로 정하는 창업자금[증여세 과세가액 50억원(창업을 통하여 10명 이상을 신규 고용한 경우에는 100억원)을 한도로 하며, 이하 이 조에서 "창업자금"이라 한다]에 대해서는 증여세 과세가액에서 5억원을 공제하고 세율을 100분의 10으로 하여 증여세를 부과한다. 이 경우 창업자금을 2회 이상 증여받거나 부모로부터 각각 증여받는 경우에는 각각의 증여세 과세가액을 합산하여 적용한다. (2022. 12. 31. 개정)

② 창업자금을 증여받은 자는 증여받은 날부터 2년 이내에 창업을 하여야 한다. 이 경우 사업을 확장하는 경우로서 대통령령으로 정하는 경우는 창업으로 보며, 다음 각 호의 어느 하나에 해당하는 경우는 창업으로 보지 아니한다. (2019. 12. 31. 개정)

2020. 1. 1. 전에 창업자금을 증여받고 법 제30조의5 제1항에 따라 증여세를 부과받은 경우에는 법 제30조의5 제2항·제4항 및 같은 조 제6항 제4호의 개정규정에도 불구하고 종전의 규정에 따름. (법 부칙(2019. 12. 31.) 제43조)

1. 합병·분할·현물출자 또는 사업의 양수를 통하여 종전의 사업을 승계하여 같은 종류의 사업을 하는 경우 (2022. 12. 31. 개정)

1의 2. 종전의 사업에 사용되던 자산을 인수 또는 매입하여 같은 종류의 사업을 하는 경우로서 인수 또는 매입한 자산가액의 합계액이 사업개시일이 속하는 과세연도의 종료일 또는 그 다음 과세연도의 종료일 현재 대통령령으로 정하는 사업용자산의 총 가액에서 차지하는 비율이 100분의 50 미만으로서 대통령령으로 정하는 비율을 초과하는 경우 (2022. 12. 31. 신설)

2. 거주자가 하던 사업을 법인으로 전환하여 새로운 법인을 설립하는 경우 (2010. 1. 1. 개정)

3. 폐업 후 사업을 다시 개시하여 폐업 전의 사업과 같은 종류의 사업을 하는 경우 (2010. 1. 1. 개정)

4. 다른 업종을 추가하는 등 새로운 사업을 최초로 개시하는 것으로 보기 곤란한 경우, 그 밖에 이와 유사한 것으로서 대통령령으로 정하는 경우 (2015. 12. 15. 개정)

③ 창업자금을 증여받아 제2항에 따라 창업을 한 자가 새로 창업자금을 증여받아 당초 창업한 사업과 관련하여 사용하는 경우에는 제2항 제3호 및 제4호를 적용하지 아니한다. (2010. 1. 1. 개정)

④ 창업자금을 증여받은 자는 증여받은 날부터 4년이 되는 날까지 창업자금을 모두 해당 목적에 사용하여야 한다. (2019. 12. 31. 개정)

2020. 1. 1. 전에 창업자금을 증여받고 법 제30조의5 제1항에 따라 증여세를 부과받은 경우에는 법 제30조의5 제2항·제4항 및 같은 조 제6항 제4호의 개정규정에도 불구하고 종전의 규정에 따름. (법 부칙(2019. 12. 31.) 제43조)

⑤ 창업자금을 증여받은 자가 제2항에 따라 창업하는 경우에는 대통령령으로 정하는 날에 창업자금 사용명세(증여받은 창업자금이 50억원을 초과하는 경우에는 고

용명세를 포함한다)를 증여세 납세지 관할 세무서장에게 제출하여야 한다. 이 경우 창업자금 사용명세를 제출하지 아니하거나 제출된 창업자금 사용명세가 분명하지 아니한 경우에는 그 미제출분 또는 불분명한 부분의 금액에 1천분의 3을 곱하여 산출한 금액을 창업자금 사용명세서 미제출 가산세로 부과한다. (2022. 12. 31. 개정)

⑥ 제1항에 따라 창업자금에 대한 증여세 과세특례를 적용받은 경우로서 다음 각 호의 어느 하나에 해당하는 경우에는 각 호의 구분에 따른 금액에 대하여 「상속세 및 증여세법」에 따라 증여세와 상속세를 각각 부과한다. 이 경우 대통령령으로 정하는 바에 따라 계산한 이자상당액을 그 부과하는 증여세에 가산하여 부과한다. (2015. 12. 15. 개정)

1. 제2항에 따라 창업하지 아니한 경우: 창업자금 (2010. 1. 1. 개정)

2. 창업자금으로 제6조 제3항 각 호에 따른 업종 외의 업종을 경영하는 경우: 제6조 제3항 각 호에 따른 업종 외의 업종에 사용된 창업자금 (2014. 1. 1. 개정)

3. 새로 증여받은 창업자금을 제3항에 따라 사용하지 아니한 경우: 해당 목적에 사용되지 아니한 창업자금 (2010. 1. 1. 개정)

4. 창업자금을 제4항에 따라 증여받은 날부터 4년이 되는 날까지 모두 해당 목적에 사용하지 아니한 경우: 해당 목적에 사용되지 아니한 창업자금 (2019. 12. 31. 개정)

5. 증여받은 후 10년 이내에 창업자금(창업으로 인한 대통령령으로 정하는 바에 따라 계산한 가치증가분을 포함한다. 이하 "창업자금등"이라 한다)을 해당 사업용도 외의 용도로 사용한 경우: 해당 사업용도 외의 용도로 사용된 창업자금등 (2015. 12. 15. 개정)

6. 창업 후 10년 이내에 해당 사업을 폐업하는 경우 등 대통령령으로 정하는 경우: 창업자금등과 그 밖에 대통령령으로 정하는 금액 (2011. 12. 31. 호번개정)

7. 증여받은 창업자금이 50억원을 초과하는 경우로서 창업한 날이 속하는 과세연도의 종료일부터 5년 이내에 각 과세연도의 근로자 수가 다음 계산식에 따라 계산한 수보다 적은 경우: 50억원을 초과하는 창업자금 (2022. 12. 31. 개정)

> 2023. 1. 1. 전에 창업자금을 증여받은 경우에 대한 증여세 과세특례에 관하여는 법 제30조의5 제6항 제7호의 개정규정에도 불구하고 종전의 규정에 따름. (법 부칙(2022. 12. 31.) 34조 1항)

창업한 날의 근로자 수 − (창업을 통하여 신규 고용한 인원 수 − 10명)

⑦ 제6항에 해당하는 거주자는 같은 항 각 호의 어느 하나에 해당하는 날이 속하는 달의 말일부터 3개월 이내에 대통령령으로 정하는 바에 따라 납세지 관할 세무서장에게 신고하고 해당 증여세와 이자상당액을 납세지 관할 세무서, 한국은행 또는 체신관서에 납부하여야 한다. 다만, 제6항에 따라 이미 증여세와 이자상당액이 부과되어 이를 납부한 경우에는 그러하지 아니하다. (2022. 12. 31. 신설)

> 법 제30조의5 제7항의 개정규정은 2023. 1. 1. 이후 거주자가 같은 조 제6항 각 호 (2023. 1. 1. 전에 창업자금을 증여받은 자에 대해서는 종전의 같은 항 제7호를 포함함)의 어느 하나에 해당하는 경우부터 적용함. (법 부칙(2022. 12. 31.) 34조 2항)

⑧ 창업자금은 「상속세 및 증여세법」 제3조의2 제1항을 적용할 때 상속재산에 가산하는 증여재산으로 본다. (2022. 12. 31. 항번개정)

⑨ 창업자금은 「상속세 및 증여세법」 제13조 제1항 제1호를 적용할 때 증여받은 날부터 상속개시일까지의 기간과 관계없이 상속세 과세가액에 가산하되, 같은 법 제24조 제3호를 적용할 때에는 상속세 과세가액에 가산한 증여재산가액으로 보지 아니한다. (2022. 12. 31. 항번개정)

⑩ 창업자금에 대한 증여세액에 대하여 「상속세 및 증여세법」 제28조를 적용하는 경우에는 같은 조 제2항에도 불구하고 상속세 산출세액에서 창업자금에 대한 증여세액을 공제한다. 이 경우 공제할 증여세액이 상속세 산출세액보다 많은 경우 그 차액에 상당하는 증여세액은 환급하지 아니한다. (2022. 12. 31. 항번개정)

⑪ 창업자금에 대하여 증여세를 부과하는 경우에는 「상속세 및 증여세법」 제47조 제2항에도 불구하고 동일인(그 배우자를 포함한다)으로부터 증여받은 창업자금 외의 다른 증여재산의 가액은 창업자금에 대한 증여세 과세가액에 가산하지 아니하며, 창업자금에 대한 증여세 과세표준을 신고하는 경우에도 같은 법 제69조 제2

항에 따른 신고세액공제를 적용하지 아니한다. (2022. 12. 31. 항번개정)

⑫ 제1항을 적용받으려는 자는 증여세 과세표준 신고기한까지 대통령령으로 정하는 바에 따라 특례신청을 하여야 한다. 이 경우 그 신고기한까지 특례신청을 하지 아니한 경우에는 이 특례규정을 적용하지 아니한다. (2022. 12. 31. 항번개정)

⑬ 증여세 및 상속세를 과세하는 경우 이 조에서 달리 정하지 아니한 것은 「상속세 및 증여세법」에 따른다. (2022. 12. 31. 항번개정)

⑭ 제1항을 적용받는 거주자는 제30조의6을 적용하지 아니한다. (2022. 12. 31. 항번개정)

⑮ 제1항 및 제6항을 적용할 때 신규 고용의 기준, 근로자의 범위, 근로자 수의 계산 방법 및 그 밖에 필요한 사항은 대통령령으로 정한다. (2022. 12. 31. 항번개정)

○ 「조세특례제한법 시행령」 제27조의5 【창업자금에 대한 증여세 과세특례】

① 법 제30조의5 제1항 전단에서 "토지·건물 등 대통령령으로 정하는 재산"이란 「소득세법」 제94조 제1항에 따른 재산을 말한다. (2014. 2. 21. 개정)

② 법 제30조의5 제1항 전단에서 "대통령령으로 정하는 창업자금"이란 법 제30조의5 제2항에 따른 창업에 직접 사용되는 다음 각 호의 어느 하나에 해당하는 자금을 말한다. (2016. 2. 5. 신설)

1. 제5조 제19항에 따른 사업용자산의 취득자금 (2023. 2. 28. 개정)

2. 사업장의 임차보증금(전세금을 포함한다. 이하 같다) 및 임차료 지급액 (2016. 2. 5. 신설)

③ 법 제30조의5 제2항 각 호 외의 부분 전단 및 후단에서 "창업"이란 각각 「소득세법」 제168조 제1항, 「법인세법」 제111조 제1항 또는 「부가가치세법」 제8조 제1항 및 제5항에 따라 납세지 관할세무서장에게 등록하는 것을 말하며, 법 제30조의5 제2항 각 호 외의 부분 후단에서 "대통령령으로 정하는 경우"란 제5조 제19항에 따른 사업용자산을 취득하거나 확장한 사업장의 임차보증금 및 임차료를 지급하는 경우를 말한다. (2023. 2. 28. 개정)

④ 법 제30조의5 제2항 제1호의2에서 "대통령령으로 정하는 사업용자산"이란 제5조 제19항에 따른 사업용자산을 말한다. (2023. 2. 28. 신설)

⑤ 법 제30조의5 제2항 제1호의2에서 "대통령령으로 정하는 비율"이란 100분의 30

을 말한다. (2023. 2. 28. 신설)

⑥ 법 제30조의5 제5항 전단에서 "대통령령으로 정하는 날"이란 다음 각 호에 해당하는 날을 말한다. (2023. 2. 28. 항번개정)

1. 창업일이 속하는 달의 다음달 말일 (2006. 2. 9. 신설)

2. 창업일이 속하는 과세연도부터 4년 이내의 과세연도(창업자금을 모두 사용한 경우에는 그 날이 속하는 과세연도)까지 매 과세연도의 과세표준신고기한 (2006. 2. 9. 신설)

⑦ 법 제30조의5 제2항 제4호에서 "대통령령으로 정하는 경우"란 창업자금을 증여받기 이전부터 영위한 사업의 운용자금과 대체설비자금 등으로 사용하는 경우를 말한다. (2023. 2. 28. 항번개정)

⑧ 법 제30조의5 제5항 전단에 따른 창업자금 사용명세에는 다음 각 호의 사항이 포함되어야 한다. (2023. 2. 28. 항번개정)

1. 증여받은 창업자금의 내역 (2006. 2. 9. 신설)

2. 증여받은 창업자금의 사용내역 및 이를 확인할 수 있는 사항 (2006. 2. 9. 신설)

3. 증여받은 창업자금이 50억원을 초과하는 경우에는 고용 내역을 확인할 수 있는 사항 (2023. 2. 28. 개정)

⑨ 법 제30조의5 제6항 후단의 규정에 따라 증여세에 가산하여 부과하는 이자상당액은 다음 제1호의 규정에 따른 금액에 제2호의 규정에 따른 기간과 제3호의 규정에 따른 율을 곱하여 계산한 금액으로 한다. (2023. 2. 28. 항번개정)

1. 법 제30조의5 제6항 각 호 외의 전단의 규정에 따라 결정한 증여세액 (2006. 2. 9. 신설)

2. 당초 증여받은 창업자금에 대한 증여세의 과세표준신고기한의 다음날부터 추징사유가 발생한 날까지의 기간 (2006. 2. 9. 신설)

3. 제11조의2 제9항 제2호에 따른 율 (2022. 2. 15. 개정)

⑩ 법 제30조의5 제6항 제6호에서 "대통령령으로 정하는 경우"란 다음 각 호의 어느 하나에 해당하는 경우를 말한다. (2023. 2. 28. 항번개정)

1. 수증자의 사망. 다만, 다음 각목의 어느 하나에 해당하는 경우를 제외한다. (2006. 2. 9. 신설)

　　가. 수증자가 창업자금을 증여받고 법 제30조의5 제2항의 규정에 따라 창업하기 전에 사망한 경우로서 수증자의 상속인이 당초 수증자의 지위를 승계하여 동조 제2항 내지 제6항의 규정에 따라 창업하는 경우 (2006. 2. 9. 신설)

　　나. 수증자가 창업자금을 증여받고 법 제30조의5 제2항의 규정에 따라 창업한 후 동조 제4항의 규정에 의하여 창업목적에 사용하기 전에 사망한 경우로서 수증자의 상속인이 당초 수증자의 지위를 승계하여 동조 제4항 내지 제6항의 규정에 따라 창업하는 경우 (2006. 2. 9. 신설)

　　다. 수증자가 창업자금을 증여받고 법 제30조의5 제4항의 규정에 따라 창업을 완료한 후 사망한 경우로서 수증자의 상속인이 당초 수증자의 지위를 승계하여 동조 제6항의 규정에 따라 창업하는 경우 (2006. 2. 9. 신설)

2. 당해 사업을 폐업하거나 휴업(실질적 휴업을 포함한다)한 경우. 다만, 다음 각 목의 어느 하나에 해당하는 사유로 폐업하거나 휴업하는 경우를 제외한다. (2006. 2. 9. 신설)

　　가. 부채가 자산을 초과하여 폐업하는 경우 (2006. 2. 9. 신설)

　　나. 최초 창업 이후 영업상 필요 또는 사업전환을 위하여 1회에 한하여 2년(폐업의 경우에는 폐업 후 다시 개업할 때까지 2년) 이내의 기간 동안 휴업하거나 폐업하는 경우(휴업 또는 폐업 중 어느 하나에 한한다) (2006. 2. 9. 신설)

⑪ 법 제30조의5 제6항 제6호에서 "대통령령으로 정하는 금액"이란 창업자금(창업으로 인한 가치증가분을 포함한다)을 말한다. (2023. 2. 28. 항번개정)

⑫ 법 제30조의5 제6항 제7호를 적용할 때 근로자는 제27조의3 제4항에 따른 상시 근로자를 말한다. 이 경우 근로자 수는 해당 과세연도의 매월 말일 현재의 인원을 합하여 해당 월수로 나눈 인원을 기준으로 계산한다. (2023. 2. 28. 항번개정)

⑬ 법 제30조의5 제7항에 따라 증여세와 이자상당액을 신고하는 때에는 기획재정부령으로 정하는 창업자금 증여세 과세특례 위반사유 신고 및 자진납부 계산서를 납세지 관할 세무서장에게 제출해야 한다. (2023. 2. 28. 신설)

⑭ 법 제30조의5 제12항에 따라 같은 조 제1항에 따른 과세특례를 적용받으려는 자는 증여세 과세표준신고를 할 때 기획재정부령으로 정하는 창업자금 특례신청서 및 사용내역서를 납세지 관할 세무서장에게 제출해야 한다. (2023. 2. 28. 개정)

○ 「조세특례제한법」 제30조의6【가업의 승계에 대한 증여세 과세특례】

① 18세 이상인 거주자가 60세 이상의 부모로부터 「상속세 및 증여세법」 제18조의2 제1항에 따른 가업(이 경우 "피상속인"은 "부모"로, "상속인"은 "거주자"로 보며, 이하 이 조 및 제30조의7에서 "가업"이라 한다)의 승계를 목적으로 해당 가업의 주식 또는 출자지분(이하 이 조에서 "주식등"이라 한다)을 증여받고 대통령령으로 정하는 바에 따라 가업을 승계한 경우에는 「상속세 및 증여세법」 제53조, 제53조의2 및 제56조에도 불구하고 그 주식등의 가액 중 대통령령으로 정하는 가업자산상당액에 대한 증여세 과세가액(다음 각 호의 구분에 따른 금액을 한도로 한다)에서 10억원을 공제하고 세율을 100분의 10(과세표준이 120억 원을 초과하는 경우 그 초과금액에 대해서는 100분의 20)으로 하여 증여세를 부과한다. 다만, 가업의 승계 후 가업의 승계 당시 「상속세 및 증여세법」 제22조 제2항에 따른 최대주주 또는 최대출자자에 해당하는 자(가업의 승계 당시 해당 주식등의 증여자 및 해당 주식등을 증여받은 자는 제외한다)로부터 증여받는 경우에는 그러하지 아니하다. (2023. 12. 31. 개정)

1. 부모가 10년 이상 20년 미만 계속하여 경영한 경우: 300억 원 (2022. 12. 31. 신설)
2. 부모가 20년 이상 30년 미만 계속하여 경영한 경우: 400억 원 (2022. 12. 31. 신설)
3. 부모가 30년 이상 계속하여 경영한 경우: 600억 원 (2022. 12. 31. 신설)

② 제1항을 적용할 때 주식등을 증여받고 가업을 승계한 거주자가 2인 이상인 경우에는 각 거주자가 증여받은 주식등을 1인이 모두 증여받은 것으로 보아 증여세를 부과한다. 이 경우 각 거주자가 납부하여야 하는 증여세액은 대통령령으로 정하는 방법에 따라 계산한 금액으로 한다. (2019. 12. 31. 신설)

③ 제1항에 따라 주식등을 증여받은 자가 대통령령으로 정하는 바에 따라 가업을 승계하지 아니하거나 가업을 승계한 후 주식등을 증여받은 날부터 5년 이내에 대통령령으로 정하는 정당한 사유 없이 다음 각 호의 어느 하나에 해당하게 된 경우에는 그 주식등의 가액에 대하여 「상속세 및 증여세법」에 따라 증여세를 부과한다. 이 경우 대통령령으로 정하는 바에 따라 계산한 이자상당액을 증여세에 가산하여 부과한다. (2022. 12. 31. 개정)

법 제30조의6 제3항의 개정규정은 다음 각 호의 요건을 모두 충족하는 자 및 2023. 1. 1. 전에 증여를 받은 경우로서 2023. 1. 1. 이후 증여세 과세표준을 신고하는 자에 대해서도 적용함. (법 부칙(2022. 12. 31.) 35조 2항)

1. 2023. 1. 1. 전에 법 제30조의6 제1항에 따른 과세특례를 적용받았을 것
2. 2023. 1. 1. 당시 주식등을 증여받은 날부터 7년이 경과하지 아니하였을 것
3. 2023. 1. 1. 전에 종전의 법 제30조의6 제3항에 따른 증여세 및 이자상당액이 부과 되지 아니하였을 것

1. 가업에 종사하지 아니하거나 가업을 휴업하거나 폐업하는 경우 (2010. 1. 1. 개정)
2. 증여받은 주식등의 지분이 줄어드는 경우 (2010. 1. 1. 개정)

④ 거주자 또는 부모가 가업의 경영과 관련하여 조세포탈 또는 회계부정 행위(「조세범 처벌법」 제3조 제1항 또는 「주식회사 등의 외부감사에 관한 법률」 제39조 제1항에 따른 죄를 범하는 것을 말하며, 증여일 전 10년 이내 또는 증여일부터 5년 이내의 기간 중의 행위로 한정한다. 이하 제71조에서 같다)로 징역형 또는 대통령령으로 정하는 벌금형을 선고받고 그 형이 확정된 경우에는 다음 각 호의 구분에 따른다. (2023. 12. 31. 신설)

1. 「상속세 및 증여세법」 제76조에 따른 과세표준과 세율의 결정이 있기 전에 거주자 또는 부모에 대한 형이 확정된 경우: 제1항을 적용하지 아니한다. (2023. 12. 31. 신설)
2. 제1항을 적용받은 후에 거주자 또는 부모에 대한 형이 확정된 경우: 증여받은 주식등의 가액에 대하여 「상속세 및 증여세법」에 따라 증여세를 부과한다. 이 경우 대통령령으로 정하는 바에 따라 계산한 이자상당액을 증여세에 가산하여 부과한다. (2023. 12. 31. 신설)

⑤ 제1항에 따른 주식등의 증여에 관하여는 제30조의5 제8항부터 제13항까지의 규정을 준용한다. 이 경우 "창업자금"은 "주식등"으로 본다. (2023. 12. 31. 항번개정)

⑥ 제1항에 따른 주식등의 증여 후 「상속세 및 증여세법」 제41조의3 및 제41조의5가 적용되는 경우의 증여세 과세특례 적용 방법, 해당 주식등의 증여 후 상속이 개시되는 경우의 가업상속공제 적용 방법, 증여자 및 수증자의 범위 등에 관하여 필요한 사항은 대통령령으로 정한다. (2023. 12. 31. 항번개정)

⑦ 제1항을 적용받는 거주자는 제30조의5를 적용하지 아니한다. (2023. 12. 31. 항번개정)

⑧ 제3항 또는 제4항 제2호에 해당하는 거주자는 제3항 각 호의 어느 하나 또는 제4항 제2호에 해당하게 되는 날이 속하는 달의 말일부터 3개월 이내에 대통령령으로 정하는 바에 따라 납세지 관할 세무서장에게 신고하고 해당 증여세와 이자상당액을 납세지 관할 세무서, 한국은행 또는 체신관서에 납부하여야 한다. 다만, 제3항 또는 제4항 제2호에 따라 이미 증여세와 이자상당액이 부과되어 납부된 경우에는 그러하지 아니하다. (2023. 12. 31. 개정)

○ 「조세특례제한법 시행령」 제27조의6【가업의 승계에 대한 증여세 과세특례】

① 법 제30조의6 제1항 각 호 외의 부분 본문에서 "대통령령으로 정하는 바에 따라 가업을 승계한 경우"란 해당 가업의 주식 또는 출자지분(이하 이 조에서 "주식 등"이라 한다)을 증여받은 자(이하 이 조, 제28조 및 제29조에서 "수증자"라 한다) 또는 그 배우자가 「상속세 및 증여세법」 제68조에 따른 증여세 과세표준 신고기한까지 가업에 종사하고 증여일부터 3년 이내에 대표이사에 취임하는 경우를 말한다. (2024. 2. 29. 개정)

② 법 제30조의6 제2항 후단에서 "대통령령으로 정하는 방법에 따라 계산한 금액"이란 다음 각 호의 구분에 따라 계산한 금액을 말한다. (2020. 2. 11. 신설)

1. 2인 이상의 거주자가 같은 날에 주식등을 증여받은 경우: 1인이 모두 증여받은 것으로 보아 법 제30조의6에 따라 부과되는 증여세액을 각 거주자가 증여받은 주식등의 가액에 비례하여 안분한 금액 (2020. 2. 11. 신설)

2. 해당 주식등의 증여일 전에 다른 거주자가 해당 가업의 주식등을 증여받고 법 제30조의6에 따라 증여세를 부과받은 경우: 그 다른 거주자를 해당 주식등의 수증자로 보아 법 제30조의6에 따라 부과되는 증여세액 (2020. 2. 11. 신설)

③ 법 제30조의6 제3항에서 가업을 승계하지 아니한 경우란 제1항에 따라 가업을 승계하지 않는 경우를 말한다. (2020. 2. 11. 개정)

④ 법 제30조의6 제3항 각 호 외의 부분 전단에서 "대통령령으로 정하는 정당한 사유"란 다음 각 호의 어느 하나에 해당하는 경우를 말한다. (2020. 2. 11. 개정)

1. 수증자가 사망한 경우로서 수증자의 상속인이 「상속세 및 증여세법」 제67조에

따른 상속세 과세표준 신고기한까지 당초 수증자의 지위를 승계하여 가업에 종사하는 경우 (2008. 2. 22. 신설)

2. 수증자가 증여받은 주식 등을 국가 또는 지방자치단체에 증여하는 경우 (2008. 2. 22. 신설)

3. 그 밖에 기획재정부령으로 정하는 부득이한 사유에 해당하는 경우 (2008. 10. 7. 개정)

⑤ 법 제30조의6 제3항 각 호 외의 부분 후단에 따라 증여세에 가산하여 부과하는 이자상당액은 다음 제1호에 따른 금액에 제2호에 따른 기간과 제3호에 따른 율을 곱하여 계산한 금액으로 한다. (2020. 2. 11. 개정)

1. 법 제30조의6 제3항 각 호 외의 부분 전단에 따라 결정한 증여세액 (2020. 2. 11. 개정)

2. 당초 증여받은 주식 등에 대한 증여세의 과세표준 신고기한의 다음 날부터 추징사유가 발생한 날까지의 기간 (2008. 2. 22. 신설)

3. 제11조의2 제9항 제2호에 따른 율 (2022. 2. 15. 개정)

⑥ 법 제30조의6 제3항 제1호의 경우는 다음 각 호의 어느 하나에 해당하는 경우를 포함한다. (2020. 2. 11. 개정)

1. 수증자(제1항에 따른 수증자의 배우자를 포함한다)가 주식 등을 증여받은 날부터 5년까지 대표이사직을 유지하지 아니하는 경우 (2023. 2. 28. 개정)

2. 「상속세 및 증여세법 시행령」 제15조 제11항 제2호 또는 제3호에 해당하는 경우 (2024. 2. 29. 개정)

3. (삭제, 2024. 2. 29.)

⑦ 법 제30조의6 제3항 제2호의 경우는 다음 각 호의 어느 하나에 해당하는 경우를 포함한다. (2020. 2. 11. 개정)

1. 수증자가 증여받은 주식 등을 처분하는 경우. 다만, 다음 각 목의 어느 하나에 해당하는 경우는 제외한다. (2015. 2. 3. 단서개정)

　　가. 합병·분할 등 조직변경에 따른 처분으로서 수증자가 「상속세 및 증여세법 시행령」 제15조 제3항에 따른 최대주주등(이하 이 조에서 "최대주주등"이라 한다)에 해당하는 경우 (2015. 2. 3. 신설)

나. 「자본시장과 금융투자업에 관한 법률」 제390조 제1항에 따른 상장규정의 상장요건을 갖추기 위하여 지분을 감소시킨 경우 (2015. 2. 3. 신설)

2. 증여받은 주식 등을 발행한 법인이 유상증자 등을 하는 과정에서 실권 등으로 수증자의 지분율이 낮아지는 경우. 다만, 다음 각 목의 어느 하나에 해당하는 경우는 제외한다. (2018. 2. 13. 단서개정)

　　가. 해당 법인의 시설투자·사업규모의 확장 등에 따른 유상증자로서 수증자의 특수관계인(「상속세 및 증여세법 시행령」 제2조의2 제1항 각 호의 어느 하나에 해당하는 자를 말한다. 이하 이 조에서 같다) 외의 자에게 신주를 배정하기 위하여 실권하는 경우로서 수증자가 최대주주등에 해당하는 경우 (2018. 2. 13. 신설)

　　나. 해당 법인의 채무가 출자전환됨에 따라 수증자의 지분율이 낮아지는 경우로서 수증자가 최대주주 등에 해당하는 경우 (2018. 2. 13. 신설)

3. 수증자와 특수관계에 있는 자의 주식처분 또는 유상증자 시 실권 등으로 지분율이 낮아져 수증자가 최대주주등에 해당되지 아니하는 경우 (2008. 2. 22. 신설)

⑧ 법 제30조의6 제1항에 따른 증여세 과세특례 적용대상 주식 등을 증여받은 후 해당 주식 등의 증여에 대한 「상속세 및 증여세법」 제41조의3 또는 제41조의5에 따른 증여이익(이하 이 항에서 "증여이익"이라 한다)은 증여세 과세특례 대상 주식 등의 과세가액과 증여이익을 합하여 100억원까지 납세자의 선택에 따라 법 제30조의6 제1항에 따른 증여세 과세특례를 적용받을 수 있다. 이 경우 증여세 과세특례 적용을 받은 증여이익은 「상속세 및 증여세법」 제13조 제3항에 불구하고 법 제30조의5 제7항 및 제8항, 법 제30조의6 제4항에 따라 상속세 과세가액에 가산한다. (2020. 2. 11. 개정)

⑨ 법 제30조의6 제1항에 따른 증여세 특례대상인 주식 등을 증여받은 후 상속이 개시되는 경우 상속개시일 현재 다음 각 호의 요건을 모두 갖춘 경우에는 「상속세 및 증여세법」 제18조의2 제1항에 따른 가업상속으로 보아 관련 규정을 적용한다. (2023. 2. 28. 개정)

1. 「상속세 및 증여세법」 제18조의2 제1항 각 호 외의 부분 전단에 따른 가업상속에 해당할 것(해당 요건 중 매출액 평균금액은 법 제30조의6 제1항에 따라 주식 등

을 증여받은 날이 속하는 사업연도의 직전 3개 사업연도의 매출액 평균금액을 기준으로 판단하며, 법 제30조의6에 따라 피상속인이 보유한 가업의 주식 등의 전부를 증여하여 「상속세 및 증여세법 시행령」 제15조 제3항 제1호 가목의 요건을 충족하지 못하는 경우에는 상속인이 증여받은 주식 등을 상속개시일 현재까지 피상속인이 보유한 것으로 보아 같은 목의 요건을 적용한다). 다만, 「상속세 및 증여세법 시행령」 제15조 제3항 제1호 나목은 적용하지 아니한다. (2023. 2. 28. 개정)

2. (삭제, 2011. 6. 3.)

3. 수증자가 증여받은 주식 등을 처분하거나 지분율이 낮아지지 아니한 경우로서 가업에 종사하거나 대표이사로 재직하고 있을 것 (2008. 2. 22. 신설)

⑩ 법 제30조의6 제1항 본문에서 "대통령령으로 정하는 가업자산상당액"이란 「상속세 및 증여세법 시행령」 제15조 제5항 제2호를 준용하여 계산한 금액을 말한다. 이 경우 "상속개시일"은 "증여일"로 본다. (2023. 2. 28. 후단개정)

⑪ 법 제30조의6 제4항 각 호 외의 부분에서 "대통령령으로 정하는 벌금형"이란 「상속세 및 증여세법 시행령」 제15조 제19항 각 호의 어느 하나에 해당하는 벌금형을 말한다. (2024. 2. 29. 신설)

⑫ 법 제30조의6 제4항 제2호 후단에서 "대통령령으로 정하는 바에 따라 계산한 이자상당액"이란 제1호의 금액에 제2호의 기간과 제3호의 율을 곱하여 계산한 금액을 말한다. (2024. 2. 29. 신설)

1. 법 제30조의6 제4항 제2호 전단에 따라 결정한 증여세액 (2024. 2. 29. 신설)

2. 당초 증여받은 주식등에 대한 증여세 과세표준 신고기한의 다음날부터 법 제30조의6 제4항 제2호의 사유가 발생한 날까지의 기간 (2024. 2. 29. 신설)

3. 「국세기본법 시행령」 제27조의4에 따른 율 (2024. 2. 29. 신설)

⑬ 법 제30조의6 제8항에 따라 증여세와 이자상당액을 신고하는 때에는 기획재정부령으로 정하는 가업승계 증여세 과세특례 추징사유 신고 및 자진납부 계산서를 납세지 관할 세무서장에게 제출하여야 한다. (2024. 2. 29. 개정)

중소기업기본법

○ 「중소기업기본법」 제1조 【목적】

이 법은 중소기업이 나아갈 방향과 중소기업을 육성하기 위한 시책의 기본적인 사항을 규정하여 창의적이고 자주적인 중소기업의 성장을 지원하고 나아가 산업 구조를 고도화하고 국민경제를 균형 있게 발전시키는 것을 목적으로 한다.

○ 「중소기업기본법」 제2조 【중소기업자의 범위】

① 중소기업을 육성하기 위한 시책(이하 "중소기업시책"이라 한다)의 대상이 되는 중소기업자는 다음 각 호의 어느 하나에 해당하는 기업 또는 조합 등(이하 "중소기업"이라 한다)을 영위하는 자로 한다. 다만, 「독점규제 및 공정거래에 관한 법률」 제31조 제1항에 따른 공시대상기업집단에 속하는 회사 또는 같은 법 제33조에 따라 공시대상기업집단의 소속회사로 편입·통지된 것으로 보는 회사는 제외한다. (2020. 12. 29. 개정 : 독점규제 및 공정거래에 관한 법률 부칙)

1. 다음 각 목의 요건을 모두 갖추고 영리를 목적으로 사업을 하는 기업 (2011. 7. 25. 개정)

　가. 업종별로 매출액 또는 자산총액 등이 대통령령으로 정하는 기준에 맞을 것 (2015. 2. 3. 개정)

　나. 지분 소유나 출자 관계 등 소유와 경영의 실질적인 독립성이 대통령령으로 정하는 기준에 맞을 것 (2011. 7. 25. 개정)

2. 「사회적기업 육성법」 제2조 제1호에 따른 사회적기업 중에서 대통령령으로 정하는 사회적기업 (2011. 7. 25. 개정)

3. 「협동조합 기본법」 제2조에 따른 협동조합, 협동조합연합회, 사회적협동조합, 사회적협동조합연합회, 이종(異種)협동조합연합회(이 법 제2조 제1항 각 호에 따른 중소기업을 회원으로 하는 경우로 한정한다) 중 대통령령으로 정하는 자 (2020. 12. 8. 개정)

4. 「소비자생활협동조합법」 제2조에 따른 조합, 연합회, 전국연합회 중 대통령령으

로 정하는 자 (2018. 8. 14. 신설)

5. 「중소기업협동조합법」 제3조에 따른 협동조합, 사업협동조합, 협동조합연합회
   중 대통령령으로 정하는 자 (2020. 10. 20. 신설)

② 중소기업은 대통령령으로 정하는 구분기준에 따라 소기업(小企業)과 중기업
(中企業)으로 구분한다. (2007. 4. 11. 개정)

③ 제1항을 적용할 때 중소기업이 그 규모의 확대 등으로 중소기업에 해당하지 아
니하게 된 경우 그 사유가 발생한 연도의 다음 연도부터 3년간은 중소기업으로 본
다. 다만, 중소기업 외의 기업과 합병하거나 그 밖에 대통령령으로 정하는 사유로
중소기업에 해당하지 아니하게 된 경우에는 그러하지 아니하다. (2007. 4. 11. 개정)

④ 중소기업시책별 특성에 따라 특히 필요하다고 인정하면 해당 법률에서 정하는
바에 따라 법인·단체 등을 중소기업자로 할 수 있다. (2020. 10. 20. 개정)

○ **「중소기업기본법」 부칙 〈법률 제17799호, 2020. 12. 29. ; 독점규제 및 공정거래에 관한
   법률 부칙〉**

이 법은 공포 후 1년이 경과한 날부터 시행한다. 다만, 제25조 제2항의 개정규정은
공포 후 2년이 경과한 날부터 시행한다.

○ **「중소기업기본법」 부칙 〈법률 제16815호, 2019. 12. 10.〉**

이 법은 공포 후 6개월이 경과한 날부터 시행한다.

○ **「중소기업기본법」 부칙 〈법률 제16815호, 2019. 12. 10.〉**

이 법은 공포 후 6개월이 경과한 날부터 시행한다.

○ **「중소기업기본법」 부칙 〈법률 제13157호, 2015. 2. 3.〉**

제1조(시행일) 이 법은 공포한 날부터 시행한다.
제2조(중소기업자의 범위에 관한 경과조치) 이 법 시행 당시 종전의 규정에 따라
중소기업에 해당하는 기업이 제2조 제1항 제1호 가목의 개정규정에 따라 중소기업

에 해당하지 아니하게 된 경우에는 같은 개정규정에도 불구하고 2018년 3월 31일 까지 중소기업으로 본다.

○ 「중소기업기본법」 부칙 〈법률 제13865호, 2016. 1. 27.〉

이 법은 공포 후 3개월이 경과한 날부터 시행한다.

○ 「중소기업기본법 시행령」 제3조 【중소기업의 범위】

① 「중소기업기본법」(이하 "법"이라 한다) 제2조 제1항 제1호에 따른 중소기업은 다음 각 호의 요건을 모두 갖춘 기업으로 한다. (2016. 4. 26. 개정)

1. 다음 각 목의 요건을 모두 갖춘 기업일 것 (2014. 4. 14. 개정)

    가. 해당 기업이 영위하는 주된 업종과 해당 기업의 평균매출액 또는 연간매출 액(이하 "평균매출액등"이라 한다)이 별표 1의 기준에 맞을 것 (2014. 4. 14. 개정)

    나. 자산총액이 5천억 원 미만일 것 (2014. 4. 14. 개정)

2. 소유와 경영의 실질적인 독립성이 다음 각 목의 어느 하나에 해당하지 아니하는 기업일 것 (2014. 4. 14. 개정)

    가. 「독점규제 및 공정거래에 관한 법률」 제14조 제1항에 따른 상호출자제한기 업집단(이하 이 호에서 "상호출자제한기업집단"이라 한다)에 속하는 회사 또는 같은 법 제14조의3에 따라 공시대상기업집단의 소속회사로 편입·통 지된 것으로 보는 회사 중 상호출자제한기업집단에 속하는 회사 (2017. 10. 17. 개정)

    나. 자산총액이 5천억 원 이상인 법인(외국법인을 포함하되, 비영리법인 및 제3조 의2 제3항 각 호의 어느 하나에 해당하는 자는 제외한다)이 주식등의 100분의 30 이상을 직접적 또는 간접적으로 소유한 경우로서 최다출자자인 기업. 이 경 우 최다출자자는 해당 기업의 주식등을 소유한 법인 또는 개인으로서 단독으 로 또는 다음의 어느 하나에 해당하는 자와 합산하여 해당 기업의 주식등을 가장 많이 소유한 자를 말하며, 주식등의 간접소유 비율에 관하여는 「국제조 세조정에 관한 법률 시행령」 제2조 제2항을 준용한다. (2015. 6. 30. 개정)

1) 주식등을 소유한 자가 법인인 경우: 그 법인의 임원 (2011. 12. 28. 개정)

2) 주식등을 소유한 자가 1)에 해당하지 아니하는 개인인 경우: 그 개인의 친족 (2011. 12. 28. 개정)

다. 관계기업에 속하는 기업의 경우에는 제7조의4에 따라 산정한 평균매출액등이 별표 1의 기준에 맞지 아니하는 기업 (2014. 4. 14. 개정)

라. (삭제, 2017. 12. 29.)

② 법 제2조 제1항 제2호에서 "대통령령으로 정하는 사회적기업"이란 영리를 주된 목적으로 하지 아니하는 사회적기업으로서 다음 각 호의 요건을 모두 갖춘 기업으로 한다. (2016. 4. 26. 개정)

1. 제1항 제1호 각 목의 요건을 모두 갖출 것 (2014. 4. 14. 개정)

2. (삭제, 2014. 4. 14.)

3. 제1항 제2호 가목 또는 나목에 해당하지 아니할 것 (2011. 12. 28. 개정)

③ 법 제2조 제1항 제3호에서 "대통령령으로 정하는 자"란 제2항 각 호의 요건을 모두 갖춘 협동조합, 협동조합연합회, 사회적협동조합 및 사회적협동조합연합회를 말한다. (2016. 4. 26. 개정)

④ 법 제2조 제1항 제4호에서 "대통령령으로 정하는 자"란 제2항 각 호의 요건을 모두 갖춘 조합, 연합회 및 전국연합회를 말한다. (2019. 2. 12. 신설)

○ 「중소기업기본법 시행령」 제3조 【중소기업의 범위】

① 「중소기업기본법」(이하 "법"이라 한다) 제2조 제1항 제1호에 따른 중소기업은 다음 각 호의 요건을 모두 갖춘 기업으로 한다. (2014. 4. 14., 2015. 6. 30., 2016. 4. 5., 2016. 4. 26., 2017. 10. 17. 개정)

1. 다음 각 목의 요건을 모두 갖춘 기업일 것

가. 해당 기업이 영위하는 주된 업종과 해당 기업의 평균매출액 또는 연간매출액(이하 "평균매출액등"이라 한다)이 별표 1의 기준에 맞을 것

나. 자산총액이 5천억 원 미만일 것

2. 소유와 경영의 실질적인 독립성이 다음 각 목의 어느 하나에 해당하지 아니하는 기업일 것

가. 「독점규제 및 공정거래에 관한 법률」 제14조 제1항에 따른 상호출자제한기업집단(이하 이 호에서 "상호출자제한기업집단"이라 한다)에 속하는 회사 또는 같은 법 제14조의3에 따라 공시대상기업집단의 소속회사로 편입·통지된 것으로 보는 회사 중 상호출자제한기업집단에 속하는 회사

나. 자산총액이 5천억 원 이상인 법인(외국법인을 포함하되, 비영리법인 및 제3조의2 제3항 각 호의 어느 하나에 해당하는 자는 제외한다)이 주식등의 100분의 30 이상을 직접적 또는 간접적으로 소유한 경우로서 최다출자자인 기업. 이 경우 최다출자자는 해당 기업의 주식등을 소유한 법인 또는 개인으로서 단독으로 또는 다음의 어느 하나에 해당하는 자와 합산하여 해당 기업의 주식등을 가장 많이 소유한 자를 말하며, 주식등의 간접소유 비율에 관하여는 「국제조세조정에 관한 법률 시행령」 제2조 제2항을 준용한다.

1) 주식등을 소유한 자가 법인인 경우: 그 법인의 임원

2) 주식등을 소유한 자가 1)에 해당하지 아니하는 개인인 경우: 그 개인의 친족

다. 관계기업에 속하는 기업의 경우에는 제7조의4에 따라 산정한 평균매출액등이 별표 1의 기준에 맞지 아니하는 기업

라. (삭제. 2017. 12. 29.)

(삭제 전) 「독점규제 및 공정거래에 관한 법률 시행령」 제3조의2 제2항 제4호에 따라 동일인이 지배하는 기업집단의 범위에서 제외되어 상호출자제한기업집단에 속하지 아니하게 된 회사로서 같은 영 제3조의 요건에 해당하게 된 날부터 3년이 경과한 회사

(개정이유[71]) 동일인 또는 동일인 관련자가 중소기업 또는 벤처기업의 사업내용을 지배하는 자와 합의하여 주식을 취득·소유함으로써 그 중소기업 또는 벤처기업이 「독점규제 및 공정거래에 관한 법률」에 따른 기업집단에 속하게 되는 경우에는 7년 동안 해당 기업은 동일인이 지배하는 기업집단의 범위에서 제외되어 상호출자제한기업집단에 속하지 아니하게 되나, 이 경우에도 해당

---

71) 법제처 제공

기업이 기업집단의 요건에 해당하게 된 날부터 3년이 경과하면 일률적으로 중소기업의 범위에서 제외하도록 하고 있어 중소기업 또는 벤처기업의 인수·합병에 부담으로 작용하여 투자 중심의 창업 생태계를 조성하는 데 실질적인 한계가 있었던 점을 개선하기 위하여, 상호출자제한기업집단의 범위에서 제외할 수 있는 7년 동안은 해당 기업을 중소기업에 해당하게 하려는 것임.

② 법 제2조 제1항 제2호에서 "대통령령으로 정하는 사회적기업"이란 영리를 주된 목적으로 하지 아니하는 사회적기업으로서 다음 각호의 요건을 모두 갖춘 기업으로 한다. (2014. 4. 14., 2016. 4. 26. 개정)

1. 제1항 제1호 각 목의 요건을 모두 갖출 것

2. (삭제, 2014. 4. 14.)

3. 제1항 제2호 가목 또는 나목에 해당하지 아니할 것

③ 법 제2조 제1항 제3호에서 "대통령령으로 정하는 자"란 제2항 각 호의 요건을 모두 갖춘 협동조합, 협동조합연합회, 사회적협동조합 및 사회적협동조합연합회를 말한다. (2016. 4. 26. 개정)

④ (삭제, 2016. 4. 26.)

○ 「중소기업기본법 시행령」 제3조의3 【중소기업 여부의 적용기간 등】

① 제3조에 따른 중소기업 여부의 적용기간은 직전 사업연도 말일에서 3개월이 경과한 날부터 1년간으로 한다. 다만, 제3조 제1항 제2호 다목에 해당하여 중소기업에서 제외된 기업이 직전 사업연도 말일이 지난 후 주식등의 소유현황이 변경되어 중소기업에 해당하게 된 경우 중소기업 여부의 적용기간은 그 변경일부터 해당 사업연도 말일에서 3개월이 지난 날까지로 한다. (2014. 4. 14., 2017. 10. 17. 개정)

② 중소벤처기업부장관은 제3조 제1항 제1호에 따른 기준의 실효성을 확보하기 위하여 5년마다 그 적정성을 검토하여야 한다. (2014. 4. 14., 2017. 7. 26. 개정)

③ 중소벤처기업부장관은 제2항에 따라 적정성을 검토하는 경우 중소기업에 관한 학식과 경험이 풍부한 외부 전문가의 의견을 들을 수 있다. (2014. 4. 14., 2017. 7. 26. 신설)

④ 제1항부터 제3항까지에서 규정한 사항 외에 중소기업 여부의 판단 등에 관한 세부적인 사항은 중소벤처기업부장관이 정하여 고시한다. (2014. 4. 14., 2017. 7. 26. 신설)

[별표 1] 「중소기업기본법 시행령」〈개정 2017. 10. 17.〉

주된 업종별 평균매출액등의 중소기업 규모 기준(제3조 제1항 제1호 가목 관련)

해당 기업의 주된 업종	분류기호	규모 기준
1. 의복, 의복액세서리 및 모피제품 제조업	C14	평균매출액등 1,500억 원 이하
2. 가죽, 가방 및 신발 제조업	C15	
3. 펄프, 종이 및 종이제품 제조업	C17	
4. 1차 금속 제조업	C24	
5. 전기장비 제조업	C28	
6. 가구 제조업	C32	
7. 농업, 임업 및 어업	A	평균매출액등 1,000억 원 이하
8. 광업	B	
9. 식료품 제조업	C10	
10. 담배 제조업	C12	
11. 섬유제품 제조업(의복 제조업은 제외한다)	C13	
12. 목재 및 나무제품 제조업(가구 제조업은 제외한다)	C16	
13. 코크스, 연탄 및 석유정제품 제조업	C19	
14. 화학물질 및 화학제품 제조업(의약품 제조업은 제외한다)	C20	
15. 고무제품 및 플라스틱제품 제조업	C22	
16. 금속가공제품 제조업(기계 및 가구 제조업은 제외한다)	C25	
17. 전자부품, 컴퓨터, 영상, 음향 및 통신장비 제조업	C26	
18. 그 밖의 기계 및 장비 제조업	C29	
19. 자동차 및 트레일러 제조업	C30	
20. 그 밖의 운송장비 제조업	C31	
21. 전기, 가스, 증기 및 공기조절 공급업	D	
22. 수도업	E36	
23. 건설업	F	
24. 도매 및 소매업	G	
25. 음료 제조업	C11	평균매출액등 800억 원 이하
26. 인쇄 및 기록매체 복제업	C18	
27. 의료용 물질 및 의약품 제조업	C21	

해당 기업의 주된 업종	분류기호	규모 기준
28. 비금속 광물제품 제조업	C23	
29. 의료, 정밀, 광학기기 및 시계 제조업	C27	
30. 그 밖의 제품 제조업	C33	
31. 수도, 하수 및 폐기물 처리, 원료재생업 (수도업은 제외한다)	E (E36 제외)	
32. 운수 및 창고업	H	
33. 정보통신업	J	
34. 산업용 기계 및 장비 수리업	C34	
35. 전문, 과학 및 기술 서비스업	M	
36. 사업시설관리, 사업지원 및 임대 서비스업 (임대업은 제외한다)	N (N76 제외)	평균매출액등 600억 원 이하
37. 보건업 및 사회복지 서비스업	Q	
38. 예술, 스포츠 및 여가 관련 서비스업	R	
39. 수리(修理) 및 기타 개인 서비스업	S	
40. 숙박 및 음식점업	I	
41. 금융 및 보험업	K	
42. 부동산업	L	평균매출액등 400억 원 이하
43. 임대업	N76	
44. 교육 서비스업	P	

비고

1. 해당 기업의 주된 업종의 분류 및 분류기호는 「통계법」 제22조에 따라 통계청장이 고시한 한국표준산업분류에 따른다.

2. 위 표 제19호 및 제20호에도 불구하고 자동차용 신품 의자 제조업(C30393), 철도 차량 부품 및 관련 장치물 제조업(C31202) 중 철도 차량용 의자 제조업, 항공기용 부품 제조업(C31322) 중 항공기용 의자 제조업의 규모 기준은 평균매출액등 1,500억 원 이하로 한다.

○ 「중소기업기본법 시행령」 부칙 〈대통령령 제28560호, 2017. 12. 29.〉

제1조(시행일) 이 영은 2018년 1월 1일부터 시행한다.

제2조(중소기업의 범위에 관한 경과조치) 이 영 시행 전에 종전의 제3조 제1항 제2호 라목에 해당하여 중소기업에서 제외된 기업에 대해서는 제3조 제1항 제2호 라목의 개정규정에도 불구하고 종전의 규정에 따른다.

○ 「중소기업기본법 시행령」 부칙 〈대통령령 제28378호, 2017. 10. 17.〉

제1조(시행일) 이 영은 공포한 날부터 시행한다.

제2조(지배 또는 종속의 관계의 판단에 관한 적용례) 제3조의2 제2항의 개정규정은 이 영 시행 전에 제3조 제1항 제2호 다목에 해당하여 중소기업에서 제외된 기업에 대해서도 적용한다.

제3조(중소기업 여부의 적용기간에 관한 특례) 이 영 시행 전에 제3조 제1항 제2호 다목에 해당하여 중소기업에서 제외된 기업이 이 영 시행 이후 부칙 제2조에 따라 중소기업에 해당하게 되는 경우 해당 기업에 대한 중소기업 여부의 적용기간은 제3조의3 제1항 단서의 개정규정에도 불구하고 이 영 시행일부터 해당 사업연도 말일에서 3개월이 지난 날까지로 한다.

○ 「중소기업기본법 시행령」 부칙 〈대통령령 제27087호, 2016. 4. 5.〉

제1조(시행일) 이 영은 공포한 날부터 시행한다.

제2조(중소기업 범위에 관한 적용례) 제3조 제1항 제2호 라목의 개정규정은 대통령령 제27034호 독점규제 및 공정거래에 관한 법률 시행령 일부개정령 부칙 제1조에 따른 시행일 이후에 「독점규제 및 공정거래에 관한 법률 시행령」 제3조의2 제2항 제4호 다목에 따라 주식을 취득 또는 소유하여 같은 영 제3조의 요건에 해당하게 된 경우부터 적용한다.

제3조(중소기업 유예 대상에 관한 경과조치) 이 영 시행 전에 중소기업이 법 제2조 제3항 본문에 따라 중소기업으로 보는 기간 중에 있는 기업을 흡수합병한 경우에는 제9조 제1호의 개정규정에도 불구하고 종전의 규정에 따른다.

○ 「중소기업기본법 시행령」 부칙 〈대통령령 제25302호, 2014. 4. 14.〉

제1조(시행일) 이 영은 2015년 1월 1일부터 시행한다. 다만, 제3조 제3항 및 제4항, 제10조의3, 제10조의4, 제13조 및 제14조의 개정규정은 2014년 4월 15일부터 시행한다.

제2조(기존 중소기업에 관한 특례) ① 제3조 제1항 및 제2항과 별표 1의 개정규정에도 불구하고 이 영 시행 전에 종전의 규정에 따라 중소기업에 해당하였던 기업이 이 영 시행 후 제3조 제1항 및 제2항과 별표 1의 개정규정에 따른 기준에 해당하지 아니하게 된 경우에는 2018년 3월 31일까지 중소기업으로 본다.

② 제1항에 따라 중소기업으로 보게 된 기업에 대해서는 법 제2조 제3항 본문에 따른 중소기업으로 보지 아니한다.

제3조(중소기업 간주 범위 변경에 관한 특례) 제9조 제3호의 개정규정에도 불구하고 이 영 시행 전에 법 제2조 제3항 본문에 따라 중소기업으로 보는 기간에 있었거나 그 기간에 있는 기업이 이 영 시행 후 중소기업에 해당하게 되는 경우에는 이 영 시행 전에 중소기업으로 보았던 횟수에 관계없이 이 영 시행 후 1회에 한정하여 중소기업으로 볼 수 있다.

◆ 「중소기업기본법 시행령」 〈2014. 4. 14. 개정 전〉

○ 「중소기업기본법 시행령」 제3조 【중소기업의 범위】

① 「중소기업기본법」(이하 "법"이라 한다) 제2조 제1항 제1호에 따른 중소기업은 다음 각호의 기준을 모두 갖춘 기업으로 한다.

1. 해당 기업이 영위하는 주된 업종과 해당 기업의 상시 근로자 수, 자본금 또는 매출액의 규모가 별표 1의 기준에 맞는 기업. 다만, 다음 각 목의 어느 하나에 해당하는 기업은 제외한다.

가. 상시 근로자 수가 1천 명 이상인 기업

나. 자산총액이 5천억 원 이상인 기업

다. 자기자본이 1천억 원 이상인 기업

라. 직전 3개 사업연도의 평균 매출액이 1천5백억 원 이상인 기업

2. 소유와 경영의 실질적인 독립성이 다음 각목의 어느 하나에 해당하지 아니하는 기업

　가.「독점규제 및 공정거래에 관한 법률」제14조 제1항에 따른 상호출자제한기업집단에 속하는 회사

　나. 제1항 제1호 나목에 따른 법인(외국법인을 포함하되, 제3조의2 제2항 각 호의 어느 하나에 해당하는 자는 제외한다)이 주식등의 100분의 30 이상을 직접적 또는 간접적으로 소유한 경우로서 최다출자자인 기업. 이 경우 최다출자자는 해당 기업의 주식등을 소유한 법인 또는 개인으로서 단독으로 또는 다음의 어느 하나에 해당하는 자와 합산하여 해당 기업의 주식 등을 가장 많이 소유한 자를 말하며, 주식 등의 간접소유 비율에 관하여는「국제조세조정에 관한 법률 시행령」제2조 제2항을 준용한다.

　　1) 주식등을 소유한 자가 법인인 경우: 그 법인의 임원

　　2) 주식등을 소유한 자가 1)에 해당하지 아니하는 개인인 경우: 그 개인의 친족

　다. 관계기업에 속하는 기업의 경우에는 제7조의4에 따라 산정한 상시 근로자 수, 자본금, 매출액, 자기자본 또는 자산총액(이하 "상시근로자수등"이라 한다)이 별표 1의 기준에 맞지 아니하거나 제1항 제1호 각 목의 어느 하나에 해당하는 기업

② 법 제2조 제1항 제2호에서 "대통령령으로 정하는 사회적기업"이란 영리를 주된 목적으로 하지 아니하는 사회적기업으로 다음 각호의 기준을 모두 갖춘 기업으로 한다.

1. 상시 근로자 수 300명 미만 또는 매출액 300억 원 이하일 것
2. 제1항 제1호 가목 또는 라목에 해당하지 아니할 것
3. 제1항 제2호 가목 또는 나목에 해당하지 아니할 것

「중소기업기본법 시행령」 별표 1 (2012. 1. 1.~2014. 12. 31.)

- 중소기업의 업종별 상시 근로자 수, 자본금 또는 매출액의 규모기준(제3조 제1항 제1호 관련)

해당 업종	분류 부호	규모 기준
제조업	C	상시 근로자 수 300명 미만 또는 자본금 80억 원 이하
광업	B	상시 근로자 수 300명 미만 또는 자본금 30억 원 이하
건설업	F	
운수업	H	
출판, 영상, 방송통신 및 정보서비스업	J	상시 근로자 수 300명 미만 또는 매출액 300억 원 이하
사업시설관리 및 사업지원서비스업	N	
전문, 과학 및 기술 서비스업	M	
보건 및 사회복지사업	Q	
농업, 임업 및 어업	A	상시 근로자 수 200명 미만 또는 매출액 200억 원 이하
전기, 가스, 증기 및 수도사업	D	
도매 및 소매업	G	
숙박 및 음식점업	I	
금융 및 보험업	K	
예술, 스포츠 및 여가관련산업	R	
하수·폐기물 처리, 원료재생 및 환경복원업	E	상시 근로자 수 100명 미만 또는 매출액 100억 원 이하
교육 서비스업	P	
수리 및 기타서비스업	S	
부동산업 및 임대업	L	상시 근로자 수 50명 미만 또는 매출액 50억 원 이하

※ 해당 업종의 분류 및 분류부호는 통계법 제22조에 따라 통계청장이 고시한 한국표준산업분류에 따른다.

민법

제3장 유류분

제1112조(유류분의 권리자와 유류분)

상속인의 유류분은 다음 각호에 의한다.

1. 피상속인의 직계비속은 그 법정상속분의 2분의 1
2. 피상속인의 배우자는 그 법정상속분의 2분의 1
3. 피상속인의 직계존속은 그 법정상속분의 3분의 1
4. 피상속인의 형제자매는 그 법정상속분의 3분의 1

제1113조(유류분의 산정)

① 유류분은 피상속인의 상속개시시에 있어서 가진 재산의 가액에 증여재산의 가액을 가산하고 채무의 전액을 공제하여 이를 산정한다.

② 조건부의 권리 또는 존속기간이 불확정한 권리는 가정법원이 선임한 감정인의 평가에 의하여 그 가격을 정한다.

제1114조(산입될 증여)

증여는 상속개시 전의 1년간에 행한 것에 한하여 제1113조의 규정에 의하여 그 가액을 산정한다. 당사자 쌍방이 유류분권리자에 손해를 가할 것을 알고 증여를 한 때에는 1년 전에 한 것도 같다.

제1115조(유류분의 보전)

① 유류분권리자가 피상속인의 제1114조에 규정된 증여 및 유증으로 인하여 그 유류분에 부족이 생긴 때에는 부족한 한도에서 그 재산의 반환을 청구할 수 있다.

② 제1항의 경우에 증여 및 유증을 받은 자가 수인인 때에는 각자가 얻은 유증가액의 비례로 반환하여야 한다.

제1116조(반환의 순서)

증여에 대하여는 유증을 반환받은 후가 아니면 이것을 청구할 수 없다.

제1117조(소멸시효)

반환의 청구권은 유류분권리자가 상속의 개시와 반환하여야 할 증여 또는 유증을 한 사실을 안 때로부터 1년 내에 하지 아니하면 시효에 의하여 소멸한다. 상속이 개시한 때로부터 10년을 경과한 때도 같다.

제1118조(준용규정)

제1001조, 제1008조, 제1010조의 규정은 유류분에 이를 준용한다.

명의신탁주식 실명전환자문위원회 운영규정

2022. 8. 1. 국세청 훈령 제2516호

제1조(목적) 이 규정은 주식 또는 출자지분(이하 "주식"이라 한다)을 실제로 소유한 자(이하 "실제소유자"라 한다)가 주주명부 또는 사원명부에 다른 사람 명의로 등재하거나 명의개서한 주식(이하 "명의신탁주식"이라 한다)을 실제소유자 명의로 전환(이하 "실명전환"이라 한다)하고 「상속세 및 증여세 사무처리규정」 제12조 제1항에 의하여 명의신탁주식 실제소유자 확인을 신청한 경우로서 같은 조 제4항 각 호의 어느 하나에 해당하여 「명의신탁주식 실명전환 자문위원회(이하 "위원회"라 한다)」에 자문을 요청하는 경우에 이를 자문할 목적으로 설치하는 위원회의 운영에 관한 사항을 규정함으로써 명의신탁주식에 대한 실제소유자 확인업무를 객관적이고 공정하게 처리하는 데 이바지함을 목적으로 한다.

제2조(위원회 구성) ① 위원회는 세무서별 인원현황 등 실정을 고려하여 위원장(세무서장)을 포함한 7명 이상 10명 이내의 내부위원으로 구성한다.

② 위원회는 원활한 운영을 위하여 간사 1명을 둔다.

③ 자문위원은 각 과의 과장 및 팀장 또는 세무경력이 10년 이상이거나 재산세분야 세무경력이 2년 이상인 국세공무원 중에서 위원장이 임명한다.

④ 위원장은 자문위원에 다음 각 호와 같이 과장 및 팀장을 반드시 포함하여야 한다.

1. 1급지 세무서 : 과장 및 팀장 각 2명 이상

2. 2급지 세무서 : 과장 1명 이상, 팀장 2명 이상

⑤ 자문위원의 임기는 1년으로 하되, 특별한 사유가 없는 한 연임할 수 있다.

⑥ 위원장은 자문위원이 제척·회피되거나 부득이한 사유로 그 직무를 수행할 수 없게 된 경우에는 다른 국세공무원을 지정하여 해당 자문위원을 대리하여 심의하게 할 수 있다. 이 경우 위원장은 제4항 각 호의 인원을 충족하도록 구성하여야 한다.

⑦ 제6항에 의한 대리 자문위원의 임기는 제6항 및 제6조 규정의 제척·회피 등의 사유가 해소되기 전 개최하는 위원회 의결일까지로 한다.

제3조(위원회 기능) 위원회는「명의신탁주식 실제소유자 확인신청서(이하 "신청서"라고 한다)」를 처리함에 있어서 실명전환에 따른 실제소유자 여부가 불분명하거나 실명전환주식가액이 20억원 이상인 경우에 상속세 및 증여세 사무를 담당하는 재산세담당과장이 자문을 요청하는 경우에 해당 명의신탁주식의 실제소유자에 대하여 심의하고 이를 자문한다.

제4조(위원장의 직무) ① 위원장은 위원회 회의를 주관하고 위원회를 대표한다.

② 위원장은 위원회의 운영에 차질이 없도록 매년 인사이동에 따른 전출·입 현황 등을 고려하여 자문위원을 효율적으로 관리하여야 한다.

③ 위원장이 부득이한 사유로 그 직무를 수행할 수 없을 때에는 재산세담당과장이 그 직무를 대행한다.

제5조(간사) ① 위원회의 간사는 상속세 및 증여세 신고업무를 총괄 담당하는 팀장으로 한다.

② 간사는 회의 준비 및 회의 일정 통보, 심의자료 배부, 회의록 작성 등 위원회에 관한 제반 사무를 처리하고 관리한다.

③ 간사는 사전에 자문안건의 처리를 담당하는 공무원과 해당 팀장 등이 위원회 심의 중 필요한 경우에 언제든지 위원회에서 진술할 수 있도록 조치하여 회의 운영에 차질이 없도록 하여야 한다.

제6조(위원의 이해충돌방지 의무 준수) 위원회 업무를 수행하는 공직자는 공정한 직무수행을 위해「이해충돌방지법」,「이해충돌방지법 시행령」및「국세청 공직자의 이해충돌 방지제도 운영지침」을 준수하여야 한다.

제7조(위원회 운영) ① 위원회의 소집 및 회의 개최에 관한 사항은 위원장이 정한다.

② 위원회는 월 1회 개최하는 것을 원칙으로 하되, 신청서 접수상황과 위원회의 효율적 운영 등을 고려하여 위원장이 필요하다고 인정하는 경우에는 수시로 개최할 수 있다.

③ 제2항의 규정에 따라 회의를 개최하는 경우에 위원장은 가급적 신청서 접수일로부터 3월이 되는 날 이전에 재산세담당과장이 해당 업무를 종결할 수 있도록 위

원회를 운영하여야 한다.

④ 제1항에 의거 회의를 수시로 개최하는 경우로서 제12조 제1항의 사유에 해당하여 심의자료에 대한 보정을 요구한 때에는 제3항의 기간을 초과하지 아니하는 범위 내에서 해당 자문안건에 대하여 별도로 회의를 개최하여 심의하여야 한다.

⑤ 회의는 재적위원 전원의 출석으로 개의하고 출석위원 3분의 2 이상의 의견으로 의결한다.

제8조(자문대상) ① 재산세담당과장은 명의신탁주식 실명전환에 따른 실제소유자를 확인함에 있어서 「상속세 및 증여세 사무처리규정」 제12조 제4항 각 호의 어느 하나에 해당하는 경우에는 위원회에 자문을 요청하고 자문결과에 의하여 실제소유자 여부를 판정하여야 한다.

② 제1항에 따라 재산세담당과장이 자문을 요청하는 경우에 위원회는 신청서와 제출 서류 등을 심의하여 실제소유자 여부에 대한 사항을 자문하여야 한다.

제9조(자문요청) ① 재산세담당과장은 「상속세 및 증여세 사무처리규정」 제12조 제4항 각 호의 어느 하나에 해당하는 경우에는 '명의신탁주식 실제소유자 확인 검토의견 및 자문요청서(별지 제1호 서식)'에 의하여 위원회에 자문을 요청하여야 한다

② 제1항에 따라 위원회에 자문을 요청한 경우 처리담당자는 명의신탁주식 실명전환 확인신청을 한 자(이하 "신청인"이라 한다)에게 제11조 제2항에 따라 위원회 개최일 전일까지 의견진술신청을 할 수 있다는 것을 안내(별지 제6호 및 제7호 서식) 하여야 한다.

③ 제2항에 따라 신청인이 의견진술신청서를 제출한 경우에 처리담당자는 의견진술신청서와 함께 그 내용을 위원회 간사에게 통보하여야 한다.

제10조(심의자료 등 제출 및 배부) ① 제9조 제1항에 따라 자문을 요청한 경우 처리담당자는 자문요청서(별지 제1호 서식)와 함께 관련 심의자료를 간사에게 제출하여야 한다.

② 간사는 회의 일정이 정해진 경우 사전에 자문위원이 자문안건을 검토할 수 있도록 회의개최 5일 전까지 모든 자문위원에게 심의자료를 배부하여야 한다.

제11조(의견진술 및 질의답변) ① 위원장은 필요하다고 인정하는 경우에는 명의신탁주식 실제소유자 확인신청 처리담당자를 출석시켜 의견진술 또는 질의답변하게 할 수 있다.

② 위원장은 자문안건에 관하여 제9조 제2항 및 제3항에 따라 신청인이 요청하는 경우에는 위원회에 출석하여 의견을 진술할 수 있도록 하여야 한다.

③ 신청인이 제2항의 의견진술에 관한 사항을 세무대리인에게 위임한 경우 위원장은 신청인을 대신하여 세무대리인이 의견을 진술하게 할 수 있다.

제12조(심의자료의 보정) ① 위원장은 제9조 제1항에 따라 재산세과장이 요청한 자문안건을 심의하는 과정에서 다음 각 호의 어느 하나에 해당하는 사유로 인하여 심의가 곤란하다고 판단되는 경우에는 해당 안건에 대한 심의를 보류하고 10일 이내의 기간을 정하여 처리담당자에게 보정을 요구(별지 제3호 서식)할 수 있다. 다만, 보정요구로 인하여 제7조 제3항의 기간을 초과할 것으로 예상되는 경우에는 보정기간을 단축할 수 있다.

1. 검토내용과 다른 증빙이 첨부되거나 사실판단에 필요한 전산자료[NTIS(엔티스) 수록자료]등의 확인없이 검토내용을 형식적으로 기재하는 등 부실하여 검토의견이 불분명한 경우

2. 신청서 또는 과세자료의 내용과 검토내용이 달라 거래정황 및 사실관계를 확인할 수 없는 경우

3. 그 밖에 증빙내용이나 진술서(또는 확인서)의 내용 등이 거짓으로 판단되는 경우

② 제1항에 따른 보정요구를 통보받은 처리담당자는 신청인에게 보정을 요구하여 기한 내에 제출하도록 안내한다.

③ 제1항에 따라 위원장으로부터 보정요구를 받은 처리담당자는 다음 회의에서 해당 사항을 명확하게 심의할 수 있도록 기한 내에 보정요구 사항을 보완하여 제출하여야 한다.

제13조(비밀유지 등) ① 위원은 회의 과정에서 알게 된 정보를 외부에 제공 또는 누설하거나 목적 외의 용도로 사용하여서는 아니된다.

② 위원은 직무를 수행함에 있어 업무와 관련된 모든 알선·청탁을 배격하여야 한다.

제14조(자문의견) 위원회 자문의견은 "실제소유자 인정", "실제소유자 불인정", "추가확인처리"로 결정한다. 다만, 출석위원 3분의 2 이상의 의견이 없는 경우에는 "추가확인처리"로 결정한다.

제15조(자문결과 통보) 위원장은 회의종결 후에 자문을 요청한 재산세담당과장에게 '명의신탁주식 실제소유자 확인 자문결과 통보서(별지 제5호 서식)'에 의하여 자문결과를 통보하여야 한다.

제16조(회의록의 작성·비치) ① 위원장은 매 회기마다 자문안건과 참석위원에 대한 사항을 점검하고, 회의내용을 기록하도록 하여야 한다.

② 간사는 매 회기마다 회의록을 작성하며, 회의록은 위원장과 간사가 서명날인한 후에 보관하여야 한다.

제17조(운영실적 보고 및 자문결과 활용) ① 간사는 위원회 개최실적 및 자문결정 내용 등 운영실적을 분기종료일의 다음달 5일까지 지방국세청장(소득재산세과장)에게 보고(별지 제9호 서식)하고, 지방국세청장(소득재산세과장)은 보고내용을 취합하여 분기종료일의 다음달 10일까지 국세청장(자본거래관리과장)에게 보고한다.

② 위원회에 자문을 요청한 재산세담당과장은 자문결과 통보내용을 참고하여 명의신탁주식 실명전환에 따른 실제소유자 여부를 판정하는 데 활용할 수 있다.

제18조(기타사항) ① 이 규정에서 정하는 사항 이외에 위원회 운영에 관하여 필요한 사항은 위원회 심의를 거쳐 위원장이 정한다.

② 이 규정에서 정하는 기간을 계산하는 경우에 공휴일은 산입하지 아니한다.

제19조(재검토기한) 이 규정은 「훈령·예규 등의 발령 및 관리에 관한 규정」(대통령훈령 제431호)에 따라 이 규정의 시행일로부터 3년이 되는 시점마다 그 타당성을 검토하여 개선 등의 조치를 하여야 한다.

부 칙 (2022. 8. 1. 국세청훈령 제2367호)
제1조(시행일) 이 규정은 2022년 8월 1일부터 시행한다.
제2조(적용례) 이 규정은 이 규정 시행 이후에 최초로 접수하여 자문 요청하는 분부터

적용한다.

제3조(종전훈령의 폐지) 종전의 「명의신탁주식 실명전환자문위원회 운영규정(2020. 5. 15. 국세청훈령 제2367호)」는 이를 폐지한다.

부칙(2020. 5. 15. 국세청훈령 제2516호)

제1조(시행일) 이 규정은 2020년 5월 15일부터 시행한다.

제2조(적용례) 이 규정은 이 규정 시행 이후에 최초로 접수하여 자문 요청하는 분부터 적용한다.

제3조(종전훈령의 폐지) 종전의 「명의신탁주식 실명전환자문위원회 운영규정(2017. 4. 30. 국세청 훈령 제2193호)」는 이를 폐지한다.

부칙(2017. 4. 30. 국세청훈령 제2193호)

제1조(시행일) 이 규정은 2017년 5월 1일부터 시행한다.

제2조(적용례) 이 규정은 이 규정 시행 이후에 최초로 자문 요청하는 분부터 적용한다.

제3조(종전훈령의 폐지) 종전의 「명의신탁주식 실명전환자문위원회 운영규정(2015. 7. 31. 국세청 훈령 제2112호)」은 이를 폐지한다.

부칙(2015. 7. 31. 국세청훈령 제2112호)

제1조(시행일) 이 규정은 2015년 8월 1일부터 시행한다.

제2조(적용례) 이 규정은 이 규정 시행 이후에 최초로 자문 요청하는 분부터 적용한다.

제3조(종전훈령의 폐지) 종전의 「명의신탁주식 실명전환자문위원회 운영규정(2014. 5. 9. 국세청 훈령 제2050호)」은 이를 폐지한다.

부칙(2014. 6. 23. 국세청훈령 제2050호)

제1조(시행일) 이 규정은 2014년 6월 23일부터 시행한다.

제2조(적용례) 이 규정은 이 규정 시행 이후에 최초로 자문 요청하는 분부터 적용한다.

색 인

■ 김 주 석

- 국립세무대학 졸업(1987년, 5회)
- 연세대학교 경제대학원(경제학 석사)
- (현) 세무법인 대륙아주 부대표 세무사
  (현) 경희사이버대학교 세무회계학과 겸임교수

- (전) 성동세무서 재산세1과장
  서울지방국세청 조사1국 팀장
  국세공무원교육원 교수(상속ㆍ증여세 담당)
  국세청 상속증여세과(상속세 및 증여세법 법령해
  석 담당)
  국세종합상담센터, 중부지방국세청 조사국 등 근무
  (국세경력 32년)

[강의]
- 경희사이버대학교, 상속증여세론
- 한국세무사회 세무연수원(교수) 가업상속공제
- 국세공무원교육원 납세자 세법교실
- 해외동포를 위한 세금상식 강의 (2015년 베트남, 2010년
  뉴욕 등 4개 도시)
- 한국공인회계사회 회계연수원

[논문 및 책자 발간]
- 「비상장주식 평가방법의 개선방안 연구」(2010년),
  연세대학교 경제대학원
- 「일감몰아주기 증여세 실무」(2013~2019년), 삼일인포
  마인, 공저
- 「상속증여세」(2011~2024년), 광교이택스 공저

■ 김 정 수

- 경희대학교 대학원 회계ㆍ세무학과(경영학 박사)
- (현) 영앤진세무법인 대표이사
  (현) 한국국제회계학회 부회장

- (전) 국세청 감사관실, 서울지방국세청 특별조사국
  부동산조사담당관실, 송무국
  서울지방국세청 조사3국 팀장
  강남, 서초, 삼성, 역삼세무서 법인납세1과장
  (국세경력 39년)
- (전) 경희대학교 경영대학원 겸임교수
  (전) 전남대학교 경영대학원 자문위원
  (전) 연금관리공단 겸임교수

[강의]
- 서울대학교 생활과학대학(FNP, AFB)과정
- 연세대학교 글로벌교육원(Y-BEAUTY)과정
- 단국대학교(AFNP)과정 재산제세
- 숙명여자대학교 한국경영연구원 상속증여세 및 가업
  승계
- 서울지방국세청 조사3국 상속ㆍ증여세 및 가업승계
- 공무원연금관리공단 알기쉬운 세금상식

[논문]
- 평가심의위원회에 의한 비상장주식 평가방법의 적용
  가능성에 관한 연구
- 현행 양도소득세제의 개선방안에 관한 연구
- 비상장주식 평가에 관한 연구외 다수

가업상속공제 중심

2024년판 **가업승계와 상속·증여세**

2014년 9월 22일 초판 발행
2024년 5월 14일 10판 발행

저　　　자　김　주　석
　　　　　　김　정　수
발　행　인　이　희　태
발　행　처　**삼일인포마인**

저자협의
인지생략

서울특별시 용산구 한강대로 273 용산빌딩 4층
등록번호 : 1995. 6. 26 제3-633호
전　　화 : (02) 3489-3100
Ｆ Ａ Ｘ : (02) 3489-3141
Ｉ Ｓ Ｂ Ｎ : 979-11-6784-272-5　93320

♣ 파본은 교환하여 드립니다.　　　　　　　　　　　정가 55,000원